BASTEI
LÜBBE

HANS GRUHL

4 Meister-Psychos

Tödlicher Cocktail

Nichts sprach für Mord

Die lange Spur

Mit Mördern spielt man nicht

BASTEI LÜBBE

Kriminalroman

BASTEI-LÜBBE-TASCHENBUCH
Kriminalroman
Band 19 506

Titelfoto: Mall-Photodesign
Umschlaggestaltung: Dieter Kreuchauff
Druck und Verarbeitung:
Elsnerdruck, Berlin
Printed in Western Germany
ISBN 3-404-19506-X

Der Preis dieses Bandes versteht sich einschließlich
der gesetzlichen Mehrwertsteuer.

Inhalt

4 Meister-Psychos

Tödlicher Cocktail

Nichts sprach für Mord

Die lange Spur

Mit Mördern spielt man nicht

I

Es war ein Donnerstag, an dem ich beschloß, Doktor Claus Peters zu ermorden.

Peters ist tot. Und auch ich bin ein Toter. So nahe ich dem Sieg war, Peters betrog mich darum, als er schon nicht mehr lebte.

Viele Donnerstage sind seitdem vergangen. Ich bin ein guter Sträfling. Ich führe mich musterhaft. Schon früher war alles musterhaft, was ich tat.

Seit einigen Tagen bekomme ich Papier und Bleistift, für zwei Stunden täglich. Das Schreiben tut mir gut. Es trennt mich von dem, was hinter mir liegt, und macht mich ruhiger.

Ich schreibe nicht zu meiner Rechtfertigung. Ich schreibe für Vera.

Sie kann es niemals mehr lesen.

Ich bin das einzige Kind meiner Eltern. Von klein auf litt ich unter ihrer Strenge und Unduldsamkeit. Mein Vater ist ein angesehener Arzt in einer kleinen, alten Stadt. Meine Erinnerung an ihn ist die Erinnerung an Furcht. Nie konnte ich mit meinen Sorgen zu ihm kommen. Mein Lärmen störte ihn, die Qual meiner Einsamkeit bemerkte er nicht. Ihm verdanke ich die unselige Furcht vor Menschen und Dingen.

Meiner Mutter war es nur lieb, wenn sie mich möglichst selten sah. Sie war eine schöne Frau, stammte aus stolzer Familie und befand sich viel auf Reisen. Meine Erziehung überließ sie Hausdamen und Dienstmädchen. Meine Erinnerungen an sie sind die Erinnerungen an Demütigungen, die sie mir vor Fremden zuteil werden ließ. Ihr verdanke ich die lähmende Schüchternheit und das Bewußtsein einer Minderwertigkeit, das mich bis zu meinem Tod nicht verlassen wird.

Dazu kommt, daß ich sehr häßlich bin. Ich bin klein und habe breite Hüften und schmale Schultern. Die Haut meines Gesichts ist feucht und unrein. Mein Haar begann sich zu lichten, als ich das zwanzigste Lebensjahr vollendete. Eine Brille trage ich seit meiner Volksschulzeit. Ich weiß noch, wie meine Mitschüler mich verspotteten und ihre Nasen breit drückten, um die meine nachzuahmen.

Mein Name ist das dritte, dessen ich mich schäme. Ich heiße Stephan Butterweis.

Wenn ich aufgerufen wurde, johlte die Klasse. Wenn ich ihn später nennen mußte, lief mir die heiße Röte über das Gesicht. Wenn er an den Leuchtschildern der Klinik erschien, war mir, als wollten die grellen Buchstaben mich an mein Unglück erinnern.

Mit siebzehn Jahren mußte ich in die Tanzstunde. Ich wehrte mich. Wer sollte mit mir tanzen? Aber meine Mutter bestand darauf. Es war eine Höllenqual für mich.

Bei der ersten Vorstellung kicherten die Mädchen und hielten Taschentücher vor ihre Gesichter. Während der Stunden blickte ich starr geradeaus und sprach kein einziges Wort mit meiner Partnerin. Zum Abschlußball verfaßten sie ein Spottgedicht auf mich. Mir blieb das unscheinbarste Mädchen, das mir durch nichts verbunden war als durch seine Häßlichkeit.

Als andere ihre ersten Freundinnen küßten, war ich allein. Nie hätte ich gewagt, ein Mädchen anzusprechen, nie vermocht, ihr den Hof zu machen.

Meine einzige Freundin war Vera Ring.

Sie war die Tochter unseres Nachbarn, eines Apothekers. Mein Vater und er waren befreundet, schon aus beruflichen Gründen, und es ergab sich zwangsläufig, daß ich Vera früh kennenlernte. Sie war damals ein molliges, wirbeliges Geschöpf mit schwarzem Haar und hellblauen Augen. Sie spielte als einzige mit mir und war auch die einzige, die meine Eltern als Umgang duldeten. Ich verehrte sie wie ein Wesen aus einer fremden Welt, das in die meine einen Schimmer von Licht und Wärme brachte.

Mit achtzehn Jahren bestand ich mein Abitur mit Auszeichnung. Ich habe alle meine Prüfungen mit Auszeichnung bestanden, weil ich mir vorgenommen hatte, immer und überall der Beste zu sein.

Ich wollte die anderen, Glücklicheren durch meine Leistungen beschämen und mich selbst durch meine Erfolge gegen das ewig wiederkehrende Minderwertigkeitsgefühl sichern.

Es stand fest, daß ich Arzt werden würde. Nie war an etwas anderes gedacht worden. Nie hätte ich gewagt, meinem Vater den Wunsch nach einem anderen Beruf vorzutragen. Es gab keinen neben dem des Arztes.

Ich bezog die nächstgelegene Universität. Zum erstenmal spürte ich einen Hauch von Freiheit. Meine Eltern schickten mir so viel Geld, daß ich gerade auskam; und ich war daran gewöhnt, mit wenig auszukommen. Außerdem arbeitete ich mehr als meine Studienkollegen und blieb den Vergnügungen fern, denen sie nachliefen.

Die sechs Jahre des Studiums gingen ohne sonderliche Höhepunkte vorüber. Ich schloß Bekanntschaften, fand aber keine Freunde. Die einzige Vertraute dieser Zeit war Vera. Sie studierte Medizin wie ich, blieb aber nur die ersten Semester an meiner Universität. Wir kamen häufig zusammen. Sie war ein bildhübsches Mädchen geworden, voller Leben und Freude. An sie denke ich gern, wenn Erinnerungen an meine Kindheit mich überkommen. Ich verehrte sie schüchtern und geduldig und war überglücklich, wenn ich ihr ein medizinisches Problem erklären durfte. Manchmal konnte ich sie begleiten. Dann ging ich stolz an ihrer Seite und freute mich über die bewundernden Blicke, die sie erntete. Ich nahm mir vor, sie eines Tages zu besitzen und für dieses Ziel alle Kräfte einzusetzen. Was andere an Draufgängertum und Aussehen zu bieten hatten, wollte ich durch Beharrlichkeit und berufliche Leistung ausgleichen. Heute weiß ich, daß das ein Trugschluß war.

Vera verließ die Stadt nach zwei Semestern. Sie schrieb mir regelmäßig, und ich antwortete in langen Briefen, die ich erst im Konzept entwarf und sorgfältig ausfeilte.

Ich ging zum vorgeschriebenen Termin ins Examen und bestand »mit höchstem Lob«. Das gleiche Prädikat erhielt ich für meine Doktorarbeit, die ein Thema der Dosismessung von Röntgenstrahlen behandelte.

Während der vorgeschriebenen Pflichtassistentenzeit arbeitete ich in den Kliniken, die mir schon vertraut waren.

Ich bekenne, daß ich auf meine Doktorwürde mehr hielt als andere. Mein Titel war die Stütze, die mir half, Häßlichkeit und Schüchternheit leichter zu ertragen.

Ich fand Gelegenheit, Vera einen wertvollen Dienst zu erweisen. Sie hatte ihr Examen mit einiger Verzögerung bestanden, und ihre Dissertation war darüber liegengeblieben. Für wissenschaftliche Arbeit fehlten ihr Begeisterung und Fleiß. Dazu hatte sie ein Thema bekommen, das zeitraubende Beschäftigung mit der Spezialliteratur voraussetzte. Sie kam damit nicht zurecht. Voller Freude, ihr helfen zu können, verstieß ich gegen das Gebot, niemandem beim Abfassen seiner Doktorarbeit zu unterstützen. Ich trug die Literatur zusammen, entwarf die Gliederung und brachte Ordnung in ihre krausen Notizen und wirren Gedanken. Die Arbeit ging durch.

Vera gab mir einen Kuß und nannte mich ihren besten, rührendsten Freund. Bald darauf fuhr sie in einen längeren Urlaub. Ich brachte sie zum Zug und winkte verloren hinter den Schlußlichtern her.

II

Ich bekam die Vollapprobation und stand vor der Frage, in welchem Fach ich weiterarbeiten wollte. Die Entscheidung war leicht. Meine Arbeit hatte ein röntgenologisches Thema behandelt. Durch sie war ich diesem Fach schon während des Studiums nahegekommen. Die Sauberkeit der täglichen Arbeit erhob es über andere Zweige der Medizin. Das Gebiet der künstlich radioaktiven Substanzen war Neuland, auf dem eher Lorbeeren zu ernten waren als anderswo.

Ich bewarb mich am Zentralröntgeninstitut von Professor Paulus. Eine Planstelle war nicht frei. Aber ich konnte als Volontär unterkommen. An ein bescheidenes Einkommen war ich gewöhnt. Der Zufall wollte es, daß ich zuerst der Isotopenabteilung zugeteilt wurde, was mein heimlicher Wunsch gewesen war.

Es wäre besser gewesen, wenn ich diese Abteilung nie betreten hätte.

So aber klopfte ich an einem kalten Novembertag an die Tür des Isotopenlabors und sah Claus Peters zum erstenmal.

Er saß am Schreibtisch, mit dem Gesicht zum Fenster, und wandte mir den Rücken zu. Als ich näher trat, drehte er sich um und stand auf.

Mit dem ersten Blick sah ich, daß er alles besaß, was mir versagt war. Vom Namen angefangen.

Er überragte mich um zwei Köpfe. Sein weißer Mantel war nach Maß gearbeitet und ließ breite Schultern und schmale Hüften erkennen, das Gegenteil der meinen. Er hatte ein längliches etwas lausbubenhaftes Gesicht und dunkles, gescheiteltes Haar. Seine Stirn war hoch und gewölbt. Die Augen darunter verblüfften und verwirrten mich. Sie waren von einem hellen, strahlenden Blau, als könnten sie auch im Dunkeln leuchten. Er lachte mich an, gewinnend und herzlich. Mir ging es wie immer. Ich umkrampfte den Griff meiner Aktenmappe, murmelte »Butterweis« und errötete.

»Ja«, sagte er gedehnt und fröhlich, »Herr Butterweis. Das ist ja sehr schön. Peters.«

Seine Hand war warm und kräftig.

»Bitte schön – wenn Sie hier Ihre Sachen hinhängen wollen . . .«

Er öffnete einen Wandschrank.

»Oh, danke sehr«, sagte ich nickend und beflissen.

»Bitte – wenn Sie vielleicht hier Platz nehmen würden . . .«

Mir fiel bald auf, daß er meistens im Konjunktiv sprach und häufig »Vielleicht« einschob.

An der Schmalseite des Schreibtisches stand ein Stuhl. Ich setzte mich.

Peters lehnte sich weit zurück. Seine Augen gingen über mich hin und verrieten eine Art gutmütiger Hilfsbereitschaft, hinter der ich Hochmut witterte. Heute weiß ich, daß ich seinem Verhalten manchmal Motive untergeschoben habe, die ich mir nur einbildete. Mißtrauen und Empfindlichkeit waren schuld daran. Aber sie halfen mir, ihn eher zu durchschauen.

Er fragte mich einiges nach meiner bisherigen Ausbildung. Ich antwortete kurz.

Dann begann er, einen längeren Vortrag zu halten, während seine Hände unablässig mit einem Rechenschieber spielten. Ich erfuhr, was für Aufgaben die Abteilung hatte und welche die meinen sein würden.

Peters sprach in einer lässigen, etwas arroganten Art, als bereitete es ihm Mühe, dasselbe zum soundsovielten Male herzubeten, und als wüßte er ihm voraus, daß ich nichts davon verstehen würde. Aus seiner Rede ging hervor, daß von anderen Leuten, die das gleiche Gebiet bearbeiteten, nicht viel zu halten wäre. Das war nichts Neues. In der deutschen Hochschulmedizin hält kaum einer etwas vom anderen, der sich mit dem gleichen Gebiet beschäftigt. Sie warnen voreinander. Er brach ab, weil das Telefon klingelte. Ich hatte Gelegenheit, eine neue Seite seines Wesens kennenzulernen.

»Peters. Ja.«

Je länger er zuhörte, desto mehr veränderte sich der Ausdruck seines Gesichtes. Das lausbübische Lächeln verschwand. Ein harter, kalter Glanz trat in seine Augen.

»Na, hören Sie mal«, unterbrach er den Sprecher, »das versteh' ich aber gar nicht! Das ist doch alles mit Herrn Weinmeister besprochen worden! Wir haben . . . Würden Sie mich bitte zu Ende reden lassen! Wir haben ausgemacht, daß die Stelle ab heute besetzt werden kann!«

»Vielleicht könnten wir das in einem anderen Ton sagen . . .« Der andere wurde auch lauter. Ich konnte die Worte verstehen. »Der Antrag hat acht Wochen bei Ihnen herumgelegen, Herr Doktor Peters! Acht Wochen! Hätten Sie ihn eher weitergegeben . . .«

»Ich verbitte mir derartige Belehrungen«, schrie Peters in den Apparat. »Ich habe keine Lust, mich von Ihnen anpöbeln zu lassen! Ich werde mich bei Herrn Weinmeister . . .«

Schluß. Drüben war aufgehängt worden.

Peters legte mit einer langsamen, beherrschten Bewegung den Hörer zurück. Eine Weile sah er starr aus dem Fenster. Dann wandte er sich zu mir.

»Verwaltungshengste! Glauben, die Kliniken gehörten ihnen! Um jeden Nagel muß man mit den Burschen feilschen. Sie werden das auch noch erleben.«

Er setzte sich nicht wieder.

»Herr Butterweis – wir können nachher weitersprechen. Ich muß nach oben. Vielleicht sehen Sie sich inzwischen ein bißchen um. Das Labor zwei ist am Ende des Korridors. Davor liegt das allgemeine Labor. Ich mache Sie später bekannt.«

An der Tür drehte er sich um.

»Ach – wenn das Telefon klingelt, ich bin oben in meinem Zimmer. Einfach durchstellen auf 814.«

Ich nickte stumm. Er ging hinaus.

Im Raum war es unerträglich heiß. Ich öffnete das Fenster weit. Dann zog ich meine Jacke aus und hängte sie in den Wandschrank zu meinem Mantel. Ich nahm den weißen Kittel aus der Aktentasche und zog ihn an. Hoffentlich bekam ich später Mäntel von der Klinik.

Ich wusch mir die Hände und sah im Spiegel mein gedunsenes Gesicht und mein dünnes Haar.

Peters!

Wie sah er gegen mich aus!

Als ich mir die Hände abtrocknete, klingelte das Telefon zum zweitenmal. Ich nahm ab.

»Äh – Isotopenlabor eins. Dr. Butterweis.«

»Wer?«

Eine weibliche Stimme.

»Dr. Butterweis«, wiederholte ich. Meine Haut wurde heiß, obwohl kein Mensch in der Nähe war.

»Ist Dr. Peters nicht da?«

»Dr. Peters ist in seinem Zimmer.«

»Nein, das ist er nicht!« Das klang ziemlich energisch. »Ich bin von dort zu Ihnen verbunden worden. Wissen Sie denn nicht, wo er sein könnte?«

»Es tut mir leid, meine Dame«, sagte ich behutsam. »Er sagte mir, er wäre in seinem Zimmer. Ich – ich bin heute den ersten Tag hier. Ich weiß wirklich nicht, wo ich ihn suchen sollte.«

Pause. Ich spürte, daß die Dame ungehalten war.

»Könnten Sie vielleicht noch einmal . . .«

»Nein. Ich bin in einer Zelle.«

»Aha«, sagte ich ratlos. »Vielleicht kann ich ihm Ihre Nummer notieren.«

»Nein. Schönen Dank.«

Weg war sie.

Langsam legte ich wieder auf. Tat mir leid. Na, sie würde nicht umkommen.

Ich blickte mich in dem Raum um. Er legte zur Hälfte unterirdisch. Die Fensterbretter schnitten mit dem Erdboden ab. Die Einrichtung bestand aus dem Schreibtisch, ein paar Stühlen, einer Couch und den Wandschränken. Links standen auf einem langen Tisch Zählgeräte für radioaktive Substanzen, umgeben von einem Gewirr von Kabeln und Drähten. Ein schmales Untersuchungsbett nahm die Wand neben der Tür ein. Davor stand ein Stativ mit einem bleigeschützten Geiger-Zählrohr. Es sah aus, als würde hier die Schilddrüsendiagnostik gemacht. Peters hatte mir davon erzählt, und einiges wußte ich schon.

Das Klingeln des Telefons hielt mich zurück, als ich gerade hinauswollte.

»Gespräch für Dr. Peters«, sagte eine Männerstimme. »Ich stelle durch.«

Es knackte.

»Claus?« sagte eine helle, jugendliche Mädchenstimme.

»Nein. Dr. Butterweis.«

»Wer?«

Ich wiederholte meinen unseligen Namen.

»Ach – entschuldigen Sie – ist Dr. Peters nicht da?«

»Leider nein«, sagte ich. »Auf seinem Zimmer.«

»Nein, da habe ich eben schon angerufen. Sie wissen nicht, wo er sein könnte?«

Ich verneinte zum zweitenmal. Das Mädchen seufzte leise. »Es ist immer dasselbe mit ihm. Sagen Sie ihm doch bitte, er möchte mich anrufen. Unter 18197.«

»18197«, wiederholte ich. »Augenblick. Ich schreib' mir's auf.« Ich suchte auf dem Schreibtisch nach einem Zettel und fand einen Brief der Verwaltung. Er war zehn Tage alt und nicht beantwortet. Auf der Rückseite standen Notizen, Telefonnummern und kleine Schemazeichnungen. Ich schrieb die Nummer dazu. Das würde auch nichts mehr schaden. »So«, sagte ich. »Sowie er kommt, werde ich's ihm bestellen.«

»Vielen Dank.« Sie hängte auf.

Ich schloß das Fenster und trat auf den Korridor hinaus. Ein paar Stufen führten tiefer hinunter. Ich kam an einigen Türen vorbei und hörte Stimmen und Gelächter. An der letzten entdeckte ich ein weißes Pappschild:

Isotopenlabor II

Ich drückte die Klinke hinunter und trat ein.

Dann blieb ich stehen und sah mich erschüttert um. Der obere Raum war, trotz einiger Unordnung, immerhin noch zu übersehen gewesen. Hier dagegen herrschte ein fürchterliches Durcheinander.

Der Raum hatte einen gekachelten Fußboden und ebensolche Wände. Es roch nach Ratten und Reagenzien. Der Tierstall lag nebenan, wie ich später feststellte Zur Linken sah ich ein großes, gemauertes Spülbecken, in dem sich ein Berg von schmutzigen Glasgeräten türmte. Kolben, Pipetten, Bechergläser und Standzylinder. Über dem blinden Glas hingen klebrige Gummihandschuhe. An der Fensterseite waren ein Tisch und ein paar Regale mit zahllosen Flaschen vollgestellt, von denen die meisten kein Etikett trugen und von Schmutz und Staub starrten. Rechts nahm ein langer Tisch die ganze Breite der Wand ein. Zwischen alten und modernen Zählgeräten, Geigerrohren und Zählkammern, Stativen, Ständern mit Reagenzgläsern, Glasbehältern, Kästen und Büchern, lagen zahllose kleine Einzelteile, Stoppuhren, Mehrfachstecker, Instrumente, Schreibrollen, Schrauben, Werkzeuge, und dazwischen wand sich ein unübersehbares Knäuel von Kabeln und Schnüren.

In einer Ecke sah ich einen massiven Strahlenschutzschrank mit Bleiwänden und Bleiglasfenstern. Dort befanden sich die radioaktiven Präparate.

Ich warf ich einen Blick hinein. Auch hier standen die einzelnen Behälter wahllos und unübersichtlich herum. Ich nahm meine Brille ab und legte das Gesicht an das dicke Glas.

J^{131}. Radioaktives Jod.

Au^{198}. Das radioaktive Gold.

Etwas im Schatten, weiter nach hinten zu, eine dritte, größere Büchse aus starkem Blei.

Sr^{90}. Trägersubstanz $SrSo^{4}$. Strontiumsulfat.

Mein Blick blieb an der Bleibüchse haften, als hätte ich eine Vorahnung besessen, was dieses Strontium eines Tages für mich bedeuten sollte. Dann wandte ich mich ab und putzte sorgfältig meine Brille, bevor ich sie wieder aufsetzte.

Ich verließ den Raum und überlegte mir, wie lange es dauern würde, das alles aufzuräumen, und wie überhaupt ein Mensch in diesem Chaos arbeiten konnte.

Als ich die Stufen hochstieg, hörte ich das Telefon im Labor I.

Ich lief hin.

Die dritte Dame. Auch sie hatte Peters in seinem Zimmer nicht erreichen können. Ich wiederholte den Spruch, den ich schon zweimal gesagt hatte. Sie gab mir ihre Nummer und hängte ein. Ich hatte den Hörer noch in der Hand, als Peters eintrat.

»Sie wurden eben verlangt«, sagte ich diensteifrig. »Von einer Dame. Ich habe die Nummer notiert.«

»Ah, ja. Danke schön.« Er schien nicht sehr interessiert.

»Außerdem haben noch zwei Damen angerufen«, fuhr ich fort. »Von der zweiten habe ich die Nummer auch – 18197. Nur die erste hat nichts hinterlassen. Sie rief von einer Zelle aus an . . .«

Zum zweitenmal an diesem Tag sah ich seinen Gesichtsausdruck plötzlich wechseln.

»Haben Sie nicht nach ihrem Namen gefragt?«

»Ich kam nicht dazu.«

»Herr Butterweis, ich bitte Sie dringend, in jedem Fall nach dem Namen zu fragen. Ich muß wissen, wer angerufen hat. Das kann das Rektorat oder sonst jemand sein. Hinterher habe ich den Ärger, wenn behauptet wird, ich sei nicht erreichbar. Außerdem hätten Sie durchstellen können. Ich war die ganze Zeit über auf meinem Zimmer.«

Damals kannte ich Peters noch nicht.

»Verzeihung«, sagte ich. »Die Damen haben sämtlich behauptet, in Ihrem Zimmer angerufen und Sie nicht erreicht zu haben. Aber sie haben wenigstens ihre Nummer hinterlassen. Nur die erste . . .«

»Sie hat kein Telefon«, sagte Peters ärgerlich.

»Ach, Sie wissen, wer es war?« fragte ich naiv.

»Wir wollen nicht weiter darüber reden, Herr Butterweis. Ich bitte Sie, in Zukunft jedes Gespräch zu mir durchzustellen. Wenn ich nicht in meinem Zimmer oder in Zwei bin, notieren Sie Namen und Anliegen. Sie werden erstaunt sein, daß ich das so sage. Aber es ist nötig. Sie wissen nicht, was schon alles vorgekommen ist.«

»Jawohl«, sagte ich eingeschüchtert.

Er wandte sich zum Telefon und verlangte eine Amtsleitung. Dann wählte er die Nummer 18197. Die helle, jugendliche Stimme kam wieder.

Mit Staunen bemerkte ich die erneute Wandlung seines Gesichts. Das lausbübische Lächeln kehrte zurück. Die Augen strahlten.

Auf seinen Wangen erschienen kleine Grübchen.

»Ja – nun, wie geht's?«

Die Stimme sprach schnell. Es klang nach Vorwürfen.

Peters hörte lächelnd zu. Seine Hand malte Kringel auf die verschandelte Rückseite des Verwaltungsbriefes.

»Ja. Ich sagte doch, daß ich eventuell länger zu tun hätte. Aber nein, davon war gar keine Rede . . .«

Das Gespräch bereitete ihm sichtliches Vergnügen.

»Ja – nun, wenn das so ist, dann lassen wir doch überhaupt . . .«

Hastige Worte.

»Na gut, schön . . . Ja, das würde vielleicht möglich sein . . . Doch . . . Ja, ruf am besten mal an. Ich bin immer hier oder oben. Na, das kann doch gar nicht sein . . .«

Er warf einen schnellen Blick zu mir, den ich zufällig auffing.

»Ja, ja, daran lag es wohl. Also, machen wir's so. Wiedersehen.«

Er drückte auf die Gabel und verharrte einen Augenblick ruhig, sinnend und unverändert lächelnd. Dann wählte er die zweite Nummer.

Das Gespräch verlief wie das erste und endete auch so. »Ja – ja, das würde vielleicht gehen . . . Ja, das würde ich doch meinen, daß wir es so machen könnten. Morgen um acht. Halt mal, da fällt mir eben ein, daß ich vielleicht länger zu tun habe. Wieso denn . . . Aber nicht doch . . . Am besten vorher noch einmal anrufen. Nun gut, fein. Wiedersehen.«

Er legte den Hörer auf. Im gleichen Augenblick schrillte der Apparat wieder.

»Peters.«

Diesmal wurde er bedeutend lebendiger.

»Ja. Das ist sehr fein. Ja, ich hörte, War leider ein Versager. Nun gut . . .«

Es war die energische Stimme vom erstenmal.

»Hm. Dann sagen wir doch vielleicht am besten gleich heute. Ach, morgen – morgen ist so weit weg. Nein, nein – warum so spät. Sagen wir doch am besten um fünf . . . Natürlich, das geht ohne weiteres. Da würde ich doch gleich sagen, bei mir. Die Miete für diesen Monat ist bezahlt. Fünf Uhr, sehr schön. Fein – Wiedersehen.«

Er schien sich in bester Laune zu befinden.

»Ja – worüber sprachen wir?«

»Über mein künftiges Verhalten am Telefon«, erwiderte ich.

Er lachte.

»Ach so. Na, nun gut. Haben Sie sich das Labor zwei angesehen?«

»Ja.«

Ich überlegte, wie ich meinen Eindruck wiedergeben sollte, ohne ihn zu verletzen.

»Es – es ist etwas unübersichtlich . . .«

Er konnte mit einem Schlag todtraurig aussehen.

»Ja, auch Gott, ich bin schon ganz verzweifelt. Wir sind umgezogen, mußten aus den alten Räumen heraus. Außerdem will ich demnächst umbauen lassen. Die Pläne sind schon fertig. Dann sollten wir eine Assistentin bekommen. Sie hörten ja, wie ich mit dem Personalreferenten herumstritt. Die dusseligen Hengste haben die Stelle noch nicht genehmigt. Ach, deswegen muß ich nachher noch zum Verwaltungsdirektor – wollen wir doch gleich notieren.«

Er kritzelte *Verwaltungsdirektor* auf den Brief zwischen die Nummern und Zeichnungen. Dann schob er ihn weit von sich.

»Ja – notfalls müssen wir diesen Monat noch ohne Assitentin auskommen.«

»Es war immer schon ein trauriger Monat«, sagte ich.

»Ja, ja.«

Er gab sich Mühe, über meinen kläglichen Witz zu lachen.

»Haben Sie noch nie eine Assistentin gehabt?« fragte ich.

Ein paar Falten erschienen auf seiner Stirn. »Doch, natürlich, schon mehrere. Aber Sie wissen ja, wie das ist. Isotopen sind Neuland. Jeder denkt an Atombombe und so was. Sie hatten Angst vor Strahlen. Sie meinten, sie bekämen keine Kinder mehr. Natürlich reine Hysterie.«

Er lachte häßlich.

»Manche von denen werden sowieso keine Gelegenheit dazu haben. Na ja, nun müssen wir eben auf die nächste warten.«

Später wurde mir klar, warum niemand bei ihm geblieben war. Nach einer kurzen Pause fragte er, ob ich mich schon im allgemeinen Labor bekannt gemacht hätte.

»Nein, ich wollte erst unser Labor ansehen – und.«

Ich konnte nicht eingestehen, daß ich es aus Schüchternheit nicht getan hatte.

»Nun, dann können wir das jetzt tun.«

Ich folgte ihm. Er stieß die erste Tür hinter der Treppe auf, ohne anzuklopfen.

Wir traten ein.

Das Hauptlabor glich allen anderen seiner Art. Die weißen Rücken der Mädchen waren über die Mikroskope gebeugt. Unter dem Abzug brodelten farbige Flüssigkeiten in den Glaskolben, und Rauchschleier stiegen hoch. Aus einem Nebenraum drang Kaffeeduft. Die Tür des mächtigen Eisschrankes war weit geöffnet. Ich sah Blutkonserven, Flaschen, Reagenzien und im unteren

Fach Butter, Marmelade und eingewickelte Frühstücksbrote.

Peters reichte mich herum.

»Darf ich Herrn Doktor Butterweis bekannt machen – er arbeitet ab heute mit im Isotopenlabor.«

Händeschütteln, Namengemurmel. Ich spürte, wie ich unter den Blicken rot wurde, und welche Mühe es manchen der Mädchen bereitete, nicht zu lächeln. Ich war froh, als wie wieder draußen waren.

Peters fragte: »Beim Chef waren Sie schon?«

»Nein«, antwortete ich, »ich habe ihn nur schriftlich kennengelernt.«

»Nun, dann wollen wir sehen, ob wir das auch gleich erledigen können.«

Er rief das Sekretariat an. Es paßte.

Wir fuhren mit dem Fahrstuhl zum ersten Stock.

Im Vorzimmer saß eine dürre, schwarzhaarige Dame, die mich durchdringend anblickte. Peters machte mich bekannt und redete sehr höflich mit ihr. Mit Chefsekretärinnen wird meistens höflich gesprochen. Auch diese schien das Institut als ihr Eigentum und das Personal als ihre Angestellten zu betrachten. Einige Minuten mußten wir warten. Dann leuchtete eine Mattglasscheibe neben der Tür auf. *Bitte eintreten.*

Im Zimmer des Chefs ging eine grundlegende Änderung mit Peters vor.

Ich staunte.

Die überlegene, gönnerhafte Haltung verschwand. In sein Gesicht trat ein angespannter, beflissener Zug. Seine Blicke verfolgten jedes Wimpernzucken des Professors. Kein Bräutigam hätte seiner Braut die Wünsche eher von den Augen ablesen können. Er blieb auf der Vorderkante des Stuhles sitzen und spielte nervös mit seinen Fingern. Jetzt, hier in diesem Zimmer, sah ich plötzlich, daß zwischen ihm und mir gar kein so großer Unterschied bestand. Mir wurde leichter ums Herz. Vor dem Chef hatte er die gleiche Furcht wie ich.

Professor Paulus, Koryphäe der Röntgenologie, zu seinem Leidwesen bisher unberücksichtigter Anwärter auf den Nobelpreis und nebenbei einer der größten Steuerzahler der Stadt, richtete in fahriger, zerstreuter Art einige Fragen an mich. Er machte sich nicht erst die Mühe, Interesse für meine Person zu heucheln. Ich antwortete ihm höflich.

»So, so. Sehr schön, Herr Kollege. Sie werden viel zu tun bekommen. Das Isotopenlabor ist erst im Aufbau.«

Ich dachte an den Trümmerhaufen im Labor II.

»Kollege Peters wird Ihnen alles zeigen.«

»Jawohl, Herr Professor«, sagte Peters und verbeugte sich im Sitzen.

»Gut, gut. Ich hoffe, es gefällt Ihnen bei uns.«

Er reichte seine durchsichtige Hand über den Schreibtisch. Wir waren entlassen.

Im Vorzimmer mußte ich der strengen Dame meine Personalien angeben. Ihre ganze Art ließ erkennen, daß die Autorität des Chefs hinter ihr stand und sie unangreifbar machte.

Kein Wunder. Er konnte sie genausowenig entbehren wie sie ihn. Sie schrieb seine Privatrechnungen und überblickte wahrscheinlich seine Finanzverhältnisse besser als er selbst. Nicht einmal vor ihm brauchte sie Respekt zu haben.

Im Fahrstuhl trat der alte Peters wieder hervor. Seine Überlegenheit kehrte zurück.

Er lächelte siegesgewiß wie vorher.

»Ja, ja, unser Chef. Ganz netter Mann. Muß nur richtig genommen werden.«

Durch Kriecherei, dachte ich.

Es wurde Mittag. Peters ging mit mir zum Kasino. Einige der Kollegen saßen beim Essen, andere kamen später. Prüfende Blicke musterten mich, Namen wurden genannt und nicht verstanden. Bald wandte sich das Interesse von mir ab. Sie hielten mich für harmlos, für keine Konkurrenz. Wer nahm einen Volontär schon ernst?

Kein einziger richtete während des Essens das Wort an mich. Die Mittagspause ging bis drei Uhr. Ich setzte mich unten an den Schreibtisch und las in einem Buch über Isotopenmedizin. Punkt drei tat sich die Tür auf, und Peters erschien.

Ich wußte bereits nach einer Woche, daß das Wort Pünktlichkeit in seinem Wortschatz nicht existierte. Aber in den ersten Tagen erschien er vormittags und nachmittags haargenau zu Dienstbeginn, um zu sehen, ob ich so veranlagt wäre wie er.

Er erklärte mir auf meine Fragen verschiedene Einzelheiten. Er sagte, daß ich vorerst die praktischen Arbeiten übernehmen und mich um die Patienten kümmern müßte. Viele wären es noch nicht, aber es würden sicher bald mehr. Er selbst wäre mit einer wissenschaftlichen Arbeit beschäftigt, und der Umbau und die Neueinrichtung des Labors nähmen seine ganze Zeit in Anspruch.

Mir war das recht. Praktische Arbeit war mir wichtiger als die Theorie, von der ich sowieso nicht so viel verstand.

Peters war bester Laune und redete ununterbrochen. Als er das erste Mal auf die Uhr sah, fehlten noch zehn Minuten an fünf. »Herrgott, das physikalische Institut! Hätte ich vollständig vergessen.«

»Sie wollten auch zum Verwaltungsdirektor«, sagte ich.

»Ach ja, zu dumm. Na, das machen wir morgen. Also bis dann, Herr Butterweis.«

»Wie lange muß ich hierbleiben?« fragte ich.

Er zog die Augenbrauen hoch, als verstände er meine Frage nicht.

»Der Dienst endet um halb sieben. Ich glaube, ich sagte es Ihnen schon heute morgen. Auf Wiedersehen.«

Er schloß die Tür.

Ich lehnte den Kopf zurück und dachte nach. Was für ein Mensch war Peters? Launenhaft. Das war das erste, was ich bemerkt hatte. Seine Stimmungen wechselten nach den Umständen. Er schien nicht vertragen zu können, wenn etwas mißlang. Stark gegenüber Schwächeren. Ich hatte es gespürt. Ich war schwächer als er. Seine Überlegenheit bedrückte und beunruhigte mich, obwohl ich daran gewöhnt war, der Unterlegene zu sein. Aber er blieb auch hier nicht gleichmäßig. Seine Haltung war auf Wirkung berechnet, nicht echt. Dem Chef gegenüber dienerte er und unterschied sich darin nicht von allen Assistenten, die ich bisher kennengelernt hatte. Sie dachten nur bis zum Zimmer des Chefs, nicht weiter.

Ein Frauenheld. Kein Wunder bei seinem Aussehen. Sie liefen ihm nach und nährten seine Eitelkeit. Er verachtete sie und behandelte sie entsprechend.

Drei Mädchen hatten angerufen. An der ersten war er interessiert gewesen. Die beiden anderen hatten ausgedient. Für sie hatte er keine Zeit mehr. Ein paar Ausflüchte würden sie noch hören und dann nichts mehr.

Er log. Und ungeschickt dazu. Oder er empfand so wenig Skrupel beim Lügen, daß es ihm völlig gleichgültig war, ob er dabei ertappt wurde.

Er hatte sich mit dem Mädchen für fünf Uhr verabredet. Mir erzählte er etwas vom physikalischen Institut. Warum tat er das? Warum sagte er nicht: Ich bin verabredet, Butterweis. Halten Sie die Stellung für mich. Hundertmal sympathischer wäre er mir geworden.

Ich schrak aus meinen Gedanken auf. Es klopfte leise an der Tür. Bevor ich etwas sagen konnte, öffnete sie sich, und ein Mädchen kam herein.

Ich stand auf.

Sie war in Mantel und Hut. Ihr hübsches, zartes Gesicht zeigte Spuren der kalten Luft. Sie hatte helles Haar und große, braune, etwas ängstliche Augen.

Sie sah sich ratlos im Zimmer um.

»Sie verzeihen – Doktor Peters ist nicht da?«

»Nein«, sagte ich und mußte mich räuspern, um meine Stimme frei zu kriegen, »nein, er ist nicht hier. Er mußte um fünf ins physikalische Institut.«

Sie schien sehr betroffen.

»Bitte, kommen Sie doch und setzen Sie sich«, sagte ich und brachte eine linkische Verbeugung zustande. »Doktor Butterweis – ich bin ein neuer Assistent.«

»Strübel«, sagte sie leise. »Ich war mit Doktor Peters . . . Ich bin aus der inneren Klinik. Ich helfe ihm ab und zu im Labor, weil er doch jetzt niemanden hat. Kommt er denn wieder?«

»Er hat nichts gesagt. Ich glaube kaum.«

Sie tat mir leid. Sie blieb unschlüssig stehen.

»Ja, ich weiß nicht – ich könnte wenigstens ein paar Messungen machen. Dazu brauche ich ihn nicht.«

»Aber gern«, sagte ich. »Wenn ich zusehen darf, kann ich gleich ein bißchen profitieren.«

Sie holte einen weißen Kittel aus dem Schrank und zog ihn an. Sie schien schon oft hiergewesen zu sein. Mir war vollkommen klar, auf welche Weise Peters sie bezahlte.

Wir gingen zum Labor II. Im Lampenlicht wirkte die Unordnung nicht ganz so trostlos wie bei Tag.

Das Mädchen schaltete einen der Zählapparate ein. Dann suchte sie in einem Schubfach nach Gummihandschuhen. Ich setzte mich auf einen Schemel und sah ihr zu. Sie wirkte schmal und zerbrechlich in dem weißen Leinen.

»Bißchen genial sieht es hier aus«, sagte ich. »Finden Sie denn auch alles?«

»Ach ja«, sagte sie mit einem flüchtigen Blick zu mir. »Ich habe mich daran gewöhnt.«

»Gewöhnt? Sieht es denn immer so aus?«

»Meistens. Ich habe schon ein dutzendmal aufgeräumt. Nach ein paar Tagen ist es wieder genauso.«

»So. Ich dachte, der Umbau . . .«

Sie vollführte eine resignierte Geste.

»Ach was. Schon seit einem halben Jahr soll hier umgebaut werden. Bis jetzt hat sich noch nichts getan.«

»Sind Sie schon lange hier?« fragte ich vorsichtig.

Sie zögerte etwas mit der Antwort.

»Nicht regelmäßig. Bis vor zwei Monaten war eine Assistentin da.«

»Sie sind Röntgenassistentin in der Inneren?«

»Ja.«

»Und da machen Sie hier freiwillig Überstunden?«

»Manchmal wundere ich mich selbst«, sagte sie leise.

Ich lächelte freundlich, um unbefangen auszusehen.

»Warum tun Sie's denn?«

Sie schwieg und hantierte am Zähler, ohne sich umzuwenden. Dann sagte sie: »Nun, es interessiert mich. Wir haben drüben keine Isotopen. Man muß einmal reingerochen haben.«

»Natürlich«, sagte ich. »Deswegen bin ich auch hier.«

Ich wußte genug. Sie war in Peters verliebt, und er nutzte das auf seine Weise aus. Für Liebe ohne Nutzeffekt war er nicht.

Heute hatte er sich mit ihr verabredet und sich nicht daran gehalten.

Er war ihrer sicher überdrüssig.

Sie zog mit der Pipette eine Flüssigkeit aus einem

Kolben und füllte sie in ein Zählrohr. Ich sah ihr zu und hörte das Ticken des Zählers. Sie beantwortete mir ein paar Fragen. Als sie fertig war, gingen wir zurück. Es war schon nach halb sieben.

Als sie im Mantel an der Tür stand, fragte ich: »Soll ich Doktor Peters etwas ausrichten?«

Verwirrt schüttelte sie den Kopf.

»Nein, vielen Dank. Es ist nicht nötig. Ich sehe ihn ja bald. Gute Nacht.«

»Gute Nacht«, sagte ich.

Sie ging schnell hinaus.

III

Vier Wochen nach diesem ersten Tag wußte ich über Peters genau Bescheid.

Niemals war mir ein größerer und skrupelloserer Egoist begegnet. Ein Nihilist, ohne jedes moralische Empfinden, eiskalt bis ans Herz. Dazu ein Heuchler, der einen Wall von großen und kleinen Lügen um sich aufschichtete, um der Umwelt sein wahres Wesen zu verbergen.

Er machte oben den Rücken krumm und trat unten. Männer, von denen er nicht abhängig war, behandelte er mit arroganter Dreistigkeit. Frauen zog seine Erscheinung an, und sein Charme eroberte sie. Er nutzte sie aus und stieß sie brutal von sich, wenn nichts Neues mehr zu erwarten war.

Ohne Zweifel war er hochintelligent. Aber er selbst hielt sich für mehr. Unordnung und Pünktlichkeit waren ihm nicht angeboren, wie ich zuerst vermutet hatte. Er pflegte sie aus Prinzip, weil sie ihm als Bestandteil seines genialen Wesens notwendig erschienen.

Dabei war seine praktische Arbeitsleistung gleich Null. Die Routinearbeit kümmerte ihn nicht. Patienten interessierten ihn nur als Fälle und Versuchsobjekte. Ihr Schicksal war ihm gleichgültig. Seine Position beim Chef hielt er, weil er sich in die Isotopenmedizin eingearbeitet und durch einige Veröffentlichungen den Ruf eines wissenschaftlichen Arbeiters erworben hatte. Er experimentierte planlos, je nach Laune, fing mehrere Dinge zur gleichen Zeit an und vollendete das wenigste. Leuten wie mich, die auf ihn angewiesen waren, oder wie Ilse Strübel, die das verwahrloste Labor in Kauf nahm, um in seiner Nähe zu sein, überließ er das Alltägliche und die Schmutzarbeit. Seine Assistentinnen waren ihm weggelaufen, nicht aus Angst vor Strahlen, sondern aus Abscheu vor ihm, der sich gesteigert hatte, je länger sie ihn kannten.

Peters' Laufbahn lag klar vor ihm. Wenn er genügend Arbeiten vorweisen konnte, würde er Dozent und eines Tages Professor werden. Nichts konnte ihn davor bewahren. Und überall würde er für einen großen Arzt gelten, einen Helfer und Heiler, der nichts im Sinn hatte als das Wohl seiner Kranken.

Am Anfang staunte ich nur. Es war faszinierend, Peters zu beobachten. Was ging er mich im Grunde an? Ich tat meine Arbeit und kam mit meiner Fachausbildung vorwärts. Alles andere interessierte mich nicht. Außerdem war es zwecklos, sich aufzuregen. Jedes Wort an Peters war verschwendet.

Ich schwieg, nahm mir vor, mich nicht aus der Ruhe bringen zu lassen, und lachte im stillen, wenn er sich in seinem eigenen Lügengewebe verstrickt hatte.

Es kam die Zeit, wo ich nicht mehr lachte.

Mein erster Zusammenstoß mit ihm erfolgte wegen Ilse Strübel. Tag für Tag hatte ich beobachten können, wie er sie behandelte. Er ließ sie warten, fuhr sie an, demütigte sie, wo er konnte. Aber dann ließ ein lächelnder Blick von ihm sie alles wieder vergessen.

Es geschah an einem Dienstag. Ich hörte, wie er sie für sechs Uhr bestellte. Ein Versuch mußte unbedingt zu Ende geführt werden. Ich hatte schon oft erlebt, was dabei herauskam.

Peters ließ alles liegen und dachte am nächsten Tag nicht mehr daran.

An jenem Tag bekam Peters einen Anruf von einem Mädchen und verschwand um fünf, ohne etwas zu hinterlassen. Ilse Strübel erschien pünktlich eine Stunde später.

»Ist Doktor Peters nicht da?«

Ich schüttelte den Kopf.

»Aber er wollte doch . . .«

»Fräulein Strübel«, sagte ich behutsam, »Sie müßten ihn doch eigentlich kennen.«

Sie sah zu Boden und schwieg.

»Warum wundern Sie sich jedesmal von neuem?«

»Ja, ja, ich weiß – vielleicht ist ihm etwas dazwischengekommen.«

Da war nichts zu machen. Sie nahm ihn noch in Schutz. Ich zuckte die Schultern und schwieg.

Nach einer Stunde ging sie. Ich blieb an diesem Abend länger, weil ich einige Krankenberichte abschließen wollte.

Kurz vor halb acht erschien Peters, erhitzt und vergnügt.

»Fräulein Strübel nicht da?«

Ich drehte mich langsam mit dem Stuhl herum.

»Sie ist vor zwanzig Minuten gegangen.«

Seine Laune schlug um wie eine Wetterfahne.

»Na, das verstehe ich aber gar nicht«, sagte er langsam. »Ich habe doch extra gesagt, daß wir die Arbeit heute fertigmachen müßten. Das geht ja nun aber wirklich nicht. Sie muß sich nicht für unentbehrlich halten.«

Mir stieg das Blut ins Gesicht. Wenn etwas an dem Kerl zu bewundern war, dann seine Frechheit.

»Sie hat eine Stunde gewartet«, sagte ich. »Und nicht zum erstenmal. Und sie hilft Ihnen freiwillig. Und unentgeltlich.«

Peters sah mich einige Sekunden starr an. Er mußte damit fertig werden, daß auch ich einmal etwas gesagt hatte.

»Solche Belehrungen können wir unterlassen«, sagte er wütend. »Ich hatte im physikalischen Institut zu tun. Ich habe schließlich noch andere Dinge im Kopf. Es hätte mich gefreut, wenn Sie Fräulein Strübel das klargemacht hätten.«

Ich hob den Kopf, bis ich Peters voll ins Gesicht sehen konnte.

»Herr Peters«, sagte ich ruhig. »Sie waren ja gar nicht im physikalischen Institut.«

Seine hellen Augen weiteten sich.

»Ich habe das Gespräch angenommen«, fuhr ich fort. »Ich kenne die Sekretärin und Doktor Koch, mit dem wir immer verhandeln. Sie waren nicht am Apparat. Und ich bekam zufällig mit, wie Sie sich mit der Dame verabredeten, die schon gestern angerufen hat.«

Peters war starr. Ich fühlte, daß er mir derartiges niemals zugetraut hätte. Es wurde mir schwer, seinen wütenden Blick auszuhalten, aber ich sah nicht zur Seite.

»Ich habe den Eindruck, Sie achten zu sehr auf meine Telefongespräche, Herr Butterweis.«

»Und ich habe den Eindruck, Sie schwindeln zu viel, Herr Peters«, sagte ich, während meine Handflächen feucht wurden. »Und zu ungeschickt.«

Mich erfaßte eine grenzenlose Neugierde, zu sehen, was er jetzt tun würde. Ich vergaß die fatale Situation, in der ich mich befand. Was sollte er machen? Es würde sich jederzeit herausfinden lassen, ob er an diesem Nachmittag im physikalischen Institut gewesen war oder nicht.

Es geschah nichts. Sein Blick blieb auf meinem Gesicht haften. Die Erregung hatte seine Pupillen geweitet.

Unvermittelt wandte er sich um und ging hinaus.

IV

In der Folgezeit steigerte sich meine Abneigung gegen Peters mehr und mehr. Ich ärgerte mich selbst darüber. Immer wieder nahm ich mir vor, nicht empfindlich zu sein und ihn so zu nehmen, wie er nun einmal war.

Es war unmöglich.

Am 1. Dezember kam eine neue Assistentin. Es war nichts Anziehendes an ihr, und Peters behandelte sie entsprechend.

Er machte es uns so schwer wie möglich.

Termine und Verabredungen hielt er nicht ein. Er bestellte Patienten, ohne uns Bescheid zu geben, und wenn sie erschienen, standen wir ahnungslos da und hatten nichts vorbereitet.

Wir räumten das Labor unzählige Male auf; immer wieder brachte er in kürzester Zeit alles durcheinander. Die Gummihandschuhe waren ständig verbraucht, die Glasgeräte verschmutzt, die Zählrohre verseucht.

Ohne Rücksicht auf den Routinebetrieb benützte er alles, was er für seine Experimente brauchte.

Seine Planlosigkeit schaffte groteske Situationen.

Eines Tages bestellte er per Expreß hundert junge männliche Ratten. Er trieb uns zur größten Eile an und ließ mich zwei Telegramme absenden. Er wollte eine längere Versuchsreihe starten, die keinen Aufschub vertrug.

Die Ratten kamen. Sie füllten sämtliche Käfige, aber Peters begann nicht mit dem Versuch. Auf einmal war er nicht mehr so wichtig. Die Ratten wurden fett, bösartig und starben schließlich an Altersschwäche. Der wissenschaftliche Fonds war um zweihundertfünfzig Mark ärmer.

Alles das hätte ich hingenommen. Aber ich merkte,

daß er seine Fehler mit unserer Nachlässigkeit zu erklären versuchte und uns für Versager verantwortlich machen wollte, die er selbst verschuldet hatte. Ich erfuhr, daß er sich bei anderen Kollegen über unsere mangelnde Mitarbeit und Einsatzbereitschaft beklagte.

Hatte ich gehofft, daß er sich nach unserer Auseinandersetzung mehr an die Wahrheit halten würde, stellte sich das nun als ein Irrtum heraus.

Er log schamlos weiter und stellte eindeutige Tatbestände einfach auf den Kopf. Er bestellte uns irgendwohin, ließ uns warten, behauptete hinterher, in irgendeinem Institut gewesen zu sein, obwohl ich dort angerufen und erfahren hatte, daß das nicht stimmte. Er vergaß, radioaktive Präparate rechtzeitig zu bestellen, und wollte uns glauben machen, das Anforderungsschreiben sei verlorengegangen. Er nahm Krankengeschichten an sich, fand sie in der haarsträubenden Unordnung seines Zimmers nicht wieder und bestritt dann, sie jemals geholt zu haben.

Ich mußte täglich fünfmal mit der Verwaltung telefonieren, um unsere Bestände notdürftig zu ergänzen und die Sachbearbeiter zu beruhigen, deren Schreiben er nicht beantwortet hatte.

Unsere Abteilung war im ganzen Institut verschrien. Peters' Auftreten, seine Unzuverlässigkeit, seine Arroganz hatten ihn überall verhaßt gemacht. Es war bekannt, daß niemand dem Isotopenlabor etwas leihen wollte. Was Peters sich lieh, sah niemand mehr wieder. Also bekam auch ich keine Spritze und kein Becherglas mehr, wenn ich darum bat. Man erwartete von mir nichts anderes als von ihm.

Das alles tat er mit selbstverständlicher, zynischer Unverschämtheit, die mich immer von neuem erstaunte. Er lächelte und lächelte und war doch ein Schurke.

Fräulein Anders, die neue Assistentin, verließ uns

nach einem Monat. Ich konnte es ihr nachfühlen. Mit Peters zusammenzuarbeiten erforderte überdurchschnittliche Nerven. Nach einem tränenreichen Auftritt war sie gegangen. Sie befand sich noch innerhalb der Probezeit und konnte von einem Tag zum anderen kündigen.

Peters war wütend. Er redete von Undankbarkeit und Hysterie.

Es kam ihm gar nicht in den Sinn, daß er die Ursache ihres Ausscheidens sein könnte. Nie hätte er eine Schuld bei sich selbst gesucht.

Ich stand wieder allein der Unordnung und dem Rattengestank gegenüber, räumte Peters alles nach und nahm die Gespräche der Freundinnen entgegen.

Manchmal besuchte ihn eine von ihnen im Institut, und ich konnte beobachten, wie er mit ihnen umging. Es war beschämend.

Er ließ sie sitzen und warten, sprach absichtlich mit mir über unerhebliche Dinge, die wir ebensogut hätten später besprechen oder völlig beiseite lassen können. So wollte er seine Überlastung und ihre Unwichtigkeit zugleich demonstrieren.

Die Mädchen schreckte das nicht ab. Im Gegenteil. Sie hingen an seinen Lippen und lauschten voller Ehrfurcht seinen Worten. Wenn wir dann endlich fertig waren, zeigte er ihnen das Institut, und ich vernahm zum hundertsten Male, daß die Unordnung dem geplanten Umbau zuzuschreiben wäre.

Es kam soweit, daß ich froh war, wenn ich ihn nicht sah. Meine Abneigung schlug in Feindschaft um, in stumme Wut, endlich in Haß. Vor jedem Morgen bangte ich, jeder Tag der Zusammenarbeit wurde mir zur Qual. Ich rechnete mir aus, wann ich in eine andere Abteilung versetzt werden würde. Ich schämte mich meiner Schwäche. Ein anderer hätte ihm den ganzen Kram längst hingeworfen. Ich wagte es nicht, meiner Ausbildung zuliebe. Wo würde ich eine Stellung bekommen, wenn ich bei Paulus hinausgeflogen war?

Und noch etwas kam dazu. Bei allem Abscheu, den mir Peters' Wesen einflößte, empfand ich eine heimliche, uneingestandene Bewunderung für ihn. Er schillerte und blendete. Er war morbid, amoralisch und hemmungslos. Aber er zog an.

Er erreichte, daß ich mich viel öfter mit seiner Person beschäftigte, als ich wollte. Ich kam nicht von solchen Gedanken los.

Sein zweifelhafter Ruf machte ihn interessant, seine Erfolge erweckten Neid und den uneingestandenen Wunsch, es ihm gleichzutun. Ich haßte ihn nicht nur wegen seines Charakters, sondern wegen meiner eigenen Minderwertigkeit, die mir in seiner Nähe noch deutlicher wurde.

Nach außen ließ ich mir nichts anmerken. Ich weiß nicht, ob Peters etwas von meinen Gedanken ahnte. Sie wären ihm auch gleichgültig gewesen.

Alles wäre weitergegangen wie bisher. Ich säße heute als Facharzt für Röntgenologie an einer Klinik oder in meiner eigenen Praxis. Aber es geschah etwas, das alle meine Hoffnungen und Aussichten zunichte machte.

Vera kam zu Besuch.

Veras Brief lag auf dem Tablett mit meinem Abendbrot, als ich an einem nebligen Abend müde und abgespannt nach Hause kam. Schon von weitem erkannte ich ihre Schriftzüge, und eine jähe Freude überkam mich. Ich zog mich aus und las während des Essens.

Der Umschlag und der Bogen rochen ganz zart nach ihr. Ich zögerte, bevor ich das Blatt auseinanderfaltete.

Vielleicht stand etwas Schlimmes darin. Daß sie fortging oder heiratete oder etwas Ähnliches. Bei jedem ihrer Briefe hatte ich dieses Gefühl. Solche Furcht hatte ich, sie zu verlieren, daß ich jedesmal bangte, ihn lesen zu müssen.

Vera schrieb:

Mein lieber Stephan,

Du wirst Dich furchtbar wundern: Ich bin zu Hause. Ich habe einen tollen Wintersport hinter mir. War mit Anita in Cortina. Es war einfach himmlisch! Anita hat sich den Knöchel verstaucht. Ich hatte einen tollen Skidreß. Schade, daß Du ihn nicht sehen konntest. Hätte Dir bestimmt gefallen.

Seit gestern bin ich zurück und wollte Dir gleich schreiben. Hör zu: Ich komme in nächster Zeit und besuche Dich. Ich weiß noch nicht genau, wann, aber ich komme. Dann erzähle ich Dir mehr.

Inzwischen alles Liebe.

Deine Vera

Ich ließ das Blatt sinken und betrachtete lächelnd ihr Bild, das auf meinem Schreibtisch stand. Sie schrieb wie immer. Wie eine Siebzehnjährige. Ich wußte es aus früheren Briefen und aus der Doktorarbeit. Ihr Temperament erfüllte auch ihre Zeilen.

Deine Vera.

Ich wünschte, sie wäre es, dachte ich.

Natürlich folgte noch ein Postskriptum.

Ich komme entweder ins Institut oder in Deine Wohnung. Oder hast Du eine strenge Wirtin?

Nein. Nein, eine strenge Wirtin hatte ich nicht. Meine Wohnung war abgeteilt, und ich konnte tun, was ich wollte. Ich las den Brief noch einmal. Dann holte ich Veras Bild und stellte es vor mich hin.

Ich war jetzt siebenundzwanzig. Vera war drei Jahre

jünger. Nie hatte ich den Mut besessen zu fragen, ob sie mich heiraten wollte. Jetzt mußte ich ihn aufbringen. Es war gut, daß sie kam.

So weit hatten mich meine Überlegungen geführt, als die aufkeimende Hoffnung verflog. Vera und ich? Die Schöne und der Häßliche?

Wieder las ich den Brief.

Mein lieber Stephan.

Deine Vera.

Vielleicht wollte sie mich doch? Wer konnte bei einer Frau wissen, was sie wollte.

Fragen mußte ich sie. Das war es. Sonst würde es eines Tages heißen: Du hast mich nie gefragt!

Ich holte mein Briefpapier hervor und begann zu schreiben. Ich schrieb, wie sehr ich mich über ihre Nachricht gefreut habe, wie glücklich ich sei, daß sie kommen wolle, wie ich nur von einem ihrer Besuche zum anderen lebte.

Du bist mir immer die Liebste gewesen und bleibst es für immer. Dein Bild steht vor mir, seitdem Du es mir geschenkt hast. Kein anderes kommt an seine Stelle. Jeden Abend, den ich nach Hause komme, und jeden Morgen, an dem ich erwache, sehe ich Deine Augen als erstes. Hast Du keine Arbeit mehr, mit der Du nicht klarkommst? Ich würde so gern wieder einen Kuß von Dir kriegen.

Ich schrieb und schrieb, ohne viel nachzudenken und ohne etwas zu verbessern, wie ich es sonst immer tat.

Fünf Seiten.

Als ich fertig war, las ich den Brief durch. Er gefiel mir. Aber wie immer vor meinen Entschlüssen überkam mich Zaghaftigkeit. Was würde Vera dazu sagen? Würde sie lachen oder erschrecken?

So oft hatte ich meine Unsicherheit und Instinktlosigkeit schon verflucht, die mich nie wissen ließen, was richtig war.

Ach was. Sie sollte ruhig wissen, wie es um mich stand. Ich adressierte den Umschlag und klebte ihn zu.

Bald darauf lag ich im Bett. Ich schlief unruhig und träumte von Vera, und wenn ich aus dem leichten Schlaf erwachte, sah ich zum Schreibtisch hinüber, wo im Dunkeln ihr Bild stand.

V

Eine Woche verging. Ich hatte Vera gebeten, mir möglichst doch den Tag ihrer Ankunft mitzuteilen. Sie tat es nicht. Ich hatte auch nicht ernsthaft damit gerechnet. So wartete ich von Tag zu Tag in wachsender Sehnsucht.

Der Sonnabend kam heran, und Vera war noch immer nicht aufgetaucht. Ich räumte im Labor II zusammen und bereitete vor, was ich am Montag brauchen würde. Peters kam herein.

Er gab mir einige Anweisungen. Mir war das lieber, als wenn er sich vornahm, diese Dinge selbst zu tun. Dann wurde doch nichts daraus.

Als er fertig war, blieb er einen Augenblick unschlüssig stehen. Er strahlte mich in seiner lausbübischen Manier an.

»Herr Butterweis – ich habe heute abend ein paar Leute bei mir. Kleiner Umtrunk. Wenn Sie nichts anderes vorhaben – ich würde mich freuen, wenn Sie kämen.«

Mein erster Gedanke war: Nein!

Er war mir verhaßt. Sollte ich auch noch mit ihm feiern, unter fremden Leuten, die ihn anstaunen und mich belächeln würden? Es war eine Gelegenheit, ihm zu zeigen, daß ich auf seine Einladungen keinen Wert legte. Genug, daß der Dienst mich zwang, mit ihm zusammen zu sein.

Warum sollte ich überhaupt zu ihm kommen? Hatte er meine Abneigung gespürt, wollte er sich in ein günstiges Licht setzen und mich einwickeln?

Nein.

Ich sagte: »Das ist sehr nett von Ihnen, Herr Peters. Aber leider ist es mir nicht möglich. Ich erwarte Besuch, schon seit einiger Zeit, und muß mich freihalten. Es kann sein, daß gerade heute . . .«

Ich hielt inne.

Es hatte energisch geklopft.

»Herein!« rief Peters.

Vera stand auf der Schwelle.

Sie trug einen Pelz, mit einer Kappe aus dem gleichen Fell. Ihre Augen blickten übermütig. Sie sah unbeschreiblich süß und frisch aus.

»Tag!« rief sie. »In der hintersten Höhle findet man dich.«

»Vera«, sagte ich freudig. »Das ist ja wunderbar!«

Ich begrüßte sie glücklich. Dann stellte ich Peters vor. Sein Blick umfaßte Veras Gestalt. Er lachte wie ein Filmstar.

»Na – das scheint mir doch der Teufel zu sein, von dem eben die Rede war.«

»Sie!« rief Vera. »Ich nehme Sie gleich auf die Hörner! Wieso war von mir die Rede?«

»Ich erzählte, daß ich dich erwarte«, sagte ich schnell.

»Ja. Herr Butterweis gab mir gerade Ihretwegen einen Korb. Ich wollte ihn für heute abend einladen.«

Peters lehnte mit verschränkten Armen am Tisch. Ich sah, wie Vera ihn betrachtete. Ihre Blicke kreuzten sich. Für kurze Zeit hingen die beiden hellen Augenpaare aneinander.

Dann drehte Vera sich im Kreis herum.

»Kinder, sieht das bei euch aus!«

»Der Umbau steht bevor«, sagte ich spöttisch. Peters' Gesicht veränderte sich nicht. Er wandte sich zu mir. Ich ahnte, was kommen würde.

»Nun, wenn das Ihr Besuch ist, Herr Butterweis, dann würde ich aber doch vorschlagen, daß Sie ihn vielleicht mitbringen heute abend. Schöne Mädchen fehlen ohnehin.«

»Das wundert mich«, entgegnete ich harmlos. »Ich dachte, Sie hätten gerade daran keinen Mangel.«

Peters lächelte ungerührt. Ich wollte nicht kommen. Und vor allem nicht mit Vera. Ich wollte sie für mich allein haben. Zu dumm, daß sie gerade jetzt hereinplatzen mußte. Ich blickte sie warnend an.

»Ja, Vera – ich hatte Herrn Peters schon abgesagt, weil ich dich erwartete. Ich weiß nicht, ob es dir paßt.«

Ich ärgerte mich. Ein anderer hätte einfach gesagt: Nein, ich habe etwas vor. Ich konnte es nicht. Ich suchte die Hilfe bei Vera.

Umsonst. Sie war neugierig auf Peters und musterte ihn.

»Ach, weißt du – es paßt schon. Warum sollen wir deinen Prinzipal nicht schädigen? Ich bleibe länger hier.«

»Na fein«, sagte Peters. Triumph stand in seinen Augen. »Dann sagen wir doch um acht. Sie kennen ja meine Adresse, Herr Butterweis.«

Ich nickte. Peters hatte alles an sich gerissen, wie immer. Ich war völlig ausgeschaltet. Vera hörte ihm zu, während wir nach vorn gingen. Er erzählte von unserer Arbeit und vom Institut, und sein dozierender Ton ging mir auf die Nerven. Er bemühte sich, Vera so oft wie möglich zum Lachen zu bringen. Ich blieb stumm.

Mir war erst wohler, als wir in meinem Zimmer standen. Ich legte meine Hände auf Veras Arme.

»Jetzt kann ich dir erst richtig guten Tag sagen!«

»Hast du etwas, Stephan?« fragte sie.

Ich ließ sie los.

»Ach nein. Es war nur – ich wollte an unserem ersten Abend mit dir allein sein. Nun müssen wir dorthin.«

»Aber, warum nicht, mein Guter?« rief sie. »Ich geh' doch mit dir.«

»Aber ich habe dann nur die Hälfte von dir«, sagte ich.

Sie sah mich prüfend an.

»Kannst du ihn nicht leiden?«

»Wie kommst du darauf?« fragte ich.

»Weiß nicht. Habe so das Gefühl!«

Ich antwortete nicht. Ich weiß nicht mehr, warum ich ihr nicht gleich meine Meinung über Peters sagte.

Sie ging im Zimmer umher und blieb dann plötzlich vor mir stehen. »Stimmt es?«

Ich rückte an meiner Brille und versuchte zu lächeln.

»Warum interessiert dich das so?«

»Ich will es eben wissen.«

»Gefällt er dir?« fragte ich, um sie abzulenken.

»Nun – er sieht nett aus. Redet ein bißchen viel.«

»Ich kenne ihn nur vom Dienst her«, sagte ich. »Es ist das erste Mal, daß er mich einlädt.«

»Ein gutes Zeichen«, sagte Vera fröhlich. »Ich werde dich rausstreichen heute abend. Du wirst bestimmt noch was in eurem Laden.«

»Ich kann mir was Besseres vorstellen«, sagte ich leise.

»So, was denn?«

Ich antwortete nicht. Sie trat näher zu mir heran.

»Schönen Dank übrigens für deinen Brief.«

»Hat er dir gefallen?«

»Hat er. Du, das war ja ein richtiger Liebesbrief.«

»Wirklich?« meinte ich. Ich wurde verlegen. Mein Blick wich ihr aus.

»Ja, Ich wußte gar nicht, daß du so etwas kannst.«

»Ich wußte es auch nicht, Vera.«

Sie nahm mich bei den Ohren und küßte mich ganz sanft auf die Lippen. Es geschah schnell und war wie ein Hauch, aber mir lief ein beseligender Feuerstrom durch das Blut.

Wir setzten uns.

Vera erzählte mir ihre Erlebnisse und fragte nach den meinen. Ich erfuhr, daß sie eine Stelle an unserer

Kinderklinik in Aussicht hätte. Am Montag müßte sie sich vorstellen.

Ich war verwirrt vor Freude.

Sie würde hierbleiben, in meiner Nähe. Ich sah meine kühnsten Hoffnungen in Erfüllung gehen.

»Das ist herrlich, Vera«, sagte ich. »Das ist die größte Freude für mich, seitdem ich hier bin. Jetzt macht es mir auch nichts mehr aus, daß wir zu Peters gehen.«

Sie lachte.

»Na also. Ich weiß aber noch gar nicht, ob sie mich nehmen.«

»Sie nehmen dich«, sagte sie überzeugt. »Sie nehmen dich bestimmt. Sie brauchen dich nur zu sehen.«

»Auf die Arbeit mit den Kindern freue ich mich.« Sie rückte zu mir heran und machte Kulleraugen. »Du – wenn sie was Wissenschaftliches von mir haben wollen, hilfst du mir dann wieder?«

Ich versuchte, streng auszusehen.

»Das ist unerlaubtes Tun, Fräulein Doktor.«

Sie kam noch näher.

»Wirklich, Herr Professor?«

Ich rückte an der Brille.

»In gewissen Fällen sind Ausnahmen – die Regel . . .«

»Wunderbar«, hauchte sie in mein Ohr.

Ich berührte ihre Wange mit den Lippen.

»Natürlich mache ich's, Vera. Wenn's sein muß an Sonn- und Feiertagen.«

Ich wollte sie in den Arm nehmen. Aber ich zögerte einen Augenblick und einen Augenblick zu lange. Vera richtete sich auf und warf einen erschrockenen Blick auf die Uhr.

»Du, jetzt muß ich aber gehen! Tante Sophie wird schon die Hände ringen!«

»Ich hole dich ab«, sagte ich. »Halb acht. Ist das genug Zeit zum Schönmachen?«

»Dicke genug.«

Ich half ihr in den Mantel, brachte sie zur Tür und sah ihr vom Fenster aus nach.

Während ich mich umzog, überdachte ich die veränderte Lage. Vera war da. Sie würde hierbleiben. Alles würde gutgehen. Wer konnte mir noch etwas anhaben? Peters! Sollte ich mich noch über ihn ärgern? Von jetzt ab nicht mehr. Plötzlich überfiel mich ein Gedanke, so lähmend und schwer, daß ich meine Krawatte, die ich gerade binden wollte, loslassen und mich niedersetzen mußte. Ich stützte die Ellenbogen auf die Knie. Meine Blicke fuhren den gewundenen Mustern des Teppichs nach.

Wenn Vera sich in Peters verliebte?

Warum hatte sie seine Einladung nicht abgelehnt?

Ich preßte die Handflächen gegen die Stirn und wehrte mich dagegen, den Gedanken weiterzudenken. Es half nichts. Unaufhörlich stiegen Schreckbilder vor mir auf.

Peters und Vera.

Ich kannte ihn. Er würde mit allen Mitteln versuchen, ihr zu gefallen. Er hatte Erfahrungen mit Frauen. Er griff nach jeder, die in seine Nähe kam. Was konnte ich tun?

Einfach nicht hingehen.

Ich sprang auf und lief im Zimmer auf und ab. Ich würde Vera abholen und sie bitten, mit mir woandershin zu gehen. Oder sie überhaupt nicht abholen und vorgeben, ich hätte mich nicht wohlgefühlt.

So schnell, wie diese Gedanken gekommen waren, verwarf ich sie wieder.

Vera würde mich herumkriegen. Und lügen lag mir nicht. Außerdem – wenn sie ihn wiedersehen wollte, konnte sie andere Wege einschlagen.

Ich wurde ruhiger und setzte mich wieder.

Es war alles Unsinn. Vera hätte längst einen Mann

haben können. Warum sollte es ausgerechnet Peters sein?

Und dann: Sie mußte doch merken, was für einer er war. Sie konnte nicht auf ihn hereinfallen, auf seine Eitelkeit, seine Arroganz und Großsprecherei. Sie mußte ihn durchschauen.

Ich trat wieder vor den Spiegel. Ich band meine Krawatte und sah das Lächeln auf meinem Gesicht.

Nein. Sie würde nicht auf ihn hereinfallen. Nicht meine Vera.

Peters hauste in einer Mansardenwohnung, vier Stockwerke hoch, in einem schmalbrüstigen Haus. Er empfing uns an der Tür, strahlend und tadellos angezogen.

»Na, das ist aber doch sehr fein. Schön und pünktlich wie die liebe Sonne.«

»Ja«, sagte ich. »Wir waren auch für acht Uhr eingeladen. Nicht für zehn.«

Eine Sekunde lang funkelte ein Licht in seinen lachenden Augen auf. Aber Vera sah es nicht.

Seine Wohnung entsprach ihm in allen Einzelheiten. Die Einrichtung schien von Auktionen zu stammen und stand unordentlich und planlos herum. Von einem kleinen Flur aus gelangten wir in ein Zimmer, das als Speisekammer, Anrichte, Abstellraum und Gästezimmer zugleich diente. Es erinnerte mich an unser Labor II. Sein Wohnzimmer glich dem Atelier eines mittellosen Malers. Auf dem Fußboden lag eine Bastmatte. An den Wänden hingen Faschingstrophäen und surrealistische Bilder. Alle Stühle, die er besaß, hatte er im Halbkreis zusammengestellt. Auf einem niedrigen Tisch stand eine Batterie Weinflaschen. Ein Schlafzimmer und ein Bett besaß er nicht. Die Couch in der Ecke war die Stätte seiner Ruhe- und Liebesstunden.

Wir begrüßten zwei Gäste, die vor uns gekommen waren. Es waren Dr. Koch vom physikalischen Institut, ein kindlicher Mensch, der ebensolche Witze von sich gab, und Fräulein Behrens, unsere Fotografin, eine ältliche, demütige Person, die jeder Meinung beipflichtete. Alle beide waren Peters völlig unterlegen. Den gleichen Eindruck hatte ich von Dr. Woltersdorf, der kurz nach uns eintraf. Er war Assistent am chemischen Institut, und der Umgang mit Säuren und Salzen hatte ihn frühzeitig verkümmern lassen. Er machte für Peters chemische Untersuchungen, wurde von ihm weidlich ausgenutzt und verehrte in ihm den kommenden Genius der Isotopenforschung. Ein schöner Haufen von subalternen Naturen waren wir. Ich wußte nun, warum Peters mich eingeladen hatte. Als letzte kam Ilse Strübel. Natürlich. Noch eine Anbeterin. Sie warf einen prüfenden und erschrockenen Blick auf Vera. Wie oft wird Peters sie schon zusammen mit anderen Mädchen eingeladen haben, dachte ich.

Er begann, ununterbrochen redend, die Weinflaschen zu entkorken. Vera schaute sich belustigt um.

»Bißchen schwach möbliert, Herr Peters. Sieht aus, als wäre der Gerichtsvollzieher dagewesen.«

»Ja nun«, sagte Peters mit strahlenden Augen, »das Leihhaus will auch leben.«

»Hehehe«, lachte Woltersdorf meckernd. Die Behrens kicherte eine Okatave höher.

»Es fehlt eben die Hausfrau«, fuhr Peters fort.

»Glauben Sie, daß eine Hausfrau gegen Sie ankäme?« fragte ich.

»Kommt auf die Hausfrau an.«

»Warum heiraten Sie nicht?« fragte Vera.

»Weil mir dann keine schöne Frau mehr diese Frage stellt. Zum Wohl!«

Wir erhoben die Gläser. Der Wein schmeckte nach

einem billigen Sonderangebot. Ich wußte, daß Peters geizig war. Er gab ungern etwas für andere aus.

Vera verzog das Gesicht. »Bißchen sauer.«

»Das erste Glas muß sauer schmecken, Gnädigste«, sagte der kindliche Koch. »Dann liegt das fünfte richtig.«

Er grinste Vera an, was nach seiner Meinung bezaubernd aussah. »Sind Sie auch Mitglied unseres gigantischen Lehrkörpers?«

Vera schüttelte ihre Locken. »Nein. Ich will es erst werden.«

»Ach.« Peters setzte sein Glas hin. »Wo denn?«

»In der Kinderklinik.«

»In der Kinderklinik«, wiederholte er langsam. »Na, das ist sehr fein. Ich werde mich auf die Säuglingsstation legen.«

»Warum Säuglingsstation?«

»Wegen des Stillens«, antwortete er.

Vera schlug die Augen nieder, aber als sie sie wieder erhob, sah ich, daß sie sich nicht ärgerte. Dafür war ich um so wütender.

Peters füllte die Gläser nach.

»Hoch lebe die Kinderklinik und ihre weiblichen Mitglieder.«

»Sie kannten sich noch nicht?« fragte Woltersdorf interessiert, als er sein Glas abgesetzt hatte.

»O nein. Fräulein Doktor verdanken wir Herrn Butterweis.«

»Aha.«

Woltersdorf wirkte beinahe ungläubig. Ilse Strübels Gesicht hellte sich etwas auf. Auch sie hatte geglaubt, Vera wäre eine von Peters' Freundinnen.

Selbstverständlich. Mir wurde so etwas gar nicht zugetraut.

Peters riß die Unterhaltung mehr und mehr an sich. Er sprach von medizinischen Problemen, der Atomforschung, breitete seine Auslandserlebnisse aus und sagte Vera eine Schmeichelei nach der andern.

Ich beobachtete und schwieg.

Trotz aller Verachtung stieg wieder der Neid in mir hoch. Er konnte mit Vera reden, wie ich es nie vermocht hätte. Er hatte Einfälle und fand Wortspiele, auf die ich niemals gekommen wäre, und er brachte kühne und einfache Komplimente so an, daß sie dezent und neuartig wirkten. Er verstand sein Geschäft, und ich kannte sein Rezept. Es bestand darin, die Frauen so zu behandeln, als wäre er in sie verliebt, und die Männer so, als langweilten sie ihn, und wenn dies Verfahren auch nicht von ihm stammte, so hatte er mit ihm doch Erfolg.

Vera schien sich blendend zu amüsieren. Sie trank viel, hatte glühende Wangen und ließ sich mit Peters in Rededuelle ein, in denen sie meist den kürzeren zog. So, wie ich sie jetzt sah, war sie in meiner Gegenwart nie gewesen. Sie verwöhnte Peters mit ihrer Liebenswürdigkeit, kaum daß sie ihm begegnet war. Mich hatte noch kein Mädchen verwöhnt, und keine war mir je nachgelaufen. Ich fühlte mich so benachteiligt, daß ich wütend auf Vera wurde.

Warum benahm sie sich so?

Warum mußte sie diesem aufgeblasenen Fatzke auch noch entgegenkommen?

Im nächsten Augenblick entschuldigte ich sie wieder vor mir selbst. Sicher tat sie es nur, um eine gute Gesellschafterin abzugeben.

Allmählich lockerte sich die Stimme auf. Wir hatten schon mehrere Flaschen geleert. Ich begann mich an der Unterhaltung zu beteiligen. Mein Zorn verflog. Ich sah alles in einem anderen Licht und war stolz auf meine Vera. Sie war die Schönste. Sie gehörte mir.

Peters schaltete das Radio ein. Es kam Tanzmusik. Er sah im Kreise herum.

»Wie wär's – ein Tänzchen?«

Nichts hätte mich in größere Verlegenheit bringen können. Tanzen – hier, zwischen diesen Leuten, unter den Augen von Peters. Ich würde auffallen und mich lächerlich machen. Es war, als wüßte er, wie er mich treffen könnte, dieser Teufel.

Vera klatschte in die Hände.

»O fein, wunderbar!« Sie faßte mich an den Handgelenken und wollte mich aus dem Sessel ziehen.

»Komm, Stephan! Sei feurig!«

»Nein, bitte nicht, Vera«, sagte ich. »Du weißt doch, ich tanze nicht.«

Ich freute mich, daß sie zuerst zu mir kam, aber ich wollte hier nicht den Narren abgeben.

»Tanze mit Herrn Peters. Ich sehe zu. Das macht mir mehr Spaß.«

»Nein, ich will, daß du mit mir tanzt. Komm hoch, Faultier!«

Sie zog mich mit Gewalt aus dem Stuhl. Ich mußte mitmachen, wenn ich nicht unhöflich erscheinen wollte.

Ich umfaßte sie und drängte sie schnell in eine Ecke des Zimmers, wo wir nicht so gesehen werden konnten.

Vera wirbelte mich herum. Es war eine einzige Katastrophe. Zum Glück nahm sie immer rechtzeitig ihre Füße weg.

Ich fühlte die Blicke der anderen und sah Peters' schadenfrohe Miene. Er blieb sitzen, spendete uns Beifall und lachte insgeheim über mein klägliches Gestolper. Meine Handflächen schwitzten. Dabei war ich glücklich, Vera an mir zu spüren, den Duft ihres Haares und ihrer Haut zu atmen und sie in meinen Armen zu halten. Aber das Gefühl der Beschämung und Lächerlichkeit überwog. Ich atmete auf, als die Musik abbrach.

»Na«, sagte Peters mit unverhülltem Spott, »das war

doch schon sehr fein. Ist ja auch nicht schwer, mit so einer Partnerin.«

Vera faßte mich an der Nase.

»Ich bringe dir's schon noch bei, du!«

Wir gingen zum Tisch zurück. Vera trank ihr Glas aus. Der nächste Tanz kam. Peters verbeugte sich vor ihr. Koch tanzte mit Ilse Strübel. Woltersdorf erbarmte sich der Behrens. Ich konnte sitzen bleiben.

Vera und Peters tanzten wunderbar. Er drehte sich mit ihr auf engstem Raum und beherrschte Schrittkombinationen, die ich niemals zuvor gesehen hatte. Er hatte die richtige Größe für sie. Sie sprachen nicht, blickten einander nur an.

Ich sah zu, nippte an meinem Glas, freute mich über Veras anmutige Gestalt und merkte nicht, was sich da unter meinen Augen vollzog.

Bis zum Aufbruch wurde noch viel getanzt. Und meistens tanzte Vera mit Peters. Ich hatte nie etwas vom Tanzen verstanden und wußte nicht, welche Brücken es schlagen konnte. Ein paarmal fand ich den Mut, Vera aufzufordern, und als ich mehr getrunken hatte, holte ich auch Ilse und die Behrens. Um halb eins wurde von unten heftig gegen den Fußboden geklopft. Wir blieben noch kurze Zeit beisammen. Dann brachen wir auf.

Ich begleitete Vera nach Hause, führte sie am Arm, redete, lachte mit ihr, hatte sie verloren und wußte es nicht.

VI

Fünf Wochen später war mein Geburtstag.

In der Zwischenzeit hatte ich gelebt und gearbeitet wie vordem. Vera war an der Kinderklinik angestellt worden. Wir hatten uns häufig gesehen, im Institut, in ihrer Klinik, im Haus der Verwandten, bei denen sie wohnte, oder bei mir.

Sie war gleichmäßig geblieben, behandelte mich wie immer, behutsam und mit einer Art mütterlicher Zärtlichkeit. Dagegen liebte ich sie mehr und mehr, und es wurde mir von Tag zu Tag schwerer, meinen Heiratsantrag bis zu meinem Geburtstag aufzuschieben.

An diesem Mittwoch beeilte ich mich, so früh wie möglich wegzukommen. Peters war wieder einmal um fünf gegangen. In der letzten Zeit hatte er mich auffallend in Ruhe gelassen.

Ich erledigte das Notwendigste und verließ das Labor bald nach ihm.

Zu Hause deckte ich den Tisch für Vera und mich. Ich legte ein weißes Tischtuch auf, das ich noch nie benutzt hatte. Zwischen die Gedecke stellte ich die Blumen, langstielige rote Rosen. Aus Wurst, Schinken, Käse, Fleischsalat, Ölsardinen und Tomaten verfertigte ich in mühsamer Arbeit eine kalte Platte.

Mein Programm war genau überlegt.

Zuerst wollte ich mit Vera einen Cocktail trinken, als Aperitif. Zu meiner Platte sollte es Bier geben. Danach Sekt, um Veras Fröhlichkeit und meinen Mut zu steigern. Eine Flasche teuren Kognak hielt ich in Reserve.

Ich ordnete die Gläser und Bestecke wie ein Oberkellner. Auf einen kleinen Tisch in Griffnähe stellte ich Salzstangen und Käsegebäck, Schokolade und Zigaretten.

Dann wusch ich mich und zog mich um. Ich nahm ein weißseidenes Hemd, das ich nur bei besonderen Gelegenheiten trug. Der Kragen war etwas eng geworden. Auch kostete es mich erhebliche Mühe, die Manschettenknöpfe mit den Lapislazuli zuzubekommen. Sie hatten bisher ein nutzloses Dasein gefristet.

Ich nahm meine beste Krawatte und zog meinen besten Anzug an, den der Schneider nach unzähligen Anproben meiner Figur leidlich angepaßt hatte.

Mein Haar bürstete ich an den Schläfen glatt und strich es über dem Scheitel in die Höhe, um meinen runden Kopf länger wirken zu lassen. Eine neue Hornbrille verlieh mir das Aussehen eines kühnen Denkers. Vielleicht würde Vera lachen. Als ich fertig war, überprüfte ich meine Vorbereitungen noch einmal. Nichts fehlte. In der Küche stellte ich noch das Kaffeegeschirr bereit und sah nach meinen Sektflaschen, die unter dem rieselnden Wasser des Spülbeckens lagen.

Ich setzte mich ins Wohnzimmer und wartete. Ich dachte an Peters und seine Einladung. Vera sollte den Unterschied merken. Es schlug sieben Uhr.

Der Zeitpunkt der Verabredung. Ich billigte ihr von vornherein eine halbe Stunde Verspätung zu.

Aber ich wurde unruhiger von Minute zu Minute und blickte in immer kürzeren Abständen zum Fenster hinaus. Ich quälte mich mit dem Gedanken, was ich tun sollte, wenn sie nicht kommen würde.

Zwanzig Minuten nach sieben kam sie.

»Mein Guter, du hast schon gewartet! Ach, wie hübsch! Stell dir vor, ich kam und kam nicht weg. Der Pilarski, der ekelhafte Kerl, hat mich aufgehalten. Jedesmal, wenn ich etwas vorhabe, kommt er mit irgendeinem Quatsch.«

»Ich würde dich auch so lange wie möglich aufhalten«, sagte ich lächelnd. »Komm, zieh dich aus.«

Während ich ihren Mantel aufhängte, knotete Vera den Bindfaden von einem Päckchen auf, das sie mitgebracht hatte. In ihm war ein elektrischer Rasierapparat, mit einem blauen Bänden darum und einer Geburtstagskarte mit Scherenschnittbild.

Herzlichen Glückwunsch, hatte Vera daraufgeschrieben. Glatte Männer küßt man lieber.

Ich sah sie an. In ihrem Cocktailkleid sah sie aus wie ein schwarzer Engel.

»Wirklich nett von dir, Vera. Genau das, was ich brauche.«

Jeden Morgen schnitt ich mich, wenn ich die Klinge über meine unreine Haut führte.

»War das nicht zu teuer für eine arme Volontärin?«

»Ach, red nicht!«

Ich stand in der Mitte des Zimmers. Sie kam auf mich zu, bis ich ihre hellen Augen dicht vor mir sah, und legte ihre Arme um den Kragen meines guten Anzugs. Ich stand steif da, mit dem Päckchen in der Hand, und konnte mich nicht bewegen.

»Kleines Geburtstagsküßchen, Herr Doktor?«

Sie preßte ihre Lippen auf meinen Mund und öffnete sie. Noch nie hatte ich ein derartiges Gefühl verspürt. Ich schloß die Augen und vermochte kaum mehr zu atmen.

Dann ließ sie mich los.

Sie lächelte und rieb mit ihrem Taschentuch an meinem Mund herum.

»Doch nicht ganz kußecht. Und dabei so teuer.«

Es dauerte einige Zeit, bis ich wieder zu mir kam.

»Vera«, sagte ich, »der Kuß allein hätte als Geburtstagsgeschenk genügt.«

»Schon gut, Meister. Gibt's nun endlich was zu essen?«

»Ja, ja, sofort, Vera. Aber erst mußt du meinen Cocktail probieren.«

»Cocktail?«

»Und was für einen.«

Ich füllte die Gläser. Vera probierte und spitzte die Lippen. »Herrlich! Was ist das?«

»Alte Apothekerkräuter«, sagte ich. »Du mußt noch mehr Hunger bekommen. Sonst schaffen wir die Platte nicht.«

Wir tranken, bis nichts mehr von der Mixtur übrig war. Dann machten wir uns über die Platte her. Vera aß mit fröhlichem Gesicht, und ich freute mich, daß es ihr schmeckte.

»Wo hast du die Rosen her?« fragte sie.

»Weiß ich nicht mehr«, sagte ich. »Weiß nur, wer sie nachher mitnimmt.«

»Aber Stephan . . .«

»Doch, doch.«

Nach dem Essen räumte Vera ab. Ich mußte sitzen bleiben. Sie kochte den Kaffee, und wir tranken ihn zu einer Zigarette. Ich war restlos glücklich und konnte kein Auge von Vera lassen.

Aber eine leise Spannung fühlte ich, und sie wuchs, je weiter die Zeit vorrückte.

Sollte ich die Entscheidung hinausschieben? Dann war alles offen und nichts verloren. Ach was. Auch sie würde Bedenkzeit brauchen, vielleicht. Jetzt war die Gelegenheit, jetzt mußte es heraus.

Ich holte die erste Sektflasche aus dem Wasser, trocknete sie ab und nahm sie mit hinein. Vera wollte es knallen hören, hielt sich aber die Ohren zu. Ich löste den Draht und den Bügel. Langsam schob sich der Korken heraus und schoß mit Plopp zur Decke. Ich hatte Mühe, den Sekt in meinem Glas aufzufangen.

Wir tranken uns zu.

»Stephan«, sagte Vera,»alles, was du dir wünscht, soll in Erfüllung gehen!«

»Würdest du dazu helfen?« fragte ich.

»Immer!«

»Ich komme darauf zurück«, sagte ich.

Eine Stunde verging. Wir sprachen über alles mögliche. Vera erzählte von ihrer Arbeit. Wir holten gemeinsame Erlebnisse hervor und kramten in Erinnerungen.

Ich trank mehr und schneller als Vera. Auch sie kam in Stimmung. Als es elf war und die zweite Flasche zur Neige ging, hatte ich meine Hemmungen überwunden.

Ich stand auf und drehte das Radio ab. Veras erstaunter Blick folgte mir.

»Nanu«, sagte sie, als ich wieder saß. »Du wirst ja auf einmal so offiziell.«

»Vera«, sagte ich und betrachtete meine Fingerspitzen, »hast du Lust, mir eine Weile zuzuhören?«

»Aber natürlich, Stephan. Ich hör' dir gern zu. Erzähl etwas.«

Ich sah sie an, schlug den Blick jedoch sofort wieder nieder.

»Du darfst mich aber nicht unterbrechen, Vera. Sonst komme ich aus dem Konzept, und aus ist es.«

»Nein, ich höre brav zu. Aber vorher mußt du noch etwas einschenken.«

Ich war froh, es tun zu können. Es war wie ein Aufschub. Ich goß die Gläser voll und gab Vera Feuer für die nächste Zigarette. Dann holte ich Luft und fing an.

»Vera«, sagte ich, »außer meinen Eltern kennst du mich am längsten. Wir haben zusammen gespielt, uns gebalgt, Kirschen gestohlen und zusammen den Hintern vollgekriegt. Wir haben miteinander studiert und arbeiten jetzt ein paar Häuser voneinander entfernt. Du weißt ungefähr, was an mir dran ist, und was nicht.«

Ich nahm einen Schluck. Vera hatte sich nicht gerührt.

»Auch ich kenne dich, Vera. Und bei dir weiß ich, was dran ist. Vielleicht weißt du, daß ich dich lieb habe.

Vielleicht auch nicht. Es ist so. Immer schon so gewesen. Du bist das einzige Mädchen, das für mich existiert. Ich habe nie eine andere angesehen und nie eine andere gekannt.«

Jetzt sah ich ihr gerade ins Gesicht, und sie erwiderte meinen Blick, ruhig und aufmerksam, wie ein Arzt, der sich die Beschwerden seines Patienten anhört. Ich lächelte.

»Ist ja auch kein Wunder. Ich bin nicht der Mann, nach dem sich die Mädchen umdrehen.«

Ich nahm mein Glas zwischen die Hände und sah hinein. Die glänzenden Perlen der Kohlensäure stiegen an die Oberfläche und zersprühten.

»Vera – du bist eins der schönsten Mädchen, die es gibt. Man sieht oft, das schöne Mädchen häßliche Männer haben. Könntest du einen häßlichen Mann heiraten? Einen, der kleiner ist als du, und unscheinbar? Mich?«

Vera blieb sitzen wie vorher. Es war still wie in einer Kirche.

Dann beugte sie sich vor, streichelte meine Hand, behutsam und zärtlich.

»Du Guter!«

Ich faßte ihre Hand und hielt sie fest.

»Überleg dir's, Vera. Ich überfalle dich heute damit, wo du an nichts Böses denkst. Mach es wie die Mädchen in den Romanen. Sag: Das kommt mir so plötzlich. Aber heute ist mein Geburtstag. Und an allen Geburtstagen, die noch kommen, werde ich nur einen Wunsch haben: dich zur Frau zu bekommen. Heute und in fünf Jahren und immer.«

Ich trank mein Glas aus und setzte es hart auf die Tischplatte. Schluß. Mehr wollte ich nicht sagen.

Dann sah ich Veras Blick. Es war der Blick, den ich so oft aufgefangen hatte, wenn andere Menschen mich betrachteten. Voller Schonung, als schämten sie sich ihrer Überlegenheit, und voller Mitleid, als seien sie verantwortlich für mein Unglück. Ich bekam Angst. Warum sah sie mich so an?

»Stephan«, sagte sie leise, »du lieber Kerl! Es ist so schön, daß du zuerst zu mir kommst. An so etwas habe ich noch gar nicht gedacht.«

»Dann denk doch einmal daran«, rief ich. »Ich mache einen Röntgenladen auf. Du deine Kinderpraxis. Beide in einem Haus. Und abends zählen wir das verdiente Geld!«

»Ach, Stephan!«

»Vera«, sagte ich, »du brauchst mich nicht zu schonen. Wenn du mich nicht magst, sag es mir.«

»Nicht doch. Ich hab' dich sehr gern. Du bist nicht meine große Liebe, aber ich hab' dich sehr gern. Wirklich. Ich glaube, daß ich es gut bei dir hätte.«

»Ich würde für dich tun, was ich kann«, versicherte ich, und es war die Wahrheit.

»Ich weiß. Wenn ich jetzt heiraten wollte und hätte niemanden, würde ich zu dir kommen.«

Sie stockte. Mein Herz schlug langsamer..

»Ich habe aber jemanden, Stephan.«

Ich nickte, mechanisch, ohne es zu spüren.

»Ist es sehr schlimm?«

Ich schwieg.

»Ich weiß nicht, ob ich es bei ihm so gut habe wie bei dir. Vielleicht mache ich einen Fehler. Aber er ist meine große Liebe. Verstehst du das?«

»Schon lange?« fragte ich, und mir kam es wie die Stimme eines anderen vor.

»Nein, Stephan. Erst seitdem ich hier bin. Claus Peters.«

So muß es nach dem Tod sein, dachte ich. Ich empfand

nichts. Ich spürte meinen Körper nicht. Ich war überhaupt nicht mehr vorhanden.

Das erste, was wieder in mein Bewußtsein trat, war sein Name. Dieser verfluchte Name.

Peters.

Meine Vera und Peters.

Jetzt merkte ich es. Seine bessere Laune. Sein großzügiges Benehmen im Dienst. Nie hatte er nach Vera gefragt. Nie sie nach ihm. Peters, dem nur Mädchen im Kopf herumgingen, hatte nicht nach Vera gefragt. Und mir war das nicht aufgefallen.

»Wir werden heiraten«, sagte Vera. Ihre Stimme kam mir fremd vor. »Ach Stephan – es tut mir ja so leid.«

Peters.

Das war sein Triumph. Tiefer konnte er mich nicht treffen. Er hatte meinen Haß gespürt. Das war seine Vergeltung.

Die Betäubung verließ mich. Ich begann, die Gegenstände um mich herum wieder wahrzunehmen. Ich begriff, was Vera gesagt hatte.

Sie würde Peters heiraten.

Sie sprach weiter, hastiger, als müsse sie sich entschuldigen.

»Ich habe dir nichts gesagt, Stephan. Ich wollte dir nicht weh tun, und ich wollte nichts sagen, bevor ich mir selber klar war. Ich hätte dich nicht belogen. Heute, wo du mich gefragt hast . . .«

»Mach mir einen Kaffee«, bat ich.

Ich brauchte Zeit, um meine Gedanken zu ordnen. Ich mußte mit ihr reden.

Heute und jetzt.

Vera kam zurück. Wir tranken jeder eine Tasse. Ab und zu warf sie einen besorgten Blick auf mich. Ich mußte miserabel aussehen.

Als ich ausgetrunken hatte und rauchte, hatte ich

meine Fassung leidlich wiedergewonnen. Alles um mich herum sah ich mit scharfer, schmerzhafter Deutlichkeit, aber um mein Herz lag ein dumpfer Druck und preßte es zusammen.

Ich fragte: »Liebst du ihn?«

»Ja.«

»Er dich?«

»Ja.«

»Woher weißt du das?«

»Ich weiß es.«

Sie wußte es. Sie war genauso blind wie alle anderen.

»Hat er versprochen, dich zu heiraten?«

Sie antwortete nicht. In ihr Gesicht trat ein abwehrender Zug.

Ich wußte, daß er es nicht getan hatte.

»Ich will dir sagen, wie es gewesen ist, Vera. Du hast gesagt: Heiratest du mich, Claus? Er hat gesagt: Ja, nun, das wäre zu überlegen.«

Sie schwieg.

»War es so oder war es nicht so?«

»Entschuldige«, sagte sie kalt, »ich glaube, das ist meine Angelegenheit.«

Ich beugte mich vor.

»Vera – du weißt, daß ich dein Freund bin. Ich habe dir einen Heiratsantrag gemacht. Vielleicht war es vermessen von mir. Die Welt ist voll von Männern, die besser aussehen und klüger sind als ich. Ich mußte damit rechnen, daß du schon jemanden hast. Heirate, wen du willst. Nur ihn nicht.«

»Ich weiß, daß du ihn nicht magst«, erwiderte sie. »Ich habe es von Anfang an gewußt.«

»Ich habe meine Gründe, Vera. Seit drei Monaten arbeite ich mit ihm zusammen. Ich habe ihn genau kennengelernt.«

»Und ich kenne dich«, sagte sie heftig. »Du bist eifersüchtig. Das ist es. Lediglich eifersüchtig bist du.«

Wie ein kleines, zorniges Mädchen sah sie aus.

»Ich war eifersüchtig, Vera. Ich bin immer eifersüchtig auf alle, die besser weggekommen sind als ich. Aber nur am Anfang. Später sehe ich, daß sie genauso arme Würstchen sind wie ich. Es ist nur der Anfang. Aber er ist schlecht. Er ist durch und durch egoistisch und skrupellos. Er würde seinen Vater verhungern lassen, um sich zu retten. Er hat kein Herz für andere. Er denkt an seine Karriere und sein Vergnügen und an nichts weiter. Er lügt, wenn er den Mund aufmacht . . .«

»Willst du, daß ich gehe?« fragte sie.

»Ich will, daß du nicht unglücklich wirst. Du wirst es, wenn du ihn heiratest.«

Ich lachte laut heraus.

»Ein Segen, daß er nicht daran denken wird.«

Sie wollte aufstehen. Ich sprang hoch und drückte sie in ihrem Sessel zurück.

»Vera! Was er von dir will, ist ganz etwas anderes als heiraten. Wenn er es nicht erreicht, lügt er und verspricht dir das Blaue vom Himmel herunter. Und hinterher läßt er dich ganz bestimmt sitzen.«

»Sei ruhig«, rief Vera empört und stieß mich weg. »Du machst ihn schlecht, weil du nicht erreichst, was du willst . . .«

Urplötzlich überkam mich die Wut.

»Schlechtmachen!« schrie ich. Schlechtmachen! Was ist denn an dem Kerl noch schlechtzumachen? Kein Mensch kann ihn schlechter machen, als er ist! Ich habe doch erlebt, wie er mit Frauen umgeht! Jeden Tag nehme ich seine Gespräche entgegen, höre mir an, wie er seine Verabredungen nicht einhält, sehe, wie er ständig andere Weiber am Hals hat und wie sie nachher mit hängenden Köpfen herumlaufen, wenn er ihnen ihre Nachfolgerin präsentiert hat! Die Strübel macht für ihn die Dreckarbeit, und wenn sie nicht mehr will, nimmt er sie mal ins Bett, und dann geht's wieder 'ne Weile. So macht er das seit seiner Pubertät, und so wird er weitermachen, bis er nicht mehr kann! Heiraten! Daß ich nicht lache!«

Ich rannte im Zimmer umher. Veras Augen funkelten.

»Glaubst du im Ernst, er hätte Interesse, irgend jemanden zu heiraten? Das wäre das Dümmste, was er tun könnte! Er liebt sich und sonst niemanden! Er wird seinen Harem beibehalten bis an sein seliges Ende! Und du gehörst nun auch dazu!«

Im nächsten Augenblick wußte ich, daß ich das nicht hätte sagen sollen. Ich fing Veras Blick auf. Ihre Augen waren wie blaues Eis. Noch nie hatte sie mich so angesehen. Sie nahm ihre Tasche und ging an mir vorbei und hinaus. Ich hörte, wie sie ihren Mantel anzog und wie die Tür ins Schloß fiel.

Ihre Schritte klangen durch das Treppenhaus. Die Haustür schlug zu. Ich rührte mich nicht, bis ich nichts mehr hörte.

Nach langer Zeit wandte ich mich um. Die Kerze auf dem Tisch war heruntergebrannt und flackerte. Veras Glas war noch fast voll. Träge stiegen die Perlen nach oben. Ihre Zigarette glimmte. Als wäre sie nur kurz hinausgegangen und würde gleich wiederkommen.

Ich sah den Rasierapparat und die Geburtstagskarte.
Glatte Männer küßt man lieber

Mich würde sie nicht mehr küssen.

Peters.

Jahrelang war ich zärtlich, nett, hilfsbereit gewesen.

Umsonst.

Ihn wollte sie. Er hätte sich nicht einen Bruchteil der Mühe gemacht, die ich für diesen Abend aufgewendet hatte. Er hätte seinen sauren Wein angeboten, wäre zu spät gekommen, hätte sich mit einer Lüge entschuldigt und Vera mit einem Lächeln besänftigt. Er brauchte sie nur anzusehen, nur mit ihr zu tanzen. Aus war's.

Ich setzte mich, goß mir den Rest aus der Sektflasche ins Glas und zündete mir eine Zigarette an. Langsam wurde ich ruhiger.

So sehr hatte ich mich auf diesen Tag gefreut.

Vera trifft keine Schuld, dachte ich. Sie ist verliebt und blind. Sie kann ihn nicht kennen, wie ich ihn kenne. Er hat sie eingewickelt. Oder sie glaubt, ihre Liebe würde ihn heilen. Alle Frauen glauben das, wenn sie einen Schurken lieben.

Nein, sie konnte nicht wissen, was ich wußte. Meine Worte mußten sie beleidigt haben. Eine Frage schoß plötzlich durch mein Gehirn: Hatten sie schon etwas miteinander?

Er ist meine große Liebe, hatte Vera gesagt. Sagt das eine Frau, die einen Mann nicht völlig kennt?

Vielleicht war noch nichts passiert. Vielleicht wollte Vera ihn zur Ehe zwingen, indem sie sich ihm versagte.

Ich klammerte mich an diesen Gedanken.

Und wenn doch?

Würde ich Vera noch nehmen, wenn sie zu mir zurückkäme? Ich schloß die Augen, aber ich sah es vor mir, und es ging nicht weg. Sie bei ihm unter seinen gierigen Händen.

Ich räumte ab und legte mich hin. Der Schlaf kam nicht. Ich lag wach und hörte jeden Schlag der Uhr.

Als es dämmerte, fiel ich in einen halben Schlaf. Jedesmal, wenn ich aus kurzen Träumen aufschreckte, war der Schmerz wieder da und der bleierne Druck auf meinen Herzen.

Plötzlich war ich ganz wach.

Ein Gedanke ergriff von mir Besitz, so einfach, so selbstverständlich, so unabänderlich, daß er mich nicht einmal erschreckte.

Peters mußte weg.

Ich richtete mich auf und zog die Knie an. Um mich herum war taubes, düsteres Grau.

Peters mußte weg.

Er war schuld an meinem Unglück. Er hatte mich genug gepeinigt. Er hatte meinen Haß genährt, bis er groß genug war, mein Gewissen zu betäuben.

Nun war das Maß voll.

Peters mußte sterben.

Ich sah auf die Uhr. Es war halb sieben. Donnerstag, der zehnte März.

Ich zog mich an und ging zum Dienst.

VII

Peters erschien eine Stunde nach mir.

»Morgen! Alles in Ordnung?«

Er lächelte mich an. Ich sah sein Gesicht, erwiderte sein Lächeln, und mein Entschluß verankerte sich noch fester in meinem Herzen.

»Guten Morgen. Alles in Ordnung.«

»Nun, fein.«

Er setzte sich und gab mir einen Haufen Aufträge. Er war wie immer. Von meinem Geburtstag hatte er nichts gewußt. Das war gut so. Es war wichtig, ihn nichts merken zu lassen. Er mußte glauben, es interessiere mich nicht, was er mit Vera vorhatte. Während er redete und ich nickte, fragte ich mich, ob er schon mit Vera gesprochen hatte.

Unwahrscheinlich.

Ich mußte mit ihr reden. So schnell wie möglich. Heute noch.

»Na? Etwas abwesend?«

»Nein, nein«, sagte ich, ohne meine Miene zu verändern. »Ich habe das letzte nicht verstanden. Warum sollen jedesmal zwölf Prozent dazugerechnet werden?«

Er fing noch einmal an. Er hörte sich gern reden. Ich bemühte mich, mit meinen Gedanken bei der Sache zu bleiben.

Nach einer Stunde ging er endlich.

Die Vormittagsarbeit drängte sich. Ich arbeitete wie ein Automat, mit leerem Lächeln und ohne Gehirn. Erst während des Essens kam ich zum Überlegen.

Ich mußte mit Vera sprechen.

Ich mußte erreichen, daß sie Peters meinen Haß verschwieg.

Die Zeit verging so langsam wie noch nie. Tausend

Nebensächlichkeiten hielten mich auf. Erst nach sieben wurde ich fertig. Als ich im Mantel zur Tür hinaus wollte, stieß ich mit Peters zusammen.

Er staunte.

»Ach – ist es schon so spät?«

»Ja«, erwiderte ich.

Er konnte bekümmert aussehen, wie ein hungriger Dackel.

»Ja – das ist ja nun sehr schade. Wirklich sehr schade. Ich wollte Sie gerade bitten, mir noch bei ein paar Ratten zu helfen. Sind Sie sehr in Eile?«

Noch bei ein paar Ratten helfen. Ich kannte das. Mindestens eine Stunde würde darüber vergehen. Die Wut stieg in mir hoch.

Dann dachte ich an meinen Vorsatz. Ich mußte freundlich tun. Ich mußte mich verstellen. Ich bekam eine Ahnung davon, wie schwer es werden würde.

»Sehr nicht«, sagte ich ruhig. »Wenn es nicht zu lange dauert.«

Ich zog meinen Mantel aus und den Kittel wieder an.

Wir gingen nach hinten.

Peters plauderte fröhlich. Er holte einen Glaskäfig mit drei Ratten aus dem Tierstall.

Sie hockten am Boden wie weiße Kugeln, dicht beieinander, mit runden, angstvollen Augen. Peters kroch in einen blauen Schutzkittel, dessen Rückenbänder ich verschnürte. Wir zogen Gummihandschuhe an. Ich setzte mich auf einen Schemel und wartete.

Ob Vera schon zu Hause war?

Peters holte ein kleines Becherglas aus dem Strahlenschutzschrank. Ich wußte, was darin war: Yttriumchlorid. Er hatte schon viele Versuche damit gemacht und versprach sich eine Menge davon.

Vorsichtig zog er die Flüssigkeit in eine Spritze. Ich griff die erste Ratte am Schwanz und zog sie heraus. Sie krümmte sich zusammen und fuhr mit den Beinen durch die Luft. Ich faßte sie mit der Linken im Genick, preßte sie auf die zellstoffbedeckte Tischplatte und zog ihren rechten Schenkel nach hinten. Sie quickte leise und kläglich. Peters kam mit der Spritze und stieß die Nadel durch das weiße Fell. Ein Kubikzentimeter der hochaktiven Substanz drang in den Körper des Tieres.

In wenigen Minuten waren wir mit den drei Ratten fertig. Peters strahlte mich an.

»Nun, sehr fein. Das wär's.«

Ich staunte. Er schien eine Verabredung zu haben. Vera? Bloß das nicht, dachte ich. Bloß heute nicht. Ich mußte sie zuerst erreichen.

Ich streifte die Handschuhe ab und wusch mich.

»Wenn Sie wollen, kann ich Sie gern mit runternehmen«, sagte Peters hinter mir. »Ich fahre zur Musikhalle.«

Ich rieb meine Hände, um meine Unruhe zu verbergen.

»Sehr freundlich«, sagte ich, »ich komme gern mit.«

Wenig später saßen wir in seinem Auto. Ich kannte es schon. Ein alter, klappriger Volkswagen. Er paßte zu Peters' Wohnzimmer und seinem Schreibtisch.

Über die kurvenreiche Straße fuhren wir zum Stadtinneren.

Es war dunkel. Ich starrte schweigend durch die Scheibe auf die schmutzigen Schneereste hinaus.

Plötzlich fragte Peters: »Was macht denn Fräulein Doktor?«

Ich sah weiter geradeaus und rührte mich nicht. Er wollte hören, was ich wußte. Sicher nahm er an, daß ich ahnungslos war. Und wenn Vera mir etwas gesagt hätte: Er wußte von vornherein, daß ich so tun würde, als ahnte ich nichts.

Was immer ich antworten würde, er konnte insgeheim über mich lachen.

Ich sagte: »Sie wirkt segensreich am kranken Kind.«

Peters hielt an einer Kreuzung und fuhr wieder an. Ich wandte langsam den Kopf. Der Schein des Armaturenlichtes legte ein schwaches Glimmen über sein Gesicht und ließ seine Augen funkeln.

Er sagte: »Man sollte einmal wieder ein kleines Fest feiern.«

»Das sollte man«, sagte ich.

»War doch wirklich sehr nett.«

»Das war es.«

Nach einer Pause streifte sein Blick über mich. »Wäre das keine Frau für Sie, Herr Butterweis?«

Ich lächelte. Ich brachte es fertig, zu lächeln.

»Wäre das keine für Sie, Herr Peters?«

Er sah angestrengt nach vorn. »Wie kommen Sie darauf?«

Ich blieb bei meinem Lächeln.

»Hinsichtlich Frauen mache ich mir wenig Hoffnung«, sagte ich. »Aber Sie brauchen doch nur auszusuchen.«

»Na, das würde ich aber doch nicht sagen. Ich bin ein bißchen unbürgerlich gebaut.«

Arme Vera, dachte ich. Ich antwortete nicht. So heftig war mein Haß, daß ich fürchtete, er müßte ihn spüren.

Die Straße wurde heller. Wir kamen durch meine Gegend, und ich bat Peters, mich abzusetzen. Er hielt.

»Schönen Dank«, sagte ich. »Viel Spaß bei der Musik.«

Er nickte und fuhr an.

Ich begann zu gehen, mit schnellen Schritten, vorbei an meiner Straße und weiter. Mein Herz schlug schneller, als ich mich Veras Haus näherte. Ich wußte, daß ich sie immer lieben würde, was auch passierte. Sie konnte mich schlecht behandeln, mich fortjagen, mich vergessen. Wenn sie ihn heiratete – sie könnte hinterher zu mir zurückkommen. Aber sie würde ihn nicht heiraten. Ich würde es verhindern, gegen ihren Willen, gegen mein Gewissen.

Ich bog in die Straße ein, in der sie wohnte. Nur wenige Leute waren unterwegs. Ich ging langsamer. Ketten von Autos standen im Laternenlicht, zu beiden Seiten der Straße. Peters' Wagen war nicht darunter.

Ich ging langsam am Haus vorbei bis zur nächsten Querstraße. Vielleicht stand er weiter entfernt. Ich ging hundert Meter nach rechts, dann zurück, nach links und wieder zurück. Nichts. Wenn sie nicht zu Hause war, war sie mit ihm in der Musikhalle. Er würde von mir erzählen, genau wie sie. Dann war er gewarnt, und es war zu spät.

Die Haustür war noch offen. Eine Hand am Treppengeländer stieg ich langsam nach oben. Ich sah Veras Visitenkarte, vernahm das dünne Schrillen der Klingel und wartete. Dann hörte ich, wie eine Tür aufflog. Schnelle Schritte näherten sich. Es war Vera. Ich wußte, daß es Vera war. Ich nahm meinen Hut ab und sah ihre Augen, als sie öffnete.

Wir blieben stumm voreinander stehen. Ich war es, der die Augen zuerst niederschlug.

»Du hast mich nicht erwartet«, sagte ich heiser. »Ich gehe sofort wieder. Ich wollte dich um Verzeihung bitten.«

»Komm rein«, sagte sie. Sie schloß die Tür hinter mir. Ich hielt meinen Hut in der Hand und wollte meinen Mantel anbehalten.

»Zieh dich aus!«

Ich tat es schweigend. In ihrem Zimmer war es warm und gemütlich. Jedes Möbelstück und jedes Bild kannte ich, und mir war, als müßte ich von allem Abschied nehmen.

Vera nahm eine Zigarette. Ich gab ihr hastig Feuer. Selbst war ich zu aufgeregt, um zu rauchen.

»Ich wünschte, das gestern wäre nicht passiert«, sagte ich. »Es tut mir leid, Vera. Laß mich nicht mit der Unruhe herumlaufen, daß du mir böse bist.«

Sie schwieg. Ich feuchtete meine Lippen an.

»Sieh einmal, Vera – ich habe niemanden außer dir. Niemand bedeutet mir so viel wie du. Auch meine Eltern nicht.«

»Das solltest du nicht sagen.«

Ich war froh, daß sie überhaupt gesprochen hatte.

»Es ist so. Sie haben sich meiner geschämt. Du nicht. Du warst immer für mich da. Ich wußte, daß es eines Tages vorbei sein würde. Man soll niemanden aus Mitleid heiraten.«

Sie blieb still.

»Jetzt ist er es«, fuhr ich fort. »Ich liebe dich, Vera. Ich wollte dich warnen. Nicht aus Eifersucht habe ich so geredet.«

Sie hob schnell den Kopf.

»Willst du noch einmal anfangen?«

»Nein, Vera. Von mir wirst du nichts mehr hören. Du mußt wissen, was du tust. Ich dachte nur, ein Freund könnte dem anderen seine Ansicht sagen.«

»Bleibst du bei deiner Ansicht?«

»Ja.«

»Wofür willst du dich dann entschuldigen?«

»Für mein Geschrei«, sagte ich. »Und für den Harem. Vielleicht schaffst du es, ihn zu ändern. Ich werde dir nicht dazwischenreden. Wenn du einen Rat brauchst, bin ich für dich da. Wie immer.«

»Das letzte Wort des abgewiesenen Freiers«, sagte Vera spöttisch.

Ich sah sie an, und ein Gefühl der Traurigkeit befiel mich.

»Früher hast du nicht so geredet, Vera. Das bist auch nicht du. Ich weiß, wer es ist.«

Ganz plötzlich beugte sie sich vor und streichelte mich.

»Jetzt mußt du mir verzeihen. Das war schlecht von mir.«

»Schon gut, Vera. Ein abgewiesener Freier ist immer eine komische Figur. Bleib meine Freundin. Trotz Peters.«

Sie nickte.

Ich hielt ihre Hände fest.

»Du hast noch Zeit, Mädchen. Denk an meine Worte. Zieh das Geschimpfe ab und denk daran. Beobachte ihn und denk daran.«

Vera machte sich vorsichtig frei. Sie sah mich an, wieder mit diesem Blick von gestern, voll Nachsicht und Mitleid.

»Stephan – wenn du jemanden liebst, liebst du ihn mit allen seinen Fehlern. Ganz und gar.«

»Oder du siehst keine Fehler«, antwortete ich.

»Ich sehe sie. Zwischen all seinen Mädchen ist er ein einsamer Mann. Glücklich ist er nicht dabei. Wenn er erst weiß, was Glück ist, wird er es festhalten.«

»Ich wünschte, du hättest recht«, sagte ich.

Ich rückte vor und sprach leiser.

»Vera – verrätst du mir etwas?«

»Was denn?«

»Wer ist der Klassenzweite hinter dem Klassenersten?«

Sie schwieg einen Augenblick. Dann lachte sie leise und faßte mich an der Nase.

»Du bist es.«

»Fein. Wenn mir einmal elend ist, werde ich daran denken. Tust du mir einen Gefallen?«

Wieder nickte sie.

»Sag ihm nichts von gestern und von heute. Es gibt nur Ärger im Dienst. Ich vermeide jede Reiberei.

Wahrscheinlich komme ich bald weg. Bis dahin möchte ich Frieden haben. Wenn ich offiziell etwas erfahre, staune ich sehr und wünsche euch Glück.«

»Ist gut, Stephan.«

»Vera – ich freue mich so, daß wir uns wieder vertragen!«

»Ich mich auch.«

»Ich hatte schon Angst, du bist in der Musikhalle und erzählst ihm alles.

Sie sah erstaunt aus. »Musikhalle?«

»Ja. Er hat mich bis zu mir mitgenommen. Wir haben ein paar Ratten gespritzt. Er sagte, er wollte in die Musikhalle.«

»Sieh einer an«, sagte Vera.

»Was ist denn?«

»Mir hat er gesagt, er bliebe heute oben. Er würde lange arbeiten und bliebe gleich oben.«

Ich sah auf den Teppich.

Ich wollte nichts sagen, was nach Triumph geklungen hätte.

»Er fragte mich, was du machst«, sagte ich nach einer Weile, ohne aufzusehen. »Er hat mir nichts von euch erzählt. Er sagte, wir sollten wieder einmal ein Fest feiern. Vielleicht sollten wir das, Vera. Dann hört die Heimlichtuerei auf. Dann kann ich auch deine Gespräche entgegennehmen. Aber verzeih mir! Ich war schon wieder frech.«

»Mein Guter«, sagte sie.

Ich stand auf und küßte sie auf die Stirn.

»Ich gehe jetzt«, sagte ich. »Gestern sind wir spät ins Bett gekommen. Auf Wiedersehen, Vera. Ich bin froh. Schlaf gut!«

»Schlaf gut«, sagte sie.

Unten vor der Tür blieb ich einen Augenblick stehen.

Ich sah ihr Fenster. Da oben war sie und war doch so weit weg von mir.

Ich ging die Straße hinunter. Der feuchte Märzwind fuhr mir ins Gesicht.

Jetzt kam es auf mich an, nur auf mich. Vera war besänftigt. Peters ahnte nichts. Ich stand hinter ihm. Nur er war zwischen Vera und mir. Aber nicht mehr lange.

In den nächsten Tagen ging es mir gut. Ich fühlte mich wie ein Mann, der nach langer Unentschlossenheit einen Entschluß gefaßt hat und an die Arbeit gehen kann.

Aber Mord war nicht einfach. Ich durfte nichts riskieren. Ich mußte vorsichtig sein. Wie konnte man jemanden umbringen, ohne einen Verdacht zu erwecken?

Ich überlegte, wie viele Leute vor mir schon versucht hatten, ein vollkommenes Verbrechen zu begehen.

Verbrechen?

Es war keins. Was er mit Vera tun wollte, war ein Verbrechen.

Ich ging mit dem Gedanken schlafen und stand mit ihm auf.

Nach einer Woche war ich einer Lösung um keinen Schritt näher gekommen. Es würde nicht gehen. Es war unmöglich.

Zu Hause besaß ich eine Repetierpistole von meinem Vater. Er hatte sie aus dem Krieg mitgebracht und mir geschenkt, als wir einmal zusammen zur Jagd gewesen waren. Ich konnte sie holen, Peters auflauern und ihn erschießen.

Nein. Das ging nicht.

Wenn man einen Fremden erschießt, ohne Motiv, nur um zu sehen, ob der Mord aufgeklärt werden kann, dann wird er nicht aufgeklärt. Hier war es anders. Sie würden auf mich kommen, unweigerlich. Ich hatte ein Motiv. Vera wußte es.

Ich begann, mit in einer Leihbücherei Kriminalromane zu holen. Ich ging in die Universitätsbibliothek und las über Kriminalistik und berühmte Kriminalfälle nach. Nichts. Alles ausgeklügelter Kram und reine Theorie. Zumeist zu kompliziert, mit zu vielen schwachen Stellen. Die berühmten Verbrecher waren über Kleinigkeiten gestolpert. Sie hatten nicht beachtet, daß die Arbeit der Polizei gerade auf den Kleinigkeiten beruht. Gewiß, die Polizei war schwerfällig und phantasielos. Aber wer einmal in ihre Maschinerie geriet, wurde zermahlen. Was sollte ich tun, wenn ich hineingeriet. Ich, der ich nicht auf der Straßenbahn schwarzfahren konnte, ohne aufzufallen?

Es durfte kein Gedanke an Mord aufkommen. Es mußte einfach sein und klar, ein banaler, nüchterner Tod, ohne Geheimnis, ohne offene Fragen.

Ein Autounfall?

Ich verstand nicht viel von Autos. Ich hatte von abgelassener Bremsflüssigkeit und Vergaserbrand gelesen, den man erzeugen konnte, indem man einen Lappen in den Luftfilter steckte. Doch das war unsicher.

Irgendein Gift. Zyankali vielleicht. Doch man würde nachforschen, würde ihn sezieren. Wenn sie herausfanden, daß es Mord war, fanden sie das Motiv. Wenn sie das Motiv hatten, fanden sie den Mörder.

Mich.

Ich arbeitete mich mehr und mehr in mein Gebiet ein und las viele wunderbare, spannende Kriminalromane. Aber ich kam nicht weiter.

Vom nächsten Besuch bei meinen Eltern brachte ich meine Pistole mit.

Ich schloß mein Zimmer ab und nahm das Magazin heraus. Die stumpfen, kurzen Geschosse fielen mit leisem Klicken in meine Hand. Ich löste die Sicherung, ließ den Verschluß vorschnappen und überlegte.

Es war zwecklos. Eine Kugel war eine Kugel. Gift war Gift. Wieviel Zeit blieb mir noch? Jeder Tag war zuviel, den er herumlief, Vera an sich fesselte und über mich lachte.

Ich lud das Magazin wieder und schob es ein.

Was war aus mir geworden! Hier saß ich, mit einer Pistole in der Hand und Mordgedanken im Herzen.

Stephan Butterweis, der keinem Schmetterling etwas tun konnte. Hier war Vera, und da war Peters, und beide hatten einen anderen aus mir gemacht. Dabei war ich schwach und hilflos. Peters – er würde wissen, wie man so etwas macht. Mir fiel nichts ein.

Ich verbarg die Pistole hinter Büchern in meinem Schreibtisch. Im Bett las ich einen Kriminalroman: *Das vollkommene Verbrechen*. Es war nicht vollkommen. Der Täter wollte keinen Gedanken an Mord aufkommen lassen, wie ich. Aber er inszenierte einen Haufen unnötiger Vorbereitungen, die den vorgetäuschten Selbstmord zum Platzen brachten.

Selbstmord! Kein Mensch würde glauben, daß Peters Selbstmord begangen hätte. Ein Mensch wie er brachte andere um, nicht sich.

Immerhin, die Methode war nicht schlecht.

Zyankali in einer Hustenpastille.

Ich legte das Buch umgedreht auf die Bettdecke und streckte mich aus.

Zyankali. Vergiftete Pralinen oder so etwas. Warum sollten sie ausgerechnet auf mich kommen? Er hatte genug verlassene Bräute, die ihm Böses wünschten.

Zyankali in einer Praline.

Ich las nicht mehr weiter.

VIII

Den Apotheker kannte ich. Von Anfang an hatte ich unseren Laborbedarf selbst holen müssen und tat es wieder, seitdem unsere Assistentin fort war. Er war ein glatter, seriöser Herr, stets untadelig und ohne Flecken auf seinem weißen Mantel. Peters konnte er nicht leiden, und nach den Telefongesprächen, die zwischen beiden geführt worden waren, war das kein Wunder. Mich behandelte er anfangs entsprechend, später mit Nachsicht.

Der Ausgaberaum war zwei Quadratmeter groß. Nichts war darin, außer einer ständig verschlossenen Tür mit einem Schild *Klopfen zwecklos*, und einem Schalter, durch den der Apotheker seinen gepflegten Kopf streckte und die Medikamente reichte, wenn man sie rechtzeitig bestellt hatte.

Zyanklai.

Auf den Stationen lag nichts herum. Die Apotheke war die einzige Möglichkeit.

Ich ging am Mittwoch hinüber, meinen Drahtkorb unter dem Arm. Ein paar Studentinnen verbargen ihr Lachen, und ich schämte mich.

In der Ausgabe war niemand. Ich klopfte verhalten an die Scheibe. Der Apotheker erschien, weiß und rechtschaffen. »Guten Tag, Herr Krings«, sagte ich und schob den Korb durch das Fenster. »Darf ich meinen Kram abholen?«

Er nickte gnädig. Es war kurz vor zwölf, und er hatte gute Laune.

Während er die Flaschen mit den Reagenzien aus unserem Fach in den Korb packte, schob ich meinen Kopf durch das Fenster und versuchte einen Überblick zu gewinnen. Regale mit einer verwirrenden Fülle von

Flaschen, Schachteln, Büchsen. Es würde einen Monat dauern, bis ich gefunden hatte, was ich suchte, selbst wenn man mich ungestört hätte suchen lassen. Wenn es überhaupt da war.

Mir fiel etwas anderes ein.

»Ach, Herr Krings«, sagte ich, als er zurückkam, »wir haben einen Haufen alte Flaschen. Kann ich die bei Ihnen loswerden?«

»So, so!« Er verzog das Gesicht, als dächte er an etwas Widerwärtiges. »Findet Herr Peters nicht mehr durch?«

»Vor allen Dingen ich nicht«, sagte ich.

Er deutete auf den Fußboden.

»Bringen Sie sie in den Keller. Bis sechs Uhr. Zu Wilhelm oder einer von den Frauen.«

»Sehr schön. Dann mach' ich's heute noch.«

Er nickte huldvoll und schloß den Schalter. Wie auf der Post. Es war Punkt zwölf.

Im Labor II packte ich aus und fing an, die leeren Flaschen einzusammeln. Halbvolle mit unleserlichen Etiketten entleerte ich einfach. Wahrscheinlich würde Peters ein Geschrei anheben. Er brauchte immer alles, was man vernichtet hatte, weil es zwei Jahre nicht gebraucht worden war.

Ich ging früh zum Essen und beeilte mich. Noch während der Mittagspause wollte ich hinüberkommen.

Kurz nach eins schleppte ich zwei Körbe mit Flaschen zur Apotheke. Vor dem Institut begegnete mir Peters. Ein Mädchen mit betont unschuldigen Kulleraugen war bei ihm.

Er sah mich fragend an.

»Bißchen ausmisten«, sagte ich verlegen. »Wir sehen aus wie ein Flaschengroßhandel.«

»Ja, aber – kann denn das niemand anderes tun?«

»Wer?« fragte ich.

»Ach – das ist Herr Butterweis, mein Assistent.«

Ich stellte einen Korb nieder und ergriff die Hand des Mädchens. Sie warf mir ein dümmliches Lachen zu. Schade, daß Vera sie nicht sehen konnte.

»Ja, nun, Herr Butterweis – das ist ja sehr nett von Ihnen. Da muß ich doch wirklich sehen, ob das kein anderer tun kann.«

Ich nickte. Er würde es in der nächsten Minute vergessen. Es würde auch kein anderer tun. Es sollte auch kein anderer tun. Wenn er ahnte, weswegen ich in die Apotheke wollte.

Ich verabschiedete mich und ging weiter. Die Flaschen klirrten leise bei jedem Schritt.

Der Kellereingang war an der Seite des Gebäudes. Die Tür war nicht verschlossen, und ich trat in einen kühlen, weißgekalkten Gang. Nach einigen Metern machte er einen Knick nach links und verbreiterte sich. Ich sah Türen und längliche Tische. Vorsichtig ging ich weiter.

Labor. Destillation. Lagerraum 1, Lagerraum 2. Einige Türen ohne Aufschrift.

Ich kam bis zum Ende des Ganges. Kein Mensch war mir begegnet. Ich drehte wieder um und ging zurück. Es rührte sich nichts. Ich stellte meine Körbe auf einen der Tische. Dann klopfte ich an die Türen und versuchte sie zu öffnen, eine nach der anderen. Verschlossen. Alle verschlossen, bis auf die von Lagerraum 1. Ich drückte sie nach innen. Mustergültige Ordnung und durchdringender Apothekengeruch.

»Hallo!« rief ich leise.

Es kam keine Antwort. Ich ließ die Tür halb offen und ging schnell zwischen den Regalen hindurch. Ich sah Fertigpräparate, Verbandsstoffe, Zellstoffballen und gewaltige Klinikpackungen. Keine Spur von Gift.

Die Furcht vor dem Unerlaubten überfiel mich und lähmte meine Aufmerksamkeit. Völliger Unsinn, hier nach Zyankali zu suchen. Kein Mensch in den Kliniken brauchte es.

Als ich an der Schmalseite der Regale herumging und in den nächsten Zwischengang einbog, sah ich das Gesicht eines Mannes, der am anderen Ende stand.

Er mußte lautlos hereingekommen sein. Mir fuhr es siedendheiß durch meinen Körper.

Er trug einen blauen Arbeitsanzug wie alle Handwerker im Gelände. Er war eisgrau, mit faltigem, unrasiertem Gesicht.

Seine Augen hatten den mißtrauischen, abweisenden Ausdruck des subalternen Wächters, der einen Fremden in seinem Reich erwischt.

Ich brauchte alle Kraft, um meinen Schreck zu verbergen, faßte an die Brille und lächelte falsch. »Endlich eine Seele! Sind Sie Herr Wilhelm?«

Er nickte langsam, während sein Blick mich festhielt. Ich trat näher an ihn heran.

»Ich bin Doktor Butterweis vom Röntgen. Wollte meine Flaschen abgeben und fand niemanden. Alles zu. Bis auf die Tür.«

Sein Blick ging über meinen Mantel und meine Taschen. Er forschte, ob ich etwas eingesteckt hatte, und bemühte sich nicht, es unauffällig zu tun.

Ich sprach schnell weiter.

»Der Apotheker sagte mir Ihren Namen. Wir können vor Flaschen nicht mehr treten.«

Er knurrte: »Ich muß hier abschließen.«

»Tun Sie das«, sagte ich und ging an ihm vorbei und auf den Gang hinaus. Pfeifend schlenderte ich bis zum Tisch mit den Flaschen. Wilhelm schlurfte hinter mir her.

»Wohin damit?« fragte ich.

Er schloß eine andere Tür auf. Ich folgte ihm in einen halbdunklen Raum, voll von schmutzigen Flaschen.

Ich packte die Körbe aus, und er sah zu. Hinterher bot

ich ihm eine Zigarette an. Er steckte sie achtlos in seine Brusttasche, zwischen Bleistift und Brillenfutteral.

»Bleiben Sie jetzt hier?« fragte ich. »Dann bringe ich gleich noch einen Schwung . . .«

»Nee«, sagte er mürrisch. »Jetzt ist Mittag. Glauben Sie, ich will nicht auch einmal Ruhe haben?«

»Natürlich. Wann kann ich denn kommen?«

»Zwischen vier und sechs.« Er warf einen bitteren Blick auf die Flaschenberge. »Ich habe nur Arbeit mit dem Mist.«

»Ja, es summiert sich«, sagte ich. »Also, dann komme ich nachher noch einmal. Vielen Dank einstweilen, Wilhelm.«

Ich nahm die Körbe und ging. Seine Blicke brannten in meinem Genick.

Draußen atmete ich tief durch. Wenn es noch einmal gutgegangen war, dann um Haaresbreite. Jetzt war auch das vorbei. Jetzt mußte ich Flaschen bringen, um die Harmlosigkeit meines Besuches zu unterstreichen. Niemals würde ich Zyankali dort unten finden. Jedes Hausmädchen würde mich aus dem Konzept bringen. Ich setzte mich im Labor I an den Schreibtisch und rauchte. Es war alles Unsinn. Wenn mir nichts Besseres einfiel als diese ausgeleierte Tour, konnte ich einpacken.

Am Nachmittag kamen zwei Patienten. Ich fertigte sie schnell und lustlos ab. Als der letzte gegangen war, lief ich hinunter und klaubte weiter Flaschen zusammen.

Nach einer Weile fand ich keine mehr. Ich überlegte, wo noch einige sein könnten. Mein Blick fiel auf den Strahlenschrank.

Mit den Händen in den Hostentaschen schob ich mich heran und starrte mißmutig durch die Bleiglasscheibe auf die Unordnung im Inneren.

Hier war nichts zu holen. Alle Gefäße, der ganze Innenraum waren verseucht. Monate würde es dauern, bis die Radioaktivität einigermaßen abgefallen war – abgesehen davon, daß ständig neue dazukam.

Ich wandte mich ab und wollte zur Tür. Nach zwei Schritten blieb ich stehen.

Ein Gedanke war mir gekommen. So schnell und so flüchtig, daß ich Zeit brauchte, um ihn wiederzufinden.

Strontium neunzig.

Ich ging die zwei Schritte zurück und preßte mein Gesicht an die Scheibe. Eine dunkle Flasche in einer Bleibüchse. Das Weiß des Etiketts schimmerte durch das Halbdunkel.

Sr^{90}
Strontiumsulfat

Ich stand unbeweglich da, und in der nächsten Sekunde nistete sich das Wort in meinem Gehirn ein und verdrängte alles andere, jede Grübelei, jeden Zweifel, alles, was ich gelesen, und alles, woran ich gedacht hatte.

Strontium neunzig.

Ich ergriff die Flaschenkörbe und ging zur Tür hinaus. Im Keller der Apotheke hantierte Wilhelm, mürrisch und wachsam, wie am Mittag. Unter albernen Reden packte ich die Flaschen aus und ging wieder. Ich brauchte sein Zyan nicht mehr. Als ich zum Institut zurückkam, sah ich Peters' Wagen davonrollen.

Ich erledigte die restlichen Arbeiten ohne Hast. Eine große Gelassenheit hatte von mir Besitz ergriffen.

Draußen wurde es inzwischen dunkel. Ich ließ die Rollos herunter und rückte mir die Schreibtischlampe zurecht. Dann öffnete ich den Schrank, in dem unsere wenigen Bücher standen. Ich fand sofort, was ich suchte.

Die Radioisotope und ihre Anwendung in der modernen Medizin.

Ein schwarzes, schweres Buch.

Ich hatte schon oft darin gelesen, absatzweise und unsystematisch. Heute würde es anders sein.

Am Schreibtisch schlug ich das Inhaltsverzeichnis auf. Mein Finger fuhr die Spalten herunter. Da war es.

Strontium. Seite 352.

Ich las.

Es war ein kurzer Abschnitt.

Das Isotop Strontium^{90} *entsteht bei der Uranspaltung. Seine Halbwertzeit beträgt 28 Jahre. Es ist zumeist mit Strontium*^{89} *und Yttrium*^{90} *gemischt.*

Strontium^{90} *ist ein reiner Betastrahler mit Energie von 0,61 Millionen Elektronenvolt. Alpha- und Gammastrahlen sendet es nicht aus, ebenso wie Strontium*^{89}.

Das radioaktive Strontium wird im Knochen wie Calcium gespeichert, verleiht jenem aber nicht die gleiche Festigkeit. Es hat die Eigenschaft, im menschlichen Körper selektiv das Knochengewebe aufzusuchen und das Calcium zu verdrängen. Ähnlich dem Radium ist es ein ausgesprochener »Bone-Seeker«.

Dieses Verhalten begrenzt die therapeutische Anwendungsmöglichkeit des Isotops aufs äußerste. Die harte, lang andauernde Beta-Strahlung schädigt das Knochengewebe, und vor allem das erythropoetische System des Knochenmarkes. Klinisch kommt es zu den Symptomen der Anämie, Leukopenie und Panmyelophtise. Später können maligne Knochentumoren entstehen, vor allem infolge der Beimengung von Strontium^{89}. *Die Toleranzgrenze liegt bei 0,1 Mikrocurie. Als Trägersubstanzen kommen die löslichen Salze Strontiumsulfat und Strontiumnitrat in Betracht.*

Ich lehnte mich zurück, suchte nach einer Zigarette und zündete sie an. Strontium neunzig. Halbwertzeit 28 Jahre. Das bedeutete, daß die strahlende Energie nach achtundzwanzig Jahren erst um die Hälfte abgefallen war. Zehn Halbwertzeiten rechnete man, bis ein Isotop nicht mehr strahlte.

Reine, bösartige Beta-Strahlen. Eine halbe Million Elektronenvolt. Und dann ein Bone-Seeker, ein Knochensucher. Es lagerte sich im Knochen ab und blieb dort, unabänderlich. Es bestrahlte das Knochenmark, jeden Tag, jede Sekunde. Schwund der roten, Schwund der weißen Blutkörperchen. Schließlich völliges Versagen des Knochenmarkes. Ich hatte solche Patienten gesehen. Und der Knochenkrebs kam noch hinterher.

Kein schöner Tod.

Trägersubstanz Strontiumsulfat. Unser Präparat im Strahlenschutzschrank. Trägersubstanz bedeutete, daß das strahlende Isotop einem inaktiven, nichtstrahlenden Element beigemischt war, in diesem Fall dem Schwefelsalz des Strontiums.

Ich drückte meine Zigarette aus und öffnete das rechte Abteil des Schreibtisches.

Ich nahm die Mappe heraus, in der die Durchschläge unserer Bestellungen von Isotopen abgeheftet waren.

Die Blätter raschelten unter meinen Fingern. Nichts von Strontium dabei.

Ich ging zum Schrank und kramte in den alten Heften herum, bis ich den vom vorigen Halbjahr fand. Es konnte sein, daß das Zeug schon ein paar Jahre herumstand.

Alte vergilbte Bestellungen. Jod, Phosphor, Gold, wieder Jod. Kein Strontium.

Ich ging noch eine Mappe zurück. Dann fand ich es. Ganz am Anfang des letzten Jahres.

Chemische Werke Spottler & Co.
Isotopenabteilung
20 Millicurie Strontium^{90}*. Menge 20 ccm.*
Spezifische Aktivität 1 mC/ccm. Trägersubstanz Strontiumsulfat.
Liefertermin: 12. 1. 1961.

20 Millicurie in 20 Kubikzentimeter Flüssigkeit.

Ein Tausendstel Curie in einem Kubikzentimeter.

Ein Curie, die Energieeinheit der radioaktiven Isotope, hat tausend Millicurie. Ein Millicurie hat tausend Mikrocurie. Und 0,1 Mikrocurie gilt als ungefährlich für den Menschen, also die Dosis, die er ohne Schaden vertragen kann – der zehnte Teil eines Mikrocurie.

Über ein Jahr stand das Präparat im Schrank. Peters hatte es wahrscheinlich längst vergessen. Ein Jahr. Keine Zeit bei einem Halbwert von 28 Jahren. Die Strahlung war unvermindert stark. Ich legte den Ordner zurück und setzte mich wieder.

Zwanzig Millicurie. Genug für drei Menschen.

Fünf Kubik würden genügen. Es war geruchlos und ohne Geschmack. Das strahlende Strontium mitsamt der Trägersubstanz war viel zu wenig, als daß man es hätte schmecken können. Wenn er es einmal im Körper hatte, war alle Hilfe vergebens.

Im nächsten Augenblick kam mir eine Erkenntnis, die meinen Plan zunichte machte.

Wenn er es im Körper hatte, würden alle Zähler ticken, an denen er vorbeikam. Die Strahlung war stark genug, um durch Fleisch und Knochen und über mehrere Meter zu wirken.

Meine Gedanken kreisten um diese schwache Stelle. Was tat es eigentlich?

Einer von uns hatte immer etwas Aktivität an sich. Verseuchte Hände, verseuchte Schuhe, die die Messungen verdarben, wenn man in die Nähe von Zählrohren geriet. Peters arbeitete unvorsichtiger und nachlässiger als ich. In der ersten Zeit würde ihm die Strahlung nicht besonders auffallen. Nachher war es zu spät. Niemand würde an einen Mordanschlag und an mich als Urheber denken. Alles andere war wahrscheinlicher – Unsauberkeit, Verseuchung, die langsam zugenommen hatte, überalterte Zählrohre.

Ich konnte dabei bleiben. Es war die einzige und sicherste Möglichkeit.

Ich hörte von weit her eine Uhr. Es schlug acht. Ich stellte das Buch zurück, zog mich an, löschte das Licht und ging.

IX

Drei Abende später fand ich die Gelgenheit. Ich wollte keine Zeit verlieren.

Peters ging gegen sechs Uhr fort. Er kam herunter, fragte einiges, verabschiedete sich. Ich sah den Spott in seinen Augen und wußte, daß er zu Vera ging.

Zehn Minuten blieb ich sitzen und rührte mich nicht. Dann ging ich langsam den Gang entlang nach hinten.

Für den nächsten Tag waren zwei Patientinnen zur Joddiagnostik bestellt. Ich richtete zwei Ampullen und die Jodbürette zum Abfüllen her. Wenn mich jemand überraschte, sollte es so aussehen, als wäre ich mit dem Jod beschäftigt.

Die blauen Schutzkittel hingen vor der Tür. Ich zog den einen an. Gummihandschuhe waren da. Einen Tag zuvor hatte ich alle unverseuchten zum Trocknen aufgehängt. Ich zog die Stulpen über die Enden der Ärmel. Dann sah ich mich nach dem Monitor um.

Wir hatten ein paar von ihnen. Hier unten zwei, einen im Labor I. In Peters Zimmer stand der vierte. Es waren Geigerzählrohre, frei an einem Stativ montiert und angeschlossen an ein einfaches Zählwerk und einen Lautsprecher, der die registrierten radioaktiven Impulse hörbar machte.

Wenn ein strahlendes Präparat in der Nähe war, ging das langsame Knacken in ein hohes, bösartiges Geknatter über. Es war Vorschrift, jeden Tag nach der Arbeit Finger, Gesicht, Kleidung und Schuhe auf radioaktive Verseuchung zu prüfen.

Die rote Kontrollampe am Zähler brannte. Der Lautsprecher knackte in unregelmäßigen Abständen. Nie schwieg ein Zählrohr ganz, auch nicht, wenn keine Raidoaktivität im Raum war.

Ich nahm mir einen hölzernen, langgliedrigen Greifer vom Tisch. Dann öffnete ich die Tür des Schutzschrankes. Das Strontium stand unberührt. Ich schloß die Zange des Greifers um den Hals der Flasche, hob sie vorsichtig heraus, drehte mich und hielt sie in Richtung auf den Monitor.

Das unheimliche Knacken schwoll an und steigerte sich zu einem drohenden Knarren. Das Zählwerk klickte hastig, und die Zahlen hinter dem Schlitzfenster huschten blitzschnell vorbei. Ich stellte die Ampulle in den Schrank zurück und schloß die Tür. Hochaktiv war das Zeug und würde so weiterstrahlen für fast dreißig Jahre.

Aus einem der Kästchen suchte ich mir eine kleine Glasflasche mit einem Gummistöpsel. Ich spannte sie in die Zwinge eins Stativs. Ein zweites stellte ich daneben. Dann schaltete ich den Monitor aus. Das Knacken verstummte.

Ich blieb einen Augenblick still stehen und lauschte auf den Gang hinaus. Nichts rührte sich.

Schnell riß ich den Schrank wieder auf, ergriff die Flasche, trug sie hinüber zu dem freien Stativ und klemmte sie fest.

Neben mir, im Tischkasten, lagen Pipetten. Ich nahm eine Zehner und setzte den Gummiball zum Absaugen darauf. Dann zog ich die Stöpsel von beiden Flaschen. Hundertmal hatte ich jede dieser Bewegungen schon ausgeführt.

Ich schob die Spitze der Pipette in die Strontiumflasche und drückte auf das Ventil des Balles. Langsam stieg die Flüssigkeit hinter den schwarzen Markierungen der Glasröhre hoch. Meine Hände zitterten nicht. 8-7-6-5-4-. Ich ließ das Ventil los.

Sechs Kubikzentimeter.

Genug für Peters.

Ich hob die Pipette heraus und ließ das Strontium in die leere Flasche laufen. Als ich den Ball zum zweitenmal ausdrückte, um die letzten Reste herauszublasen, öffnete sich die Tür zum Nebenraum. Ich fühlte, wie mein Magen sich zusammenkrampfte. Ein kochender Strom lief über meine Haut. Ich hielt die Pipette krampfhaft fest, aber die Spitze klirrte gegen den Hals der Flasche, als hätte ich Fieber.

Wenn es Peters war, war ich erledigt.

»Na, so spät noch fleißig?«

Ich verspürte eine so grenzenlose Erleichterung, daß mir schwindelig wurde. Für einen Augenblick sank mein Kopf vornüber.

Es war nicht Peters. Es war die leitende Assistentin vom chemischen Labor, das neben unserem lag.

Ich drehte mich nicht um. Langsam zog ich die Pipette heraus, hielt sie waagerecht und nahm den Gummiball ab.

»Man hat's schwer«, sagte ich. »Nichts als Überstunden.«

Ich nahm die Pfropfen und drückte sie auf die Flaschenhälse.

»Was machen Sie denn?« fragte die Neumann.

Verfluchte neugierige Ziege!

Ich trug die Pipette zum Spülen, stellte sie vorsichtig hinein und drehte den Wasserhahn auf. Dann wandte ich mich um.

Mein Lächeln verdeckte meine Unruhe. Der Kopf der Neumann mit dem falschen Honigausdruck und den fettigen Haaren hing im Türrahmen. Den Rest ihres Körpers ließ sie draußen, aus Angst vor den Strahlen.

»Bißchen Jod abfüllen für morgen.«

Ihre Brillengläser glitzerten.

»Doktor Peters tut wohl gar nichts mehr?«

»Er tut das Seine«, sagte ich. »So wie Sie arbeitet er natürlich nicht.«

Sie war als Arbeitspferd bekannt. Sie konnte niemanden sitzen sehen.

»Wenigstens ein Fleißiger im Isotopenlabor«, sagte sie bissig. »Gute Nacht.«

»Gute Nacht, Fräulein Neumann«, sagte ich sanft.

Die Tür schnappte ein. Zwei Sekunden brauchte ich, um die Strontiumflasche aus der Verschraubung zu lösen und sie in die Bleikapsel im Schutzschrank zurückzustellen. Die Gummihandschuhe klebten an meinen Händen.

Ich sah mich nach einer leeren Bleiröhre um, denn ich wollte das Teufelszeug nicht ohne jede Abschirmung in der Tasche haben. Nach einigem Suchen fand ich eine. Meine Flasche paßte hinein. Ich stellte die Stative an ihren Platz zurück und schloß den Schrank sorgfältig. Noch eine halbe Stunde brauchte ich, um das Jod in die Ampullen zu füllen. Ich mußte ein Alibi für diesen Abend haben. Die Neumann verstand nichts von dem Kram und konnte nicht gesehen haben, womit ich in Wahrheit arbeitete. Aber sie konnte reden. Ich schlug noch eine Lage Zellstoff um die Bleiröhre. Dann streifte ich die Gummihandschuhe ab, warf sie in das Spülbekken und scheuerte meine Hände, bis sie rot und geschunden aussahen. Der Monitor im Labor I war noch angestellt, und er tickte noch hastig und unruhig, als ich die Kapsel in meiner Aktentasche verborgen hatte.

Das Strontium strahlte.

Ich zog meine Jacke und meinen Mantel an. Dann stellte ich den Zähler ab, löschte das Licht und verschloß die Tür. Das Institut lag dunkel und still, als ich fortging.

Jeden Vormittag trank Peters eine Tasse Pulverkaffee. Ich hatte ihn ein paarmal dabei angetroffen, als ich hinaufgegangen war, um irgend etwas zu fragen.

Der Kaffee.

Das war der Weg.

Ich verlor keine Zeit.

Am nächsten Morgen nahm ich das Strontium wieder mit ins Institut. Ich stellte die Aktentasche mit dem Bleiröhrchen, in einen leeren Wandschrank, der auf dem Flur stand, weit entfernt von jedem Monitor. Dort konnte sich die Strahlung nicht verraten.

Dann ging ich nach hinten zum Arbeitsraum und sah mich gründlich um. Überall die gewohnte Unordnung. Keine Spur meiner abendlichen Tätigkeit.

Ich ging zurück. Die beiden Jodpatientinnen kamen nacheinander und schilderten endlos und mit weinerlicher Stimme ihre Beschwerden. Halb elf war die letzte gegangen. Ich stellte den Apparat ab und reinigte die Spritzen. Dann trug ich die Speicherkurve der ersten Patientin auf Millimeterpapier auf. Ich schrieb die Impulszahlen dazu, riß das Blatt vom Block und ging zum Fahrstuhl.

Oben im Gang standen überall Tragen mit geduldigen Patienten herum. Schwestern und Assistentinnen liefen hin und her. Ich grüßte freundlich nach allen Seiten.

Vor der Tür zu Peters' Zimmer blieb ich stehen und versuchte zu hören, ob sich drin etwas regte. Aussichtslos. Der Lärm um mich herum verschluckte alles.

Ich klopfte kurz an und trat ein.

Peters lag in seinem Schreibtischstuhl. Er war bleich und unausgeschlafen. Sein Lächeln strengte ihn mehr an als sonst.

»Na – guten Morgen. Was gibt es denn?«

Ich sah mit einem kurzen Blick, daß der Monitor neben

dem Waschbecken ausgeschaltet war. Allerdings war auch keine Kaffeetasse zu sehen.

»Guten Morgen«, sagte ich. »Ich wollte Ihnen den ersten Anstieg zeigen. Sieht nicht aus, als ob es was für uns wäre. Ganz normal.«

Ich legte das Blatt vor ihn hin.

Wenn die Anfangsmessung normal war, kam bei den folgenden meist auch nichts heraus. Aber Peters schenkte mir selten etwas. Auch diesmal nicht.

»Ja, nun«, sagte er in seiner gedehnten Art, die ich so haßte. »Ganz normal ist das aber doch nicht . . .«

Es war keine Spur von einer krankhaften Abweichung daran.

»Da würde ich aber doch dafür sein, daß wir weitermachen – der 48-Stunden-Wert ist immer wichtig –, und auch normale Befunde können wir später auswerten.«

»Natürlich«, sagte ich. »Ich würde gern noch mit der anderen kommen. Sind Sie nachher noch da?«

Er nickte müde. Er würde bald Kaffee brauchen. Ich nahm das Blatt und ging.

Der Fahrstuhl war unterwegs. Ich lief die Treppe hinunter. Im Labor trug ich die Meßwerte der zweiten Patientin ein. Es dauerte fünf Minuten. Ich ließ noch fünf vergehen.

Dann ging ich hinaus. Ich öffnete den Wandschrank, zog die Bleiröhre aus meiner Aktenmappe und schob sie in die Hosentasche. Das Strontium strahlte, aber das war nicht zu ändern.

Vor Peters' Tür wartete ich, wie vorher.

Der Zähler, dachte ich. Hoffentlich hat er den Zähler nicht eingeschaltet.

X

Peters' Stimme drang durch das Holz. Ich öffnete langsam die Tür. Mein Herz schlug schnell und hart.

Zwei Dinge sah ich, bevor ich über die Schwelle trat. Die rote Kontrollampe am Zählwerk brannte nicht. Die Kaffeetasse stand vor ihm auf dem Schreibtisch. Während ich unten war, hatte er sich eingeschenkt. Seine Hand bewegte langsam den Löffel.

Ich legte die Kurve vor ihn hin. Mein Blick ging über den Schreibtisch. Es gab noch andere Zählgeräte. Da war der FH 40, ein kleines Rohr, transportabel und handlich, das die Strahlenmenge direkt in Röntgeneinheiten anzeigte. Peters spielte immer mit irgend etwas herum. Wenn so ein Ding in der Nähe war, konnte es gefährlich werden. Aber ich sah nichts. Peters studierte die Kurve. Der Geruch des Kaffees zog durch den Raum.

Jetzt müßte ihn jemand abrufen, dachte ich. Nur eine Minute. Eine einzige Minute würde genügen.

Ich spürte das Gewicht der Bleikapsel in meiner Tasche.

Eine Minute.

Peters musterte das Blatt und rührte in der Tasse. Er nahm sich Zeit. Außerdem schien er nicht bei der Sache. Ob er an Vera dachte?

»Na, ich denke, hier können wir auf die anderen Werte verzichten. Das ist nichts. Hat sie klinisch was?«

»Nicht viel.«

»Dann lassen wir's.«

Ich staunte. Er ließ die Gelegenheit vorübergehen, mir eine nutzlose Arbeit aufzuhalsen.

»Gut«, sagte ich.

Er schob mir das Blatt hin und griff nach der Tasse. Ich sah, wie er trank. Viel auf einmal. Fast alles.

»Sehr zum Segen«, sagte ich.

»Danke, danke«, erwiderte er.

Ich konnte nichts mehr tun. Ich ging.

Während der folgenden Tage erschien ich immer zu seiner Kaffeezeit, jedesmal mit einer anderen Frage. Der einzige Erfolg war die Gewißheit, daß er seine Tasse stets zur gleichen Zeit trank. Fünf bis zehn Minuten nach elf.

Ich trug das Strontium sechs- oder achtmal umsonst nach oben. Wenn das so weiterging, war ich eher tot als Peters.

Dann kam der 29. März.

Jedes dieser Daten hat sich tief in mein Bewußtsein eingegraben.

Ich brachte eine Jodbestellung zur Unterschrift hinauf. Eine Versuchsanordnung, die ich auch ein andermal mit ihm hätte besprechen können, hielt ich in Reserve.

Die elektrische Uhr auf dem Korridor zeigte fünf Minuten nach elf. Als ich eintrat, sah ich die dampfende Tasse und roch den Kaffee. Peters war guter Laune und hatte glänzende Augen. Er redete viel und machte läppische Witze. Ich saß, fühlte das Blei in meiner Tasche und sah die Tasse. Ich war jetzt besser trainiert. Meine Unruhe war geschwunden. Ich war nur noch ein Bestandteil meines Planes.

Es vergingen zwei oder drei Minuten. Peters begann in der Tasse zu rühren.

Das Telefon klingelte. Peters hob lässig den Hörer ab. »Ja – nun, was haben wir denn?«

Ich hörte das leise Gequäke einer Stimme. Sie sprach nicht lange.

»Gut, fein«, sagte Peters. »Ich komme schnell mal hinüber.«

Er legte den Hörer zurück. Jetzt schien die Gelegenheit zu kommen.

»Ich muß einen Radiumpatienten ansehen«, sagte Peters. »Haben wir noch etwas?«

Ich machte keine Anstalten, aufzustehen.

»Ich wollte heute nachmittag die Messungen mit dem Koinzidenz-Zähler anfangen«, sagte ich. Ich wußte, daß ihm dieser Versuch sehr am Herzen lag, weil eine neue Veröffentlichung dabei herauskam. »Vorher hätte ich Sie gern noch einiges gefragt.«

»Gut«, sagte er. »Es wird nicht lange dauern. Wir besprechen es gleich anschließend. Lesen Sie inzwischen die Zeitung. Mariechen Ludwig ist im Alter von 83 Jahren sanft entschlafen.«

»Ich hätte sie für jünger gehalten«, sagte ich.

Einen Augenblick blieb er noch. Er nahm die Tasse und hob sie an die Lippen. Nach einem kleinen Schluck verzog er das Gesicht.

»Noch zu heiß«, sagte er lächelnd.

Gleich wird er kälter sein, dachte ich. Er zog die Tür hinter sich zu. Ich machte keine Bewegung zuviel.

Ich nahm die Büchse aus meiner Tasche, streifte den Zellstoff herunter und steckte die Kappe an das verschlossene Ende. Dann klemmte ich die Büchse zwischen die Knie. Von dem Zellstoff riß ich zwei Fetzen herunter und nahm sie zwischen Daumen und Zeigefinger meiner Hände. Dann hob ich die Flasche heraus.

Für ein paar Augenblicke wurde ich nervös. Der Gummipfropfen hatte sich festgesaugt und ging nicht heraus. Ich zog und drehte. Endlich kam er.

Plötzlich und unerwartet, wie eine Warnung von einem Unbekannten, durchfuhr mich der Gedanke, daß ich jetzt noch kein Mörder war. Noch konnte ich alles ungeschehen machen. Aber dann sah ich Vera vor mir.

Ihre Augen, ihr Lachen.

Ich goß das Strontium in die Tasse.

Wenig später hatte ich die Büchse in der Tasche. Ich

stand auf und spülte mir am Waschbecken die Finger ab. Im Spiegel sah ich mein Gesicht. Es sah aus wie immer, häßlich und verschüchtert. Nichts Dämonisches war daran. Ich ging zurück, tauchte den Löffel in die Tasse und rührte um. Die sechs Kubikzentimeter fielen nicht auf. In der Tasse war ganz normaler Kaffee.

Ich lehnte mich an. Es war soweit. Jetzt würde er trinken. Er brauchte nur noch zu trinken. Es war geglückt.

Vera würde frei sein.

Es war geglückt.

Vor der Tür verhielten Schritte. Ich bereitete mich darauf vor, die nächsten Minuten ruhig zu überstehen.

Es war nicht Peters. Es klopfte.

Ich schwieg, tat gar nichts. Es klopfte noch einmal.

»Herein!« rief ich.

Zwei Männer traten ein. Einen von ihnen kannte ich. Es war Dr. Jordan, ein Physiker, der in der Stadt ein Geschäft hatte und Vertreter großer Elektrofirmen war. Bei ihm bestellte Peters unsere Apparate und Zählrohre. Er machte gute Geschäfte mit dem Institut und sah wohlhabend aus. Er trug einen erstklassigen Anzug und floß über vor Verbindlichkeit.

Der Mann hinter ihm war vermutlich ein Monteur. Er trug einen Kasten mit heraushängenden Kabeln unter dem Arm.

Ich stand auf.

»Ach – guten Morgen, Herr Doktor Butterweis! Freut mich, Sie zu sehen! Wie geht's denn?«

Es interessierte ihn nicht im geringsten, wie es irgend jemandem ging.

»Danke, gut«, sagte ich.

»Schön, schön. Herr Dr. Peters – nicht da?«

»Mußte mal ins Radiumzimmer«, erwiderte ich. »Kommt sicher gleich zurück.«

»Ach, sehr schön. Das ist Herr Härting. Ein Mitarbeiter.«

Ich nickte. »Guten Tag.«

»Wir haben ein neues Zählwerk mit«, sagte Jordan.

»Doktor Peters wollte es sich ansehen. Können wir ja schon anschließen.«

Ich begriff nicht gleich.

»Hier?« fragte ich.

»Ja. Da brauchen wir doch nicht erst nach unten.«

Er lächelte ölig. »Ich bin etwas in Eile. Sie wissen ja – Forscher warten ungern. Er muß sowieso ein bißchen warmlaufen. Stellen Sie ihn hierher, Härting!«

Der Mann stellte den Kasten auf den anderen Zähler, an den Peters' Zählrohr angeschlossen war. Ich sah, wie er ein paar Kabel verband und den Netzstecker in die Steckdose schob. Er zog das Anschlußkabel zum Zählrohr aus dem unteren Zähler und schloß es an das neue Gerät an.

Das alles sah ich wie durch einen feinen Schleier, und ich hörte Jordans Gerede, ohne es zu verstehen. Sie schlossen den Monitor an!

Hatte sich die Hölle gegen mich verschworen!

In spätestens fünf Minuten würde er warm sein. Das Strontium stand einen halben Meter vom Rohr entfernt.

Das Zählwerk würde sich überschlagen.

Ein paar Herzschläge lang hatte ich die wahnwitzige Idee, nichts zu tun und abzuwarten, bis es soweit war. Vielleicht glaubten sie, der Fehler läge im Gerät. Sie würden herumsuchen, und Peters würde seine Tasse trotzdem austrinken.

Aber dann überfiel mich Furcht, eine scheußliche, lähmende Furcht.

Sie würden sofort sehen, woran es lag. Sie würden es herausfinden. Und Peters konnte sich alles zusammenreimen. Er hatte eine verdammte, blitzschnelle Intelligenz.

Ich mußte etwas tun. Aber was?

Der Monteur drückte einen Schalter herunter. Das rote Licht der Kontrollampe starrte mich an wie das Auge des Teufels. Ich riß mich mit Gewalt zusammen. Jordan pries noch immer die Vorzüge des Apparates. Er hatte auf den Monteur geachtet, nicht auf mich.

»Wird auch bedeutend schneller warm«, sagte er mit Befriedigung. »Sie werden viel Zeit sparen.«

Sollte ich hinauslaufen? Was sollte ich machen?

Ich sah Jordans Hand mit einer Zigarettenschachtel vor meinem Gesicht. Mir fiel ein, was ich tun konnte.

Ich nahm eine Zigarette. Sein Feuerzeug klickte. Ich zog den Rauch tief in die Lungen.

»Besten Dank«, sagte ich.

Dann wandte ich mich halb um und lehnte mich über die Schmalseite des Schreibtisches, als wollte ich mir den Apparat genau ansehen. Meine Hand hielt ich über die Kaffeetasse.

Ich ließ die Zigarette fallen. Es zischte kurz.

»Um Himmels willen!« rief ich und fuhr hoch. »Was bin ich für ein Trottel! Ihre schöne Zigarette! Entschuldigen Sie mich einen Augenblick, Herr Jordan. Ich hole eine neue Tasse für Doktor Peters.«

Sie sahen mich erstaunt an. Ein Schauspieler war ich nie gewesen. Aber mir war alles gleichgültig. Ich griff nach der Tasse und lief hinaus.

Von Peters war nichts zu sehen. Ich drängte mich zwischen den Tragen hindurch. Am Ende des Flurs war die Toilette. In die Küche konnte ich das Zeug nicht bringen. Sie wurde regelmäßig auf Verseuchung geprüft.

Ich verriegelte die Tür hinter mir und goß den Kaffee mit der Zigarette aus. Dann spülte ich gründlich nach. Hier würde die Verseuchung nicht auffallen.

Wo lief das Zeug jetzt hin? In irgendeine Berieselungsanlage, irgendeinen Fluß. Ich konnte es nicht ändern.

Am Waschbecken spülte ich die Tasse aus, vorsichtig ohne zu spritzen. Dann wusch ich meine Hände. Ein Patient kam herein; Er beachtete mich nicht.

Ich ging hinaus. Ein paar Türen weiter war die Teeküche.

Es war niemand drin. Ich stellte die Tasse zu anderem Geschirr in das Spülbecken. Eine Weile würde es noch dauern, bis der letzte Rest von Aktivität herausgewaschen war.

Dann nahm ich eine andere Tasse aus dem Schrank. Auf dem Gaskocher stand ein Kessel mit heißem Wasser. Ich ließ es kurz aufkochen. Während ich wartete, kam eine Assistentin herein.

»Nanu? Ein neuer Koch?«

»Nur heißes Wasser«, sagte ich. »Muß Kaffee trinken, sonst breche ich zusammen.

»Sie Ärmster!«

Alle Mädchen im Institut sagten Ärmster zu mir.

Sie merkte nichts. Ich füllte das Wasser ein, nickte ihr zu und ging.

Peters war inzwischen gekommen. Ich hörte seine Stimme und Jordans Gelächter.

Ich trat ein und balancierte die Tasse vorsichtig zum Schreibtisch.

»Tut mir sehr leid, Herr Peters«, sagte ich. »Mit einer Zigarette von Herrn Jordan habe ich Ihren Kaffee verdorben. Anbei eine neue Tasse. Den Löffel Kaffee werde ich nachliefern.«

Sie lächelten nachsichtig. Ich wußte, was sie dachten. Aber es war mir gleichgültig. Ich war gerettet.

»Na, der Verlust wird sich ertragen lassen«, sagte Peters gönnerhaft.

Ich hörte das Ticken des Zählwerkes. Der Monitor lief. Ich durfte ihm mit den Händen nicht zu nahe kommen.

»Feines Ding, was?« fragte Peters.

»Wunderbar«, antwortete ich. »Herr Jordan hat immer etwas Schönes für uns.«

Zum Dank bekam ich eine zweite Zigarette und nahm sie mit verlegenem Lächeln. Die beiden redeten weiter über technischen Kram. Ich blieb nur mehr kurze Zeit.

»Verzeihung«, sagte ich. »Ich muß einmal nachsehen, ob sich unten jemand angesammelt hat.«

»Wir sprechen nachher noch miteinander«, rief Peters mir nach.

Die Fahrstuhltür stand offen.

Ich fuhr hinunter, ging ins Labor und sank auf den Schreibtischstuhl.

Die Schwäche kam wieder, und ich fiel fast zusammen. Das Hemd klebte mir an der Haut.

Umsonst.

Die ganze Arbeit war umsonst. Und ich hätte mich beinahe verraten. Der verfluchte Jordan.

Alles mißlang, was ich anfaßte. Alles. Was sollte ich jetzt tun?

Ich saß lange Zeit nachdenklich da. Die Geschichte war verfahren. Mit dem Kaffee konnte ich es nicht noch einmal versuchen. Das konnte zu leicht auffallen. Und Peters hatte den neuen Zähler im Zimmer. Es war zu gefährlich.

Alles wäre in Ordnung, wenn Jordan nicht dazwischengekommen wäre. Neue Möglichkeiten beschäftigten mich. Ich erwog sie, verwarf sie wieder, noch als ich längst zu Hause war und zu schlafen versuchte.

Den ganzen Tag grübelte ich. Ich fühlte mich matt und zerschlagen, konnte mich auf keine Arbeit konzentrieren und war froh, als der Dienst vorüber war.

Ich war eine Viertelstunde zu Hause, als es läutete. Ich öffnete.

Vera stand auf der Schwelle. Nie war sie mir so lieblich erschienen. Trotzdem konnte ich mich nicht freuen.

»Na, du machst ein so trauriges Gesicht!«

»Guten Abend, Vera«, sagte ich.

Wir setzten uns ins Zimmer.

»Hör zu, Stephan. Wir sprachen doch von einem Fest. Ich möchte eins geben. Bei mir. Ich – ich möchte euch beide einladen. Bei dieser Gelegenheit sprechen wir uns aus. Dann ist alles klar. Es gibt keine Heimlichkeiten mehr. Kommst du?«

Mit ihm ein Fest feiern!

Offizielle Mitteilung: Vera gehört mir, Herr Butterweis. Wünschen Sie mir nicht Glück? Wollen wir einen darauf trinken?

Trinken? Sagten Sie trinken, Herr Peters?

Doch, ich wollte etwas mit ihm trinken! Mit Vergnügen!

»Wann soll es sein?« fragte ich.

»Freitag in acht Tagen! Du, es wird bestimmt nett. Wenn du nicht mitmachst, bin ich ganz traurig.«

»Ich komme«, sagte ich.

Sie umarmte mich.

»Das ist nett, Stephan. Ich sorge schon dafür, daß ihr euch vertragt. Kommst du mit ihm aus? Hat es irgend etwas gegeben?«

Ich dachte an gestern.

»Nichts. Geht alles gut.«

»Na, siehst du! So ist es doch viel besser.«

»Natürlich«, sagte ich. »Verlobt ihr euch bald?«

Ein Schatten überflog ihr frisches Gesicht.

»So eilig ist es nicht.«

»Wem ist es nicht so eilig?«
Sie antwortete nicht. Bald darauf ging sie.
Ich blieb am Fenster stehen und blickte ihr nach.
Freitag in acht Tagen.
Das Schicksal entschädigte mich für den gestrigen Tag.

XI

Am Mittwoch vor Veras Fest fand ich die Gelegenheit, neues Strontium abzufüllen. Die Flasche und die Büchse hatte ich noch. Peters war früh gegangen. Am Mittwoch ging er immer früh, wie ein praktischer Arzt.

Ich hantierte im Labor II in gespenstischer Stille. Wieder nahm ich sechs Kubik ab. Jetzt war nicht mehr zu übersehen, daß etwas fehlte. Ich überlegte, ob ich die Flasche mit dem Rest wegwerfen und so tun sollte, als wäre sie nie dagewesen.

Dann aber kam mir eine bessere Idee.

Ich füllte zwölf Kubik destilliertes Wasser auf. Der Rest des Strontiums strahlte noch stark genug, um die volle Aktivität vorzutäuschen. Peters müßte sehr genau nachmessen, wenn er dahinterkommen wollte. Und es war fraglich, ob er jemals mit dem Strontium arbeiten würde.

Und außerdem – eine Reserve blieb mir noch.

Aber diesmal würde es keinen Versager geben. Ich würde der Sieger sein. Auf Veras Fest. Während des Triumphes.

Am Freitagmittag kam Peters herunter. Er setzte sich und sah mich an.

»Tja«, sagte er nach einer Weile, »ich glaube, wir sind heute abend eingeladen.«

Ich nickte leichthin.

»Ich glaube auch.«

»Ja.« Er fuhr sich durchs Haar. Zum erstenmal sah ich ihn mir gegenüber verlegen.

»Sie – wissen keinen Anlaß?«

Ich dachte an meine Abmachung mit Vera.

»Ich weiß keinen Anlaß. Aber auch ohne Anlaß feiere ich gern.«

Er stand auf. Irgend etwas war ihm unbehaglich. Ich konnte mir denken, was es war.

»Na, dann sehen wir uns heute abend.«

»Bestimmt«, sagte ich freundlich. »Ich bin schon früher da. Muß mithelfen.«

»Aha, so. Ja. Ich bin da nicht so geeignet. Also – bis dahin.«

»Bis dahin«, antwortete ich.

Um sieben war ich bei Vera.

Ich trug den Anzug, den ich an meinem Geburtstag getragen hatte, an dem Tag, als sie von mir fortging.

Ich hatte Blumen. In meiner Aktenmappe war eine Flasche Rum. Und die Bleibüchse mit dem Strontium.

Vera trug eine Schürze und hielt ein Messer in der Hand, als sie mir öffnete. In der Küche sah es aus wie in einem Verpflegungslager.

»Zieh dich aus, Herzchen«, rief sie. »Kümmere dich um die Bowle. Angesetzt habe ich sie schon. Mit Kognak. Ist das richtig?«

»Man kann es so machen«, sagte ich. »Die Folgen sind entsprechend. Ich habe eine Rumflasche mit und werde einen Aperitif machen, wie damals bei mir.«

»Wunderbar.«

»Sollen wir das alles essen?«

»Ja – wieso?«

»Bißchen viel. Wo hast du die Flaschen?«

»Auf dem Balkon.«

Ich holte sie herein und fing an, sie zu entkorken. »Du, Vera«, sagte ich nach einer Pause. »Wie stellst du dir das vor – offiziell mitteilen? Willst du ans Glas klopfen und eine Rede halten? Oder soll ich von selber darauf kommen?«

Sie hielt inne und sah mich ein bißchen scheu an.

»Ich habe es mir auch schon überlegt«, sagte sie leise. »Vielleicht – sagt er etwas . . .«

»Er wird gar nicht daran denken«, sagte ich trocken.

Sie senkte den Kopf.

»Weißt du«, sagte ich, »wir machen es so. Wir tun so, als hättest du es mir eben gesagt. Ich werde ihm ganz beiläufig und zwangslos zu dir gratulieren. Dann staunt er. Wie gut ich die Neuigkeit überwunden habe, und alles ist in Ordnung.«

Sie sah wieder auf.

»Ja, mach es so, Stephan.«

»Na also«, sagte ich. »Nur keine Angst. Kampf war doch nie unser Fall.«

Sie lächelte mich an.

»Nie.«

Ich füllte den Wein in die Bowlenkanne.

»Gläser sind im Schrank«, sagte Vera.

Ich ging ins Wohnzimmer und sah, welche Mühe sie sich gegeben hatte.

Für ihn, mußte ich denken.

Ich holte die Bowlengläser heraus und stellte sie zwischen die Teller und Blumen. Früher hätte ich mich gefreut. Jetzt war mein Herz leer und tot. Nützte es etwas, wenn Peters nicht mehr da war? Sie würde ihn immer lieben und mich nur dulden.

Aber vielleicht würde sich das auch ändern.

Ich fand ein paar halbhohe, massivere Gläser. Sie waren richtig für meinen Cocktail. Ich nahm sie mit hinaus in die Küche.

»Hast du Zitronen?« fragte ich.

»Haufenweise. In der Speisekammer.«

Sie zeigte mir, wo die Presse stand. Ich preßte sechs Zitronen aus und goß den Saft in eine kleine Kanne. Dann öffnete ich die Rumflasche und setzte den Korken leicht wieder auf.

»Was wird das?«

»Der Aperitif«, sagte ich.

»Du Guter«, sagte Vera.

Ich wandte mich ab, um sie nicht mehr ansehen zu müssen.

Nach einiger Zeit war sie mit ihrer Platte fertig. Es war eine bunte Palette, appetitlich anzusehen, mit Gebirgen von Salaten und Delikatessen.

»Sollen wir das wirklich bewältigen?« fragte ich.

»Natürlich. Für später habe ich noch Würstchen.«

»Großer Gott!«

»Du – ob ich schon anfange, das Brot zu rösten?«

»Wie oft warst du schon mit ihm verabredet?« fragte ich.

Sie sah erstaunt aus.

»Wieso? Ach – du meinst . . .«

»Ja, das meine ich«, sagte ich. »Warte ruhig damit. Komm, wir setzen uns rein und rauchen eine.«

Ich behielt recht. Es war dreiviertel zehn, als Peters erschien. Er kam herein, und Veras Kummer war verflogen.

»Tut mir schrecklich leid«, sagte er strahlend. »Kommt doch der Waldhagen aus Marburg und hält mich auf. Schreckliche Ausdauer, der Kerl. Konnte ihn aber nicht gleich rauswerfen. Er sitzt in der Kommission, die die Forschungsgelder bewilligt.«

Ich wußte sofort, daß er eine Lüge vorbrachte. Sein Leben lang würde er Vera belügen. Mein Zweifel verschwand.

Ich war entschlossen.

Peters sah blendend aus. Der leichte Anflug von Unordentlichkeit stand ihm. Aus mir konnte der korrekteste Anzug nichts herausholen.

Er hatte fünf Rosen mitgebracht, solche, wie ich sie damals besorgt und die Vera nicht mitgenommen hatte.

Lange Stiele und feste, schmale Blüten. Vera hielt sie vor ihr Gesicht, und ihre hellen Augen leuchteten durch das Rot der Blumen.

»Unterhaltet euch«, rief sie. »Ich muß rösten.«

»Wollen wir inzwischen ein paar Kognaks zu uns nehmen, Herr Peters?« fragte ich.

»Das wäre nicht schlecht, würde ich meinen.«

Die übrigen Flaschen standen auf einem kleinen Tisch in der Nähe des Fensters. Ich füllte zwei Gläser. Ich brauchte Alkohol. Auch Peters brauchte etwas zu trinken.

Als wir jeder zwei Gläser getrunken hatten, fing ich an.

»Ich muß Ihnen gratulieren, Herr Peters.«

Sein schalkhaftes Lächeln blieb, aber in seine Augen trat die Erwartung eines Schuljungen, der vor dem Lehrer steht und nicht weiß, ob er versetzt wird. Er schwieg.

Ich fuhr fort zu reden, freundlich und mit einem Anflug von Bewunderung.

»Ich weiß jetzt den Anlaß des Festes. Unsere liebe Gastgeberin wollte mich nicht im ungewissen lassen. Sie wollte sich ungezwungen benehmen können. Ich kenne Vera. Ich kann Ihnen wirklich nur gratulieren.«

Peters blickte zu Boden. Nun hatte er den Sieg. Aber er schien ihm nicht zu behagen.

»Ja, nun«, sagte er gedehnt. Sein Lächeln vertiefte sich. Ich war gespannt, was er sagen würde.

»Darauf einen Dujardin«, sagte er. Wir tranken den dritten Kognak. Durch die Tür zog der Duft von geröstetem Weißbrot.

»Nun werden Sie wohl eher heiraten als ich«, sagte ich harmlos grinsend. »Immer gut, wenn man weiß, wo man sich zum Mittagessen einladen kann.«

Er schwieg. Ihm war unbehaglich. Ich spürte es. So hatte er sich das nicht gedacht.

»Freut mich wirklich, daß es so gekommen ist. Da war meine Tätigkeit im Institut trotz geringer Arbeitsleistung doch nicht ganz umsonst. Seien Sie Vera nicht böse. Sie meinte, zu mir als altem Sandkastenspielkameraden müßte sie aufrichtig sein. Und nun Thema durch.«

Peters kam zu keiner Antwort. Die Tür ging auf. Vera erschien mit einem Berg von Toastbroten.

»Na, ihr beiden! Was habt ihr ausgeheckt?«

»Wir sprachen über ein freches Mädchen«, sagte ich und zwinkerte ihr zu. »Ist schon vorbei. Soll's losgehen?«

»Muß nur noch die Platte holen. Wo bleibt dein Cocktail?«

»Der Cocktail«, rief ich und faßte mich an die Stirn. »Vor lauter Kognaks habe ich ihn vergessen. Augenblick. Geht blitzschnell.« Eine wilde Fröhlichkeit hatte mich erfaßt. Ich ging hinter Vera her in die Küche. Sie hob die Platte vorsichtig an.

»Geht's?«

»Ja.«

»Hast du jetzt alles?«

»Ja.«

»Ich komme sofort mit dem Getränk.«

Ich hielt ihr die Tür auf. Kurze Zeit wartete ich, ob sie noch einmal zurückkommen würde.

Selbstverständlich kam sie zurück; sie hatte den Pfeffer vergessen. Dann blieb sie im Zimmer, und ich hörte ihre Stimme und die von Peters. Noch lachte er.

Ich stellte die drei Gläser nebeneinander auf den Küchentisch. In jedes tat ich einen halben Löffel Zucker. Dann goß ich sie bis zur Hälfte voll mit Rum und tat Zitronensaft dazu. In die beiden ersten bis zum Strich, in das rechte etwas weniger.

Ich hielt still und lauschte auf die Stimmen. Alles war

unverändert. Ich bückte mich nach meiner Mappe. In wenigen Sekunden hatte ich die Flasche in der Hand. Das Strontium floß ohne Geräusch in das rechte Glas.

Ich steckte die Büchse zurück und spülte meine Hände ab. Dann nahm ich einen Löffel und rührte um. Erst die beiden linken Gläser. Dann das rechte, bis der Zucker sich aufgelöst hatte.

Daiquiri-Cocktail. Nach meinem Rezept.

Ich nahm das Glas mit dem Strontium in die rechte Hand, das mittlere in die Linke und ging über den Flur und ins Zimmer.

»Hei!« rief Vera. »Das ging aber schnell!«

»Langsam kann jeder«, sagte ich.

Ich stellte das rechte Glas vor Peters auf den Tisch, mitten auf seinen Teller. Das linke vor Vera. Außer den Gedecken war noch nichts auf dem Tisch. Die Blumen hatte Vera abgeräumt. In der Mitte stand ein rundes Tablett, etwas erhaben auf einem Sockel.

»Sehr zum Wohle«, sagte ich. »Ich hole nur noch meines.«

Ich lief hinaus und kam sofort zurück. Noch in der Tür warf ich einen Blick auf den Tisch.

Mir wurde übel. Alles begann um mich herum zu schwanken. Die beiden Gläser standen auf dem Tablett in der Mitte des Tisches. Das Tablett drehte sich langsam und mit ihm die Gläser.

Ein lautloser, höllischer Kreisel.

»Was macht ihr?« fragte jemand. Ich war es gewesen. Ich stand außerhalb des Scheins der Stehlampe. Sie konnten mein Gesicht nicht sehen.

»Wir spielen ein bißchen«, sagte Peters.

Das Tablett war drehbar.

Ich hatte es gesehen. Ich hatte es nicht beachtet, nicht bemerkt, daß es sich drehen ließ.

An alles hatte ich gedacht, aber nicht daran.

Wie ein Blitz durchfuhr mich die Erkenntnis, daß ich falsch gehandelt hatte.

Die Vergeltung traf mich, ehe die Tat vollendet war. Sie begann mit Ungewißheit, der schlimmsten aller Foltern.

Der Anblick der drehenden Glasfläche verstärkte meinen Schwindel. Meine Knie zitterten, drohten nachzugeben. Ich hob mein Glas und stürzte den Cocktail hinunter.

»He, du Süffel«, rief Vera, »kannst du nicht warten?«

Sie griff nach dem Glas, das gerade an ihr vorbeikam. Peters nahm das andere.

Ich wollte schreien, hörte die Stimme in meinem Gehirn, brachte aber keinen Ton heraus.

»Trink nicht, Vera! Es ist Gift! Trink nicht! Wirf es weg! Laß ihn allein trinken! Liebe, liebe Vera! Ich wollte ihn vergiften! Verzeih mir! Trink nicht!«

Vera leerte ihr Glas zur Hälfte, setzte es dann ab, lächelte Peters zu und trank es aus.

Auch Peters hatte ausgetrunken.

»Prima, Stephan«, rief sie. »Wenn ich ein Haus habe, wirst du Barmixer!«

Mir war, als sähe ich eine grinsende Fratze an der Wand.

»Ja – das ist doch was sehr Feines«, sagte Peters.

Der Rum brannte auf meiner Zunge und lief heiß in meinen Magen. Ich kam zu mir. Vera hielt mir die leeren Gläser hin.

»Sei so gut, bring sie wieder raus, ja? Gibt's nachher noch einen?«

»Nachher gibt's noch einen«, sagte ich abwesend.

Ich nahm die Gläser aus Veras Hand. Das kalte Wasser lief über meine Hände, als ich sie draußen spülte, und mir wurde besser. Ich ging ins Bad und wusch mich.

Mein Gesicht war bleich und feucht vor Schweiß. Ich rieb mir Kölnisch Wasser auf die Haut, bis sie sich rötete.

Was war ich nun?

Ein kleiner, mickriger, feiger Mörder.

Was hätte ich tun sollen?

Ich hätte rufen können: »Wenn ihr tauscht, tausche ich auch!«

Ich hätte Veras Glas genommen, ihr meins gegeben, gehustet, den Inhalt verschüttet, irgend etwas getan.

Ein anderer hätte das getan.

Ich nicht. Ich blieb unabänderlich der, der ich immer war. Ich stand hilflos da und sah, wie sie trank.

Es blieb nur eine Hoffnung: Wenn ein Funken Gerechtigkeit in der Welt war, mußte Peters das tödliche Glas ergriffen haben.

Lieber Gott, dachte ich, gib, daß es so ist! Vera kann nichts dafür! Gib, daß es so ist!

Ich ging wieder zurück ins Zimmer. Wir aßen.

Nie werde ich diesen Abend vergessen, solange ich lebe nicht. Mein Kummer, als Vera mir von ihrer Liebe zu Peters erzählte, mein Schreck, als der alte Wilhelm mir im Keller der Apotheke gegenüberstand, meine Bestürzung, als die Neumann hinter mir die Tür öffnete, mein Entsetzen, als Jordan den Monitor aufstellte – alles war nichts gegen die Höllenqual, lustig tun zu müssen, lustig tun, mit der marternden Ungewißheit und der brennenden Furcht im Herzen, daß ich Vera gemordet hatte, die ich über alles liebte, statt Peters, den ich mehr haßte als je zuvor.

Stephan Butterweis, der Amateurmörder.

XII

Ich war früher im Institut als sonst. Geschlafen hatte ich nicht. Eines war mir völlig klar: Wenn Peters das Zeug im Körper hatte, mußten die Monitoren wild werden. Es konnte kaum viel Zeit vergehen, bis es ihm auffallen würde. Dann wußte ich, woran ich war. Er vielleicht auch.

Ich schaltete meinen Zähler ein. Als die Zahlen begannen, mit leisem Klicken vorwärts zu springen, hielt ich die Kuppen meines rechten Zeigefingers und Daumens vor das Glimmerfenster des Zählrohrs. Das Werk fing an zu schnurren. Gestern hatte ich keine Zeit gehabt, meine Finger zu schützen, als ich die Flasche anfaßte. Spuren des Strontiums haftete auf meiner Haut.

Ich drehte an den Wasserhähnen des Beckens und scheuerte meine Finger mit der Bürste, Zentimeter um Zentimeter.

Ich dachte an Vera. Sie arbeitete, sorglos und glücklich. Sie dachte an Peters, hatte vielleicht den Tod im Leib und wußte es nicht. Ich trocknete mich ab. Dann schrieb ich auf der Maschine einige Briefe, Schlußberichte über entlassene Patienten. Als ich fertig war, begann ich zu rauchen.

Ich hätte unten Messungen mit dem neuen Zähler machen sollen. Ich war nicht aufgelegt.

Mit Beschämung und hilfloser Wut fühlte ich, daß ich nicht der Mann war, das alles durchzustehen. Es war zuviel für mich.

Ich saß und wartete. Die hellen Rechtecke des Sonnenlichts auf der Schreibtischplatte wanderten langsam weiter. Hinter mit tickte das Zählwerk, als wollte es mich jede Sekunde an mein Verbrechen erinnern. Peters kam nicht. Er rief auch nicht an. Es wurde elf Uhr. Ich nahm die Briefe mit und ging hinauf.

Er saß wie gewöhnlich auf seinem Platz am Fenster. Die Tasse stand vor ihm. Er wandte sich mir zu, lachte und begrüßte mich. Ich sah an ihm vorbei auf den neuen Monitor. Er war eingeschaltet. Er tickte leise, im Leerlauf, ohne Hast. Keine Spur von Strahlung war im Raum.

Ich trat näher und legte die Briefe vor Peters hin.

»Guten Morgen. Nur gegenzeichnen.«

Peters' Blicke musterten mich.

»Na? Bißchen blaß heute. Schlecht geschlafen?«

»Habe zuviel getrunken für mein Gewicht«, sagte ich mühsam lächelnd. »Wie geht's Ihnen?«

»Oh, ich kann nicht klagen.«

Er las die Briefe flüchtig und unterschrieb.

»Gut. Haben wir noch etwas?«

»Nichts«, sagte ich. Ich sah unverwandt auf den Apparat.

Peters saß einen halben Meter vom Zählrohr entfernt. Es hätte rasen müssen bei dieser Dosis.

Nichts. Seine Augen folgten meinem Blick.

»Geht er gut?« fragte ich.

»Ausgezeichnet.«

»Freut mich.«

»Ich nehme noch mehr davon. Die alten tauschen wir nach und nach um.«

»Herr Jordan wird noch Millionär werden«, meinte ich.

»Er ist es schon«, erwiderte Peters. »Wir haben den falschen Beruf.«

Ich hielt meinen Zeigefinger vor das Rohr. Das Ticken beschleunigte sich.

»Nicht ganz sauber, was?«

»Jod«, sagte ich. »Vom Abfüllen. Ich muß noch mal scheuern.«

»Würde ich Ihnen auch raten.«

»Auf Wiedersehen«, sagte ich. »Schönes Wochenende.«

»Gleichfalls. Ich gehe in einer halben Stunde. Wenn noch etwas kommt, nehmen Sie es bitte entgegen.«

»Ist in Ordnung«, sagte ich.

Meine Schritte hallten auf dem Flur.

Vera hat das Glas genommen, dachte ich. Er hat nichts. Es kann nicht anders sein. Vera wird durch meine Hand sterben.

Unten hockte ich mich in den Stuhl und starrte vor mich hin.

Was konnte ich tun?

Es gab kein Mittel, das Strontium aus dem Körper herauszubringen. Alles war viel zu spät. Es war längst resorbiert und befand sich im Kreislauf. Es würde sich in den Knochen ablagern, jeden Tag, unaufhaltsam, tödlich. Ich überlegte, ob es möglich wäre, daß Peters doch den richtigen Cocktail erwischt hatte. Vielleicht überschätzte ich die Stärke der Strahlung. Vielleicht war die Entfernung zu groß, um sie nachweisbar werden zu lassen. Aber das war Unsinn. Es konnte nicht sein. Schon die geringen Dosen von aktivem Jod, die wir unseren Patienten zum Schilddrüsentest einspritzten, genügten, um die Impulszahlen ansteigen zu lassen, wenn das Rohr lief und der Patient den Raum betrat. Es konnte nicht sein.

Ich ging zum Telefon und wählte die Nummer der Kinderklinik. Die Pforte meldete sich.

»Bitte Fräulein Doktor Ring. Station drei.«

Ich wartete. Erst kam eine Schwester, dann Vera.

»Tag, Vera«, sagte ich. »Ich wollte mal anfragen, wie es dir geht. Und mich bedanken für gestern.«

»Das ist aber nett! Wie fühlst du dich denn?«

»Dicke Birne. Bleich und übel.«

»Du armes Opfer!«

»Es war wirklich ein schönes Fest«, sagte ich. »Hast du noch viel zu tun?«

»Nicht mehr. Nur noch ein paar Eintragungen.«

»Wollen wir zusammen runtergehen?«

Sie zögerte nicht. Sie war nicht mit Peters verabredet.

»Ja, fein. Wann bist du fertig?«

»Etwas muß ich noch tun. Kannst du bei mir vorbeikommen?«

»Ja. Mach' ich. So gegen halb eins.«

»Wiedersehen, Stephan.«

»Schön. Ich warte auf dich. Bis dann.«

Sie hängte ein.

Ich wartete bis Viertel nach zwölf. Dann schob ich das große Stativ mit dem abgeschirmten Zählrohr näher an den Stuhl heran, der an der linken Seite des Schreibtisches stand. Ich schwenkte den Bleischirm herum und fuhr ihn herunter, bis er in Höhe der Sitzfläche war. Es war gar nicht auffällig. Es sah aus, als wäre ein Patient gemessen und das Stativ noch nicht an seinen alten Platz gerückt worden. Unordnung herrschte oft bei uns. Vera würde nichts merken. Ich schloß das Kabel an das Zählrohr an. Den Lautsprecher schaltete ich ab und verband dafür unseren Kurvenschreiber mit dem Zählwerk. Ein Stift registrierte die Impulszahlen auf einem Papierband, das langsam weiterwanderte. Alle Schwankungen waren sofort zu erkennen.

Ich legte den Schalter herum. Die Kontrollampen glühten auf. Unhörbar lief die Papierrolle an. Der Stift zitterte und zog eine feine rote Linie zwischen die schwarzen Querstriche.

Ich sah mich um. Der rechte Stuhl war frei. Ich häufte einen Stoß Bücher auf die Sitzfläche. Vera mußte also den linken nehmen. Dann war nichts mehr zu tun. Ich setzte mich und wartete.

Unsäglich langsam schlichen die Minuten dahin.

Um halb eins kam Vera. Ich hörte ihren schnellen Schritt.

»Tag, Mädchen«, sagte ich. »Bin sofort fertig. Setz dich einen Moment.«

Ich führte sie zum linken Stuhl und beugte mich wieder über eine Anstiegsmessung, die ich vor mich hingelegt hatte. Vera redete, lachte, neckte mich. Ich verstand nichts. Ich hörte nichts als das drohende Wispern des Zählers, der zu unheimlichem Leben erwachte. Eine Hand aus Eis schloß sich um mich. Vera sendete Strahlen aus.

Vera mußte sterben.

»Wunderbar war es«, sagte sie. »Junge, hattest du schnell einen sitzen! Du warst ja eher blau als ich. Aber dein Cocktail war prima. Ich trinke jetzt nur noch diesen. Claus auch.«

Ja, mein Cocktail war prima. Der Zähler knisterte. Mein Cocktail war prima. Ein wunderbares Fest.

Sie legte ihre Hand auf meinen Arm.

»Du warst nett zu Claus. Ich bin dir so dankbar, Stephan. Ich hatte Angst, es würde nicht gutgehen.«

Die eisige Hand griff durch mich hindurch und zu meinem Herzen.

»Du siehst wirklich miserabel aus«, sagte Vera. »Laß doch den Kram liegen. Komm mit hinaus an die frische Luft!«

»Frische Luft«, wiederholte ich wie ein Papagei.

Ich legte das Blatt in die Mappe und stand auf. Plötzlich und ohne es zu wollen, nahm ich Veras Kopf zwischen meine Hände und preßte meine Wange an ihr Gesicht. Sie rührte sich nicht. Ich blieb so, hielt sie fest, bis sie sich sachte frei machte.

»Armer Stephan«, sagte sie leise.

Ich schwenkte den Schirm herum und zog das Stativ

zur Mitte des Zimmers zurück. Dann schaltete ich den Apparat ab. Die Zahlen blieben stehen. Das Wispern verstummte.

Ich sah den Papierstreifen. Ein rotes, zackiges Gebirge war entstanden, hoch über dem Normalniveau, wie ein zerklüfteter Fels, der drohend aus dem Meer ragt.

Vera mußte sterben.

Drei Monate später sah ich die ersten Anzeichen der Krankheit. Vera wurde blaß und matt. Ihre frische Farbe verschwand. Ihre Bewegungen verloren die alte Energie.

Einige Male hatte sie mich im Labor besucht. Wenn sie kam, mußte ich den Zähler abstellen und die Messungen unterbrechen, sonst wäre alles herausgekommen. Später wurde ich gleichgültiger. So oder so würde die Wahrheit eines Tages offenbar werden.

Peters liebte nicht, daß Vera ihn im Institut besuchte. Es sah ihm ähnlich. Er wollte nicht auf ein Mädchen festgelegt werden vor den anderen. So blieb er ahnungslos. Sein Monitor hätte ihm die Strahlung längst angezeigt. Und Veras Leiden bemerkte er nicht. Ich kann nicht beschreiben, was ich in diesen drei Monaten ertragen habe.

Heute interessiert es niemanden mehr.

An einem der ersten Julitage ging ich mit Vera von den Kliniken zur Stadt hinunter.

Die Luft flimmerte vor Hitze. Vera trug ein helles, leichtes Kleid. Ihre Haut war gebräunt, aber ihre Augen lagen tief und waren ohne Feuer.

Ich fragte: »Fehlt dir etwas?«

Sie sah mich von der Seite an.

»Wie kommst du darauf?«

»Du bist so blaß – trotz der Sonne.«

Ihr Blick richtete sich auf die helle, heiße Straße.

»Ich kriege ein Kind«, sagte sie.

Ich blieb unvermittelt stehen. Damit hatte ich nicht gerechnet. »Ein Kind?«

»Ja. Komm weiter.«

Ich tat es. »Weiß er davon?« fragte ich.

Sie schüttelte den Kopf und lächelte.

»Du bist wieder mal der erste, der es weiß. Aber sag nichts, ja?«

»Ich bin still. Wann willst du es ihm sagen?«

»Bald.«

Eine Weile gingen wir schweigend nebeneinander her.

»Nimmt es dich sehr mit?« fragte ich dann.

Sie nickte.

»Ja. Dauernd ist mir schlecht. Als hätte ich einen Kater, der nicht aufhört. Und ich fühle mich so schlapp.«

Das Kind wird mit ihr sterben, dachte ich. Sie ist tot, bevor es zur Welt kommt. Ich konnte kein Wort mehr herausbringen.

Wir erreichten ihre Wohnung.

»Sei mir nicht böse, daß ich dich nicht mit hoch nehme«, sagte Vera. »Ich möchte mich hinlegen.«

»Natürlich«, antwortete ich. »Übrigens: Vera . . .«

»Ja?«

»Bist du glücklich?«

Sie nickte, ohne mich anzusehen. Dann öffnete sie die Tür. Sie war schon über die Schwelle getreten, als sie sich noch einmal umdrehte. Ihr Gesicht war hilflos.

»Stephan«, sagte sie leise, »was wird er sagen?«

Ich hielt die Tür auf. Wir standen dicht voreinander.

»Was willst du hören?« fragte ich.

»Die Wahrheit.«

Ich wollte ihr helfen. Ich wollte sagen: Er wird froh sein. Aber ich sagte: »Er wird dir raten, es abtreiben zu lassen.«

Veras Körper schien zusammenzufallen. Sie drehte sich um und ging. Ich ließ die Tür los.

XIII

Ich sah Vera nicht mehr, bevor sie in die Klinik eingeliefert wurde. Aber ich wußte sofort, wann sie Peters von ihrem Zustand erzählt hatte. Seine Laune schlug sofort um. Seine Selbstzufriedenheit schwand. Er wurde nervös, zerfahren, reizbar. Seine ungerechten Nörgeleien, die er eine Zeitlang unterlassen hatte, begannen von neuem. Ich kannte den Grund. Ich wußte, daß ich recht behalten hatte. Ein Kind war das Unangenehmste, was einem Mann wie Peters passieren konnte. Ich sah die Strafe unaufhaltsam auf mich zukommen. Ich selbst hatte Peters von seiner Sorge befreit, wenn Vera tot war.

Er würde aufatmen und sein altes Leben weiterführen, als wäre nichts geschehen. Ich würde für immer unglücklich sein.

Eines Abends, als ich nicht einschlafen konnte, erwog ich den Gedanken, Peters des Anschlages auf Vera zu bezichtigen und ihn anzuzeigen. Er hatte einen Grund zum Mord. Ich nicht. Vera bekam ein Kind von ihm. Er wollte sie nicht heiraten. Auf ihn würde der Verdacht fallen. Er arbeitete mit radioaktiven Substanzen. Er würde bestraft werden für einen Mord, den er nicht begangen hatte.

Der Irrtum bekam dann seinen Sinn, und Vera würde nicht umsonst gestorben sein.

Aber ich fürchtete mich. War die Polizei erst auf der Spur, würde sie auch die Wahrheit herausfinden. Ich war nicht der Mann, lange Verhöre durchzustehen. Ich gab den Plan auf. Wenn irgend jemand die wahre Ursache von Veras Krankheit herausfand, würde genau das geschehen, was ich durch Peters' Beschuldigung erreicht hätte. Im Hintergrund lauerte die Gefahr.

Seit dieser Nacht kam ich zu der Gewißheit, Vera

unwiederbringlich verloren zu haben, die Furcht vor der Entdeckung meiner Tat, und das zermürbte mich mehr und mehr. Vera litt, und ich konnte ihr nicht helfen. Peters lebte weiter, und ich war unfähig, etwas zu tun.

Am Abend des zwölften Juli wollte ich Vera besuchen. Ihre Tante öffnete mir. Sie war blaß und redete stockend.

»Vera? Ja, wissen Sie denn nicht – sie ist in die Klinik gekommen!«

»Was? Wann?«

»Heute früh. Es kam ganz plötzlich. In der Nacht ging es schon los . . .«

»Was ging los?«

»Sie – sie blutete. Es wollte gar nicht aufhören. Ich habe meinen Arzt geholt . . .«

Ich wartete, bis sie sich einigermaßen beruhigt hatte.

»Wo ist sie?«

»In der Frauenklinik.«

»Wissen Sie schon etwas Näheres?«

»Nein.« Sie zerknüllte ihr Taschentuch. »Ich bin so ängstlich!«

»Ich werde mich darum kümmern«, sagte ich. »Entschuldigen Sie mich. Ich rufe an, wenn ich weiß, was los ist.«

Ich lief weg, bevor sie antworten konnte. Auf der Treppe drehte ich mich um.

»War Doktor Peters hier? Weiß er etwas?«

Ihr Gesicht im Türspalt zeigte Ablehnung.

»Doktor Peters war seit Ihrer Feier nicht mehr hier.«

»Seit dem Fest nicht mehr?« wiederholte ich.

»Nein.«

»Auf Wiedersehen«, sagte ich.

Seit dem Fest nicht mehr. Seit dem Tag, den Vera sich als Anfang gedacht hatte. Für Peters war er schon das Ende gewesen.

Von einer Zelle aus rief ich die Frauenklinik an.

Der Stationsarzt war schon weg. Die Schwester kannte mich nicht und versteckte sich hinter ihrer Schweigepflicht. Der Diensthabende war im Operationssaal. Ich gab es auf.

Blutungen? Drohende Fehlgeburt. Warum?

Hatte sie sich von Peters überreden lassen?

War es das Strontium? Nichts auf der Welt ist so strahlenempfindlich wie ein wachsendes Kind.

Wieder schlief ich eine Nacht nicht.

Am Morgen kam Peters herunter, gepflegt und mißmutig.

»Morgen. Wie weit sind mir mit den Messungen?«

Ich ließ ihn nicht aus den Augen, als ich meine Frage stellte: »Wissen Sie, daß Vera in der Frauenklinik ist?«

Seine Brauen hoben sich. Seine Augen verrieten Erstaunen. Ich wagte, von Vera zu sprechen, wenn er nach den Messungen fragte.

Aber ich wußte, wo sein Interesse lag.

»Frauenklinik? Wie kommt das denn?«

Ich zog die Schultern hoch.

»Keine Ahnung. Ich erfuhr es erst gestern abend von ihrer Tante und dachte, Sie wüßten vielleicht etwas.«

»Ich weiß nichts«, sagte Peters. Seine Finger trommelten auf den Tisch. Ich wußte genau, was er dachte. Wenn Vera in einer anderen Klinik gelegen hätte, wäre er zur Tagesordnung übergegangen. Aber die Frauenklinik barg die Möglichkeit, ihm aus seinen Schwierigkeiten herauszuhelfen. Er brauchte Gewißheit.

»Tja – dann muß ich doch gleich mal hinübergehen. Fangen Sie bitte inzwischen mit den Messungen an.«

»Grüßen Sie sie von mir«, sagte ich.

Er ging ohne ein weiteres Wort.

Im Labor II baute ich den neuen Zähler auf. Ich mußte eine lange Reihe von verschiedenen Spannungen und Verstärkerstufen durchmessen. Der Zeiger der Stoppuhr zeigte endlose Kreise. Der Zähler tickte und flüsterte, als wollte er mich jede Sekunde an Veras Schicksal erinnern.

Am späten Nachmittag sah ich Peters wieder. Er machte ein ernstes Gesicht, aber seine Augen waren heller als am Morgen. Ich wartete, bis er sprach.

»Traurige Sache. Abort Mens drei.«

Fehlgeburt im dritten Monat.

»Wie geht es ihr?« fragte ich.

»Bißchen anämisch. Muß allerhand Blut verloren haben. Sonst ist alles in Ordnung.«

Ja, für ihn war alles in Ordnung.

»Das tut mir sehr leid für Vera«, sagte ich ruhig. »Und für Sie.«

Er fuhr sich ratlos durch das Haar. Sein Gesicht verriet ihn. Er wollte bekümmert aussehen und schaffte es nicht.

»Ja, nun – was soll man da sagen? Ausgesprochenes Pech.«

Mein Trost sollte ihm in der Kehle steckenbleiben. Ich tröstete ihn: »Das ist immer so. Leuten, die gern Kinder haben wollen, passiert so was. Wer sich keine wünscht, behält sie.«

»Ja, ja. Na, nicht zu ändern. Haben Sie schon was herausgefunden?« Wir sprachen über die Messungen. Vera war abgetan.

Am Abend ging ich zu ihr. Es war warm und windstill in der Dämmerung. Die Kranken in ihren ausgewaschenen Hausanzügen hingen aus den Fenstern und schwatzten. Vom Schornstein des Kesselhauses stieg ein dünner Rauchfaden kerzengerade in die Höhe.

Die Frauenklinik war ein neuer, langgestreckter Bau mit einem turmähnlichen Aufsatz, der fast nur aus Glasfenstern bestand. Der Operationssaal.

Dort war Vera gewesen.

Der Pförtner war ein einarmiger Invalide, der hier

seinen Lebensabend verbrachte. Eine Thermosflasche stand vor ihm. Er wies mich brummig zur Station.

Ich fand die Schwester in der Küche. Sie schmierte Brote und tat ungnädig. Als ich meinen Namen genannt hatte, zerfloß sie vor Dienstbarkeit. Sie tänzelte vor mir her über den Korridor bis zu Veras Zimmer.

»Aber nicht lange«, flötete sie.

Ich ging hinein.

Veras Bett stand in der Mitte des Zimmers, mit der Breitseite zur Tür. Eine matte Lampe brannte. Die Balkontür war halb geöffnet. Vera lag flach ausgestreckt auf dem Rücken.

Unter einer leichten Decke sah ich die Umrisse ihres Körpers. Ihr Gesicht war so weiß wie das Kissen, auf dem ihr Kopf lag.

Vorsichtig trat ich näher.

Sie wandte mir ihr Gesicht zu und öffnete die tiefliegenden Augen.

»Guten Abend, Vera«, sagte ich. »Wie geht es dir?«

»Nimm dir doch einen Stuhl«, sagte sie. Ihre Stimme klang matt.

Ich holte den einzigen Stuhl herüber, setzte mich auf die Kante und hielt meine Aktenmappe mit beiden Händen.

»War es schlimm, Vera?«

Sie bewegte den Kopf hin und her.

»Es tut mir so leid«, sagte ich.

Ihre Augen schlossen sich. Dann sah ich unter ihren Wimpern große, langsame Tränen. Sie zogen eine nasse Spur über die weiße Haut und tropften lautlos auf das Kissen.

Vera weinte.

Ihre Lippen zitterten. Ein feuchter Fleck breitete sich auf dem Leinen aus.

»Wein doch nicht«, sagte ich hilflos.

Mit meinem Taschentuch wollte ich ihre Tränen aufhalten.

Plötzlich stieß sie die Decke zurück.

Ihre Hände faßten nach meiner Hand, die das Taschentuch hielt.

»Ach, Stephan«, flüsterte sie, »du hattest ja so recht.«

Ich streichelte ihr Gesicht und tupfte an ihren Augen herum.

»So recht hattest du!«

Sie schlug die Lider auf und blickte mich an. Ihre Augen lagen hinter den Tränen, wie der Grund einer Quelle.

»Stephan!«

»Ja, Vera.«

»Magst du mich noch?«

»Ja«, sagte ich.

»Stephan – wenn ich gesund bin – ich nehme ihn nicht – ich nehme ihn bestimmt nicht.«

Wenn ich gesund bin.

Sie würde nie wieder gesund werden.

»Darf ich zu dir zurück, Stephan?«

»Immer.«

»Hast du mich noch lieb?«

»Ja.«

»Bestimmt?«

»Bestimmt.«

Sie lächelte zwischen glitzernden Tränen.

»Ach, Stephan, du machst mich so glücklich. Jetzt ist alles nicht mehr so schlimm.«

Ich schwieg. Sie ließ meine Hand los und streckte die Arme aus. Über der Vene in ihrer rechten Ellenbeuge sah ich eine große Stichstelle.

Die erste Transfusion.

»Er ist genau so, wie du gesagt hast. Genau so. Schlecht und gemein. Ich will ihn nicht mehr sehen.«

»Sei nicht traurig«, sagte ich.

Sie lachte mich an, fast so wie früher.

»Du, wenn ich raus bin, machen wir es uns ganz schön. Es wird alles wie früher und noch viel schöner.«

»Ich freue mich darauf«, sagte ich.

»Wir feiern wieder, wie zu deinem Geburtstag. Mit Sekt und Blumen. Ich höre dir zu. Sagst du noch einmal, was du damals gesagt hast?«

»Ich sage es.«

»Diesmal mache ich dir keinen Kummer.«

Ich lächelte in ihr bleiches Gesicht. Ihre Tränen waren getrocknet. »Ich weiß von keinem Kummer«, sagte ich.

Sie freute sich.

»Gibst du mir einen Kuß?«

Ich beugte mich über sie. Ihre Lippen waren kühl und trocken, ohne die Wärme des Blutes.

Als ich wieder saß, öffnete sich leise die Tür hinter uns.

Die Schwester kam mit dem Abendbrot.

»Wiedersehen, Vera«, sagte ich. »Morgen komme ich. Jeden Tag, bis du gesund bist.«

Bis du tot bist.

»Schlaf gut!«

»Du auch«, sagte sie.

Ich drückte ihre Hand, nickte der Schwester zu und ging.

Auf dem Korridor strich ein langer Mann in Weiß an mir vorbei. Ich rief hinter ihm her.

»Verzeihung – sind Sie der Stationsarzt?«

Er verhielt und wandte sich um. Sein Blick drückte seine Gedanken aus. Irgendein lausiger neugebackener Vater, den sie so spät noch hereingelassen haben, dachte er. Der Pförtner wird immer trotteliger.

»Ja.«

»Doktor Butterweis vom Röntgen«, sagte ich. »Entschuldigen Sie, wenn ich Sie aufhalte, Herr Kollege.«

Jetzt mußte er freundlicher sein, und es fiel ihm so sauer. Seine Hände waren lang und schmal, und sein Mantel hätte von Dior sein können. Typischer Gynäkologe.

»Bei Ihnen liegt Fräulein Doktor Ring«, sagte ich. »Sie ist eine gute Bekannte von mir. Wir sind aus demselben Nest. Ich hätte gern gewußt, was mit ihr los ist.«

Er trat zur Seite, lehnte sich an ein Fensterbrett und versenkte sein Kinn in der Gynäkologenhand.

»Äh – Sie sind nicht verwandt, oder . . .«

»Ich bin nicht verwandt und auch kein oder«, sagte ich. »Ich weiß Bescheid. Mich interessiert der Allgemeinzustand. Sie ist so anämisch.«

Er sah mich prüfend an. Wahrscheinlich staunte er über meinen klinischen Blick, den er bei einem Röntgenologen nicht erwartet hatte.

»Ja, das ist sie allerdings.«

»Viel verloren?« fragte ich.

Er schüttelte seinen Windhundschädel.

»Gar nicht so sehr. Trotzdem schwer abgerutscht. Saumäßiges Blutbild.«

Ich schwieg und wartete.

»Na, wir werden's schon hinkriegen«, sagte er zuversichtlich. »Ein paar Transfusionen wirken da Wunder.«

»Hoffentlich«, sagte ich. »Besten Dank, Herr Kollege. Entschuldigen Sie den Aufenthalt.«

»Aber ich bitte sie!«

Ich spürte seine Meisterhand. Er entschwebte. Sein weißer Mantel wehte um ihn herum, wie ein Totenlaken.

Ich ging den Gang vor zur Halle, durch die Schwingtür und hinaus. Aus den Fenstern fielen schräge Lichtbalken über den Rasen. Am Himmel, der noch nicht dunkel war, stand der Mond, wie eine mattschimmernde

Münze. Vera wollte zu mir zurück. Jetzt, wo es zu spät war. Jetzt, wo sie sterben mußte.

Peters war abgetan. Sein Kind würde nie zur Welt kommen. Alles hätte gut werden können.

Mich liebte sie. Mich ihren Mörder.

Mir war so elend, als wäre ich gerade zum Tod verurteilt worden.

Ich besuchte Vera, wie ich versprochen hatte, jeden Tag. Ich hörte ihre Zukunftspläne. Ich sah ihr Blutbild. Die Strahlen töteten langsam. Aber sie töteten.

Panmyelophthyse.

Aplastische Anämie.

Das Knochenmark ging zugrunde.

Nach vierzehn Tagen wurde Vera in die innere Klinik verlegt. Sie bekam täglich eine Transfusion.

Immer mehr wurden ihre Venen zerstochen, zuerst an dem Armen, dann an den Beinen. Es half alles nichts.

Sie verfiel weiter. Von ihrem Feuer und ihrer Frische war nichts übriggeblieben. Sie lag schlaff, bleich, hilflos. Sie magerte erschreckend ab. Ihre Haut wurde durchsichtig wie dünner Marmor. Sie bekam brandige Geschwüre in der Mundschleimhaut. Sie konnte nichts mehr essen und nicht mehr trinken.

Ich sah sie leiden und konnte ihr nicht helfen. Ich ging durch ein Fegefeuer.

Die Internisten suchten, rieten, probierten. Sie fanden die Ursache nicht. Sie hätten nur einmal ein Zählrohr in Veras Nähe zu bringen brauchen. Aber sie kamen nicht darauf. Und wenn sie darauf gekommen wäre, hätte es ihr nichts geholfen.

Ich sah Vera am Tag vor ihrem Tod. Nur eine Minute durfte ich bleiben.

Sie lag völlig reglos. Ihr geliebtes Gesicht war spitz und still. Ich konnte nichts sagen. Ich berührte ihre Hand. Sie schlug die Augen auf. Alles, was noch an Leben in ihr war, drängte sich in diese Augen.

Hilf mir doch, sagten sie.

Dann fielen die Lider wie ein Vorhang und trennten mich für immer von Vera.

XIV

Jeden zweiten Donnerstag war Demonstration im pathologischen Institut. Der Chef war ein rotgesichtiger, cholerischer Tyrann. Studenten fielen bei ihm fast ausnahmslos durch die Prüfung. Studentinnen bestanden, wenn sie hübsch waren.

An diesen Donnerstagen zeigte er die Fälle, die in den vergangenen zwei Wochen in den Kliniken gestorben waren. Bei dieser Gelegenheit zerpflückte er die Diagnose der behandelnden Ärzte, bis nichts mehr übrig war.

Ein paarmal war ich dagewesen, hauptsächlich wegen der ergötzlichen Auftritte, die sich bei dem Streit um eine Diagnose abspielten. Jetzt kam der Tag wieder. Ich wußte, daß Vera dabeisein würde. Ihre Eltern hatten die Einwilligung zur Sektion gegeben, da sie Gewißheit haben wollten.

Ich wußte, daß die Krankheit bisher niemandem verdächtig vorgekommen war, und wollte nun wissen, ob die tote Vera auch die letzte Station noch passierte, ohne Verdacht zu erregen. Dann hatte ich freie Hand gegen Peters.

Der Gedanke, dabeisein zu müssen, wenn ihr Fall vor der Ärzteschaft besprochen wurde, erweckte Entsetzen in mir. Es mußte sein. Auch ich brauchte Gewißheit.

Ich verließ das Institut kurz vor sechs Uhr. Wieder war es ein Donnerstag, an dem mir das bevorstand. Ein Fluch lag auf diesem Tag. Die Bänke des Hörsaals im pathologischen Institut waren schon gefüllt. Ich fand einen Platz außen an der obersten Reihe. Dort war ich der Tür nahe, wenn ich es nicht mehr aushalten konnte.

Die Rollos der großen Seitenfenster waren heruntergefahren. Das Institut war neu, wie alle hier oben. Die

Decke bestand aus viereckigen, dicken Glasquadern. Auch sie war durch ein elektrisch verschiebbares Dach abgedunkelt. Die Deckenlampen strahlten auf weiße Kittel herunter. Gedämpfte Worte flogen hin und her.

Auf der untersten Reihe nahm die Prominenz Platz und begrüßte sich höflich, obwohl sich die meisten nicht ausstehen konnten. Sie bildeten einen gelehrten Halbkreis. Vor ihnen stand ein glatter, kalter Stahltisch. Ein Kasten mit langen Pinzetten und flachen Messern stand darauf. Sie glänzten, aber sie waren nicht steril. In diesem Haus brauchte nichts mehr steril zu sein.

Neben dem Stahltisch waren kleine, fahrbare Träger gerollt worden. Sie trugen verdeckte Platten und Schalen.

Material.

Über allem lagerte ein fader, feindlicher Geruch. Ein Geruch nach totem Fleisch.

Der Pathologe war wegen seiner Pünktlichkeit gefürchtet. Er trat vor. Mit einem Blick übersah er, ob seine Assistenten vollzählig versammelt waren. Ein zweiter Blick ging durch den Hörsaal. Das Geflüster verstummte.

»Meine Damen und Herren, wir wollen beginnen! Herr Küppers, den ersten Fall bitte!«

Herr Küppers war der erste Assistent. Er wog etwa ein Drittel des Gewichtes seines Chefs. Er war dünn und bleich, und dementsprechend war auch seine Stimme.

Der erste Fall war ein Darmverschluß, den man nach und nach zu Tode operiert hatte. Der Chirurg gab die Vorgeschichte. Küppers leierte den Sektionsbefund herunter. Schüsseln gingen herum, Köpfe beugten sich darüber. Es wurde dunkel. Der Projektor warf Vergrößerungen der mikroskopischen Präparate an die Wand, Zellen, Bindegewebe, Blutgefäße.

Schön bunt und tot.

»Licht!« rief Küppers.

Langsam schlich die Helligkeit über die Widerstände ein.

Sie redeten, diskutierten, erwogen.

Ich vernahm kaum etwas.

Es folgten noch ein paar Fälle. Das Übliche.

Ein metastasierender Brustkrebs, der auch bei uns durchgegangen und bestrahlt worden war. Ein Lungenkrebs, der es gerade noch bis zur Operation geschafft hatte.

Ein Kind mit einem angeborenen Herzfehler.

Eine alte Frau mit einem Knochenbruch, die sich auf der Station eine Lungenentzündung geholt hatte.

Als die Lampen wieder verloschen waren und wir unter dem Summen des Projektors im Dunkel saßen, öffnete sich die Tür hinter mir. Eine Gestalt schlich auf leisen Sohlen vorbei und schob sich auf einen freien Platz in halber Höhe.

Peters.

Als das Licht aufflammte, sah ich, wie er sich lächelnd mit seinem Nachbarn unterhielt. Zufrieden und gut gelaunt. Als wäre er im Kino, zwischen Wochenschau und Hauptfilm.

Der Fall ging zu Ende. Eine kurze Pause kam. Der Pathologe erhob sich und hüllte seine Stimme in Trauer. »Meine Damen und Herren! Wir kommen jetzt zu einem besonders tragischen Fall. Es ist der Fall unserer jungen Kollegin Doktor Ring.«

Ich schloß die Augen.

Zuerst sprach der Frauenkliniker. Dann der Internist. Zuletzt der Pathologe.

Ich öffnete die Augen nur ein einziges Mal. Ich sah zu Peters hin. Er blickte angespannt und interessiert hinunter.

Reines wissenschaftliches Interesse.

Plötzlich war mir, als wäre ich allein mit der Toten Vera im Raum.

Ich wollte nicht mehr zuhören, aber die Stimme dröhnte mir in den Ohren wie die Posaune zum Jüngsten Gericht.

». . . so sehen wir in allen Befunden den äußerst foudroyanten Verlauf einer Panmyelophthyse, wie ich ihn in dieser Art und Weise eigentlich noch nicht zu Gesicht bekommen habe. Vollständiges Versagen des blutbildenden Systems – extreme Anämie – Ausfall jeglicher Abwehrfunktion. Die Gewebschnitte werden Ihnen die hypoamische Schädigung der Organe deutlich machen. Herr Küppers, bitte die Bilder!«

Die Dunkelheit hüllte mich ein.

Ich öffnete die Augen. Die buntgesprenkelten Kreise an der Wand flammten wie eine drohende Botschaft herunter.

Ich sah, und mir wurde übel von dem, was ich sah.

Von innen erstickt war sie. Langsam und qualvoll erstickt, Organ um Organ, Zelle um Zelle, weil die wenigen Blutzellen, die noch in ihrem Körper kreisten, nicht genügend Sauerstoff heranbringen konnten.

Es wurde hell.

Wieder diskutierten sie. Kein Wort entging mir.

Sie blieben blind und sahen die Ursache nicht. Von den unsichtbaren Strahlen, die ihre Energie noch aussenden würden, wenn Vera längst begraben war, konnten sie nichts ahnen.

Der Pathologe schloß die Demonstation.

Ich lief als erster aus dem Saal.

Ich war bei Veras Beerdigung. Meine Eltern und die ihren, das halbe Städtchen war dabei.

Zwischen schwarzgekleideten Menschen, Blumen und

Gräbern stand ich, der Mörder. Die Trauerrede des Pfarrers ertönte, und die Glocken dröhnten über mich hin.

Veras Mutter weinte. Jede Träne brannte sich in mein Herz.

Als ich an die Reihe kam, meine Handvoll Erde auf den Sarg zu werfen, war ich ein anderer geworden. Mein bisheriges Leben war zu Ende. Ich hatte ein neues begonnen, wenn auch nur für eine kurze Frist.

Ich fuhr schon am Abend zurück.

Der Dienst ging weiter. Nichts erinnerte mehr an Vera.

Am Morgen kam Peters zu seiner gewohnten Zeit herunter. Seine Mißmutigkeit war verflogen. Mit Veras Tod waren seine Sorgen hinter ihm versunken. Er setzte sich und spielte mit dem Lineal.

»Wie war's denn?«

Er war natürlich nicht bei der Beerdigung gewesen. Warum sollte er auch. Von seiner Verbindung mit Vera hatte niemand etwas gewußt.

»Wie so was immer ist«, sagte ich müde. »Trauer, Tränen und Trostworte. Weihrauh und ernste Gesichter. Vera hätte sich amüsiert.«

Es fiel mir schwer, so zu reden. Aber ich mußte ihn in seiner Sicherheit lassen.

»Kann ich mir vorstellen. Sie war nicht für Sentimentalitäten.«

»Gar nicht«, sagte ich.

»Das gefiel mir besonders an ihr.«

Ich suchte nach einer Antwort, die nichtssagend genug war, meine Gedanken zu verbergen.

Das Telefon klingelte.

Peters nahm den Hörer ab.

»Peters.«

Ich sah sein Gesicht. Ich wußte, wer anrief, bevor er ein Wort gesagt hatte.

Sein Lausbubenlächeln strahlte wie in alten Tagen.

»Ja – na, das ist aber doch sehr fein . . . Nein – wieso denn? Wer wird denn gleich schimpfen . . . Aber nicht doch! Kann ja gar nicht sein! Ich bin immer zu erreichen . . . Wie . . . Ja, ja, das würde wohl gehen . . . Na, da würde ich aber doch sagen, am besten bei mir . . . Natürlich. Gar keine Bedenken.«

Sie sprach. Er sprach. Ich starrte auf den Schreibtisch. Meine Hand mit dem Bleistift kritzelte faserige Striche auf den Block.

Vera war einen Tag begraben.

Na, da würde ich aber doch sagen, am besten bei mir. Natürlich. Gar keine Bedenken.

In ein paar Tagen würde er nicht mehr wissen, wer Vera war. Aber das durfte nicht sein.

Ich sorgte dafür, daß er an sie denkt. Er stirbt denselben Tod wie sie. Langsam ersticken, Organ um Organ, Zelle um Zelle.

»Nun gut, fein«, sagte er. »Sagen wir um sechs . . . Sehr schön. Und nicht mehr schimpfen. Wiedersehen.«

Ich blickte auf, als hätte ich nicht zugehört.

»Ach, Herr Peters – ich wollte gern noch einmal mit Ihnen über Vera reden.«

Er sah mich an, nachsichtig, ohne Argwohn.

Ich feuchtete die Lippen an.

»Bitte, verstehen Sie mich richtig. Es ist weiter nichts. Ich muß nur mit irgend jemandem darüber sprechen. Wollen Sie einmal zu mir kommen?«

Er schwieg einen Augenblick, dann nickte er.

»Ja, das würde wohl zu machen sein.«

»Ist Ihnen der Sonnabend recht?«

Er furchte die Stirn.

»Sonnabend? Warten Sie mal – ich glaube, da ist irgendein Kongreß in Frankfurt . . .«

Groß und blond. Ich kannte den Kongreß.

»Ach, sagen wir doch, den nächsten. Das würde mir lieber sein.«

»Wie Sie wollen«, sagte ich. »So eilig ist es nicht.«

»Nun gut, fein.«

Wir sprachen weiter über dienstlichen Kram. Dann ging er. Er würde kommen.

Ich blickte auf den Notizblock vor mir und sah, daß ich einen Galgen gezeichnet hatte, ohne es zu wissen.

Am nächsten Abend wiederholte ich, was ich schon zweimal getan hatte. Es ging schnell und leicht.

Ich brauchte nicht mehr zu pipettieren. Ich suchte mir eine Glasflasche, die etwas größer war als die alte, und füllte die zwanzig Kubikzentimeter des verdünnten Strontiums hinein. Auch die größere Menge würde in einem Cocktail nicht auffallen. Ich verbarg die Flasche in meiner Bleibüchse und warf die alte unter den Dauerspüler, zu anderen Glassachen.

Dann überlegte ich. Was sollte ich mit der leeren Originalflasche tun? Mein erster Gedanke war, sie wieder mit destilliertem Wasser aufzufüllen. Es sah aus, als hätte keine Hand sie berührt, und sie würde noch Jahre so herumstehen können.

Dann kamen mir Bedenken.

Wenn jemand merkte, daß der Inhalt keinerlei Strahlung aussandte, mußte er stutzig werden. Auf jeden Fall stutziger, als wenn er die Flasche leer vorfand. Das Strontium konnte längst zu irgendwelchen Versuchen gebraucht worden sein. Es war sehr unwahrscheinlich, daß Peters sich daran erinnerte. Und einem Fremden würde die leere Flasche weniger verdächtig vorkommen als eine gefüllte, deren Inhalt völlig inaktiv war.

Ich konnte sie allerdings auch vollständig vernichten und den Durchschlag des Bestellblattes dazu. Dann hatte sie nie existiert.

Das war die Lösung.

Ich hob die Flasche vorsichtig heraus und schlug sie in eine dicke Lage Zellstoff ein. Die Büchse verschloß ich wieder und ließ sie stehen, wo sie stand.

Fingerabdrücke von mir konnten nirgendwo sein. Ich hatte immer mit Gummihandschuhen gearbeitet.

Oben im Labor suchte ich mir den Hefter heraus, den ich schon einmal in den Händen gehabt hatte, und entfernte das Blatt. Kein Mensch würde irgend etwas bemerken.

Auf dem Weg nach Hause kam ich über die Brücke. Sie führte über den Nebenarm eines Flusses. Träge und trübe wälzte sich das Wasser dahin. Ich warf die Strontiumflasche hinein, den Gummistöpsel hinterher.

In meiner Wohnung verbrannte ich das Blatt am Herd. Nur ein gekräuselter Aschenrest blieb zurück.

Das Wochenende verging.

Am Dienstag darauf traf das erste Ereignis ein, das in mir eine Vorahnung von kommendem Unheil erweckte.

Ich saß im Labor II vor dem neuen Zähler und kontrollierte die Meßwerte mit einem anderen Strahler nach. Es war die stumpfsinnigste Arbeit im ganzen Gebäude. Irgendwo hatte ich mir ein Päckchen Kaugummi gekauft, kaute und sah auf die Stoppuhr.

Peters kam herein. Ich wandte mich halb um.

»Lassen Sie sich nicht stören«, sagte er. »Läuft's?«

»Alles klar«, erwiderte ich.

Er hantierte hinter und neben mir herum und stellte mit abwesendem Gesicht einige Glaskolben zurecht. Dann hörte ich, wie er den Strahlenschutzschrank öffnete.

Ich kaute und beobachtete die Uhr.

Seine Stimme überfiel mich unvermittelt von hinten.

»Ach, Herr Butterweis – haben Sie vielleicht das Strontium gesehen?«

Ich blieb starr sitzen. Mein Unterkiefer bewegte sich

automatisch weiter. Nicht umdrehen, dachte ich. Nicht umdrehen.

»Strontium?« sagte ich mit hoher Stimme. »Augenblick – muß gerade ablesen.«

Ich stoppte die Uhr und das Zählwerk, las ab und notierte die Impulszahl. Dann ließ ich den Zähler und die Uhr zurückschnappen, rückte den Spannungsschalter um einen Strich weiter, schaltete wieder ein und drückte auf die Uhr.

»So«, sagte ich. Meine Stimme war wieder normal. Ich schwang den Drehstuhl herum und sah hinüber zu Peters.

»Strontium?« fragte ich kauend. »Ich wußte gar nicht, daß wir so etwas haben.«

Peters stand mit dem Gesicht zum Schrank gewandt.

»Na, das finde ich doch auch sehr merkwürdig. Hier in der Büchse war die Flasche.«

»Ich kann Ihnen leider nicht dienen«, sagte ich. »Hoffentlich hat's niemand ausgetrunken.«

Eine Minute war um. Ich schaltete aus und las wieder ab. Dann erhob ich mich vom Stuhl und ging zu Peters hinüber.

»So ein Kaugummi nimmt kein Ende«, sagte ich grinsend. »Wo war denn das Zeug?«

Peters hatte den Bleideckel in der Hand und betrachtete die leere Büchse mit gerunzelter Stirn.

»Hier.«

Ich schüttelte verblüfft den Kopf.

»Habe ich nie in der Hand gehabt. Hier stehen so viele Büchsen herum, daß man gar nicht durchsicht. Ich brauche ja auch nur das Jod, sonst kaum etwas. Haben Sie's vielleicht früher einmal aufgebraucht? Manchmal denkt man . . .«

Ein wütender Blick traf mich. Ich ignorierte ihn.

»Ich wollte längst aufräumen hier drin«, sagte ich.

»Aber es ist alles verseucht, und ich weiß nicht, wohin damit, und was noch gebraucht wird und was nicht. Wenn Sie Zeit haben, könnten wir uns dranmachen.«

Peters antwortete nicht. Er holte sich ein paar Gummihandschuhe. Ich ging auf meinen Platz zurück und ließ meinen Apparat wieder anlaufen. Peters kramte im Schrank herum und suchte nach der Flasche. Meine Furcht war weg. Eine grimmige Heiterkeit überkam mich. Sollte er suchen, bis er schwarz würde. Es war nicht das erste Mal, daß er etwas suchte und nicht fand. Was hatte ich damit zu tun?

Ich hörte, wie er die Handschuhe in das Spülbecken warf. Dann ging er. Wenig später war ich fertig und machte Schluß. Den Kaugummi warf ich in den Abfalleimer.

Peters saß im Labor I. Auf den ersten Blick sah ich, was er tat. Er wühlte in den alten Ordnern herum und suchte das Bestellblatt. Ich freute mich über meine Vorsicht. Er würde nichts finden.

Ich machte noch ein paar Eintragungen.

»Gehen Sie mit zum Essen?« fragte ich.

»Nein, ich habe noch zu tun«, sagte er schroff.

»Mahlzeit!« sagte ich.

Ich aß mit gutem Appetit. Aber plötzlich schwand meiner Heiterkeit, wie sie gekommen war.

Peters war klug. Wenn er den Zusammenhang ahnte, was dann? Sie brauchten Vera nur zu exhumieren, um die Strahlung nachzuweisen. Warum hatten sie sie auch nicht verbrannt? Aber sogar die Asche konnte noch strahlen. Die Gerichtsmediziner waren ein Teufelspack, das hinter jeden Trick kam.

Ich ließ den Nachtisch stehen und ging.

Zwei Tage später erfolgte etwas, das mich hätte warnen sollen. Heute weiß ich es. Damals war ich blind und vertraute meinem Plan.

Peters begegnete mir auf der Treppe und hielt mich auf.

»Ach, Herr Butterweis – ich hätte eine Bitte. Können wir unseren Abend zu mir verlegen?«

Ich war zu verblüfft, um antworten zu können.

»Wissen Sie, es ist so«, fuhr er fort, »ich erwarte einen sehr wichtigen Anruf und muß leider am Sonnabend zu Hause bleiben. Ich dachte schon daran, das Gespräch zu Ihnen legen zu lassen.«

»Ich habe kein Telefon«, sagte ich.

»Eben.« Er sah direkt bekümmert aus. »Es wäre schade, wenn wir die Sache deswegen ausfallen lassen müßten. Macht es Ihnen etwas aus, zu mir zu kommen? Wein habe ich, trocken sitzen wir nicht.«

Ich überlegte, so schnell ich konnte. Was steckte dahinter?

Eigentlich hatte es nichts zu bedeuten. Seine Erklärung klang glaubwürdig. Es gab keinen Grund, nicht zu ihm zu gehen. Ausflüchte würden sein Mißtrauen nur vermehren, sollte er mißtrauisch sein.

»Es macht mir nichts aus«, sagte ich. »Wir sitzen auf Ihren Stühlen ebenso gut, wenn nicht besser.«

»Nun gut, fein«, sagte er und verließ mich.

XV

Am Sonnabend, dem 12. August, um halb acht Uhr abends, war ich bereit, meine Wohnung zu verlassen.

Ich hatte mich rasiert und umgezogen. In meiner Aktentasche waren eine Flasche Rum und vier Zitronen sowie das Strontium, nach dem mein Gastgeber vergeblich gesucht hatte.

Ich blieb vor dem Spiegel stehen. Ich sah aus wie immer. Ein bebrillter, verschüchterter Jüngling mit schütterem Haar und abstehenden Ohren. Allenfalls ein dürftiger Bankangestellter. Niemand konnte mir Böses zutrauen.

Ich rauchte eine Zigarette und dachte alles noch einmal durch. Wo war eine schwache Stelle?

Wenn heute abend alles glattging, war die Hauptsache geschafft. Er war verloren, wenn er getrunken hatte. Er würde die Strahlung bemerken, aber was machte das.

Er würde zugrunde gehen, wie Vera zugrunde gegangen war. Die fatale Ähnlichkeit der Fälle könnte auffallen. Es war mir gleichgültig.

Mir war nichts nachzuweisen. Andere haßten ihn auch.

Einen Strahlenschaden hatte er sowieso schon. Und er hatte mehr Grund, Vera umzubringen als ich.

Ich war im Begriff zu gehen. Aber irgendein unbestimmtes Gefühl hielt mich noch zurück.

Warum, zum Teufel, hatte er gerade jetzt das Strontium suchen müssen? Warum kam er heute abend nicht zu mir?

Ich ging um den Schreibtisch herum und zog das Mittelfach weit heraus. Meine Pistole lag hinten, in einer flachen Zigarrenkiste. Ich nahm sie am Griff und wog sie in der Hand.

Lange hatte ich nicht mehr mit ihr geschossen. Mein Waffenschein galt allerdings noch. Mein Vater ließ ihn erneuern, wenn er abgelaufen war. Er war mit dem Landrat gut bekannt. Da ging das.

Das Eisen funkelte matt. Der Sicherungsflügel ließ sich leicht hin- und herbewegen.

Ich zögerte ein paar Sekunden. Dann lud ich durch, sicherte wieder und schob die Waffe in die rechte Gesäßtasche.

Aber das war nicht das Richtige.

Sie war zu schwer. Sie würde sich abzeichnen. Ich nahm alles heraus, was ich in der linken Brusttasche hatte. Die Pistole paßte hinein. Meine Jacke war weit geschnitten, mit betonten Schultern, um die Dürftigkeit der meinen zu überdecken. So ging es. So sah man nichts. Ich prüfte, ob ich irgend etwas vergessen hätte. Dann löschte ich das Licht und ging.

Zwanzig Minuten später war ich bei Peters.

Er öffnete mit strahlenden Augen.

»Na, wunderbar! Nur herein!«

Er hatte sich nicht umgezogen. Die Unordnung war die gleiche wie damals, als Vera zum erstenmal hiergewesen war.

Mein Blick wanderte in alle Winkel. Aber es war nichts Auffälliges zu sehen.

»Ja, nun«, sagte er, »da wollen wir doch gleich eine Flasche köpfen. Setzen Sie sich schon immer.«

»Ich habe das mit, was ich Ihnen kredenzen wollte«, sagte ich. »Rum und Zitronen.«

Und Strontium neunzig.

»Sehr fein«, sagte er fröhlich. »Trinken wir erst in Ruhe einen Schoppen und machen uns dann an die schärferen Sachen.«

Ich ließ die Tasche achtlos stehen und ging ins

Wohnzimmer. Ein zarter Hauch von Parfüm schwebte in der Luft. Es war nicht das von Vera.

Hier war sie gewesen.

Wie oft?

Ich wußte es nicht.

Peters kam mit einer Flasche. Aus dem Schrank holte er zwei Gläser, eines mit einem angebrochenen Rand. Er nahm es.

»Ja«, sagte er, als er eingeschenkt hatte, »ich würde es vielleicht für richtig halten, wenn wir den ersten Schluck auf Vera trinken würden. Ich wünschte, sie könnte dabeisein.«

»Ich auch«, sagte ich.

Verfluchter Heuchler, dachte ich, während der Wein durch meine Kehle rann. Er bot mir eine Zigarette an. Eine Weile rauchten wir und sprachen nicht.

Ich fing an.

»Ich bin noch ziemlich mitgenommen«, sagte ich. »Zuerst spürt man so etwas ja nicht so, aber dann wird es von Tag zu Tag schlimmer. Manchmal denke ich, sie wäre noch da, sie müßte kommen, mit mir sprechen, und dann ist es nichts. Geht es Ihnen auch so?«

»Genauso. Ich merke jetzt erst, wie sehr sie mir fehlt.«

»Kann ich mir vorstellen.«

Ich zog an meiner Zigarette.

»Hätten Sie das Kind gern gehabt?« fragte ich unvermittelt.

Er nahm sein Glas zwischen beide Hände.

»Aber natürlich«, sagte er, ohne zu zögern.

»Schon die Fehlgeburt war ein Unglück«, sagte ich.

»Ich war wie vor den Kopf geschlagen«, bekannte Peters.

»Ich sah es. Das wäre noch hingegangen. Kann jeder Frau passieren. Aber hinterher mußte sie sterben. Da haben wir nun einen Haufen Internisten und Hämatologen, die sich gegenseitig auf den Füßen herumtreten. Keiner kam dahinter. Alle standen sie herum und redeten klug, und keiner konnte ihr helfen.«

»Es ist meistens so«, sagte er.

Wir tranken aus. Unsere Blicke trafen sich über dem Rand der Gläser.

Ich kenne dich, schienen sie zu sagen.

Peters schenkte nach.

»Das wäre eine Frau gewesen«, sagte ich. »Sie hätten keine bessere bekommen können.«

Er nickte bekümmert.

»Zu Weihnachten wollten wir heiraten. Wir hatten schon einen Haufen Pläne gemacht. Wollten eine andere Wohnung nehmen. Ich fing an, mich auf die Ordnung zu freuen. Na ja, es hat nicht sein sollen. Zum Wohl!«

»Zum Wohl!« sagte ich.

Ich wünschte, du hättest den Cocktail schon in dir. Der Teufel kann nicht besser lügen.

»Die Hochzeit hätte ich gern mitgemacht.«

»Die hätten Sie auch mitgemacht.«

»Und nun? Bleiben Sie weiter allein?«

Er hob die Schultern.

»Was soll ich machen? Bis so etwas wie Vera wiederkommt, kann ich lange warten.«

»Es ist wirklich ein Jammer.«

Ich trank und sprach weiter.

»Wenn ich mir vorstelle, daß ich mit ihr verheiratet gewesen wäre, und mir wäre das passiert – ich glaube, ich hätte mich aufgehängt.«

Peters erwiderte nichts. Wahrscheinlich war er der Ansicht, daß nicht viel verloren wäre, wenn ich mich aufhängte. Er öffnete ein Fenster und drehte am Radio herum. Leise und gedämpft dudelte es vor sich hin.

»Na, lassen wir's«, sagte ich. »Durch Jammern wird

nichts gebessert. Aber sie war ein feiner Kerl. Und so glücklich mit Ihnen.«

Ich brachte das mit naiver, unbefangener Ehrlichkeit heraus. Noch ein paar solche Sprüche und ich glaubte selbst daran.

Der Wein hatte mich leicht benebelt. Die Musik wirkte gleichfalls einschläfernd. Alles war friedlich und ruhig. Nur das Gewicht des Revolvers in meiner Brusttasche mahnte mich an die Wirklichkeit. Wozu das alles, dachte ich. Wenn ich nachher gehe und die Büchse wegwerfe, ist alles in Ordnung. Vera ist tot und abgetan. Ihr Tod ist meine Strafe. Noch kann ich aufhören und umkehren. Peters bleibt, wie er ist. Niemand kann ihn ändern. Ich bin nicht sein Richter. Ich gehe fort und vergesse ihn. Alles vergesse ich. In fünf Jahren kommt es mir wie ein Traum vor. Wozu das alles? Aber dann sah ich seine Augen und sein glattes Lächeln. Ich stellte mir vor, wie sein Gesicht aussehen würde, wenn er so weit war wie Vera, als ich sie zum letztenmal besuchte. Ich malte mir aus, wie ich mit kummervoller Miene vor seinem Sarg stehen und Erde hinunterwerfen würde. Erst dann war Vera gerächt.

»Ich glaube, ich bin nun die längste Zeit bei Ihnen gewesen«, sagte ich. »Werde wohl bald in der Diagnostik landen und fremde Plattfüße besichtigen.«

»Wie lange sind Sie jetzt da?«

»Seit November. Ein dreiviertel Jahr.«

»O Teufel! So lange schon? Dann wird man Sie bald abkommandieren.«

»Der Oberarzt sagte so etwas.«

Er machte eine ärgerliche Handbewegung.

»Mir graut jetzt schon davor, wieder einen Neuen einzuarbeiten.«

»Kann ich mir denken«, sagte ich. »Kein Vergnügen,

ewig denselben Salat zu erzählen. Und einer stellt sich dümmer an als der andere.«

»Sie haben sich ganz brauchbar angestellt. Sie sind . . .« Er unterbrach sich. Sie sind nicht so dumm, wie Sie aussehen, hatte er sagen wollen. »Sie sind schneller reingekommen, als ich dachte.«

Ich rückte an der Brille.

»Bitte kein Lob«, sagte ich. »Da werde ich rot. Es gibt eine Menge, wovon ich immer noch keine Ahnung habe. Aber ich bin froh, daß ich mal reinriechen durfte. Moderne Röntgenologen ohne Isotopen – unmöglich.«

Wir tranken.

»Was wollen Sie eigentlich machen?« fragte ich. »Habilitieren?«

Er winkte geringschätzig ab.

»Dieser Hang zur Habilitation ist etwas Widerwärtiges«, sagte er. »Jeder drängt dahin. Forschung ist um der Forschung willen da, nicht um Dozenten zu züchten. Jeder Idiot will sich habilitieren, und die Forschung kommt immer mehr herunter.«

Ich nickte zustimmend. Ich wußte, daß er nichts sehnlicher wünschte, als Dozent zu werden. Diesem Ziel zuliebe hätte er ein Jahr lang auf alle Mädchen verzichtet, wenn er ihm dadurch näher gekommen wäre.

»Freut mich, zu hören, daß Sie eine Ausnahme sind«, sagte ich mit aufrichtigem Ton. »Bisher habe ich nur Streber kennengelernt, die eine Arbeit auf die andere legen, nach dem Motto: Herr Professor, ich weiß was!«

Er verzog nicht einmal das Gesicht. Der Wein ging zur Neige.

»Sehr schöner Tropfen«, sagte ich. »Leider verstehe ich nicht viel davon.«

»Sie sind mehr für scharfe Sachen?«

»Ja. Man gelangt auf kürzerem Weg zum Ziel. Wenn Sie gestatten, mache ich uns den bewährten Daiquiri.«

»Der war ausgezeichnet«, sagte Peters. Mir war, als spräche er bedächtiger.

Aber er konnte mich täuschen.

»Sie müssen mir einmal das Rezept geben.«

»Ganz einfach«, sagte ich. »Zwei Teile Rum, ein Teil Zitrone. Ein halber Teelöffel Zucker, je nach Geschmack. Haben Sie eine Presse in Ihrem christlichen Haushalt?«

»Habe ich.«

Er stand auf. Ich folgte ihm in die Küche. Mein Zwerchfell spannte sich. Es ging los.

Nach einigem Herumsuchen fand er die Zitronenpresse. Sie schien aus dem vorigen Jahrhundert zu stammen.

»Was für Gläser?«

»Irgendwelche. Hauptsache, es geht genug rein.«

Er brachte zwei, verschieden geformt, aber gleich groß. Um so besser. Sie waren schwer zu verwechseln.

»Soll ich helfen?« fragte er.

»Nicht nötig«, sagte ich. »Daiquiri machen geht schnell bei mir. Schneller als Wurzelziehen.«

Er lachte und ging hinaus.

Ich fing an, die Zitronen auszupressen. Ich dachte an den Augenblick, in dem ich das zum letztenmal gemacht hatte. Diesmal war kein drehbares Tablett dazwischen. Diesmal war Peters an der Reihe. Er hatte selbst mitgeholfen. Er hätte ebenso gut in der Küche bleiben können. Aber er war hinausgegangen. Das war ein Wink des Schicksals.

Ich war fertig mit den Zitronen, ging hinaus auf den Flur und holte meine Tasche. Sie stand unberührt, wie ich sie hingestellt hatte.

Vom Wohnzimmer her klangen Musik und Wortfetzen in wechselnder Lautstärke. Peter suchte nach einem anderen Sender. Ich verfuhr genau wie auf Veras Fest.

Ich zog den Korken aus der Flasche und goß den Rum in die Gläser. In das rechte Glas etwas weniger.

Ein paar Herzschläge wartete ich. Vom Flur kam ein Geräusch.

Ich bückte mich schnell. Mit dem ersten Griff hatte ich die Büchse. Fünf Sekunden später war sie wieder an ihrem Platz.

In Peters' Glas war noch immer weniger als in meinem. Ich füllte mit Zitrone auf und gab ihm etwas mehr. Die Zitronensäure verdeckte jeden Beigeschmack.

Der Zucker kam zuletzt. Ich rührte um, langsam, ohne Hast. Dann schloß ich meine Tasche und stellte sie auf den Flur hinaus. Die Flasche ließ ich auf dem Küchentisch stehen.

Ich nahm Peters' Glas in die rechte Hand, das andere in die linke und bemühte mich, die Spannung in meinem Gesicht zu verbergen und gleichgültig auszusehen.

Mit langsamen Schritten ging ich zum Wohnzimmer zurück.

Peters saß auf seinem Platz und rauchte. Das Radio war eingeschaltet, aber stumm.

»Kommt nichts raus?« fragte ich.

»Nichts Vernünftiges. Überall Nachrichten.«

»Schon zehn?«

»Ja.«

»Donnerwetter. Beim Saufen vergeht die Zeit. Hier ist der Göttertrank.«

Ich stellte sein Glas vor ihn hin. Dann setzte ich mich und lehnte mich zurück. Beinahe alles erledigt, dachte ich.

Ich griff nach meinem Glas.

»In Anbetracht der bevorstehenden Trennung, Herr Peters«, sagte ich, »fühle ich in mir das Bedürfnis, auf Ihr Wohl zu trinken. Meinen Dank für alles, was Sie für mich getan haben. Ein fröhliches Prost!«

»Ein fröhliches Prost«, sagte Peters.

Aber er faßte sein Glas nicht an. Er langte hinter sich. Zuerst begriff ich nicht, was er tat. Dann sah ich es.

Mein Herz fing an, hämmernd gegen meine Rippen zu schlagen. Er hatte mich durchschaut. Er wußte Bescheid.

Meine Vorahnung war richtig gewesen. Ich sah in seiner rechten Hand einen flachen, grauen Kasten, länglich, mit abgerundeten, walzenförmigen Enden. Ich sah Knöpfe, eine Skala.

Ich hörte ein leises, summendes Geräusch.

Ein FH 40.

Ein Meßgerät für Strahlen aus unserem Institut.

Peters legte den Apparat dicht neben das Glas, das ich ihm gegeben hatte.

Wie durch einen blutigen Nebel sah ich, wie die Nadel zitternd ausschlug. Weit, bis zum Anschlag.

Eine ungeheure Falle schnappte dröhnend hinter mir zu.

Peters' Stimme kam hart und trocken über den Tisch.

»Wollen Sie nicht lieber dieses Glas nehmen, Herr Butterweis?«

Ich rührte mich nicht.

Er hob den Zähler hoch, beugte sich vor, hielt ihn neben mein Glas. Der Zeiger schwang zurück.

»Ich kenne Ihren Cocktail«, sagte Peters. Sein Gesicht war dunkel vor Wut. »Zwei Teile Rum, ein Teil Zitrone. Ein halber Teelöffel Zucker, je nach Geschmack. Und ein Schuß Strontium neunzig, nicht zu vergessen. Und nun wollen wir doch aufhören, Theater zu spielen.«

»Ja«, sagte ich mit rauher Stimme. »Nun wollen wir aufhören.«

Ich hatte mein Glas nicht losgelassen. Ich hob es hoch und trank es mit einem Zug aus. Dann setzte ich es auf den Tisch.

»Möchten Sie nicht lieber doch trinken, Herr Peters?« fragte ich. »Einen Gedenkschluck auf Vera?«

Er sah mich an. Seine Augen war eiskalt.

»Ich werde Ihnen zeigen, was ich tun werde!«

Er stand auf, nahm das Glas vom Tisch und trug es zu einem kleinen Wandschrank. Er schloß es ein und zog den Schlüssel ab. Dann ging er zur Tür. Ich hörte das Schloß schnappen, hatte jedoch keine Furcht. Ich wußte, was kommen würde.

Peters ging zurück zu seinem Stuhl. Jetzt sah er aus, wie er wirklich war. Sein Gesicht war höhnisch verzerrt. Nichts Anziehendes war mehr darin.

Vera konnte froh sein.

Er setzte sich nicht, sondern blieb stehen und legte die Hände flach auf die Tischplatte.

»Na, halten Sie Ihre Rede«, sagte ich.

Er betrachtete mich voller Verachtung, mit kurzem höhnischem Nicken, wie ein Lehrer, der immer gewußt hat, daß es mit dem Schüler schlecht enden wird.

»Der ehrenwerte Herr Butterweis«, stieß er hervor. »Der Mann, vor dem jede Fliege sicher ist. Der stille Arbeiter im Winkel. Haben Sie mich für so blöde gehalten, wie Sie selbst sind? Ich wußte vom ersten Tag an, daß Sie mich hassen. Ich habe mir nichts daraus gemacht, aber ich wußte es. Ich habe noch keinen kleinen, mickrigen Hund gesehen, der die anderen nicht gehaßt hätte. Aus Inferiorität, aus Neid, aus Minderwertigkeit. Eine stinkende, kriechende Ratte sind Sie, weiter nichts!«

»Piep, piep«, sagte ich.

»Ihr dreckiges Lachen vergeht Ihnen noch, mein Lieber! Sie vergiften niemanden mehr mit Strontium. Ich wußte zuerst auch nicht, woher Vera die Anämie hatte. Jetzt weiß ich es. Als ich sah, daß das Strontium nicht mehr da war, wußte ich es.«

Seine Lippen waren naß von Speichel. Sein Gesicht glühte.

»Glauben Sie, ich habe Sie ohne Grund zu mir eingeladen? Glauben Sie, ich habe Sie nicht mit Absicht Ihren Cocktail allein mixen lassen? Erst Vera, dann ich! Nur der untadelige Butterweis bleibt übrig! Der stille, feine Mensch!«

Sein keuchender Atem streifte mein Gesicht.

»Sie müssen Luft holen«, sagte ich.

Ich war ganz ruhig. Mein Plan war gescheitert. Aber ich hatte es geahnt und war deswegen weniger erschrokken. Ich empfand keine Furcht mehr vor Peters. Es war mir unbegreiflich, wie ich ihn je hatte fürchten können.

Ich fragte:

»Was wollen Sie jetzt machen?«

»Mit Ihnen auf die Polizei warten, mein Bester. Es wird nicht lange dauern.«

»Polizei?« sagte ich. »Ach nein! Wir sind hier ganz allein. Niemand hört unser Gespräch.«

Er grinste teuflisch.

»Wie soll die Polizei herausfinden, wer wen ermorden wollte? Sie sind der Leiter des Labors. Sie wissen über Strontium Bescheid. Sie hatten Grund, Vera umzubringen. Sie werden hereinfallen, nicht ich.«

Peters lachte laut heraus.

»Mein Gott, mein Gott! Ich und Vera umbringen! Wenn ich jedes Mädchen umgebracht hätte, das . . . So ein Narr! Ich kenne Sie ganz genau, Herr Butterweis! Ich weiß, was in Leuten wie Ihnen vorgeht! Eher wird das Spielzeug kaputtgemacht, ehe ein anderer es bekommt! Sie haben Vera ermordet, weil sie von Ihnen fortging und zu mir kam! Und heute sollte ich an der Reihe sein!«

»Der schlaue Peters«, sagte ich. »Die Spitzenintelligenz. Der Erzpsychologe. Ich wollte Vera ermorden? Das Liebste, was ich auf dieser Welt hatte? So können nur Sie reden, der niemals jemanden geliebt hat. Nein, Peters. Ich wollte immer nur Ihnen an Ihre dreckige Gurgel. Haben Sie den Kaffee vergessen, in den ich meine Zigarette fallen ließ? Wenn der Idiot von Jordan nicht mit seinem Zähler gekommen wäre, lägen Sie schon an Veras Stelle in einem soliden Pfostensarg. Zu meiner größten Freude, das können Sie mir glauben.

Sein Grinsen blieb. »Fein, fein! Erzählen Sie weiter!«

»Aber gern. Dann kam das Fest bei Vera und das drehbare Tablett. Vera nahm das Glas, das für sie bestimmt war. Der Teufel paßt eben auf seine Verwandten auf.«

Unsere Augen bohrten sich ineinander. Haß sprühte aus ihnen.

»Ich habe Vera für Sie aus dem Weg geräumt. Damit Sie weiter herumhuren können, Sie Dreckskerl! Eine Frau ist für Sie ein Abladeplatz für Ihre Spermien, weiter nichts! Vorhin haben Sie mir eine rührende Geschichte erzählt, von Liebe und Freude, auf das Kind und heiraten. Ich weiß von Vera, daß Sie ihr zur Abtreibung geraten haben. Sie machten ein saures Gesicht, als das Kind unterwegs war, und waren die helle Freude, als die Fehlgeburt kam. Sie haben nicht im Traum daran gedacht, Vera zu heiraten. Sie lügen, wenn Sie den Mund aufmachen, und das vorhin war die Krone Ihrer Leistungen.«

Peters beugte sich weit vor. Nicht mehr lange, und ich hatte ihn, wo ich ihn haben wollte.

»Ich wollte nur Sie töten. Niemand anders als Sie. Je eher solche Leute wie Sie aus der Welt verschwinden, um so besser ist es. Sie sind herzlos, treulos, verantwortungslos. Sie lieben Ihren eigenen Wanst, Sie geschniegelter Lackaffe, und sonst nichts. Dem Chef kriechen Sie in den Hintern, und auf Ihren Untergebenen trampeln Sie herum. Ihre Wissenschaft ist einen Dreck wert. Ihre

Faulheit pfeifen die Spatzen von den Dächern. Nach außen spielen Sie den guten Onkel Doktor, und innerlich bedauern Sie, daß Sie für die Versuche keine Menschen nehmen können, statt der Ratten.«

Seine Hände ballten sich zu Fäusten.

»Der geniale Peters«, höhnte ich, »der verhinderte Nobelpreisträger! Der neue Einstein! Bißchen Unordnung und bißchen Unpünktlichkeit. Der Rest kommt dann schon. Wohl unserem Stand, daß er noch solche Mitglieder hat. Hippokrates würde seine helle Freude haben.«

Ich glühte und stand auf. Zwanzig Zentimeter waren unsere Augen voneinander entfernt.

»So, mein Herr und Lehrer! Nun holen Sie die Polizei. Das war unsere letzte Unterredung. Deswegen möchte ich Ihnen gern noch beibringen, was ich von Ihnen halte.«

Ich spuckte ihm mitten ins Gesicht.

Er holte aus. Ich sah seine Faust kommen, aber ich wich nicht zurück. Der Schlag traf mich auf die Oberlippe und warf mich in meinen Stuhl. Salziges Blut strömte in meinen Mund.

Peters schnellte um den Tisch herum und stürzte sich auf mich. Sein Gesicht war unkenntlich vor Wut.

Er riß mich an den Aufschlägen meiner Jacke hoch. Ich schlug blindlings nach seinem Gesicht.

Ein zweiter Schlag traf mich seitlich am Backenknochen. Sein Ring riß mir die Haut auf.

Gut, dachte ich. Gut. Noch mehr. Bloß nicht ohnmächtig werden. Peters war viel stärker als ich. Es war nur eine Zeitfrage, bis er mich am Boden hatte.

Ich riß meine Brille herunter und ließ sie fallen. Keine Sekunde zu spät. Der nächste Schlag traf mein linkes Auge. Sekundenlang war ich blind. Ich stolperte zurück, trat auf meine Brille und hörte das Glas knirschen.

Dann tauchte Peters' Gesicht vor mir auf. Ich schlug wild zu und traf ihn irgendwo.

Plötzlich hatte er mich am Hals. Seine Hände krallten sich um meine Kehle. Seine Nägel schnitten mir ins Fleisch. Es war soweit. Die Würgemale brauchte ich noch, sie waren wichtig. Peters Finger krampften sich zusammen.

»Du Schwein«, zischte er. »Du elendes Schwein!«

Ich begann zu röcheln. Ich tat, als erschlaffte ich schon. Meine rechte Hand fuhr in die Brusttasche. Peters merkte nichts.

Meine Finger schlossen sich um den Kolben. Mein Daumen tastete nach dem Sicherungsflügel und drückte ihn herunter.

Ich riß die Waffe heraus und fühlte, wie die Mündung sich in Peters Jacke verfing.

Eine Sekunde verging noch.

Seine letzte.

Ich schoß.

Ein Schlag fuhr durch seinen Körper. Seine Hände ließen mich los. Ich taumelte zurück. Er stand mit hängenden Armen da. Über sein Gesicht breitete sich ein ratloser Zug. Sein keuchender Atem brach plötzlich ab, seine hellen, wutglänzenden Augen erloschen.

Einen Augenblick stand er noch da. Dann knickte er in den Knien ein und schlug vornüber.

Er war tot, ehe er den Boden berührte.

Er war gestorben, ohne zu wissen, was ihm passiert war.

Es war ganz still um mich. Ich wankte zum Stuhl, ließ mich hineinfallen.

Geraume Zeit saß ich so. Das Blut lief über mein

Gesicht. Ich lauschte, ob Stimmen oder Schritte zu hören waren. Aber nichts rührte sich.

Ich selbst hatte den Schuß kaum gehört. Das Fenster war wieder geschlossen. Das Haus war alt und solide gebaut. Kein Mensch brauchte etwas bemerkt zu haben.

Als es mir besserging, stand ich auf und suchte tastend nach meiner Brille. Sie lag am Bücherschrank. Das linke Glas war zertrümmert. Ich brauchte es nicht mehr. Mein linkes Auge war ohnehin zugeschwollen. Dann sah ich nach Peters. Er lag auf dem Gesicht, die Hände vorgestreckt, das rechte Bein halb angezogen. Ich fühlte seinen Puls.

Er schlug nicht mehr.

Ich suchte in seinen Taschen. Der Zimmerschlüssel war da und ein Schlüsselbund. Ich nahm beides an mich.

Dann schloß ich die Zimmertür auf. Im Korridor brannte ein Licht. Ich ging zum Bad und blickte in den Spiegel. Mein Gesicht war blutbeschmiert und verschwollen. Am Hals hatte ich rote, schmerzhafte Druckstellen. Sehr gut.

Ich wusch das Blut ab und säuberte meine Hände. In der Küche holte ich mir eine Tasse, goß sie halb voll Rum und trank sie aus. Langsam wurde mir besser.

Als ich ins Wohnzimmer zurückkam, roch ich beißenden Qualm, der als bläuliche Wolke um die Lampe hing. Ich ging zu dem Wandschrank und probierte die Schlüssel. Der vierte paßte. Ich nahm das Glas mit dem Cocktail heraus, nahm auch meins mit und trug beide in die Küche. Mit glucksendem Geräusch lief die dunkle Flüssigkeit durch den Rost des Ausgusses.

Das letzte Strontium. Ich brauchte es nicht mehr.

Ich spülte die Gläser zehn Minuten lang unter fließendem Wasser und wusch mir noch einmal die Hände.

Im Zimmer öffnete ich das Fenster, Langsam zog der

Rauch ab. Auf dem Tisch lag der FH 40. Ich nahm ihn an mich. Das Radio war noch eingeschaltet, und ich stellte es ab.

Alles andere konnte bleiben, wie es war.

An der Tür warf ich einen Blick zurück. Peters lag da. Er schlief einen langen Schlaf. Er hatte sich verkalkuliert. Nun gut, fein.

Ich zog meinen Mantel an. Den FH 40 steckte ich in meine Tasche. Dann löschte ich das Licht und ging langsam die Treppe hinunter.

Auf der Straße war die gleiche Ruhe wie oben. Einzelne Fenster waren noch erleuchtet.

Ich ging den Weg zurück, den ich gekommen war. Schon vor der Brücke nahm ich die Büchse und den FH 40 aus der Tasche. Als ich das Geländer erreichte, sah ich mich rasch um.

Kein Mensch war in der Nähe. Ich warf beide Gegenstände hinunter. Es platschte leise. Irgendwo rief ein Vogel. Dann war wieder Stille.

Es war zwanzig Minuten nach zwölf, als ich meine Wohnung aufschloß. Ich setzte mich an den Schreibtisch und schrieb zwei Briefe.

Einen an meine Eltern. Den zweiten an Professor Paulus.

Er würde äußerst ungehalten sein, wenn am Montag das Isotopenlabor leerstand. Ich frankierte die Umschläge und klebte sie zu. Dann packte ich Waschzeug, zwei Handtücher, einen Schlafanzug und Zigaretten in meine Aktentasche. Die Untersuchungshaft würde einige Zeit dauern.

Meiner Wirtin legte ich einen Zettel auf den Schreibtisch. Ich hätte verreisen müssen.

Ich nahm noch zwei Schmerztabletten und trank ein Glas Wasser. Mit einem Blick nahm ich Abschied von meinem Zimmer und von Veras Bild auf dem Schreibtisch. Ich hatte alles für sie getan. Mehr konnte keiner tun.

Wenig später war ich wieder auf der Straße. Ich wußte, wo sich meine Meldestelle befand. Dort war auch das Polizeirevier. Die frische Nachtluft drang tief in meine Lungen. Eine selten schöne Nacht war um mich.

Vera hätte bei mir sein können.

Alles hätte anders sein können.

Ich kam an einem Briefkasten vorbei und warf meine Briefe ein. Mein Vater würde entsetzt sein. Meine Mutter würde niemals verstehen, wie ich diese Tat hatte begehen können. Es wäre auch das erste Mal, daß sie mich verstanden hätte.

Ich dachte an die Kliniken und den Aufruhr, den es geben würde. Meine Stellung war verloren. Aber das machte nichts. Die Stadt war mir ohnehin verleidet. Ich war schon viel zu lange hiergewesen.

Nach der nächsten Ecke sah ich das blau-weiße Schild:

6. Polizei-Revier.

Ich stieg ein paar Stufen hinauf. Die Tür wurde durch ein Lederpolster einen Spaltbreit offengehalten. Von einem halbdunklen Raum gingen einige Türen ab.

Ich sah das Pappschild.

Wachstube

Ich klopfte kurz und trat ein. Es roch nach billigem Fußbodenöl. Eine brusthohe Barriere lief mitten durch den Raum. In der Ecke, vor dem graugrünen Fenstervorhang, saß ein Polizist an einer uralten Schreibmaschine und tippte mit zwei Fingern. Durch die halbgeöffnete Tür neben seinem Platz drangen leise Stimmen.

Eine plumpe Holzbank stand an der Wand, gegenüber

der Barriere. Darüber klebte ein Plakat mit dem finsteren unrasierten Gesicht eines Mannes.

Raubmord! 5000 DM Belohnung!

Es war zwei Jahre alt.

»Guten Abend«, sagte ich. Ich lehnte mich an die Barriere und stellte meine Tasche zu Boden.

»Guten Abend«, rief der Polizist fröhlich. Er sah knabenhaft und frisch aus. »Was können wir so spät noch für Sie tun?«

Er stand auf und kam heran.

»Oh!« sagte er teilnahmsvoll. »Schlägerei? Das sieht ja übel aus!«

Ich nahm meine Brieftasche heraus und legte meinen Personalausweis vor ihn hin.

»Ich bin Doktor Butterweis«, sagte ich. Das Sprechen fiel mir schwer. Meine Lippe brannte, trotz der Tabletten.

Er sah mich erwartungsvoll an. »Ja, Herr Doktor?«

Ich griff in die Brusttasche und legte die Mauser neben den Ausweis. »Hier ist meine Pistole«, sagte ich. »Ich habe vor zwei Stunden einen Mann erschossen. Parkallee 17. Doktor Peters.«

Seine Augen weiteten sich. Auf seiner Haut erschienen rote Flecke.

Er schluckte ein paarmal, ehe er ein Wort herausbrachte.

»Haben – haben Sie einen Waffenschein?«

XVI

Sie saßen zu dritt um mich herum. Sie hatten die gleichen Augen, die gleichen Anzüge, die gleichen Manieren. Wahrscheinlich hatten sie alle die Polizeischule absolviert.

Sie behandelten mich mit unerbittlicher Behutsamkeit. Schon auf der Wache waren alle mit gramerfüllten Gesichtern um mich herumgeschlichen. Ich tat ihnen leid, aber gleichzeitig waren sie froh, nicht in meiner Haut zu stecken.

Noch in der Nacht hatte ich sie zu Peters begleiten müssen. Sie blieben in der Wohnung, während ich zum Präsidium gefahren wurde. Bis zum Morgen durfte ich schlafen. Dann holten sie mich zum Verhör.

Ich erzählte meine Geschichte noch einmal. Noch nie hatte ich aufmerksamere Zuhörer.

»Doktor Peters war überall als schwieriger Mann bekannt«, sagte ich. »Ich kam leidlich mit ihm aus. Ein anderer hätte ihm den Kram längst hingeworfen. Mir liegt es nicht, zu streiten. Ich tat meine Arbeit und hielt mich zurück. In ein paar Tagen oder höchstens Wochen wäre ich sowieso auf eine andere Abteilung gekommen. Er wußte das. Er war wütend, weil er nun wieder allein arbeiten sollte.«

Ich lächelte im Kreis herum.

»Arbeit war nicht seine Lieblingsbeschäftigung. Er hatte mich für gestern abend eingeladen. Er wollte mich überreden, noch länger in der Abteilung zu bleiben. Ich lehnte ab. Er wollte Gründe wissen. Ich machte einige Ausflüchte, ich müßte auch einmal die anderen Sparten kennenlernen, und so weiter. Er erregte sich. Schließlich sagte ich ihm den wahren Grund. Die Zusammenarbeit mit ihm wäre nicht einfach, sagte ich. Deswegen bekäme er keine Mitarbeiter. Seine Assistentinnen seien auch davongelaufen, eine nach der anderen. Er wurde wütend und beleidigte mich. Ich wollte gehen. Er wurde noch ausfallender. Schließlich verlor ich die Geduld und sagte ihm meine Meinung.«

Ich hielt inne und betupfte meine Lippen mit dem Taschentuch.

Die drei Männer betrachteten mich. Aufmerksam und unpersönlich, wie ein Aktenstück.

»Vielleicht hätte ich es nicht tun sollen«, sagte ich. »Aber es hatte sich allerhand in mir angesammelt. Wir schrien uns an. Dann schlug er mich. Wir kamen ins Handgemenge. Er gab mir ein paar Schläge. Meine Brille zerbrach. Dann würgte er mich am Hals.«

Ich fing an, mich zu erregen und zu zittern, als übermannte mich die Erinnerung an das Entsetzliche.

»Ich bekam keine Luft mehr. Ich wollte um Hilfe rufen und konnte nicht. Ich wußte keinen anderen Ausweg.«

Ich schwieg und atmete schwer. Ich versuchte, so beklagenswert wie möglich auszusehen.

»Ich wollte ihn nicht töten. Bitte, glauben Sie mir.«

Mein hilfeflehender Blick prallte an ihren Gesichtern ab.

»Ich wollte ihn abschrecken. Als ich zu mir kam, war er tot.«

Ich ließ den Kopf sinken. Allmählich tat ich mir selbst leid.

Eine Weile geschah nichts. Der Kommissar hinter dem Schreibtisch hatte glänzendes, schwarzes Haar und Nikotinfinger. Der zweite Mann schrieb unablässig, ohne aufzusehen. Der dritte saß ein Stück entfernt auf einem Stuhl und tat nichts und sagte nichts.

»Warum trugen Sie die Pistole bei sich?« fragte der Kommissar.

Ich blickte auf.

»Es kling vielleicht komisch, Herr Kommissar, aber – ich habe sie meistens bei mir. Ich sehe schlecht und bin jedem anderen unterlegen. Einmal bin ich schon nachts überfallen worden.«

Zufällig stimmte es. Zwei Betrunkene hatten mich angefallen, als ich von einem Heimatfest nach Hause kam. »Ich hatte sie für den Heimweg bei mir. Für nichts anderes. Warum sollte ich Doktor Peters umbringen?«

Ich weiß es, dachte ich. Und ihr möchtet es gern wissen. »Nie wieder will ich das Ding sehen«, sagte ich.

Der Kommissar nickte, als verstünde er meine Pein.

»Wann hat Doktor Peters Sie eingeladen?«

»Am Donnerstag«, sagte ich, ohne zu zögern.

»Was haben Sie getrunken?«

»Nicht sehr viel«, sagte ich. »Zuerst Wein. Eine Flasche. Ich bekam davon nur zwei Gläser. Er trank viel schneller. Und dann Rum mit Zitrone. Die Flasche muß noch dort stehen. Ich hatte sie mitgebracht.«

»Sie hatten sie mitgebracht? Warum?«

Vorsicht, dachte ich. Sie dürfen nicht wissen, daß die Einladung von mir ausging.

»Ich wollte auch etwas beisteuern«, sagte ich, »das ist doch heute so.« Ich sah im Kreis herum, aber ich gewahrte kein Zeichen von Zustimmung.

Ich lächelte verlegen.

»Um die Wahrheit zu sagen – ich mache mir nicht viel aus Wein. Deswegen habe ich den Rum mitgebracht.«

»Sie wußten, daß es Wein geben würde?«

Himmel, was wollte er bloß mit dem Wein!

»Ja. Ich war schon einmal bei ihm eingeladen.«

»Wann war das?«

Ich dachte nach, obwohl ich es wußte.

»Im Januar. Er hatte ein paar Leute eingeladen, darunter auch mich.«

»Wer waren diese Leute?«

»Ja, wer war das?« fragte ich. »Ich war damals noch nicht lange hier. Warten Sie mal – unsere Fotografin – eine technische Assistentin – ein anderer Kollege. Das sind alle, glaube ich.«

Von Vera brauchten sie nichts zu wissen.

Der Mann an der Seite schoß eine Frage ab.

»Haßten Sie Doktor Peters?«

Ich wandte langsam den Kopf.

»Ich mochte ihn nicht. Er konnte etwas in seinem Fach. Als Mensch war er wenig angenehm. Jeder im Institut wird Ihnen das bestätigen. Aber gehaßt habe ich ihn nicht. Man erwischt immer mal einen schwierigen Vorgesetzten. Das ist noch kein Grund zum Haß.«

Die Augen des Kommissars wanderten über mein zerschundenes Gesicht. »Und – private Gründe hatten Sie nicht?«

Doch Vera.

»Keine Spur«, sagte ich. »Ich hatte überhaupt keine privaten Berührungspunkte mit ihm.«

»Na ja, es könnte doch sein«, sagte er freundlich lächelnd. »Eine Frau zum Beispiel . . .«

»Eine Frau?« Ich versuchte zu lachen, um meine Erschrecken zu verbergen. »Ich hatte keine. Er hatte genug. Nein, Herr Kommissar. Und deswegen erschieße ich niemanden.«

»Natürlich nicht.«

Ich atmete auf. Sie tappten an der Wahrheit vorbei und merkten es nicht.

»Das Bild auf Ihrem Schreibtisch – wer ist das?«

Wieder dieser Kerl von der Seite.

»Das ist – eine Bekannte von mir. Wieso?«

»Wie heißt sie?«

»Ring. Doktor Ring.«

»Vorname?«

»Vera«, sagte ich, aber ich verstehe nicht . . .«

»Das macht nichts«, sagte der Kommissar. »Wo ist sie jetzt?« Nur nicht nervös werden, dachte ich. Sie können nichts wissen. »Es ist schwer zu sagen, wo sie jetzt ist«, sagte ich. »Sie ist vor vierzehn Tagen gestorben.«

Es beunruhigte mich, daß sie nicht überrascht waren. Vermutlich waren sie durch nichts zu erschüttern. Außerdem konnte sich die Geschichte auch bis hierher herumgesprochen haben.

»Sehr bedauerlich«, sagte der Kommissar. »Woran ist sie gestorben?«

»An einer Panmyelophthise«, antwortete ich mit Behagen. Hier war einmal etwas, was auch sie noch nie gehört hatten, auch nicht auf der Polizeischule.

»Aha«, sagte der Kommissar. »War sie mit Doktor Peters bekannt?«

Meine Gedanken wirbelten. Auf die Dauer würde sich das doch nicht verheimlichen lassen. Was tat es schon? Wenn sie die Ursache von Veras Tod herausfanden, würden sie Peters für den Mörder halten. Wie ich es geplant hatte.

»Ja«, erwiderte ich. »Sie hat ihn durch mich kennengelernt.«

»Bestand eine Verbindung zwischen ihnen?«

Ich kam mir vor wie der Reiter über den Bodensee.

»Ich habe keine Ahnung«, sagte ich. »Ich kann Ihnen das wirklich nicht beantworten.«

»Woher kannten Sie Fräulein Doktor Ring?«

Ich erzählte von der goldenen Jugendzeit. »Gar nichts Besonderes, Herr Kommissar. Nachbarskinder. Studienkollegen. Das verbindet.«

»Natürlich«, sagte er. Er wurde etwas größer in seinem Stuhl. »Fassen wir zusammen. Sie waren bei Doktor Peters eingeladen. Im Verlauf der Unterhaltung kamen Sie auf Ihr bevorstehendes Ausscheiden zu sprechen. Er bat Sie, zu bleiben. Sie weigerten sich, nannten ihm als Grund, daß er ein unangenehmer Vorgesetzter wäre.«

»Stimmt«, sagte ich.

Er sah mich tadelnd an.

»Es kam zum Streit, später zum Handgemenge. Sie fühlten sich an Leib und Leben bedroht und erschossen Doktor Peters in Notwehr.«

Diese Narren gingen genau auf meinen Leim.

»Genauso, war es, Herr Kommissar«, sagte ich. »Ich wünschte, ich könnte es ungeschehen machen. Es tut mir bitter leid. Abgesehen von meiner Existenz, die zum Teufel ist.«

Ich schwieg mit allen Anzeichen der Erschöpfung. Wieder betupfte ich meine Lippe.

Der Stenograf hatte zu schreiben aufgehört. Ich war zufrieden. Eine reife Leistung. Alles ging nach Wunsch. Niemals würden sie hinter die Wahrheit kommen.

»Wir müssen Sie leider noch hierbehalten«, sagte der Kommissar. Es schien ihm ehrlichen Kummer zu bereiten. »Und zwar so lange, bis die Ermittlungen abgeschlossen sind.«

»Aber natürlich«, sagte ich, als könnte mir nichts Erwünschteres passieren. »Das ist mir vollkommen klar. Deswegen habe ich an meine Eltern und Professor Paulus geschrieben.«

Die drei Männer tauschten einen Blick. Es sind die Blicke unter Polizisten, die einen immer nervös machen, auch wenn man das reinste Gewissen der Welt hat. Mein Gewissen war nicht rein. Mir wurde unheimlich. Hatte ich etwas übersehen?

Der Kommissar stand auf. Er lächelte.

»Ich lasse Sie zurückbringen.«

»Sehr nett«, sagte ich. »Besten Dank, Herr Kommissar. Tut mir leid, daß ich Ihnen Mühe mache.«

Der Stenograf brachte mich zur Tür. Ich faßte die Klinke.

»Ach, Herr Doktor Butterweis!«

»Ja?«

Ich wandte mich um. Wieder dieser verfluchte Kerl an der Seite. »Kommen Sie doch noch einmal mit.«

Ich nickte beflissen. Er öffnete eine Seitentür und ging voraus. Der Kommissar und der Stenograf folgten mir. Was können sie wollen, dachte ich. Mein Hirn suchte nach einer Lücke, aber ich fand keine.

Der Mann vor mir stieß eine Tür auf. Ich trat in einen großen fensterlosen Raum. Eine einzige Birne in einem grünen, staubbedeckten Glasschirm verbreitete ein trübes Licht. Es waren noch mehr Lampen da, aber sie brannten nicht. Im Hintergund sah ich eine Sperrholzwand, so hoch wie ein Mensch. Vor einem Schreibtisch standen ein paar Stühle.

»Nehmen Sie bitte Platz«, sagte der Kommissar. Seine Stimme war unverändert freundlich.

»Danke«, murmelte ich.

Er setzte sich hinter den Schreibtisch und streckte die Hand aus. Plötzlich schoß mir ein greller Schein in die Augen. Er kam aus einer Lampe, die auf dem Schreibtisch stand und direkt auf mein Gesicht gerichtet war. Meine Hand fuhr hoch.

»Entschuldigen Sie«, sagte ich, schüchtern lächelnd. »Das blendet. Ich muß mich erst daran gewöhnen.«

Er antwortete nicht. Ich nahm die Hand weg und blinzelte mit meinem gesunden Auge.

Aha. Sie versuchten es noch einmal. Auf eine härtere Tour. Amerikanisch. Sollten sie!

Um mich herum blieb alles still. Ich wußte nicht, was die beiden anderen machten. Ein paarmal hörte ich die Dielen knarren. Endlose Minuten vergingen. Nichts geschah. Niemand sprach. Niemand fragte mich etwas.

Das Licht vor mir bohrte sich förmlich in mich hinein. Ich schlug die Beine übereinander. Nur nicht nervös werden und keine Furcht zeigen.

Plötzlich entstand ein Geräusch. Ich vernahm ein Summen und Knacken, wie aus einem Radio, das noch eingeschaltet ist, obwohl der Sender sein Programm beendet hat. Es kam hinter der Sperrholzwand hervor. Ich wartete ohne viel Interesse. Verworrene Laute ertönten. Es klang, als käme jemand näher, der weit weg war. Wie Schritte.

Und dann hörte ich eine Stimme.

Fremd und unbekannt.

»Kommt nichts raus?«

Eine schwache Erinnerung tauchte in mir auf.

Kommt nichts raus?

Wer hatte das gesagt und wann?

»Nichts Vernünftiges. Überall Nachrichten.«

»Peters!« schrie ich.

Ich wollte aufspringen. Kräftige Hände drückten mich zurück, hielten mich fest.

Wahnsinniges Entsetzen erfaßte mich.

Peters war da! Er sprach! Er war in diesem Raum!

Die Hölle war auferstanden.

»Schon zehn?«

Die andere Stimme. Wer war das?«

»Ja.«

Peters.

»Donnerwetter. Beim Saufen vergeht die Zeit. Hier ist der Göttertrank.«

Ich kannte diese Stimme. Sie war mir fremd und vertraut zugleich. Ich kannte sie und hatte sie nie gehört.

»In Anbetracht der bevorstehenden Trennung, Herr Peters«, fuhr die Stimme fort, »fühle ich in mir das Bedürfnis, auf Ihr Wohl zu trinken. Ein fröhliches Prost!«

»Ein fröhliches Prost!« sagte der tote Peters.

Der Schweiß drang aus allen meinen Poren.

Eine Pause.

»Wollen Sie nicht lieber dieses Glas nehmen, Herr Butterweis? Ich kenne Ihren Cocktail. Zwei Teile Rum, ein Teil Zitrone. Ein halber Teelöffel Zucker, je nach Geschmack. Und ein Schuß Strontium neunzig, nicht zu vergessen. Und nun wollen wir doch aufhören, Theater zu spielen.«

»Ja«, sagte der andere heiser. »Nun wollen wir wirklich aufhören.«

Ich war es. Ich sprach mit Peters.

»Aufhören!« schrie ich. »Aufhören!«

Die Lampe vor mir wurde zu einem glühenden Kreisel, der sich schneller und schneller drehte.

Ich war verloren. Alles war zu Ende. Sie hatten mich. Ich stürzte in eine bodenlose Finsternis, bis ich das Licht vor mir nicht mehr sehen konnte.

Als ich zu mir kam, war das Zimmer hell erleuchtet. Die grelle Lampe war fort. Ein Mann stand neben mir, hielt mich und ließ mich los, als ich ihn ansah. Der Kommissar und der Stenograf standen am Schreibtisch.

»Wollen Sie etwas trinken?« fragte der Kommissar.

»Eine Zigarette«, sagte ich.

Sie gaben mir eine.

»Weiter«, sagte der Kommissar.

Das Summen und Knacken fing wieder an. Ich hörte meine Worte und die von Peters. Ich hörte unseren Streit, die Schläge, das Knirschen meines Brillenglases, unseren keuchenden Atem.

Alles hörte ich. Zuletzt den Schuß.

Er klang gar nicht laut. Wie der Knall einer Papiertüte, die man aufbläst und zerschlägt.

Noch ein paar Geräusche. Dann war Stille. Sie schalteten den Apparat ab.

»Ja, Doktor Butterweis«, sagte der Kommissar mit

hölzerner Stimme. »Doktor Peters hat vorgesorgt. Er traute Ihnen nicht. In sein Radio war ein Bandgerät eingebaut. Ganz neu. War noch gar nicht lange drin. Er schaltete es ein, als Sie Ihren Cocktail mixten.«

Alles war mir klar.

Sein Grinsen, als ich sagte, niemand könnte unser Gespräch hören. Seine Aufforderung, weiterzureden. Das Radio, das eingeschaltet war, aber nicht spielte. Ich hatte es ausgeschaltet, bevor ich ging. Ich hätte nur nachzusehen brauchen. Dann läge das Band jetzt auch im Fluß, bei der Büchse und dem FH 40, und meine Notwehr wäre nicht zu erschüttern.

Es war aus. Noch als Toter hatte Peters mich überlistet. Er hatte gesiegt. Ich war besiegt.

»Wir werden die Zusammenfassung noch einmal machen müssen«, sagte der Kommissar. »Fräulein Doktor Ring wird exhumiert. Wissen Sie, was das bedeutet?«

Ich antwortete nicht und nahm meine Brille ab. Ich hatte nicht geweint, als Vera starb, auch nicht bei ihrer Beerdigung. Jetzt kamen meine ersten Tränen, und ich wischte sie schnell mit den Fingern fort.

»Laßt sie doch liegen«, sagte ich. »Laßt sie doch. Ich war es. Ich habe sie getötet.«

Ich war zu schwach gewesen für alles. Ich hatte es immer gewußt und hatte es nicht zugeben wollen.

Ich dachte an meine Mutter. Jetzt war mir so zumute wie vor langer Zeit, wenn ich eine Dummheit gemacht hatte und bei ihr Schutz suchte. Sie hatte mir nie geholfen. Sie konnte mir auch diesmal nicht helfen.

Ich saß vornübergebeugt auf dem Stuhl. Ich war das, was ich immer gewesen war. Eine kleine, hilflose Kreatur, umgeben von harten, schweigsamen Männern.

Die Verhandlung war zwei Monate später.

Ich wurde zu fünfzehn Jahren Zuchthaus verurteilt. Mein Verteidiger hatte getan, was er konnte.

Ich habe mich an mein Leben gewöhnt. Ich hatte geglaubt, es nicht zu ertragen. Aber ich ertrage es.

Ich habe keine Wünsche und keine Sorgen. Ich bin ein anderer geworden. Mein früheres Leben ist weit weg, fahl und verblaßt, ohne Leuchtkraft, wie eine ferne Küste im Dunst.

Nur manchmal denke ich an Vera. Ich sehe ihr Gesicht und höre ihr Lachen. Und wenn mir in der endlosen Kette der Tage ein Donnerstag bewußt wird, dann denke ich an mein Unglück und an den Tag, an dem es begann, diesen Donnerstag, an dem ich beschloß, Claus Peters zu ermorden.

4 Meister-Psychos

Tödlicher Cocktail

Nichts sprach für Mord

Die lange Spur

Mit Mördern spielt man nicht

I

Alastair Maycock saß mit gefalteten Händen vor dem Schreibtisch des verstorbenen Mr. O'Leary. Man hätte glauben können, daß er eine Andacht hielte, aber seine Gedanken waren durchaus weltlicher Natur.

Vor ihm, auf der tintenbeschmierten Platte, auf der Mr. O'Leary zahllose Pfändungsbefehle ausgefertigt hatte, lag eine Münze.

Sie war nicht groß.

Die Bank von England bezifferte ihren Wert nach der derzeit gültigen Währung auf einen Shilling. Mr. Maycock betrachtete sie mit Ergriffenheit, denn es war nur noch diese Münze, deren geringer Wert ihn vom Nichts trennte. Es war also weiß Gott nicht zu befürchten, daß Mr. O'Learys Schreibtisch unter dem Gewicht seines Vermögens zusammenbrechen würde.

Alastair dachte an sein unerfreuliches Schicksal. Wir möchten, um nicht weitschweifig zu werden, seinen Zustand kurz und hart mit dem vielstrapazierten Ausdruck »pleite« bezeichnen.

Ja, das war er: pleite.

Er hatte alles Menschenmögliche versucht. Übriggeblieben war der Shilling und die Überzeugung, daß er von der Vorsehung zum nächsten Opfer der herrschenden Wirtschaftskrise auserkoren war.

In den Redaktionen hatte man seine Anfragen nach Arbeit und dem Erfolg seiner Kurzgeschichten mit wieherndem Hohngelächter beantwortet. Ein gutes Teil von Alastairs ehemaligem Vermögen hatte das entzükkende Mädchen im Büro der Totogesellschaft mit behenden und gepflegten Fingern eingestrichen. Das Bewußtsein, mehrfach beinahe gewonnen zu haben, konnte Mr. Maycock nur unwesentlich trösten.

Die Bewerbungen, die er am Schreibtisch des seligen O'Leary verfaßt hatte, zählten nach Legionen, und mit der Summe des vertanen Portos hätte das Dach des Telegrafenamtes neu gedeckt werden können. Was nach Alastairs Ansicht längst nötig gewesen wäre.

In den zahllosen Anzeigen, die er regelmäßig in der Sonnabendausgabe der »Times« unter der Rubrik »Stellengesuche, männlich«, erscheinen ließ, hatte Mr. Maycock sämtliche menschlichen Tugenden und Fähigkeiten in sich vereinigt. Er war gewandt, ein Verkaufsgenie, ein Säugling an Jahren und ein Methusalem an Erfahrungen, in sämtlichen Sparten bestens eingeführt. Alle Weltsprachen flossen von seiner Zunge, und während er mit der linken Hand stenographierte, bediente er zwei Schreibmaschinen mit der rechten.

Schamlos hatte Mr. Maycock die Hinweise, daß sich nur allererste Kräfte melden wollen, ignoriert. Er hatte in einem Monat mehr Firmenschilder, Vorzimmer und hübsche Sekretärinnen zu Gesicht bekommen als ein Fahndungsbeamter von der Steuer in einem Jahr.

Umsonst.

Die Welt schien entschlossen, ohne Mr. Maycocks Arbeitskraft auszukommen.

Alastair streichelte den Shilling und seufzte. Das Bild des regsamen Mr. Swinton tauchte vor seiner Seele auf. Mr. Swinton war klein, pfiffig und durchdrungen von der Überzeugung, daß niemand auf die Dauer ohne Fußeinlagen auskommen könnte. Die Rückwand seines Büros zierte der Spruch: Ein Plattfuß kommt selten allein! Auf dem Tisch, dem Fußboden, den Stühlen und Fensterbrettern, überall wimmelte es von Fußeinlagen.

»Sehen Sie«, hatte Mr. Swinton erklärt, »die Leute haben Plattfüße und wissen es nicht. Ihre Aufgabe wird es sein, es ihnen beizubringen. Unsere Einlage hat drei Vorteile: Sie ist aus Sheffield-Stahl. Sie erfordert zwei

Nummern größere Schuhe. Und sie ist bedeutend teurer als alle anderen. Man wird sie Ihnen aus den Händen reißen. 's wird allerdings besser sein, wenn Sie Gegenden vermeiden, in denen Orthopäden wohnen. Diese Leute sind humorlos, wissen Sie. Fürchten die Konkurrenz. Ja, und eines noch: Selbstverständlich müssen Sie ab heute die Dinger ständig und mit heiterer Miene selbst tragen. 's ist 'n bißchen unbequem im Anfang, wissen Sie. Behalten Sie ein, zwei Nächte die Schuhe an und schlafen Sie mit den Einlagen, dann wird's gehen. Habe mich auch daran gewöhnt. Der Preis wird Ihnen vom Verdienst abgezogen, nur der Ordnung halber sage ich's.«

Nach zwei Tagen unendlicher Qualen hatte Alastair seinen Dienst bei Mr. Swinton gekündigt und das Plattfußbüro nicht mit heiterer Miene, sondern mit schmerzverzerrtem Gesicht und abgeplatteten Füßen verlassen.

Und nun saß er hier.

Mit diesem Shilling endeten seine Hoffnungen.

Er würde keine Anzeigen mehr aufgeben, keine Briefmarken mehr kaufen können. Die Subway blieb ihm verschlossen. Wovon er leben und der Witwe O'Leary die fällige Miete bezahlen sollte, blieb völlig unerfindlich. Mrs. O'Leary sah nicht so aus, als würde sie den Ausfall der pünktlichen Zahlung mit olympischer Ruhe hinnehmen. Jedesmal, wenn Alastair ihrer ansichtig wurde, wuchs in ihm die Überzeugung, daß der selige Mr. O'Leary dem Himmel für seinen frühen Abruf nicht dankbar genug sein konnte.

Mrs. O'Leary war ihm heute schon einige Male in besonders demonstrativer Art und Weise über den Weg gelaufen. Heute war der Erste, und Alastair war sich im klaren darüber, welche Erwartungen sie an dieses Datum knüpfte. Als sie das letzte Mal in Erscheinung trat, hatte er es darum auch für angebracht gehalten, sich laut und wie im Selbstgespräch an einen dringenden Gang zur Bank zu erinnern.

Mr. Maycock nahm die Münze an sich und stand auf. Essen oder ein paar Zigaretten, allenfalls noch ein Platz in einem Kino, ziemlich nahe der Leinwand, das waren die Möglichkeiten, zwischen denen er zu wählen hatte.

Er nahm seinen Trenchcoat vom Haken, löschte das Licht und ging langsam die Treppe hinunter. Ein kühler, nebliger Dunst empfing ihn, der den brausenden Lärm der Riesenstadt dämpfte. Es dämmerte schon, und die Laternen bildeten eine Kette heller, verschwommener Punkte. Alastair schlug den Kragen hoch und überquerte die Straße.

Während er langsam voranschlenderte, erwog er das Schicksal, das er seinem Shilling zu bereiten gedachte. Essen – Kino – Zigaretten – Essen – Kino. Es war im Grunde kein anderes Problem, als mit einer Frau einkaufen zu gehen und sich zwischen drei Pelzmänteln von je 600 Pfund zu entscheiden.

Als er sich der nächsten Querstraße näherte, sah er hinter der Ecke den chromglänzenden Schwanz eines beachtlichen Wagens hervorragen. Er gewahrte einen silbergrauen Rolls-Royce, dessen rechtes Hinterteil tief herabhing. Die Ursache war ein geplatzter Hinterreifen, und beim Anblick des breitgequetschten Gummis wurde Alastair lebhaft an Mr. Swintons Plattfußbüro erinnert.

Der Schlag öffnete sich, und heraus kletterte ein bejahrter, sehr gepflegter Herr in einem untadeligen Cut. Er nahm seinen Hut ab, fuhr sich über das spärliche Haar und betrachtete den Reifen mit äußerstem Mißmut. Dann warf er einen Blick in die Runde und sah den armen, aber ehrlichen Alastair Maycock, der sich gerade entschlossen hatte, seinen letzten Shilling in einer Mahlzeit anzulegen.

»Sie wissen nicht, wo in dieser Gegend eine Reparaturwerkstatt ist, wie?«

»Ich weiß es nicht«, sagte Alastair der Wahrheit gemäß. Er blickte in ein etwas verkniffenes, faunisches, mißtrauisches Gesicht. Um die Augen lag ein matter Zug, der zu der hageren schmächtigen Figur paßte.

Alastair witterte die Chance, seine katastrophale Finanzlage zu verbessern, mit dem Instinkt des hungrigen Wolfes.

»Wird um diese Zeit schwer sein. Aber wenn Ihnen damit gedient ist – ich wechsle Ihnen den Reifen, wenn's recht sein sollte.

Der Herr schüttelte den Kopf. »Aber das geht doch nicht – ich kann von Ihnen – hm – wenn ich's nur nicht so verd . . ., so eilig hätte –! Würden Sie wirklich . . .?«

»Wo ist das Werkzeug?« fragte Alastair.

»Hinten – im Kofferraum. Warten Sie, ich schließe Ihnen auf. Wirklich ungeheuer freundlich von Ihnen!«

Alastair arbeitete schnell und sicher. Von Autos verstand er was. Der Wagenheber funktionierte, und der Kreuzschlüssel paßte auf die Radmuttern. Müßte mit dem Teufel zugehen, wenn ich dabei nicht was verdiene, dachte Alastair. In der Werkstatt kostete es mindestens zehn Shilling. Und ich arbeite im Akkord. Man denke nicht schlecht von Mr. Maycocks natürlicher Hilfsbereitschaft, aber der Hunger hat schon stärkere Seelen zernagt.

Ein Polizist kam langsam näher, blieb stehen, warf einen bewundernden Blick auf den Wagen und einen gleichgültigen auf den schwitzenden Maycock. Dann ging er weiter.

Alastair drehte die letzte Mutter herunter und zog das Rad von der Achse. Der Sand rieb an seinen Händen. Wenige Minuten später hatte er das Ersatzrad montiert. Während er die Muttern über Kreuz anzog, warf der alte

Herr einen Blick auf seine Taschenuhr und murmelte etwas vor sich hin.

Alastair drehte den Wagenheber langsam zurück, und der Wagen senkte sich lautlos. Maycock verstaute das Werkzeug im Kofferraum und schlug dann den Sand aus seinen Handflächen.

»O.k., Sir . . . Er rollt wieder. Rate Ihnen aber, den Reifen bald flicken zu lassen.«

Der Herr nickte eifrig. »Verteufelt schnelle Arbeit, mein Junge. Sie haben mir aus einer großen Verlegenheit geholfen. Hoffentlich haben Sie nichts Wichtiges versäumt.«

Alastair winkte großmütig ab. »Hatte nichts Besonderes vor.« Seit sechs Wochen habe ich nichts Besonderes vor, dachte er.

Der andere fingerte in seiner Westentasche. »Hier – für Ihre Arbeit.«

Alastair versuchte, erstaunt auszusehen. »Aber . . .«

»Na, los, nehmen Sie schon. ›Kann ich doch gar nicht annehmen‹ können Sie sich sparen. Bye.«

Alastair fühlte das knisternde Papier zwischen seinen Fingern. Er wollte noch etwas sagen, aber der andere war schon um den Wagen herum und drin. Der Motor jaulte auf, und der Rolls bebte wie ein lebendes Wesen. Dann drehten die Hinterräder schleifend durch, und mit einem Satz schoß der Wagen davon.

AXP 512, las Alastair. Kuppeln kann er auch nicht. Ein Jammer, was für Leute in solchen Wagen sitzen.

Seine Hand schloß sich um die Scheine. Er hatte die Angewohnheit, bei gewissen Gelegenheiten mit sich selbst zu wetten. Kombinationstraining nannte er das.

Zwei Banknoten. Nach menschlichem Ermessen je ein halbes Pfund. Weniger konnte es gar nicht sein. Süße Enttäuschung, wenn es mehr wäre.

Es war mehr. Alastairs Erstaunen drückte sich in einem gedämpften Pfiff aus. Zwei Pfund! Zwei Pfund Sterling für einen Reifenwechsel! Der Bursche mußte es wirklich eilig gehabt haben.

Die Laternen warfen jetzt grelle Strahlen in die Finsternis, und ein leiser, sprühender Regen setzte ein, aber für Mr. Maycock strahlte die Sonne.

Zwei Pfund! Essen, Kino, Zigaretten – alles auf einmal würde ihm gehören. Und er konnte Mrs. O'Learys Vermieterherz trösten. Zwei Pfund! Neue Anzeigen, neue Chancen! Eine Welt voller Hoffnung durch einen geplatzten Dunlopreifen.

Für einen Augenblick tauchte in Mr. Maycock der Gedanke auf, von seinem eben verdienten Kapital einen Posten kräftiger Nägel zu erstehen, sie unauffällig auf einigen stilleren Straßen zu verteilen und sich den fluchenden Autobesitzern als routinierter Reifenwechsler anzubieten. Aber er verwarf die Idee. Nicht jeder von ihnen würde einen Rolls fahren und mit Pfundnoten um sich werfen. Der Hunger meldete sich wieder, als Alastairs freudige Überraschung sich legte. Essen! Viel und gut, das war das Vordringlichste.

Er legte seine beiden Noten in die Brieftasche, deren brüchiges Leder solche Beträge seit geraumer Zeit nicht mehr umschlossen hatte. Sollte er wieder in Cummings' schmierigen Laden gehen? Nimmermehr. Ein Mann mit seinem Vermögen hatte es nicht nötig, in einer Kneipe zu essen, wo die Tapetenfetzen an den Wänden flatterten, wenn die Tür geöffnet würde, und wo es nach Rotkraut und verbrannten Zwiebeln stank.

Mit einem Ruck wandte er sich um und stieß dabei mit einem kleinen Herrn zusammen, der gerade die Straße überqueren wollte.

»Sorry«, sagte Alastair.

»Excuse«, sagte der andere und hastete weiter.

»Tut nichts«, rief Alastair ihm nach. Er war in der Stimmung, alles zu verzeihen.

Mit langen Schritten lief er über das feuchte Pflaster. Die Straßen wurden heller, und der Verkehr nahm zu. Glänzende Wagen glitten lautlos an Alastair vorüber. Hin und wieder wehte eine zarte Duftwolke ihn an, wenn ein Mädchen seinen Weg kreuzte.

Als er an einer Straßenecke stehenblieb, sah er in der Querstraße, vielleicht zweihundert Fuß entfernt, über einem spitzbogigen Portal den tiefroten Schein von Neonbuchstaben.

»Little Paris« las er, als er davorstand.

Klein-Paris. Der Wagen an der Bordschwelle zu beiden Seiten des Eingangs ließen auf zahlungsfähige Gäste schließen. Der allgemeinen Lage Mr. Maycocks hätte es weit eher entsprochen, reumütig zu Cummings' Destille zurückzukehren und sein Vermögen weise einzuteilen. Allein das leichtsinnige Blut seiner Vorfahren schwemmte die Bedenken hinweg.

Der purpurgoldene Portier warf einen kühlen Blick auf den mageren Mann im Trenchcoat. Dann öffnete er lässig die Tür. »Ev'ning, Sir.«

Alastair nickte zerstreut und herablassend, als hätte er seit seiner Geburt im Bristol gegessen und sich nur zufällig hierher verirrt. In der Garderobe deponierte er seinen Mantel und trennte sich von dem Shilling, der so treu bei ihm ausgehalten hatte. Dann wusch er sich die Hände und betrat das Innere des *Little Paris.*

Im matten, warmen Licht sah er holzgetäfelte Wände, niedrige, runde Tische und bequeme Ledersessel. Mr. Maycock gewann den Eindruck, daß er nicht gerade das billigste Lokal Londons erwischt hatte. Hinten, an der rückwärtigen Wand des langgestreckten Raumes bildeten ledergepolsterte Hocker vor der Bar einen freundlichen Halbkreis, und Alastair sah das Glitzern auf zahllosen Flaschen. Sein Herz erwärmte sich. Links neben der Bar bemerkte er die schwarze Fläche eines Flügels.

Sein Blick wanderte über die Tischreihen. Kein einziger Tisch war frei, überall saßen essende und flüsternde Leute. Ein kerzengerader Kellner im Frack stand in achtungsvoller Entfernung, verfolgte aber aus den Augenwinkeln jede seiner Bewegungen.

Alastair Maycock verenkte lässig seine Hand in der Tasche, als müsse er sein Scheckbuch festhalten, und schlenderte langsam zwischen den Tischen durch. Kein Zweifel, alles besetzt. Sollte er umkehren? Aber dann dachte er an den Shilling, für dessen Opferung sein fadenscheiniger Trenchcoat bewacht wurde. Er würde umsonst gefallen sein. Er betrachtete die Flaschen und den Flügel und wandte sich wieder um.

Dann erstarrte er.

Etwas abseits, an einem einzelnen Tisch, der ein paar Schritte von dem Flügel entfernt stand, saß ein Mädchen von überraschender, blendender Schönheit. Alastair sah kurzes schwarzes Haar, das in einer weichen Welle über die Stirn fiel, zwei goldene Ohrclips und das Oberteil eines raffiniert einfachen, schwarzen Kleides. Das Gesicht . . . niemals hatte er etwas Süßeres gesehen.

Mit erzwungener Gleichgültigkeit zog er seinen Blick über sie hinweg und wieder durch den Raum, während er fieberhaft überlegte. Der einzige Tisch, an dem zwei Stühle frei waren. Und das schönste Mädchen der Welt. Sollte er . . .?

Warum sollte er nicht?

Wenn eine Lady allein dinierte, konnte man sich auch an ihren Tisch setzen. Hatte man nicht vor einer Stunde zwei Pfund verdient? Der Abend hatte gut angefangen, warum sollte er nicht noch besser enden?

Mr. Maycock hätte in größter Eile das Lokal verlassen, wenn er geahnt hätte, *wie* der Abend enden sollte.

So aber griff er flüchtig an seine Krawatte, obwohl er sich schon hundertmal vorgenommen hatte, das nicht mehr zu tun. Im nächsten Augenblick stand er vor dem Tisch und dem Mädchen.

Unter langen, seidenweichen Wimpern traf ihn ein Blick. Für eine Sekunde sah er in ein paar türkisfarbene klare Augen, wie Sterne unter einem dunklen Himmel. Die Wimpern senkten sich zustimmend, dann glitt der Blick achtlos von ihm ab. Alastair setzte sich und versank bis zu den Achseln im weichen Leder.

Ebenfalls in einer ledernen Mappe ruhte die Speisekarte, und Alastair öffnete sie voller Ehrfurcht. Seine Augen weiteten sich, heiliger Strohsack, was für Preise!

»Einen Drink, Sir?«

Lautlos war der Kellner neben ihm aufgetaucht. Einen Drink? Was, zum Henker, sollte er trinken? Hunger hatte er, blödsinnigen Hunger. Der Idiot sollte sich zum Teufel scheren . . .

»Ah – ein Porter, bitte«, näselte er. »Und – Gin» ja, einen Gin.«

»Einfach oder double, Sir?«

»Hm – einfach, bitte. Ich . . .«

»Sehr wohl, Sir. Gordon oder Willie, Sir?«

Gorden oder . . .? Der Kerl schien ihn für Rothschild persönlich zu halten. Alastair erinnerte sich, daß er kürzlich in einem Schaufenster eine Flasche Gordon, mit einem sündhaften Preis ausgezeichnet, gesehen hatte. Mit Willie würde es nicht viel anders sein. Hatte wohl wenig Zweck, nach einer billigeren Sorte zu fragen.

»Gordon.«

»Sehr wohl, Sir.«

Wieder öffnete Alastair die Karte. Es war äußerst schwierig, so zu tun, als studiere er sie mit größter

Aufmerksamkeit und dabei über den oberen Rand unauffällig das Mädchen zu betrachten. Himmel, war die schön. Eine Sexbombe, dachte er. Die Männer würden hinter ihr her sein, wie die Jagdhunde. Er schielte an den Vorspeisen vorbei nach ihren Händen. Nur ein erbsengroßer Brillant, vierter Finger links. Kein Ehering, weder rechts noch links. Armbanduhr am linken Handgelenk, breiter, matter Goldreifen rechts. Lange, ovale Nägel, schlanke, geschmeidige Hände. Man hätte glauben können, Mr. Maycock lernte die Spalte mit den Vorspeisen auswendig. In Wahrheit sah er überhaupt nichts davon.

Das Mädchen schien weder ihren Nachbarn noch seine Blicke zu bemerken. Es war, als säße er gar nicht am Tisch. Noch nie war er sich so restlos übersehen vorgekommen.

Sie ahnt, daß ich nur zwei Pfund habe, dachte Alastair. Wahrscheinlich fingen bei ihr die Männer erst bei hundert Pfund monatlich an. So war das heute.

Der Kellner kam mit dem Porter und Gordons weltbekanntem Gin. »Schon gewählt, Sir?«

»Wie? Ach so – ja – hm . . .« Verdammt, was sollte er nehmen?«

»Sie haben Tartar?«

»Vortreffliches Tartar.«

»Bringen Sie Tartar. Den Rest bestelle ich nachher.«

»Sehr wohl, Sir.«

Sehr wohl, Sir. Der Bursche wollte ihn ruinieren, das war es.

Alastair schlug scheinbar achtlos die Seiten der Karte um und rechnete blitzschnell. Vier Shilling das Tartar, drei Shilling der Gin, zwei Shilling ein Sixpence das Porter. Mit Aufschlägen ein Pfund, wenn er Glück hatte.

Die Hälfte seines Vermögens!

O ich vernageltes Rindvieh, dachte er, wer hat mir bloß

den wahnwitzigen Gedanken eingegeben, hierherzugehen und die Steuern des Wirtes zu zahlen? Steak vom Grill zehn Shilling! Würde wohl doch seine letzte Mahlzeit sein, das hier.

Mr. Maycock kippte den kostspieligen Gin hinunter und goß die Hälfte des Bieres nach. Er fühlte, wie sich seine Magenwände erwärmten, und wie ein leichter Nebel durch seinen Kopf zog. Das Hungergefühl ließ nach. Als der Kellner wortlos das Tartar servierte, war Alastairs Entschluß gefaßt.

»Schönen Dank. Genügt mir. Ist ja unheimlich viel.«

Die Feststellung schlug den Tatsachen ins Gesicht, daber das war ihm gleichgültig. Diese Haifische sollten sein letztes Geld nicht einstecken! Die nicht.

Die unbewegliche Miene des Kellners verriet nichts von seiner Verachtung für diesen Gast. Porter und Gin, dazu ein Tatar! Wie in einer Hafenkneipe. Würde gut sein, den Herrn im Auge zu behalten.

Alastair ahnte nichts von den finsteren Gedanken des Kellners. Sorgfältig mischte er das Beefsteak mit Eigelb und Gewürzen, konnte aber dann doch nicht vermeiden, daß er etwas hastig aß. Einen Eimer voll hätte er davon essen können. Na ja, nicht zu ändern. Zum Teufel mit dem Pfund. Er hatte ja nur mit der Hälfte gerechnet, jetzt war es soweit. Das Lokal war nett, und er hatte eine halbe Stunde mit einem bildschönen Mädchen am Tisch sitzen dürfen – ein Pfund war viel zuwenig. Andere hätten bestimmt mehr dafür gegeben. Und er selbst – ohne Bedenken hätte er sein zweites Pfund geopfert für ein Wiedersehen mit ihr.

Er lachte bitter in sich hinein. Was zählte ein Mann ohne Geld? Nichts. Eine Null ist er, ein Schatten. Das beste würde sein, so bald wie möglich wieder zu verschwinden.

Das Mädchen sah zur Uhr. Wahrscheinlich erwartete

sie jemanden. Bin neugierig auf den Burschen, dachte Alastair. Möchte wissen, wie er aussieht. Hoffentlich kommt er noch, bevor ich gehe!

Aber es kam niemand. Mr. Maycocks Bier ging zu Ende, und der Kellner registrierte voll Hohn, daß kein weiteres bestellt wurde. Alastair lehnte sich weit zurück und schielte unter den Tisch, um zum Abschied noch etwas von den Beinen des Mädchens zu sehen. Dem Ansatz nach mußten sie ungewöhnlich gut geformt sein. Wenn sie nur aufstehen würde! Aber sie tat es nicht. Lässig und uninteressiert lehnte sie im Sessel. Alastair hatte plötzlich den Eindruck, daß ihr schlanker Körper sich schlagartig spannen könnte wie eine Stahlfeder. Mußte kein Vergnügen sein, mit ihr Streit zu kriegen.

Er entschloß sich zum Aufbruch. Was sollte er noch hier? Für ihn würde niemand kommen. Er sah zur Uhr. Halb acht. Zeit, daß er nach Hause kam. Fahr wohl, schönes Kind, dachte er wehmütig. Meinen Hunger hast du vertrieben und meine Sehnsucht geweckt. Wenn du wüßtest, was ich dir sagen möchte, du würdest mich bestimmt anhören. Aber ich darf's nicht sagen. Leb wohl.

Er winkte dem Kellner, der wie eine Bildsäule vor der Bar stand. »Rechnung, bitte!«

Beflissen malte der Kellner seine Zahlen, obwohl er die Summe längst im Kopf hatte. Ein energischer Schlußstrich, und das Papier mit der Aufschrift *Little Paris* landete vor Alastair. Er griff in die Brusttasche. Seine Fingerspitzen stießen ins Leere, und ein eisiger Schreck durchfuhr ihn.

Alastair fühlte, wie er erbleichte.

Die Brieftasche!

Weg war sie. Ausweis, Bild der Eltern im Silberhaar, ein Stadtplan von London und – last not least – zwei Pfund, der Grundstein seiner Hoffnungen – weg.

Er bemühte sich, seiner Miene einen heiteren, gelassenen Ausdruck zu verleihen, als er die Hand hervorzog und die andere in seine linke Brusttasche versenkte. Beides war erfolglos.

Alastair erinnerte sich in wenig zärtlicher Weise des kleinen, hastigen Herrn, mit dem er zusammengestoßen war, als er sein neuerworbenes Vermögen in der Brieftasche deponiert hatte. London wimmelte von Taschendieben. Hätte er dem Burschen nicht eine halbe Stunde früher begegnen können? Dann hielt er jetzt statt der zwei Pfund lediglich Mr. Maycocks nichtssagende Personalien in den Händen.

Alastair beschloß in einem jähen Anfall von Resignation, in die Themse zu springen und seinem nutz- und bargeldlosen Dasein ein Ende zu bereiten – vorausgesetzt, daß die Kellner unter Anleitung des Geschäftsführers ihm diese Arbeit nicht abnehmen würden.

Das Räuspern des Obers unterbrach seine finsteren Gedanken. Alastair begegnete seinem messerscharfen Blick nicht ohne Unbehagen. Er vollführte einen letzten, vollständig überflüssigen Griff in die Brusttasche, eher er einen Anlauf nahm.

»Ach – hm – ich merke eben, daß meine Brieftasche fehlt. Gestohlen. Tut mir wirklich leid – muß Ihnen meine Adresse dalassen.«

Die lahmste Erklärung, die je auf Gottes Erdboden abgegeben wurde, dachte Alastair hoffnungslos. Die Leute müßten irrsinnig sein, mir das zu glauben. Adresse? Ha! In zwei Tagen würde er nicht einmal mehr eine Adresse haben, wie er Mrs. O'Leary kanne.

»Verzeihung, Sir.« Die Stimme des Kellners triefte vor Hohn. »Was sagten Sie, bitte?«

Du hast es ganz gut verstanden, dachte Alastair. Du willst nur, daß ich es noch mal wiederhole, du Schurke.

Zum ersten Male bemerkte Alastair in dem Gesicht des

Mädchens neben sich einen Anflug von Interesse. Ihre hellen Augen streiften sein Gesicht, und ihre Nasenflügel zitterten leise. Er hätte schwören können, daß sie sich innerlich vor Lachen schüttelte.

Sie lacht mich aus, dachte Alastair. Sie freut sich über mein Unglück. Sie hat kein Herz. Nie wieder werde ich einen Gedanken an sie verschwenden.

»Ich sagte, daß mir meine Brieftasche gestohlen wurde«, wiederholte er gereizt. »Ich kann jetzt nicht bezahlen – haben Sie verstanden?«

»Natürlich, Sir.«

Es klang wie: Wäre auch ein wahres Wunder gewesen.

»Sie erlauben, daß ich den Geschäftsführer hole.«

»Holen Sie ihn.«

Jetzt vernahm Alastair ihre Stimme zum erstenmal während dieser denkwürdigen Mahlzeit. Sie paßte zu ihr. Klar, schön, voll verdeckter, vibrierender Energie.

»Ich möchte zahlen.«

»Sehr wohl, Mylady.«

Einspruch zwecklos, dachte Alastair. Sie möchte eben zahlen. Wundert mich, daß sie nicht zusehen will, wie die Burschen mich zu Hackfleisch verarbeiten.

Er stützte das Kinn auf die gefalteten Hände und brütete vor sich hin. Am liebsten wäre er mit dem Sessel versunken. In die Hölle seinetwegen. Nur fort von hier!

Er bemerkte nicht, wie das Mädchen zuerst mit dem Zeigefinger flüchtig auf ihn und dann auf den Rechnungsblock wies, auf dem der Ober behende rechnete. Die Augen des Mannes weiteten sich vor Erstaunen, aber ihr Blick zwang ihn, zu tun, was sie verlangte.

Alastair hörte das Klirren des Wechselgeldes. Dann half der Kellner dem Mädchen in einen sündhaft teuren Nerzmantel. Sie würdigte den Herrn keines Blickes, als sie den Tisch verließ.

Alastair sah hinter ihr her. Der Pelz wippte und

schmeichelte um ihre Beine, und wieder vergaß Alastair Hunger, Unglück und seinen Schwur von vorhin. Dann schlug die Flügeltür hinter ihr zu. Alastair seufzte leise. Der Kellner stand unbeweglich.

»Worauf warten Sie noch?« fragte Alastair wütend. »Weihnachten möchte ich eigentlich zu Hause feiern!«

Der Kellner blieb starr, aber Alastair spürte, daß er sich am liebsten auf ihn gestürzt hätte.

»Ist erledigt.« Das »Sir« fiel jetzt weg. »Die Dame hat Ihre Rechnung übernommen. Und nun darf ich Sie bitten . . .«

»Sie hat was?« brüllte Alastair und sprang auf. Die Leute an den Nebentischen wandten die Köpfe. Mit beträchtlicher Geschwindigkeit schoß Alastair zwischen den Tischen hindurch. Einen beleibten Herrn rempelte er heftig. Der Portier musterte ihn mit drohend vorgeschobenem Kinn, als er auf die Straße stürzte.

Da, vier, fünf Meter vor ihm fuhr ein silbergrauer Rolls mit scharfem Ruck an.

AXP 512. Der Mann mit der Panne!

Jetzt zog er um die Ecke, und Alastair sah im hellen Tunnel der Seitenscheiben über einem Pelzkragen das Profil des Mädchens, dessen Bild in seinem Herzen brannte.

Er atmete tief. Die Nummer hatte er wenigstens. Ob der Alte aus dem Wagen ihr Freund war? Wahrscheinlich. Nerz war Nerz und kostete Geld. Aber eigentlich sah sie nicht so aus. Ach, zum Teufel, was ging ihn das an? Er wandte sich, um seinen Mantel zu holen.

II

»Aber Sie können doch unmöglich gesättigt sein?« fragte das Mädchen im Nerz mit unverhüllter Besorgnis. »Ein Mann wie Sie – und eine so lächerlich kleine Portion!«

Alastair Maycock schluckte, ein ungeheurer Kloß mußte ihm in der Kehle sitzen.

»Äh, mhm, mhm, – ich . . .« quetschte er hervor, was ihn nicht unbeträchtliche Anstrengung kostete, aber das Mädchen brachte ihn mit einer gebieterischen Handbewegung wieder zum Schweigen.

»Reden Sie nicht! Sie fahren jetzt ganz artig mit uns nach Haus, wir gehen dann zusammen in die Küche, und ich mache etwas für Sie zurecht!«

Zum zweitenmal winkte sie ab, als er Einspruch zu erheben versuchte. Sie lehnte sich so nahe an ihn an, daß ihr Mund fast sein Ohr berührte.

»Die Köchin ist bestimmt schon schlafen gegangen – wir beide sind dann ganz allein in der Küche – wir können dort machen, was wir wollen!« verhieß sie, und ihre Stimme hatte einen geradezu betörenden Klang.

Alastair schwieg und schielte nach vorn, wo der vornehme alte Herr im Cut am Steuerrad saß. Er konnte wohl doch nicht der Freund des Mädchens sein, sonst hätte er anders reagiert. Er saß stumm da und starrte geradeaus, seine Aufmerksamkeit war nur auf die Fahrbahn gerichtet. Vielleicht war er ihr Vater? Aber auch das war nicht sehr wahrscheinlich.

Da Alastair sich nicht äußerte, machte sich wieder die Versucherin neben ihm bemerkbar. Sie krallte jetzt ihre Hand in seine Schulter und rüttelte ihn.

»Was halten Sie von einer schönen Eierspeise? Rührei mit viel Speck und Schinken?«

Alastair Maycock spürte plötzlich einen harten Druck in seiner Magengegend.

»Ruhe!« stieß er unwillig hervor. Er meinte damit aber nicht die schöne Circe an seiner Seite, sondern seinen Magen, der höchst unanständige Knurrtöne von sich gegeben hatte. »Ruhe, zum Teufel!«

Wieder wurde Alastair geschüttelt, ziemlich heftig sogar, man sollte es einfach nicht glauben, wieviel Kraft in so einer zarten Mädchenhand verborgen war!

Nun stieß ihn auch noch jemand in den Bauch, richtig im Takt und nicht einmal sanft. Bei einer Reflexbewegung erwischte Alastair das Ende eines harten Gegenstandes, es mußte wohl ein Spazierstock sein. War das etwa der alte Herr im Cut, der sich dieserart bemerkbar machte, um ihn zu veranlassen, die Einladung des Mädchens endlich anzunehmen?

»Lassen Sie das sein!« rief Alastair, aber da gingen ihm die Augen auf: Er saß gar nicht in dem pikfeinen, silbergrauen Rolls neben dem Mädchen im Nerz, sondern in düsterer Nacht irgendwo auf einer harten Bank in einem Park, und vor ihm stand eine große, bedrohliche Gestalt, die ihn mit einer Hand schüttelte, während sie ihm mit der anderen, durch einen Knüppel verlängert, auf dem Bauch herumstakte!

»Pennen Sie hier nicht, Mann!« Die Stimme war rauh und denkbar unliebenswürdig. »Was suchen Sie hier? Wohl keine Bleibe, was? Fleppen raus!«

Ein riesiger Bobby mit einem Gummiknüppel!

Die Hand an Alastairs Schulter löste sich, und gleich darauf wurde sein Gesicht von grellem Licht getroffen.

Alastair versuchte, den Lichtkegel mit seiner Hand abzuschwächen.

»Lassen Sie das sein! Nehmen Sie das Licht fort! Was ist das für eine Art, anständigen Menschen ins Gesicht zu leuchten!«

»Halten Sie keine großen Reden! Fleppen raus, sagte ich!« grollte der Bobby.

Mit Schrecken erinnerte sich Alastair der Tatsache, daß er ja nicht im Besitz von Papieren war! Diese Sache nahm bedenkliche Formen an.

»Seien Sie doch vernünftig«, versuchte er einzulenken. »Man wird sich doch mal auf eine Bank setzen dürfen. Ich habe hier auf mein Mädchen gewartet. Sie hat mich versetzt!«

»Mädchen gewartet! Versetzt! Das kann jeder sagen«, kaute der Polyp. »Das kennen wir schon! Wohl 'n kleinen Einbruch vor, was? Jede zweite Nacht wird in der Gegend hier eingebrochen! Nette kleine Villen im Umkreis! Kommen Sie jetzt rüber mit Ihren Papieren – oder unterhalten wir uns beide auf dem Revier weiter?«

Alastair sann fieberhaft nach, wie er sich aus dieser fatalen Situation herauswinden könne, da wurde ihm unversehens Hilfe zuteil.

Leichte Schritte waren zu vernehmen, gleich darauf auch ein bedrohliches Knurren. Der Polizist wandte sich um und strahlte mit seiner Lampe in die Gegend. Im Kreis des Scheinwerfers erschien ein Mädchen, eine große Bulldogge an der Leine führend. Der Hund brach sogleich in erbostes Gekläff aus, wobei er wütend an der Leine zerrte.

»Kusch, Butler!« rief das Mädchen. Und zu dem Bobby: »Machen Sie gefälligst die Lampe aus!«

Es wurde dunkel, während Butler trotzdem wie besessen weiterbellte.

»Kusch dich, sage ich!« hörte man die energische Stimme des Mädchens, und langsam beruhigte sich der Hund.

»Das ist wohl Ihr Mädchen?« wandte sich der Hüter des Gesetzes jetzt an Alastair, der sich von der Bank erhoben hatte. Man konnte dem Tonfall entnehmen, daß die Wendung der Dinge den Bobby höchst unzufrieden stimmte.

»Bist du's, Monty?« fragte das Mädchen aufgeregt in Alastairs Richtung.

»Natürlich bin ich's! Wer sollte es denn anders sein?« stieß Alastair Maycock gequescht heraus. »Ich warte hier schon eine Ewigkeit!«

»Oh, Monty – warum hast du nicht telefoniert? – Und was will dieser unfreundliche Polizist von dir?«

»Schon erledigt, Miß«, sagte der Bobby ziemlich kurz und nicht gerade höflich. Und zu Alastair: »'tschuldigung, Sir!«

Damit verschwand er im Hintergrund.

Das Mädchen mit dem Hund aber stand nach wenigen Schritten dicht vor Maycock. Während der Hund wieder zu knurren begann, warf sich die gute Fee Alastair heftig an die Brust, schlang ihre Arme um seinen Hals und beglückte ihn mit einem heißen Kuß.

»Oh, Monty – wo warst du die vielen Wochen – ich glaubte schon, du wolltest nichts mehr wissen von mir!«

Alastair verlor vorübergehend etwas die Fassung. Da er steif wie ein Stock dastand, wurde die Situation anscheinend auch dem Mädchen unheimlich. Sie rückte etwas von ihm ab, starrte ihm angestrengt ins Gesicht, und nun bemerkte sie ihren Irrtum.

Erschreckt fuhr sie von ihm noch mehr zurück. »O du mein Gott – du – Sie sind ja gar nicht Monty! Was fällt Ihnen ein . . .«

Alastair Maycock war sich klar darüber, schnell handeln zu müssen. Wer konnte wissen, wo sich dieser vertrackte Polyp jetzt herumdrückte? Wahrscheinlich in allernächster Nähe, um sie ein bißchen zu belauschen. Waren ja nicht gerade die diskretesten Naturen, diese Polypen!

Er war nicht umsonst Journalist und Verfasser ungezählter origineller, wenn auch leider noch ungedruckter Kurzgeschichten. Er faßte das Mädchen hart an den Schultern. »Schweigen Sie!« raunte er. »Der Polizist – er wimmelt bestimmt noch hier in der Nähe herum. Ich komme von Monty – habe Ihnen was auszurichten! Aber nicht hier – wir wollen aus diesem Park verschwinden!«

Er spürte, wie sie ihn mißtrauisch betrachtete. »Sie kommen von Monty – warum kommt er nicht selbst?« flüsterte sie. Er ergriff ihren Arm. »Kommen Sie – gehen wir – ich erkläre Ihnen das alles schon noch . . .«

Schweigend und ziemlich schnell schritten sie nebeneinander her. Neben dem Mädchen trottete der Hund.

Als sie den kleinen Park hinter sich hatten, verhielt Alastair seinen Schritt. Er hatte vor, sich nun schleunigst von ihr zu verabschieden und dann zu verschwinden.

»Was wollen Sie mir also von Monty ausrichten?« fragte sie jetzt. Sie schien ihren ersten Schreck überwunden zu haben. »Und wann kommt er wieder selbst?«

Sie standen sich gegenüber. Im Mondlicht bemerkte er, daß das Mädchen, das ihn aus den Fängen der Obrigkeit errettet hatte, ein junges hübsches, dunkelhaariges Ding war. Der Bullenbeißer, den sie an der Leine hatte und der sich gerade faul auf seinen Hinterbacken einrichtete, mußte dagegen schon ein ziemlich betagter Hundegreis sein.

»Hören Sie zu, Miß . . .«

»Ich heiße Rosie – hat Monty Ihnen das nicht gesagt?«

»Hören Sie zu, Miß Rosie – Ihr Monty – oh, da ist er ja wieder!«

Schritte knirschten hinter ihnen im Sand, und als Alastair sich umwendete, gewahrte er die großmächtige Gestalt seines Freundes, des Tolypen. Hart an ihnen schlenderte der Bobby gemächlich vorüber, und es schien Alastair, als ob er sie dabei argwöhnisch musterte.

Miß Rosies Hand schlüpfte unter seinen Arm. »Kommen Sie – wir gehen zu mir – meine Dame ist nicht zu Hause. Wir können uns dann in Ruhe über alles unterhalten. Komm, Butler!«

Sie zog Alastair sanft mit sich, über die Straße, auf die andere Seite. Sie schritten an einigen inmitten kleiner Gärten stehenden Villen vorbei, dann schloß Rosie ein Gartentor auf. Bevor Alastair eintrat, warf er verstohlen noch einen Blick zurück. An der Ecke gegenüber entdeckte er den Bobby, er war anzusehen wie ein finsterer, drohender Turm.

Sie gingen um das kleine, dunkel daliegende Haus herum, stiegen ein paar Stufen empor, und dann schloß Rosie an einer Tür.

»Bitte, treten Sie näher«, sagte sie.

Nachdem sie Licht gemacht hatte, bemerkte Alastair, daß sie sich in einer kleinen, sauberen Küche befanden. Sie sahen sich beide erst einmal prüfend an. Rosie lächelte dann ein wenig.

»Sie haben mir noch nicht einmal Ihren Namen genannt«, sagte sie.

»Ich heiße Maycock, Miß Rosie«, erwiderte er mit einer kleinen Verbeugung. »Und ich bin Ihnen sehr verbunden für das Vertrauen, das Sie mir erweisen. Ist es aber nicht doch ein bißchen unvorsichtig – mich, der ich Ihnen völlig fremd bin, mit hier ins Haus zu nehmen?«

Rosie lächelte wieder. »Oh, wenn Monty Sie schickt . . .« sagte sie schlicht und schlüpfte, bevor Alastair ihr noch behilflich sein konnte, aus ihrem leichten Mantel. »Wollen Sie Ihren Mantel nicht auch ablegen, Mr. Maycock?«

Alastair tat es, und Rosie forderte ihn nun zum Platznehmen auf. Als er am Küchentisch saß, schämte er sich fast. Was war er doch für ein schlechter Kerl, dieses arglose Mädchen so zu täuschen!

Während er sich solchen Überlegungen hingab, machte sich Rosie an einem Kühlschrank zu schaffen.

»Wie denken Sie über eine Flasche Porter, Mr. Maycock – mögen Sie Porter?« fragte sie.

»Oh, machen Sie sich nur ja keine Umstände, Miß Rosie«, erwiderte er. »Obwohl – hm – eine Flasche Porter käme mir wirklich sehr gelegen.«

Sie brachte die Flasche herbei, holte noch ein Glas dazu und schenkte ihm ein. »Sehr zum Wohl, Mr. Maycock!«

Sie setzte sich nun gleichfalls an den Tisch, legte die Hände ineinander und sah ihn erwartungsvoll an.

Alastair nahm einen langen Schluck von dem Bier, dann suchte er in seinen Taschen nach Zigaretten. »Sie erlauben doch . . .?« murmelte er, als er die fast leere Packung gefunden hatte.

Nach dem ersten Zug räusperte er sich noch einmal, um dann zu sagen: »Tja, also – Ihr Monty, Miß Rosie, ich muß Ihnen jetzt ein Geständnis machen – ich kenne Monty überhaupt nicht! Ich weiß, es war schändlich von mir, Sie so gemein anzulügen, aber, nicht wahr, ich befand mich in einer ganz üblen Lage. Der Polizist wollte partout meine Papiere sehen, und ich habe doch keine! Mir wurde nämlich vor ein paar Stunden die Brieftasche gestohlen!«

Miß Rosie war blaß geworden, und Alastair befürchtete schon, daß sie in Ohnmacht und vom Stuhl fallen könnte, aber sie tat es nicht. Sie war ein tapferes kleines Ding.

Ihre großen, schwarzen Augen hingen an seinem Mund.

»Monty hat Sie also gar nicht geschickt . . .?«

»Nein – natürlich nicht! Ich sagte es nur, damit Sie im Park kein Geschrei machen. Ich wollte den Polizisten loswerden. Er hätte mich sonst bestimmt mit zur Wache genommen!«

Alastair sah es ihr deutlich an, daß sie jetzt fieberhaft darüber nachsann, was sie tun solle. Hoffentlich kam sie nicht auf die Idee, doch noch den Bobby zu bemühen.

»Es ist nicht etwa so, daß ich mich vor einem Gang zur Polizeiwache zu scheuen hätte«, setzte er darum hinzu. »Ich könnte die Gelegenheit sogar benutzen, um Anzeige wegen der mir gestohlenen Brieftasche zu erstatten. Aber – ich weiß nicht, ob Sie das verstehen – ich fühle mich heute nicht so richtig in Form, um mit diesen Polizeikerlen anzubinden. Bin etwas groggy, wenn Sie wissen, was ich damit meine . . .«

Rosie sah ihn immer noch aufmerksam an.

»Warum saßen Sie dort auf der Bank. Haben Sie kein Quartier, Mr. Maycock?«

Alastair versuchte es mit einem Grinsen, aber dieses Grinsen verunglückte ein wenig.

»Doch, doch«, sagte er, »natürlich habe ich ein Quartier, ein sehr gemütliches sogar. Ich bin nur ein bißchen spazierengegangen. Tja – und dann wurde ich müde, wie einem das manchmal so passiert. Als mich der Bobby belästigte, muß ich gerade etwas eingenickt sein.«

Rosies klarer Blick, der immer noch voll auf ihm ruhte, fing langsam an, ihm lästig zu fallen. Alastair wich ihm jetzt aus, indem er sich der Bierflasche zuwandte und den Rest des Bieres in das Glas schüttete.

»Ich will nur noch austrinken, und dann gehe ich«, erklärte er.

»Sie sagten, man habe Ihnen heute die Brieftasche gestohlen, Mr. Maycock«, vernahm er wieder Rosies Stimme. »War auch Geld in der Brieftasche?«

»Ja, leider, Miß Rosie. Zwei Pfundnoten. Für manche Leute vielleicht nicht der Rede wert, für mich jedoch ein ziemlicher Verlust. Aber – ich komme schon darüber hinweg.«

»Sie sagten, sie fühlten sich heute etwas groggy. Meinten Sie damit, daß Sie hungrig sind, Mr. Maycock?«

Alastair schlug eine etwas mißtönige Lache an. »Aber, wo denken Sie hin – ich bin doch nicht hungrig, Miß Rosie. Ich habe heute ganz fabelhaft zu Abend gegessen. Nein, wirklich . . .«

Rosie war schon aufgestanden und wieder an den Kühlschrank getreten. »Ich könnte Ihnen schnell ein paar Eier in die Pfanne schlagen, mit Speck und Schinken – mögen Sie das?«

»Aber ich sagte Ihnen doch, Miß Rosie . . .«

»Warum geben Sie denn nicht zu, daß Sie hungrig sind, Mr. Maycock? Monty hatte auch immer Hunger, wenn er mich besuchte. Es ist doch keine Schande, Hunger zu haben.«

»Miß Rosie . . .«

»Reden Sie nicht! Wissen Sie, abgesehen von Ihrer Neigung, manchmal die Unwahrheit zu sagen, gefallen Sie mir eigentlich ganz gut! Sie haben ja auch eine gewisse Ähnlichkeit mit Monty – im Dunkeln kann man Sie sogar leicht mit ihm verwechseln! Es ist mir vorhin im Park ja auch passiert. Was müssen Sie in diesem Moment nur von mir gedacht haben?«

Rosie stand da, sie hatte schon eine Bratpfanne in der Hand, sie sah ihn an, und ihr Gesicht war unnatürlich rot.

»Oh, es war mir auf keinen Fall unangenehm, Miß Rosie. Ich war zwar nicht ganz bei der Sache, Sie wissen ja – der Bobby hatte mich gerade beim Wickel gehabt!«

Es stand wohl in den Sternen geschrieben, daß Alastair Maycock heute nicht mehr zu seiner Eierspeise kommen sollte, obwohl ihm schon zum zweitenmal, und diesmal wirklich, ein solches Angebot gemacht wurde. Butler, die Bulldogge, die in einer Ecke auf einer Matte lag, begann sich zu regen, von draußen her vernahm man Motorengeräusch.

Rosie bekam einen leichten Schrecken und stellte die Bratpfanne wieder aus der Hand.

»O Gott – Mylady kommt schon nach Haus! So früh kommt sie sonst selten.«

Sie legte den Finger auf den Mund.

»Seien Sie ganz still – ich muß mich jetzt erst um Mylady kümmern.«

Als Alastair allein war, begann er zu überlegen. Das Gescheiteste wäre es für ihn nun wohl, kurz und schmerzlos zu verschwinden.

Was hatte es für einen Sinn, länger hier zu verweilen und damit in dem Mädchen vielleicht noch irgendwelche Hoffnungen zu erwecken. Sein Ehrgeiz war es nicht, der Nachfolger dieses Monty zu werden, auch wenn dabei dann und wann für ihn eine Portion Rührei abfallen würde – in seiner gegenwärtigen Lage immerhin nicht zu verachten.

Gedacht – getan. Entschlossen griff er nach seinem Mantel, und wenige Augenblicke später befand er sich im Garten. Neben dem Haus parkte jetzt ein Auto, ein kleines, dunkles Kabriolett. Aus zwei Fenstern im Erdgeschoß fiel Lichtschein, und Stimmen drangen aus dem Raum.

Alastair sah zu, daß er Boden gewann. Als er am Gartentor klinkte, stellte er fest, daß es verschlossen war. Gerade, als er Anstalten traf, über das Gitter zu klettern, vernahm er gleichmäßig stampfende Schritte.

Sein Freund, der Bobby, der seine Streife ging!

In nächster Nähe des Gartentores blieb der Polizist stehen. Alastair, der hinter ein Gebüsch getreten war und sich so klein wie möglich machte, wagte kaum zu atmen.

Endlich – Alastair war es wie eine Ewigkeit erschienen

– setzte der Mann seine Runde fort. Noch lange hallten seine Schritte Alastair in den Ohren.

Zu einer Klettertour war ihm jetzt jegliche Lust vergangen, zu sehr war ihm der Schreck in die Glieder gefahren. Zu Rosie in die Küche wollte er jedoch auch nicht zurückgehen. Da fiel ihm das Auto ein. Vielleicht konnte er sich dort so lange verbergen, bis der Polizist abgelöst sein würde oder er selbst neuen Mut geschöpft hatte. Alastair schlich sich also zum Wagen. Dieser war nicht verschlossen, und so schlüpfte er hinein und ließ sich in die Polster fallen. Keine Minute zu früh, denn gleich darauf vernahm er eine gedämpfte Stimme: »Mr. Maycock – Mr. Maycock!«

Miß Rosie fahndete nach ihm!

Alastair verhielt sich mucksmäuschenstill. Nachdem sie noch einige Male halblaut seinen Namen gerufen hatte, schien sie die Suche aufzugeben und wieder ins Haus gehen zu wollen. Da aber tauchte an einem der erleuchteten Fenster die Gestalt einer Frau auf.

»Sind Sie es, Rosie – was treiben Sie noch im Garten?« Die Frau hatte eine dunkle, brüchige Stimme.

Alastair saß so da, daß er die Frau genau sehen konnte. Sie war von frappierender Schönheit, das Haar war brandrot, und ein gewagtes, giftgrünes Abendkleid umschloß ihre junonische Gestalt. Sieht aus wie eine Bardame, dachte Alastair. Er ahnte nicht, wie sehr er mit seiner Vermutung der Wahrheit nahe kam.

»Ich habe nur Butler noch einmal herausgelassen, Mylady«, hatte Rosie indessen die an sie gestellte Frage beantwortet. Die rothaarige Donna schien zufrieden zu sein.

»'s ist gut, Rosie – schließen Sie dann noch die Türen ab.«

Mylady trat vom Fenster zurück. Alastair konnte jede ihrer Bewegungen genau verfolgen. Wiegend und geschmeidig wie ein junger Panther ging sie zu einem Tischchen und versorgte sich mit einer Zigarette. Alastair bemerkte nun, daß die Dame Besuch hatte. Hinter einer Sessellehne hervor kam eine Hand mit einem brennenden Feuerzeug. Die Dame zündete die Zigarette an und blieb neben den Sessel stehen, Alastair den Rücken zugewandt.

»Du wolltest mir noch erklären, was es mit diesem Kerl auf sich hat, Joan«, vernahm der unfreiwillige Lauscher jetzt die Stimme eines Mannes, sie klang ärgerlich und gereizt.

Die Frau lachte spöttisch auf. »Was du nur hast, Larry. Bist du etwa eifersüchtig? Diesen Zustand kenne ich gar nicht an dir! Du kannst dir doch denken, daß ich diesen Jungen nicht ohne Grund bevorzuge! Wenn er es im Moment auch nicht im Überfluß hat, so ist da doch eine alte, reiche Tante, die er bald beerben wird! Daß du der einzige bist, den ich liebe, weißt du ja! Und da wir sowieso von hier verschwinden wollen, können wir den Jungen vorher ruhig noch richtig ausnehmen!«

Eine Weile herrschte Schweigen. Dann wurde wieder die Stimme des Mannes laut:

»Diese Geschichte mit der alten, reichen Tante, die er beerben wird, kommt mir sehr unsicher vor. Hast du daran gedacht, daß die Alte noch zehn Jahre leben könnte?«

Die Rothaarige ließ ein unschönes Lachen hören.

»Larry, daß ich kein dummes, einfältiges Schäfchen bin, weißt du ja! Was seine alte Tante anbetrifft, so wird sie es bestimmt nicht mehr lange machen! Erstens hat sie ein sehr schwaches Herz, und zweitens – du weißt ja, er hatte heute ganz schön getrunken – hat er mir da ein paar Andeutungen gemacht, an denen war alles dran! Ich möchte mit dir wetten – in ein paar Wochen ist alles klar. Frag mich aber bitte nicht, wieso!«

Alastair sah jetzt, daß Rosie eintrat. Sie trug ein Tablett mit einem Kännchen und zwei Mokkatäßchen. Nachdem sie alles abgestellt hatte, kam sie zum Fenster, verschloß es und zog die Vorhänge zu.

Noch eine Weile dachte Alastair über das soeben Vernommene nach. Mußten ja feine Leute sein, die zwei.

Immer öfter spürte er nun den Drang, zu gähnen, auch die Augenlider fielen ihm immer wieder zu. Er setzte sich etwas bequemer zurecht – und dann schlief er ein.

III

Es mochte in der Frühe gegen fünf Uhr sein, als Alastair Maycock wieder erwachte. Es war dunkel und empfindlich kalt, und er fror und spürte alle Knochen im Leib. Irgendwie mußte er unglücklich gelegen haben.

Nach Möglichkeit jedes Geräusch vermeidend, kletterte er aus dem Wagen, schlich sich ans Gartentor und stieg darüber hinweg – auch auf die Gefahr hin, wieder einem unfreundlichen Polizisten in die Arme zu laufen. Doch dieses Mal hatte er Glück.

Als er nach einem Fußmarsch von einer guten Dreiviertelstunde seine Behausung betrat, fror er noch immer wie ein junger Hund. Er zog sich sogleich aus und kroch ins Bett. Bald fiel er in einen tiefen Schlaf. Am Nachmittag klopfte es dann an seiner Zimmertür.

Es war die Witwe O'Leary. Sie kam nicht, wie es eigentlich zu erwarten stand, des fälligen Mietzinses wegen, sondern sie fragte, ob sie Mr. Maycock einen Rest von Bratkartoffeln anbieten dürfe.

Alastair sagte nicht nein und gelangte zu dem Schluß, daß es auf der Welt doch noch Menschen gab, die ihre Nächsten lieben.

Nachdem ihm so Gelegenheit geboten wurde, seinem Körper neue Nahrung zuzuführen, und sein Stimmungsbarometer demgemäß erheblich stieg, rasierte er sich und kleidete sich an. In Ermangelung eines anderen Vorhabens beschloß er, ein wenig in den Straßen umherzuschlendern.

Vielleicht traf er wieder auf einen hilflosen Automobilisten mit einem Plattfuß oder – wer konnte es wissen? – er stieß sogar auf jenen Mann, der ihn am gestrigen Abend um seine Brieftasche erleichtert hatte!

Obwohl es aus naheliegenden Gründen nicht seine Absicht war, dem *Little Paris* erneut einen Besuch abzustatten, stand er doch plötzlich wieder vor diesem Lokal, bei dessen Anblick eine bittersüße Erinnerung in ihm wach wurde.

Es war, als habe Alastair Maycock vorausgeahnt, daß hier die schicksalhafte Wendung seines Daseins erfolgen sollte.

Mr. John Jack Henry trat nämlich in sein Leben.

Mr. Henry zeichnete sich durch dreierlei Dinge aus: Herzensgüte, enorme Musikalität und eine ungeheure Nase. Die Nase riß sein Gesicht und seine hagere Figur ununterbrochen vorwärts. Sie prägte seine ganze Persönlichkeit. Sie konnte messerscharf zustoßen und trübselig herabhängen.

Die Musikalität war Herrn Henry wie die Nase angeboren. Beide waren gleich groß. Als Mr. Henry noch ein blasses, schüchternes Knäblein gewesen und mit einem artigen Matrosenanzug angetan war, hatte man in seinem Elternhaus seine Fortschritte auf dem Klavier mit der größten Aufmerksamkeit verfolgt und bewundert. Man sah Mozart den Zweiten in ihm. Später, auf dem Konservatorium, hatte Mr. Henry mit eisernem Fleiß auf das Ziel hingearbeitet, einmal einer der größten Pianisten dieses Planeten zu werden.

Es ging so lange gut, bis er Jill kennenlernte. Sie war Mannequin in einem der teuersten Modehäuser Londons. Sie liebte Mr. Henry trotz seiner damals schon beachtlich entwickelten Nase und obwohl sie eigentlich gar nicht nötig hatte, einen Mann seiner Einkommensstufe zu lieben. Mr. Henry seinerseits beschloß nun, das Einkommen den Ansprüchen seiner Freundin anzupassen und begann, in einem Nachtlokal Klavier zu spielen, zunächst zur Aushilfe.

Zum ungeheuren Entsetzen der Familie zeigte sich,

daß Mr. Henrys Begabung und Neigung mehr auf dem Gebiet des überseeischen Volksliedes als auf der klassischen, unsterblichen Musik lag. Vorstellungen, Flüche, Auftritte und Enterbung blieben erfolglos. Man sperrte ihm die Zuschüsse und erreichte damit, daß er nun hauptamtlich betreiben mußte, was er bisher nur nebenbei betrieben hatte. Für das Konservatorium blieb immer weniger Zeit. Schließlich vergaß Mr. Henry den Weg dorthin vollständig.

Als seine Fahnenflucht unwiderruflich Tatsache geworden war und er nicht mehr zurückkonnte, wollte es die Ironie des Schicksals, daß sich Jill von ihm trennte. Sie ging mit einem Geiger aus der Philharmonie davon. Mr. Henry schloß hieraus, daß es dem weiblichen Geschlecht an Unterscheidungsfähigkeit zwischen ernster und heiterer Musik weitgehend fehle. Später erfuhr er zu seiner größten Befriedigung, daß der Geiger das Philharmonische Orchester verlassen hatte und in einem zweitklassigen Varieté als Musical-Clown untergekommen war.

Die dritte Eigenschaft Mr. Henrys, die Herzensgüte, schien augenblicklich von heftigem Ärger überschattet. Er sah Alastair scharf an und wandte sich zwei Herren zu, die soeben auftauchten. Alastair bemerkte, daß alle drei gleiche Krawatten trugen.

»Möchte bloß wissen, was wir jetzt machen sollen. Wird ein schönes Kaffeehauskonzert geben heute.« Mr. Henrys Stimme klang mürrisch.

»Was ist los?« wurde die Frage laut.

»Was los ist? Scheibenhonig ist. Dick, dieses Riesenbaby, hat sich vor einer halben Stunde den Fuß gebrochen. Ausgerechnet heute, am Sonnabend. Hundertmal habe ich ihm gesagt, er soll die Motorradraserei lassen. Jetzt hat er es. Kann von Glück sagen, daß der Bus nur seinen Fuß erwischt hat. Sonst wäre er flach wie ein Pfannkuchen, und sie könnten ihn statt im Sarg zwischen zwei alten Plättbrettern begraben.«

Mr. Henry schien wirklich aufgebracht. Alastair wollte weitergehen, aber eine ungewisse Ahnung ließ ihn warten.

»Jetzt stehen wir da wie Pik sieben«, fuhr Mr. Henry fort. »Keine Gitarre! Eine Feuerwehrkapelle! Wo soll ich jetzt noch einen Gitarristen herkriegen?«

Niemand antwortete.

Alastair war erstarrt. Gitarre? Wie ein Zauberwort aus uralten Zeiten klang ihm das. Gitarre? Hatte er nicht zweieinhalb Jahre Unterricht gehabt, für drei Pfund im Monat? Hatte er nicht x-mal auf Hausbällen, Hochzeiten und in kleinen Kneipen gespielt? Daß er nicht früher darauf gekommen war! Schön, er hatte lange nicht geübt, seine Finger waren weich, die Gitarre war weg – was tat das alles? Dieser Mann mit der gewaltigen Nase brauchte einen Gitarristen – eine Todsünde, die Chance nicht wahrzunehmen!

Mr. Henry wollte gerade durch die Schwingtür, als er Alastairs Hand an seinem Ärmel spürte.

»Ja?«

»Pardon, Mister. Hörte gerade, daß Sie einen Gitarristen brauchen. Maycock ist mein Name. Ich bin einer.«

Mr. Henrys Nase hob sich. »Sie – Sie würden . . .«

»Ja.«

»Zeigen Sie Ihre Finger!«

Alastair hielt ihm die linke Hand hin.

»Nicht mehr sehr viel da, ich weiß. Habe lange nicht gespielt, und Les Paul bin ich nicht gerade. Aber wenn Sie 'n bißchen zart anfangen, werde ich schon dranbleiben. Außerdem – ich brauche einen Job.«

Mr. Henrys Augen funkelten. »Abgebrannt, was?«

»Sie sagen es.«

Mr. Henrys Herz erwärmte sich. Diesen Zustand kannte er von Grund auf.

»Schön, mein Junge«, sagte er. »Wenn Sie heute abend mitkommen, wird sich's bessern. Wenn nicht, werden Sie diesen Laden hier ebenso arm verlassen, wie Sie ihn jetzt betreten. Bloß schneller. Los, rein mit Ihnen!«

»Noch eins.« Alastair hielt ihn am Ärmel zurück. »Äh – es ist möglich, daß der Boß einige Vorurteile gegen meine Persönlichkeit hegt – ich konnte gestern hier meine Zeche nicht bezahlen.«

»Hm.« Auch derartige Vorfälle schienen Mr. Henry nicht fremd. »Und nun?«

Alastair dachte an die hellen Augen. »Inzwischen ist bezahlt. Nur . . .«

»Gut, gut. Ich mache das schon.«

Er drehte sich zu den beiden anderen um. »Hier – dieser magere Kalkrabe ist Johnny – das ist Steve. Wie heißen Sie?«

»Maycock. Alastair Maycock.«

»O.k., Al.« Alastair drückte drei Hände. Mr. Henrys schmale, Johnnys weiche und Steves breite.

»So, Jungs. Zeit, daß wir anfangen.«

Henry stieß die Tür auf. Alastair ließ die beiden anderen durch, ehe er folgte. Sie schritten den gleichen Weg, den er gestern schon einmal zurückgelegt hatte.

Der Kellner stand tuchwedelnd vor der Bar. Er begrüßte Mr. Henry mit leichter Verneigung, nickte Johnny zu und grinste Steve an.

Aber sein heiterer Gesichtsausdruck schwand, als er des nachfolgenden Mr. Maycock ansichtig wurde. Al ignorierte ihn merklich und kletterte auf das Podium. Während Steve gemütlich seine Trommeln montierte, verschwand Johnny hinter einer kleinen Tür in der Täfelung. Henry stemmte die Deckplatte des Flügels in die Höhe.

»Hol dir die Gitarre«, sagte er. »Verstärker laß stehen. Für den Anfang machen wir ohne. Wird ganz gut sein, wenn man dich nicht durch die ganze Bude hört.«

Alastair fand in dem Nebenraum den Koffer und klappte ihn auf. Vorsichtig hob er das Instrument heraus. Feines Ding, das mußte man sagen. Das Griffbrett war schmal und eine Spur gewölbt, der Körper flach und an der linken Seite ausgeschnitten.

Dick, das verunglückte Riesenbaby, wird nicht begeistert sein, wenn ich seine Klampfe ruiniere, dachte Alastair. Werde mich in acht nehmen.

Er fand in dem Koffer ein paar Plättchen und suchte sich ein passendes aus. Dann ergriff er einen Packen Noten, der neben dem Koffer auf einem Stuhl lag und verließ den Raum.

Beim Betreten des Podiums blickte er in die Augen eines Herrn, der dem großen Feind Englands, Napoleon, bedenklich ähnelte. Ohne Zweifel der Chef. Er schob das Kinn vor und wandte sich an Henry.

»Kennst du diesen Burschen, Jack?«

»Hm«, nickte Henry, »vom Konservatorium.« Alastair segnete ihn dafür im stillen. »Ersatzman für Dick. Was ist los mit ihm?«

»Fand gestern heraus, daß seine Brieftasche fehlte, als er bezahlen sollte.«

»Hoffentlich ist sie ihm nicht hier gestohlen worden«, sagte Mr. Henry mit eiserner Stirn. »Du solltest dir die Gäste genauer ansehen, Bill.«

Bill ging nicht darauf ein. »'ne Lady hat für ihn bezahlt.«

»Vielleicht war sie auch vom Konservatorium. Alle Welt studiert Musik. Aber laß, Bill. Er ist allright.«

»Na, wenn du's sagst . . .«

Der Feldherrnblick traf Al noch einmal, dann drehte Napoleon sich um und verschwand. Enttäuschung lag in den Augen des Kellners, der ihm folgte, verschmitzte Befriedigung in denen Mr. Henrys, ehe er sich dem Flügel wieder zuwandte.

Erst jetzt bemerkte Al ein zweites, kurzes Tastenbrett unter dem des Flügels. Eine Hammond-Orgel! Jeder von diesen Burschen schien zwei andere wert zu sein. Johnny fingerte an einer gedrungenen Trompete herum, und vor ihm, im Ständer, hing ein silberglänzendes Saxophon. Und in der Ecke, hinter Steves Trommelpyramide, lehnte ein Kontrabaß von beachtlichen Ausmaßen. Al verstand, warum Steve so harte Pranken hatte.

Es ging los.

»Zwölf«, sagte Mr. Henry halblaut.

Al kramte unter seinen Noten die Nummer zwölf heraus.

Sonny Boy von Al Jolson, dem Jazzsänger seligen Angedenkens.

Schön langsam, dachte Al. Und Vornamens-Vetter. Das mußte gehen. Er zog die Gitarre an sich, seine Finger suchten die Saiten.

Mr. Henry krümmte den Rücken, seine Nase senkte sich. Viermal schlug sein Fuß auf den Boden, dann perlte das Vorspiel unter seinen Händen auf.

Al erwischte seinen Einsatz richtig. Er war aufgeregt, schlug im Anfang zu laut, bis eine Handbewegung Johnnys ihn dämpfte, fand den übermäßigen B-Akkord nicht und ließ ihn aus.

Seine linke Hand war feucht, und mit der rechten hielt er das Plättchen viel zu fest. Er meinte, daß sämtliche Gäste ruckartig ihre Köpfe nach ihm umwenden müßten, aber nichts dergleichen geschah. Dann hatte er ein paar Takte Pause, sah sich die Noten genau an, holte tief Luft – weiter.

Es ging! Weiß Gott, er konnte es noch, er kam wieder rein!

Johnny nickte leise, und Steve zwinkerte ihm über die Trommeln hinweg zu.

Steve war ein Schlagzeuger von Gottes Gnaden, aber faul. Er schlug mit weicher, müder Grazie. Später bemerkte Al, daß er das Tempo zu einem wirbelnden, betäubenden Gehämmer steigern konnte, aber das geschah meist erst nach einer gewissen Füllung mit Gordons unvergleichlichem Gin, den Alastair gestern so teuer bezahlen sollte und nicht konnte. Erhielt Steve keinen Gin, gähnte er ungeniert bei den ergreifendsten Weisen, und die Jazzbesen in seinen Händen glitten schleppend über die Trommeln.

Jetzt setzte Johnny ein. Wenn er die Finger spreizte, reichte ihre Spannweite über sämtliche Klappen des Saxophons, von oben bis unten. Er warf beim Spielen den Kopf zurück, und die Seitenansicht seiner hageren Figur glich mit ihren Krümmungen erschreckend der des Saxophons. Glockenrein stieg die Melodie vom Sonny Boy aus dem Trichter. Alastair schlug noch behutsamer, um Johnnys Spiel nicht durch laute und falsche Akkorde zu stören.

Der Beste von dem Haufen war Jack Henry. Es war nicht ohne weiteres zu klären, was größeren Genuß bereitete: Mr. Henry spielen zu hören oder ihn dabei zu sehen. Er vibrierte von Musik und der Flügel mit ihm. Er schlenkerte die Ellenbogen, un die Spannweite seiner Finger war noch größer als die von Johnny. Mit geschlossenen Augen und glühender Nase lauschte er den Tönen, die unter seinen Händen hochstiegen. Die Hände krallten sich in die Tasten und streichelten sie, konnten zärtlich darüber hinstreichen und glashart hineinhauen. Er verschmolz mit dem Klavier zu einem einzigen, lebenden Organismus. Al spürte, wie ihn dieser Mann mitnahm und ihm den Takt aufzwang, daß er ihn nur anzusehen brauchte, um dabeizubleiben.

Ein paar Leute klatschten verhalten, als der Sonny Boy zu Ende war. Henry nickte über die Schulter.

»Na ja. Geht ja. Bete und arbeitete, dann wird's schon.«

Al spielte weiter. Langsam begannen die Fingerkuppen zu brennen, und das Kreuz wurde steif. Aber er spielte. Wahrhaftig, das Leben war bunt!

Gestern hatte er noch brütend vor seinem letzten Shilling gesessen. Dann wechselte er einem Rolls den Plattfuß und erntete zwei Pfund, die er Sekunden später wieder los wurde. Er aß und trank, ohne Geld, mit einem bildschönen Mädchen am Tisch, das ihn erst überhaupt nicht sah, nachher für ihn bezahlte und mit dem Wagen davonfuhr, den er wieder flottgemacht hatte. Darauf nächtigte er wie ein Pennbruder auf einer Bank im Park, ein Bobby weckte ihn roh aus süßen Träumen, und wieder fand sich ein Mädchen, das ihm Rettung brachte!

Heute saß er nun mit diesem Wunderknaben von Henry und seiner Gilde zusammen und klimperte auf einer Gitarre, die ihm nicht gehörte.

Sollte einer noch sagen, daß er ein ausgesprochener Pechvogel sei!

Alastair erwachte von Mrs. O'Learys Klopfen.

»Brief für Sie! Kam schon gestern mit der Nachmittagspost.«

»Danke.«

Er setzte sich im Bett aufrecht und nahm den Umschlag aus Mr.s O'Learys schwieliger Hand.

Absender Dan Chucks.

Als schüttelte den Kopf. Nie gehört. Als erstes fiel ihm sein Personalausweis samt Familienbildnis auf die Bettdecke. Ein zusammengefalteter Bogen folgte. Staunend las Alastair:

»Geehrter Mr. Maycock!

Das Schicksal zwang mich, gerade Ihnen gestern abend die Brieftasche zu stehlen. Von der anderen Straßenseite konnte ich beobachten, wie der alte Knabe Ihnen die Scheine verehrte. Ich arbeite nur noch selten in meinem alten Beruf, aber gewisse Umstände zwingen mich immer mal, mich dessen zu erinnern. Ihre zwei Pfund halfen mir aus großer Verlegenheit. Durch widrige Umstände verlor ich in der letzten Woche meine gute Stellung als Warenhausdetektiv. Sie werden verstehen, was das für einen Mann wie mich bedeutet.

Anbei Ihr Ausweis zurück, damit Sie keine unnötigen Schwierigkeiten mit der Polizei bekommen. Dazu das reizende Bild. Nehme an, daß es Ihre Eltern sind. Nette Leute!

Den Verlust des Stadtplanes, so hoffe ich, ertragen Sie ebenso gelassen, wie Sie ohne Zweifel den der zwei Pfund ertragen haben. Ich kann ihn sehr gut gebrauchen. Sind doch verteufelt viele Bezirke in London, wo ich noch nicht gearbeitet habe.

Ich begrüße Sie mit Hochachtung!

Ihr Daniel Chucks,
Warenhausdetektiv a. D.

PS. Ich trage Ihnen nicht nach, daß Sie nicht mehr bei sich hatten. Nehmen Sie sich's nicht zu Herzen!

D. C.«

Nehmen Sie sich's nicht zu Herzen. Der Bursche hatte einen sonnigen Humor. Heute stände er auf der Straße, wenn er nicht den begabten Mr. Henry getroffen und um drei Uhr früh seinen Vorschuß aus dessen Künstlerhand empfangen hätte! Aber immerhin – Ausweis und Bild waren wieder da. Die Leute schienen eine strenge Gewerbeordnung zu haben.

Alastair zog sich an und schlenderte in die Küche.

»Mrs. O'Leary – ehe ich's vergesse – hier ist die Miete. Wollte sie Ihnen eigentlich schon gestern geben.«

Al zog zwei Pfundnoten aus seiner Brusttasche und legte sie sorgsam auf den Küchentisch. Mrs. O'Learys Unterkiefer senkte sich. Ihre Augen wurden zu Schlitzen.

»Hat man so was . . . Wissen Sie, was ich dachte?«

Alastair wußte es genau. »Nein.«

»Hielt Sie für abgebrannt – total fertig! Nein, wie die Menschen sich verstellen können!«

»So irrt man sich«, sagte Alastair bekümmert. »Mein Gott, was müssen Sie für Mieter kennengelernt haben!«

Und er ließ die sprachlose Mrs. O'Leary in ihrem Reich zurück.

»Na«, murmelte sie, als sie sich gesammelt hatte. »Wollen sehen, wie es am nächsten Ersten ist! Möchte doch wetten . . .«

Zwölf Stunden später saß Al mit den anderen in einer Nische hinter der Bar. Sie hatten Pause, und er schlürfte seinen Gin-Fizz mit Behagen.

»Jungs«, sagte Mr. Henry, »nehmt euch nichts vor für Sonntag. Habe eine Einladung. Privates Fest bei besseren Leuten, draußen in Sussex. Fünf Pfund für jeden! Hat einer was dagegen?«

»Eigentlich wollte ich mit Linda . . .« maulte Steve.

»Ich weiß genau, was du wolltest«, sagte Mr. Henry. »Liebe ist gut, aber Geld ist besser. Laß sie ruhig mal mit einem anderen ausgehen. Sie wird sich mit ihm nicht mehr langweilen als mit dir! Fünf Pfund, Steve! Essen frei! Und viel Gin!«

»Gin?« Man sah förmlich, wie Steve den Namen Linda vergaß. »Äh – nicht, daß ihr denkt, ich mache mir besonders viel aus dem Saufen«, sagte er und trank sein Glas mit einem Zuge aus, »'s ist nur nicht so anstrengend, als 'n Mädel zu unterhalten. Also schön, mich hast du.«

»Gut. Johnny?«

»O. k.«

»Al?«

»Auch o. k.«

Fünf Pfund! Mrs. O'Leary sollte sich wundern, diese Hexe.

»Alsdann«, sagte Mr. Henry und leerte sein Glas ebenfalls. »Auf, ihr Söhne von Synkopen! Weiter geht's!«

Der kleine Bus fuhr durch das Tor und hielt vor der geschwungenen Treppe. Steve kletterte als erster heraus, und Al wuchtete den Kontrabaß durch die Wagentür.

»Nette Gegend«, sagte Mr. Henry, als sie auf die Treppe zugingen.

»Riecht direkt nach Geld. Laß deine Geige nicht fallen, Steve. Mußt so tun, als wüßtest du gar nichts von ihr.«

»Dich möchte ich sehen, wenn du das Klavier schleppen müßtest«, knurrte Steve. »Alle Leute kaufen sich Flügel. Kein Mensch hat eine Baßgeige im Hause!«

»Es kann nicht jeder so große Pfoten haben wie du«, erwiderte Mr. Henry. »Ruhig – da ist wer!«

Ein schwarz gekleideter Herr stand wie eine Bildsäule am oberen Ende der Treppe. Er hatte wäßrige Augen und trug einen Backenbart.

»Mensch«, sagte Steve. »Ein richtiger Butler! Ich dachte, das gibt's nur bei Galsworthy!«

»Die Kapelle?« fragte der Herr gemessen.

»Nein, der Herzog von Westminster mit Gefolge«, sagte Johnny leise. Mr. Henry warf ihm einen tadelnden Blick zu.

»Jawohl, die Kapelle«, versetzt er, ebenso gemessen.

»Ich nehme an, Sie haben es an den Instrumenten

erkannt, eh?« fragte Steve grimmig. Er nahm den Kontrabaß auf die andere Schulter.

Der Butler würdigte ihn keines Blickes.

»Darf ich die Herren bitten, mir zu folgen?«

Mr. Henry bejahte ergriffen.

Steve stieß beim Passieren des Portals mit dem Baß an eine ungeheure Blumenvase. Der Butler sah sich mißbilligend nach ihm um. Sie durchquerten die Halle und gelangten schließlich in ein gemütliches Zimmer mit Klubsesseln und Rauchtisch.

»Wenn die Herren sich frisch machen wollen – Waschgelegenheit ist nebenan«, sagte der Butler. Hatch hieß er, wie sich herausstellte. »Das Essen wird in einer Viertelstunde serviert.«

»Oh, Sie können's auch gleich servieren«, sagte Steve aufgeschlossen. »Ich . . .«

Mr. Hatch hob die Brauen und räusperte sich. Dann verschwand er.

»Du wirst nie ein feiner Mann, Steve«, seufzte Mr. Henry bekümmert. »Niemals – und wenn du vierzehn Tage in Frack und Zylinder schläfst! Los, bringt eure Erscheinungen auf Zack!«

Vor dem Spiegel bemerkte Al, daß ihm der alte Smoking seines Vaters doch nicht mehr so richtig paßte. Dafür war er aus unverwüstlichem Stoff, »wie man ihn heute gar nicht mehr kannte«.

Pünktlich nach einer Viertelstunde servierte ein Diener unter Mr. Hatchs Feldherrnblick eine ungeheure kalte Platte, bei deren Anblick Steve sich fröhlich die Hände rieb. Dazu gab es Tee in zerbrechlichen Schalen.

»Trinkt einer der Herren einen Gin?« ließ sich Mr. Hatch vernehmen.

»Nicht einer«, sagte Steve kauend. »Am besten, Sie lassen die Flasche hier. Da brauchen wir Sie nicht so oft zu bemühen. Haben sicher auch noch andere Sachen zu tun!«

Der Butler räusperte sich dröhnend, bevor er ging.

Sie aßen die Platte ohne jedes Schamgefühl vollständig leer.

Dann hielt Steve die Ginflasche gegen das Licht.

»Gordon«, las er, »und billiger als bei uns im *Paris*. Gute Idee von mir, mitzukommen. Fühle mich sehr wohl hier!«

»Ich sehe es«, sagte Henry. »Und ich wünschte, Linda könnte es auch sehen.«

»Ja«, sagte Steve und goß ein volles Glas hinunter. »Möchte wissen, was sie tut, das arme Kind. Das Herz wird ihr brechen, wenn sie hört, daß du mich am Sonntag arbeiten läßt.«

»So ist es. Äh – nicht, daß ich dächte, du machtest dir etwas aus dem Saufen, Steve. Aber sei ein bißchen vorsichtig. Du sollst nachher spielen und nicht mit dem Baß zwischen die Gäste fallen.«

»Pah«, machte Steve geringschätzig. »Nach dieser lächerlichen Flasche balanciere ich das Ding mit einem Finger. Hast du mich jemals betrunken gesehen?«

»Ich habe dich selten nüchtern gesehen. Haltet euch ran, Jungs, und wärmt euch die Magenwände, ehe dieser Musikclown alles ausgesoffen hat!«

Al trank und war mit seinem Schicksal zufrieden. Fünf Pfund! Nicht auszudenken. Da kostet die Kapelle diese Leute allein zwanzig Pfund! Na, ihm sollte es recht sein.

Mr. Hatch trat durch die Tür.

»Gentlemen! Darf ich nunmehr bitten?«

»Sie dürfen nunmehr bitten«, sagte Steve und schlug ihm auf die Schulter. Mr. Hatch bewahrte seine Haltung mit Mühe.

»Wie ist es – kleiner Gin gefällig?«

Zum Erstaunen aller nahm Mr. Hatch das Glas und

goß es mit größter Geschwindigkeit in sich hinein. Steve sah mit offenem Munde zu. Mr. Hatchs Augen wurden nach dem Gordon noch wäßriger, und Al glaubte jetzt, seine geheime Leidenschaft zu kennen. Aufatmend stellte der Butler das Glas auf den Tisch zurück.

»Ergebensten Dank – äh – Sir.«

»Sagen Sie schlicht Steve zu mir«, rief dieser. »Ohne Sie wäre ich verhungert. Ein Hals wäscht den anderen. Gehen wir, alter Junge!«

Minuten später saßen sie in einer Ecke des saalartigen Raumes und unterhielten sich flüsternd.

Das Parkett war spiegelglatt. An den Wänden standen hohe, altmodische Leuchter mit zahllosen Kerzen, dazwischen Tische mit Flaschen, Gläsern, Speisen. Sessel und Stühle füllten die freien Ecken. Von allen Seiten kamen jetzt fröhliche, elegante Leute.

Alastair sah atemberaubende Cocktailkleider und Smokings, gegen die der seine keine Chance hatte. Das Kerzenlicht fing sich in Perlen und Brillanten. Die Gäste setzten sich oder blieben in Gruppen stehen.

»Allerhand Kapital auf einem Haufen«, murmelte Johnny. »Sieh mal die Blonde dort hinten, Steve. Kenne jemanden, für den sie was wäre.«

»Kenne jemanden, für den sie bestimmt nichts ist«, sagte Steve. »Wie willst du so eine Frau bezahlen? Da mußt du Trompeten fabrizieren, aber nicht blasen!«

Johnny wollte antworten, aber da winkte Mr. Hatch, der an einer der Flügeltüren postiert war, diskret mit dem Finger.

Henry nickte und sah sich um.

Steve stand kerzengerade neben seinem Baß. Johnnys Hände liebkosten das Saxophon. Al hielt die Gitarre leicht und furchtlos im Arm. Jacks Sohle klopfte viermal auf das glänzende Parkett, ein paar Takte Klavier – dann setzten Al und Steve ein, und Al Jolsons Evergreen füllte den Raum.

Al brauchte keine Noten, er konnte das Ding im Schlaf. Jeden Abend spielten sie es zur Eröffnung. Er sah im Raum herum, dann zur Tür. Mr. Hatch stand nicht mehr dort. Eben wollte Al seinen Blick wieder zu Mr. Henrys federndem Rücken wenden, da weiteten sich seine Augen. Eine heiße Welle lief über seinen Körper, und er setzte ein paar Takte aus.

Henry und Johnny wandten die Köpfe.

Al fuhr zusammen und schlug weiter, wie ein Roboter im Traum. Er traute seinen Augen nicht.

Im Türrahmen stand das schwarze Mädchen von seinem Tisch im *Little Paris,* und sie war noch schöner als an jenem Tag.

IV

Sein Zwerchfell zog sich zusammen, und er atmete kürzer. Gab es so was auch? Wie eine Fee aus dem Märchenland stand sie da. Jede Schönheitskönigin hätte sich nach ihr umgedreht. Ihr Kleid war schwarz und matt, ließ die Schultern frei, nur ihre Brust schien es zu halten. Zwischen dem schwarzen Saum und dem dunklen Haar schimmerte ihre Haut, und ihre Augen glänzten warm und hell.

Al sah, wie ein schlanker Mann vor sie hintrat und ihre Hand küßte. Sie nickte, lächelte, sprach. Wer war der Bursche? Eins von diesen Söhnchen reicher Eltern wahrscheinlich, die allen Mädchen dasselbe erzählen und ein Wochenendhaus haben.

Al begann, Furcht vor diesem Abend zu bekommen. Sie in seiner Nähe! Aus war's mit dem Seelenfrieden.

Der *Sonny Boy* verklang. Mr. Henry erkundete die Stimmung durch einen raschen Rundblick. Die Leute waren aufgedreht, schienen sich nach Bewegung zu sehnen. *»Bleu Heaven«*, sagte er halblaut. War nicht mehr das Neueste, aber für diese Umgebung nicht schlecht und neutral. Steve zog seine E-Saite nach und grinste. Ob sie tanzt? dachte Al.

Sie tanzte.

Henry stieß ein paar klirrende Akkorde in die Tasten. Als Johnny weich einsetzte, und Steve und Al gleichzeitig losschlugen, machte der Verehrer eine untadelige Verbeugung. Mit lässiger Zustimmung hob sie die Arme.

Als Finger glitten mechanisch über das Griffbrett. Ja, da tanzte sie. Er konnte keinen Blick von ihr wenden. Jetzt verschwand sie hinter der Gestalt ihres Partners, jetzt kam sie wieder. Alles war schön an ihr, einfach alles.

Al erinnerte sich, daß er einmal versucht hatte, die Einzelteile von ausgeschnittenen Mädchenbildern aus Illustrierten zur Frau seiner Träume zusammenzusetzen. Kopf von Jane Wyman, Beine von Virginia Mayo, Mittelteil von Marilyn Monroe und so weiter. Und da, zehn Meter von ihm weg, tanzte das alles herum, proportioniert und ohne Klebstoff. Sie drehte sich, stoppte mit einem Side-Stepp, der Rock schwang in einer Spirale um ihre Nylons und fiel zurück. Aber das, was Al gesehen hatte, genügte, um Virginas Mayos Beine zu entthronen.

Jetzt setzte das Saxophon aus. Johnny stand auf, schlug ein paarmal im Takt gegen den Trichter der Trompete, ehe er sie ansetzte. Dann stieg der Chorus glasklar und steil über die Köpfe.

Was soll ich tun, wenn sie mich erkennt? dachte Al. Sie angrinsen? Würdevoll das Haupt neigen? Wahrscheinlich werde ich aus dem Takt kommen, dachte er und seufzte leise. Mit einem berstend hohen Ton endete Johnny. Aus allen Ecken erklang Klatschen, und blickten erhitzte, freudige Gesichter. Mr. Henry wandte die Nase zum Saal und senkte sie gemessen.

»*Tennessee*«, murmelte er dann.

Al schlug und summte leise den Text mit. Ja, heute abend bin ich einsam. Sie hat einen anderen, würde mich sowieso nicht ansehen, selbst wenn sie keinen hätte, und außerdem war das alles Quatsch. Je eher er sie vergaß, desto besser. Wäre er bloß nicht hierhergekommen. Als wollte . . . heiliger Strohsack, das Solo! Er kam gerade noch mit dem Einsatz zurecht. Für die nächsten zwei Minuten mußte er die Augen auf die Saiten heften und ihre Beine vergessen. Der Verstärker trug die wehmütig schwingenden Töne durch den Raum. Mr. Henry wiegte sich auf seinem Sessel und tupfte leise die Tasten, als wollte er dem Alleingänger helfen. Noch einmal fielen sie ein, dann war Schluß. Die Leute schienen zufrieden.

Al sah zu dem Mädchen hinüber. Sie löste sich von ihrem Tänzer. Er führte sie zu einem der Sessel und bettete sie förmlich hinein. Ein paar Leute traten dazu und verdeckten sie vor Mr. Maycocks sehnsüchtigem Blick.

»Na, was meint ihr?« fragte Jack. »Denke, wir kommen an.«

»Denke auch«, sagte Steve. Er schnupperte. »Riecht ihr nichts? Riecht ziemlich stark nach Gin hier. Könnte schwören, daß welcher in der Nähe ist!«

Er hatte den Satz noch nicht vollendet, als Mr. Hatch ihm auf die Schulter klopfte und ihm ein Tablett mit vier Bieren und vier randvollen Gingläsern entgegenreichte. Steve stellte es vorsichtig zu Boden und schüttelte dem Butler die Hände, wie ein Staatsoberhaupt dem anderen vor der Kamera der Wochenschau.

Als Al sein Glas absetzte, kam ihm die Idee.

Das Geld!

Sie bekam noch Geld von ihm! Daß er jetzt erst daran dachte! Noch ein paar Runden, und sie hatten Pause. Irgendwie mußte er an das Mädchen ran, und wenn sie von einer Armee von Verehrern umgeben sein würde. Mut, das war es, was er brauchte. Noch ein paar Glas Gin, und er hatte ihn.

Al spielte verbissen und mit wachsamen Augen. Aber, o unergründlicher Jammer!

Während des letzten Parts vor der Pause verließ sie den Saal.

Als Augen durchstöberten jeden Winkel, als sie fertig waren und zwischen den Gästen auf ihr Zimmer zuschlenderten. Vergebens. Sie war nicht zu sehen. Na, egal. Vielleicht war es besser. So konnte er sich noch mal zurechtlegen, was er sagen wollte, und ein paar Schluck mehr vom Gin des Hausherrn konnten auch nicht schaden. Sie stand am Büfett, als Al zurückkam.

Er sah sie sofort, obwohl ein Haufen Leute sich um sie drängte. Die Gespräche waren lauter, das Lachen ungezwungener. Um die Leuchter und Kerzen wogte der Rauch schwerer, süßer Zigaretten, und von überall her klang Gläserklirren.

»*Manhattan Boogie*«, sprach Mr. Henry. »Mit Milde ist hier nichts mehr auszurichten. Al, mach nicht zu schnell. Steve, grins die Frauen nicht an und hops nicht so herum wie im *Paris*. Fertig? Alsdann!«

Einen Augenblick saß er stumm vor dem Flügel, als ob er betete. Dann legten sich seine Hände wie Krallen eines Raubvogels über die Tasten. In der nächsten Sekunde schlug der Rhythmus des Boogie wie ein Funke in den Saal.

Das Mädchen war im Nu auf den Beinen. Sie zog ihren Partner, einen bleichen Jüngling mit bleistiftdünner Fliege, hinter sich her.

Al geriet in helle Begeisterung. Junge, konnte die tanzen! Alle Bewegungen paßten haargenau in den Takt, kein falscher Schritt und keine verlegene Pause.

Ein Vulkan ist sie, dachte Al, ein Naturereignis! Sie wirbelte den mageren Heinrich wie ein Lineal über die Fläche und schien sich königlich dabei zu amüsieren. Ja, so sah man wenigstens etwas. Das Kleid spannte sich über ihrer Brust, und wie ein wirbelnder Trichter flog der Rock von ihren Hüften. Ade, Virginia! Der Teufel soll mich holen, wenn ich jemals wieder deine Beine ausschneide.

Jetzt kamen die beiden näher an das Podium, auf dem Mr. Henry und seine Mannen ihr Brot verdienten. Das Mädchen drehte sich und fing ihren Schwung am ausgestreckten Arm ihres Tänzers ab.

Al bemühte sich, sie nicht anzustarren, aber er mußte.

Für eine Sekunde hob sie den Blick, und Al senkte den seinen blitzschnell auf die Gitarre, obwohl er sich fest vorgenommen hatte, das nicht zu tun. Einen flüchtigen, erstaunten Schimmer hatte er in ihren Augen gesehen, und er fühlte, wie es ihm heiß hinter den Ohren hochstieg. Hatte sie ihn erkannt?

Dann mußte er doch irgendeinen Eindruck gemacht haben, und wenn's ein schlechter war!

Nach einigen Takten schielte er blitzschnell hinunter. Sie war ein Stück weiter und zeigte ihren Rücken, der eine einzige Aufforderung war, sie auch von vorn zu betrachten.

Der *Manhattan* schloß unter schrillen Synkopen. Der Beifall brandete auf, und sie erhoben sich auf Mr. Henrys Wink und nickten erschöpft in die Menge.

Mr. Hatch erschien mit dem Tablett. Sein Gesicht war gerötet, und seine Augen schwammen darin herum. Er schien jede Flasche selbst vorzuschmecken.

Mit dem Inhalt dieses Glases verankerte sich in Als Hirn der Entschluß, das Mädchen in der nächsten Pause zu stellen, oder zu fallen.

Eine halbe Stunde später war es soweit. Er machte absichtlich langsam und verließ das Podium als letzter. Gegenüber, an der Tür, stand sie und trank Sekt, anmutig, aber hastig. Jetzt setzte sie ihr Glas nieder. Al holte tief Luft, tat so, als wenn er zur Tür hinaus wollte – dann vollführte er eine scharfe Linkswendung, wie in Aldershot auf dem Kasernenhof und stand vor ihr.

»Verzeihung – wahrscheinlich störe ich – darf ich Sie einen Augenblick sprechen, Mylady?«

Zum ersten Male sah er ihre Augen voll auf sich gerichtet.

Jetzt entscheidet sie, ob ich ihr gefalle, dachte Al. Jetzt, in diesem Moment, wenn sie es nicht schon im Lokal entschieden hat. Heiliger Patrick, steh mir bei!

Wie ein schottischer See sind ihre Augen, dachte er. Kommt eine Falte auf der Nasenwurzel? Nein, es kam keine. Ihr Blick suchte den anderen.

»Sie entschuldigen einen Moment, John, ja?«

John nickte und wandte sich ab. Er schien schon daran gewöhnt zu sein, daß dauernd andere Leute hinter ihr her waren.

»Nun?«

Al befeuchtete seine Lippen. »Können wir vor die Tür gehen? Ist so'n schrecklicher Lärm hier drin.«

Sie lehnte sich außen an den Pfosten. »Ich höre.«

»Das ist nett von Ihnen«, sagte Al. »Ich heiße Al Maycock, Mylday. Es wäre eine Lüge, wenn ich behaupten wollte, jemals viel Geld besessen zu haben. Aber sie haben einen Moment abgepaßt, in dem ich gar keins hatte, und haben mich unauffällig zu einem Souper eingeladen. Vielleicht wäre es Ihnen lieber gewesen, wenn ich Sie nicht wiedergefunden hätte. Aber da Sie die Güte hatten, nach meiner Musik zu tanzen, sind Sie wohl auch so nett und nehmen Ihr Geld zurück. Wenn Sie sich vielleicht nicht mehr daran erinnern sollten: Es war heute vor neun Tagen im *Little Paris*.«

Pause.

Ob sie so tun würde . . .?

»Zwölf Shilling fünfzig«, sagte sie.

Typische Engländerin, dachte Al und zog die Brieftasche. »Wahnsinnig billig«, sagte er. »Ich hätte mehr essen sollen.«

Er gab ihr zwei Pfundnoten. Sie fand Wechselgeld in ihrer Tasche und gab es ihm zurück.

»So«, sagte Al, als er seine Brieftasche verstaut hatte, »ehe ich jetzt auf dieses Podium zurückmuß, möchte ich Ihnen noch sagen . . .«

Er kam nicht dazu, etwas zu sagen.

»Hast du eine Wette verloren, June?« fragte eine Stimme hinter ihm. Al fuhr herum.

Eine zweite Dame in Schwarz schob sich neben sie. Ihr Gesicht mußte dem des Mädchens einmal sehr ähnlich gewesen sein, aber ihr Haar war schlohweiß und stand wie eine Krone um ihren Kopf. So imposant und aristokratisch sah sie aus, daß Al unwillkürlich einen Schritt zurücktrat.

»Nein, Tante Cynthia«, sagte das Mädchen, und Al sah sie zum ersten Male leicht verwirrt, »es ist nur . . . Mister . . .«

»Maycock«, sagte Al. Er bemühte sich, ganz zart auszuatmen und nicht direkt in ihre Richtung zu sprechen, um den Hauch von Gordons gutem Gin vor ihr zu verbergen. Er sah die Augen des Mädchens auf sich gerichtet.

»Ich habe der Dame einmal aushelfen dürfen, als sie im *Little Paris* gegessen und ihr Geld nicht bei sich hatte. Sie wollte es mir schicken, aber nun haben wir uns zufällig hier getroffen . . .«

»Sehr freundlich von Ihnen, junger Mann. Hast du dich bedankt, June?«

Sie schluckte. »Ich war gerade dabei . . .«

Ob sie wütend ist? dachte Al. Was sollte ich denn sagen, zum Henker? Dann bemerkte er, daß ihm jemand ins Gesicht starrte. Es war ein älterer Herr mit verkniffenem Gesicht und mißtrauischen Augen.

»Teufel – Sie kenne ich doch!«

»Habe auch den Eindruck«, sagte Al.

»Haben Sie mir nicht neulich das Rad gewechselt? Natürlich waren Sie's!«

Die alte Dame blickte streng von einem zum anderen.

»Ich scheine die einzige in der Familie zu sein, die ihn nicht kennt.«

»Es war an dem Abend, an dem ich June abholte.

Dieser Herr wechselte mir den Reifen. Sonst wäre ich zu spät gekommen.«

Die alte Dame betrachtete Al jetzt mit größtem Wohlwollen. »Sie scheinen sehr hilfsbereit zu sein, junger Mann. Erst helfen Sie meinem Bruder und dann meiner Nichte.«

Alastair schwieg. Mit Unbehagen bemerkte er ein leichtes Funkeln in den Augen des Mädchens.

»Allerdings«, fuhr Lady Cynthia fort, und ihre Stimme verdunkelte sich etwas, »ich kann mich nicht erinnern, Sie eingeladen zu haben. Oder hast du etwa, June . . .?«

»Es werden noch mehr Leute da sein, die du nicht eingeladen hast, Cynthia«, sagte der alte Herr fröhlich. »Warum sollst du's besser haben als der König auf seinen Bällen. Ungefähr die Hälfte aller Leute . . .«

»Nein, nein, Mylady«, sagte Al schnell. »Ich gehöre zur Band. Zur Aushilfe. Bin für den Lärm mitverantwortlich.«

»Er ist erträglich. Was tun Sie, wenn Sie nicht mehr aushelfen müssen?«

»Wenn ich – oh – ich bin Journalist, Mylady.«

»Bei welcher Zeitung?«

»Sie wird noch gegründet.«

»Verstehe, Mr. Maycock – ich könnte jemanden gebrauchen, der mir hilft, den Schreibkram zu erledigen, und sich nebenbei um den Wagen kümmert, ehe meine Angehörigen ihn vollständig ruinieren. Wenn Ihre Aushilfe zu Ende ist, und Sie eine Stelle brauchen, bis Ihre Zeitung gegründet wird, schreiben Sie mir. Hatch gibt Ihnen die Adresse. Und jetzt entschuldigen Sie mich. Ich muß zu meinen Gästen. Aubrey, vielleicht siehst du einmal nach Major Croft – sah ihn eben mit einer Flasche verschwinden. Und du, June, beeil dich! Dem jungen Willard fallen die Augen aus dem Kopf. Guten Abend, Mr. Maycock.«

Sie schritt davon, und Bradford trottete hinter ihr her.

Al sah eine Falte zwischen den Augen des Mädchens.

»Ihre Frau Tante entschließt sich schnell, was?«

»Immer. Wenn sie jemanden hinauswirft, noch schneller. Und Lügen kann sie auf den Tod nicht ausstehen.«

»Miß June«, sagte Al, »verzeihen Sie mir. Hätte ich die Wahrheit sagen sollen?«

Die Falte verschwand. »Nein, so war es besser.«

Einen Augenblick schwiegen sie.

»Ich muß gehen«, sagte sie dann. »Auf Wiedersehen, Mr. Maycock. Wenn Sie und Ihr Arbeitgeber mir einen Gefallen tun wollen: *My foolish Heart* ist mein Lieblingslied!«

V

Auf dem Weg dachte Al nach über das, was hinter ihm lag, und das, was ihn erwartete. Der Abschied von Mrs. O'Leary und ihren Plüschmöbeln war ihm leichtgefallen, der von Jack Henry und den Seinen schwer.

»Komm wieder, wenn Dick sich den Rest seiner Knochen gebrochen hat«, das waren Mr. Henrys Abschiedsworte. »Bist uns lieber als jeder andere.«

Die Antwort Lady Cynthias war sehr schnell gekommen. Ja, selbstverständlich erinnerte sie sich an ihn. Man würde ihn zum nächsten Ersten erwarten.

Der nächste Erste war heute. Einen neuen Anzug werde ich auch brauchen, dachte Al. Bin gespannt, was sie zahlen. Ach, sollten sie zahlen oder nicht zahlen und tun, was sie wollten. Er war in Junes Nähe, das war es, was ihn in diese Gegend trieb. Ihr würde er ohne Gehalt dienen, wie ein fahrender Ritter seiner Herzensdame.

Der Zug hielt. Al erspähte Hatchs wuchtige Gestalt hinter der Sperre.

»Tag, Mr. Hatch. Freue mich wirklich, Sie wiederzusehen!«

»Ganz meinerseits, Mr. Maycock.«

Al glaubte, einen leichten Geruch von Alkohol zu wittern und war sicher, selbst an diesem Tage noch keinen getrunken zu haben.

Sie schüttelten sich die Hände. Der Rolls stand vor dem Portal.

»Äh – würden Sie fahren, Mr. Maycock? Ich – vielleicht ist es besser, wenn Sie sich möglichst schnell an den Wagen gewöhnen . . .«

Ja, dachte Al. Und für deine Fahne ist es auch besser, wenn sie sich nicht hinter dem Steuer entfaltet.

»Gern, Mr. Hatch.«

Sie fuhren los.

»Was macht das Haus? Alles o. k.?«

»Wie? Oh, ja.« Hatch lächelte etwas gezwungen. »Alles o. k.«

Aber Al hatte das Gefühl, daß Sorgen den Mann an seiner Seite quälten.

Zehn Minuten später hielten sie vor dem Haus. Die Vorhalle lag kühl und totenstill. Al bemerkte an der Wand zur rechten Seite das Bild eines grimmig aussehenden Mannes in rotem Rock und Perücke, das beim letztenmal nicht dort gehangen hatte.

»Wer ist das?«

»Sir Arthur Hollingway. Er fiel in der Schlacht von Malplaquet.«

»Helm ab zum Gebet«, murmelte Al.

»Was sagten Sie?«

»Ein ganzer Kerl, sagte ich. Wo war er neulich?«

»Er wurde renoviert.«

»Aha.«

Als Zimmer lag im oberen Stockwerk am Ende eines Seitenganges, der vom Hauptkorridor abging. Hatch öffnete die Tür. Al sah sich um und stieß einen Laut der Überraschung aus.

»Gefällt es Ihnen?«

»Gefallen? Es ist das erstemal, daß ich in so einem Zimmer wohne. Meine Hemden werden sich fürchten in diesem Schrank.«

Mr. Hatch schien das auch zu glauben.

»Gegessen wird um sechs Uhr. Lady Cynthia hat bestimmt, daß Sie das Dinner mit der Familie einnehmen. Haben Sie einen Smoking?«

»Den von neulich auf dem Podium.«

»Er wird genügen.

»Ihr Urteil freut ihn sicherlich. Sind außer dem Dinner noch andere Mahlzeiten vorgesehen?«

»Die übrigen sollen Sie mit uns essen, mit John und Nelly und mir.« Mr. Hatch brachte das etwas zögernd heraus.

»Das freut mich«, sagte Al aufrichtig. »Es wäre auch für den Smoking zuviel geworden.«

Jetzt lächelte Mr. Hatch zum erstenmal.

Der Fremde stand mit dem Rücken zur Tür. Er sah aus dem Fenster auf den Hof hinunter. Al blieb unschlüssig stehen.

»June – woll'n wir nachher noch 'ne Partie Tennis . . .«

Al räusperte sich. »Verzeihung – Sie werden enttäuscht sein, wenn Sie sich umdrehen.«

Der andere wandte sich. Al gewahrte ein sympathisches Gesicht und zwei Reihen kräftiger Zähne. Der Mann gefiel ihm. Schmal und sehnig, wie ein rassiger Windhund. »Sie sind . . .«

»Alastair Maycock.«

»Freut mich. Hörte es von Tante Cynthia.«

Er schüttelte Al die Hand. »Ich bin Luther Brubance, Neffe des Hauses und Junes Vetter. Haben Sie Ihre Gitarre mit?«

»Die gehörte der Kapelle.«

»Schade. Vielleicht läßt sich eine besorgen. Drüben steht ein Klavier. June spielt gut, und ich habe 'ne Klarinette.«

Al sah lustige Fältchen um seine Augen. »Wird 'n schöner Lärm werden. Haben Sie den Rolls schon gesehen?«

»Ja.«

»Na, da müssen Sie erst mal den neuen – hallo, Juny! Kennst du den Herrn noch?«

Al fuhr herum.

Ja, da war sie. Mattgrünes Cocktailkleid. Wie eine

junge Herzogin. Jetzt erst bemerkte Al die Ähnlichkeit zwischen ihr und Luther.

»Mr. Sekretär – haben Sie schon Hunger?«

»Jetzt habe ich ihn vergessen.«

»So? Ich sag's in der Küche. Hätte es mir auch denken können. Sie haben damals im *Little Paris* auch schon so wenig gegessen.«

»Miß June – Sie sollten Nachsicht mit mir haben.«

»Machen Sie sich nichts draus, Maycock«, sagte Burbance. »Die weiblichen Mitglieder dieser alteingesessenen Familie haben eine böse Zunge. Man sollte . . .«

Er verstummte. Lady Cynthia und ihr Bruder traten ein. Sie ging sofort auf Al zu.

»Guten Abend, Mr. Maycock. Hat Hatch Ihnen Ihr Zimmer gezeigt? In Ordnung. Dort ist Ihr Platz.«

Al saß an dem runden Tisch zwischen June und Bradford, der ihn kurz begrüßt hatte und dann wieder in Schweigen versunken war. Er sah mürrisch und mißtrauisch aus, wie damals, als Al ihn neben dem Wagen zum ersten Male gesehen hatte.

Das Essen war ausgezeichnet. Lady Cynthia dirigierte den lautlosen Hatch mit den Augen. Niemand sprach. Sie haben unheimlichen Respekt vor ihr, dachte Al. Bin gespannt, wann sie mich hinauswirft.

Er schielte so oft und so unauffällig wie möglich zu June hinüber und bemerkte mit Mißbehagen, daß Burbance auf der anderen Seite das gleiche tat. Zu schön war sie.

Lady Cynthias Stimme durchschnitt das Klirren der Bestecke.

»Würden Sie Ihre Aufmerksamkeit einen Augenblick von June weg und mir zuwenden, Mr. Maycock. Nett von Ihnen. Bitte halten Sie sich bereit, mich morgen um zehn Uhr in die Stadt zu fahren.«

Al hob den roten Kopf. »Jawohl, Mylady.«

»Sorgen Sie dafür, daß genügend Benzin im Tank ist. Das letztemal, als Luther fuhr, sind wir stehengeblieben.«

Jetzt zog ein roter Hauch über das Gesicht von Burbance, aber er hob das Gesicht nicht vom Teller. Al sah, daß Bradford ihn geringschätzig betrachtete.

»Jawohl, Mylady.«

Das Klirren der Bestecke wurde nicht mehr unterbrochen, bis Lady Cynthia die Tafel aufhob. Al wäre gern noch in Junes Nähe geblieben, aber er wußte nicht, ob er bleiben durfte, und wurde nicht dazu aufgefordert. So empfahl er sich und ging auf sein Zimmer.

Das Fenster stand offen, und Al hörte das leise Rauschen der Blätter. Er zog den Smoking aus und hing ihn sorgfältig über den Bügel. Nicht einfach, mit der Familie zu essen. Ob June wütend war? Der alten Dame entging aber auch nichts. Schien kein herzliches Verhältnis zu sein zwischen ihnen allen.

Al hatte gerade seine andere Hose an, als es klopfte.

»Ja.«

Durch den Türspalt schob sich Hatchs runder Schädel.

»Mr. Maycock – weiß nicht, ob es Ihnen recht ist – dachte, ein Schluck zum Einstand kann nicht schaden.«

»Niemals, Mr. Hatch. Wußte sowieso nichts mit mir anzufangen.«

Hatch zog die Ginflasche hinter sich ins Zimmer, ehe er die Türe schloß.

»Gläser sind hier. Habe sie schon reingestellt, bevor Sie ankamen.«

»Sie denken an alles, Mr. Hatch! Der beste Butler, den ich je gesehen habe.« Und der erste, fügte er im stillen hinzu.

»Oh, danke sehr.« Mr. Hatch war geschmeichelt. Mit unglaublicher Geschwindigkeit entfernte er den Korken und füllte die Gläser bis zum Rand.

»Nicht einfach, keinen Tropfen mehr reinzukriegen und keinen zu verschütten, was?«

»Das ist wahr, Mr. Maycock. Nicht jeder kann es. Habe lange Jahre üben müssen. Ihr Wohl, Mr. Maycock!«

»Das Ihre, Mr. Hatch.«

Der Butler warf den Kopf in den Nacken, und sein Glas war leer wie ein Strandbad im Januar.

Auch Al trank aus. »Die Flasche werde ich bezahlen.«

»Oh, das ist wirklich nicht – wollen Sie wirklich?« Hatch gab sich einen Ruck. »Dann zahle ich noch eine!«

Al schüttelte den Kopf. »Wird nicht nötig sein, Mr. Hatch. Muß morgen früh mit Lady Cynthia in die Stadt fahren. Nehme an, daß sie 'ne scharfe Nase für Gin hat.«

»Sie haben leider recht, Mr. Maycock. Aber sonst – eine wunderbare Frau.«

Er ließ den Kopf zur Seite fallen und starrte auf sein Glas. Al fand, daß er niedergeschlagen aussah.

»Irgendwelchen Kummer?«

»Wie? Ja – vielleicht dumm von mir, Ihnen damit auf die Nerven zu gehen. Kann mich auch irren. Habe das Gefühl, daß in letzter Zeit was nicht in Ordnung ist.«

»Wieso?«

»Das ist nicht einfach zu erklären, Mr. Maycock.«

Er schenkte nach bevor er weitersprach.

»Wissen Sie – ich bin zwölf Jahre im Haus. Ich kenn' sie alle genau, jeden einzelnen. Sie werden das vielleicht nicht verstehen – aber man kriegt eine Witterung für alles, was sich ereignet. Ich weiß, wann etwas Besonderes los ist, ich fühle, wenn sie sich gestritten haben, und wenn sie es tun werden. Sie mögen sich noch so zusammennehmen – dem alten Hatch können sie nichts vormachen.«

»Hm. Und jetzt?«

»Sie sind alle so nervös, so angespannt. Als lägen sie auf der Lauer und warteten auf irgendwas.«

Der Butler schwieg und ließ die glitzernde Flüssigkeit aus dem Flaschenhals laufen.

»Hm. Und seit wann sind sie so?«

Hatch setzte die Flasche nieder. »Sie werden mich auslachen, Mr. Maycock. Sie sind so, seit Miß June wieder da ist.«

Al runzelte die Stirn. »Miß June? War sie denn fort?«

»Zwei Jahre. Zuerst auf irgend so einem College und dann im Ausland – 'ne Art Bildungsreise. Lady Cynthia wollte das so. Erst vor zwei Monaten kam sie zurück. Das Fest, auf dem Sie gespielt haben, war ihr Geburtstag. Nun ist sie volljährig.«

»Verstehe. Die Erbschaft rückt näher, was?«

»Genau das, Mr. Maycock. Und deswegen sind Sie auch hier.«

»Ich bin was?«

Hatch saugte den Gin aus dem Glas.

»Ich will auf der Stelle diese Flasche aufessen, wenn es nicht so ist«, sagte er. »Lady Cynthia will jemanden im Hause haben, auf den sie sich verlassen kann. Nehme an, daß sie dieselbe Witterung hat, wie der alte Hatch. Glauben Sie, Sie sind hierhergekommen, um den Wagen zu fahren, den Luther oder Bradford oder June genauso fahren können? Und selbst Lady Cynthia kann es mindestens so gut wie ich, wenn ich nüchtern bin.«

»Sie sagte was von Schreibkram erledigen.«

»Schreibkram? Wüßte nicht, was hier für Schreibkram anfiele. Seit Jahren macht das alles der Anwalt. Sie werden vor der Maschine sitzen und vor Langeweile die Typen reinigen, weiter nichts.«

Al sah ihn ungläubig an.

»Sie zweifeln an meinen Worten? Ich sage Ihnen, Sie sind nur wegen Lady Cynthia da. In dem Augenblick, wo sie nicht mehr lebt, sind Sie draußen!«

VI

In dieser ersten Nacht träumte Al, wie er in einer glühenden Wüste von Durst gepeinigt durch den Sand lief. Er fand eine Bahnstation, von der die Schienen in Wellenlinien ein Stück weit in den Sand führten und plötzlich endeten. An dieser Stelle stand June und winkte ihm zu. Dann kam Hatch mit dem Rolls-Royce. Er grinste und reichte Al einen Eimer mit köstlich kühlem Wasser. Al trank einen und den nächsten, noch einen und noch einen, der Durst war nicht zu stillen, und immer wieder griff der feixende Hatch hinter sich . . .

Da erwachte Al.

Wüste, Rolls, Hatch und das Wasser waren fort und tiefe Finsternis umgab ihn. Nur der brennende Durst war geblieben, und die Lippen waren trocken und heiß.

Natürlich! Hatch mit seinem verdammten Gin! Scheußlicher Brand.

Al tastete nach der Uhr. Die leuchtenden Zeiger wiesen auf halb zwei. Er knipste die Nachttischlampe an und stolperte schlaftrunken zum Waschbecken. Das Wasser lief durch seine hohle Hand, und er trank in langen Zügen. Aufatmend wischte er über sein Gesicht, löschte das Licht und kroch wieder unter die Decke.

Ein paar Sekunden später hörte er Schritte. Das Fenster stand noch immer auf, wie am Abend, als er das Zimmer betreten hatte. Der Wind hatte sich gelegt, und die Blätter regten sich nicht.

Es war, als liefe jemand mit leichten, behutsamen Schritten über den Kies, aber nur für einen Augenblick, dann war das Geräusch verstummt.

Al warf die Decke zurück und schlich zum Fenster.

Wie eine Mauer erhob sich die Dunkelheit vor ihm. Es dauerte einige Zeit, bis Al das flache Gebäude ausmachen konnte, in dem die Garagen lagen. Von dort führte der Weg zum Haus, ein heller, kaum wahrnehmbarer Streifen, der sich von den schwarzen Flächen des Rasens abhob. Al überlegte.

Wenn jemand den Weg überquert hatte und jetzt auf dem Gras herumlief, war er nicht mehr zu hören. Aber vielleicht betrat er den sandigen Vorplatz . . .

Der Gedanke war noch nicht wieder fort, als Al wieder das schwache Knirschen hörte. Dort, links, an der Hinterseite des Hauses.

Al lehnte sich vor und sah den schattenhaften Umriß eines Menschen neben der Mauer, die die hintere linke Ecke des Hauses bildete. Dann war nichts mehr zu hören und zu sehen, und Al zog den Kopf langsam durch das Fenster zurück.

Irgend jemand lief im Park herum. Ein Fremder oder einer vom Haus?

Al dachte an die Worte des Butlers, und ein unbehagliches Gefühl überkam ihn.

Sollte er runter und nachsehen?

Ach was. Wer weiß, wer da nicht schlafen konnte und eine nächtliche Runde machte. Sollten sie sich einen Hund anschaffen oder die Juwelen in einen Safe geben.

Al lag kaum im Bett, als ihn schon der Schlaf übermannte.

Am Wagen schien alles in Ordnung. Der Tank war dreiviertel voll, Öl, Wasser, Luftdruck, alles stimmte. Al ließ den Motor an und fuhr zum Haupteingang. Zehn Minuten vor zehn. Noch Zeit, die Scheibe zu polieren. Würde einen guten Eindruck auf Lady Cynthia machen, wenn sie ihn so emsig sah.

Die Tür öffnete sich um Punkt zehn. Hatch trat

würdevoll heraus, vollführte eine Linkswendung und verneigte sich.

Al ließ den Lappen sinken und versuchte, ehrerbietig auszusehen. Es gelang nicht, aber sein Herz begann stürmisch zu klopfen.

An Stelle von Lady Cynthia erschien June, schlank und strahlend wie ein Sommermorgen.

Al blieb unbeweglich stehen, bis sie fast die Treppe hinunter war. Dann lief er um den Wagen und riß den Schlag auf.

»Guten Morgen«, sagte sie klar und selbstverständlich. »Mr. Maycock, meine Tante fährt nicht. Ich erledige das für sie. Können wir?«

»Wir können«, sagte Al und sah sie hingerissen an.

»Sie haben Ihren Lappen fallen lassen.«

»Den L . . . oh – entschuldigen Sie – bin ein bißchen durcheinander! War ganz auf Lady Cynthia eingestellt . . .«

»Bleiben Sie das ruhig«, sagte June hoheitsvoll und warf sich in den Sitz. Al verstaute den Lappen und stieg ein. Er sah noch Hatchs unbewegliche Gestalt am oberen Ende der Treppe. Aber nicht das schreckensbleiche Gesicht, das dem Wagen aus einem der Fenster nachsah.

Das Verdeck war aufgeklappt, und die warme Luft strich um ihre Köpfe.

»Haben Sie es sehr eilig, Miß June?«

»Warum?«

»Ich möchte nicht so schnell fahren – erstens will ich Sie heil hinbringen, und zweitens scheint die Sonne zu schön, um unter ihr einfach durchzurasen.«

»Fahren Sie, wie Sie wollen.«

»Danke.«

Pause.

Zum Reden schien sie nicht aufgelegt zu sein.

Egal, jetzt mußte es heraus.

»Miß June – ich weiß nicht, wann ich noch einmal Gelegenheit haben werde, allein mit Ihnen zu sprechen. Damals, als ich Ihnen das Geld zurückgab, habe ich . . .«

»Einen Moment, Mr. Maycock. Ich hoffe, Sie sind nicht so unbegabt, mich jetzt zu fragen, warum ich Ihnen das Essen bezahlt habe!«

»Nein, Miß June. Ich wollte nur sagen, ich habe mich nicht richtig bedanken können, weil die ganze Familie auf uns losstürzte. Ich möchte das jetzt nachholen. Es – es ist nicht allein wegen der lächerlichen zehn Shillinge . . .«

»Zwölf Shilling fünfzig.«

»Schön, zwölffünfzig. Aber bis zu dem Augenblick, in dem ich Sie das erstemal sah, hatte ich unentwegt Pech. Ich fand keine Stelle, konnte meine Miete nicht bezahlen, wußte nicht mehr, was ich anfangen sollte. Und als ich mit den zwei Pfund Ihres Onkels ein neues Leben beginnen wollte, geriet ich an Londons besten Taschendieb.«

Al grinste über das Steuer hinweg.

»Daniel Chuks hieß er. Hat mir einen netten Brief geschrieben. Na ja. Aber dann kamen Sie. Bezahlten das Essen. Am nächsten Tag engagierte mich Jack Henry, der Großnasige. Ich war gerettet, aber traurig, weil ich glaubte, Sie nie wiederzusehen. Auf dem Fest sah ich Sie. Ihre Tante hätte zehn andere Kapellen nehmen können. Sie nahm uns. Und heute sitze ich neben Ihnen, habe die beste Stellung, die ich je im Leben hatte, und fahre einen Wagen, wie er nur Leuten vom Maharadscha an aufwärts zusteht. Wenn jemals ein Mensch einen guten Engel hat, Miß June, dann sind Sie meiner.«

Sie sah geradeaus und antwortete nicht.

Al feuchtete die Lippen an und gab sich einen Ruck.

»Miß June – ich schwöre Ihnen, daß ich nie wieder von dieser Geschichte anfange, wenn Sie nichts davon hören wollen. Auf die Gefahr hin, daß Sie sehr böse werden und ich heute abend wieder arbeitslos bin: Sie sind die schönste Frau, die ich jemals gesehen habe.«

Al hielt das Steuerrad sehr fest und saß aufrecht. Er spürte, wie sie den Blick zu ihm wandte. Einige Sekunden hielt er es aus, dann drehte er ängstliche den Kopf. Ihre Augen waren groß und hell und sahen ihn unverwandt ernsthaft an. Nichts in ihrer Miene ließ ihre Gefühle erraten. Als Handflächen wurden feucht.

Was würde sie sagen?

»Passen Sie auf die Straße auf, Mr. Maycock.«

»Ja, Miß June.«

Al atmete auf. Es schien, als könnte er die Stellung behalten. Kein einfaches Mädchen das. Mit ihr war es nicht so, wie mit den anderen.

Der Rolls lief lautlos und leicht. June hatte sich zurückgelehnt und hielt das Kinn in den Wind.

Al nahm das Gas weg, als die Häuser eines Dorfes auftauchten. Die Straße fiel leicht ab. Die letzten Zäune blieben zurück, der Rolls gewann an Fahrt.

Dann kam die Kurve.

Al sah das Kind, das am Ende der Biegung plötzlich hinter einem Baum hervorsprang, rechtzeitig.

Nichts hätte passieren können.

Aber sein Fuß fand keinen Widerstand, als er das Bremspedal heruntertrat. Der Wagen reagierte nicht.

Der helle Kopf des Mädchens war zwei Meter vor dem Kühler. June stieß einen gedämpften Schrei aus. Al riß das Steuer nach rechts. Der Rolls knickte auf dem Vorderrad ein und schoß quer über die Straße. Ein krachender Stoß warf Al mit der Brust gegen den Volant. Der Wagen bäumte sich, das Heck schwang herum, und die Hinterräder schmirgelten kreischend über den Asphalt.

Bleiernde Stille folgte.

VII

Al sah sein verstörtes Gesicht im Rückspiegel. In der Brust spürte er einen bohrenden Schmerz, der nur für kurze Atemzüge Raum ließ. Eine Rippe wahrscheinlich.

Dann dachte er an June.

Der Wagen hing nach links, er stand mit einer Hälfte in einem flachen Graben, June lag mehr als sie saß und öffnete die Augen, als Al in jäher Angst ihre Schultern faßte.

»June! Miß June! Was ist mit Ihnen? Haben Sie irgend was?«

Sie richtete sich auf und strich ihr Haar aus der Stirn. »Nichts. Wo ist das Kind?«

Al sah sich um. Auf der anderen Seite der Straße stand das Mädchen. Es hatte einen Finger im Mund und starrte mit aufgerissenen Augen nach dem Wagen und seinen Insassen. Al wollte rufen, aber da fuhr es herum und lief wie gehetzt dem Dorf zu.

»Sieht ganz unbeschädigt aus«, knurrte er. »Gleich wird die gesamte Bürgerschaft hier sein.«

»Bin ich froh, daß ihr nichts passiert ist«, sagte June.

»Ich auch. Aber was anderes ist mir noch wichtiger: Sind Sie wirklich ganz, Miß June?«

»Ja.«

»Heiliger Georg, ich danke dir«, sagte Al, und es klang so aufrichtig, daß June lächelte. Al ließ sie los und lehnte sich in seinen Sitz zurück. Er faßte unter seine Jacke. Junes Lächeln verschwand.

»Was haben Sie?«

»Keine Sorge. Es ist . . . au!«

»Hand weg!«

Er ließ resignierend seinen Arm sinken. Junes Finger fühlten behutsam über die schmerzende Stelle.

»Wird nur 'ne Rippe sein. Sind ja zwölf auf jeder Seite. Sie betasten die Brust eines Helden, Miß June.«

»Versprechen Sie mir, zum nächsten Arzt zu gehen?«

»Aber es ist doch . . .«

»Versprechen Sie es oder nicht?«

»Ich verspreche es.«

»Gut.«

Al sah sie an. »Habe den Eindruck, daß meine Glückssträhne abgerissen ist.«

»Halten Sie mich immer noch für Ihren guten Engel?«

»Unbedingt. Hätte bedeutend mehr passieren können. Ich möchte bloß wissen . . .«

Er starrte auf das Bremspedal hinunter. Dann trat er es durch.

Mühelos senkte sich die Platte bis zum Anschlag.

Er warf einen Blick zu June, die ihm gespannt zugesehen hatte. »Geht ziemlich leicht, was?«

»Ziemlich sehr.«

Er kletterte aus dem Wagen und öffnete die Motorhaube. Da war der Behälter mit der Bremsflüssigkeit. Al hob den Deckel ab. Leer. Trocken und leer.

»Na?«

»Nichts drin.«

»Haben Sie vorher nachgesehen?«

Al senkte den Kopf.

»Nein.«

Dann kam ihm ein Gedanke. Er ließ die Haube fallen und ging nach vorn. »London – 48 Meilen« stand an dem Stein, auf den sie aufgebrummt waren. Al zwängte sich mit Anstrengung unter den Wagen.

Wenn nur die verflixten Schmerzen nicht gewesen wären!

Die Vorderachse sah lieblich aus, aber die interessierte ihn jetzt nicht. Er tastete nach dem Druckzylinder neben der Bremstrommel. Hier mußte die Verschlußmutter sitzen. Sie fehlte. Als Zeigefinger fuhr in das leere Gewindeloch.

Einen Augenblick lag er still, dann wälzte er sich nach der anderen Seite. June war ausgestiegen und sah ihm zu.

»Hier, Miß June! Lege Wert darauf, daß Sie das sehen.«

June kam herunter, und ihre Gesichter waren dicht beieinander.

»Die rechte Mutter ist weg. Die hier ist fast ganz rausgedreht. Sehen Sie das? Passen Sie auf!«

Al drehte die Schraube etwas weiter. Noch eine Drehung, und er hielt sie in der Hand.

Sie sahen sich an. Dann kroch Al unter dem Wagen vor. Sie setzten sich nebeneinander auf das Trittbrett. Al hielt die Mutter auf der flachen Hand vor sich hin.

»Feines Ding, Miß June. Irgendein freundlicher Jemand hat diese Verschlüsse aufgedreht. Den rechten haben wir verloren, und dieser stand kurz vor dem Abschied. Von selbst können sie sich niemals so weit herausdrehen und niemals auf beiden Seiten zugleich. Bei jedem Druck auf die Bremse ist Flüssigkeit ausgelaufen, bis der Behälter leer war und nichts mehr nachkam. Und hydraulische Bremsen haben die Eigentümlichkeit, ohne Bremsöl die Mitarbeit einzustellen.«

»Sind Sie sicher, daß es so war?«

»Gar nicht anders möglich. Wenn ich den Behälter nachgesehen und fehlendes Öl nachgefüllt hätte, wäre genau dasselbe passiert. Das ist eben die Gemeinheit, daß die Bremsen in der ersten Zeit noch funktionieren. 'ne Art von Höllenmaschine!«

Das Mädchen sah ratlos aus. »Aber wer sollte denn . . .?«

»Wann hat sich Ihre Tante entschlossen, nicht mitzufahren?«

»Nach dem Frühstück. Sie rief mich zu sich und sagte, daß ich das machen sollte.«

»War noch jemand dabei?«

»Nein.«

Al schloß seine Faust um die Schraube.

»Dann kann nur Lady Cynthia gemeint gewesen sein. Wüßte nicht, wer an meinem vorzeitigen Ende interessiert sein sollte. Was sagen wir ihr?«

»Ich weiß nicht«, sagte June wie ein kleines Mädchen, das das Geld zum Einkaufen verloren hat. »Es ist so schrecklich – wer kann so etwas . . .«

»Wer erbt denn?« fragte Al.

Sie fuhr auf.

»Sie sind abscheulich! – Mein Onkel«, sagte sie dann leise. »Und wir wohl auch . . .«

»Hat sie ein Testament?«

»Ja – ich glaube – aber ich weiß nicht, was drinsteht.« Sie faßte seinen Arm. »Oh, Mr. Maycock, wir erzählen ihr nichts davon – ich sage, ich wäre gefahren und hätte nicht aufgepaßt. Wir lassen den Wagen irgendwo reparieren.«

»Miß June«, sagte Al ernst, »ich tue, was Sie wollen. Aber hören Sie! Heute nacht sah ich jemanden im Park. Er kam aus der Gegend der Garage. Ich nehme an, daß es der Schraubenzieher war. Wenn er vorhat, Ihre Tante umzubringen, bleibt es nicht bei diesem Anschlag. Wenn sie nichts davon weiß, ist sie unvorbereitet.«

»Und so lebt sie in ewiger Todesangst!«

»Sie ist nicht der Typ, der Angst hat. Sie wissen das. Sie wird uns mehr danken, wenn wir ihr die Wahrheit sagen.«

Sie hörten Stimmengewirr und sahen auf. Ein Haufen aufgeregter Leute kam auf der Straße heran.

Lady Cynthia unterbrach nicht ein einziges Mal.

»War es so, Mr. Maycock?« fragte sie, als June geendet hatte.

»So war es, Lady Cynthia.«

Ihre Finger glitten über die Perlenkette auf ihrer Brust. Dann ging sie zum Fenster, stützte sich auf das Brett und sah hinaus. Lange Zeit stand sie so. Als sie sich umwandte, war ihr Gesicht hart und hochmütig.

»Ich danke dir, June. Und Ihnen, Mr. Maycock. Nehme an, daß es Ihre Idee war, mir die Wahrheit zu sagen. Sie holen den Wagen wieder, wenn er fertig ist. Sprechen Sie zu niemandem über diese Angelegenheit. Und schonen Sie sich, bis Ihre Rippe in Ordnung ist!«

»Was willst du tun, Tante?« fragte June voll Unruhe.

»Ich sage es dir später, Kind.«

Al sah ihr gerade in die Augen.

»Lady Cynthia – ich weiß, daß es nicht meine Angelegenheit ist. Aber ich an Ihrer Stelle würde verreisen. Niemandem wird auffallen, wenn Sie für einige Zeit zur Erholung fahren, und niemand braucht zu erfahren, wohin. Das Haus bleibt auch stehen, wenn Sie nicht hier sind. Sie sollten . . .«

»Danke, Mr. Maycock. Wenn ich einen Rat von Ihnen brauche, werde ich Sie fragen. Ich wünsche Ihnen gute Besserung.«

Al sah June an, aber sie hielt den Kopf gesenkt. Da nickte er kurz und ging hinaus.

Oben warf er Jacke und Hemd über einen Stuhl und betrachtete seinen Brustkasten im Spiegel. Der Doktor hatte ihm einen Haufen Leukoplast wie Dachziegel übereinander geklebt. Sie zerrten an seiner Haut und quetschten ihm die Lunge zusammen. Blöde Geschichte. Aber besser seine Rippe, als eine von June oder dem Kind.

Al sah zur Uhr. Zeit zum Essen. Er wusch sich und ging hinunter.

June kam ihm etwas blaß vor. Lady Cynthia war wie immer, ebenso Bradford. Luther schien gutgelaunt und fröhlich.

»Tante Cynthia«, begann er, als sie sich gesetzt hatten, »ich möchte morgen früh gern die Sache bei Lansby erledigen. 's ist besser, wenn ich heute abend noch reinfahre. Braucht einer von euch den Wagen?« Er sah sich im Kreise um.

Lady Cynthia antwortete nicht sofort.

»Du wirst den Zug nehmen müssen, Luther. Der Wagen ist in Reparatur.«

»Reparatur?« Seine Augen hefteten sich auf Al. »Was hat er denn?«

»Mr. Maycock ist aufgefallen, daß an der Lenkung etwas nicht in Ordnung war. Der Wagen ist in zwei Tagen wieder hier. Besser, er wird nachgesehen, ehe etwas passiert.«

Al dachte an seine Rippe. Er sah Bradfords ungläubiges Gesicht.

»Steuerung? Merkwürdig. Habe noch nie etwas davon bemerkt.«

»Das glaube ich gern, Aubrey.« Eine Spur von Hohn schwang in ihrer Stimme. »Deine Vorfahren waren Soldaten und nicht Rennfahrer.«

Bradford preßte die Lippen zusammen. Al wurde unbehaglich zumute. Luthers Augen gingen rasch von einem zum anderen. Dann lächelte er.

»Schade. Ich wollte so gern den dicken Mann markieren.«

»Ich bezweifle nicht, daß du das auch im Zug kannst«, sagte Lady Cynthia kühl.

Wie ein Schatten tauchte Hatch auf, und das Gespräch verstummte.

Sie will die Geschichte geheimhalten, dachte Al. Wer kann der Mann im Park gewesen sein? Luther oder Bradford? Oder ein Fremder?

Nach dem Essen verabschiedete sich Luther.

»Wiedersehen, Tante Cynthia. Morgen abend bin ich zurück. Wiedersehen allerseits. Kommst du ein Stückchen mit zum Bahnhof, June?«

»Nein, Luther – sei mir nicht böse, bitte. Ich lege mich gleich hin – habe Kopfschmerzen . . .«

»Aber wo denn! Nimm eine Tablette, dann verschwinden sie. Also bis morgen!«

Später, als Al oben am Fenster stand, sah er ihn mit schlendernden Schritten durch das Tor gehen.

VIII

Die Sonne zeichnete das helle Rechteck des Fensters auf den Fußboden, aber es dauerte geraume Zeit, bis Al ganz wach war. Er holte tief Luft und streckte die Glieder. Dann erst bemerkte er die Hand des Butlers auf seiner Brust. Kleine Schweißperlen standen zwischen den Härchen des Handrückens.

»Mmhh – Mr. Hatch – was ist denn?«

»Verzeihung, Mr. Maycock. Sie hörten mein Klopfen nicht – schliefen ganz fest.« Er sah sich um, sprach hastig weiter. »Lady Cynthia – sie antwortet nicht.«

»Antwortet nicht?«

»Nein. Habe versucht, sie zu wecken. Seit zehn Minuten klopfe ich schon.«

»Wie spät ist es denn?«

»Ein Viertel nach sieben.«

»Meine Güte! Steht sie immer so früh auf?«

»Immer. Aber es dauert lange, bis sie herunterkommt. Was soll ich tun, Mr. Maycock?«

»Probieren Sie's noch mal. Ziehe mich inzwischen an.«

»Hat sie doch auf mich gehört? dachte Al. Sie ist fort und hat keinem von ihnen etwas gesagt. Das Klügste, was sie tun konnte.

Er war noch nicht fertig, als der Butler wieder erschien. »Nun?«

»Nichts. Kein Laut kommt aus ihrem Zimmer.«

»So?«

Al sah in den Spiegel und befühlte sein unrasiertes Kinn.

»Scheint Sie gar nicht zu beunruhigen, Mr. Maycock?«

»Noch nicht. Vielleicht ist sie gar nicht da.«

»Nicht da? Wo sollte sie denn sein?«

»Keine Ahnung. Aber es wäre möglich.« Al nahm

seine Jacke vom Stuhl. »Ich hoffe, das Haus erträgt es, wenn ich es unrasiert durchquere. Kommen Sie – gehen wir runter!«

Hinter der Tür zu Lady Cynthias Schlafzimmer regte sich nichts. Al klopfte laut und energisch. Keine Antwort. Er bückte sich und versuchte, durch das Schlüsselloch zu sehen.

»Habe es auch schon probiert«, gestand Hatch. »Nichts zu sehen. Der Schlüssel steckt.«

Al zog seine Nagelfeile aus der Tasche und schob sie in die Öffnung. Tatsächlich, der Schlüssel steckte von innen.

»Gibt es noch einen Schlüssel zu dieser Tür?«

»Nein. Das heißt – ich weiß von keinem.«

»Hat sie sich immer eingeschlossen?«

»Ja. Oder vielmehr eingeriegelt. Innen ist noch ein Riegel, wissen Sie. Dem Schloß hat sie nicht getraut.«

»Hm. Hat das Zimmer noch einen anderen Ausgang?«

»Nur den zum Bad. Aber von dort kommt man nicht weiter.«

Al klopfte noch einmal, ließ die Hand sinken. Wie hatte sie das nur gemacht, zum Teufel?

»Tja, ich glaube, es ist das beste, wenn wir Sir Aubrey Bescheid sagen. Wir können die Tür nicht so ohne weiteres aufbrechen – wenn wir das überhaupt schaffen.«

Hatch machte ein ängstliches Gesicht.

»Schon gut, Mr. Hatch. Ich mache das. Warten Sie hier.«

Bradfords Zimmer lag im gleichen Stock, aber auf der anderen Seite. Es dauerte eine Weile, bis er sich meldete.

»Maycock. Muß Sie einen Augenblick sprechen, Sir Aubrey.«

Ein Knurren war die Antwort. Al hörte das Knarren von Bettfedern und Bradfords Gelenken. Dann kamen schlurfende Schritte auf die Tür zu. Bradford trug einen verblichenen Morgenrock, und sein graues Haar stand wirr um das verschlafene Gesicht.

»Nun?«

»Tut mir leid, Sie zu stören, Sir Aubrey. Hatch hat mich geweckt. Es handelt sich um Lady Cynthia. Ihr Zimmer ist verschlossen, und sie antwortet nicht.«

Bradford sah ihn an, als könne er nicht begreifen.

»Wir dachten, daß sie vielleicht gar nicht da ist, und Sie darüber Bescheid wüßten.«

»Weiß von gar nichts«, knurrte Bradford.

»Sollen wir die Tür aufbrechen?«

»Warum, zum Teufel, wollen Sie da gleich die Tür aufbrechen?«

»Der Schlüssel steckt von innen.«

Bradford schüttelte unwillig den Kopf. Dann zog er den Gürtel fest um den Schlafrock und trat hinaus.

Hatch begrüßte ihn respektvoll. Bradford schlug mit der Faust gegen die Türfüllung.

»Cynthia! He, Cynthia!«

Drei- oder viermal rief er vergeblich.

»Kriegen wir die Tür auf?«

»Das Schloß vielleicht«, sagte Al. »Für den Riegel sehe ich schwarz.« Er überlegte. »Da sind noch die Fenster. Wenn sie eins offengelassen hat, kommen wir vielleicht mit einer Leiter ran. Moment – ich sehe nach.«

Er lief nach unten.

Im Park zwitscherten die Vögel, die Sonne stand hoch in der hellen Luft.

Oben sah Hatch aus einem der Fenster und deutete nach rechts. Die beiden angrenzenden waren geschlossen, und das Sonnenlicht fiel auf dunkle Vorhänge. Eine seltsame Unruhe erfaßte Al, während er hinaufsah. Wenn sie doch noch im Zimmer war . . .

Ach was. Irgendein verborgener Ausgang würde

existieren, das war es. In diesen alten Bauten war das nichts Besonderes.

Langsam ging er hinauf. June stand bei den anderen. Sie trug einen langen Morgenmantel aus schwarzer Seide, unter dem nur die Spitzen ihrer Pantoffeln hervorsahen. Ihr Gesicht war frisch und rosig, aber in ihren Augen stand Furcht.

»Guten Morgen, Miß June. Sie wissen auch nichts?«

»Nein. Ich kann mir das nicht erklären. Tante hat mir nichts gesagt.« Bradford lachte heiser und unangenehm.

»Wäre das erste Mal, daß sie uns gesagt hätte, was sie vorhat. Ausgesprochen freundlich von ihr, uns hier vor dem Frühstück einen Schrecken einzujagen.«

June sah ihn wütend an.

»Du solltest nicht so reden, Onkel. Du weißt, wie es mit ihrem Herzen steht. Wer weiß, ob ihr nicht etwas passiert ist.« Sie sah aus, als wollte sie anfangen zu weinen.

»Die Fenster sind zu, Sir Aubrey«, sagte Al. »Aber sie werden leichter zu öffnen sein als diese Tür. Gibt es eine Leiter, Mr. Hatch?«

»Keine so lange.«

»Hm. Moment.«

Al ging zur Tür des angrenzenden Zimmers, die Hatch offengelassen hatte. Es diente Lady Cynthia als privater Empfangssalon. Ein altmodischer Schreibtisch und Stühle mit faserigen Polstern standen herum.

Al sah aus dem Fenster. Der Mauervorsprung, der unter dem Sims an der Wand entlanglief, war gerade so breit, wie sein Fuß lang war. Mit einem bißchen Angstschweiß würde es gehen.

Die anderen waren ihm gefolgt. Al zog seine Jacke aus.

»Was haben Sie vor?«

»Wenn Sie nichts dagegen haben, Sir Aubrey – außen kann ich an der Mauer entlang bis zu Lady Cynthias

Fenster. Die Scheibe wird billiger sein als der Türrahmen. Seien Sie so gut, und holen Sie mir ein altes Handtuch, Mr. Hatch.«

Junes Stimme klang sehr energisch.

»Mr. Maycock – das dürfen Sie nicht! Wir holen einen Schlosser und lassen die Tür aufbrechen! Niemand hat etwas davon, wenn Sie sich den Hals brechen!«

Sie hat Angst um mich, dachte Al beglückt. Sie ist wundervoll. Aber die Frauen sind komisch. Niemals verzeiht sie mir, wenn ich jetzt nachgebe.

»Miß June«, sagte er besänftigend, »es ist die einfachste Sache der Welt. Ich verspreche Ihnen, daß nichts passiert. Der Schlosser hätte nichts Eiligeres zu tun, als die Geschichte in der ganzen Gegend herumzuerzählen. So wissen wir in fünf Minuten Bescheid.«

»Willst du das zulassen, Onkel?«

»Laß ihn«, sagte Bradford müde. »Er ist alt genug, um zu wissen, was er tut. Und wir müssen rausbekommen, was mit deiner Tante los ist.«

Junes Atem ging schnell, aber sie schwieg, Hatch kam mit dem Tuch, und Al wickelte es um seine rechte Hand. Dann kletterte er über das Fensterbrett und ließ die Füße auf die Leiste hinunter.

»Machen Sie sofort auf, wenn Sie drin sind!« Bradford sagte es und ging auf den Flur zurück. Hatch folgte ihm.

Al lächelte June zu. »Bis gleich, Miß June! Ehe ich runterfalle, lassen Sie mich Ihnen noch sagen, daß Schwarz Ihnen am besten steht. Wirklich!«

»Ach Sie!«

Sie kam dicht an ihn heran. »Seien Sie vorsichtig, Mr. Maycock!«

»Ich bin es, Miß June. Außerdem sind meine Rippen Kummer gewohnt.«

Al preßte seinen Körper flach an die Wand und schob sich rechts auf das geschlossene Fenster zu. Er fühlte, daß June ihm nachsah, aber er konnte den Kopf nicht drehen. Wenn nur der Mauervorsprung aushielt! Mußten etwa neun Meter bis unten sein. Vollauf genug, um sich die Beine zu brechen. In dieser Stellung schien man es vorzugsweise auf seine Knochen abgesehen zu haben. Wäre das beste, sich versichern zu lassen.

Zentimeter um Zentimeter rutschte er vor. Der rauhe Putz scheuerte an seiner Wange und an seinen Kleidern. Daß er den Arm waagerecht hielt, nahm die Rippe sehr übel. Al blieb stehen und ließ den Arm sinken.

Nicht einfach, das alles. War kaum anzunehmen, daß Lady Cynthia ihr Zimmer auf diesem Wege verlassen hatte.

Noch zwei Meter. Hinter sich hörte er Junes Atem, aber sie sagte nichts. Vernünftiges Mädchen, dachte Al.

Dreißig Sekunden später hatte er das Fenster erreicht, aber ihm war, als wäre inzwischen Mittag geworden. Er stützte die Hände auf den Sims und wandte den Kopf. June lächelte so strahlend und erleichtert, daß ihm beinahe jetzt noch schwindlig geworden wäre. Er winkte mit der linken Hand und grinste.

Von außen sah er den drehbaren Riegel, der die Fensterflügel zusammenhielt. Er lehnte sich mit der linken Schulter in die Fensternische und schlug in Höhe des Riegels kurz und hart gegen die Scheibe. Noch ein Schlag, und die Scheibe splitterte.

Al griff durch und drehte den Riegel.

Dann stieß er die Fensterflügel auf und stand im nächsten Augenblick in Lady Cynthias Schlafzimmer. Die schweren Vorhänge flogen kreischend zur Seite. Das Tageslicht strömte in breiter Flut in den Raum.

Kein Zweifel, daß Lady Cynthia tot war.

Ihr Körper war wie von einer Riesenfaust auf das Bett geschleudert, und maßloses Entsetzen stand in ihren aufgerissenen Augen.

IX

Lautlos trat Al näher.

Lady Cynthia trug ein altmodisches, seidenes Nachthemd. Ihre linke Hand war in die Bettdecke gekrallt. Der Mund stand halb offen, als hätte er einen Schrei ausstoßen wollen. Ihr rechter Arm hing über den Rand des Bettes hinunter. Neben den erstarrten Fingern lag das Telefon – oder das, was davon übrig war. Das Bakelitgehäuse war gesprungen, und Al sah schwarze Splitter auf dem Boden verstreut. Der Hörer war auf den Läufer aus Lammfell gefallen und unbeschädigt. Im Todeskampf mußte sie den Apparat vom Nachttisch gestoßen haben.

Das alles erfaßte Al in wenigen Sekunden.

An der Tür klopfte es, laut und ungeduldig.

Er lief hin und riß den Riegel zurück. Das Schloß schnappte zweimal.

»Was ist denn . . .?«

Bradford sah Als Gesicht und verstummte.

»Ist sie – ist sie drin?« Seine Stimme klang heiser.

Al nickte und trat zur Seite. Bradford lief hinein. Al hielt June fest, die ihm folgen wollte.

»Miß June – nicht erschrecken!«

Ihre Lippen bebten.

Er nahm ihre Hände.

»Bitte!«

Sie schluckte. Al ließ sie los und sah, wie sie mit kleinen steifen Schritten auf das Bett zuging, vor dem Bradford stand.

Hatch blieb im Türrahmen stehen. Sein Gesicht war gelb.

Niemand sagte etwas. Nur Junes unterdrücktes Schluchzen drang in die tödliche Stille.

Bradford faßte mit scheuer Bewegung die Hand der Toten. Dann beugte er sich über das Bett, sah in ihre Augen, berührte ihr Gesicht.

Als er sich umwandte, sah er bleich und ratlos aus.

»Hatch – holen Sie Doktor Summerville – schnell . . .«

Hatch zögerte, seine Augen suchten Al, und mit einem blitzschnellen Blick wies er auf Bradford, ehe er »Jawohl, Sir«, murmelte und verschwand.

Bradford ging ein paar Schritte und ließ sich auf einen Stuhl fallen. June blieb aufgerichtet vor dem Bett stehen.

»Verstehe das nicht«, sagte Bradford gepreßt. »Verstehe das nicht. Sie war doch gestern noch ganz gesund . . .«

Er starrte vor sich auf das Teppichmuster.

Als Augen tasteten durch den Raum, ohne Bradford außer acht zu lassen.

Nichts Auffälliges. Keine Waffe oder etwas, was entfernt danach aussah. Auf dem Nachttisch stand eine Medizinflasche und ein halbgefülltes Wasserglas.

Hm. Würde man sich ansehen müssen.

Merkwürdig, daß sie Glas und Flasche nicht mit heruntergeworfen hatte.

Eine geheime Tür! Schon vorhin hatte er daran gedacht. Wenn es eine gab und jemand in das Zimmer eingedrungen war – schon der Schreck konnte sie getötet haben!

Als Augen blieben an dem Kamin gegenüber dem Bett hängen. Eine dunkle, rußige Öffnung. Darüber ein hoher Spiegel, in dem Al das Bett und die tote Lady Cynthia sah.

Der Kamin, das war eine Möglichkeit.

Je länger Al daran dachte, um so deutlicher erschien vor seinem Bewußtsein das weiße, drohende Gesicht eines Menschen in dem steinernen Viereck . . .

Hatch kam mit dem Doktor. Summerville sah aus wie

König Gustaf von Schweden. Sein Gesicht war hager und faltig wie sein Anzug. Er grüßte kurz und trat an das Bett.

Die Perlen des Stethoskops verschwanden in seinen gewaltigen Ohrmuscheln. Endlos horchte er an der reglosen Brust von Lady Cynthia Hollingway und blickte dabei aus dem Fenster in den heiteren Park. June sah ihm mit tränengefüllten Augen zu.

Der Kamin, dachte Al wieder. Die einzigen Ausgänge waren der zum Bad und der zum Flur. Die Tapete ringsum sah nicht nach versteckten Türen aus. Außerdem würde sich das feststellen lassen – wenn er noch dazu kam.

Summerville nahm das Stethoskop heraus und räusperte sich. Sein langes Gesicht sah ungeheuer traurig aus.

»Nichts mehr. Mein Beileid, Sir Aubrey. Auch für Sie, Miß June. Tut mir leid. Tut mir wirklich leid.«

»Was glauben Sie, Doktor?«

»Muß das Herz gewesen sein. War ja schon immer nicht taktfest. Ja. Sie ist schon einige Stunden tot.«

Er nahm die kleine Flasche vom Nachttisch, zog den Korken heraus und schnupperte.

»Hm. Ist das Mittel, das ich ihr aufgeschrieben hatte. Strophantin und Baldrian.«

Bradford hob den Kopf. »Wäre es möglich, daß sie zuviel davon genommen hat?«

»Möglich wäre es«, sagte Summerville ruhig. »Aber diese Flasche ist noch dreiviertelvoll – habe sie erst vor ein paar Tagen ausgeschrieben. War auch keine starke Dosis.«

Er rollte die Gummischläuche zusammen. »Plötzlicher Herztod. Kommt immer wieder mal vor. Wirklich sehr traurig.«

»Doktor«, sagte Al leise, aber verständlich, »was sagen

Sie zu ihrem Gesicht? Sieht doch aus, als wäre sie erschrocken – über irgend etwas wahnsinnig erschrocken!«

Summerville musterte ihn kühl, ehe er antwortete.

»So sieht es aus, junger Mann. Aber es ist nichts Außergewöhnliches. Die Herzlähmung bringt das Gefühl der Todesangst mit sich. Die Leute ringen nach Luft und bäumen sich auf. Kein Wunder, wenn sie ein entsetztes Gesicht machen. Zufrieden?«

»Noch eine Frage, Doktor. Nehmen wir an, sie wäre tatsächlich erschrocken – war ihr Zustand so, daß es ihren Tod bedeuten konnte?«

»Ich sagte Ihnen doch schon . . .«

»Ja, Sie sagten es. War ihr Zustand so, daß ein Schock sie töten konnte?«

Bradford schob das Kinn vor. »Was soll die Fragerei, Maycock? Finde nicht, daß jetzt der richtige Moment dazu ist!«

Al schwieg. Der Arzt drehte ihm den Rücken zu.

»Vielleicht beantworten Sie *mir* die Frage, Doktor Summerville«, sagte June laut und energisch.

Al freute sich über die verblüfften Gesichter der beiden Männer. »Aber Miß June, warum . . .?«

»Weil ich es wissen will!«

Summerville bewegte mehrmals den Unterkiefer, ehe er weitersprach.

»Ja – so genau kann man das nicht sagen – Herzfehler sind heimtückisch – natürlich, ein plötzlicher Schreck – wäre schon möglich, daß die Aufregung sie tötete . . .«

Er fuhr herum.

Bradford sprang von seinem Stuhl auf. June wich einen Schritt zurück, und Al fühlte, wie eine kalte Welle ihn überlief.

Mit einem schabenden Geräusch war Lady Cynthias

linker Arm über die Bettdecke gerutscht und schwer heruntergefallen.

Ein paar Sekunden lang bewegte sich niemand. Wie ein körperliches Gebilde stieg der Gedanke zwischen ihnen auf, daß die Tote mit ihrer Bewegung die Worte des Doktors bestätigen wollte.

Summerville faßte sich zuerst. Mit vorsichtigem Griff faßte er den Arm, legte die Hände der Toten über ihre Brust und faltete sie ineinander. Dann drückte er die Lider über die glanzlosen Augen und zog die Bettdecke über das stille Gesicht.

»Gehen wir! Ich schreibe den Totenschein gleich aus, Sir Aubrey.«

Bradford wandte sich ab und ging hinaus. Der Doktor nahm seine Tasche und folgte ihm.

Al kniete nieder und hob das Telefon auf. Im Aufrichten begegnete er Junes Augen. Sie waren klar, und ein entschlossener Ausdruck lag darin.

»Mr. Maycock – an was denken Sie?«

Al sah sich um. Die Schritte Bradfords und des Arztes waren verklungen.

»An den Wagen«, sagte er leise. »Und an ihr Gesicht!«

June nickte langsam. Sie ging um das Bett herum und nahm die Medizinflasche vom Nachttisch, die Summerville dorthin zurückgestellt hatte. Wieder nahm Al den Baldriangeruch wahr, als sie den Gummistopfen herauszog.

»Ob sie es gestern eingenommen hat?«

»Ich weiß nicht«, sagte Al. »Ein Glas ist nicht da. Warten Sie – vielleicht im Bad.«

Er öffnete die Tür und sah in den kleinen, grüngekachelten Raum.

Vor dem Fenster kreuzten sich die Stäbe eines schmiedeeisernen Gitters. Das Sonnenlicht fiel auf die chromglänzenden Hähne. Die Wände waren glatt und fest. Keine Spur von einem anderen Ausgang.

Auf der geschliffenen Platte über dem Waschtisch stand ein halbgefülltes Glas. Al witterte den Geruch des Baldrians zwischen Fichtennadel und Parfüm.

Draußen hielt er June das Glas vor das Gesicht.

»Sieht aus, als wenn sie davon genommen hätte.«

»Ja.«

Vorsichtig zog Al die Vorhänge des zweiten Fensters zurück. Es war verriegelt wie das andere. Al sah einen Augenblick hinaus. Dann wandte er sich um und ging auf den Kamin zu. Einige verkohlte Holzscheite lagen auf dem rußverschmierten Rost. Schürhaken und Blasebalg waren achtlos in die Nische geworfen. Seit Wochen schien keines Menschen Hand sie berührt zu haben.

Die Rußschicht war überall unversehrt und glatt. Es roch nach Teer und Rauch.

Nein, da war nichts. Wenn jemand durch den Kamin gekommen wäre, hätte er Spuren hinterlassen müssen.

Als Al sich umdrehte, sah er, wie June die Medizinflasche in die Tasche ihres Morgenrockes steckte. Ihre Hand hielt das Glas, und der entschlossene Ausdruck ihres Gesichtes hatte sich verstärkt.

»Das hier nehme ich mit.«

Al verstand und sah ihr ernst ins Gesicht.

»Miß June – Sie wollen . . .?«

»Ja, Mr. Maycock.«

Al wußte, daß es zwecklos war, noch etwas zu sagen . . .

X

Luther Burbance kam am Nachmittag zurück. Er wußte schon Bescheid, als Al ihn beim Essen sah.

Noch immer war es, als wäre Lady Cynthia unter ihnen und hätte jeden einzelnen im Auge. Bradford hatte harte Linien im Gesicht, und seine Lider waren schläfrig und schwer.

Junes schwarzes Kleid stand ihr zauberhaft, aber ihr Gesicht war bleich und voller Trauer. Luther sah verstört und ratlos aus und starrte immer wieder auf Lady Cynthias leeren Stuhl.

»Hätte niemals gedacht, daß es so ernst mit ihrem Herzen stand. Nie hat sie etwas gesagt. Und der Doktor auch nicht.«

Er schüttelte traurig den Kopf.

»Arme Tante Cynthia. Was soll nun werden?«

Bradford aß seine Suppe zu Ende, ehe er sprach.

»Müssen uns um die Beerdigung kümmern. Wäre das beste, wenn du und June das tun würden. Mr. Maycock kann euch dabei helfen. Ich fahre morgen rein zu Notar Bellamy – wegen der Testamentseröffnung.«

Das sieht ihm ähnlich, dachte Al. Die anderen sollen sich um das Begräbnis kümmern, und er rennt hinter dem Geld her. Möchte wissen, wann er mich hinauswirft. Wahrscheinlich sofort nach der Trauerfeier. Noch auf dem Friedhof.

Bradford hob den Kopf, als erwarte er Widerspruch.

June sagte nichts. Auf Luthers Wangen erschienen rote Flecke und verschwanden wieder.

Bradford wird es nicht einfach haben, dachte Al wieder. Bin gespannt, wie das alles weitergeht.

Jetzt erschien Hatch mit dem Tablett. Er schloß die Tür hastiger als sonst, und sein Gesicht zeigte Aufregung.

»Verzeihung, Sir – ein Herr ist gekommen.«

Bradford sah aus wie ein alter, mißtrauischer Wachhund.

»Ein Herr? Was will er?«

»Er sagt, er sei von der Polizei, Sir«, erklärte Hatch furchtsam, aber in seiner Stimme schwang ein heimlicher Triumph.

Bradford fuhr auf und stierte ihn mit wütenden Augen an. »Polizei? Ja wer, zum Teufel, hat denn . . .?«

June nahm sich ein Stück Fleisch von Hatchs Tablett.

»Ich habe«, sagte sie ruhig. »Danke, Mr. Hatch. Nimmst du auch, Onkel?«

Bradford zerknitterte seine Serviette und warf sie neben den Teller. »Möchtest du uns vielleicht erklären, was das zu bedeuten hat?«

»Sofort. Hatch!«

»Miß June?«

»Führen Sie den Herrn in die Bibliothek. Wir kommen, wenn wir fertig sind.«

Sie wartete, bis der Butler das Zimmer verlassen hatte.

»Eine reizende Art hast du an dir«, knurrte Bradford. »Wie kommst du dazu, uns einen Polizisten ins Haus zu holen?«

»Ich möchte ihm eine Geschichte erzählen. Wenn du dich gedulden könntest, bis wir gegessen haben, erfährst du sie.«

Eine halbe Lady Cynthia ist sie, dachte Al.

Junes Wangen waren gerötet. Bradford stocherte wütend auf seinem Teller herum.

»Entschuldige, June«, sagte Burbance beschwichtigend. »Mag ja sein, daß du deine Gründe hast. Aber warum hast du uns nichts gesagt?«

»Ich habe meine Gründe, Luther. Ich wußte, daß

Onkel Aubrey von vornherein dagegen sein würde, die Polizei zu holen. Und heute morgen war ich zu einer langen Debatte nicht aufgelegt.«

»Natürlich bin ich dagegen«, rief Bradford. »Sie wird ihre Nase in alles Mögliche hineinstecken und eine dicke Akte anlegen – das ist alles, was dabei herauskommen wird. Glaube wahrhaftig nicht, daß du Tante Cynthia damit einen Dienst erwiesen hast.«

June antwortete nicht.

»Haben Sie ihr das eingeredet, Maycock?«

»Nein, Sir Aubrey.«

»Sähe Ihnen ähnlich.«

Sie aßen schweigend zu Ende.

Als sie die Bibliothek betraten, zog der Mann im Sessel seine langen Beine an sich und stand auf.

Al starrte ihn an wie ein Gespenst.

Er war hager, und seine spitzen Schultern hingen vornüber. Alles an ihm war zerknittert. Anzug, Hemd, Schlips – sogar die Schuhe wiesen brüchige Knitterfalten auf. Alles das sah Al nur mit einem flüchtigen Blick.

Die Nase! Nur eine solche Nase gab es noch auf der Welt, und die gehörte Mr. John Jack Henry, der ihn vor dem Ruin bewahrt hatte und dessen Gesicht dem des zerknitterten Mannes so ähnlich war wie eine Ginflasche der anderen.

Der Besucher sah die erstaunten Blicke und vollführte so etwas wie eine Verbeugung, wobei die Nase beinahe seine Brust berührte.

»Sergeant Mike Henry vom Yard«, sagte er schüchtern. »Miß Hollingway, wie ich annehme? Sie haben mich bestellt, nicht? 's war gerade niemand anderes frei, und da haben sie mich . . .«

»Haben Sie einen Bruder, der Klavier spielt?« fragte Al. Der andere grinste verlegen.

»Ja, Sir. Sie kennen ihn? Spielt großartig, was? Sie

müssen den *Tiger Rag* von ihm hören! Die Röhren im Radio fangen an, Boogie zu tanzen! Er nimmt . . .«

Al sah, wie Luther sich auf die Lippen biß.

»Entschuldigen Sie, Mr. Henry«, sagte June freundlich. »Wir alle kennen Ihren Bruder. Er spielt wunderbar. Aber hier handelt es sich um etwas anderes. Darf ich bekanntmachen – mein Onkel, Sir Aubrey Bradford – Mr. Luther Burbance, mein Cousin – Mr. Maycock.«

Mr. Henry der Zweite wiederholte die Namen und schüttelte die entsprechenden Hände.

Die Sessel bildeten einen Halbkreis um den Kamin. Der Sergeant plazierte seine zerknitterten Schuhe vorsichtig unter den Rauchtisch und sah erwartungsvoll um sich.

Hoffentlich ist er als Polizist so gut wie Jack als Pianist. Er wird es brauchen.

June erzählte die Geschichte von dem Augenblick ab, da Lady Cynthia den Wunsch geäußert hatte, am nächsten Morgen in die Stadt zu fahren, und sie brauchte keine zehn Minuten dazu. Als sie von dem Unfall sprach, blickte Luther entsetzt, Bradford mißtrauisch.

Sergeant Henry sah äußerst ratlos aus, als sie geendet hatte.

»Hm. Und nun glauben Sie, Miß Hollingway . . .«

Bradford schnitt ihm mit einer ärgerlichen Handbewegung das Wort ab.

»Erlauben Sie! Fürchte, daß Sie hier Ihre Zeit verschwenden, Sergeant. Ist mir völlig schleierhaft, wie meine Nichte auf diese Idee kommt. Der Doktor hat klipp und klar gesagt, daß es Herzschlag war!«

»Er hat auch schon gesagt, daß du Nierensteine hättest«, sagte June aufgebracht. »Nachher war es Rheuma. Ein Arzt ist ein Mensch, der sich irren kann.«

»Ganz richtig«, sagte Mr. Henry. »Kannte mal einen, der mir den Blinddarm herausnehmen wollte, und es waren bloß Würmer. Sie hätten sehen sollen, wie erstaunt er war.«

Bradford warf ihm einen verachtungsvollen Blick zu, aber Mr. Henry schien nichts zu bemerken.

Luther Burbance beugte sich vor und legte die Fingerspitzen aneinander.

»Jetzt, nachdem ich deine Geschichte gehört habe, kann ich dich verstehen, June«, sagte er, und sie sah ihn dankbar an. »Der Unfall und der Mann im Park – wie willst du das erklären, Onkel Aubrey?«

»Ach was! Jeder einzelne von uns hat mit dem Wagen schon irgendeine Karambolage gehabt. Mr. Maycock wurde angestellt, um das zu verhindern, soweit ich mich entsinne. Wenn er auch einen Unfall hatte, ist das gar nichts Besonderes. Und wenn tatsächlich ein Fremder im Park war und die Schrauben herausgedreht hat – wer sagt euch, daß er Tante Cynthia meinte? Kann irgendein Verrückter aus der Gegend gewesen sein, der uns einen Streich spielen wollte.

»Das ist auch wieder wahr«, sagte Sergeant Henry und faßte an seine Nase. »Sie haben den Mann nicht erkannt, Mr. Maycock?«

»Nein. Es war stockdunkel. Hörte nur seine Schritte auf dem Kies und sah seine Gestalt für einen Moment, ehe er verschwand.«

»Er lief zum Haus hin, ja?«

»Wenigstens in die Richtung.«

»Warum haben Sie uns nichts gesagt?« fragte Bradford scharf.

»Ich dachte, es wäre jemand vom Hause, Sir Aubrey. Ich war die erste Nacht hier – wollte nicht unnötig Lärm schlagen.«

»Wirklich aufmerksam von Ihnen!« Er wandte sich an Henry: »Darf ich fragen, was Sie jetzt tun wollen?«

Der Sergeant zog ein Notizbuch und einen zerkauten

Bleistift hervor. Es stellte sich heraus, daß die Spitze abgebrochen war.

»Äh – bitte tausendmal um Entschuldigung – hat vielleicht jemand ein Messer da?«

Luther kehrte die Augen zum Himmel und griff in die Tasche. »Nehmen Sie den, Sergeant.«

»Oh, vielen Dank, Mr. Burbance. Im Yard kann man keinen Bleistift liegen lassen, sofort ist er weg. Diesen hier habe ich auch von Inspektor Collins – äh – geliehen . . .«

Er senkte die Nase und blätterte in seinem Buch.

Das kann ja heiter werden, dachte Al. Möchte bloß wissen, wer diesen Burschen bei der Polizei eingestellt hat. Arme June!

So dachte Alastair Maycock und wußte in diesem Augenblick noch nichts von der Dankbarkeit, die er in wenigen Tagen dem Himmel dafür zollen würde, daß er gerade dem Sergeanten Mike Henry den Fall der Lady Cynthia Hollingway zugespielt hatte. Vorerst sah es nicht so aus, als ob Grund zur Dankbarkeit vorläge.

Mr. Henry klopfte mit dem geliehenen Bleistift an seine Nase.

»Hat jemand von Ihnen in der vergangenen Nacht etwas Verdächtiges bemerkt?«

Allgemeines Verneinen.

»Haben Sie Ihr Zimmer verlassen, Sir Aubrey?«

»Erst, als Mr. Maycock mich holte.«

»So. Sie, Miß Hollingway?«

»Nein.«

»Sie, Mr. Burbance?«

Luther lächelte nachsichtig. »Ich war doch gar nicht hier. Dumm von mir, das zu vergessen. Ich hatte heute früh in meinem Club zu tun und bin gestern abend schon weggefahren.«

»Soso. Und – äh – in der Nacht, Mr. Burbance? Wo haben Sie – ich meine, Ihr müdes Haupt . . .«

Wieder lächelte Luther.

»Mein müdes Haupt lag in Taggart's Pension, Sergeant. Am Charing-Cross-Bahnhof. Habe sie die ganze Nacht nicht verlassen.«

»Das ist lobenswert«, murmelte der Sergeant ehrfurchtsvoll. Sein Bleistift fuhr in seinem Notizbuch herum.

»Und – ist etwas vorgefallen in letzter Zeit? Ich meine, etwas Außergewöhnliches?«

Bradford antwortete sofort: »Nicht das geringste, Sergeant. Meine Schwester war, wie sie immer gewesen ist, und ich glaube, wir waren es auch.«

Er sah von einem zum anderen, aber es erhob sich kein Widerspruch.

Mr. Henry schwieg eine Weile, ehe er seinen nächsten Entschluß verkündete.

»Ja dann – dann würde ich mir gern das Zimmer von Lady Hollingway ansehen – und das Haus, wenn Sie gestatten. Darf ich Ihren Bleistift noch behalten, Mr. Burbance?«

»Aber selbstverständlich, Sergeant. Wir sind ja hier nicht in Scotland Yard.«

Mr. Henry nickte erleichtert. June sah unglücklich aus. Armes Mädchen, dachte Al. Er erhob sich zugleich mit den anderen.

Mr. Henry hielt das Notizbuch geöffnet und weit von sich, und Al sah mit einem schnellen Blick, daß er statt schwerwiegender Notizen ein Klavier hineingemalt hatte.

Im Zimmer war nichts verändert. Die Zacken der zerbrochenen Scheibe ragten wie gläserne Dolche aus dem Fensterrahmen. Henry steckte vorsichtig den Kopf durch die Öffnung.

»Hier sind Sie langbalanciert, Mr. Maycock? Alle Achtung!«

Er wandte sich dem Bett zu. Unter der Decke hoben sich die Umrisse von Lady Cynthias Körper ab.

»Was ist mit dem Telefon?«

»Es lag auf dem Boden«, sagte Al. »Sie muß es runtergeworfen haben. Ich habe es wieder auf den Nachttisch gestellt.«

Henry hielt den Hörer an sein Ohr.

»Scheint hin zu sein«, sagte er. »Kein Amtszeichen. Welches Amt haben Sie?«

»Stackston«, sagte June. »Nach London Selbstwähler.

»So.«

Er legte den Hörer zurück und hob behutsam die Decke über Lady Cynthias Kopf an.

In seinem Gesicht veränderte sich nichts.

»Nette alte Dame«, murmelte er. »Enorm traurig, das alles.«

Dann begann er eine planlose Wanderung durch das Zimmer, starrte Wände und Fußboden an und verschwand für kurze Zeit im Bad.

Auf der Schwelle blieb er stehen und schob die Unterlippe vor.

»Tür war verriegelt?«

»Ja. Und der Schlüssel zweimal rumgedreht.«

Mr. Henry schwieg jetzt so lange, daß Bradford ungeduldig wurde.

»Nun, Sergeant? Was denken Sie?«

»Was ich – oh, es ist mir von jeher schwergefallen, etwas zu denken, Sir Aubrey.«

Luther nickte verstehend, und Bradford unterdrückte eine Anwort.

»Sehe hier keinen Anhalt für Mord, beim heiligen Michael.«

Der Sergeant machte beim Anruf seines Namensheiligen ein gottesfürchtiges Gesicht.

»Aber etwas anderes interessiert mich.«

»Dürfen wir erfahren, was es ist, Mr. Henry?«

Luthers Stimme triefte von Höflichkeit. Henry nahm den Hörer wieder auf und betrachtete ihn sinnend.

»Wäre wichtig zu wissen, ob sie telefoniert hat, bevor sie starb.«

XI

Der Polizeiarzt war ein vollkommenes Gegenstück von Mr. Henry dem Zweiten, so daß es schien, als wäre er erschaffen, um dessen Erscheinung auszugleichen. Seine Nase erhob sich nur unwesentlich aus dem rosigen Gesicht. Er war klein und wußte im Gegensatz zu dem Sergeanten stets genau, wo sich seine Hände und Füße gerade aufhielten. Nichts an ihm war zerknittert, und sein Bleistift wies keine Spuren von Zähnen auf.

Er kam schon früh und blieb eine Viertelstunde mit Dr. Summerville und Henry im Zimmer der Toten.

Auf dem Hof hatte sich inzwischen der Wagen der Bestattungsanstalt eingefunden. Drei würdige Herren in Schwarz blickten gelangweilt in der Gegend umher und sahen abwechselnd nach der Uhr.

Al saß mit den anderen in der Halle, als der Polizeiarzt mit Henry und dem eifrig redenden Summerville die Treppe herunterkam.

»Ich kann die Diagnose Dr. Summervilles nur bestätigen«, sagte er lebhaft und bestimmt. »Es sind keine Anzeichen für einen unnatürlichen Tod vorhanden. Sie erlitt einen Herzkrampf und starb, ehe sie sich bemerkbar machen konnte. Vermutlich hat sie noch versucht, zu telefonieren und um Hilfe zu rufen. Aber es ging zu schnell.«

Er bohrte die Spitze seines Regenschirmes in den Teppich.

»Die gerichtsmedizinische Untersuchung können wir ihr ersparen. Glaube auch, daß das in Ihrem Sinne ist.«

»Ganz in unserem Sinne, Doktor«, sagte Bradford schnarrend aus dem Hintergrund.

»Das Medikament?« fragte June leise.

»Ganz harmlos, Miß Hollingway. Wir werden es

trotzdem untersuchen lassen. Sergeant Henry gibt Ihnen Bescheid, wenn er seinen Bericht gemacht hat. Und jetzt erlauben Sie, daß ich mich empfehle – habe noch einen Haufen Pat . . . äh – Arbeit.«

Bradford und Summerville begleiteten ihn zum Ausgang. Wenige Minuten später traten die schwarzen, schweigsamen Männer ein, und Hatch führte sie nach oben.

Als die Bahre hinausgetragen wurde, preßte June ihr Gesicht an Luthers Brust, und er streichelte ihr Haar und ihre Schultern.

Bradford nagte an seiner Unterlippe, und seine Augenbrauen waren dicht zusammengezogen. Hatchs Augen waren so wäßrig wie nach einer halben Flasche Gin.

Dann standen sie alle auf dem Treppenvorbau und sahen, wie Lady Hollingway ihre letzte Fahrt antrat.

Am Nachmittag saß Al auf seinem Bett und überlegte, was er tun sollte. Gleich von selber weg, das würde das beste sein, ehe er Bradford den Triumph überließ, ihn rausfeuern zu können. Trotzdem – die Beerdigung mußte er noch abwarten. Lady Cynthia hatte es verdient.

Er dachte an June und seufzte. Hätte alles so schön werden können! Er war und blieb ein verdammter Pechvogel, trotz gelegentlicher Lichtblicke. Wütend versetzte er dem nächststehenden Stuhl einen Tritt.

»Tut nichts«, sagte Hatch in der Tür. »Sind solide Möbel. Verzeihen Sie – mein schüchternes Klopfen ging in dem Lärm unter.«

Al freute sich ehrlich. »Haben Sie es wunderbar raus, zu erscheinen, wenn man Sie braucht, Mr. Hatch! Ist wohl unnötig nachzusehen, ob Sie eine Ginflasche mit sich führen?«

»Vollständig unnötig«, sagte Hatch und stellte die Flasche auf den Tisch. »Ich weiß, daß Sie Kummer haben, Mr. Maycock, und ich habe auch welchen. Mit einem Schluck trägt sich's leichter, und Lady Cynthia nimmt's uns nicht übel, wie ich sie kenne ... kannte.« Al stand auf und ging, das Fenster zu schließen.

»Mr. Hatch«, rief er, »sehen Sie, wer da geht!«

Sir Aubrey Bradford entfernte sich mit raschen Schritten vom Haus.

»Auf zum Anwalt«, murmelte Hatch hinter Al. »Ja, ja, Mr. Maycock. Trauer schützt vor Geldgier nicht. Sind eben zwei verschiedene Dinge.«

Er ließ den Gin in die Gläser laufen, der dort nicht lange blieb.

»Mr. Luther ist rüber zur Kirche«, fuhr er fort. »Miß June ist in ihrem Zimmer. Verdammt schwer für das arme Mädchen!«

Er trank das zweite Glas, ohne es zu merken. »Fühle mich direkt verweist, Mr. Maycock.«

»Sie allein? Was soll ich erst sagen? In ein paar Tagen können Sie das Bett frisch überziehen und die Mottenkugeln ausstreuen lassen.«

»Fürchte auch, Mr. Maycock. Bei Sir Aubrey erreichen Sie kein hohes Alter.«

Die Flasche gluckste.

»Wird er der neue Chef?«

»Ohne Zweifel.«

»Kennen Sie das Testament?«

»Habe es als Zeuge unterschrieben.«

»Oh, ich wollte nicht ...«

»Kein Geheimnis. Bradford kriegt das Haus und jeder ein Drittel des Geldes. Lady Cynthia war korrekt, gab jedem das Seine.«

»Ihnen auch?«

»Mir auch.«

»Freut mich für Sie, Mr. Hatch.«

Al zog den Knoten seines Schlipses nach unten und legte die Beine über einen Stuhl.

»Mr. Hatch – was passiert, wenn wieder einer stirbt?«

Der Butler machte sich nicht die Mühe, gegen etwas Hölzernes zu klopfen.

»Fällt sein Teil an die beiden anderen.«

»Praktische Klausel für Mörder«, sagte Al und trank den Gin aus seinem Glas.

»In der Tat, Mr. Maycock.«

Er jonglierte lautlos mit der Flasche.

»Was sollen wir machen? Wir haben nichts gefunden, und der langnasige Mr. Henry auch nicht.«

»Ja«, sagte Al sarkastisch. »Wir werden abwarten, bis der Nächste drankommt.« Seine Stirn zog sich zusammen. »Wenn es nur . . .«

»Wenn es nur June nicht ist, wollten Sie sagen.«

»Genau das, Mr. Hatch.«

»Lieben Sie sie?«

»Vom ersten Augenblick an.«

»Dachte es mir. Wünschte, Sie bekämen sie, statt Luther.«

»Luther?«

»Ja. Cousin und Cousine – edles Blut unter eigenem Dach – Geld bleibt in der Familie . . .«

»Kinder degenerieren . . .«

»Vielleicht . . .«

»Zum Kotzen, Mr. Hatch!«

»Ganz recht, Mr. Maycock.«

Der Kriminalsergeant Michael Henry erschien am Tage der Beerdigung Lady Cynthia Hollingways zum letzten Male. Inmitten der schwarzen Kleider und ernsten Gesichter war ihm äußerst unbehaglich.

»Verschwinde sofort wieder, Sir Aubrey. Wollte nur noch berichten.«

»Nett von Ihnen, Sergeant. Mr. Maycock wird Sie dann zum Bahnhof fahren.«

Henry setzte sich, und Al ging zur Garage. Der Wagen war am Vormittag gebracht worden, zusammen mit einer beachtlichen Rechnung. Silbrig und glatt stand er zwischen den Wänden. Vom Unfall war nichts mehr zu sehen.

Al faßte nach den Schrauben der Bremszylinder. Sie waren fest, und der Behälter war bis obenhin voll Bremsöl. Al setzte sich ans Steuer und stieß rückwärts hinaus. Er hatte keine fünf Minuten gewartet, als der Sergeant erschien.

Sie rollten durch das Tor.

»Ziemlich viel Trauer auf einem Haufen, da drin!«

»Verständlich.«

»Ja.« Henry kramte eine Zigarette hervor.

»Dort ist der Anzünder. Ist sie von selbst gestorben, Mr. Henry?«

»Zweifeln Sie?«

»Ja.«

»Beweisen Sie es, und ich bin Ihr Mann.«

»Kann ich nicht, Mr. Henry. Aber eins weiß ich: Sie zweifelte nicht, daß die Sache mit den Bremsen ihr gegolten hat. Irgend jemandem hat sie nicht getraut. Hatch hat gemerkt, daß etwas in der Luft lag!«

Al wich einer nervösen Henne aus.

»Sie hat ihr Zimmer abgeschlossen und verriegelt wie ein Banksafe. Kein Fenster hat sie aufgelassen. Sie wußte, daß ihr Gefahr drohte.«

»Alles schön und gut, Mr. Maycock. Aber wir müssen uns an Tatsachen halten. Sie hatte ein schwaches Herz. Keine Zeichen von Gewalt war an ihr zu finden. Kein

Gift weit und breit, auch nicht in Dr. Summervilles Wundermittel.«

Der Rauch von des Sergeanten Zigarette quirlte hinter der Scheibe.

»Niemand konnte das Zimmer oder Tür und Fenster von außen verriegeln, wenn er wirklich drin gewesen wäre. Der Kamin ist nur durch den Schornstein zu erreichen, und er war unberührt. 'ne Geheimtür ist immer 'n schöner Ausweg. Aber es ist keine da. Verstehen Sie mich recht: Die Erbschaft ist 'n Motiv, und für Geld tun die Leute alles mögliche. Wenn ein Mord geschieht, findet sich auch der Mörder. Ist nur 'ne Zeitfrage. Aber hier fehlt zuerst mal der Mord, und ohne Mord können wir keine Mördersuche inszenieren.«

»Hat sie telefoniert?«

»Sie hat. Habe mich auf dem Amt in Stackston erkundigt. Abends um acht hat sie Notar Bellamy in seiner Wohnung angerufen.«

»Und?«

»War bei ihm. Freundlicher Mann. Sie hat sich für den nächsten Tag um elf bei ihm angemeldet.«

Als sah ihn überrascht an. »Wegen des Testaments?«

Henry hob die eckigen Schultern.

»Keine Ahnung. Bellamy sagte, sie wäre immer mal zu ihm gekommen und hätte irgendwas besprochen. War nichts Außergewöhnliches.«

»Aber hören Sie, Sergeant – das paßt doch dazu, daß sie etwas ahnte! Wenn sie das Testament ändern wollte . . .«

»Möglich, möglich. Aber wir wissen es nicht, und sie hat es nicht geändert.«

»Nicht mehr«, sagte Al bitter.

Der Rolls schaukelte in den Federn, als sie vor dem Bahnhof hielten.

»Tja, Mr. Maycock, ist nun mal nichts. Kehre ruhmlos

heim in mein muffiges Dienstzimmer und suche weiter nach freiheitsdurstigen Ehemännern, gestohlenem Kleinkram und armseligen Gaunern. Wiedersehen. Und danke für die Tour.«

Er schüttelte Als Hand und stieg aus.

»Wiedersehen, Sergeant. Grüßen Sie Ihren Bruder. Und fragen Sie ihn mal, ob Dick mit seinem Motorrad wieder auf den Pinsel gefallen ist. Werde bald 'ne Stelle brauchen!«

»Verstehe«, sagte Henry und schlug die Tür zu. »Mach' ich. So long.«

XII

Al hörte den Wagen in den Hof fahren und sah hinaus. Da waren sie wieder. Jeder von ihnen um einen Haufen Geld reicher und Bradford Hausbesitzer. Er sah ihn aussteigen und June heraushelfen. Dann fuhr Luther weiter zur Garage.

Jetzt wird es nicht mehr lange dauern, dachte Al.

Es dauerte nicht mehr lange.

Hatch kam mit mitleidigen Augen.

»Mr. Maycock . . .«

»Wo ist er?«

»In seinem Arbeitszimmer.«

»Ich komme.«

Streiten hat gar keinen Zweck, dachte Al, als er die Treppe hinunterging. Je eher ich wieder draußen bin, um so besser. Bradford saß hinter dem Schreibtisch und sah mit Plastron und Cut ungeheuer feierlich aus. Er deutete auf einen Stuhl.

»Mr. Maycock . . .« Al blieb stehen.

»Sir Aubrey – Sie haben viel mitgemacht in den letzten Tagen. Gestatten Sie, daß ich Ihnen eine Arbeit abnehme. Lady Cynthia hat mich angestellt, nicht Sie. Die Verhältnisse haben sich geändert. Sie brauchen meinen Dienst nicht. Ich gehe.«

Jeder hielt den Blick des anderen aus.

»Sie haben mir mit Ihrer Ansicht über den Tod meiner Schwester nicht gerade einen Gefallen getan«, sagte Bradford mit rauher Stimme. »Glauben Sie, es ist ein Vergnügen, wenn ein solcher Verdacht im Hause umgeht? Wird lange dauern, meine Nichte zur Vernunft zu bringen.«

»Ich habe dem Doktor eine Frage gestellt«, sagte Al, »und keine Meinung geäußert. Und Ihre Nichte ist das vernünftigste Mädchen, das ich kenne. Es war ihre eigene Idee, die Polizei zu holen.«

»Ihre Frage und Ihr Benehmen haben sie dazu gebracht.«

»Und der Unfall, Sir Aubrey?«

»Sie zweifeln daran, daß meine Schwester eines natürlichen Todes gestorben ist, Mr. Maycock. Dann gestatten Sie auch, daß ich an Ihrem Mann im Park und Ihrem Unfall zweifle.«

Al merkte, wie ihm der Kragen enger wurde. »Ihre Nichte war dabei!« Bradford lehnte sich über die Schreibtischplatte. Sein Gesicht war dunkel.

»Glauben Sie, ich habe keine Augen im Kopf? Sie haben Einfluß auf sie und nützen ihn aus – das ist die ganze Wahrheit! Von Erbschleichern, die einheiraten wollen, halte ich nichts, Mr. Maycock!«

Al nahm sich mit Gewalt zusammen. Schnell raus hier, ehe er den alten Kerl aus dem Fenster werfen würde.

»Guten Tag, Sir Aubrey. Hoffe, daß Sie gesünder bleiben als Ihre Schwester.«

Er gab sich Mühe, die Tür leise zu schließen, aber sie knallte doch etwas lauter als gewöhnlich.

An der Treppe stand Luther. Er mußte alles gehört haben. Seine Stimme klang ehrlich, aber in seinen Augen glimmte ein verstecktes Licht von Schadenfreude.

»Tut mir leid, Mr. Maycock. Nicht meine Schuld, daß es so gekommen ist.«

»O. k., Mr. Burbance. Lassen Sie sich's gut gehen!«

Al gab ihm die Hand und eilte nach oben. Er riß seine Tür auf und blieb erstaunt stehen. Auf dem Tisch gähnte sein geöffneter Koffer. Hatch schachtelte gerade die Hemden kunstvoll übereinander. Er begegnete Als fragenden Augen und lächelte.

»Dachte mir, daß Sie schnell fort wollen, Mr. Maycock.«

Al fühlte, wie sein Ärger wegschmolz, als wäre er nie dagewesen. Er zog die Tür zu und schüttelte den Kopf.

»Sie müssen mir mal erklären, wie man das macht.«

»Was?«

»Hellsehen.«

Gemeinsam packten sie weiter. Als Al den Deckel des Koffers herunterklappte, gewahrte er dahinter auf dem Tisch zwei Schalen mit wasserheller Flüssigkeit. Sie faßten mindestens einen Viertelliter. Zum ersten Mal schien Hatch verlegen.

»Ja, Mr. Maycock – weiß nicht, was ich sagen soll . . .«

Al faßte sein Glas. »Sagen Sie gar nichts, Mr. Hatch. Ich danke Ihnen für alles!«

Al wischte sich die Augen, als er getrunken hatte, und Hatch tat das gleiche.

»Lausig scharf, das Zeug!«

»Fürchterlich.«

Al nahm den Koffer in die Linke und faßte mit der rechten die Hand des Butlers.

»Wollte mit Ihnen zum Bahnhof gehen, Mr. Maycock. Aber da ist schon jemand.«

»June?«

»June.«

»Bis irgendwann, Mr. Hatch!«

»Bis irgendwann, Mr. Maycock!«

June sprach erst, als sie auf der Landstraße waren.

»Nicht nett von Ihnen, mich jetzt allein zu lassen.«

Al sah sie an mit dem Blick eines sterbenden Hundes.

»Nicht nett von Ihnen, mich jetzt zu verspotten, Miß June!«

»Ich verspotte Sie nicht, Al.«

»Fahren wir noch ein Stückchen? Wird einige Zeit dauern, bis ich wieder in so einem Wagen sitze.«

Ein Bauernwagen kam in Sicht, und Al zog den Rolls nach rechts hinüber.

»Nicht weinen, June!«

Sie wischte hastig an ihrer Nase herum. »Wie können Sie denn . . .«

»Im Rückspiegel. Lachen Sie ein bißchen. Denken Sie noch an mein Menü im *Little Paris?«*

»Ja. Es war wunderbar. Sie haben so nett geschielt.«

»Das haben Sie gemerkt?«

»Genau.«

»Niemals vergesse ich diesen Abend nicht, June. Und etwas anderes auch nicht.«

»Was denn?«

Al nahm den Gang raus und stoppte. Sie sah ihn verwundert an. Ihr Blick folgte seiner ausgestreckten Hand.

»Unser Stein«, sagte er.

Mit leichter Neigung ragte der Meilenstein aus der Grasnarbe. »London, achtundvierzig Meilen.«

»Deswegen der Umweg?«

»Ja. Wollte ich noch mal sehen. Hier hatte ich eine Erleuchtung.«

Ihre Augen wurden neugierig.

»Daß ich Sie liebe, June!«

Sie gab keine Antwort.

»Vor dem Bahnhof stehen Leute«, sagte Al. »Hier stehen keine. Das ist ein entscheidender Unterschied.«

»Das ist es«, sagte sie.

Je länger er sie küßte, desto stärker preßte sie ihre Lippen auf seinen Mund.

»Ohrfeige?«

Sie schüttelte mit glänzenden Augen den Kopf.

»Nett von dir. An dieser Stelle bin ich schon mal beschädigt worden.«

»Oh – Al – Ihre . . . deine Rippe – was macht sie?«

»Sie wächst wieder zusammen. Wird noch ausreichen, um ein Weib daraus zu schaffen.«

»Was sagst du da?«

»Nicht so ein Weib wie dich, natürlich!«

»Dein Glück!«

Al fuhr mit einer Hand. Erst als der Bahnhof in Sicht kam, ließ er June los, und sie rutschte auf ihren Sitz zurück.

»Noch zehn Minuten. Hör zu, June. Wenn irgend etwas passiert – über Jack Henry im *Paris* kannst du mich erreichen. Sowie ich eine Adresse habe, kriegst du sie. Und sowie ich kann . . .«

»Ja?«

»Frage ich dich was«, sagte er leise.

»Vergißt du's auch nicht?«

»Wenn du mich immer mal dran erinnerst, nicht!«

»Tu' ich.«

»Fein. Und – halt die Ohren steif! Möchte nicht, daß du die nächste in eurer komfortablen Familiengruft bist. Ach, June, es ist mir schrecklich, dich jetzt allein zu lassen!«

»Vielleicht nehme ich mal Urlaub.«

Seine Augen strahlten. »Wirklich? London soll eine wunderbare Stadt sein!«

»Muß ich mir ansehen!«

Al schaute auf die Uhr. »Es wird Zeit. Wäre dumm, wenn er ausgerechnet heute keine Verspätung hätte.«

June griff in die Tasche ihrer Kostümjacke.

»Hier, Mr. Sekretär! Ihr Gehalt für einen Monat!«

»June, du glaubst doch nicht . . .«

»Doch, glaube ich! Spiel hier nicht den stolzen Recken, Al. ›War mir ein Vergnügen, Euch umsonst zu dienen, edle Dame‹ und so. Ich weiß, daß du kein Geld hast. Mußte dir schon mal aushelfen. Willst du dich in der letzten Minute mit mir streiten?«

»Nein.«

»Also.«

Al stieg aus und hob seinen Koffer vom Rücksitz.

»Wiedersehen, June!«

Sie hob kurz die Hand und fuhr so rasch an, daß er in einer Staubwolke zurückblieb.

XIII

Als der Zug in Charing Cross Station einlief, war es halb acht.

Al schlenderte zwischen den wenigen Fahrgästen zur Sperre. Draußen sog er in tiefen Zügen den Geruch Londons ein. Der Verkehr brandete in rastlosen Wellen, und die leuchtenden Bänder der Neonreklamen ergossen Kaskaden von Licht in die dunstige Luft.

An einer Straßenkreuzung mußte er warten. Unwillkürlich schweifte sein Blick über die Kette der Kraftfahrzeuge, die durch das Rot der Verkehrsampel gleichfalls zum Warten gezwungen wurden.

Dicht neben sich, an der Bordkante, gewahrte Al ein dunkelblaues Kabriolett, das ihm merkwürdig vertraut vorkam. Obwohl es in jener Nacht ziemlich dunkel gewesen war, hätte er doch darauf schwören mögen, daß er in diesem und keinem anderen Wagen einige Stunden geschlafen hatte!

Und wenn noch Zweifel beständen – die rassige Rothaarige am Steuer beseitigte diese restlos! Es war dieselbe attraktive Dame, die Al in jener Freitagnacht am Fenster gesehen und deren Gespräch mit dem unsichtbaren Partner er zwangsläufig hatte mitanhören müssen!

Neben der Dame am Steuer saß noch eine zweite Person: ein Mann! Al versuchte interessiert, ihn genauer ins Auge zu fassen. Gerade, als die Verkehrsampel Grün anzeigte, und die Fahrzeuge wieder zu rollen begannen, beugte der Mann sich vor, wobei sein Gesicht in einen Lichtschein geriet.

Alastair Maycock unterdrückte einen Laut der Überraschung, die Entdeckung, die er machen mußte, versetzte ihm vorübergehend die Luft.

Der Mann neben der Rothaarigen hatte eine verteufelte Ähnlichkeit mit – Luther Burbance!

Das dunkelblaue Kabriolett war angeruckt und fuhr davon. Al starrte ihm fassungslos nach.

Luther Burbance?

Hatte ihm seine ausschweifende Phantasie da einen Streich gespielt?

Nun, wie dem auch sei – für ihn gab es im Augenblick wichtigere Probleme. Wohin sollte er sich jetzt wenden – das war die Frage, die ihm am nächsten lag.

Mit unentschlossenem Schritt ging er weiter und überlegte. Irgendeine billige Pension, das war das Richtige für ihn. Es würde gut sein, das Geld aus Junes reizender Hand weise einzuteilen.

Al blieb stehen, als ein erleuchtetes Schild über einer Steintreppe seinen Blick anzog. Hunderte solcher Schilder und Hunderte solcher Häuser gab es in London. Aber diesen Namen hatte er schon einmal vernommen.

Taggart's Pension.

Taggart's Pension. Was war damit? Während er mit gerunzelter Stirn das Schild anstarrte, kramte er in seinem Gedächtnis. Irgendwo in seinem Bewußtsein war dieser Name und die Gelegenheit, bei der er ihn vernommen hatte. Aber er fand die Verbindung nicht.

Na, wenn schon. Bißchen warten und nicht dran denken, dann würde es ihm schon einfallen. Außerdem – eine Pension war eine Pension, und Mr. Taggert war ebensogut wie Mr. Sonstwer. Was sollte er noch lange herumlaufen.

Al stieg die Treppe hinauf und drückte die Tür nach innen. Er sah einen langen Gang und Licht an seinem Ende.

In einer Nische saß hinter einem schmalen Pult ein Mann. Er las in der »Times«, und durch einen billigen

Lampenschirm aus grünem Glas fiel das Licht auf das Blatt und sein gedunsenes, unrasiertes Gesicht.

»'n Abend«, sagte Al.

Langsam senkte sich die Zeitung.

»'n Abend.«

»Zimmer frei?«

Prüfende Augen musterten den Besucher.

»Wie lange?«

»Erst mal 'ne Nacht. Vielleicht länger.«

Die Prüfung schien bestanden. Der Mann griff unter sein Pult und legte ein heftähnliches Buch mit dickem Pappeinband vor Al hin.

»Hier – tragen Sie sich ein. Drei Shillinge pro Nacht. Zahlen im voraus.«

Al sah auf.

»Zuviel, was?«

»Nein, wenn die Betten nicht so kurz sind, daß man die Schuhe anbehalten muß«, sagte Al. »Sind Sie Mr. Taggert?«

»Bin ich. Bei mir ist alles in Ordnung, Mister.«

Al legte die Shillinge auf den Tisch und schlug das Buch auf. In langen Reihen standen Namen und Adressen untereinander. Schriften, links- und rechtsgeneigt, große und kleine, schnörkelige und gerade, leserlich gemalte und geschmierte, die aussahen wie Hieroglyphen auf einem Pharaonengrab.

Er blätterte weiter, bis unbeschriebene Zeilen auftauchten. Seine Augen überflogen das Blatt, und er setzte gerade zum Schreiben an, als er stockte.

Da war ein Name, den er kannte, und blitzartig fiel ihm ein, wo er schon von Mr. Taggert und seinem Unternehmen gehört hatte.

Luther Burbance. Geboren 12. 1. 18. Wohnort Hollingway Manor, Stackston.

Schon wieder Luther Burbance!

Luther hatte hier gewohnt! In der Nacht, in der Lady Cynthia starb, war er hier gewesen! Dem langnasigen Mike Henry hatte er es erzählt, als der seine erfolglosen Nachforschungen begann.

Al spürte, wie Taggarts Augen ihn durchbohrten. Er senkte die Feder ein und schrieb.

Der Wirt zog ihm das Buch fort, als er kaum fertig war, und Al konnte gerade noch erkennen, daß hinter Luthers Namen mit Bleistift eine 14 geschrieben war.

In der nächsten Minute entschied sich, ob das Geheimnis um Cynthia Hollingways Tod gelöst werden sollte oder nicht, ohne daß Alastair Maycock und Bill Taggert es wußten.

Taggert drehte sich um und fingerte an dem Schlüsselbrett herum, das an der rechten Wand der Nische angenagelt war. Die Haken waren krumm und verdreht, und daran baumelten plumpe Schlüssel mit Ringen und kleinen Blechschildern. Einige der Haken waren leer. Taggarts Hand glitt unter dem Brett entlang.

Eine seltsame Spannung erfaßte Al, von der er nicht wußte, woher sie kam. Taggart faßte einen der Schlüssel, ließ ihn wieder los.

Das Schild klingelte leise. »Vierzehn« stand darauf.

Er faßte den nächsten, den übernächsten. Seine Finger trommelten gegen das Holz.

Al sah zu und rührte sich nicht.

Zögernd, als ahnte er, welche Unannehmlichkeiten das mit sich bringen würde, kehrte Mr. Taggert zu Nummer 14 zurück.

Dann griff er zu, und der Schlüssel klirrte vor Al auf das Holz.

»Zweiter Stock«, knurrte Taggart und schlug die ehrwürdige »Times« wieder auf.

Hastig nahm Al den Schlüssel an sich.

Einige Minuten später stand er in dem Zimmer, das

Luther Burbance bewohnt hatte. Das Fenster stand offen, und von der Straße drang der dumpfe Lärm Londons herein. In das Ächzen von Lokomotiven und Gebrüll von Rangierarbeitern mischte sich das harte Gedröhn eines Preßlufthammers.

Nichts für Leute mit leichtem Schlaf, dachte Al.

Er stellte seinen Koffer auf ein Holzgestell mit fleckigen Leinenriemen und hing den Mantel auf.

Das Zimmer war leidlich sauber, und das Bett schien anständig.

Der Wasserhahn tropfte, aber das wies darauf hin, daß er imstande war, das Becken mit Wasser zu füllen.

Sogar Telefon hatten sie, alle Achtung. Der Apparat stand auf dem Nachttisch, und seine geflochtene Schnur lief zu einer Steckdose dicht über dem Boden.

Al schloß die Tür ab und zog sich aus. Er ließ das Fenster einen Spaltbreit offen, und die Nachtluft bewegte den Vorhang in kurzen Stößen.

Jetzt merkte Al, wie müde er war. Er drehte sich und wollte das Licht löschen, als sein Blick noch einmal auf das Telefon fiel.

Was war nur daran? Sein Hirn registrierte eine Besonderheit, aber sein Verstand konnte nicht sagen, was es war. Ein Telefon wie tausend andere.

Vielleicht war es nur eine Erinnerung an Lady Cynthias Apparat, der zertrümmert vor ihrem Bett gelegen und sich seinem Gedächtnis so eingeprägt hatte, daß jedes Telefon seitdem seinen Blick anzog.

Aber da war noch etwas. Al richtete sich im Bett halb auf und stützte den Kopf in die Hand.

Ein alter Kasten. Das Gehäuse von stumpfer Schwärze und der Wählring matt und abgegriffen. Mußte zehn Jahre alt sein, wenn nicht noch mehr.

Als Blick wanderte über den Hörer, und plötzlich sah

er, was das Besondere am Telefon des Zimmers 14 von Taggart's Pension war.

Der Griff und die Ohrmuschel waren ebenso abgenutzt wie das Gehäuse. Aber der Trichter war nagelneu, und der Schein der Deckenlampe fing sich mit spiegelnden Reflexen in seinem Lack.

Al setzte sich langsam aufrecht.

Ein alter Apparat mit einem neuen Trichter!

Langsam, wie eine Luftblase aus tiefem Wasser stieg ein Gedanke in ihm auf, unwahrscheinlich und irrsinnig, aber er blieb und wich nicht mehr.

Der neue Trichter! Lady Cynthias zertrümmertes Telefon!

Das Blut klopfte in seinen Ohren. Mit jedem Herzschlag gewann die Idee klarere Gestalt in seinem Kopf.

So war es, nur so, und nur ein Teufel in Menschengestalt konnte darauf kommen!

Al schleuderte die Decke zurück und suchte mit fahrigen Händen in seiner Jacke nach dem Notizbuch. M, N, O – P, da, das war die Nummer vom *Paris*. Er hob den Hörer ab, und der Trichter funkelte.

»Ja?«

»Wollte noch mal telefonieren, Mr. Taggert.« Al brachte trotz seiner Aufregung ein Gähnen hervor. »Wie kriege ich das Amt?«

»Weißen Knopf drücken!«

»Danke!«

Es dauerte eine Weile, bis Jack Henry an den Apparat kam. Al hörte leise Fetzen von Musik, Gewirr von Stimmen und Gelächter. Schien wieder ein schöner Betrieb zu sein.

Sofort nach seinem Gespräch mit Jack wählte er eine zweite Nummer.

Um neun Uhr läutete es anhaltend in Taggart's Pension. Mr. Taggart schlurfte nach vorn und öffnete.

Überrascht und erschrocken sah er auf die Marke und die ungeheure Nase des Sergeanten Mike Henry von Scotland Yard.

XIV

Henry bremste, als die weiße Mauer von Hollingway in Sicht kam.

»Zwanzig Minuten bis vier«, sagte er nach einem Blick auf seine Uhr. »Wird gerade so hinkommen. Raus mit Ihnen, Masters. Was Sie zu tun haben, wissen Sie. Ran an das Haus und warten.«

Der Konstabler nickte. Die Augen in seinem breiten Gesicht waren stahlblau und kalt, und seine Hände sahen aus, als könnten sie eine Bibel mittendurch reißen. Er sprang aus dem Wagen. Kurz darauf hielt der Sergeant vor dem Haus, das Al so vertraut war.

Henry zog die Handbremse an.

»Muß sagen, daß ich äußerst neugierig bin, wie das ausgeht«, sagte er grimmig. »Wenn wir uns blamieren, wird Jack seine Kapelle vergrößern müssen. Für Sie, Masters und mich.«

Al läutete, und sie warteten. Hatchs Staunen wandelte sich schnell in helle Freude.

»Mr. Maycock – Sergeant – soll ich . . .«

»Hören Sie so gut zu, wie Sie können, Mr. Hatch«, sagte Henry leise und eindringlich. »Ist die Familie da?«

»Jawohl.«

»Gut. Lassen Sie uns in die Bibliothek, und holen Sie alle drei dorthin. Sagen Sie, es wäre enorm wichtig. Sie müssen vor vier Uhr dort sein!«

»Aber Sergeant, ich fürchte . . .«

»Ich fürchte auch verschiedenes, Mr. Hatch. Tun Sie bitte, was ich Ihnen gesagt habe. Um vier kommt ein Anruf. Stellen Sie vorher das Telefon zur Bibliothek durch. Nicht vergessen! Und achten Sie darauf, daß niemand von der Dienerschaft sich in der Nähe oder vor dem Haus herumtreibt!«

Hatch sah Al an, und dieser nickte.

»Machen Sie's, wie der Sergeant sagt, Mr. Hatch. Später erklären wir Ihnen alles.«

Wortlos ging Hatch voraus. Als er die Bibliothek verlassen hatte, lief der Sergeant mit lautlosem Schritt zu der großen Standuhr und stellte ihre Zeiger nach seiner Armbanduhr. Sie setzten sich so, daß sie die Tür zur Halle vor sich hatten. Das Telefon stand bei den Bücherregalen auf einem niedrigen Tisch.

June erschien als erste.

Al ging auf sie zu, aber Henry verhinderte eine lange Begrüßungsszene.

»Tag, Miß Hollingway. Versprechen Sie mir, sich in der nächsten Viertelstunde über nichts zu wundern und nicht zu erschrecken. Bitte, nehmen Sie den Sessel neben Mr. Maycock, und bleiben Sie dort sitzen – was immer auch geschieht!«

Al zog June zu sich hinüber. Sie kam nicht dazu, eine Frage zu stellen, denn in der Tür erschien Bradford und hinter ihm Luther.

Hatchs Blick kreuzte sich mit dem von Al. Dann schloß er die Tür.

»Tag, Sergeant. Wundert mich, Sie heute schon wieder hier zu sehen.« Seine Stimme wurde schärfer. »Noch mehr wundert mich das bei Ihnen, Mr. Maycock!«

»Ich werde Ihnen das sofort erklären, Sir Aubrey«, sagte Henry ruhig. »Wenn Sie Platz nehmen und einen Augenblick zuhören wollen.«

»Ich wäre Ihnen dankbar, wenn Sie sich kurz fassen, Sergeant!«

Er ließ sich in den Sessel fallen. Luther nickte Al und Henry zu und setzte sich ebenfalls. Sein Gesicht war gelassen wie immer.

Al sah zur Uhr hinüber. Fünf Minuten vor vier.

Er legte seine Hände übereinander, um sie ruhigzuhalten, aber er konnte nicht verhindern, daß ein leises Ziehen in seinen Eingeweiden einsetzte und langsam zum Zwerchfell hochstieg.

Henry lehnte sich in seinen Sessel zurück. Seine Stimme verriet keine Aufregung, aber seine Nase war von einem zarten Rosa überzogen.

»Ich bin noch einmal gekommen, um mit Ihnen über Lady Cynthias Tod zu sprechen«, sagte er und streckte seine Beine von sich. »Wir haben Grund zu der Annahme, daß sie doch ermordet wurde.«

Alle Blicke kreuzten sich auf der Nase des Sergeanten.

»Mr. Henry, ich habe keine Lust . . .«

»Augenblick, Sir Aubrey. Lassen Sie mich ausreden. Die Schwierigkeit in diesem Falle war, herauszufinden, ob und wie es geschah. Solange wir das nicht wußten, konnten wir keine Anklage wegen Mordes erheben.«

»Ach«, sagte Luther interessiert, »jetzt wissen Sie es?«

Der Sergeant sah ihm gerade in die Augen. »Ja, Mr. Burbance. Jetzt weiß ich es. Und ich werde es Ihnen demonstrieren – hier in diesem Zimmer.«

Einen Augenblick lang war kein Laut zu vernehmen. Dann setzte ein leises, metallisches Summen ein. Die Uhr begann zu schlagen.

Al preßte seine Hände ineinander. Henry öffnete den Mund und schloß ihn wieder, als wollte er die Schläge abwarten, ehe er weitersprach.

Als der letzte Ton verhallt war, schrillte das Telefon. Luther sah sich um. »Entschuldigen Sie!«

Er stand langsam auf, ging hinüber und nahm den Hörer ab.

Henrys Hand näherte sich unmerklich dem Ausschnitt seiner zerknitterten Jacke.

»Ja«, sagte Luther, »ja – das bin ich. Am Apparat. Ja – ich höre.«

In der nächsten Sekunde geschah es.

Ein heller, scharfer Ton fuhr in die Stille.

Burbance schrak zusammen, ließ mit einem Aufschrei den Hörer fallen und preßte die Hand auf sein Ohr. Sein Gesicht war leichenblaß und von Schrecken verzerrt. Bradford und June waren aufgesprungen und starrten ihn entsetzt an.

»Ja«, sagte Henry mit veränderter, harter Stimme, aus der jede Verbindlichkeit gewichen war. »So war das, Mr. Burbance. Bewegen Sie sich nicht, oder ich jage Ihnen eine Kugel durch den Brustkasten!«

Der Lauf der schweren Waffe wies haargenau auf den mittelsten Knopf von Luthers elegantem Einreiher, und die Nase des Sergeanten bildete eine gerade Linie mit Kimme und Korn.

»Sogar Sie sind erschrocken, als Sie den Hörer am Ohr hatten und am anderen Ende in den Trichter geschossen wurde. Ihre Tante war alt und herzkrank, und es war Nacht – sie starb an dem Schreck!«

Al sah, wie die Farbe aus Junes Gesicht wich. Bradford faßte sich an den Hals und rang nach Atem.

»Die Idee war so einfach wie sie raffiniert war«, fuhr der Sergeant fort. »Sie wollten Ihre Tante aus dem Weg haben. Lady Cynthia traute Ihnen nicht, und auch Hatch witterte, daß etwas in der Luft lag. Der erste Anschlag war der mit den Bremsen. Sie waren der Mann, den Maycock nachts im Park gesehen hat, und es ist ein Wunder, daß er und Miß Hollingway nicht schwer verunglückt sind. Aber Lady Cynthia blieb am Leben, und der nächste Mordversuch mußte folgen. Sie hatten ja Eile, Mr. Burbance, Sie mußten jeden Tag damit rechnen, daß die alte Dame ihr Testament änderte und Sie leer ausgingen!«

Luther strich sich über sein Ohr, und seine Lippen bebten.

»In der nächsten Nacht fuhren Sie nach London. Sie suchten sich eine Pension, die Telefon in jedem Zimmer hatte, und eine Gegend am Bahnhof, in der so viel Krach war, daß ein Schuß nicht weiter auffallen konnte. Nachts riefen Sie Ihre Tante über den direkten Anschluß an und schossen mit einer Platzpatrone in den Trichter, als sie den Hörer am Ohr hatte. Ihr Herz hielt den Schreck nicht aus, und im Todeskampf riß sie das Telefon herunter, das sie getötet hatte.«

Luthers Augen zuckten von einem zum anderen, und glühender Haß stand in ihnen. Jetzt sieht er aus wie ein Mörder, dachte Al.

»Nichts auf der Welt konnte Ihr Alibi erschüttern«, sagte Sergeant Henry. »Niemals wären wir auf den wahren Sachverhalt gekommen, wenn nicht Mr. Maycock gestern zufällig in das gleiche Zimmer bei Taggart geraten wäre, in dem Sie damals wohnten. Er sah den neuen Trichter an dem alten Apparat, und er hatte die Erleuchtung, die uns fehlte. Im Nachttisch neben dem Bett fanden wir die Brandspuren Ihres Revolvers. Die Holzwände dämpften den Schall für Ihre Umgebung, aber sie verstärkten ihn für Lady Cynthias Ohr. Wir fanden auch den Mann, bei dem Sie den neuen Trichter gekauft haben, weil Sie wußten, daß der alte beim Schuß versengen würde. Sie hätten nicht ein Elektrogeschäft wählen sollen, das nur ein paar Häuser entfernt lag. Der Inhaber wird sich freuen, Sie wiederzusehen, Mr. Burbance – und der alte Taggart hat schon bei seinen Ahnen geschworen, daß er noch nie einen Trichter erneuern ließ!«

Die Mündung der Waffe wich nicht einen Zentimeter von ihrer Richtung ab, als der Sergeant aufstand.

Burbances Stirn war jetzt von glitzernden Schweißtropfen übersät. June schmiegte sich an Al, als wenn sie Schutz suchte, und Bradford hatte sich mit beiden

Händen auf die Lehne des Sessels gestützt, und sein Atem klang rauh und raspelnd.

Die stählernen Handschellen in der Hand des Sergeanten glänzten in der Nachmittagssonne.

»Sie kommen jetzt mit mir, Burbance. Ich mache Sie darauf aufmerksam, daß alles, was Sie von jetzt ab sagen, vor Gericht gegen Sie verwandet werden kann!«

Er reichte Al die Fessel, ohne Burbance aus den Augen zu lassen. Beide gingen sie auf ihn zu. Henry hielt den Revolver auf ihn gerichtet, und Al griff nach seinen Handgelenken.

Im Augenblick, da er die Fesseln schließen wollte, vollführte er eine ungeschickte Bewegung und ließ sie fallen. Die Eisen klirrten auf den Teppich. Al bückte sich.

Für eine Sekunde folgte ihm der Blick des Sergeanten, aber diese Sekunde nützte Burbance aus. Sein Körper schnellte vor, er schlug die Hand mit der Waffe zur Seite, und seine Faust fuhr krachend unter das lange Kinn. Henry kippte hintenüber auf den Teppich.

Al sprang hoch, aber Burbance schmetterte ihm die Faust zwischen die Augen, daß ein Meer von Funken hinter seinen Lidern aufsprühte. Burbance stieß ihn zur Seite und war durch die Tür.

Sie hörten, wie der Schlüssel im Schloß schnappte.

Langsam kam Henry hoch und lehnte sich gegen den Bücherständer. Aus seinem Mundwinkel floß Blut. Er wischte es ab und lächelte, als er sah, wie Al seine Stirn festhielt und die Augenbrauen bewegte.

»Hat keinen schlechten Schlag, der Bursche, was? Bin froh, daß er meine Nase nicht getroffen hat!«

Bradford war aus seiner Erstarrung erwacht und fuchtelte wild mit den Armen.

»Er flieht! Er hat uns eingeschlossen und flieht! Wollen Sie denn nichts veranlassen, Sergeant?«

Henry ging zu seinem Sessel und warf sich hinein. Al

tat das gleiche. June blickte fassungslos von einem zum anderen.

»Geben Sie mir eine Zigarette, Sir Aubrey. Hat mich sehr mitgenommen, die ganze Geschichte!«

»Hören Sie, ich verstehe nicht . . .«

Er brach ab. In der Halle näherten sich schwere Schritte. Der Schlüssel wurde herumgedreht, dann öffnete sich die Tür.

Gummikauend erschien die riesige Gestalt des Konstablers Masters.

»Hab' ihn, Sergeant. Unten im Wagen ist er. Schön verpackt. Mußte ihn ein bißchen bearbeiten, weil er nicht hören wollte.«

Henry machte eine graziöse Handbewegung.

»Darf ich bekanntmachen – Konstabler Masters von meiner Abteilung. Wir mußten ihn unten warten lassen. Man kann ihn nirgends mit hinnehmen – er ruiniert jeden Stuhl!«

XV

Der Konstabler räusperte sich.

»Guten Tag, Mylady. Guten Tag, Sir. Glaube, es ist besser, wenn ich wieder hinuntergehe, Sergeant.«

»In Ordnung, Masters. Wir kommen gleich.«

Der hünenhafte Bobby schloß die Tür, und sein Schritt hallte von den Wänden, als er sich entfernte.

Henry drückte sein Taschentuch an die Unterlippe.

»Sie werden etwas erstaunt sein, Sir Aubrey – und Sie wohl auch, Miß Hollingway. Wundere mich selbst, daß die Sache so glatt ging. Sehen Sie, er fühlte sich vollständig sicher. So sicher, daß er Ihrer Nichte recht gab, als sie gegen Ihren Willen die Polizei geholt hatte. Er wußte, daß wir nichts finden konnten.«

Henry machte eine kurze Pause und tupfte sich das Blut von der Lippe.

»Der Untersuchungsrichter lachte über Maycocks Idee und die paar Indizien und wollte uns keinen Haftbefehl geben ohne weitere Beweise. Wir mußten Ihren Neffen dazu bringen, daß er sich verriet. Deswegen inszenierten wir diese Geschichte. Wir ließen Masters unten warten. Mein – hm – mein Bruder rief um vier Uhr aus meiner Wohnung an, verlangte Burbance und schoß in den Trichter – genau wie Ihr Neffe es bei Taggart gemacht hatte. Burbance war nicht darauf gefaßt, und der Schreck raubte ihm die Nerven. Ohne diesen Schock hätte er uns wahrscheinlich kalt abfahren lassen.«

Wieder verschnaufte Henry einen Augenblick. Lächelnd blickte er zu Al hinüber, als er fortfuhr.

»Mr. Maycock verlor die Handschellen absichtlich, und mein Revolver war nicht geladen. Gar nicht so einfach, sich so dämlich anzustellen, wie wir es taten. Aber Luther fiel darauf rein und versuchte zu fliehen.«

Der Sergeant verstummte endgültig.

June hielt den Kopf gesenkt. Al streichelte sacht ihr Haar und ihre Schultern. Bradford starrte mit leerem Blick vor sich hin.

»Jetzt wird mir manches klar«, sagte er matt. »Glaube, ich muß Ihnen verdammt dankbar sein, Sergeant. Auf eigene Faust haben Sie alles unternommen und Ihren Posten riskiert.«

»Danken Sie Mr. Maycock«, sagte Henry ernst. »Ohne seinen rettenden Einfall stände es schlecht für Sie, Sir Aubrey. Denn Sie wären der nächste gewesen. Sie waren der einzige, der noch zwischen ihm und dem Ziel seiner Wünsche stand: dem Vermögen und Miß June. Er wäre auf dem Weg weitergegangen, den er einmal beschritten hatte.«

Bradford hob den Blick zu Al.

»Hoffe, daß Sie meine Entschuldigung annehmen, Mr. Maycock. War ein alter, blinder Trottel und habe Ihnen Unrecht getan. Konnte es einfach nicht glauben. Tut mir sehr leid, das Ganze.«

»Schon in Ordnung, Sir Aubrey«, sagte Al ruhig. »Vielleicht wäre ich niemals in Taggart's Pension gekommen, wenn Sie mich nicht rausgeworfen hätten!«

Mr. John Jack Henry saß verkrümmt vor dem Klavier. Er glich einem zerfledderten, beutegierigen Raubvogel. Seine Finger schlugen in die Tasten wie Klauen eines Adlers in einen Hasen, und die Schöße seines Rockes hingen wie mächtige Schwingen zu beiden Seiten herunter.

Al hockte neben ihm. Die Fingerkuppen seiner linken Hand waren bereits zu beachtlicher Größe angeschwollen, aber er bearbeitete die Gitarre wie in seinen besten

Tagen, und der Schweiß lief in den offenen Kragen seines Hemdes.

Steve hämmerte mit blutunterlaufenen Augen auf die Trommeln ein und stieß dazwischen gräßliche Schreie aus.

Die Trompete vibrierte unter dem pfeifenden Luftstrom, den Johnny hineinjagte.

Der Lärm war ungeheuer.

Der Inhaber der Wohnung, Detektivsergeant Mike Henry, schleppte Batterien von Flaschen herbei und pries im stillen den Architekten, der die Räume schallsicher in den Keller eingebaut hatte.

Auf der Erde saß der Konstabler im Kriminaldienst, Jonathan Masters. Man hatte keinen passenden Stuhl für ihn auftreiben können. Zwischen seinen gespreizten Beinen stand ein Kasten Bier, und er betrachtete das Schwinden seines Vorrates mit sorgenvoller Miene. Hin und wieder stärkte er sich mit einem Schluck aus einer Whiskyflasche, deren Hals aus seiner Brusttasche herausragte.

Der arbeitslose Dick, dessen Gitarre Al eben im Begriff war zu ruinieren, dirigierte das Orchester mit weit ausholenden Bewegungen.

Im Zimmer lagerte ein betäubender Dunst von Rauch und Alkohol. Die Aschenbecher mit ihren stolzen Bergen von Asche glichen erloschenen Vulkanen.

Mr. Henry der Ältere ließ erschöpft die Arme sinken.

Johnny blies eine Weile allein weiter, ehe er bemerkte, daß die anderen aufgehört hatten.

»Dieses Klavier sollte man zu einer Kochkiste umarbeiten«, sagte Henry. »Klingt wie das Spinett, auf dem Mozart lernte. Schaff es ins Leihhaus, bevor es auseinanderfällt.«

Sein Bruder verteilte Bierflaschen.

»Jungs«, brüllte Steve, »wißt ihr, wer dabeisein müßte?

Der alte Hatch! Ich wette, er säuft uns alle auf die Planken. Ruf ihn doch . . .«

Steve klappte den Mund zu. Die Klingel schrillte.

»Ist es denn die Möglichkeit, Steve. Jetzt lach' ich mich tot, wenn er das ist.«

Konstabler Masters war der Erde am nächsten, aber auch er stand blitzschnell auf den Füßen, als June Hollingway eintrat.

Hinter ihr erschien die würdige Gestalt des Butlers, den Steve eben so sehnlich herbeigewünscht hatte. Ein steifer Hut bedeckte sein Haupt, und in jeder Hand trug er einen Frühstückskorb.

June blinzelte und hustete etwas.

»Guten Abend, meine Herren.«

Schüchterne Stimmen antworteten. Masters versuchte mit täppischen Bewegungen die Flasche, die zwischen seinem Revers hervorragte, zu verdecken.

»Bißchen schwere Luft hier, wie?«

»Es zieht nicht ab, wie es sollte, Miß Hollingway«, sagte Henry II. »Dafür hört uns hier kein Mensch. Wollen Sie sich nicht setzen?«

»Nein, danke, Mr. Henry. Ich bin gekommen, um Ihnen für die Einladung zu danken. Auch im Namen meines Onkels. Sie werden einsehen, daß wir nicht mitfeiern können. Dafür wollen wir eine Kleinigkeit beisteuern.«

Sie winkte, und Hatch trat heran. Der eine Korb war wie ein Igel mit Flaschenhälsen gespickt, und der andere enthielt alles, worauf Männer nach einer feuchten Nacht Appetit bekommen.

Mr. Henry der Ältere faßte sich als erster.

»Miß Hollingway, das ist unheimlich nett von Ihnen! Wollen Sie denn nicht einen Moment . . .«

»Nein, Mr. Henry. Ich gehe sofort wieder.«

Jack sah sich um. Sein Blick erfaßte Al, Steve und Johnny.

»Leute«, sagte er leise. »Nummer siebzehn!«

Im nächsten Moment stürzten sie sich auf die Instrumente. Mr. Henry senkte die Nase, und sein Fuß klopfte viermal auf den Boden. Zärtlich und sehnsüchtig stieg die Melodie vom närrischen Herzen in die rauchschwere Luft.

June blieb stehen und lauschte.

Hatch hatte den Hut abgenommen und machte ein Gesicht, als höre er einen Choral in der St.-Pauls-Kathedrale.

Al legte sein ganzes Herz in die Akkorde. Sein Blick fand Junes Augen und hielt sie fest, bis Johnny die Trompete absetzte, und das Lied zu Ende war.

»Ich danke Ihnen, Mr. Henry« sagte June. »Ihnen allen danke ich! Sie haben mir eine große Freude gemacht.«

Al lehnte die Gitarre an seinen Stuhl.

»June«, sagte er, »in Anbetracht dessen, daß du gar nichts getrunken hast – könntest du den Wagen allein nach Haus fahren?«

»Was meinst du?«

»Ich meine – dürfen wir dich bitten, uns diesen Herrn für heute abend zu leihen und ihm morgen freizugeben?«

Hatch hielt den steifen Hut wie ein Schild vor die Weste. »Miß Hollingway – bitte ganz ergeben um Verzeihung – es ist ein Komplott – ich . . . ähem . . .«

»Ich würde gern dableiben, wollten Sie doch sagen?«

Die Umstehenden verfolgten mit Anteilnahme den Kampf zwischen Pflicht und Durst, der sich auf Mr. Hatchs Zügen widerspiegelte.

»Nicht gerade – ausgesprochen – direkt . . .«

»Schon gut, Hatch. Sie bleiben hier. Denken Sie aber ein bißchen an Ihre Leber.«

Sie hob die Hand. »Meine Herren – auf Wiedersehen! Alles Gute für Ihr Fest!«

»Wiedersehen, Miß Hollingway!«

Al griff nach seiner Jacke und öffnete June die Tür. Als er sie geschlossen hatte, erhob sich dahinter ein donnerndes Freudengebrüll.

Sie gingen stumm bis zum Wagen. June schloß die Tür auf und drehte sich um.

»Al!«

»Ja?«

»Du wolltest mich doch etwas fragen!«

»Oh – wollte ich das?«

»Feigling!«

»June, sag das nicht zu mir! Bin ich nicht an der Mauer entlanggeklettert?«

»Feigling!«

»Hm – weißt du – ich dachte . . . ich wollte gern wissen, ob du dich daran gewöhnen könntest, mit Maycock zu unterschreiben?«

»Das könnte ich.«

»Wirklich? Es – es schreibt sich auch ganz leicht, June.«

»Ich weiß.«

»Ja – das wär's dann gewesen. Bist du jetzt böse, June?«

»Sehr. Komm her, du Dummer!«

Ihr Kuß brannte auf seinen Lippen.

»Aber erst brauch' ich Geld, June.«

»Wenn du mich heiratest, hast du Geld. Und Onkel Aubrey hat eine Stelle für dich.«

»Grüß ihn von mir, June. Und fahr saubere Kurven!«

»Trink nicht so viel, Al.«

»Fängst du jetzt schon an?«

»Man kann nicht früh genug anfangen. Gute Nacht!«

»Gute Nacht, Liebste!«

Er wartete, bis er die Schlußlichter des Rolls nicht mehr sehen konnte.

4 Meister-Psychos

Tödlicher Cocktail

Nichts sprach für Mord

Die lange Spur

Mit Mördern
spielt man nicht

I

Julia war selig. Mochten andere auf dem Rücken der Pferde ihr Glück finden – für sie war und blieb Auto fahren das Schönste. Die Luft flimmerte im Licht, ihr warmer Strom ließ das dunkle Haar des Mädchens fliegen. Der Mercedes glitt lautlos durch die Kurven. Wenn die Straße abfiel, ließ sie ihn rollen, und wenn er steigen mußte, gab sie mehr Gas als nötig und verspürte mit Entzücken die Kraft der Maschine, wenn die Beschleunigung sie gegen die Rückenlehne preßte. Arme Fußgänger, die ihr nie erfahren habt, was das für ein Gefühl ist – ich bedaure euch.

Die Straße verlief jetzt eben und schnurgerade. Julia fuhr langsamer. Weit voraus, wo die Baumreihen zu einem Punkt zusammenflossen, wurde eine Gestalt sichtbar, ein Mann in einer Windjacke, der etwas unter dem Arm trug. Das war an sich noch kein Grund, die schöne Fahrt abzubremsen. Aber auf der Höhe des einsamen Wanderers flitzte ein kleines, braunes Bündel hin und her, und Julia wußte aus Erfahrung, daß leinenlose Hunde unberechenbare Verkehrsteilnehmer sind. So rollte sie langsam an Mann und Hund heran. Der Mann schien erschöpft, er ließ den Kopf hängen und drehte sich nicht um, als der Wagen sich näherte. Der Hund aber sauste bellend darauf zu, und Julia bremste mit einem Ruck

Der Mann fuhr herum, rief mit scharfer Stimme: »Mink, elendes Mistviech«, bückte sich und hielt im nächsten Augenblick den Dackel in die Höhe. Julia und er sahen sich stumm an.

Er erblickte ein schwarzes Kabriolett und darin ein schwarzhaariges Mädchen mit graugrünen Augen, bildschön, mit sonnenverbranntem, leicht hochmütigem

Gesicht. Sie sah einen langen, bleich und müde aussehenden Mann mit hellem Haar und staubiger Kleidung, der mit der rechten Hand einen entzückenden Langhaardackel hielt und sie voller Bewunderung anstarrte.

»Sie können ihn wieder runterlassen«, sagte Julia spöttisch. »Es ist mir lieber, er wirft sich vor den nächsten Wagen.«

»Entschuldigen Sie«, sagte der Mann und setzte den Hund auf die Straße, »ich werde ihn den Schweinen zum Fraße vorwerfen. Er benimmt sich wie die Axt im Walde, und sein Vater war auch bloß ein Hund. Vermutlich wollte er mitgenommen werden. Genügt es Ihnen, wenn ich mich für ihn schäme?«

»Ich hätte gern gesehen, wie rot er werden kann«, sagte das Mädchen. »Wo wollen Sie hin?«

»Sie wären imstande, Herrn Mink und mich . . .?«

»Ja ich wäre. Reden Sie ihn immer mit Herrn an?«

»Meistens. Wissen Sie, er hat einen sehr langen Stammbaum. Ich kann das von mir leider nicht sagen. Wir . . .«

»Gut, gut.« Julia hatte nicht lachen wollen, aber sie mußte. »Ich fahre bis Nürnberg; wenn Ihnen das etwas nützt?«

»Es nützt«, sagte er und öffnete die Tür. Der Dackel sprang sofort auf den Sitz, dann auf Julias Schoß und stellte die Vorderpfoten auf die Speichen des Lenkrades.

»Er ist ein Autohund«, sagte der Fremde entschuldigend. »Nicht, daß Sie denken, er hätte gegenüber Frauen keine Hemmungen. Darf ich mich, ehe Sie starten, noch vorstellen? – Peter Marohn, 30, 188, Existenz fragwürdig, Schulbildung erfolglos, Charakter vorhanden, Wassermann negativ. Meine Wiege stand in Jena.«

»Herlyn«, sagte Julia und verbeugte sich leicht. »Wo steht Ihre Wiege jetzt?«

»Ich weiß es wirklich nicht. Aber ich kann Ihnen noch weitere Einzelheiten . . .«

Julia fuhr an.

»Nein, danke. Mich würde nur noch interessieren, ob dieses Ding auf Ihrem Schoß eine Kaffeemaschine oder die neueste Atombombe darstellt.«

»Dieses Ding, mein Fräulein, ist außer Herrn Mink mein letzter irdischer Besitz. Es soll uns beide vor dem Hungertode retten.«

»Interessant. Und was ist es?«

»Eine Röntgenröhre. Eine von der besseren Sorte mit drehbarer Anode. Ich hoffe in der nächsten größeren Stadt dieses lieblichen Landes einen Dummen zu finden, der sie mir abkauft.«

»Aha. Und was sagt der Besitzer dazu?«

»Er ist betrübt. Er wird inzwischen festgestellt haben, daß ohne die Röhre die Aufnahmen so flau werden. Es schmerzte mich tief, als ich sie ausbaute. Ich hätte gern noch mehr mitgenommen, aber die Zeit war zu knapp.«

»Und wem gehört die Röhre?«

»Sie werden es nicht glauben. Bis vorgestern mir. Jetzt würde sie allen gehören, der ganzen fortschrittlichen Gemeinschaft, dem Staat. Wie der Rest meiner Einrichtung.«

Julia sah ihn scharf an. »Sie kommen aus der Ostzone?«

Er nickte. »Sie sehen vor sich ein Opfer des Sozialismus. Man wollte aus meinem im Schweiße meiner Füße erbauten Unternehmen eine Poliklinik machen. Ich hielt nichts davon, und Herr Mink war seiner braunen Farbe wegen ohnehin verdächtig. So entschlossen wir uns, das Land unserer Väter zu verlassen, und schlichen uns bei Nacht und Nebel über die grüne Grenze. Mit Herrn Mink hatte ich einigen Ärger. Er wollte immer die Grenzposten freundlich begrüßen. Sie sind der erste Lichtblick auf unserem Leidensweg.«

Julia streichelte den Hund, dessen Ohren im Fahrtwind flatterten. »Wenn ich nun eine sowjetische Agentin wäre?«

»Würde ich Ihren Chef beneiden und Ihnen folgen, wohin Sie wollen.« Er strahlte sie an, und sie lächelte. »Bis Nürnberg sind es aber nur noch zwei Stunden.«

»Zwei Stunden mit Ihnen sind wie zwanzig mit Ava Gardner«, sagte er.

Sie schwieg, und er warf ihr verstohlene Blicke zu. Ein herrliches Mädchen. Und es fiel ihr sogar etwas ein. Aber für ihn war das wohl nichts. Reich, verwöhnt, umschwärmt, und fuhr zu ihrem Vergnügen in der Gegend herum. Und außerdem – aber er wollte nicht daran denken, jetzt noch nicht.

»Woran denken Sie?«

»Daran, daß mein neuer Wagen noch im Laden steht. Wie kommen Sie zu diesem Exemplar?«

»Ich hatte nicht genug Geld für die Straßenbahn.«

»Hm, und Monatskarte?«

»Da hätte ich mein Geburtsdatum angeben müssen, und das wollte ich vermeiden.«

Er sah sie bewundernd und erstaunt an. »Wo haben Sie bloß diesen Sinn für Unsinn her? Man könnte meinen, wir hätten den gleichen Großvater gehabt.«

»Um Gottes willen! Meine arme Großmutter. Jetzt weiß ich, warum sie so früh gestorben ist.«

»Spotten Sie nicht«, versetzte er mit ernstem Gesicht. »Mein Großvater starb an den Folgen eines Schlages mit einer Bratpfanne. Wir bewahren diese Pfanne in der guten Stube . . .«

»Hören Sie auf«, rief sie. »Ich fahre an den nächsten Baum, wenn Sie nicht aufhören.«

Sie lachten beide herzhaft. Die Sonne brannte voller Glut.

»Schade, daß Nürnberg so bald kommt«, sagte er. »Sie entschwinden aus unserem Dasein und vergessen uns.«

»Und Sie mich.«

»Niemals. Herr Mink schon gar nicht. Und er versteht etwas von Frauen. Nicht wahr, Mink? Ist das ein Frauchen?«

Der Hund wandte den Kopf, schnupperte vorsichtig an Julias linkem Handschuh, sah sie einen Augenblick an und legte die Schnauze auf den Fensterrahmen.

»Stumme Huldigung«, sagte Marohn.

»Was tun Sie in Nürnberg?« fragte Julia in sachlichem Ton.

»Ich durchquere es und marschiere weiter nach München.«

»Und wo essen Sie?«

»In München«, erwiderte er. »Für den Rest meines Ostgeldes werde ich hier nicht viel kriegen. Es sei denn, es gibt in Nürnberg eine Bahnhofsmission, die den Kessel leeren muß.«

»Sind Sie zu stolz, sich von mir zum Mittagessen einladen zu lassen?« fragte Julia leichthin, aber es war ihr doch nicht ganz wohl dabei.

Er rutschte in seinem Sitz tiefer und stemmte die Beine gegen das Armaturenbrett. »Früher sagte der Gentleman in diesen Fällen mit zornbebender Stimme: ›Ha, Elende, denkst du, ich lasse mich von einer Frau aushalten?‹ Aber um stolz zu sein, habe ich zu wenig Geld, und um mit Ihnen zu streiten, bin ich zu kaputt. Und außerdem«, setzte er leise hinzu, »habe ich wirklich Hunger. Und Herr Mink nicht minder. Und der Gerechte erbarmt sich seines Minkes, steht schon in der Bibel. Deshalb nehmen wir an und bedanken uns.«

Julia gab Gas und der Mercedes schnurrte mit leisem Fauchen die klebrig heiße Asphaltstraße entlang.

Der Nürnberger »Stachel« ist ein freundliches Lokal. Marohn vertiefte sich mit Inbrunst in die Speisekarte, und Julia nahm zur Kenntnis, daß er von Essen etwas verstand. Sie hatte sich ausdrücklich ausgebeten, daß er ohne Rücksicht auf Verluste für beide ein Mahl zusammenstellen sollte, das allen ästhetischen Ansprüchen genügte. Er unterzog sich dieser Aufgabe mit männlichem Ernst.

Beluga-Malossol auf Röstbrot.
Londonderry Chateaubriand mit Marktoast,
Prinzeßbohnen,
Spargeltomate,
Champignons,
englischem Sellerie
und Schloßkartoffeln
Gekühlter Fruchtsalat mit Maraschino.

Julia war zufrieden, aber noch mehr Freude bereitete ihr, den hungrigen Mann essen zu sehen. Unter dem Tisch kaute Herr Mink an einem ungeheuren Knochen, den ihm der Ober mit unbewegtem Gesicht auf einer Porzellanplatte serviert hatte.

Später, als der Eisblock abgeräumt war, in dessen Höhlung die Schüssel mit dem Fruchtsalat ruhte, tranken sie in kleinen Schlucken von dem glitzernden Steinwein.

»Ich hoffe, Ihre religiösen Gefühle nicht zu verletzen«, sagte Marohn, »aber es ist, wie wenn ein Engel auf Samthosen die Kehle herunterrutschte.«

»Sie sind ein Heide«, erwiderte sie. »Wenn Sie so weitermachen, sehen wir uns noch in der Hölle wieder. Aber Sie haben recht.«

»Ja. Und Sie glauben nicht, wie gut er erst schmeckt, wenn man ihn auf fremde Kosten zu sich nimmt. Ich hätte das nicht für möglich gehalten. Sie haben wirklich ein mildtätiges Herz.«

»Mir hat nur der Hund leid getan, mein Herr.«

»Sind Sie im Tierschutzverein? Vielleicht haben Sie dann die Güte und übernehmen seine Steuern für das nächste Vierteljahr. Ein Hund in Deutschland ohne gültige Steuermarke, stellen Sie sich das vor. Es wird ihm gehen wie dem Seemann in Travens Totenschiff, der seine Seemannskarte verlor. Ein Ausgestoßener aus der hündischen Gemeinschaft. Alle wohlversteuerten Hunde werden einen Bogen um ihn schlagen und mit den Pfoten auf ihn weisen.«

Julia sah ihn tadelnd an. »Können Sie eigentlich auch ernsthaft reden? Dann möchte ich Sie etwas fragen.«

»Nicht mit Frauen und nicht nach dem Essen. Aber ohne Sie wären wir verhungert. Also fragen Sie.«

Sie blies den Rauch ihrer Zigarette von sich. »Was haben Sie weiter vor?«

»Nach München zu kommen.«

»Und dann?«

»Dort lösen sich meine Probleme.« Er schwieg, und Julia fühlte, daß sie jetzt nicht weiter fragen durfte, obwohl sich seine Züge nicht verändert hatten. Sie hätte gern mehr gewußt, aber sie beschloß zu warten, ihr war, als wäre hier eine Schranke, die sie nicht ohne weiteres überspringen konnte.

»Und wie wollen Sie nach München kommen?«

»Hoffentlich auf die gleiche Weise, wie nach Nürnberg. Den gleichen Wagen finde ich vielleicht noch einmal – den gleichen Fahrer bestimmt nicht.«

»Danke«, sagte sie und freute sich. »Haben Sie Lust, mit dem Fahrer noch Kaffee zu trinken?«

»Ich müßte erst Herrn Mink fragen.«

»Trinkt er Kaffee?«

»Nein, sein Kreislauf verträgt es nicht.«

»Und Milch?«

»Darüber ließe sich eher reden.«

»Na, dann kommen Sie, ehrenwerte Herren.«

Er schüttelte den Kopf. »Mir soll noch einer erzählen, in Westdeutschland dächte jeder nur an sich. Ich werde ihn an Sie verweisen.«

Marohn sah sich um. Hier wohnte sie also, Julia von Herlyn. Es war eine kleine, moderne Wohnung, zwei Zimmer, kleine Küche, Bad, so, wie sie sich alle Untermieter der Welt erträumen. Er mußte zugeben, daß sie großartig und mit Geschmack eingerichtet war. Die Einrichtung paßte zur Besitzerin: weiblich, apart und klar. Herr Mink hatte auf einem Kissen Platz genommen und schlief. Von der Küche her drang leises Klirren, und der Duft des Kaffees ließ dessen Qualität ahnen. Julia brachte das Tablett, und er konnte mit Muße noch einmal feststellen, wie schön sie war. Jetzt, in ihren eigenen vier Wänden, kam sie erst richtig zur Geltung. Sie spürte seinen Blick.

»Was gucken Sie?«

Er atmete tief.

»Es ist mir klargeworden, warum Kellnerinnen mehr verdienen als Kellner. Sie sehen bezaubernd aus.«

»So? Verdienen Kellnerinnen wirklich mehr?«

»Ja. Nach Ladenschluß. Sie . . .«

Er kam nicht weiter, denn Julia schleuderte ihm blitzschnell eins der Kissen, die am Kopfende der Couch aufgetürmt waren, an den Kopf, ein zweites und ein drittes. Er fiel zurück, richtete sich dann mit zerwühltem Haar auf.

»Ich werde meinen Hund auf Sie hetzen!«

»Sie trinken jetzt den Kaffee, ehe er kalt wird, und schweigen«, sagte sie mit energischem Ton. »Verwahrloster Mensch!«

Er gehorchte und schlürfte mit Behagen. »Man bekommt direkt Sehnsucht nach einem bürgerlichen Dasein, wenn man das hier sieht«, sagte er nach einer Weile.

»Hatten Sie keine Wohnung?« fragte sie.

»Nein. Ich war mein Leben lang Untermieter. Erst bei meinen Eltern, später zwischen 160 und 200 Mark ohne Pension, morgens mit Malzkaffee. Sämtliche Krankengeschichten sämtlicher Wirtinnen kenne ich auswendig.«

»Warum haben Sie nicht geheiratet?«

»Mich nimmt niemand. Ich weiß nicht, wie es kommt. Wahrscheinlich wegen dieses struppigen Hundes. Frauen wollen eben nicht teilen.«

Herr Mink brummte leise im Schlaf, und sie lachten beide.

»Er träumt von seinem Knochen«, sagte Marohn. »Er wird Ihnen das niemals vergessen.«

Julia streichelte sein Fell. »Ich habe ihn gern.«

»So? Sie würden mich also trotz seiner nehmen?«

»Um Gottes willen!« rief sie lachend. »Wer redet denn von Ihnen?«

»Sehen Sie! So geht es mir immer. Uns beide zusammen will niemand haben. Aber keine Angst, auch Sie kommen für mich nicht in Frage.«

Sie richtete sich kampflustig auf. »Na, das ist doch die Höhe! Und warum nicht?«

Er wiegte den Kopf. »Nicht, daß Sie nicht ganz nett wären. Aber mit Töchtern reicher Väter ist das so eine Sache. Der hoffnungsvolle Freier wird erst großmütig unterstützt, um ihn einigermaßen gesellschaftsfähig zu machen – und wenn mal Krach kommt, tritt die begüterte Familie geschlossen an: ›Wie, du undankbarer Schurke wagst es, eine Lippe zu riskieren? Du hergelaufener Hungerleider! In der Gosse wärst du verkommen, wenn unser armes Kind in unbeschreiblicher Verblendung nicht auf dich hereingefallen wäre! Kein Hemd hattest du auf dem Leibe, als wir dir großmütig auf die Beine halfen. Aber man soll eben niemanden vom Galgen abschneiden, der von Rechtswegen daran gehört‹ – und so weiter, und so weiter. Nein, ich werde mir ein bescheidenes Kind vom Lande nehmen. Reiche Mädchen sind eigensinnig und herrschsüchtig.«

Julia drückte lächelnd ihre Zigarette aus. »Sie müssen schlechte Erfahrungen gesammelt haben. Aber Sie haben recht, ich bin ganz genau so.«

»Ohne Zweifel!« bestätigte er, obwohl er nicht im entferntesten daran glaubte. »Aber nun erzählen Sie. Bitte!«

»Was soll ich viel erzählen. Ich habe ein paar Semester Kunstgeschichte studiert, aber das wurde mir dann zu langweilig. Ich warf mich auf die Dolmetscherei – französisch – und arbeite jetzt als Auslandskorrespondentin in der Fabrik meines Vaters. Zur Zeit habe ich Urlaub. Uns gehört noch ein kleines Wochenendhaus am Chiemsee, dort will ich in einer Woche hin. Aber erst möchte ich den Wagen gründlich einweihen. Der alte Herr hat ihn mir zum Geburtstag geschenkt. Ist das nicht nett von ihm?«

»Zum wievielten Geburtstag?«

»Neugierde, dein Name ist Mann. Zum einundzwanzigsten, als ich mündig wurde, wie sich das gehört. Ich sage Ihnen, nichts geht über Auto fahren.«

»Die Begeisterung steht Ihnen gut. Ist Ihr Herr Vater immer so?«

»Er hat was übrig für junge Mädchen.«

»Ich kann's ihm nachfühlen. Ihr Schicksal ist Ihnen vorausbestimmt. Sie werden einen Herrn aus der Schlüsselindustrie heiraten, mit guten Manieren und poliertem Zylinder, um das väterliche Erbe zu vermehren. Aber in Herrn Minks und meiner Erinnerung werden Sie weiterleben als die gute Fee mit Sportwagen und Kaffeemaschine.«

»Haben Sie in München lange zu tun?«

Ein Schatten huschte über sein Gesicht, und wieder fühlte sie die Veränderung, die mit ihm vorging. Er nickte langsam.

»Bleiben Sie für immer dort? Haben Sie Verwandte?«

Er lachte lautlos. »Ja, ich werde wohl für immer dortbleiben. Aber nicht bei Verwandten.«

Diesmal wollte sie nicht so schnell aufgeben. »Ich weiß nicht, was für Verpflichtungen Sie erwarten. Aber ich wollte Ihnen einen Vorschlag machen. Ich leihe Ihnen beiden das Geld für die Bahnfahrt nach München. Es ist doch sicherer als das Glücksspiel auf der Landstraße. Sie erledigen Ihren Kram und verkaufen Ihre Drehröhre. Am nächsten Sonntag besuchen Sie mich am Chiemsee und geben mir das Geld wieder. Ist das ein Wort?«

»Ein großartiges Wort. Aber es geht leider nicht. Wirklich, es geht nicht.«

»Wieso nicht?« rief sie verwundert. »Sie waren doch bisher nicht so spröde!«

»Gut, daß Sie mich daran erinnern«, sagte er. »Nein, Sie haben schon genug für mich getan.«

Sie erkannte sofort ihren Fehler. »Verzeihen Sie. Ich wollte Sie nicht kränken, das wissen Sie doch. Ich . . .«

»Aber nicht doch. Nein, glauben Sie mir, es geht nicht. Ich kann das nicht annehmen, schon weil – ich kann Ihnen das Geld vielleicht gar nicht zurückgeben.«

»Dann geben Sie es mir später. Irgendwann werden

Sie ja in München einmal fertig sein. Ich habe noch drei Wochen Urlaub. Und wenn es später werden sollte, ist es auch nicht so schlimm. Man findet heutzutage wenig kreditwürdige Leute, aber ich rechne Sie zu den wenigen. Schicken Sie das Geld, wenn Sie wollen. Aber seien Sie nicht stur, das kann ich nicht leiden.«

Er sah einen Augenblick zur Erde, dann hob er den Blick.

»Fräulein Julia – denken Sie nicht falsch von mir. Wenn ich einen Tag in meinem Leben nicht vergesse, dann ist es dieser. Aber er geht zu Ende, und morgen muß ich in München sein. Ich komme nicht zurück, und Sie sehen mich auch niemals mehr wieder. Es wäre nichts leichter, als Ihnen irgend etwas zu versprechen, nur um billig loszukommen – es . . .«

»Es ist gut«, sagte sie kurz. »Es war nur ein Vorschlag. Vergessen Sie ihn. Ich will nicht in Sie dringen. Ich hasse unnötiges Theater, und ich glaubte, Sie wären genauso.«

Sie ärgerte sich, über ihn und über sich selbst. Was war nur in sie gefahren? Glaubte er denn, sie wollte ihm nachlaufen?

Er faltete mit ergebenem Gesichtsausdruck die Hände. »Fräulein Julia! Seien Sie nicht ungerecht. Glauben Sie denn, ich könnte Ihnen etwas abschlagen, wenn es nicht unbedingt sein müßte? Dann hätte ich schon die Einladung zum Essen abgeschlagen. Ich weiß nicht, ob Sie mich so gern wiedersehen möchten wie ich Sie. Glauben Sie denn im Ernst, ein Mann verzichtet auf ein Mädchen wie Sie freiwillig?«

Sie sah ihn an, und er erfaßte ihre Hand.

»Wenn Sie noch nicht gemerkt haben sollten, daß ich in Sie verliebt bin, vom ersten Augenblick an, bin ich stolz, es so gut verborgen zu haben – aber ich möchte es wenigstens einmal aussprechen, ehe Sie mich hinauswerfen. Ich habe eine Frau wie Sie noch nicht gesehen, und ich werde wohl auch keine solche mehr finden – aber . . .«

»Nicht schlecht«, sagte sie ruhig. »Erzählen Sie das oft?«

Er hob die Brauen und sah sie traurig an. »Sie glauben mir nicht. Ich habe es nicht besser verdient. Ich wollte, ich könnte es Ihnen beweisen.« Er richtete sich plötzlich auf. »Doch, ich kann es – und dann müssen Sie mir glauben, wenn Sie ein Herz haben! Julia – verziehen Sie – Fräulein von Herlyn –, sehen Sie Herrn Mink, das gefräßige Ungeheuer – vier Jahre habe ich ihn jetzt, und wir verstehen uns wie zwei Zwillingsbrüder. Es dauert nicht mehr lange, und er fängt an zu sprechen. Glauben Sie wenigstens, daß ich ihn lieb habe? Ich kann Sie nicht wiedersehen – aber ich lasse Ihnen Herrn Mink zum Andenken da. Ich kann mich bald nicht mehr um ihn kümmern und habe auch niemanden, dem ich ihn sonst anvertrauen würde. Und Sie kommen mit ihm aus und zahlen auch die Steuern pünktlich, wie ich Sie kenne. Wollen Sie?«

Julia war betroffen. »Sie wollen mir Ihren Hund schenken?« fragte sie ungläubig. »Bringen Sie das denn fertig?«

Er streichelte das goldbraune Fell, und der Hund blinzelte.

»Wenn ich ihn bei Ihnen weiß, wird es mir nicht so schwer. Die erste Zeit wird er die Ohren hängen lassen, aber dann gewöhnt er sich. Werden Sie gut zu ihm sein, Julia?«

Sie nickte wortlos. »Ich muß Ihnen sogar dankbar sein, daß Sie ihn behalten«, fuhr er fort. »Ich hätte ihn sonst irgendwohin verkaufen müssen – und das wäre mir noch schwerer geworden als alles andere.« Er lächelte. »Jetzt spare ich noch das Geld für seine Fahrkarte. Das heißt, Sie sparen es.«

Er stand auf. »Und nun machen wir's kurz. Ich fahre noch heute abend. Leben Sie wohl, Fräulein Julia, und wenn Herr Mink einige Stücke Ihrer kostbaren Einrichtung zerfressen sollte – verzeihen Sie ihm – und mir.«

Sie trat dicht vor ihn hin. »Ich verstehe das nicht. Sie tun, als müßten Sie zum Mars reisen und das Raumschiff den Bewohnern als Geschenk dalassen. Warum wollen Sie nicht wiederkommen. Ich nehme Mink so lange in Pension. Und – vielleicht könnte ich doch irgend etwas für Sie tun.«

Er sah sie einen Augenblick lang an, dann lachte er mit einem grimmigen Unterton, der sie wütend machte. Ihre Augen sprühten.

»Hören Sie, wenn Sie mich auslachen wollen . . .«

Er schüttelte den Kopf und unterdrückte das Lachen mühsam.

»Nein – verzeihen Sie –, mir fiel nur eben ein, was Sie für mich tun könnten – und das war so komisch – so blödsinnig.«

»Was kann ich tun? Sagen Sie es mir!«

»Nein, nein – schon erledigt – war nicht weiter wichtig.«

Sie packte ihn am Arm, und er bemerkte mit Erstaunen, wie kräftig sie zupacken konnte. »Ich will es jetzt wissen, hören Sie? Sonst nehmen Sie Ihr vierbeiniges Geschenk und verschwinden. Denken Sie denn, ich bin ein kleines Kind?«

Natürlich, wollte er sagen, aber er unterließ es lieber.

»Los, antworten Sie! Was war es?«

Wunderbar ist sie, dachte Peter. Wirklich zu blöd . . .

Er machte sich behutsam los. »Ich dachte, Julia«, sagte er leise, »daß Sie mir jedes Jahr, wenn dieser Tag wiederkommt, ein paar Blumen aufs Grab legen könnten. Aber Sie können es natürlich auch öfter tun.«

II

Sie trat zwei Schritte zurück und betrachtete ihn prüfend unter gesenkten Wimpern. Dann nahm sie eine Zigarette, zündete sie an, warf das Streichholz mit einer lässigen Bewegung in den Aschenbecher und wandte sich zum Fenster. »Sie sind mir interessant genug, Herr Doktor. Sie brauchen sich nicht noch interessanter zu machen. Ich dachte, aus dem Alter wären Sie raus. Und schlechte Witze kann ich nicht leiden.«

Als er nicht antwortete, wandte sie sich um. Er saß im Sessel, die Ellbogen auf die Knie gestützt und starrte auf den Teppich. Jetzt sah er aus wie ein kleiner Junge, der bei einer Unart ertappt worden ist. Seine Selbstsicherheit war von ihm abgefallen, und sie fand, daß die leichte Unsicherheit besser zu ihm paßte.

»Ich hätte es nicht sagen sollen. Jetzt halten Sie mich für einen Idioten. Aber Sie können hundert zu eins wetten, daß ich mir in einigen Tagen die Kartoffeln von unten ansehe – oder was sonst für Zeug dort wächst.«

Sie tat einen tiefen Zug. »Und aus welchen Gründen haben Sie es so eilig?« fragte sie in sachlichem Ton.

Er seufzte. »Sie hätten Staatsanwalt werden sollen. Aber warum soll ich es nicht wenigstens einem Menschen erzählen. Sie haben ja doch den dickeren Kopf. Haben Sie einen Kognak?«

Sie trat an die fahrbare Hausbar, schenkte zwei bauchige Gläser halb voll und setzte sich.

Er nahm einen großen Schluck und fuhr sich mit der Zunge über die Lippen.

»Das reine Gotteswort.« Sie antwortete nicht. Der Hund sah mit klugen, glänzenden Augen auf die beiden Menschen, den Kopf zwischen den Pfoten. Marohn trank sein Glas leer.

»In vino veritas«, sagte er, »im Schnaps ist auch was. Ich bin nicht verheiratet, und ich war es auch noch nicht, Julia, Ich glaube, ich bin nicht gerade ein Schürzenjäger, aber ich bin den Gelegenheiten auch nicht aus dem Weg gegangen. Es waren im allgemeinen Mädchen, die mich mehr liebten, als ich sie, nachdem ich die üblichen Sprüche lange genug hergebetet hatte, und deswegen schonte ich meine Seele weitgehend. Aber 1942 geriet ich an eine Frau, die mich durchschüttelte wie der Samum eine Karawane, und ich kam erst wieder zu mir, als ich grenzenlos in sie verliebt war. Ich studierte damals in Leipzig, und sie langweilte sich in ihrer großen Wohnung, wie so viele. Sie war achtundzwanzig, ich zwanzig ohne acht, ich lernte sie auf einem Medizinerball kennen, und sie zeigte mir manches, von dem ich noch keine Ahnung hatte. Ihr Mann war im Osten – als Stabsarzt und Chirurg in einem Feldlazarett. Er schrieb ihr fast jeden Tag, er liebte sie noch mehr als ich, wenn das überhaupt möglich war. Sie machte mit uns beiden, was sie wollte, aber ich hatte stets das Gefühl, daß er ihr nicht traute. Ich schämte mich meiner Schwäche und des Betrugs, aber ich kam nicht los von ihr. Es muß ihr einen Heidenspaß bereitet haben, uns beide zu beherrschen und zu vergleichen.

Er hätte vielleicht nie etwas erfahren. Ich wurde nach Frankreich kommandiert, und sie gab mir zum Abschied eine Pistole mit – er sammelte Waffen und hatte schon ein ganzes Arsenal davon herumliegen. Sie meinte, er würde es nicht merken.

Aber er ahnte etwas seit dem Zeitpunkt, da er mich kennengelernt hatte, als er einmal auf Urlaub gekommen war und sie mich ihm vorstellte – gegen meinen Willen. Aber es muß ihr ein unsinniges Vergnügen bereitet haben, ihren Mann mit ihrem Liebhaber zu konfrontieren. Nach meiner Abkommandierung kam er wieder. Es gab einen furchtbaren Auftritt um die fehlende Pistole und dabei schrie sie ihm die Wahrheit entgegen.«

Marohn trank das zweite Glas aus. Julia tat nichts und sagte nichts.

»Er schrieb an mich und leider auch an meinen Vater, der damals einen Fliegerhorst in Belgien kommandierte. Ich war seinerzeit noch nicht Offizier, aber ich mußte meinem Vater versprechen, der Sache nicht aus dem Wege zu gehen. Randolph schwor, eines Tages Genutuung zu verlangen. Ich kam dann an eine andere Universität und habe ihn bis heute nicht wiedergesehen. Sie hat mich noch mehrmals besucht. Nach dem Kriege erhielt ich Nachricht von ihr aus München. Er hatte dort eine chirurgische Praxis eröffnet, sie waren zusammengeblieben. Sie schrieb, es wäre so noch immer das vernünftigste für beide. Er erfuhr meine Adresse auf irgendeinem Medizinerkongreß. Hier, lesen Sie seinen letzten Brief.«

Er nahm einen Umschlag aus seiner Brusttasche. Julia las!

Dr. Kurt Randolp
Chirurg
München 23, 11. 6. 51
Giselastraße 29

Herr Kollege Marohn!

Falls Sie im unklaren sein sollten, ob ich mich an die Vorfälle des Jahres 1942 noch erinnere, möchte ich Sie von Ihren Zweifeln befreien. Ich bin nach wie vor entschlossen, die Geschichte mit Ihnen ins reine zu bringen. Sie sind im Augenblick für mich nicht erreichbar. Ich erwarte von Ihnen, daß Sie sich im Augenblick einer Veränderung Ihrer Lage mir zur Verfügung stellen. Sie können versichert sein, daß ich meinerseits im Falle einer Vereinigung Deutschlands sofort ein

Zusammentreffen herbeiführen werde. Ich halte nichts vom Anruf und der Entscheidung irgendwelcher Standesinstitutionen. Andererseits können Sie mir aufs Wort glauben, daß ich vor einer außergesetzlichen Regelung durchaus nicht zurückschrecke. Meine Pistole werden Sie ja vielleicht noch haben.

Julia las die energische linksgeneigte Unterschrift und blickte auf.

»Ich habe sie tatsächlich noch«, sagte er. »Ich ließ sie vor Kriegsschluß bei einem Bekannten in Westberlin, den der illegale Waffenbesitz nicht weiter erschütterte. Eine russische Naganpistole, die er irgendeinem toten Kommissar abgenommen hat. Mich wundert nur, daß er nicht auch Minenwerfer und Torpedos gesammelt hat. Es ist eine verfahrene Geschichte, Julia. Ich muß zu ihm gehen, ich kann nicht kneifen, schon wegen meines Vaters nicht. Und Randolph erführe eines Tages, daß ich hier bin, und fände mich. Ich kenne ihn. Tyrann mit Minderwertigkeitskomplexen. Er verzeiht niemals, daß ihm das passiert ist. Ich weiß noch, wie abfällig er über die Leute sprach, die sich mit Ausländerinnen abgaben. Er hatte nur sein treues Weib im Sinn. Und er will mich demütigen, ob er mich nun als Feigling hinstellt oder zum Krüppel schießt. Da ist mir das letztere noch lieber. Ich habe mir alles hundertmal hin und her überlegt. Die Schießerei liegt seiner Art mehr als juristische Streitereien. Das Duell ist verboten. Wird einer von uns oder werden alle beide verwundet, halten wir natürlich das Maul, wenn es irgend geht. Verzeihen Sie! Bleibt er am Leben, hat er bedeutend mehr Aussichten, heil herauszukommen, als ich, wenn ich übrigbleibe. Mir nützt es gar nichts, wenn ich gewinne. Soll ich irgend jemanden um Schutz bitten und ihm mein Unglück vorjammern? Gut, er kann inzwischen eingesehen haben, daß dieser Weg zu nichts führt und die Zuneigung seiner Frau nicht wiederbringt oder nicht vermehrt. Aber hin muß ich erst mal, und zwar sofort.«

Julia rührte sich nicht, aber sie konnte nicht verhindern, daß eine wachsende Erregung ihrer Herr wurde.

»Ich bin kein Held, Julia. Aber ich möchte kein Feigling sein. Frauen lachen oft über das überflüssige Heldentum der Männer. Einen Feigling möchte keine richtige Frau. Sie etwa?«

Sie schüttelte den Kopf.

»Sehen Sie. Ich wollte, dieser Blödsinn wäre nicht passiert. Aber schon allein seine Frau muß mir wert sein, daß ich ihm nicht ausweiche – wenn sie auch eine Schlange war, die ich arglos an meinem Busen genährt habe, so möchte ich doch die Zeit mit ihr nicht missen.«

Julia wollte lächeln, aber es gelang ihr nicht.

»So werde ich heute abend meine Reise antreten. Überflüssig zu sagen, daß er mit Schußwaffen im Schlafe umgehen kann. Er schießt auf zehn Meter das As aus der Karte. Ich habe im ganzen Krieg ein paar Schüsse auf die Scheibe abgegeben, und da habe ich meist noch beim Knall die Augen zugemacht. Die Chancen stehen etwas ungünstig. Und ich gestehe, daß ich Angst habe – ganz lächerliche, gewöhnliche Angst. Aber mein Vater sagte immer: ›Angst hat jeder. Hauptsache, man reißt sich zur rechten Zeit am Riemen‹ So, schönste Gastgeberin. Nun reichen Sie mir noch einen Schnaps. Auf zwei Beinen kann ein Besoffener nicht stehen. Und dann entweiche ich, ehe Sie lange auf mich einreden. Behüten Sie Herrn Mink gut. Sie werden erfahren, wie die Geschichte ausgeht, entweder durch mich oder durch die Zeitung.«

Er stand auf. »Ich trinke den letzten Schluck auf uns beide. Auf mich, damit ich ein bißchen Glück habe, und auf Sie, weil Sie die erste Frau sind, die zuhören kann und keinen Quatsch redet. Prost.«

Dann setzte er das Glas nieder und ging zum Flur. Der

Hund sprang ihm nach und lief hinaus. Marohn kam zurück, die Windjacke an und den Hund auf dem Arm. Julia ging ihm bis zur Tür entgegen.

»Hier«, sagte er und gab ihr den sträubenden Hund auf den Arm. »Hier haben Sie die eine Hälfte meines Vermögens.«

Sie hielt den Hund krampfhaft fest. Um ihre Mundwinkel zuckte es. »Fräulein Julia«, fragte er leise, »was ich noch sagen wollte . . . glauben Sie mir, daß mir seit heute die Reise nach München noch viel schwerer fällt als vorher? Glauben Sie es nun?«

Sie nickte.

»Julia . . . darf ich Sie küssen?«

Sie nickte wieder, wortlos. Er faßte behutsam ihren Kopf mit dem seidig glänzenden kurzen Haar, berührte ihre Lippen und spürte beseligt, wie ihr Mund sich an den seinen preßte. Ihre Augen hafteten fest in den seinen, als er zurücktrat. Er streichelte den Hund, der leise winselnd seine Hand leckte, als wüßte er, was dieser Abschied bedeutete. Dann trat er schnell hinaus und schlug die Tür hinter sich zu. Auf der Treppe hörte er das markerschütternde Geheul des Hundes. Er biß auf die Zähne und ging weiter.

In der folgenden Nacht schlief Julia schlecht. Ihre Gedanken kehrten wieder und wieder zu dem langen Mann mit den hellen Haaren zurück, und sie ertappte sich dabei, wie sie krampfhaft für ihn nach einem Ausweg suchte. Was ging sie das alles an? War sie in ihn verliebt? Wahrscheinlich. Sie seufzte. Wenn es schon einmal zu stimmen schien, dann mußte so ein Irrsinn dazwischenkommen. Und Irrsinn war es. Aber was sollte sie dabei tun? Komisch – nun brachte ihr der Urlaub gar keinen Spaß mehr. Jetzt würde sie warten und untätig sein, bis sie Gewißheit hatte. Sie drehte sich auf die Seite, knipste ihre Nachttischlampe an und stützte den Kopf in die Hand. Der Hund hatte sich beruhigt, er lag lang ausgestreckt an der Tür, als lausche er auf jeden Schritt, und manchmal hob er die Schnauze und zog die Luft ein. Wie das erstickte Weinen eines Kindes klang es.

Der Morgen dämmerte, und sie war unschlüssig und ratlos wie zuvor. Jetzt mußte er schon in München sein. Wenn alles gut ausging oder sich in Wohlgefallen auflöste – ob er sie wohl gleich anrufen würde? Wenn die Tür sich auftäte, und er käme herein – was würde sie tun und sagen?

Sie wußte es: ihm um den Hals fallen. Sie bemerkte mit Erstaunen, daß sie bisher kaum daran gedacht hatte, er könne nicht wiederkommen. Aber wenn ihm nun wirklich etwas passierte? Die Geschichte war zu ausgefallen, sie mutete zu grotesk an für einen modernen Menschenverstand. Er hatte sie erzählt, wie man die Kolportagehandlung eines Kriminalfilmes wiedergibt, selbstironisch und so unbeteiligt wie der Zuschauer vor der Leinwand, der sich vor den Geschehnissen sicher weiß.

Sie lächelte zärtlich. Er konnte so nett erzählen und so dumme Sprüche machen. Wenn er auf einmal nicht mehr da sein sollte – sie durfte nicht daran denken. Sie haßte plötzlich den anderen, den sein Haß und seine Niederlage trieben. Hätte er sich seine Frau doch vorher angesehen. Aber, freilich, wer will über andere zu Gericht sitzen? Sie selbst liebte den Mann ja auch, den die andere sich genommen hatte.

Ach, es war zum Haareausraufen. Ihre Gedanken tasteten das Gebäude der Ereignisse ab. Was konnte man tun? Ein flüchtiger Schimmer brach in ihre Überlegungen ein, verschwand und kehrte wieder, blieb und wurde hartnäckiger, als hätte er längst unter der Oberfläche gekreist und wäre nun um so unwiderruflicher ins Bewußtsein getreten.

Ja, das konnte sie tun! Peter konnte sie nicht hindern! Er würde furchtbar wütend werden; sollte er! Sie mußte zu Randolph, mußte mit ihm sprechen. Wenn es nicht im guten gelang, ihn von seinem Vorsatz abzubringen, konnte sie ihn vielleicht schon durch ihre Kenntnis der Angelegenheit unter Druck setzen. Und Marohn brauchte im besten Fall gar nichts zu erfahren. Klar, das war der Ausweg, der Teufel sollte alle Bedenken holen. Männer machen nur Unsinn, wenn man sie allein läßt.

Sie sprang auf und zog sich um. Ein Glück, dachte sie, daß ich mir die Adresse gemerkt habe, als sollte es so sein. Der Hund schüttelte sich fröhlich. Er war zufrieden, daß wieder etwas passierte und eine Abwechslung zu kommen schien. Julia verschloß ihre Wohnung und fuhr zum Tanken.

Eine Viertelstunde später schoß der Wagen auf der Autobahn dahin, und Herrn Minks Ohren flatterten wie am Vortage im Wind, als Herrchen noch dabei war.

Die Dämmerung sank schnell, und die Laternen brannten, als Julia München erreichte. Sie kannte die Stadt und fand bald die Giselastraße. Das Haus Nummer 29 sah einem Geschäftsgebäude eher ähnlich als einem Wohnblock. Die Fenster des Erdgeschosses waren kunstvoll durch geschweifte, schmiedeeiserne Gestänge vergittert, und Julia las aus den matten Goldbuchstaben auf den Scheiben, daß eine Bank ihr gewinnbringendes Gewerbe in diesen Räumen betrieb. Licht brannte nur in einigen Fenstern des ersten Stockwerkes, sonst lag alles in tiefem Dunkel.

Julia parkte ihren Wagen ein Stück weiter unter einer Laterne. Die Uhr zeigte zehn Minuten nach acht. Sie schloß die Türen ab. Mink sah ihr tiefbekümmert nach, als sie die Straße überquerte. Zu jeder Seite des Eingangs wiesen Messingschilder von gleicher Größe den Weg, und Julia las zu ihrer Freude, daß die Praxis Dr. Randolphs im ersten Stock lag. Also arbeitete er noch.

Die Haustür fiel hinter ihr ins Schloß. In der kühlen, dumpfigen Luft vernahm das Mädchen ein gleichmäßiges Summes. Der Flur wurde durch die matte, indirekte Deckenbeleuchtung nur wenig erhellt, und Julia sah neben der breiten Treppe einen Paternosteraufzug, dessen Kabinen, wie von Geiserhand bewegt, aus der Erde stiegen oder nach unten sanken. Sie mußte einen Augenblick warten, denn gerade tauchte erst die Öffnung des nächsten Abteils aus der Tiefe.

Schon setzte sie den Fuß vor, da warf sie einen letzten Blick nach rechts, wo eben das Bodenstück einer Kabine sich niedersenkte. Sie sah ein paar dunkle Hosenbeine, dicht an der Rückwand, die Beine eines Mannes, der im hinteren rechten Winkel der Kabine stand. Aber mit greller Deutlichkeit prägte sich ihr ein, daß er hellgelbe Sandalen trug; nie zuvor hatte sie solche gesehen – flache, sandfarbene, durchbrochene Sandalen aus abgewetztem, brüchigen Leder.

Sie trat rasch in den Aufzug, es brauchte sie jetzt niemand zu sehen. Einige Sekunden später stand sie vor der breiten Glastür der Randolphschen Praxis. Vornehmer Laden, das mußte man schon sagen. Sprechstunde 15 bis 17 Uhr und nach Vereinbarung; das sprach für Privatkundschaft und größere Einnahmen.

Julia läutete. Es rührte sich nichts. Sie läutete ein zweites Mal, drückte dann entschlossen die Griffstange nach innen. Die Tür war nicht verschlossen und wahrscheinlich für angemeldete Patienten offengelassen worden.

Der Vorraum war nicht erleuchtet, aber aus einem Türspalt im Hintergrund fiel ein schwacher Lichtschimmer. Julia öffnete die Tür etwas weiter. Sie sah in ein modernes Untersuchungszimmer und nahm den typischen Geruch war, der die Beschwerden ängstlicher Leute zu mildern imstande ist.

Es war totenstill. Sie durchquerte den Raum »Röntgen! Zutritt verboten!« stand an einer kleineren, weißlackierten Tür an der linken Seitenwand, und Julia dachte an Peters gerettete Drehanodenröhre. Sie kam sich jetzt doch etwas eigenartig vor, sie konnte doch nicht die ganze Wohnung durchstöbern.

»Wohnung 3. Etage« hatte sie draußen gelesen. Vielleicht war der Doktor oben und kam gleich zurück. Sie mußte das Wartezimmer finden. Gegenüber vom Röntgenraum lag eine zweite Tür – sie klopfte kurz und öffnete.

Dann preßte sie die Hand auf den Mund und blieb wie erstarrt stehen. Ein Mann lag mit dem Oberkörper auf dem Schreibtisch, sein rechter Arm hing kraftlos herunter, und sein wachsbleiches Gesicht war ihr zugewandt.

Ein paar Herzschläge lang schwamm alles vor ihren Augen, dann arbeiteten ihre Sinne wieder scharf und klar, und sie sah, daß sie zu spät gekommen war. Peter, dieser Narr!

Das Duell sah etwas einseitig aus. Der Mann war tot, da gab es keinen Zweifel. Das weiße Tuch über seiner linken Brust war rot und feucht durchtränkt, und nahe der vorderen Kante des Schreibtisches lag ein großer Trommelrevolver, das schien das russische Ding zu sein. Natürlich! Ein kleiner, fünfzackiger Stern war zwischen Trommel und Griff eingraviert und daneben CCCP 1939. Seine Visitenkarte mußte er auch noch dalassen, das sah ihm ähnlich.

Sie merkte gar nicht mehr, daß sie sich ganz in seine Lage hineinversetzte. Was sollte sie tun? Wenn man sie hier fand, saß sie selbst in der Klemme. Und Peter? Sie würden ihn eines Tages doch finden. Wenn sie nur mit ihm sprechen könnte. Aber jetzt mußte sie so schnell wie möglich fort, das war das wichtigste. Eigentlich sollte sie ja die Polizei rufen und so lange bei dem Toten bleiben. Aber wie sollte sie ihre Anwesenheit erklären? Sie sah sich um, ob sie keine Spuren hinterlassen hatte. Der Revolver! Mit schnellem Entschluß faßte sie ihn und wandte sich zur Tür.

Diesmal erschrak sie wirklich – weit mehr als beim Anblick des Toten – und hob unwillkürlich den Arm mit der Waffe. Im Türrahmen lehnte ein Mann von rund 40 Jahren in einem etwas knappen Anzug, die Hände in den Hostentaschen, unbeweglich und fast teilnahmslos, aber trotz seines offenen Gesichtes ging eine stumme Drohung von ihm aus.

»Wollen Sie mich auch noch erschießen?« fragte er ruhig. »Mein Stellvertreter wird sich freuen, meinen Posten zu kriegen.«

III

Julia ließ den Revolver sinken. »Wer sind Sie?«

»Ich bin ein alter Patient von Dr. Randolph«, sagte der Mann höflich. »Ich wollte gerade mal sehen, wie es ihm geht – und er sollte nachsehen, wie es mir geht.«

Julia wollte antworten, als das Telefon rasselte – laut und dringlich, als wollte es den Toten aufwecken. Der Fremde kam langsam auf den Schreibtisch zu und griff zum Hörer.

»Praxis Dr. Randolph«, sagte er ohne eine Spur von Erregung in der Stimme. »Gnädige Frau? Ja – Nogees – nein – im Kino? Ja, kommen Sie bitte gleich, gnädige Frau. Ich erwarte Sie – ich erkläre es Ihnen nachher. – Bitte. Bis gleich.«

Er legte den Hörer auf und sah Julia stumm an. Dann nahm er ihn wieder ab und wählte. Eine hastige Stimme meldete sich.

»Hallo? Nogees, Abteilung sechs, bitte.« Wieder meldete sich eine Stimme nach kurzer Pause. »Steinmann? Nogees. Einsatz – ja – Gisela neunundzwanzig. Dr. Randolph. Ja. Gut. Ende.«

Er legte auf und betrachtete den Toten eingehend. Dann trat er auf Julia zu und zog sein Taschentuch hervor. »Sie erlauben?« Er faßte den Revolver, betrachtete ihn wie vorher die Leiche mit einem interessierten Blick, und Julia wurde von wachsender Unruhe erfüllt.

»Möchten Sie mir erklären, was das zu bedeuten hat!«

Er legte den Revolver auf den Schreibtisch zurück und sah Julia mit melancholischem Lächeln an.

»Ich glaubte einen freien Abend zu haben«, sagte er. »Sie werden es nicht für möglich halten – ich bin Kommissar Daniel Nogees und der Leiter der hiesigen

Mordkommissaion. Ich bin noch niemals so pünktlich gewesen. Fast hätte ich den Mord noch miterlebt.«

Julia mußte sich setzen. Sie befeuchtete ihre trockenen Lippen mit der Zunge. Jetzt sah sie, daß sie eine riesengroße Dummheit begangen hatte. Und ausgerechnet der Leiter . . .

»Ich habe ihn nicht erschossen«, sagte sie leise. »Ich wollte ihn sprechen und fand ihn so. Das ist die Wahrheit.«

Er ging nicht darauf ein. »Kennen Sie Frau Randolph?«

Sie schüttelte den Kopf.

»Sie rief eben an. Sie war im Kino. Sie wird gleich hier erscheinen.«

»Die Arme«, sagte Julia.

»Bedauern Sie sie?«

»Ja.«

»Geben Sie mir Ihren Ausweis!« sagte er nach einer Pause.

Julia kramte in ihrer Tasche. Er las das Papier aufmerksam durch und steckte es dann zu sich. Julia protestierte nicht, es war ihr alles gleichgültig.

Er faßte sie am Arm und führte sie ins Nebenzimmer. Sie folgte willenlos. »Warten Sie hier!« befahl er. »Ich werde Frau Randolph allein in Empfang nehmen.«

Sie warf ihm einen dankbaren Blick zu, denn sie hatte das tröstliche Gefühl, daß er sie nicht für die Mörderin hielt. Aber das konnte man bei solchen Leuten nie wissen. Dann hörte sie den Schlag der Wohnungstür und die Stimme des Kommissars auf dem Korridor, ruhig und begütend.

Jetzt klangen Schritte im Nebenzimmer, und Julia vernahm einen erstickten Aufschrei. Es verging geraume Zeit, in der nur ein leises, schluchzendes Weinen die Stille erfüllte.

Dann kam der Kommissar herein. Er winkte ihr mit

einer Kopfbewegung. Julia folgte ihm und zerknüllte ihr Taschentuch in der Hand.

Dann trat sie durch die Tür und stand Ilse Randolph gegenüber.

Schön, aber kalt, durchfuhr es sie. Das also war die Schlange, die Peter an seinem Busen genährt hatte. Ilse Randolph war eine jener Frauen, die durch ihr bloßes Dasein auf Männer wirkten – vollschlank, von verführerischer, lässiger Anmut. Jetzt, da sie weinte, empfand Julia tiefes Mitleid mit ihr.

»Herlyn«, sagte sie zaghaft. »Ich – ich fand Ihren Gatten so, gnädige Frau. Darf ich Ihnen mein Beileid aussprechen?«

Die andere rührte sich nicht, sah Julia mit weiten, tränengefüllten Augen an.

»Kennen Sie diese junge Dame?« fragte Nogees.

Frau Randolph verneinte stumm.

»Ich will Sie jetzt nicht lange belästigen«, sagte er. »Nur noch zwei Fragen. Wann haben Sie Ihren Mann heute zuletzt gesehen?«

»Ich war hier unten bei ihm, bevor ich fortging. Es muß gegen halb sechs gewesen sein, denn ich wollte um sechs im Kino sein. Wenn ich gewußt hätte . . . oh, es ist schrecklich.«

Nogees wartete einige Zeit. Dann deutete er auf den Revolver. »Kennen Sie diese Waffe?«

Die Frau beugte sich vor. »Ja«, flüsterte sie. »Mein Mann hatte so eine in seiner Sammlung – im Kriege.«

Julia strömte das Blut zum Herzen. Jetzt mußte es herauskommen. Aber wieder ging der Kommissar darüber hinweg, als interessierte ihn die Auskunft nicht weiter.

»Ich danke Ihnen, gnädige Frau. Sie können jetzt nach

oben gehen. Ich benachrichtige Sie, wenn wir Sie brauchen. Schlafen Sie jetzt – und glauben Sie mir: Der Täter entkommt uns nicht.«

Er sagte das in seiner gewöhnlichen, ruhigen Sprechweise, aber Julia bekam beim Ton seiner Stimme Angst für den Mörder und für sich selbst. An der Tür warf Frau Randolph einen schnellen, scheuen Blick auf den Toten. Dann senkte sie den Kopf und ging rasch hinaus.

Vor dem Haus hielt mit kreischender Bremse ein Wagen. Kurz darauf füllte sich das Zimmer mit schweigsamen Männern, die den Kommissar kurz begrüßten und dann eine geschäftige Tätigkeit entfalteten. Nogees nahm Julia wieder mit in den Untersuchungsraum.

»So, liebes Fräulein. Und nun würde ich vorziehen, von Ihnen nicht allzu viele Lügen zu hören. Wann kamen Sie hierher?«

»Es war zehn Minuten nach acht. Ich sah es auf der Uhr in meinem Wagen bevor ich raufging.«

»Weiter!«

»Ich fand die Praxis unverschlossen, ging hinein und suchte Dr. Randolph.«

»Haben Sie jemanden bemerkt?«

»Nein.«

»Waren Sie schon einmal hier?«

Julia überlegte blitzschnell. »Nein.«

»Kannten Sie Dr. Randolph schon?«

Oh, Peter, dachte Julia und sprach die erste Lüge aus. »Ja seit einem Jahr ungefähr. Wir – wir haben uns beim Fasching kennengelernt. Wir trafen uns ab und zu, wenn ich in München war.«

»Wann zuletzt?«

Was sollte sie bloß sagen? »Vor einigen Wochen – im Februar war es wohl – ich weiß es nicht mehr genau!«

»Liebten Sie Dr. Randolph?«

Julia brachte es fertig zu erröten. »Nein – wir waren nur gute Freunde – er war ja auch verheiratet!«

»Ja, das war er. Und heute?«

»Ich habe Urlaub und wollte ihn mal in seiner Praxis besuchen. Er hatte mich darum gebeten.«

»Und wenn seine Frau unten gewesen wäre?«

»Hätte ich eine Kopfschmerztablette verlangt!« Julia lächelte treuherzig und kam sich schlecht vor. Die Tür öffnete sich, und der Kommissar wandte den Kopf.

»Fertig?«

»Ja.«

»Warten Sie.« Julia blieb allein, tausend Gedanken schossen ihr durch das Hirn. Hatte sie sich richtig verhalten? Sie konnte doch die Wahrheit nicht erzählen! Ach, Peter, wenn du wüßtest! Es vergingen endlose Minuten. Von drüben hörte sie nur einzelne, abgerissene Worte. Dann trat der Kommissar wieder ein.

»Sie verstehen wohl, Fräulein von Herlyn, daß ich Sie bitten muß, unser Gast zu bleiben?«

Julia nickte ergeben. »Was wird aus meinem Wagen und meinem Hund?«

»Der Wagen kommt mit ins Präsidium. Der Hund – hm . . .«

Er faßte an seine Nase. Ein Hund war nicht vorgesehen.

»Haben Sie hier Bekannte?«

»Ja, aber – jetzt – so spät!«

»Er wird auch untergebracht«, sagte Nogees kurz, und Julia mußte ein Lächeln verbergen. Herr Mink auf Staatskosten!

Sie verließen die Wohnung. Einige Neugierige standen an dem weißen Krankenwagen, der den Toten fortbringen sollte. Julia gab ihren Schlüssel ab und hörte Herrn Minks wütendes Gebell, als der Kriminalbeamte die Wagentür aufschloß.

Dann setzte sich die Karawane in Bewegung. Niemand sprach ein Wort, bis sie an dem düsteren Gebäude angelangt waren. Eine Viertelstunde später saß Julia in einem kleinen Zimmer mit schmucklosen, weißgetünchten Wänden und hatte Zeit zum Nachdenken. Was für Leute mochten hier schon gesessen haben. Und nun saß sie hier, und das in ihrem Urlaub. Das kam davon, wenn man Schicksal spielen wollte.

Wo mochte Marohn sein? Ob er kommen würde, wenn er wüßte, was ihr passiert war? Und ob er – nein, sie glaubte es nicht. Er war gegangen, entschlossen, sein lächerliches Duell mit Randolph auszutragen. Niemals würde er ihn einfach niedergeschossen haben. Julia zog sich die Schuhe aus und betrachtete das schmale Feldbett mit Mißtrauen. Da klopfte es.

»Ja«, rief sie.

Es war Nogees. Er steckte den Kopf zur Tür herein.

»Ich wollte Ihnen nur mitteilen, daß ich mich mit Ihrem Hund gut verstehe. Übrigens – wie lange haben Sie ihn?«

»Fast zwei Jahre«, log Julia unbewegt.

»So? In Nürnberg?«

»Ja«, erwiderte sie ahnungslos.

»Eigenartig«, meinte er. »Auf seiner Steuermarke steht Jena. Können Sie das erklären?«

»Ich habe nie nachgesehen«, antwortete Julia und verfluchte sich innerlich.

»Das macht nichts. Hauptsache, Sie haben pünktlich Ihre 150 Mark bei der Steuer abgeliefert.«

»Immer.«

»Fein. Es kostet nur 60 Mark im Jahr. Gute Nacht.«

Er verschwand, und Julia hätte am liebsten angefangen zu heulen.

Peter Marohn erwachte, und es dauerte erhebliche Zeit, bis sein schmerzender Schädel die Orientierung wiederfand. Er spürte jedes einzelne Haar wie einen Korkenzieher, und seine Mundhöhle war ausgedörrt und klebrig. Junge, Junge. Diesmal war er wirklich vollgelaufen bis zur Binde. Das letzte Stück Wegs bis in dieses Bett lag im dunkel. An sich war ja das Münchner Bier durchaus bekömmlich, aber die »Verdünnung« mit zahllosen Schnäpsen weniger.

Er sah sich um und stellte dabei fest, daß die Bewegung der Augäpfel unangenehme Beschwerden verursachte. Ja, das war das Pensionszimmer zu vier Mark fünfzig, das er am Vortage gemietet hatte, schwach möbliert und mit Aussicht auf einen unsäglich schmutzigen Hof. Wanzen waren entweder wirklich nicht da, oder es lag an seiner durch den Alkohol herabgesetzten Schmerzempfindlichkeit, daß er keine spürte.

Er schloß die Augen wieder und dachte an den vergangenen Tag. Da war der Anruf bei Randolph am Morgen. »Erwarte Sie um 19 Uhr!«

Schluß, aus. Den ganzen Tag war er mit dem peinlichen Ziehen in den Eingeweiden herumgelaufen, wie man es vor dem Examen oder der ersten Verabredung mit einem Mädchen verspürt. Er lief ziellos durch die Stadt, überlegte krampfhaft, was er Randolph sagen wollte, und erfand hundert verschiedene Variationen des Verlaufes dieser Begegnung. Daher war er neugierig, wie Ilse jetzt aussehen würde. Aber Randloph ließ bestimmt keine Begegnung zustande kommen.

Er sah dann plötzlich ein Schild: Röntgeninstitut Dr. Wittinger. Noch jetzt erfüllte es ihn mit Scham, wenn er daran dachte, wie er mit der Röhre unter dem Arm zwischen den Patienten gesessen hatte. O nein, es sei durchaus nicht eilig, der Herr Doktor möge nur ruhig erst fertigmachen.

Der Kollege war außerordenlich freundlich, nachdem er mit Erleichterung vernommen hatte, daß Peter sich nicht in derselben Gegend niederlassen wollte, aber er brauchte leider keine Röhre. Immerhin rief er bei einigen Kollegen an, und tatsächlich, einer war interessiert. Dr. Schnabels Assistentin war zwar sehr hübsch, nichtsdestoweniger hatte sie am Tage vorher der Röhre ihres Brotherrn den Rest gegeben und öffnete nun dem Besucher mit betrübtem Gesicht die Tür zum Sprechzimmer.

Man einigte sich auf die Hälfte des Anschaffungspreises, den Peter in Westberlin gezahlt hatte. Er hätte gern mehr erzielt, aber Dr. Schnabel sprach in bewegten Worten von unverschämten Abzügen und ungeheueren Steuernachzahlungen, und Peter war müde und hungrig. Er kam gerade noch zur Bank zurecht und verließ sie mit Toresschluß.

900 Mark standen zwischen ihm und dem Nichts. Er suchte ein ruhiges, behäbiges Lokal und aß rauhe Mengen.

Ja, dann war es soweit. Randolph saß kerzengerade hinter seinem Schreibtisch, erregt, aber beherrscht, mit gerötetem Gesicht. Er hatte sich nicht verändert, sah genauso aus wie vor zehn Jahren.

Man konnte sich vorstellen, wie er als Student und Oberprimaner ausgesehen hatte, so unveränderlich war sein Typ und so gleichbleibend seine Art, zu reden und sich zu bewegen. Peter hatte sich fest vorgenommen, sich auf keine Streiterei einzulassen. Er nahm auch nicht an, daß es dazu kommen würde. Randolph würde kurz und klar seine Bedingungen stellen und weiter nichts.

Um so mehr war er erstaunt, als der andere begann, mit abgehackten Sätzen den Tatbestand zu schildern, der beiden doch nur zu gut bekannt war. Randolph steigerte sich in immer größere Erregung, sein Gesicht mit den aufgeworfenen Schmissen rötete sich mehr und mehr, und schließlich sprang er auf und wanderte im Zimmer hin und her, wobei er haarscharf an den gleichen Punkten seine Kehrtwendungen vollführte.

Peter schwieg und wunderte sich, aber er fühlte eine unklare, freudige Erleichterung, denn dieses Verhalten war unnötig und unvorhergesehen, es paßte nicht zu der erwarteten Entschlossenheit. Dann, mit einem Mal, erkannte er den Grund. Diese Reaktion entsprang der Unzufriedenheit Randolphs mit sich selbst, mit seiner Ehe und seiner Natur und richtete sich nur zum geringeren Teil gegen ihn selbst. Randolph mußte wissen, so genau, wie er es wußte, daß die Schießerei seine Probleme nicht löste und enttäuschte Hoffnungen nicht mehr erfüllte. Randolph erwartete im tiefsten Inneren von Peter Verständnis für seine Lage, und Peter war im Vorteil, denn er war heute unbeteiligt, er liebte Ilse Randolph nicht mehr, er dachte an Julia und sonst nichts. So ertrug er die großartig formulierten Beleidigungen Randolphs und fragte ruhig, als dieser geendet hatte:

»Was wünschen Sie, das ich tue?«

»Ich wünsche«, hatte Randolph hervorgestoßen, »daß Sie eine Erklärung unterschreiben. Sie versichern, daß Sie meiner Frau niemals wieder, schriftlich oder mündlich, nähertreten werden. Und ich versichere Ihnen meinerseits, daß ich im anderen Falle das nachholen werde, was ich heute unterlassen habe, um ganz sicherzugehen. Bitte!«

Peter sah sich das Papier an. Peinlich sauber geschrieben, mit Durchschlag, korrekt und trocken wie der Verfasser. Die Absicht lag klar auf der Hand. Wesentlichen Wert besaß die Versicherung nicht. Aber Ilse sollte sie sehen, darauf kam es Randolph an.

Na gut, was tat es schon.

Er unterschrieb.

»Ich habe Ihnen nichts weiter zu sagen.« Randolph stand auf. Peter zog die Pistole hervor und legte sie auf den Schreibtisch. »Hier ist Ihre Pistole, Herr Randolph. Ich lege Wert darauf, festzustellen, daß ich bereit war, sie zu gebrauchen, wenn Sie darauf bestanden hätte. Guten Abend.« Er wandte sich um und verließ das Zimmer. Nichts geht über einen guten Abgang, dachte er, als er das Haus verließ. Es war Punkt 8 Uhr.

Er war mit langen, schnellen Schritten durch die milde Frühlingsluft gelaufen, die ganze Strecke bis zur Innenstadt. Er brauchte das, um seiner Erregung Herr zu werden und seine Gedanken zu ordnen. Dann hielt er schweißgebadet inne. Es war überstanden! Alles in Ordnung! Jetzt konnte er wieder anfangen, frei und unbeschwert und – er konnte zu Julia zurück.

So hatte er sich betrunken, war durch zahllose Lokale gezogen und hatte manchen Durstigen an seiner Freude teilnehmen lassen.

Jetzt büßte er, aber bereitwillig und ohne Reue. Zum Teufel, er hatte lange genug gebüßt. Er schleuderte die Decke von sich. Raus aus diesem Loch! Die Sonne schien, und er lebte. Er wusch sich an dem wackligen Waschständer. Viermal mußte er die abgesprungene Emailleschüssel ausleeren und nachfüllen, ehe er sich einigermaßen erfrischt fühlte. Er bezahlte unten, aß kräftig zu Mittag und schlenderte zum Bahnhof. Der Schnellzug nach Nürnberg ging erst gegen sechs. Er gab ein Telegramm an Julia auf: Alles o. k. Sie würde Augen machen! Er lief noch ein bißchen herum, setzte sich dann auf eine Bank und ließ sich mitten im Gewimmel von der Sonne bescheinen. Er dachte an Herrn Mink. Hoffentlich traf ihn nicht der Schlag vor Freude. Peter schloß die Augen und träumte vor sich hin.

Kommissar Nogees trommelte mit den Fingern auf die Schreibtischplatte und überdachte seine bisherigen Ermittlungen. Etwas dürftig, die Ausbeute, bis jetzt wenigstens.

Da war zuerst die vorläufige Auskunft des Polizeiarztes. Tod durch Neun-Millimeter-Geschoß, das die linke Herzkammer durchschlagen hatte und in der Wirbelsäule steckengeblieben war. Entfernung der Schußwaffe mindestens ein Meter, keine Brand- oder Pulverspuren auf der Kleidung. Selbstmord war demnach ausgeschlossen. Den Eintritt des Todes gab der Bericht mit höchstens einer Stunde vor Auffinden der Leiche an. Demnach mußte Dr. Randolph gegen sieben Uhr noch gelebt haben. Spuren eines Kampfes ließen sich nicht nachweisen.

Dann die Mordwaffe. Neun-Millimeter-Trommelrevoler. Fabrikat Nagan. Keine Stücknummer, wahrscheinlich wußten die Russen nicht genau, wieviel oder wie wenig sie von den Dingern hergestellt hatten. Am Lauf fand der Sachverständige eigenartige Kratzspuren, aus denen er schloß, daß ein Schalldämpfer aufgesetzt worden war. Dann erklärte sich, daß niemand in der Umgebung den Schuß gehört hatte. Womöglich hätte ihn auch so niemand gehört, außerdem konnten die Kratzspuren schon älter sein. Und wo war der Schalldämpfer geblieben? Wenn der Täter ihn wieder mitgenommen hatte, warum nicht auch den Revolver? Unwahrscheinlich.

Zwei Arten von Fingerabdrücken, die der schönen Freundin von Randolph und andere, die nicht von Randolph selbst stammten.

Sonst keine Spuren, nichts Verdächtiges im Zimmer, auch nicht in den übrigen Räumen. Man sah, daß bis zum Schluß normaler Praxisbetrieb geherrscht haben mußte. Gebrauchte Spritzen und gefüllte Verbandsschälen ließen darauf schließen. Um vier Uhr war die Sprechstundenhilfe zur Vernehmung bestellt, da würde man mehr erfahren.

Die übrigen Bewohner des Hauses? Es waren keine da. Im Erdgeschoß residierte die Bank. Der letzte Angestellte hatte das Gebäude um fünf Uhr verlassen, gewissenhaft wie Leute dieser Branche nun einmal sind. In der zweiten Etage, über Dr. Randolph, lagen die Räume der »Süddeutschen Lebensversicherung«. Hier waren bereits um vier Uhr einmütig die Federhalter niedergelegt worden.

Die Wohnung des Arztes im dritten Stock – zur Mordzeit leer.

Ein Dienstmädchen beschäftigten die Randolphs nicht.

Die vierte Etage bewohnte eine alleinstehende, ältere Dame, die aber schon seit vierzehn Tagen im Krankenhaus lag. Auch da war nichts zu holen.

Niemand fand sich, den er hätte fragen können, ob und wann abends fremde Personen, das Haus betreten oder verlassen hatten. Und tagsüber ließ sich überhaupt keine Kontrolle ausüben, Kundschaft der Bank und der Versicherung. Randolphs Patienten – eine unübersehbare Zahl der verschiedensten Leute.

Seine Stirn faltete sich unter der Arbeit der Gedanken.

Randolph selbst?

Er kannte ihn seit ungefähr einem halben Jahr, schätzte ihn als Arzt hoch ein, hatte er ihn doch endlich für längere Zeit von den verdammten Schmerzen in der rechten Schulter befreit.

Gute wirtschaftliche Verhältnisse, geregeltes bürgerliches Dasein. Randolph arbeitete vormittags in der Universitätsklinik, hielt dann von drei bis fünf Uhr seine allgemeine Sprechstunde ab und empfing im Laufe des Abends Privatpatienten oder andere Besucher. Von seiner Frau sprach er wenig, aber stets mit Achtung und gewissem Stolz – ja, etwa so, als empäfnde er Freude über das Ergebnis seiner Erziehung. In der Praxis hatte Nogees sie nur zweimal kurz gesehen.

Dieses Mädchen Julia.

Nogees seufzte leise. Er mußte zugeben, daß sie ihm ausnehmend gut gefiel. Niemals hätte er sie von vornherein für eine Mörderin gehalten. Aber erstens konnte man sich in jeder Frau täuschen, das hatte er oft genug erlebt. Und zweitens ging es hier um Tatsachen – und Tatsache war, daß er sie dem Toten gegenüber gefunden hatte – den Revolver in der Hand und im Begriff, den Tatort zu verlassen. Und drittens – irgend etwas stimmte nicht an ihrer Geschichte.

Gut, warum sollte Randolph keine Freundin haben. Die meisten verheirateten Männer hörten gerne mal was anderes als zu Hause.

Er mußte lächeln. »Er ist doch verheiratet«, hatte sie gesagt. Sie mußte ihn für naiv halten. Nein, aber – sie paßte nicht zu Randolph, das war es. Es war auch nicht die Gegensätzlichkeit, die beide hätten anziehen können, es war eine Wesensverschiedenheit, die unvereinbar schien. Immerhin, möglich war alles. Eifersucht, Vernachlässigung, irgendein Grund konnten zum Zerwürfnis, zum Streit und zur Tat geführt haben.

Aber auch das gefiel ihm nicht. Dafür war sie zu unbeteiligt, zu sachlich gewesen. Ihr Hund mit der ostzonalen Marke! Schlimmstenfalls hatte sie keine Steuern bezahlt, na schön. Das Land ist voll von Leuten, die für irgend etwas keine Steuern bezahlen, obwohl sie sollten.

Er hatte in Nürnberg anfragen lassen, es würde sich herausstellen. Aber auch das paßte wieder nicht zu ihr, ausgerechnet die Hundesteuer einzusparen. Tochter eines schwerreichen Vaters, der solche Geschichten ohne Zweifel nicht geduldet hätte. Hinten und vorne Lücken.

Er konnte ihr die Haft nicht ersparen, er mußte wenigstens etwas klarer sehen, aber er wünschte insgeheim, der Augenblick wäre schon gekommen, da er ihr sagen könnte: »Es ist erledigt. Sie sind außer Verdacht. Sie können sofort gehen.« Statt dessen straffte er sich und verscheuchte die außerdienstlichen Gedanken. »Holen Sie Fräulein von Herlyn«, befahl er seinem Assistenten, der auf sein Läuten erschienen war.

Julia trat ein.

»Ich habe schon bessere Betten gesehen«, begann sie. »Mir ist, als hätte ich einen Skiunfall gehabt. Ich kann mich . . .«

»Setzen Sie sich«, sagte der Kommissar ungerührt . »Ja eher wir die Wahrheit wissen, um so eher haben Sie Aussicht, wieder in Ihr gewohntes Bett zu kommen – oder auch nicht«, fügte er leise für sich hinzu. »Ist Ihnen in dieser schlaflosen Nacht etwas Neues eingefallen, das Sie mir erzählen möchten?«

»Es ist alles so, wie ich Ihnen gesagt habe. Ich kam kurz nach acht, fuhr mit dem Paternoster nach oben und fand Dr. Randolph tot auf. Ich blieb ein paar Minuten und sammelte mich.«

»Sie sammelten auch den Revolver.«

»Ja, ich war etwas kopflos – ich hätte das nicht tun sollen. Dann erschienen Sie, wie im Theater aufs Stichwort. Das ist alles.«

»Fräulein von Herlyn«, begann Nogees wieder behutsam, »ich habe gelinde Zweifel, daß das alles ist. Erstens hatte ich durchaus den Eindruck, daß Sie den Revolver mitnehmen wollten. Zweitens glaube ich nicht, daß Sie ausgerechnet an diesem Abend Dr. Randolph nur mal kurz besuchen wollten – ohne sich verabredet zu haben, zum ersten Mal, wo Sie gar nicht wissen konnten, ob er da ist und wen er bei sich hat. Das können Sie mir nicht erzählen. Die moderne Frau tut das nicht.«

»Was wissen Sie, was Frauen tun!« rief Julia heftig und dachte an Peter.

»Ich möchte es gerne wissen«, erwiderte Nogees. »Deswegen sitzen Sie ja hier! Fräulein von Herlyn, ich habe den Eindruck, daß Sie sich über den Ernst Ihrer Lage nicht ganz im klaren sind. Zur Zeit kommt niemand anderes als Täter in Betracht als Sie. Wenn wir keine anderen Anhaltspunkte bekommen, wird gegen Sie die Klage wegen Mordes oder zumindest Totschlags erhoben. Wie das ausgeht, kann ich Ihnen nicht sagen.«

»Aber ich habe es doch nicht getan«, sagte sie ängstlich. »Warum sollte ich ihn denn erschießen?«

»Hatten Sie Streit?«

»Wie kann ich mit ihm Streit gehabt haben, wenn er tot war!« rief Julia wütend. »Sie wollen mich reinlegen, das ist nicht nett von Ihnen.«

Nogees läutete. »Ich lasse Sie wieder holen, wenn ich Sie brauche. Sie müssen hierbleiben. Denken Sie an das Bett und bessern Sie sich.«

Sie ging hinaus, und er bemerkte voll Zorn, daß Steinmann, dieser Bursche, angelegentlich nach ihren Beinen schielte. Er hätte das gerügt, wenn er nicht auch geschielt hätte.

Der Wahrheit die Ehre!

Steinmann erschien nach einigen Minuten wieder. »Frau Randolph«, meldete er.

Nogees ging ihr bis zur Tür entgegen und geleitete sie zum Sessel am Schreibtisch. Ihr schwarzes Kostüm stand ihr ausgezeichnet. Sie trug eine kleine, schwarze Kappe, die apart von ihrem kurzen blonden Haar abstach.

Auch sie mußte man als schön bezeichnen – aber sie war es bewußter als Julia von Herlyn, und es schien Nogees, als hätte sie ihren Höhepunkt überschritten.

»Ich danke Ihnen, daß Sie heute schon gekommen sind, gnädige Frau. Es hätte auch noch Zeit gehabt, aber wenn Sie sich imstande fühlen, mir noch ein paar Fragen zu beantworten, wäre ich Ihnen dankbar.« Wie oft hatte er diesen Vers schon hergebetet!

Sie nickte.

»Wir haben die junge Dame, die ich am Tatort antraf, vorläufig festgenommen. Sie sagten ja gestern schon, daß Sie sie noch nie gesehen hätten. Könnte sie eine Patientin Ihres Gatten gewesen sein?«

»Es wäre möglich«, antwortete sie nach einer kurzen Pause. »Aber er führte eine Kartei über alle Patienten, auch über die privaten. Ich habe manchmal mit ihm die Abrechnung fertiggemacht, daher weiß ich es. Sie müßte auch geführt sein.«

»Hm. Wäre es denkbar, daß Ihr Mann auch einzelne Patienten ohne Karte behandelt hat?«

»Denkbar wäre es, aber es entsprach gar nicht seinen Gewohnheiten.«

»So.« Er zögerte. »Könnten Sie sich vorstellen – verzeihen Sie, wenn ich das frage – Sie haben übrigens selbstverständlich das Recht, Aussagen zu verweigern –, könnte Sie sich vorstellen, daß Fräulein von Herlyn die Freundin Ihres Mannes gewesen ist?«

Sie sah ihm gerade ins Gesicht. »Nein, das könnte ich nicht. Mein Mann hatte in dieser Beziehung äußerst feste Grundsätze. Er ging nie allein fort, und er duldete in unserer Bekanntschaft keine Leute, von denen er wußte, daß sie in ihren Ehen und Freundschaften – wie soll ich sagen – großzügig verfuhren. Nein, das halte ich für unwahrscheinlich.«

Nogees wechselte das Thema. »Wissen Sie, ob Ihr Mann Feinde hatte?«

»Ich kenne keine. Selbstverständlich gab es Unstimmigkeiten. Aber die Zahl der Leute, auf die mein Mann nicht gut zu sprechen war, ist sicher größer als die derer, die gegen ihn etwas hatten. Er dachte und urteilte über alles sehr streng.«

»So. Haben Sie gestern im Laufe des Tages irgend etwas Auffälliges im Verhalten Ihre Mannes bemerkt?«

»Nichts. Er war wie immer.« Sie sagte das mit auffallender Betonung. So schlecht oder so gut wie immer, fragte sich Nogees.

»Und würden Sie mir noch einmal schildern, was Sie gestern abend taten?«

»Ich war in der Wohnung bis gegen halb sechs. Dann ging ich in die Praxis und sagte meinem Mann, daß ich ins Kino gehen wolle.«

»Gingen Sie oft allein?« fragte Nogees.

»Ins Kino, ja. Mein Mann hielt nichts davon, er ging nur ins Theater oder in die Oper.«

»Ja. Bitte weiter. Waren noch Patienten da?«

»Fünf oder sechs.«

»Die Sprechstundenhilfe?«

»Auch. Sie geht meist um sechs. Die Privatpatienten empfing mein Mann allein.«

»Kennen Sie die Patienten Ihres Gatten?«

»Nur wenige. Sie zum Beispiel.«

Sie lächelte ein bißchen.

»Welchen Film haben Sie gesehen?«

»Orphée von Cocteau. Er wurde wiederholt, und ich wollte ihn gern noch sehen.«

»Verständlich. Und weiter.«

Das Weitere wissen Sie«, sagte sie leise, und ihre Augen füllten sich mit Tränen. »Das Stück war kurz nach acht zu Ende. Ich rief an, und . . .« Sie sprach nicht weiter. Er wartete eine Weile, bis sie sich beruhigt hatte.

»Riefen Sie immer an, wenn Sie fort gewesen waren, oder taten Sie das nur gestern?«

»Immer. Mein Mann richtete sich dann meist so ein, daß er fertig war, wenn ich kam.«

»Ja. Und nun sagen Sie mir bitte – Sie sprachen gestern von der Waffensammlung und dem Revolver – ist es möglich, daß Ihr Mann die Waffe bis jetzt aufgehoben hat?«

»Nein. Er war bei Kriegsschluß in Gefangenschaft. Ich habe selbst sofort nach dem Einmarsch sämtliche Waffen abgegeben, obwohl sie zum Teil nur Sammlerwert besaßen und nicht mehr als Waffe zu gebrauchen waren. Mein Mann war auch viel zu korrekt, als daß er gegen den Befehl verstoßen und uns gefährdet hätte. Er schrieb mir ausdrücklich, die Waffen sofort abzuliefern, obwohl er sehr an ihnen hing.«

»Hm. Und Sie wissen, daß dieser Revolver in der Sammlung war?«

»Ja – ich glaube schon . . .«

»Wieviel Pistolen waren es ungefähr im ganzen, gnädige Frau?«

»Ich weiß es nicht genau – bestimmt 20 bis 30 Stück.«

»So viele? Wie kommt es, daß Sie sich gerade an dieses Modell so deutlich erinnern?«

Sie zeigte keinerlei Verlegenheit.

»Wir hatten einen Bekannten – einen Feldunterarzt, der damals im Krieg noch studierte. Er wurde ins Ausland abkommandiert und brauchte eine Waffe. Ich ließ ihn sich eine aussuchen – und soweit ich mich erinnere, nahm er einen solchen Revolver – diesen oder einen ähnlichen.«

»Wußte Ihr Mann davon?«

»Nein, er hätte es nicht zugelassen.«

Sieh mal an, dachte Nogees. Sie war auch manchmal ungehorsam.

»Wie hieß der Herr?«

»Peter Marohn. Ich habe ihn nicht wiedergesehen und weiß nicht, was aus ihm geworden ist.«

Nogees notierte den Namen. »Immerhin ein Anhaltspunkt. Wie stand dieser Marohn mit Ihrem Mann?«

Ihr Zögern entging ihm nicht. »Nicht gerade schlecht – er gab sich kaum mit ihm ab, er war ihm zu alt.«

»Und – verzeihen Sie, wenn ich noch einmal danach frage – war irgendein Grund für ein tieferes Zerwürfnis vorhanden?«

Sie schüttelte den Kopf. »Das kann ich nicht sagen. Nur – höchstens« – sie errötete, und es stand ihr gut – »Mein Mann war vielleicht ein bißchen eifersüchtig auf Marohn.«

»Hatte er Grund?« wollte Nogees fragen, aber er bezwang sich. Gerade das hätte ihn maßlos interessiert. Statt dessen fragte er: »Wissen Sie, woher dieser Marohn stammte?«

»Ich glaube, aus Jena«, erwiderte sie, und der Kommissar horchte auf.

Die Hundemarke!

Dann war also Marohn in der Nähe, und das Mädchen wußte von ihm! Ein Lichtblick im Dunkel!

Frau Randolph sah ihn erstaunt an. »Hat das eine Bedeutung?«

»Nein«, sagte er langsam, »noch nicht. Wäre es möglich, daß Ihr Gatte diesen Mann im Krieg noch einmal getroffen hat? Oder später?«

»Er hat mir nie etwas gesagt.«

»So. Und Sie haben nichts mehr von ihm gehört? Keine Nachricht, kein Brief? Sie haben ihm doch schließlich die Pistole gegeben und riskiert, von Ihrem Mann Vorwürfe deswegen zu bekommen!«

»Nein«, antwortete sie, »ich habe nichts wieder gehört.«

Aber diesmal merkte der Kommissar, daß sie log.

IV

Als sie fort war, saß er in tiefes Nachdenken versunken. Eigenartige Ehe. Sie mußte stets tun, was er wollte. Meist war es umgekehrt. Es mußte für eine Frau nicht gerade sehr angenehm gewesen sein, mit Randolph zusammenzuleben. Erst vorhin hatte er erfahren, daß sie auch Ärztin war – aber Randolph litt nicht, daß sie weiter in ihrem Beruf blieb. »Er hielt nichts von Ärztinnen«, hatte sie gesagt, gleichsam um ihn zu entschuldigen. Jetzt wollte sie versuchen, die Praxis weiterzuführen. Na, sollte sie. Als Täterin kam sie kaum in Betracht – aber da war dieser Marohn. Er mußte mit ihr noch in Verbindung gestanden haben. Wie, wenn sie ihn liebte und ihn zu dem Mord angestiftet hatte? Gar nicht so schlecht. Sie selbst hatte ihr Alibi, Marohn war der Dumme. Aber wie sollte er den finden? Und was hatte die schöne Julia damit zu tun? Auf jeden Fall hatte er nun einen neuen Ansatzpunkt. Das schöne Kind sollte ruhig noch auf dem staatseigenen Bett Prinzessin auf der Erbse spielen, um so gesprächiger würde sie morgen sein.

Steinmann erschien. »Fräulein Wenzel, Herr Kommissar.«

»Sie mag eintreten.« Nogees liebte zuweilen blumige Reden, und er war jetzt besserer Laune als vorhin.

Anita Wenzel kam, schüchtern und unansehnlich. Man sah, daß Dr. Randolph mehr Wert auf Leistung als auf äußere Schönheit gelegt hatte.

»Nehmen Sie Platz, Fräulein Wenzel«, sagte Nogees freundlich. Das Mädchen dankte und setzte sich. Es war blaß, und unter den Augen lagen tiefe Ränder. Der Tod ihres Chefs, zu dem sie wie zu einem höheren Wesen aufgeschaut hatte, mußte sie schwer erschüttert haben. Aber der Umstand, daß auch sie Nogees aus der

Sprechstunde kannte, milderte ihre Befangenheit und Furcht.

»Ich möchte einige Auskünfte von Ihnen, Fräulein Wenzel. Wie lange waren Sie bei Dr. Randolph?«

»Fast drei Jahre«, erwiderte sie. »Seit Juni neunundvierzig.«

»Arbeiteten Sie gern bei Dr. Randolph?«

Ihre Augen leuchteten auf. »Sehr«.

»So? Darf ich fragen, aus welchen Gründen?«

»Ja – er – er war immer gleichmäßig – kannte keine Launen. Und er war gerecht. Wenn er mich auf einen Fehler aufmerksam machte, hatte ich nie das Gefühl, daß es zu Unrecht geschah.«

Nogees nickte. Das konnte er sich vorstellen.

»Kannten Sie alle seine Patienten?«

»Nicht alle. Manche Privatpatienten bekam ich überhaupt nicht zu Gesicht. Die behandelte er abends allein.«

»Führte er eine Kartei?«

»Ja, sehr genau sogar.«

»Glauben Sie, daß einzelne Fälle nicht in der Kartei geführt wurden?«

»Eigentlich nicht. Aber ich bekam ja die Privatkartei nicht in die Hand.«

Der Kommissar griff in die Schublade und zog Julias Ausweis mit ihrem Bild hervor. »Kennen Sie diese Dame? Haben Sie sie gestern oder früher einmal in der Sprechstunde gesehen?«

Das Mädchen betrachtete das Bild genau und schüttelte dann den Kopf.

»Nein, niemals.«

»Sagt Ihnen der Name etwas? Herlyn?«

»Auch nicht.«

»Haben Sie den Namen Marohn mal gehört? Peter Marohn?«

»Nein. Soll das ein Patient sein?«

»Es wäre möglich. Nun erzählen Sie mir bitte von gestern abend. Verlief alles wie gewöhnlich?«

»Ja. Ich ging um sechs weg. Drei Private waren noch da.«

»Kannten Sie sie?«

»Einen!«

»Wer war das?«

»Ein Doktor Wartzin – er ist Rechtsanwalt oder Richter – er kam öfter.«

»So. Wann kam die Frau Doktor herunter?«

Ihre Lippen preßten sich etwas zusammen, es entging dem Kommissar nicht.

»Gegen halb sechs. Sie ging zum Chef rein und sprach einige Minuten mit ihm.«

»Fiel Ihnen etwas Besonderes an ihr auf, als sie herauskam? War sie erregt?«

»Nein, ich hatte nicht den Eindruck.«

»Ging sie öfter allein weg?«

»Nein. Meistens gingen sie zusammen.«

Er schwieg einige Zeit, dann fragte er in anderem Tone:

»Fräulein Wenzel – ich bin Ihnen nicht böse, wenn Sie auf die nächste Frage nicht antworten wollen oder können. Wie war das Verhältnis zwischen Dr. Randolph und seiner Frau? Oder kurz: Hatten Sie den Eindruck, daß die Ehe glücklich war?«

Er wartete gespannt.

Sie senkte den Blick und spielte nervös mit ihrer Handtasche. Dann sah sie ihn an.

»Ich glaube – sie lebten mehr nebeneinander her. Es ging alles lautlos, es gab keinen Streit, wenigstens habe ich keinen bemerkt in den ganzen drei Jahren – aber – es ging zu lautlos, das war es.«

»Ich verstehe. Noch eine Frage, Fräulein Wenzel. Gibt es für Sie einen Anhaltspunkt dafür, daß Dr. Randolph wegen des ›Nebeneinanderlebens‹, wie Sie sagten, einen Ausgleich suchte? Hatte er eine Freundin? Kennen Sie eine Dame, die seine Freundin gewesen sein könnte?«

»Nein«, sagte sie lebhaft. »Das – das könnte ich mir von ihm auch gar nicht vorstellen. Das paßte nicht zu seinem Charakter.«

»Sie meinen, er hätte es gar nicht fertiggebracht, seine Frau zu betrügen?«

»Ja.«

»Aha.«

Er dachte eine Weile nach. »Um auf den gestrigen Abend zurückzukommen: Ist Ihnen sonst noch irgend etwas aufgefallen?«

Sie überlegte. »Eigentlich nicht.«

Eigentlich bedeutet das Gegenteil, dachte der Kommissar.

»Nur«, fuhr sie fort, »der Doktor hatte es etwas eilig – er sagte, er wolle bis sieben fertig sein.«

»War das so ungewöhnlich?«

»Es kam schon immer mal vor – wenn er eingeladen war oder zu einem wissenschaftlichen Abend wollte.«

»Wissen Sie, was er gestern vorhatte?«

»Nein. Aber irgend etwas muß gewesen sein, denn er nahm sich nicht die Zeit wie sonst.«

»So. Na vielleicht finden wir das noch heraus. Ja, das wäre dann erst einmal alles, Fräulein Wenzel. Ich bin Ihnen sehr dankbar für Ihre Auskünfte. Sie bekommen Bescheid, wenn wir Sie noch brauchen sollten.«

Er stand auf, reichte ihr die Hand und blieb hinter dem Schreibtisch stehen. »Fräulein Wenzel«, rief er ihr nach, als sie durch die Tür trat, »noch eine letzte Frage – bleiben Sie bei Frau Dr. Randolph, wenn sie die Praxis übernehmen sollte?«

»Nein«, sagte sie hart.

Nun wußte er, daß sie Ilse Randolph haßte.

Er sah auf die Uhr. Halb fünf. Genug für heute, fand er. Morgen vormittag wollte er ein paar Erkundigungen einziehen und dann Julia von Herlyn noch mal vernehmen. Hoffentlich war die Auskunft von der Steuer dann zurück. Wenn sie mit den Auskünften so schnell bei der Hand war wie beim Einziehen des Geldes, war ja nichts zu befürchten. Es mußte über Julia eine Brücke zu diesem Marohn geben, da wollte er einen Besen fressen.

Er verließ das Präsidium. Seine Wohnung lag nicht weit entfernt. Als er die Tür aufschloß, vernahm er ein drohendes Geknurr, und der Dackel Mink fiel ihm ein. Nogees staunte über sich selbst. Der Hund einer mutmaßlichen Mörderin in Obhut des Leiters der Mordkommission! Da mußte ja der Staat zugrunde gehen. Aber er hatte keine Möglichkeit gefunden, den Hund anderswo unterzubringen, und, ehrlich gesagt, er hatte sich auch nicht groß bemüht. Herr Mink beschnupperte ihn und sah ihn dann mit schiefgeneigtem Kopf an.

»Du mußt auf die Straße, mein Guter«, sagte Nogees. »Aber natürlich. Komm her.«

Er hakte die Leine ans Halsband. Er hielt an sich nicht viel vom Spazierengehen, er lag abends lieber auf seinem Balkon und las, aber Herr Mink zog ihn fort, vorbei an Geschäften, Häusern und Menschen, bis der Park ihnen seine grüne Pracht öffnete.

Nogees dachte an Marohn, den Geheimnisvollen. Er verspürte einen Ruck in seinem rechten Arm und schrak aus seinen Gedanken auf.

Der Hund hatte sich losgerissen und schoß wie eine Rakete durch das Gelände – in Richtung auf eine Bank, auf der ein Mann in heller Windjacke saß, lässig an die Lehne gestützt. Nogees war starr. Der Hund sprang auf die Bank, überkugelte sich, fiel wieder herunter und stieß ein markerschütterndes Freudengeheul aus. Die Passanten blieben stehen und freuten sich. Der Mann war aufgestanden, in seinen Zügen malte sich maßloses Erstaunen. Der Hund sprang quiekend an ihm hoch, in ungeheuren Sätzen, fast bis zur Brust, und versuchte sich festzuklammern.

»Mink«, sagte der Mann, »mein Meink! Wie kommst du denn hierher? Und wo ist unser Frauchen? Wollt ihr mich abholen?« Voller Erwartung wandte er sich um, aber er sah nur den Kommissar Nogees, der ihn aus zusammengekniffenen Augen musterte. Der Zusammenhang war Nogees glasklar.

»Sind Sie Peter Marohn?« fragte er scharf.

»Allerdings«, antwortete der andere fröhlich. »Und ich möchte wissen, wie Sie zu meinem Hund . . .«

»Ich möchte auch allerhand von Ihnen wissen«, sagte Nogees und zeigte seine abgegriffene Marke. »Haben Sie die Güte, mir ohne viel Aufsehen zu folgen?«

Julia und Peter saßen im Büro des Kommissars. Sie hatten sich gesehen, waren sich um den Hals gefallen und duzten sich, ohne daß es ihnen merkwürdig vorkam, es war ganz selbstverständlich gewesen. Nogees Blick wanderte von Peter zu Julia und zurück.

»Ich rekapituliere«, sagte er in seinem gewohnten, trockenen Ton. »Herr Marohn, Sie meldeten sich am Vormittag des Mordtages telefonisch bei Dr. Randolph an. Sie gingen um sieben Uhr zu ihm und blieben bis acht. Sie ließen die Pistole zurück und verließen ihn lebendig. Zehn Minuten später kam Fräulein von Herlyn. Sie fand ihn tot, mit der gleichen Pistole erschossen, die Sie zurückgelassen hatten. Reichlich fünf Minuten später fand ich Fräulein von Herlyn und die Leiche. Kurz darauf rief Frau Randolph an und meldete ihre Ankunft.

Demnach muß Dr. Randolph innerhalb der freien zehn Minuten zwischen acht und acht Uhr zehn erschossen worden sein. Von einem Fremden, den niemand gesehen oder gehört hat.«

Er ließ eine Pause, in der die Unglaubwürdigkeit dieser Möglichkeit zu Bewußtsein dringen sollte, und fuhr dann fort:

»Sie, Dr. Marohn, hatten nach Ihrer eigenen Aussage ein Motiv, Dr. Randolph aus dem Wege zu räumen – zumindest, mit ihm in Streit zu geraten. Was würden Sie an meiner Stelle tun?«

»Mich für den Täter halten«, sagte Peter düster.

»Selbst, wenn ich das nicht tue«, versetzte Nogees, »kommt Fräulein von Herlyn immer noch eher als Mörderin in Betracht, als irgend jemand anders. Sie kam mit der Absicht, das Duell zu verhindern. Wer weiß, ob sie nicht mit Dr. Randolph in Streit geraten ist? Sie wollte den Revolver mitnehmen. Das konnte sie entweder tun, um ihre eigene Spur zu verwischen, oder sie tat es, um Sie zu decken – eben weil sie Sie für den Täter hielt. Und schließlich besteht noch die Möglichkeit, daß Sie beide gemeinsam den Mord begangen haben. Niemand weiß, ob Sie nicht zusammen gekommen sind, und niemand weiß, ob Sie nicht viel eher im Mordzimmer waren. Die Abdrücke von Ihnen beiden sind an der Mordwaffe – sonst keine. Wie würden Sie die Sache ansehen?«

»Genau so«, sagte Peter gequält. »Ich weiß, es spricht alles gegen mich – aber ich habe ihn doch nicht erschossen – ich war doch so froh, im guten mit ihm auseinandergekommen zu sein. Ich schwöre Ihnen, er lebte, als ich ihn verließ! Und Julia . . .« Er wandte sich ihr zu. »Wärst du doch bloß nicht hierhergekommen! Jetzt sitzt du mit in dieser Geschichte. Ich könnte dich und mich ohrfeigen.«

Nogees betrachtete die beiden interessiert. Paßten gut zusammen, waren nicht unsympathisch, nein, das konnte man nicht sagen, aber mit Sympathien war hier nichts anzufangen.

»Es muß sich doch aufklären«, sagte Marohn, »es muß doch – ich habe ja nichts zu tun, ich bleibe lieber gerne hier sitzen – aber müssen Sie denn auch Julia – ich meine Fräulein von Herlyn dabehalten? Sie haben ja einen von uns.« Er lächelte das Mädchen zärtlich an. »Da läuft der andere nicht weg.«

Nogees stieß die Luft durch die Nase. Der hatte wirklich einen sonnigen Humor. Als ob . . .

»Kommt nicht in Frage«, sagte Julia energisch. »Ich bin mit dabei und habe ein Recht, hierzubleiben. Ich lasse dich jetzt nicht allein hier sitzen.«

»Mach keinen Quatsch, Julia!« Er sah sie streng an. »Dein Vater wird verrückt, wenn er das hört. Das fehlte noch, daß du auch . . .«

»Erlaube mal«, fuhr sie ihn an, »ich habe genausoviel Recht hier zu sitzen, wie du. Ich stehe ebenso unter Verdacht. Denkst du denn . . .«

Nogees hob die Hand. Die beiden waren entweder die raffiniertesten Gauner unter Gottes Sonne oder unschuldig. Im stillen entschied er sich für das letztere.

»Sie gestatten, daß ich auch noch ein Wort mitrede. Es ist wirklich außerordentlich freundlich von Ihnen, daß Sie von Ihrem Recht, unter Mordverdacht zu stehen und entsprechend behandelt zu werden, nicht abgehen wollen. Aber mir genügt zunächst einer von Ihnen. Und das, Dr. Marohn, werden Sie sein.« Er hob die Stimme. »Und ich hoffe in Ihrem Interesse, daß die Untersuchung bald neue Tatsachen zutage fördert.«

Peter und Julia sahen sich an und senkten dann den Blick.

»Fräulein von Herlyn«, fuhr der Kommissar fort, »Sie können das Präsidium verlassen, müssen sich aber ständig zur Verfügung halten und erreichbar sein. Nur unter dieser Bedingung lasse ich Sie laufen, verstanden.«

Sie nickte gehorsam.

»In Anbetracht dessen, daß Sie mich so schamlos beschwindelt haben, ist das wohl auch nicht mehr als recht und billig.«

Julia nickte wieder und schämte sich. Wie nett er war!

»So, das wäre für heute alles. Wo werden Sie wohnen?«

»In einem Hotel oder einer Pension wahrscheinlich.«

»Gut. Geben Sie mir Ihre Adresse heute abend noch an. Hier ist meine Nummer.« Er reichte ihr einen Zettel.

Julia stand auf, Peter mit ihr. Sie sahen sich stumm an.

Der Kommissar tat, wie wenn er etwas von seinem Schreibtisch suche, und Peter küßte das Mädchen schnell entschlossen.

»Wiedersehen, Peter. Was auch kommt, ich denke immer an dich. Immer, hörst du?«

»In Ordnung, Julia. Ich behalte dich lieb. Paß gut auf Herrn Mink auf, ja? Wiedersehen.«

»Wiedersehen, Herr Kommissar. Und ich danke Ihnen.«

Sie wollte noch etwas hinzufügen, zögerte – dann wandte sie sich schnell ab und verließ das Zimmer.

V

Nogees entfernte das Siegel, drehte das Sicherheitsschloß zweimal herum und trat ein. Die Neonstäbe an der Decke flackerten auf, erfüllten dann den Vorraum mit ihrem eisblauen, kalten Licht. Er hängte Mantel und Hut an den Garderobehaken, öffnete alle Türen und schaltete sämtliche Lampen ein. Dr. Randolphs Praxis lag, wie sie nach seinem Tode verlassen und versiegelt worden war. Der aromatische Geruch hing wie ein Schleier in der dumpfigen Luft, und der Kommissar öffnete weit das mittlere Fenster und atmete tief die einströmende Frühlingsluft ein.

Schöne Arbeit, die er sich da für den Feierabend ausgesucht hatte! Er musterte die mächtigen Regale mit den eingelassenen Karteikästen und seufzte. Dann zündete er seine Pfeife an und zog entschlossen den ersten Kasten heraus.

Aa – Az. Er setzte sich an den Schreibtisch und musterte die Karten nacheinander. Ganz einfache Sache. Name, Geburtstag, Datum jedes Behandlungstermins und ein Haufen lateinischer Wörter und Medikamentennamen.

Stück um Stück, Kasten um Kasten blätterte der einsame Mann durch, schrieb Notizen auf seinen Block, blätterte weiter. Als er fertig war, reckte er die Arme und wanderte mit langen Schritten im Zimmer umher. Achtunddreißig Kassenpatienten hatte der Tote an seinem letzten Tag behandelt und beraten, achtunddreißig nichtssagende Namen, Anschriften, Jahreszahlen. Nogees griff nach der Privatkartei, die in zwei abseits gelegenen Fächern untergebracht war. Hier standen Daten und Summen der Liquidationen mit eingetragen, und der Kommissar betrachtete die Zahlen mit Ehrfurcht. Nach einer weiteren halben Stunde lag das Ergebnis vor ihm.

Dr. Friedrich Wartzin, 12. 6. 98, Rechtsanwalt und Notar.

Dora Wellein, 24. 2. 25, Schauspielerin.

Werner Holber, 6. 8. 10, Exportkaufmann.

Die letzten drei Patienten des Dr. Randolph. Und alle vor Marohns Ankunft gegangen. Sollte einer zurückgekommen sein? Wozu? Und wer von ihnen hatte Grund, den Arzt zu erschießen? Unwahrscheinlich. Er notierte die Adressen und schob die Karten in ihre Kästen zurück.

Was war noch da? Er griff sich zwei Schnellhefter aus dem oberen Regal. Das übliche. Abschriften von Briefen eine Sammlung von Prospekten neuer Medikamente, Lieferscheine, Rechnungen, Kontoauszüge, Buchkataloge und so fort. Nogees ging Brief für Brief durch. Nichts, was einen Rückschluß auf die private Persönlichkeit des Arztes zugelassen hätte. Er antwortete verbindlich, aber kurz, klar, scharf gegliedert. Natürlich, Briefe an Freunde oder Freundinnen würde er wohl auch nicht mit Schreibmaschine und Durchschlag geschrieben und in dieser Mappe abgeheftet haben.

Noch eine Handvoll Schriftstücke, dann war Schluß. Nogees hielt inne, beugte sich vor. Ein einfacher, weißer Halbbogen ohne Knopfaufdruck erregte seine Aufmerksamkeit. Datum vom 29. 4., einer der letzten Briefe der Mappe, ohne Anmerkungen und unbeantwortet.

Sehr geehrter Herr Doktor!

Sind Sie einverstanden, wenn ich schon am 8. 5. zur gewohnten Zeit erscheine? Ich wäre Ihnen sehr dankbar, wenn Sie es einrichten könnten.

Mit ergebenem Gruß

Ihr Stefan Warrender

Der Name war mit Tinte geschrieben, aber mit klaren, leserlichen Schriftzügen.

Nogees überlegte. Der 8. Mai, der Mordtag. Wahrscheinlich ein Privatpatient, der sich anmeldete. Hatte er ihn übersehen? Er trat wieder zu den Kästen, sah nach, fand nach kurzem Suchen die Karte. Stefan Warrender. Kein Beruf, keine Adresse. Aus den Eintragungen und Verordnungen ging die Krankheit nicht hervor, sie waren undurchsichtig, bestanden fast nur aus Zahlen. Der letzte Eintrag war vom 10. 3. Warrender war also am 8. Mai nicht erschienen oder – oder er war doch gekommen, und Randolph hatte keine Gelegenheit mehr gefunden, ihn einzutragen. Der Kommissar schob die Unterlippe vor. Acht bis acht Uhr zehn. Hm. Keine sehr lange Zeit. Immerhin. Ob Warrender noch einmal zur Behandlung kommen würde?

Er heftete den Brief an die Karteikarte und sah auf die Uhr. Halb neun. Zeit, daß er fortkam. Er überflog die restlichen Papiere und sah dann die Fächer des mächtigen Schreibtisches durch. Ärztemuster, Schreibpapier, Umschläge, ein Satz ungebrauchter Chirurgischer Instrumente, nichts Wesentliches, alles belangloses Zeug. War ja auch schon durchsucht worden, was wollte er da noch finden. Er sah sich um, wollte sich vergewissern, ob er nichts übersehen hatte. Da fiel ihm etwas ein. Er hob das Telefon ab, drückte den weißen Knopf vor dem Schild »Nebenanschluß« und wartete.

»Randolph«, klang es aus der Muschel. »Was ist denn . . .«

»Guten Abend, gnädige Frau. Hier Nogees. Entschuldigen Sie, aber ich habe mich hier unten noch ein bißchen umgesehen.«

»Ach so«, sagte sie erleichtert. »Ich wunderte mich schon, wie Sie in die Leitung kommen. Ist alles in Ordnung?«

»Ich habe eine Frage. Kennen Sie einen Privatpatienten namens Warrender? Stefan Warrender?«

»Ich kann mich nicht entsinnen«, erwiderte sie nach kurzer Pause, »nein – ich habe den Namen noch nicht gehört. Hat er etwas mit dem – mit dem Tod meines Mannes zu tun?«

»Ich weiß es nicht«, sagte der Kommissar wahrheitsgemäß. »Aber ich hoffe es herauszufinden. Sie könnten mir dabei helfen.«

»Sehr gern. Und wie?«

»Sollte sich dieser Warrender jemals schriftlich oder telefonisch bei Ihnen melden, geben Sie mir in der nächsten Minute Bescheid. Verstehen Sie – in der nächsten Minute!«

»Selbstverständlich – aber ich verstehe nicht – meinen Sie denn, daß er das tut, wenn er unter Verdacht steht?«

»Wenn er ein gutes Gewissen hat, meldet er sich sicher. Wenn nicht, zeigt das, daß er keins hat. Also, Sie haben verstanden?«

»Ja.«

»Schön. Im übrigen steht nichts mehr im Wege, die Praxis wieder zu eröffnen, wenn Sie das vorhaben sollten. Wir sind mit unseren Ermittlungen hier fertig.«

»Danke, es ist sehr freundlich von Ihnen – aber ich muß erst noch ein bißchen Pause machen – ich kann jetzt noch nicht.«

»Ich verstehe. Wenn Sie irgendeinen Rat brauchen – ich bin stets für Sie zu sprechen. Ja – ach, was ich Sie noch fragen wollte . . .«

»Bitte?«

»Warum haben Sie vorgestern auf dem Präsidium nicht zugegeben, daß Sie mit Dr. Marohn nach dem Kriege wieder eine Verbindung aufgenommen haben?«

»Ich? Verbindung? Wie kommen Sie . . .«

»Aber natürlich«, sagte Nogees sanft, als spräche er

mit einem unartigen Kind. »Sie wußten, wo er wohnte, und haben ihm mehrfach geschrieben – nach Jena, in die Ostzone.«

Er hörte ihr schnelles Atmen am Telefon.

»Stimmt das?«

»Ja«, sagte sie mit zitternder Stimme, »ich wollte ihn nicht hineinziehen – nicht in Verdacht bringen – verstehen Sie – mein Mann konnte ihn doch nicht leiden . . .«

»Sehr großherzig von Ihnen«, erwiderte Nogees trokken. »Es wird ihm nur nicht viel helfen.«

»Wie meinen Sie dsa?« Ihre Stimme klang angstvoll und erregt.

Bist du auch noch in ihn verliebt? dachte der Kommissar amüsiert. Julia wird dir was erzählen!

»Weil wir ihn vorgestern abend verhaftet haben. Unter dem Verdacht des Mordes an Ihrem Gatten. Am Abend des Mordes hatte er hier in der Wohnung eine Unterredung mit ihm – Ihretwegen.«

Sie stieß einen leisen Schrei aus. »Peter – aber das kann doch nicht sein – wie ist er dann hierhergekommen – das hätte ich doch wissen müssen.« Sie verstummte. Nogees lauschte gespannt. Er hätte sonst was drum gegeben, jetzt ihr Gesicht sehen zu können. »Herr Kommissar«, sagte sie nach einer Weile leise, »darf ich ihn sprechen?«

»Kommen Sie morgen um elf. Geht das?«

»Ja, natürlich, ja . . .«

»Gut, Guten Abend, gnädige Frau.«

»Guten Abend.«

Julia lief planlos kreuz und quer durch die Innenstadt, den fröhlichen Herrn Mink an der Leine, der ohne Unterschied fremde Hunde, Fußgänger und Autos anbellte. Sie war mißmutig und lustlos, wußte nicht, was sie tun sollte, und verspürte keinen Antrieb, irgend etwas zu unternehmen.

Sie blieb an einer Kreuzung stehen, wartete geduldig auf das grüne Licht, hatte keinen Blick für die Umgebung und sah nicht, wenn der bewundernde Blick eines Mannes sie streifte. Sie ging langsamen Schrittes zur anderen Seite, als der Wagenstrom abriß. Ein Herr im Trenchcoat überholte sie, ihr Blick ging achtlos über ihn hinweg, wandte sich ihm dann nochmals zu, als er schon vorüber und einige Meter entfernt war. Der schwache Schimmer einer längst untergetauchten Erinnerung glomm in ihrem Unterbewußtsein, zu schwach, um sofort die Erleuchtung zu bringen, zu stark, um wieder zu verlöschen. Was war es nur?

Ihr Blick heftete sich auf den Rücken des Mannes, unwillkürlich beschleunigte sie ihren Schritt, so daß sie in gleichem Abstand blieb. Krampfhaft rief sie die Ereignisse der letzten Tage in ihr Gedächtnis zurück. Ihr war plötzlich, als habe sie etwas Entscheidendes vergessen, etwas ungeheuer Wichtiges. Wie kam sie gerade jetzt darauf?

Und dann durchfuhr es sie wie ein Schlag, eine blitzartige Erkenntnis: die Schuhe!

Die Schuhe aus dem Paternoster!

Flache, hellgelbe Sandalen aus abgewetztem, brüchigem Leder, wie sie sie noch nie gesehen hatte, sandfarben und altmodisch!

Das waren sie, der Mann vor ihr trug sie an den Füßen, und sie zitterte vor Aufregung und Dankbarkeit. Zehn Minuten nach acht war er im Paternoster heruntergekommen, als sie gerade hinauffahren wollte!

Wie hatte sie das nur vergessen können! Peter, dachte sie, Peter, ich habe ihn! Sie holte tief Luft und zwang sich mit Gewalt zur Ruhe. Jetzt kam alles darauf an, ihm unauffällig zu folgen und herauszubekommen, wo er wohnte und wer er war. Sollte sie einen Polizisten rufen? Sie verwarf den Gedanken so schnell, wie er gekommen war. Nein, es gab Aufsehen, sie konnte nichts beweisen, und der Mann war gewarnt. Sie mußte ihm nach!

Sie vergrößerte ihren Abstand noch etwas mehr und schlenderte gleichmütig dahin, ängstlich bemüht, ihr Opfer nicht aus den Augen zu verlieren. Jetzt verstand sie, was Jagdleidenschaft ist! Hoffentlich sah er sich nicht zu oft um, Herrn Mink konnte er ja auf die Dauer nicht übersehen. Aber er tat es nicht. In gleichmäßigen Schritten ging er durch die Straßen, blieb zuweilen stehen, um sich eine Zigarette anzuzünden oder in ein Schaufenster zu sehen, wie ein Mensch, der nichts vor- und nichts zu versäumen hat.

Julia tat, als interessiere sie auf der Welt nichts so wenig wie der Mann vor ihr, aber ihr entging keine seiner Bewegungen. Wenn Nogees sie sehen könnte!

Der Spaziergänger im Trenchcoat blieb unschlüssig an einer Kreuzung stehen und sah nach beiden Seiten die Straße hinunter, während Julia vor einem Schaufenster die neuesten Frühlingsmodelle bewunderte und dabei verzweifelt zur Seite schielte. Jetzt wandte er sich nach links, und sie folgte vorsichtig. Die Straße verlor an Pracht und glänzenden Auslagen, verengte sich. Sie hatten das Zentrum verlassen und gerieten tiefer und tiefer in ein schlichtes Wohnviertel, wo die Kinder spielten und Rollschuh liefen und die Hausbewohner aus den Fenstern hingen.

Aber Julia hatte für diese sozialbedingten Unterschiede des Stadtbildes kein Auge, sie sah nur ihren Mann und seine Schuhe. Er ging um die Ecke in eine Nebenstraße, überquerte sie und schritt auf ein kleines, verstecktes Lokal zu, über dessen Eingang der Hofbräukrug freundlich lockte und dessen Speisekarte in Gestalt einer kreidebeschriebenen Tafel – allen Hungrigen sichtbar – die Genüsse der Küche verriet.

Julia blieb an der Ecke, den Hund auf dem Arm, stehen. Der Mann stand zögernd vor der Tafel, überlegte, las noch einmal und trat dann mit entschlossenem Schritt durch die Tür.

Julia umklammerte den Hund und überlegte. Was tat ein Mann in einer Kneipe? Essen und Bier trinken, etwas anderes kam kaum in Frage. Und es war Mittagszeit. Sie konnte entweder warten, bis er wieder herauskam, oder Nogees anrufen. Aber wenn er fortging, ehe der Kommisssar kam? Wie sollte er sie dann finden? Ganz gleich, sie mußte es riskieren, er mußte eben sofort kommen!

Sie lief um die Ecke, ja dort hinten stand eine Telefonzelle, hoffentlich hatte sie zwei Groschen. Sie suchte im Gehen, warf in ihrer Handtasche alles durcheinander. Kein Kleingeld, nur größere Münzen! Natürlich, es mußte ja so sein! Verzweifelt sah sie sich um, dort war ein Zigarettenladen, sie trat von einem Bein aufs andere, während der brummige Alte unsäglich langsam die Groschen zusammensuchte. Dann stürmte sie über die Straße.

Julia wählte mit zitternden Fingern die Nummer, das Durchstellen dauerte ja wieder ewig – dann meldete sich Nogees sanfte Stimme, und Julias Worte sprudelten in den Hörer.

Peter Marohn trat ein und sah Ilse Randloph sofort. Nogees thronte hinter seinem Schreibtisch wie eine Spinne.

»Frau Dr. Randolph wollte Sie gern sehen.«

»Ilse!«

»Peter!«

»Wie geht's dir, Ilse?«

»Danke«, brachte sie hervor.

»Es tut mir aufrichtig leid um deinen Mann. Glaubst du das, Ilse?«

»Ja, Peter.«

Hat der Glück bei Frauen, dachte Nogees hinter seinem Schreibtisch. Ja, den Seinen gibt's der Herr bekanntlich im Schlafe.

»Man hat mich in Verdacht, deinen Mann ermordet zu haben«, fuhr Marohn fort, »aber ich habe ihn nicht getötet. Ich habe mich mit ihm ausgesprochen und ihn verlassen, und er lebte, als ich ihn verließ. Glaubst du mir, Ilse?«

»Ja, Peter. Ich glaube dir.«

»Es war nett von dir, daß du mich nicht verraten wolltest. Aber die Wahrheit muß auch so herauskommen. Ich habe ihn nicht ermordet.«

Sie sah auf den Mann vor sich, dann auf den Kommissar, als erwarte sie eine Frage. Aber Nogees blieb stumm, er hatte nichts zu fragen.

»Geht es dir gut, Peter? Hast du alles? Kann ich dir irgend etwas . . .«

»Dank' dir schön, Ilse. Ich habe alles. Der Herr Kommissar sorgt rührend für mich.«

Nogees verzog das Gesicht, es wurde Zeit, daß er mal eingriff. »Sie halten es für ausgeschlossen, daß Dr. Marohn Ihren Mann erschossen hat, gnädige Frau.«

»Ja!« rief sie sofort. »Ich kenne ihn seit langem – das würde er niemals tun. Niemals.«

»Hm« machte Nogees, und Peter wußte, daß jetzt wieder etwas kommen würde. »Hm – sagen Sie, Frau Randolph – Sie glauben doch sicher auch, daß ein Mann, der eine Frau wirklich liebt, alles für sie tut – verstehen Sie, alles!«

Einen Augenblick sah sie ihn verständnislos an, dann rötete sich ihr Gesicht.

»Wenn Sie das glauben – so sehr liebt mich Dr. Marohn nicht. Und um diesen Preis würde ich ihn auch nicht lieben.«

»Nicht – oder nicht mehr?«

»Herr Kommissar«, fuhr Peter auf, »was soll das?«

»Nicht doch, Peter«, sagte sie leise. »ich habe dich noch gern – warum sollte ich nicht. Ich weiß, was der Kommissar meint – aber es ist Unsinn. Du hast meinen Mann nicht erschossen – und ich habe dich nicht angestiftet. Das wissen wir beide.«

Marohn schwieg. Sie stand auf.

»Ich danke Ihnen, Herr Kommissar, daß Sie mir das Wiedersehen ermöglicht haben. Auf Wiedersehen, Peter. Wenn alles aufgeklärt ist – besuchst du mich dann mal, ja?«

»Mach ich, Ilse. Bist ein guter Kerl. Auf Wiedersehen.«

»Auf Wiedersehen«, sagte auch Nogees. »Denken Sie an Warrender, gnädige Frau!«

»Ich werde es nicht vergessen.« Die Tür schlug zu.

»Das war ja ein großartiger Einfall von Ihnen«, sagte Peter wütend.

Nogees pfiff durch die Zähne. »Man wird doch mal fragen dürfen. Finden Sie denn den Gedanken so absurd – die Frau, die den Geliebten anstiftet, den eigenen Mann umzubringen?«

»Glauben Sie, ich hätte das jetzt noch getan – jetzt, nachdem ich Julia kennengelernt hatte?«

Nogees pfiff durch die Zähne.

»Nicht schlecht. Nein, nun hatten Sie allerdings keinen Grund mehr. Es kam mir auch mehr darauf an, wie sie reagieren würde.«

»Sie haben ein Gemüt wie ein Nilpferd«, sagte Peter.

»Kaum ist sie einigermaßen wieder beieinander, beschuldigen Sie sie schon, den Mord angestiftet zu haben.«

»Ich habe sie gar nicht beschuldigt«, erwiderte Nogees. »Ich habe ihr die Möglichkeit nur angedeutet – und sie verstand sehr schnell, finden Sie nicht?«

»Sie redet nicht gern um etwas herum. Das war nie ihre Art. Und ich hätte mich nicht von ihr anstiften lassen, das wissen sie doch.«

»Ich weiß gar nicht viel«, sagte Nogees. »Übrigens – haben Sie mal den Namen Warrender gehört? Stefan Warrender?«

»Warrender? Nein. Ist das der Herr, den Sie nach mir hier einsperren wollen?«

»Für Sie wäre es bestimmt das beste.«

»Waidmannsheil! Hoffentlich haben Sie ihn bald. Mir wird die Luft hier zu trocken.«

»Hinaus mit Ihnen!« Nogees drückte auf seinen Knopf. Der Beamte nahm Peter mit, und Nogees rief nach Steinmann.

»Was machen unsere Privatpatienten, Steinmann?«

»Nichts zu holen, Herr Kommissar. Die beiden Herren sind brav zu Hause gewesen, bei Mutti. Die dürfen so spät nicht fort. Und Dora Wellein, die Liebreiche, hatte abends Vorstellung – ›Kabale und Ärger‹, oder so ähnlich – ein tolles Weib, sage ich Ihnen – sie wollte mir gleich eine Szene vorspielen und fand alles wahnsinnig aufregend.«

»Ich habe schon hundertmal festgestellt, daß Ihnen der nötige Ernst fehlt, Steinmann«, sagte der Kommissar betrübt. »Ich möchte nur wissen, wie es kommt, daß die brauchbaren Beamten immer so viel Unsinn im Kopf haben und die unfähigen so humorlos sind. Wenn es umgekehrt zusammenträfe, hätte ich sie längst in die Registratur versetzen lassen.«

Steinmann ging nicht darauf ein. »Sie hat mir eine

Freikarte für das nächste Mal ›Kabale und Ärger‹ gegeben. Ob ich hinterher mit ihr ausgehen kann?«

»Kabale und Liebe«, sagte der Kommissar gequält. »Sie werden sich vorher ein neues Hemd kaufen müssen und neue Schnürsenkel, sonst hält man Sie für den Chauffeur der Dame. Sonst nichts Neues von den dreien gehört?«

»Nichts, Herr Kommissar. Unschuldig wie Neugeborene.«

»Hm. Und der Fall Warrender?«

»Ist bis jetzt keiner. Das Hauptmeldeamt hat keinen, und wir haben auch keinen.«

»So. Hm. Entweder ein Deckname oder ein Fremder von sonstwoher. Lassen Sie sich von den Meldeämtern sofort Bescheid geben, wenn er irgendwo auftauchen sollte. Und fragen Sie erst mal bei den Hauptmeldeämtern der Großstädte, vielleicht finden wir ihn da schon.«

»O. k., Herr Kommissar. – Welche Farbe würden Sie für mein neues Hemd vorschlagen?«

»Bordellrot«, sagte Nogees grimmig. »Raus!«

Er verschwand. Der Kommissar erhob sich und schickte sich an, zum Essen zu gehen. Kein sehr glücklicher Tag bisher. Die Idee mit der Anstifterei durch Randolphs eigene Frau mußte er wohl aufgeben, die eingetragenen Privaten hatten bildschöne Alibis, und von diesem geheimnisvollen Warrender keine Spur. Traurig, traurig.

Er wollte gerade die Tür hinter sich zuschlagen, als das Telefon wütend und anhaltend schrillte. Er ging zurück und nahm den Hörer auf. Er sagte kein Wort, aber seine Brauen hoben sich mehr und mehr, und sein Gesicht nahm einen immer gespannteren Ausdruck an. Die Stimme im Hörer verstummte erschöpft. »Gut«, rief er.

»Warten Sie – quatschen Sie ihn an, wenn's auch schwerfällt – wir kommen!«

Er knallte den Hörer auf. »Steinmann!« brüllte er. »Einsatz! Los!«

Und stürmte aus dem Zimmer.

VI

Julie stieß die Tür der Telefonzelle so hastig auf, daß der wartende Herr ängstlich zurücktrat und auf dem eiligen Mädchen kopfschüttelnd nachschaute. Sie ging mit schnellen Schritten zur Ecke, blieb dort luftholend stehen. Was tun? Der Kommissar mußte in kurzer Zeit hier sein. Sie schlenderte im alten Tempo auf das Lokal zu, ging vorbei, dann ein paar Schritte zurück und las die improvisierte Speisekarte, wie vorher der Mann mit den gelben Schuhen. Sie tat, als ob sie überlegte, überwand ihre Hemmung und betrat das Innere der Kneipe.

Sie nickte zur Theke hin und sah sich dann blitzschnell um. Das übliche Bierlokal, von seinen Artgenossen nicht zu unterscheiden. Derbe, verräucherte Tische, niedrige Decke, kupferbeschlagener Schanktisch, schmierige Dielen, mächtige Bierkrüge und in der Luft der nahrhafte Geruch von Sauerkraut, Weißwürsten und abgestandenem Bier. Das Gastzimmer war mit einem Blick zu übersehen, und Julia sah mit diesem einen Blick, daß der Gesuchte nicht im Raum war. Sie bemühte sich mit ungeheurer Anstrengung, ihre Aufregung zu verbergen. War er doch schon wieder fort? Es konnte doch nicht sein. Vielleicht war er nur mal kurz verschwunden. Sie trat zur Theke, der knorrige Alte dahinter musterte sie vergnügt.

»Jo, Freilein?«

»Eine Coca bitte«, sagte sie schnell. Der Zapfer langte mit unsäglich verächtlicher Miene eine Flasche aus dem altertümlichen Eisschrank, öffnete sie und goß ein. Julia stürzte das Getränk hinunter und füllte den Rest nach.

»Ach – verzeihen Sie«, sagte sie dann mit schmelzender Stimme, »ich wollte hier einen Herrn treffen – wissen

Sie, so einen schwarzen – er trug einen Trenchcoat und – ganz helle Sandalen. War er schon hier?«

Sie wartete zitternd auf die Antwort.

»Jo Freilein, vor fünf Minuten. Is aber glei' wieder fort. Hat nur Zigaretten kauft. Aber warten S' doch. Der kommt bestimmt wieder. I tät au wiederkommen.«

»Danke.«

Julia lächelte den grinsenden Alten an und versuchte tapfer die maßlose Enttäuschung zu verbergen, die von ihr Besitz ergriff. Sie konnte und wollte es nicht glauben. Der freundliche Wirt war Kenner genug, um zu merken, wie seine Worte auf das schöne Mädchen wirkten, und er verwünschte den »Hallodri«, der nicht gewartet hatte.

»Kennen Sie ihn denn – ich meine, kommt er öfter hierher?« fragte sie.

»I kenn' ihn net, Freilein«, lautete die Antwort, »aber i hab' eahm scho g'sehn manchmal.«

»So?« Sie wollte nicht weiterfragen, um den Alten nicht mißtrauisch zu machen. »Haben Sie recht schönen Dank«, sagte sie leichthin, obwohl ihr die Tränen in der Nase saßen! »Ich treffe ihn schon wieder!«

Sie zahlte und verließ niedergeschlagen das Lokal. Ihr Gesicht war todtraurig, daß Nogees sofort wußte, was los war, als er aus dem Wagen sprang.

»Na – ausgeflogen, der Vogel?« Sie nickte. Sie tat ihm direkt leid, wie sie so niedergeschmettert dastand. Nogees zog sie in den Wagen, Steinmann winkte ihr fröhlich zu.

»Er hat nur Zigaretten gekauft und ist wieder raus. Hätte ich doch bloß gewartet und wäre ihm nachgegangen!«

»Kannte ihn der Wirt?«

»Nein. Er hat ihn aber schon ein paarmal gesehen.«

Nogees sah sie nachdenklich an. »Und Sie sind sicher, diese Schuhe im Paternoster gesehen zu haben?«

»Bestimmt, Herr Kommissar. Ich täusche mich nicht. Ich würde sie unter Hunderten wiedererkennen.«

»Woher wissen Sie das so genau? Es können doch noch andere Leute solche Schuhe haben. Jetzt, im Frühling. Sandalen contra Schweißfüße!«

»Nein Herr Kommissar. Das waren die Schuhe aus dem Paternoster. Man kann sie nicht verwechseln. Sie – sie haben so etwas Exotisches, so etwas Fremdes – als wären sie aus einem anderen Land. Ich habe solche Sandalen hier noch nicht gesehen – und ich verstehe etwas von Schuhen.«

»Wir wollen es gern glauben«, sagte Nogees. »Aber der Mann ist weg – wie sollen wir den jetzt wiederfinden?«

»Er muß doch irgendwo wiederauftauchen«, sagte Julia beschwörend. »Vielleicht wohnt er gar nicht weit – wenn er die Schuhe anbehält, muß er doch auffallen – wir müssen ihn finden! Oh, ich weiß, was Sie denken«, fuhr sie schnell fort, als sie Nogees' zweifelndes Gesicht sah. »Aber ich schwöre Ihnen, es ist wahr. Ich hatte nur in der Aufregung nicht mehr daran gedacht. Er kam im Paternoster nach unten, ich sah nur seine Beine mit den Schuhen, bevor ich in die Kabine sprang. Es sollte mich doch niemand sehen, das verstehen Sie doch! Es ist die Wahrheit! Ich hätte Sie doch niemals kommen lassen, wenn ich ihn nicht wiedergesehen hätte!«

Sie schwieg erschöpft, und die Männer fürchteten, sie würde anfangen zu weinen. Nogees legte ihr begütigend die Hand auf die Schulter.

»Nun mal ruhig, kühne Detektivin. Wir glauben Ihnen ja. Wir haben Grund, anzunehmen, daß tatsächlich außer Dr. Marohn und Ihnen noch ein Dritter in der fraglichen Zeit zu Dr. Randolph wollte. Aber dieser Herr ist bisher genausowenig greifbar wie eben Ihr Sandalenmann. Wir haben Pech gehabt und suchen weiter – das ist alles, was wir tun können. Wir haben jetzt einen neuen Anhaltspunkt – und wenn der Bursche seine Latschen anbehält, dann schnappen wir ihn eines Tages. Kommen Sie – wir setzen Sie an Ihrem Hotel ab – merken Sie sich die Gegend, Steinmann!«

Sie fuhren noch kreuz und quer durch ein paar Nebenstraßen, und Julia spähte nach allen Richtungen. Aber von dem Gesuchten war nichts zu entdecken, es war, als hätte ihn der Erdboden verschlungen.

Nogees läutete, und Steinmann trat ein. Er trug ein nagelneues Hemd, wie der Kommissar bemerkte, und als er bedächtig Platz genommen hatte, zog er die Hosen mit sorgfältiger Bewegung hoch und schlug die Beine übereinander. Der Kommissar musterte mit Vergnügen seine Schuhe mit den untadeligen Schnürsenkeln.

»Ich sehe mit Befriedigung, daß Sie sich meine Ratschläge zu Herzen genommen haben, Herr Kriminalassistent. Wenn Sie sich nun im Theater noch einigermaßen anständig aufgeführt und nicht den Ruf der Innung auf Jahrzehnte ruiniert haben, bin ich direkt einmal zufrieden mit Ihnen. Wie war's denn?«

Steinmann sandte einen verklärten Blick zur Decke. »Himmlisch«, seufzte er. »Ich sage Ihnen, Herr Kommissar, so eine Frau gibt es nicht noch einmal. Ich verstehe ja den Major nicht, diesen komischen Jüngling – rennt hinter der faden Luise her – ich hätte mir im Handumdrehen die Dora angelacht und wäre mit ihr abgehauen . . .«

»Welche Dora?« fragte der Kommissar sanft.

»Na, die Lady, die die vielen Brillanten geschenkt kriegt. Das war doch Dora. Ich sage Ihnen, Herr Kommissar, die wird eine zweite Garbo, dafür lege ich meine Hand ins Wasser. Sie hat bestimmt die ganze Zeit zu mir runtergeschielt, bestimmt. Einen Manschettenknopf habe ich verloren, so habe ich geklatscht.«

Er verdrehte die Augen, von der Erinnerung überwältigt.

Der Kommissar betrachtete ihn voller Anteilnahme.

»Mein Beileid. Für den ersten Selbstmordversuch nehmen Sie bitte nicht Ihre Dienstpistole, sonst muß ich Ihnen ein Disziplinarverfahren anhängen. Springen Sie aus dem Fenster.«

»Ich wohne im Parterre«, sagte Steinmann bekümmert. »Glauben Sie, sie könnte mich betrügen?«

»Sie verdiente Prügel, wenn sie es nicht täte«, erwiderte Nogees roh, »aber zum Betrügen müssen ja erst einmal die Voraussetzungen geschaffen werden!«

»Die schaffe ich, bestimmt, die schaffe ich«, rief Steinmann mit geröteten Ohren. »Das nächste Mal dringe ich in die Garderobe ein wie . . .«

»Ich bin überzeugt«, sagte Nogees sarkastisch, »und anschließend werden Sie nie wieder eine Freikarte kriegen und sich einen anderen Posten suchen müssen. Am besten als Feuerwehrmann hinter der Szene – da können Sie sie zu jeder Vorstellung bewundern und im Ernstfall aus den Flammen retten – das zieht immer.«

»Wunderbar. Könnten Sie es übernehmen, das Theater anzuzünden?«

»Es wird sich an der Glut Ihrer Zuneigung von allein entzünden«, sagte Nogees. »Aber vor Ihrem Feuertod habe ich noch etwas Arbeit für Sie.«

»Und das wäre?«

»Sind Sie schon einmal eingebrochen?«

»Nicht gewerbsmäßig. Aber nicht wahr, Sie langen mit Ihrem Gehalt auch nicht? Und wenn ich bedenke, was mich Doras Liebe kosten wird . . .«

Nogees sah ihn tadelnd an. »Sie sollen dienstlich einbrechen, hören Sie! In Anbetracht Ihrer geringen

Erfahrung gebe ich Ihnen aber vorsichtshalber die Schlüssel mit. Die zu Dr. Randolphs Praxis. Und Sie werden heute abend in der Maske des Biedermannes dort eindringen und die eingelaufene Post durchstöbern. Es könnte doch sein, daß etwas von Bedeutung dabei ist – vielleicht meldet sich sogar Herr Warrender noch einmal an – ich glaube es allerdings kaum. Und anschließend entfernen Sie sich unaufällig wieder. Ist es Ihnen gelungen zu folgen, oder soll ich noch mal wiederholen?«

»Es ist gelungen!«

»Großartig! Sie werden es in kürzester Zeit zum Kriminalrat bringen, Steinmann!«

»Ich werde mir dann erlauben, Herr Kommissar zum Essen einzuladen«, sagte der Assistent artig.

»Sie sind wirklich ein braver Mensch. Hier sind die Schlüssel, Frau Dr. Randolph ist in Urlaub, Sie können sich Zeit nehmen, aber schlafen Sie nicht ein, und lassen Sie die Alkoholflasche in Ruhe. Der Sprit ist vergällt!«

»Ich werde Ihre Worte in meinem Herzen bewahren«, sagte Steinmann mit unbewegtem Gesicht.

»Ich hoffe es. Glauben Sie übrigens an den Mann mit den Latschen?«

»Ja, Herr Kommissar. Ich glaube, das Mädchen lügt nicht.«

Nogees strich sein Kinn. »Immerhin – sie hat natürlich Interesse daran, Marohn rauszupauken. Und verliebte Frauen tun die unmöglichsten Dinge – wie verliebte Männer, nicht wahr, Steinmann?«

»Trotzdem. Der Geschichte ist zu unglaublich, als daß sie erlogen sein könnte.«

»Toller Widerspruch. Aber Sie haben recht. Wir haben also zwei Spuren. Haben Sie schon Nachricht über Warrender?«

»Nichts. Herr Kommissar. Kein Mensch mit diesem

Namen ist dort gemeldet, wo ich bisher nachgefragt habe.«

»Traurig, traurig. Ob er auch den östlichen Gefilden entstammt?«

»Könnte möglich sein. Ich kann's ja mal versuchen.«

»Versuchen Sie. Das wäre alles. Berichten Sie morgen früh.«

»Wird gemacht, Herr Kommissar. Alsdann.«

Vier Stunden nach dieser denkwürdigen Unterredung probierte Kriminalassistent Steinmann die Schlüssel an dem Zeiß-Ikon-Schloß der Tür im ersten Stock und öffnete lautlos. Er fand zahlreiche Briefe und Karten auf dem Flur des Vorraumes verstreut, sie lagen da, wie der Briefträger sie eingeworfen hatte, sogar ein kleines Päckchen war dabei. Steinmann sammelte alles auf, hing seinen Hut an einen der Haken und schloß sorgfältig alle Türen, um zu verhindern, daß ein Lichtschein durch die Fenster der angrenzenden Räume nach außen dränge. Dann erst knipste er die Flurlampe an.

Die meiste Post war unwichtiges Zeug, Drucksachen mit Werbungen pharmazeutischer Firmen, einige Prospekte von Kurorten, zwei Briefe trugen als Absender den Stempel von Krankenhäusern, wieder Arzneifirmen – ja, das war alles. Das Päckchen ließ sich mühelos und unauffällig öffnen, es enthielt einen Kalender und ein Werbeschreiben. Schluß. Nichts Wichtiges, kein privater Brief, keine auffallende Handschrift.

Steinmann verstreute die Post wieder malerisch auf der Erde und sah auf die Uhr. Es war wenige Minuten vor acht, also noch kurze Zeit, und es schlug die gleiche Stunde, zu der vor einer Woche der Mörder Dr. Randolph das Haus betreten hatte – oder verlassen, wie man wollte. Ob er noch einmal wiederkäme? Man sagt doch, daß der Tatort den Mörder anzöge wie Baldrian die Katzen.

Steinmann lächelte über seinen Aberglauben, aber, so lächerlich ihm das vorkam, irgend etwas trieb ihn, die zehn Minuten noch abzuwarten, er war sentimental und romantisch veranlagt. Vielleicht kam ihm gerade in diesen fraglichen sechshundert Sekunden die Erleuchtung.

So blieb er in der tiefen Stille sitzen, sah auf die Uhr und wartete. Die Zeiger krochen fürchterlich langsam, sie kamen überhaupt nicht vom Fleck. Steinmann zählte seine Pulsschläge. Fünfundsechzig schienen ihm etwas wenig, dann probierte er, wie lange er den Atem anhalten könnte und prustete mit hochrotem Kopf nach zwei Minuten und vierundzwanzig Sekunden los, so laut, daß er fürchtete, man müßte es im ganzen Haus gehört haben.

Jetzt war es 20.05 Uhr.

Um diese Zeit mußte der Schuß gefallen sein, wenn Marohn nicht der Mörder war. Herrgott, wie konnte man nur beweisen, daß er es wirklich nicht war? Wenn jetzt wieder ein Schuß fällt, ich bin darauf gefaßt, dachte Steinmann, mich erschreckt ihr nicht. Aber er erschrak doch furchtbar, als ein schrilles Klingeln die Stille durchschnitt, anhaltend und dröhnend.

Er war zusammengefahren, einen Augenblick krampften sich seine Eingeweide zusammen, dann schüttelte er den Kopf über sich selbst. Das Telefon! Das kam von der Gespensterseherei. Was sollte er tun! Wenn er sich meldete, verriet er, daß ein Fremder in der Wohnung war. Aber vielleicht war es etwas Wichtiges, vielleicht der Kommissar mit einem Einsatz – was tat es schon, wenn irgend jemand erfuhr, daß er hiergewesen war, er handelte im dienstlichen Auftrag. Seine Neugier siegte, das dauernde Klingeln fiel ihm auf die Nerven. Er ging mit schnellen Schritten im Dunkeln zum Schreibtisch und nahm den Hörer ab.

»Ja?«

»Ist dort die Praxis von Dr. Randolph?«

Steinmanns Augen weiteten sich, sein Mund wurde trocken. Die Stimme! Woher kannte er die Stimme?

»Ja«, antwortete er heiser.

»Mit wem spreche ich?« fragte die Stimme wieder.

»Ich bin Dr. Randolphs Vertreter.«

Steinmann bemühte sich, seinem Organ den festen Ton des aufrechten Mannes zu verleihen. »Wer ist dort bitte?«

»Hier ist Stefan Warrender«, sagte der andere, und Steinmann mußte sich setzen. »Ist Frau Dr. Randolph zu sprechen?«

»Ist verreist«, brachte Steinmann mühsam hervor. »Kann ich etwas bestellen?« verteufelt, was sollte er nur machen?

»Danke, nicht nötig. Wann kommt sie zurück?«

»In einer Woche. Soll ich Sie vormerken?«

»Nein, danke!« Steinmann hätte schwören können, daß Warrender ihm den Vertreter nicht glaubte. »Es ist jetzt nicht mehr nötig. Auf Wiedersehen.«

Und er hängte ein.

Steinmann saß da und umklammerte den Hörer. Er war wie betäubt und erfaßte erst nach und nach, was passiert war, Warrender! Der langgesuchte Warrender! Rief hier an, während er in der Wohnung war! Man sollte es nicht für möglich halten. Alles hätte er erwartet, nur das nicht. Was jetzt? Das Amt anrufen und versuchen rauszukriegen, von wo er angerufen worden war? Zwecklos. Er hatte ganz gut das Klicken im Hörer vernommen, das man immer hörte, wenn in einer Zelle der Sprechknopf durchgedrückt wurde.

Er legte den Hörer auf. Dieser Warrender mußte wissen, daß Randolph tot war, er hatte nicht nach ihm gefragt, dafür eben nach seiner Frau. Und dann die

Stimme! Diese volle, warme, vibrierende Stimme! Er kannte sie, bestimmt, er kannte sie, und es war gar nicht lange her, daß er sie gehört hatte. Wer konnte es nur sein? Steinmann zog sich an, verließ die Wohnung und verschloß sie sorgfältig wieder. Wie ein Schlafwandler ging er durch die stillen Straßen, er sah nicht nach rechts und nicht nach links und grübelte, wo er die Stimme des Mannes am Telefon schon gehört hatte. Aber es fiel ihm nicht ein.

»Tja«, sagte Nogees, »so steht die Sache, Dr. Marohn. Wir brauchen nichts weiter zu tun, als nach Warrender und nach dem Latschenmann zu suchen – vorausgesetzt, daß nicht beide dieselbe Person sind. Aber solange wir die nicht haben, bleiben Sie unser bestes Pferd im Stall.«

»Es freut mich wirklich für Sie«, sagte Peter sarkastisch. »Der Falsche im Gefängnis ist besser als gar keiner. Aber den Heiligen Abend möchte ich eigentlich nicht hier verbringen.«

»Ich kann's Ihnen nachfühlen. Wenn ich Sie jetzt auch noch laufenlasse, wird die Staatsanwaltschaft ziemlich böse. Und pensionsberechtigt bin ich noch nicht.«

»Ich kann Ihnen leider auch keine Rente aussetzen«, erwiderte Peter. »Also muß ich schon drinbleiben und das Beste erhoffen. Es tröstete mich schon, zu wissen, daß noch andere aussichtsreiche Bewerber vorhanden sind.«

Sie lächelten beide. »Wir finden schon den geeignesten«, sagte Nogees. »Wiedersehen«.

Er sah dem Häftling nach und spielte mit dem Brieföffner, wie immer, wenn er an etwas dachte. Wirklich ein sympathischer Bursche. Er merkte ganz gut, daß es ihm im Augenblick mehr darum ging, Marohns

Unschuld zu beweisen, als den wahren Täter ans Licht zu ziehen. Aber beides hing untrennbar zusammen.

Sie suchten weiter. Von nirgendwoher kam eine Meldung über Warrender. Steinmann strich ausgiebig in der Stadt umher, musterte mit Argusaugen die Schuhe der Vorübergehenden. Nichts, keine Spur von gelben Schuhen. Mehrfach traf er Julia mit ihrem Hund, sprach mit ihr und tröstete sie. Aber auch sie wußte nichts Neues, und er konnte ihr nichts berichten. Es war wirklich zum Verzweifeln.

Als Ilse Randolph acht Tage später zurückkam, fand sie unter der eingelaufenen Post ein großes, weißes Kuvert, auf dem ihre Adresse mit klaren, energischen Schriftzügen geschrieben stand. Sie kannte die Handschrift nicht.

»Sehr verehrte gnädige Frau, als alter Patient Ihres Gatten erlaube ich mir, Ihnen aus Anlaß seines tragischen Todes mein tiefempfundenes Mitgefühl auszusprechen.

Ihr Stefan Warrender.«

Nichts weiter, kein Absender. Das also war der Warrender, nach dem der Kommissar suchte. Nun gut, mochte er. Sie war nicht der Meinung, daß er viel mit Kurts Tod zu tun hatte. Irgendein Patient, der ihr sein Beileid aussprach – das war nett von ihm und brauchte nichts auf sich zu haben. Sie überlegte, ob sie den Brief vernichten oder totschweigen sollte, beantworten konnte sie ihn ja doch nicht. Aber es schien ihr zuletzt doch besser, Nogees in Kenntnis zu setzen. Sie zeigte ihm mit ein paar kurzen Zeilen ihre Rückkehr an und legte Umschlag und Brief dazu.

Nogees erhielt beides am nächsten Tage. Er las den Brief, Steinmann las ihn und beide sahen sich an.

»Herr Warrender spricht sein Beileid aus. Haben Sie schon einmal gehört, daß ein Mörder der Witwe des Ermordeten sein Beileid ausspricht?«

»Nein«, sagte Steinmann, »aber es ist eine aparte Idee.«

»Mir wäre lieber, Sie könnten sich erinnern, wem seine Stimme am Telefon gehörte, als daß Sie dumme Witze machten!« Nogees war gereizt.

»Wir haben keinerlei Beweise, daß Warrender der Täter ist«, sagte Steinmann ungerührt. »Aber ich habe das Gefühl, ich begegne ihm noch einmal, und dann werde ich ihn fragen.«

»Ich habe das Gefühl, daß ich mit Ihnen einen großen Mißgriff getan habe«, gab der Kommissar zurück. »Dieser Bursche macht sich über uns lustig, und wir sind machtlos. Warum, zum Teufel, haben Sie das gute Hemd schon wieder an?«

»Ich gehe heute abend ins Theater. Ich finde, man sollte viel mehr für seine Bildung tun. Man kennt seine Klassiker viel zuwenig. Ich würde Ihnen wirklich empfehlen . . .«

»Ihre Klassiker kenne ich«, sagte der Kommissar voller Hohn. »Sie tragen die Schulter frei und benutzten Lippenstifte. Solche Leute wie Sie sollte man gar nicht reinlassen. Ich sehe direkt vor mir, wie Sie unter der Gewalt des dichterischen Wortes erschauern werden. Verschwinden Sie, und vergessen Sie nicht, der Logenschließerin das Opernglas zurückzugeben!«

Steinmann verbeugte sich artig an der Tür und schritt hinaus. Er wußte, trotz seiner giftigen Reden war Nogees der beste Vorgesetzte, den er sich wünschen konnte. Mit ihm konnte man wenigstens wie mit einem Menschen reden, ohne daß er ununterbrochen auf Paragraphen und Bestimmungen hinwies. Wenn der Direktor sie beide manchmal hören könnte – o Heimatland.

Steinmann verließ das Gebäude, sprang die Stufen der Haupttreppe hinunter und ging mit schnellen Schritten die Straße entlang. Er freute sich mächtig. Wieder hatte sie ihm eine Karte geschickt, und er erflehte vom Himmel einen Abend ohne Einsatz. Sie spielte! Seinetwegen brauchten die anderen gar nicht aufzutreten, sie genügte ihm vollkommen.

Er gab seinen Mantel ab, handelte selbstverständlich ein Opernglas ein, und im Foyer umfing ihn die Atmosphäre, die er neuerdings so liebte, der zarte Geruch nach Parfüm und Weihrauch, die gepflegten Menschen und die schillernden Spiegel. Er warf in jeden von ihnen einen Blick, er war mit sich zufrieden. Was der Kommissar nur hatte! Nichts als blanker Neid.

Er kaufte sich noch ein Programm und trat dann durch eine Flügeltür an der linken Seite in den Parkettraum.

»Die Mitschuldigen« von Goethe.

»Sophie« – Dora Wellein.

Er konnte es kaum erwarten, und als der dumpfe Gong ertönte und der Vorhang sich hob, hatte er schon das Glas an den Augen. Entzückend war sie wieder! Und wie ihr das altmodische Kleid stand! Na ja, sie konnte eben alles tragen. Sie sprach und lief auf der Bühne herum, und einmal, als sie vorn an der Rampe stand, warf sie ihm einen hellen, schnellen Blick zu und nickte kaum merkbar, und ein beseligender Feuerstrom schoß durch sein Blut. Was sie bloß an ihm fand? Versteh' einer die Frauen . . .

Am Ende des Aktes, bevor der Vorhang fiel, stand sie allein, die anderen waren abgetreten, und Steinmann lauschte ihrer Stimme und klatschte wie ein Wahnsinniger, als der Vorhang sich senkte.

Der zweite Akt begann, und nun erschien Herr Alcest, der hatte bis jetzt gefehlt. Steinmann sah wieder nur seine geliebte Dora, er schenkte dem Mann mit den komischen Kniehosen nur einen flüchtigen Blick.

»Verzeihen Sie, Madam, wenn ich Ihnen beschwerlich falle . . .« begann er. Steinmann lauschte – jetzt sprach Dora – jetzt Alcest – jetzt Dora – jetzt Alcest – sie – wieder er – und langsam richtete sich Steinmann kerzengerade in seinem Sessel auf.

Die Stimme! Voll, warm, vibrierend! Es war, als brauche der Mann sich gar nicht anzustrengen, er sprach leicht und mühelos, aber seine Stimme füllte das Theater und schlug die Zuhörer in ihren Bann. Warrenders Stimme! Die Stimme vom Telefon! Und hier im Theater hatte er sie zum erstenmal gehört, wie ein Blitz durchzuckte ihn die Erkenntnis.

Er fühlte, wie seine Handflächen feucht wurden.

VII

Mit Anstrengung zwang er sich zu ruhigem Überlegen. So schön das Mädchen war, aber das hier war Jagd und Dienst – Einsatz sozusagen. Er ließ das Glas sinken und sah ins Programm.

Alcest – Jens Fehling. Nie gehört. Aber im letzten Stück war er auch dabeigewesen, ja, jetzt erinnerte er sich, den Vater des Majors, den Präsidenten, hatte er gespielt.

»Verzeih mir, Dora«, sagte Steinmann zu sich selbst und richtete das Glas auf Alcest, der Sophie gerade in glühenden Versen seine Verehrung klarmachte. Mittelgroß, scharfgeschnittenes, dunkles Gesicht, wohl schon älter, aber noch gut in Schuß. Jeden Zug dieses Gesichtes prägte Steinmann sich ein, diesmal wollte er die Spur nicht wieder verlieren, mit oder ohne Schminke, diesmal fand er Herrn Warrender wieder, und wenn er sich sonstwohin verkrümelte.

Das Spiel ging weiter, und von Szene zu Szene wurde Steinmann seiner Sache sicherer. Das war er, kein Zweifel. Wenn er leiser sprach, glich seine Stimme der am Telefon aufs Haar.

Steinmann freute sich. Wie gut, daß er ins Theater gegangen war. Der Kommissar würde Augen machen! Jetzt konnte ihm der Kerl nicht mehr aus den Fängen!

Da, jetzt war Schluß!

»So! Diesmal blieben wir wohl alle ungehangen!« kamen die Worte von der Bühne herab.

Du nicht, Herr Alcest, dachte Steinmann ergrimmt und drängte sich, heftig klatschend, durch die Reihe. Er gab das Opernglas zurück und legte noch eine Mark dazu.

»Zu den Garderoben! Seien Sie so gut!«

Die Schließerin runzelte die Stirn.
»Ich weiß, was Sie sagen wollen. Sagen Sie es nicht. Lassen Sie mich rein.«
»Junger Mann«, sagte sie mißbilligend, »es ist nicht üblich . . .«
»Ausnahmen bestätigen die Regel!« und er legte noch eine Mark zu. »Ich bin die Ausnahme. Außerdem kenne ich Fräulein Wellein schon.« Er sah sie bittend an, und sie schmolz hörbar.
»Los, hier hinein. Machen Sie bloß keinen Lärm!«
Er versprach es und flitzte den Gang entlang. Da, das war ihre Garderobe, unverschlossen, welches Glück. Er riß einen Zettel aus seinem Notizbuch.
»Liebes Fräulein Wellein –« Quatsch, und er strich es durch. »Schönste Sophie – ich möchte Herr Söller sein! Ich verspreche, mich besser zu benehmen als der im Stück! Heute abend muß ich leider unerwartet zum Dienst! Ich rufe Sie an. Ihr furchtbar trauriger Hans Steinmann!«
Er nahm eine Rose aus der Vase, die auf dem Tisch stand – billiger ging es ja nun wirklich nicht –, und legte Rose und Zettel auf die Platte des spiegelumsäumten Schminktisches.
Von der Bühne drang noch der Lärm des Beifalls, als er die Garderobe verließ und wieder nach vorn lief, um seinen Mantel zu holen. Die freundliche Schließerin nickte ihm zu. Er verließ mit den ersten Besuchern das Theater.
Wo war der Hintereingang? Er umkreiste das Gebäude, bis er ihn fand, eine schmale Pforte mit einer Pförtnerloge, in der ein grauhaariger Mann vor einem Brett mit vielen Schlüsseln thronte. Dem Eingang gegenüber stand eine Plakatsäule, und der Assistent verbarg sich dahinter und wartete. Wenn Fehling nun vorn das Theater verließ? Den Pförtner wollte er nicht

fragen, der könnte ihm das wiedererzählen. Aber eigentlich war es ja auch gleichgültig. Fehling konnte ihm nicht entkommen, er kannte ihn nun, und seine Wohnung ließ sich jederzeit feststellen. Trotzdem – vielleicht konnte man heute abend noch etwas Wichtiges erfahren.

Er strich um die Plakatsäule und las zum zwanzigsten Male, daß Coco-Cola eiskalt getrunken werden müsse. Das Abschminken dauerte ja ewig. Wie, wenn der Bursche im Restaurant ausgiebig aß? Dann konnte er sich hier die Beine in den Bauch stehen.

Es verging noch so viel Zeit, daß er mit sich selbst Wetten abschloß, ob Fehling kommen würde oder nicht, und schließlich setzte er sich eine unwiderrufliche Grenze von fünf Minuten, die er noch warten wollte, verlängerte sie aber zweimal, ehe seine Ausdauer belohnt wurde.

Der Schauspieler kam langsamen Schrittes an der Pförtnerloge vorbei, nickte freundlich, trat dann auf die Straße und wandte sich nach links, Steinmann ließ ihn laufen, bis er rund 50 Meter voraus war, und glitt dann wie ein Schatten hinter ihm her. Der andere sah sich nicht um, ging unbekümmert dahin, es war ein Kinderspiel, ihn im Auge zu behalten. Die Straßenbahnen ließ er fahren, ein Auto nahm er nicht, er schien es nicht weit zu haben. Jetzt bog er in eine Querstraße ein, und Steinmann sah zu seinem Erstaunen, daß es die gleiche Straße war, in der sein Chef, der Kommissar Daniel Nogees, sich seines bescheidenen Heims erfreute. Jetzt fehlte nur noch . . .

Tatsächlich. Steinmann glaubte seinen Augen nicht zu trauen. Der Schauspieler blieb stehen, das Klappern von Schlüsseln wurde vernehmlich, er schloß auf und verschwand. Steinmann eilte auf die andere Straßenseite. Das Haus, in dem Nogees wohnte!

Das Treppenhaus war erleuchtet, jetzt verlosch das Licht, fast gleichzeitig flammte es hinter zwei Fenstern der rechten Seite des zweiten Stockes auf, schimmerte rötlich durch die dichten Vorhänge. Steinmann starrte mit offenem Mund hinauf. Unter dem Kommissar wohnte er, genau darunter! Und sie hatten die ganze Gegend nach ihm abgesucht! Das konnte nur Nogees und ihm passieren.

Steinmann sah auf die Uhr, halb zehn zeigte sie. Bißchen spät für einen Besuch, aber diesen Spaß mußte er bis zu Ende auskosten. Er überquerte die Straße und läutete lange und kräftig an dem mit »D. Nogees« bezeichneten Klingelknopf. Es dauerte eine Weile, dann sprang die Beleuchtung wieder an. Nogees kam die Treppe herunter. Er sah seinen Assistenten mißtrauisch an.

»Schlafen Sie schon, Herr Kommissar?« fragte Steinmann höflich.

»Nein, ich wache gerade auf. Die Vorzüge Ihrer Angebeteten hätten Sie mir aber auch morgen schildern können. Was ist los?«

»Was Wichtiges. Es ist besser, wir setzen uns beide.«

»Wenn Sie mir oben einen Ihrer faulen Witze erzählen, werfe ich Sie aus dem Fenster. Überlegen Sie sich's noch mal!«

»Ich muß es riskieren. Aber, Ehrenwort, Sie werden staunen!«

»Also«, sagte Nogees, als sie an seinem Rauchtisch saßen. »Was ist los?«

»Ich habe Herrn Warrender gefunden. Wissen Sie, wo er wohnt?«

»Nein. Aber ich zittere vor Begierde, es von Ihnen zu hören.«

Steinmann wies mit dem Zeigefinger senkrecht nach unten.

»Unter Ihnen, Herr Kommissar. Wenn Sie des Nachts lauschen, müßten Sie sein Schnarchen hören – wenn er nachts lauscht . . .«

»Unter mir? Reden Sie keinen Quatsch. Unter mir wohnt der Schauspieler Fehling – ich kenne ihn gut.«

»Eben derselbe.« Und Steinmann erzählte ihm seine Geschichte. »Ich sagte ja«, schloß er, »Sie sollten mehr ins Theater gehen, Herr Kommissar. Wenn er es nicht ist, fresse ich einen Besen und Stiel und Scheuerfrau.«

»Wenn er es nicht ist«, sagte Nogees drohend, »können Sie Ihren bescheidenen Nachlaß ordnen.«

»Oh, das ist in zehn Minuten erledigt. Ich . . .«

»Ruhe. Suchen Sie im Telefonbuch seine Nummer.« Nogees zog seine Schuhe an, während Steinmann eifrig mit dem Finger die Spalten entlangfuhr.

»Habe ihn, Fehling, Jens, Schauspieler. Die Frauen scheinen nicht so viel von ihm zu halten, er ist geführt, hat nicht mal eine Geheimnummer.«

»Sie werden auch nie eine brauchen«, sagte der Kommissar trocken. »Hören Sie zu. Schleichen Sie sich die Treppe runter, und halten Sie seine Tür im Auge. Lautlos, verstanden! Warten Sie, bis ich komme.«

Steinmann fragte nichts mehr und verschwand. Einen Augenblick wartete Nogees noch, dann hob er den Hörer ab und wählte die Nummer, die der Assistent ihm auf einen Zettel geschrieben hatte. Er wartete gespannt, vernahm leise das Klingeln in der Wohnung unter sich. Dann knackte der Apparat.

»Fehling. Bitte?«

»Verzeihung«, flüsterte Nogees mit hoher, heiserer Stimme. »Ist dort nicht Warrender? Stefan Warrender? Ich habe eine wichtige Nachricht für ihn.«

Lieber Gott, dachte Nogees, der dümmste Trick der Welt; wenn er darauf hereinfällt, ist es wirklich ein Wunder.

»Wer sind Sie?« fragte der andere, und seine Stimme schien dem Kommissar erregt.

»Ich muß erst wissen, ob ich Herrn Warrender sprechen kann.«

Nogees tat der Kehlkopf weh, das Krächzen bekam ihm nicht.

»Ich bin Warrender. Also?« Behutsam legte Nogees den Hörer zurück. Dann nahm er aus seinem Seitenfach seines Schreibtisches eine kleine Pistole, steckte sie zu sich und verließ die Wohnung.

Am Treppenabsatz grinste ihm Steinmann entgegen. Nogees klopfte ihm wortlos auf die Schulter. Dann läutete er anhaltend an Fehlings Tür.

Aus der Tiefe der Wohnung näherten sich Schritte. Fehling öffnete, er war im Schlafrock, und Steinmann erkannte sofort Herrn Alcest, den Favoriten seiner schönen Sophie wieder.

»Herr Kommissar! Was darf ich so spät noch von Ihnen erhoffen? Treten Sie ein!«

»Ich bedaure, Sie jetzt noch stören zu müssen, Herr Fehling. Aber ich möchte gern von Ihnen wissen, warum Sie sich hin und wieder Stefan Warrender nennen und wo Sie den Abend des 8. Mai verbracht haben.«

Fehling sah von Nogees zu Steinmann, wieder zu Nogees. Dann verzog sich sein Gesicht zu einem Lächeln.

Weiß Gott, er lächelte.

Julia verließ das Theater mißmutig. War ja ganz nett gewesen – aber sie hatte eben keine richtige Lust, irgend etwas zu unternehmen. Die rechte Stimmung fehlte, und die Ablenkung half ihr nicht über die trüben Gedanken hinweg. Gern hätte sie mit Steinmann gesprochen, fünf Reihen vor sich hatte sie ihn entdeckt, aber er war nach der letzten Szene so schnell verschwunden, daß sie ihm nicht hatte folgen können. Wer wußte, was ihn hinaustrieb, wahrscheinlich der leidige Durst. Was nützt das schon? Weiter kam sie doch nicht, der Mörder lief frei herum, und Peter saß.

Sie lenkte ihren Wagen durch die lichtdurchfluteten Straßen zum Hotel. Die Garage lag ein Stück weiter, und Julia hielt vor einer Straßenbahn, an der sich die Fahrgäste drängten; in der Mehrzahl Theaterbesucher, die heim wollten. Julia sah uninteressiert auf die Menschen, langsam schob sich der Wagen vor.

Dann bremste sie mit einem scharfen Ruck, und alles Blut strömte ihr zum Herzen. Ein Mann stieg in die Straßenbahn, mit beiden Händen zog er sich an den Griffen hoch, ein Mann im hellen Trenchcoat, und seine Füße steckten in hellen, sandfarbenen Sandalen – nie würde sie das Bild dieser Schuhe aus dem Gedächtnis verlieren!

Der Mann! Ihr Mann, der Verlorene, Unauffindbare – da war er!

Julia konnte es nicht fassen, ihre Stirn war naß, ihre Hände klebten. Die Bahn fuhr an, wie ein Automat schaltete Julia und gab Gas, rollte langsam hinterher. Diesmal mußte sie herausfinden, wo er hinging, diesmal durfte er nicht entkommen!

Die Straßenbahn rollte um Kurven und über Weichen, klingelte, hielt, fuhr wieder an. Julia beobachtete hinter der Windschutzscheibe die aussteigenden Fahrgäste mit brennenden Augen. Noch war er drin, noch fuhr er mit! Die Gegend, durch die sie nun fuhren, kam ihr bekannt vor, richtig, hier hatte sie ihn zum ersten Male verfolgt und verloren. Sie fuhr mit Standlicht, blieb jetzt, da die Straßen leer wurden, etwas weiter zurück. Wie würde das bloß weitergehen;

Da! Jetzt stieg er aus, lief in Fahrtrichtung weiter. Die

Bahn zog wieder an, Julia sah den hellen Trenchcoat auf der rechten Straßenseite. Kurz hinter der Haltestelle stoppte sie unter einer Laterne, löschte das Licht aus und schloß ab. Sie mußte zu Fuß weiter, wie er, sie konnte nicht hinter ihm herfahren. Der Mann war nun schon weiter entfernt, er ging ziemlich schnell, und Julia beschleunigte ihren Schritt. Immer weniger Menschen begegneten ihr, immer spärlicher leuchteten die Straßenlaternen. Was war das bloß für eine finstere Gegend!

Sie bemühte sich, ihre Schritte zu dämpfen, schlich auf Zehenspitzen und verwünschte die hochhackigen Schuhe, die so nett aussahen und in denen es sich so miserabel lief. Von Zeit zu Zeit verbarg sie sich in einem Hauseingang und ließ den Mann mehr Vorsprung gewinnen, dann holte sie wieder auf und kam ihm vorsichtig näher.

Er verschwand so urplötzlich, daß sie einen Moment ratlos innehielt und wartete, ob er wiederauftauchen würde. Aber nichts geschah. Sie lief weiter, äußerlich ruhig, innerlich von ängstlicher Spannung erfüllt. Hier mußte er verschwunden sein, richtig, da war ein Torbogen mit einer hohen, schweren Holztür.

Sie lauschte. Aus einiger Entfernung klang der Schlag einer Tür, dann war alles still. Sie zögerte, drückte dann auf die Klinke. Die Tür war nicht verschlossen, ließ sich aber schwer bewegen. Julia schlüpfte durch den Spalt, sah vor sich eine dunkle Einfahrt und ging lautlos weiter. Sie wagte kaum zu atmen. Ein Hof öffnete sich, ein gewöhnlicher Hinterhof mit einem kleinen, eingezäunten Garten. Links stand eine halbverfallene Laube, auf der anderen Seite eine Mauer, dazwischen lag Gerümpel, ein Bretterstapel, ein paar Fässer.

Der Eingang zum Vorderhaus lag auf dessen Rückseite, aber am hinteren Ende des Hofes stand ein zweites, niedrigeres Gebäude. Julia war überzeugt, daß der Unbekannte den Weg dorthin genommen und sie selbst den Schlag der hinteren Tür gehört hatte. Sie trat behutsam näher, und wie zur Bestätigung ihrer Annahme flammte jetzt ein schwaches Licht hinter einem der oberen Fenster auf.

Es war eine seltsame Fügung, daß Steinmann zur gleichen Zeit das Licht hinter den Fenstern der Fehlingschen Wohnung aufleuchten sah. Aber davon ahnte Julia nichts. Ein Schatten fiel auf den Vorhang, entfernte sich und nahm wieder Form an, schwarz und unheimlich. Ein Mensch bewegte sich im Zimmer, das mußte er sein, dort wohnte er. Ein jähes Glücksgefühl überkam das Mädchen. Rechts unter dem Dach, notierte sie in ihrem Gedächtnis, Hinterhaus.

Jetzt hatte sie seine Wohnung, und sie würde ihn wiedererkennen, den Mantel, die Schuhe. Jetzt konnte Nogees kommen!

Nogees und Steinmann saßen dem Schauspieler gegenüber. Der Kommissar musterte ihn unter gesenkten Augenlidern, er sah ihn jetzt zum erstenmal mit anderen Gefühlen, dienstlich sozusagen, und er erkannte, daß er kein leichtzunehmender Gegner war.

Fehling war ruhig und schien völlig unbeeindruckt, zuweilen zuckten seine Mundwinkel wie unter verborgenem Gelächter.

»Ich will Ihnen die Geschichte erzählen, meine Herren. Sehr interessant ist sie nicht. Den Namen Warrender führte ich früher einmal eine Zeitlang als Künstlernamen. Sie verstehen – je weniger man ein Künstler ist, desto mehr möchte man einer sein –, ich war damals noch keiner, aber der Name hob mein Selbstbewußtsein. Ich ließ ihn später wieder fallen, bediente mich seiner nur noch bei einzelnen Gelegenheiten. Eine davon kam, als ich vor rund einem halben Jahr Dr. Randolph als Privatpatient aufsuchte.«

»Warum nannten Sie nicht Ihren richtigen Namen?«

Fehling blickte den Frager, Nogees war es, mit ruhigen Augen an.

»Es klingt etwas abwegig, aber ich bin überzeugt, daß auch Sie es verstehen werden.«

Sein Tonfall ließ die Ironie nicht ahnen.

»Ich litt früher an einer – hm – an einer langwierigen Krankheit. Ich mußte mich Dr. Randolph regelmäßig vorstellen, aber ich wollte nicht, daß ihm mein richtiger Name bekannt würde – in meinem Beruf ist man dem Klatsch eher ausgesetzt als in anderen –, und so nannte ich ihm den falschen Namen.«

Fein ausgedacht, überlegte Nogees. Nichts dagegen zu sagen. »Und Ihre Adresse?«

»Nach der fragte er gar nicht. Ich meldete mich meist telefonisch bei ihm an und bezahlte ihn immer sofort. Ich glaube, er war mit Warrender zufrieden.«

»In welchen Abständen suchten Sie ihn auf?«

»Wie er mich bestellte. Meist vergingen sechs oder acht Wochen zwischen den einzelnen Kontrollen.«

»Wann waren Sie zum letztenmal bei ihm?« Fehling sah, daß die beiden trotz ihrer lässigen Haltung auf diese Antwort gespannt waren.

»Aber das wissen Sie doch sicher, Herr Kommissar«, sagte er mit freundlicher Nachsicht. »Am 8. Mai, abends um dreiviertel acht.«

»Das wissen wir allerdings.« Nogees ärgerte sich.

»Ich dachte es mir«, sagte der Schauspieler behaglich.

»Wieso?«

»Ich hatte mich schriftlich angemeldet. Ich war auf Tournee und wollte während einer Spielpause die Sache erledigen. Deshalb schrieb ich aus Stuttgart.«

Er gähnte verstohlen hinter der Hand. »Es hätte ja sein

können, daß Randolph meinen Brief vernichtet hätte oder daß Sie ihn nicht beachtet hätten. Mit der zweiten Möglichkeit habe ich natürlich nicht gerechnet.«

Nogees fühlte, daß der andere sich über ihn lustig machte. Woher nahm er nur diese Sicherheit?

»Und Sie leugnen nicht, am Mordabend in der Praxis gewesen zu sein?«

»Warum sollte ich das leugnen?« fragte Fehling mit unschuldigem Augenaufschlag. »Ja, ich war dort.«

»Haben Sie Dr. Randolph gesprochen?«

»Leider nicht. Es war jemand bei ihm, mit dem er sich unterhielt. Ich wartete zehn Minuten – vielleicht auch nur fünf, ich hatte es eilig. Ich mußte um 20.15 Uhr im Theater sein, und vorher wollte ich noch einmal nach Haus. Deswegen entschloß ich mich zu gehen und an einem anderen Tage wiederzukommen!«

Er lehnte sich gemütlich zurück. »Ich kenne die Fragen, die Sie mir stellen werden, meine Herren. Den Besucher Dr. Randolphs habe ich nicht erkannt. Er verhielt sich still, Randolph sprach fast die ganze Zeit allein. Er schien ziemlich erregt. Außer mir war zu dieser Zeit kein anderer Patient im Wartezimmer, und ich habe auch niemand gesehen, als ich fortging. Ich erfuhr von dem Mord zwei Tage später – aus der Zeitung. Da stand auch, daß der letzte Besucher Dr. Randolphs unter Mordverdacht verhaftet worden sei.«

»Und warum haben Sie trotzdem noch bei Dr. Randolph angerufen? Mit einer erneuten Konsultation konnten Sie doch kaum mehr rechnen?«

»Ich sehe, daß der Herr Vertreter die Polizei bedeutend besser unterstützt hat als ich«, sagte Fehling heiter, und Steinmann biß sich auf die Unterlippe. »Sie werden mir nicht glauben – aber ich wollte Frau Randolph mein Beileid aussprechen, obwohl ich sie nicht kannte. Aber es war nur dieser – Vertreter am Apparat. So habe ich dann einen kurzen Beileidsbrief geschrieben – Sie haben ihn doch sicher zu Gesicht bekommen, Herr Kommissar – oder nicht?«

Nogees ging nicht darauf ein. »Warum haben Sie uns Ihre Beobachtungen nicht sofort mitgeteilt?«

»Ich hatte den Eindruck, Ihnen in dieser Sache nicht viel helfen zu können. Es rennen so viele Leute zur Polizei, machen sich wichtig, sagen irgend etwas aus, das nur Arbeit macht und nicht weiterhilft – das wollte ich vermeiden.

»So, das wollten Sie vermeiden«, sagte der Kommissar mit sanfter Stimme, und Steinmann wußte, daß nun ein Angriff erfolgen würde.

»Wenn wir Sie jetzt nicht durch Zufall gefunden hätten, hätten wir mit Warrender für immer im dunklen getappt – es gab ihn einfach nicht mehr. Einer der beiden Männer, die kurz vor Dr. Randolphs Tod dessen Praxis betreten haben, verschwindet spurlos – und das nur aus dem anerkennenswerten Bestreben, der Polizei unnötige Arbeit zu ersparen.«

»Ich gebe zu, daß es ungeschickt von mir war. Ich . . .«

»Es war vielleicht gar nicht so ungeschickt, Herr Fehling. Angenommen, Sie wären Dr. Randolphs Mörder – dann war es tatsächlich das Geschickteste, was Sie tun konnten, spurlos zu verschwinden – wirklich, das war es.«

Im Gesicht des Schauspielers veränderte sich nichts. »Halten Sie mich für den Täter?« fragte er mit leisem Spott in der Stimme. »Ich denke, Sie haben schon einen?«

Nogees sah ihm gerade in die Augen. »Ja, ich habe schon einen. Aber er erzählt merkwürdigerweise das gleiche wie Sie. Nämlich, daß Dr. Randolph noch lebte, als er ihn verließ. Und er verließ ihn um acht, Herr Fehling. Gesetzt den Fall, Sie wären nun doch noch in der Praxis gewesen, als der erste Besucher sie verließ – um acht und ohne, daß er Sie bemerkt hätte. Gesetzt den Fall, Sie hätten dann Dr. Randolph erschossen und das Haus sofort wieder verlassen – denn Sie mußten ja rechtzeitig im Theater sein, wie ich hörte. Wie wollen Sie mir beweisen, daß sich die Dinge nicht so abgespielt haben, Herr Fehling? Trotz Beileidsbrief!«

Der Schauspieler blieb unerschütterlich. »Abgesehen davon, daß Sie mir meine Schuld beweisen müssen, Herr Kommissar, nicht ich Ihnen meine Unschuld – ich war um acht zu Haus, hier bei mir. Ich sagte Ihnen ja, daß ich vor Spielbeginn noch einmal hierher mußte. Deswegen meine Eile.«

»Können Sie beweisen, daß Sie um acht Uhr hier bei sich zu Hause waren? Wer hat Sie gesehen?«

Jetzt lächelte der Schauspieler wie am Anfang, als er die Tür geöffnet hatte.

»Ich bin außerordentlich dankbar, Herr Kommissar, daß gerade Ihr Zeugnis mich von diesem häßlichen Verdacht reinigen wird. Aber Sie haben mich gesehen. Erinnern Sie sich nicht? Wir gaben uns gegenseitig die Klinke in die Hand und zogen mit der anderen den Hut!«

Nogees sah ihn an wie ein giftiges Reptil. Tatsächlich! Es war so, wie Fehling sagte. Er war von seiner Wohnung aus zu Randolph gegangen, Punkt acht, zwanzig Minuten brauchte er, zwanzig Minuten nach acht hatte er Julia von Herlyn im Zimmer des Toten gefunden!

In seinem Hirn überschlugen sich die Gedanken, es mußte irgendeinen Rechenfehler geben, wo war er bloß – aber er kam nicht darauf. Verdammt, es stimmte! Fehling war ihm an der Haustür begegnet, jetzt erinnerte er sich ganz genau.

»Ja«, sagte er langsam und dachte dabei unaufhörlich nach, »ja, ich erinnere mich . . .«

»Ich wußte es, Herr Kommissar. Natürlich haben Sie einen Haufen anderer Sachen im Kopf, aber«, und nun war der Triumph in seiner Stimme nicht mehr zu überhören, »man steht nun mal nicht gerne unter Mordverdacht, das werden Sie mir nachfühlen können.«

Nogees sah, daß im Augenblick nicht mehr zu holen war. Er hatte verloren. Wenn Marohn dabei blieb, das Haus erst um acht Uhr verlassen zu haben, war Fehlings Alibi unanfechtbar, und er kam als Täter nicht in Betracht. Wenn nicht – aber das würde sich herausstellen.

Nogees stand auf, und Steinmann erhob sich langsam.

»Es tut mir wirklich leid, daß ich Ihnen nicht weiterhelfen kann«, sagte Fehling verbindlich, »aber Sie sehen, ich hatte Grund, mich völlig schuldlos zu fühlen. Deswegen habe ich auch Herrn Warrender nicht entschleiert. Aber das nächste Mal . . .«

»Ich danke für Ihre Auskünfte, Herr Fehling«, sagte der Kommissar kurz. »Entschuldigen Sie bitte, daß wir Sie so spät gestört haben. Falls ich weitere Aufklärung brauche, lasse ich Sie benachrichtigen. Gute Nacht.«

»Ich stehe selbstverständlich zu Ihrer Verfügung, Herr Kommissar. Wir Mieter müssen doch zusammenhalten. Gute Nacht. Angenehme Ruhe!«

Er nickte dem Assistenten zu, begleitete dann die beiden zur Tür, und der Spott in seinen Augen wich nicht, bis er sie hinter ihnen geschlossen hatte. Er kehrte in sein Wohnzimmer zurück, setzte sich und blieb sitzen, in tiefes Nachdenken versunken.

Ein Stockwerk höher setzten sich Steinmann und Nogees an des Kommissars Rauchtisch. Steinmann gab seinem Chef Feuer, und der Kommissar blies den Rauch in tiefen Stößen von sich.

»Habe das dumpfe Gefühl, daß wir nicht gerade ruhmbedeckt heimgekehrt sind. Was meinen Sie?«

»Eiskalter Bursche«, erwiderte Steinmann. »Dem ist nicht so ohne weiteres beizukommen. Und sein Alibi steht wie eine Eins.«

»Ja, und ausgerechnet ich muß ihm an der Haustür begegnen!«

»Ich weiß nicht«, begann Steinmann nach einer Pause, »ich kann mir nicht helfen – irgendwo sitzt hier ein Haken. Er war so sicher, wie nur jemand sein kann, der davon überzeugt ist, daß er alle Trümpfe in der Hand hat. Als hätte er alles schon vorher zurechtgelegt für den Fall, daß Warrender doch wider Erwarten entdeckt werden würde. Das ist es, was mir an ihm nicht gefällt. Vielleicht hätten wir nach den gelben Schuhen sehen sollen.«

Der Kommissar bewegte wegwerfend die Hand. »Völlig sinnlos. Glauben Sie im Ernst, er bewahrte sie noch auf, wenn er wirklich der Täter ist? Und die niedliche Julia hat doch die gelben Schuhe erst zehn Minuten nach acht im Paternoster gesehen – und um acht war Fehling hier.«

»Wie kam er denn so schnell hierher? Sie haben doch zwanzig Minuten bis zur Praxis gebraucht!«

»Er wird eine Taxe genommen haben, Steinmann. Schauspieler haben es immer eilig und nehmen immer Taxen, wenn sie keinen eigenen Wagen haben. Da konnte er in zehn oder auch fünf Minuten hier sein.«

»Hm.« Steinmann dachte angestrengt nach. »Und wenn er nun nach der Begegnung mit Ihnen noch mal zur Praxis gefahren ist. Mit der Zeit käme es raus.«

Der Kommissar furchte die Stirn. »Wäre möglich. Aber er hatte keine gelben Schuhe, als ich ihn traf. Und unter dem Arm trug er auch nichts. Außerdem läßt sich ja feststellen, wann er im Theater eingetroffen ist.«

»Als Sie ihm begegneten, war er ja erst auf dem Wege in seine Wohnung«, fuhr Steinmann unbeirrt fort. »Und wehe ihm, wenn er ein paar Minuten zu spät im Theater war. Ich habe was gegen unpünktliche Leute.«

»Ich überlege mir auch schon die ganze Zeit, wo unser Rechenfehler steckt«, sagte der Kommissar müde. »Aber heute nacht werde ich wohl nicht mehr dahinterkommen. Und Sie suchen auch am besten Ihr menschenleeres Bett auf, sonst sind Sie morgen wieder nicht pünktlich im Dienst. Und ich habe was gegen unpünktliche Leute.«

Steinmann verzog das Gesicht. »Sie wissen gar nicht, was Sie an mir haben, Herr Kommissar. Ich berechtige zu den größten Hoffnungen!«

Nogees schob ihn zur Tür. Sie standen auf dem Flur, als das Telefon klingelte. Nogees sah Steinmann verblüfft an, dann ging er schnell ins Zimmer zurück, und der Assistent folgte ihm mit bösen Ahnungen.

Der Kommissar preßte den Hörer ans Ohr, stellte einige hastige Fragen und hängte ein. Dann wandte er sich um.

»Zärtlich ist die Nacht«, sagte er. »Wissen Sie, was los ist? Unsere Privatdetektivin und Mörderin a. D. hat den Latschenmann gefunden und belauert ihn wie ein Iltis das Kaninchen.«

»Ich sag's ja immer«, erwiderte Steinmann, und der Kommissar sah ihm an, wie sehr ihn diese Nacht freute. »Cherchez la femme – laß die Frau suchen! Die findet alles. Sie sehen mich sprachlos an, Herr Kommissar!«

VIII

Zwanzig Minuten später bogen sie, das Mädchen in der Mitte, in die Straße ein, die Julia ihnen bezeichnete, und bemühten sich, ihre Schritte auf den Steinplatten des Bürgersteigs zu dämpfen. Nur hinter einigen wenigen Fenstern schimmerte noch Licht, Fußgänger begegneten ihnen überhaupt nicht mehr. Steinmann umklammerte die Handschellen in seiner Tasche, um ihr Klappern zu verhindern, und sehnte den Augenblick herbei, da er sie um die Handgelenke seines Mannes schnappen lassen konnte. Der Kommissar war weniger siegessicher. Er überlegte, welche Form des Rückzuges er antreten könnte, wenn sie wieder den Falschen erwischten und einen braven, steuerzahlenden Bürger mitten in der Nacht irrtümlich aus dem Bett holten. Ach was, zum Teufel, bisher hatten sie offenbar nur die Falschen erwischt, es kam auf einen mehr oder weniger nicht mehr an.

Julia griff nach seinem Arm und blieb stehen.

»Hier ist es«, flüsterte sie, »dort, der nächste Eingang, das Tor. Vorhin war es nicht verschlossen!«

Steinmann drückte sich in den dunklen Eingang und lehnte sein Gewicht gegen den Türflügel. Er atmete auf, als die Tür nachgab, winkte den beiden und ging mit behutsamen Schritten weiter. Sie blieben am Ende der Durchfahrt im Schatten der Mauer stehen. Julia wies auf das Hintergebäude.

»Dort oben«, flüsterte sie, »rechts, das zweite Fenster im oberen Stockwerk – dahinter war er, ich sah seinen Schatten – dort muß er sein!«

Nogees steckte den Kopf vor, sein Blick überflog den Hof und das Hinterhaus. Keine sehr trostreiche Gegend. Der Eingang dort schien der einzige zu sein. Rechts lehnte sich das Haus an die Umfassungsmauer, an der linken Seite türmten sich Holz und alte Fässer, da waren kein Weg und kein Platz für einen weiteren Eingang.

Nogees wandte sich um. »Sie bleiben hier und rühren sich nicht von der Stelle, hören Sie! Warten Sie, bis wir wiederkommen!«

Julia nickte, es war ihr auch viel lieber so.

»Kommen Sie, Steinmann!«

Julia sah, wie die beiden Männer im Schatten der Mauer auf das Haus zugingen. Ihre Schritte verursachten keinen Laut. Jetzt erreichten sie die Tür. Sie sah, wie der Kommissar die Klinke ergriff und unendlich langsam öffnete. Jetzt verschwand er im Inneren, und Steinmann folgte ihm. Dann wurde der Türspalt enger und enger, jetzt schloß er sich ganz.

Julia spürte, daß sie vor Aufregung zitterte. Wenn es doch bloß erst vorüber wäre! Sie war schuld daran, wenn den beiden etwas zustieß.

Im Haus blieb alles still. Jetzt sah sie den Schein einer Taschenlampe im Treppenhaus – sie waren auf dem Weg nach oben. Julia verfolgte den Lichtschimmer, und es verging eine halbe Ewigkeit, bis sie ihn im obersten Fenster der Reihe wiederauftauchen sah. Was würde jetzt kommen? Ihr Herz schlug wie ein dumpfer Hammer, sie glaubte, man müßte es über den ganzen Hof hören, und sie preßte die Hand auf den Mund, als ein grelles Licht hinter demselben Fenster aufblitzte, das sie mit brennenden Augen beobachtete. Da – das war sein Schatten wieder. Wie vorhin fiel er verzerrt und überlebensgroß gegen den Vorhang!

Der Mann ging im Zimmer umher, blieb stehen, wie wenn er unschlüssig wäre, bewegte sich dann wieder. Dann begann er im Zimmer herumzusuchen, schnell, hastig, nervös, bückte sich, verschwand für kurze Zeit, war dann plötzlich wieder da. Julia verfolgte atemlos jede

Bewegung. Was tat er? Wahrscheinlich zog er sich an, vielleicht wollte er fliehen!

Jetzt war er plötzlich nicht mehr zu sehen. Nur der helle Vorhang leuchtete durch das unheimliche Dunkel, und die beklemmende Stille hielt an.

Er mußte das Zimmer verlassen haben.

Jetzt vernahm sie zum erstenmal schwache Laute, wie abgerissene Stimmfetzen, aber sie konnte die Stimmen nicht unterscheiden.

Dann, unvermittelt, erschien der Schatten wieder, aber nun kam noch ein zweiter Schatten hinzu, sie sah es ganz deutlich, einer gestikulierte mit den Armen, und Julia trat vor Aufregung aus ihrer Deckung heraus. Einer der beiden Beamten, Steinmann oder der Kommissar, war mit im Zimmer. Jetzt fiel die Entscheidung.

Dann wich Julia an die Hausmauer zurück und verkrampfte die Hände ineinander.

Einer der Schatten vollführte eine blitzschnelle Bewegung, er verschmolz mit dem anderen, dann erscholl ein Klirren, deutlich vernahm es Julia, und im selben Augenblick erlosch das Licht. Jetzt schlug eine Tür, kurz und hart, im Treppenhaus wurde es lebendig, ein Mensch sprang in großen Sätzen die Treppe herunter – er versuchte zu fliehen, ganz bestimmt . . .

Aber dann erklang ein dröhnendes Gepolter, ein lauter Schmerzensschrei. Die Haustür flog nicht auf, obwohl Julia das mit angstvollem Herzen erwartet hatte, sie blieb geschlossen, niemand stürmte heraus.

Julia lehnte sich mit bebendem Körper an die Mauer, Sie hatten ihn, er war nicht entkommen! Da leuchtete das Licht hinter dem Fenster wieder auf, aber nicht mehr grell und gleichmäßig, es war die Taschenlampe, sie suchte im Raum herum, wanderte hin und her. Endlose Minuten vergingen, bis das Licht erlosch und die Haustür sich öffnete.

Steinmann schob einen Mann vor sich her, dessen Hände die stählerne Klammer der Handschellen zusammenhielt, einen mageren Mann mit zerwühltem schwarzen Haar und verschmiertem Gesicht. Hinter ihnen trat der Kommissar aus dem Haus, auch er sah etwas mitgenommen aus, aber als er näher kam, sah Julia, daß seine Augen strahlten.

Steinmann drängte den Mann an ihr vorbei. Im Schein der Lampe des Kommissars sah sie ein paar böse, aber erschöpfte Augen in einem verkniffenen Gesicht. Aber das nahm sie gar nicht voll in ihr Bewußtsein auf, denn sie hatte nur Augen für die Füße des Mannes, und als der Kommissar wie in heimlichem Einverständnis den Lichtkegel senkte, sah sie die sandfarbenen, ausgetretenen Sandalen, und eine tiefe Freude überkam sie.

Es öffneten sich Fenster, Licht fiel in den Hof und auf die Straße. Fragende, aufgeregte Stimmen wurden laut, aber Julia hörte und sah nichts mehr. Sie ging hinter den Männern her und dachte unaufhörlich: Wir haben ihn, er muß gestehen, Peter wird frei!

Leopold Horvath saß mit gekrümmtem Rücken auf seinem Stuhl und blickte finster vor sich hin. Der Kommissar ging um ihn herum und betrachtete ihn prüfend von allen Seiten.

»Es sieht nicht gerade günstig für Sie aus, mein Lieber«, begann er. »Und wenn Sie die Wahrheit nicht auspacken, wird es bald noch viel ungünstiger aussehen.«

»Sie können mir erzählen, was Sie wollen«, versetzte der andere in mürrischem Ton. »Ich habe nichts verbrochen. Sie können mir nichts beweisen. Und Sie können mich auch nicht hier festhalten. Ich habe nichts getan.«

»Mein lieber Horvath«, sagte Nogees sanft und

geduldig, »ich fürchte, es wird doch einiges zusammenkommen. Sie sind viermal vorbestraft, einmal wegen Einbruchdiebstahls, einmal wegen Hehlerei, zweimal wegen Taschendiebstahls. Hat sich allerhand zusammengeläppert, ein Wunder, daß Sie überhaupt noch frei herumlaufen. Gestern abend haben Sie einen Fluchtversuch unternommen. Für ein engelreines Gewissen spricht das nicht gerade.«

»Ich war nervös – habe eben den Kopf verloren. Mitten in der Nacht holen Sie einen aus dem Bett . . .«

»Ja. Sicher hatten Sie gerade von Englein geträumt und im Schlaf die molligen Fäustchen aneinandergerieben. Und da kommt die böse Polizei. Wir können Sie schon wegen Widerstandes gegen die Staatsgewalt sitzen lassen, noch dazu bei Ihrem Register.« Er blieb plötzlich vor Horvath stehen. »Aber diesmal wird es wohl etwas mehr kosten.«

Der Mann blickte kurz auf, sagte aber nichts. Nogees setzte sich hinter den Schreibtisch.

»Die Geschichte, um die es geht, wiegt bedeutend schwerer als Ihre Vorstrafen zusammen, Leopold. Ich habe Sie schon gestern abend gefragt, wo Sie den schönen Abend des achten Mai verbracht haben – und da wurden Sie dann nervös, daß Sie nicht mehr zu halten waren. Vielleicht erinnern Sie sich doch lieber.«

»Was weiß ich, wo ich war«, fuhr der andere auf. »Wissen Sie denn noch, was Sie an diesem Abend gemacht haben?«

Nogees nickte, und seine Augen funkelten gefährlich.

»Ich weiß es ganz genau, mein Lieber. Gebe Gott, daß Sie nicht in meiner Nähe waren. Also – wo sind Sie gewesen? Was haben Sie an diesem Abend getan? Antworten Sie!«

Horvath grinste häßlich.

»Ich bin irgendwo spazierengegangen – vielleicht war

ich auch im Kino – ich sagte Ihnen ja, ich weiß es nicht mehr.«

»So? Spazieren? Sehr schön. Tragen Sie diese Sandalen immer, wenn Sie spazierengehen?«

»Meistens, Herr Kommissar. Sie sind so bequem.« Er grinste noch immer.

»Sehr schön. Wie lange haben Sie sie denn schon?«

»Ach, schon lange. Aber damit haben Sie kein Glück, Herr Kommissar. Sie sind nicht gestohlen.«

»Wer sagte denn das? Aber lieber Horvath, wer wird denn von einem Ehrenmann so etwas denken. Nein, nein, ich kenne Sie doch!« Und er schlug auf die Akte, in der die Auszüge aus dem Strafregister ihr belastendes Dasein fristeten.

»Im Gegenteil – Sie werden doch ohne Zweifel das Geschäft angeben können, in dem Sie sie gekauft haben. Oder nicht?«

Das Grinsen verschwand von Horvaths Gesicht. »Woher soll ich das jetzt noch wissen? Sie müssen mich ja für einen Gedächtniskünstler halten. Ein paar Jahre habe ich sie schon – in irgendeinem Geschäft gekauft – im Sommer war es, wegen der Hitze.«

Nogees spürte die Unsicherheit, er schwieg, und der Mann rutschte auf dem Stuhl herum, als fühlte er sich nicht mehr so wohl wie am Anfang.

»Schöne Sandalen«, sagte der Kommissar nach einer Weile. »Ich hätte gar nicht gedacht, daß Sie in diesen Dingen einen so guten Geschmack an den Tag legen.«

Der andere blickte ihn unsicher an.

»Wirklich«, fuhr Nogees fort. »Sie sind der einzige in der ganzen Stadt, den ich bisher mit solchen Sandalen gesehen habe – ganz ausgefallenes Muster. Ich würde sie auch immer tragen.«

Er seufzte. »Nur am achten Mai hätten Sie sie nicht

tragen sollen. Das war wirklich ein großer Fehler, Horvath.«

Horvath schob die Unterlippe vor. »Sie werden lachen, Herr Kommissar – an diesem Abend habe ich sie wirklich nicht getragen.«

»Nein? Ich hatte wirklich schon Angst, Sie würden sich an gar nichts mehr erinnern. Nun wissen Sie wenigstens was für Schuhe Sie anhatten. Wo waren denn die Sandalen an diesem Tage?«

»Bei mir zu Hause. In meinem Schrank, wo denn sonst?«

»Ja, wo sonst. Aber vielleicht haben Sie sie jemandem geliehen? Aus Nächstenliebe, wissen Sie? Wer zwei Paar Schuhe hat, gebe dem ein Paar ab, der keine hat, das steht schon in der Bibel.«

»Ich weiß nicht, was in der Bibel steht«, versetzte der Mann mürrisch, und das war das erste, was Nogees ihm von Herzen glaubte. »Was soll der ganze Unsinn? Wem sollte ich sie denn geliehen haben?«

»Dem, der am Abend des achten Mai den Chirurgen Dr. Randolph in seiner Praxis erschossen hat«, sagte Nogees ganz sanft. »Abends zwischen acht und zehn nach acht. Der hatte ausgerechnet Ihre Schuhe an!«

Horvath wollte lachen, aber er schloß den Mund wieder.

»Erschossen? Chirurgen? Mit meinen Sandalen? Was soll dieser Blödsinn? Sie wissen ganz genau . . .«

»Was weiß ich ganz genau, mein Teurer?«

»Sie wissen genau, daß ich so etwas nicht tue«, erwiderte Horvath und deutete auf die Akte, die unter dem Arm des Kommissars lag.

»Der Mensch ändert sich«, sagte Nogees. »Hören Sie zu, Horvath. Ein Mann, der diese Sandalen trug, hat an diesem Tage den Mord begangen. Zehn Minuten nach acht fuhr er mit dem Paternoster nach unten. Eine

Besucherin sah die Sandalen und prägte sich ihr Aussehen so ein, daß sie sie zweimal wiedererkannte. An Ihren Füßen wiedererkannte! Die Sandalen, die an diesem Abend friedlich bei Ihnen im Schrank standen! Was sagen Sie dazu?«

Jetzt lachte Horvath, aber sein Gesicht war bleich.

»Mit solchen Tricks können Sie mich nicht überfahren, Herr Kommissar. Ich habe mit der Sache nichts zu tun!«

»Wie mit den vorigen. Wo Sie gewesen sind, wissen Sie nicht. Als ich Sie gestern danach fragte, versuchten Sie zu fliehen. Und die Sandalen standen am Mordabend im Schrank. Oder wollen Sie mir tatsächlich weismachen, Sie hätten sie verliehen?«

»Ich will Ihnen gar nichts weismachen. Ich habe keinen Mord begangen. Und es wird noch mehr Leute geben, die solche Sandalen tragen.«

»Mein lieber Horvath«, sagte der Kommissar mit Nachdruck. »Ich sagte Ihnen schon am Anfang unserer Konferenz, daß es diesmal sehr schlecht aussieht. Sie sind viermal vorbestraft – seit eineinhalb Jahren sind sie arbeitslos – ein Alibi haben Sie nicht – diese Sandalen, die kein Mensch sonst trägt, wurden genau zur passenden Zeit gesehen – ja glauben Sie denn im Ernst, wir hätten noch nötig, nach einem anderen Täter zu suchen? Sie genügen uns vollkommen! Vollkommen, verstehen Sie! Ob Sie nun heute gestehen oder in vier Wochen, das ist im Prinzip völlig gleichgültig. Erledigt sind Sie so und so.«

Er machte Anstalten zu läuten. »Das wär's für heute. Sie kriegen genügend Zeit, sich zu überlegen, ob Sie nicht doch ein bißchen plaudern wollen.«

Horvath sah zu der Hand an der Klingel. »Ist ja alles Quatsch«, sagte er. »Ich habe ja die Sandalen erst . . .«

Der Kommissar blickte ihn drohend an. »Überlegen Sie

lieber noch mal, ehe Sie mir eine neue Lüge anbieten«, sagte er.

Horvath zögerte. »Es ist die Wahrheit«, sagte er dann. »Ich habe die Sandalen ja erst kurze Zeit – ungefähr vierzehn Tage – länger nicht.«

Nogees lehnte sich zurück. »Wie man sich doch irren kann. Erst ein paar Jahre und nun vierzehn Tage! Wenn ich noch etwas warte, haben Sie sie nie besessen. Da müssen Sie sich schon etwas Besseres ausdenken, Herr!«

»Es ist die Wahrheit«, beharrte Horvath. »Ich habe die Sandalen gefunden – in einem Papierkorb in der Stadt – ich warf eine leere Zigarettenschachtel weg, und da sah ich das Paket.«

Nogees erwiderte nichts, sah ihn nur unheildrohend an.

»Es war so«, wiederholte Horvath, »in braunes Papier waren sie eingewickelt – als hätte sie jemand weggeworfen. Ich nahm sie mit und trug sie seitdem.«

»Horvath«, sagte der Kommissar leise, »merken Sie denn nicht, wie Sie sich immer mehr verfilzen? Jetzt haben die Sandalen auf einmal gar nicht mehr Ihnen gehört? Das glaubt Ihnen kein Staatsanwalt.« Er schlug mit der flachen Hand auf den Tisch, daß der Mann zusammenfuhr. »Sie haben Dr. Randolph erschossen! Sie haben gemerkt, daß Sie im Hause gesehen worden sind, und wollen nun die Sandalen erst hinterher gefunden haben! Wann denn? An welchem Abend? In welchem Papierkorb?«

Horvaths Stimme klang erregt, und auf seiner Stirn glänzten kleine Schweißtropfen.

»Ich kann es Ihnen zeigen, Herr Kommissar. Ich finde die Stelle bestimmt wieder.«

»Es wäre bedeutend einfacher, wenn Sie mir endlich erzählen würden, wo Sie am Abend des achten Mai gewesen sind.«

»Ich sage Ihnen doch, ich weiß es nicht mehr«, stieß der Gefragte hervor. »Irgendwo in der Stadt – ich . . .«

Diesmal läutete Nogees wirklich und ließ ihn abführen.

Am Nachmittag verlangte Horvath den Kommissar zu sprechen. Er setzte sich auf den gleichen Stuhl, in der gleichen Haltung, mit gekrümmtem Rücken. Nogees sah ihn schweigend an.

»Ich will Ihnen alles erzählen, Herr Kommissar«, begann er kleinlaut. »Ich – ich hatte an diesem Abend ein kleines Ding vor – draußen in Harlaching – Autoreifen – ich wollte es eigentlich nicht tun – und jetzt diese Geschichte!«

Er brach ab. Nogees griff wortlos zum Telefon. »Wieviel?« fragte er.

»Zwei.«

»Wo sind sie?«

»Bei mir auf dem Hof. Einer. Den anderen habe ich schon verkauft.« Der Kommissar wählte eine Nummer.

»Ja – Prendl? – Nogees – liegt eine Anzeige vor über gestohlene Autoreifen – ja – am achten Mai – ich warte.«

Horvath atmete mit offenem Mund. Nach kurzer Zeit antwortete Kommissar Prendl.

»So«, sagte Nogees. »Stimmt also? Können Sie mal mit herüberkommen? Gut. Ende.«

Er legte den Hörer auf, faltete die Hände und blickte den zusammengesunkenen Horvath mit trauriger Miene an.

»Das ist das Wohl der bösen Tat«, sagte er. »Nun besteht ja durchaus die Möglichkeit, daß Sie erst gemordet und dann gestohlen haben.«

Horvath schüttelte den Kopf. »Nein, Herr Kommissar. Ich mache gern mal eine kleine Sache – aber Mord – nein.

Und ich war schon um sieben Uhr in Harlaching – der . . .«

»Wer?« fragte Nogees scharf.

»Der Aichinger – der die Reifen brauchte – er war mit dort – er kann es bestätigen.«

Die Tür öffnete sich, und Prendl trat ein. Dick, mit kleinen Schweinsaugen und einer ungeheuren Zigarre.

»Tag, Prendl. Ich habe hier einen Herrn für Sie, der über die Autoreifen Bescheid weiß.«

»Was Sie nicht sagen«, rief Prendl dröhnend. »Kennen wir uns nicht, Leopold?«

»Ja«, sagte Leopold betrübt.

»Ja, leider. Und ich glaubte Sie auf dem Wege der Besserung. Wie kommt er denn zu ihnen, Nogees?«

Nogees erklärte ihm kurz den Sachverhalt. »Es wäre ja möglich«, schloß er, »daß unser Freund den Diebstahl im Interesse des Alibis dem Mord vorzieht.«

»Das werden wir bald heraushaben«, sagte Kommissar Prendl. »Den wackeren Aichinger kenne ich auch, der entgeht uns nicht. Aber ehrlich gesagt halte ich Leopold nicht für fähig, einen Mord zu begehen. Das schafft er nicht.«

Horvath warf ihm einen dankbaren Blick zu. »Das ist nett von Ihnen, Herr Kommissar. Ich habe es auch nicht getan. Gestern abend glaubte ich, die Polizei käme wegen der Reifen. Deswegen versuchte ich auszureißen. Ich nahm an, er wäre allein gekommen. Aber im Treppenhaus stand noch einer.«

»Ich kann Ihren Schmerz nachfühlen«, sprach Nogees. »Aber wir hätten Sie sowieso erwischt. Und wie war das jetzt mit den Schuhen?«

»Wie ich Ihnen sagte, Herr Kommissar. Am Abend nach unserer – äh . . .«

»Geschäftsreise«, ergänzte Prendl verständnisvoll.

»Ja – am Abend danach fand ich die Sandalen – sie

schienen mir noch ganz gut, ich wollte sie verkaufen, aber als ich merkte, daß sie mir paßten, habe ich sie dann behalten.«

»Und wo war das?«

»In Schwabing irgendwo. Ich kann Ihnen die Gegend zeigen.« Prendl musterte die Füße seines Kandidaten, dann sah er Nogees an. »Seltene Galoschen, was? Sehen bald aus wie Mokassins eines kriegslüsternen Häuptlings.«

Nogees nickte. »Deswegen erkannten wir sie auch wieder und verfolgten errötend ihren Spuren. Sie führten uns zu Herrn Leopold. Und er säße ungeheuer in der Klemme, wenn er nicht doch lieber bei seinen Leisten geblieben und eingebrochen wäre.«

Er hob die Stimme. »Wenn seine Geschichte stimmt, hat er Glück im Unglück – wenn nicht, dann wehe ihm!«

Trotz dieser Wendung überlief Herrn Horvath beim Ton der Stimme ein leichter Schauder. Er warf Prendl einen flehenden Blick zu. Der betrachtete ihn interessiert.

»Wäre wirklich unklug von Ihnen, Leopold, auf Ihre alten Tage noch das Ressort zu wechseln«, sagte er mit teilnahmsloser Härte. »Wo Sie doch schon solche Erfolge zu verzeichnen haben.«

Er wandte sich an Nogees. »Heben Sie ihn für mich auf, Herr Kollege. Ich werde mal nachsehen, ob Herr Aichinger ein paar preiswerte Reifen für mich hat.«

Er schüttelte ihm die Hand, warf noch einen Blick auf den zusammengesunkenen Horvath und verließ das Zimmer. Der durchdringende Duft seiner Zigarre hielt sich noch lange.

Kommissar Prendl liebte die Bewegung als Mittel zur Verringerung seines Gewichtes, dessen Kilogrammzahl ihm schwere Sorgen bereitete. Bewegung war immerhin noch leichter durchzuführen als die Einschränkung des Bierverbrauches, wovon er nur häßliche Entziehungserscheinungen befürchtete. So hatte er sich zum Vorsatz gemacht, auch dienstliche Wege nur zu Fuß beziehungsweise mit öffentlichen Verkehrsmitteln hinter sich zu bringen.

Er ging nun, obwohl die Hitze ihm zu schaffen machte, durchaus nicht gemächlich in Richtung der Behausung des Herrn Ignaz Aichinger, mit dem ihn langjährige Partnerschaft, wie er es nannte, verband.

Herrn Aichinger, der mit geübter Hand gerade ein paar Reifen vulkanisierte, die er als »fast neuwertig« abzustoßen gedachte, wären wohl Bedenken bezüglich des friedlichen Ausganges dieses Tages gekommen, wenn er geahnt hätte, in wessen Person ihm das Verhängnis schwitzend nahte.

Prendl trat mit fröhlicher Miene durch das baufällige Tor, über dem die Inschrift »Ignaz Aichinger, Autoreifen« etwas unklar von der Tätigkeit des Besitzers Kunde gab. Er verfolgte erst eine Weile interessiert die emsige Geschäftigkeit des Meisters, ehe er sich räusperte. Achinger blinzelte ihn an, man konnte nicht erkennen, ob sein schweißnasses, faltiges Gesicht erbleichte. Aber er faßte sich schnell.

»Herr Kommissar? Tun Sie mir auch mal wieder die Ehre an? Das ist brav, daß Sie einen alten Bekannten nicht vergessen!«

Während dieser freundlichen Rede durchsuchte er sein Gedächtnis blitzschnell nach einem Fehler bei der Ausführung des letzten Streifzuges. Hatte doch alles geklappt, was wollte der fette Kerl bloß?

»Ich sehe, wie Sie sich freuen, Ignaz«, sagte der

Kommissar. »Selten sah ich einen solchen Widerschein der Freude auf eines Menschen Antlitz. Wie geht das Geschäft?«

»Es gibt bessere als meins. Aber was soll ich machen. Arbeiten und nicht verzweifeln.«

»So ist es recht«, sprach Prendl bewegt. »Den Staat erhält der Fleiß der Bürger.« Er sah sich um.

»Wirklich eine nette Werkstatt. Man sollte nicht glauben, was die Leut' für Reifen zusammenfahren.«

Er wandte sich zwischen den Reifenstapeln herum und schnupperte genießerisch den Duft des Gummis. Aichinger beobachtete ihn aus den Augenwinkeln.

»Was Bestimmtes, Herr Kommissar? Brauchen Sie einen neuen Reifen?«

»Nicht, nichts, Ignaz. Bin ganz zufällig vorbeigekommen, ganz zufällig. Und Autofahren ist nichts für mich. Was machen Frau und Kinder?«

»Oh, danke, Herr Kommissar.« Und Aichinger berichtete mit zärtlicher Stimme von seinem Familienglück, beteuerte, daß er mit seinem Ältesten nur Freude habe, wirklich nur Freude, nur mit der Alten gab es manchmal Ärger, aber, na, der Kommissar wisse ja, wie das sei, und Prendl nickte, doch, doch, er wußte, wie das war. Und so plätscherte das Gespräch dahin, und Herrn Achinger wurde leichter und leichter ums Herz. Tatsächlich, es schien Zufall zu sein, er wußte nichts von den Reifen und fragte nicht nach Leopold. Dank dem Allmächtigen!

Dann wandte er sich zum Gehen, und Aichinger schüttelte mit Wärme seine Hand. »Behüt Sie Gott, Herr Kommissar. Beehren Sie mich mal wieder!«

Prendl versprach es. Gemächlichen Schritte strebte er dem Ausgang von Ignaz Aichingers Werkstatt zu, gleich war er draußen – da drehte er sich auf der Schwelle um.

»Ach, Ignaz – was ich noch fragen wollte – möchten Sie

mit Leopold zusammen in eine Zelle, oder sind Sie mehr für die beschauliche Einsamkeit?«

Es ist nicht ohne weiteres zu beschreiben, welche Gefühle Herrn Aichingers Brust bei dieser Rede durchwogten. Sein Hals trocknete aus, seine Augen quollen hervor, er wußte nicht, ob er lachen oder weinen sollte, er glaubte zu träumen. Aber die klaren, harten Augen in den lustigen Fettpolstern durchbohrten ihn, hielten ihn fest in der Wirklichkeit, und er mußte sich setzen.

Prendl kam langsam zurück.

»Der Reifen rollt so lange zum Brunnen, bis er hineinfällt, Ignaz. Leopold sitzt schon. Es geht ihm aber gut. Wie war es denn in Harlaching?«

Aichinger atmete schwer, er sah nicht auf.

»Ja, Ignaz«, fuhr Prendl fort, »einmal wäre ja noch hingegangen – aber zwei Diebstähle an einem Abend – erst in Harlaching und zwei Stunden später . . .«

Aichinger fuhr auf. »Das ist eine verdammte Lüge von dem Horvath, diesem Halunken. Mich will er in seinen Dreck mit hineinziehen, das könnte ihm so passen! Nichts da, Herr Kommissar! Das in Harlaching – gut, da war ich dabei, aber von der anderen Sache weiß ich nichts und will ich nichts wissen – da soll mich doch gleich der Blitz . . .«

»Vorsicht, Ignaz, Vorsicht«, wehrte Prendl ab. »Schließlich bin ich mit im Raum. Wann war denn die Sache in Harlaching?«

Aichinger wischte sich den Schweiß von der Stirn.

»Zwei Wochen ist's ungefähr her – ein Freitag war es – wir trafen uns im Bärenkrug.«

»So? Wann denn?«

»Um sieben. Der Leopold ist nämlich nie pünktlich, und diesmal kam er auch erst um halb acht an, der Bazi.«

»Unglaublich.« Prendl schüttelte bekümmert sein dikkes Haupt. »Kein Verlaß mehr auf die Menschen heutzutage. Und wann stieg die Sache?«

»Wir mußten warten, bis es dunkel wurde. So zwischen neun und halb zehn, denke ich, sind wir losgegangen – die Reifen waren schon ziemlich runter – höchstens noch vierzig Prozent – bestimmt, Herr Kommissar, höchstens vierzig Prozent!«

»Hm, hm. Und hinterher?«

»Bin ich sofort nach Hause, Herr Kommissar. Punkt zehn war ich hier. Meine Alte kann es Ihnen bestätigen . . .«

»Ich glaub's auch so«, sagte der Kommissar zu Aichingers ungeheurem Erstaunen. »Und die Wartezeit saßen Sie mit Leopold im Bärenkrug?«

»Die ganze Zeit, Herr Kommissar. Wir mußten doch warten . . .«

Prendl winkte ab. Nein, da ist nichts, lieber Nogees, dachte er. War ihm gleich so vorgekommen, daß Horvath die Wahrheit sagte, er kannte doch seine Kunden.

»Aichinger«, fragte er, »was trug Leopold an diesem Abend für Schuhe?«

»Schuhe?« fragte Aichinger verständnislos. »Was er für Schuhe trug, meinen Sie? Was weiß ich? Irgendein Paar alte Treter – hab' nicht darauf geachtet.«

»So. Ist Ihnen nichts daran aufgefallen?«

»Nichts, Herr Kommissar.«

Prendl war zufrieden. Seine Reifenbrüder hatte er. Und die Auskunft für Nogees war eingeholt. Der mußte sich schon einen anderen Mörder suchen.

»Ignaz«, sprach er mit milder Stimme, »in Anbetracht Ihrer bereitwilligen Auskünfte will ich versuchen, Ihre Schandtaten in günstigerem Lichte erscheinen zu lassen. Aber ganz ohne wird es nicht abgehen.«

Ignaz staunte. »Kann ich – muß ich jetzt nicht mit?«

»Noch nicht. Aber wenn ich Sie benachrichtige, sind

Sie wie ein geölter Blitz im Präsidium! Nicht wahr, Ignaz – Sie kennen mich doch!«

Aichinger nickte beflissen. Er wollte noch allerhand erwidern und beteuern, aber da war der Kommissar schon an der Tür und hinaus. Ignaz starrte hinter ihm her, dann suchte er mit zitternden Fingern seine Pfeife hervor. Der Gummigeruch in der Werkstatt wurde ihm mit einem Mal unerträglich.

IX

Steinmann saß kerzengerade auf dem dünnbeinigen Stuhl in Dora Welleins Garderobe und zog genießerisch den unbestimmten Duft von Blumen, Parfüm und Frau in sich ein. Diesmal hatte er keine Eile. Sein schwarzer Anzug betonte die Schulterbreite vorteilhaft, die lange, schmale Fliege glänzte unter seinem glattrasierten Kinn, und in der Hand hielt er einen Strauß gelber Nelken, von dem er das Seidenpapier bereits behutsam abgewickelt hatte. Jetzt konnte sie kommen, er war gerüstet.

Dennoch begann sein Herz zu klopfen als der Beifall von der Bühne her aufbrandete, und das Klopfen verstärkte sich, als ein leichter, hastiger Schritt sich näherte. Die Tür wurde aufgerissen, Dora stand auf der Schwelle, erhitzt und hinreißend schön. Der Besucher erhob sich blitzschnell. Sie musterte ihn erstaunt und verbarg ihre Überraschung und Freude mit schauspielerischer Routine.

»Ach, sieh mal an. Der Herr Polizist. Ich dachte schon, Sie wären ein Opfer der Unterwelt geworden.«

Er rührte sich nicht, sah sie nur mit großen Augen an, und sie nahm ihm behutsam die Blumen aus der Hand.

»Sogar eigene Blumen hat er diesmal mit. Oder haben Sie die wieder aus einer meiner Vasen?«

Sie griff nach dem golden geprägten Pappstempel, der von dem Strauß herunterhing.

»Tatsächlich! Sie haben sie mitgebracht. Von Blumen-Binder, dem Blumenbinder.«

»Dort waren sie auch am billigsten«, platzte Steinmann heraus, »ich meine – die schönsten waren am billigsten!«

»Die billigsten waren am schönsten. Sie sind mir ein Kavalier. Setzen Sie sich, aber ruinieren Sie meinen Stuhl nicht.«

Sie ordnete die Blumen in einer langen, enghalsigen Vase.

»Ich muß mich doch noch vielmals bedanken für Ihren freundlichen Gruß vom letztenmal, Herr Steinmann. Vor allem, weil Sie ja auch so prompt angerufen haben.«

Er sah sie flehend an. »Fräulein Dora – Sie sind mir böse, nicht wahr? Aber ich schwöre Ihnen, ich kann nichts dafür, Ich hatte wirklich lausig viel zu tun – Sie wissen doch mit welcher Geschichte.«

»Ach? Wollen Sie mich jetzt verhaften?«

»Unsinn.« Er ärgerte sich. »Ich möchte nur noch etwas fragen – aber nur ganz nebenbei und in außerdienstlichen Rahmen – gewissermaßen beim Nachtisch!«

»Bei welchem Nachtisch?«

»Den wir jetzt zusammen essen werden – als Abschluß einer längeren Speisenfolge natürlich.«

»Speisefolge? Ja, glauben Sie denn im Ernst, ich ginge mit Ihnen essen?«

»Mein Glaube ist sogar unerschütterlich.«

»Dann sollten Sie Missionar werden. Nein, mein Herr, ich bin heute abend schon besetzt.«

Er bemühte sich, seinem Gesicht einen grimmigen Ausdruck zu verleihen.

»Das ist eine typische weibliche und billige Form der Rache. Hast du keine Zeit, hab' ich auch keine Zeit. Aber Sie wissen nicht, wozu ich fähig bin. Wann fängt morgen Ihre Vorstellung an?«

»Halb sieben«, sagte sie, »aber warum . . .?«

»Halb sieben«, wiederholte er mit düsterer Stimme. Um halb sieben bin ich in der vordersten Reihe – mit einem Handwagen voll fauler Eier – Sorte S – die größten, die ich kriegen kann – Sie werden aussehen wie ein Omelett.«

»Ich erzittere«, sagte sie. »Ist die Eierfrau hübsch?«

»Wer kann so hübsch sein wie Sie, Fräulein Dora. Aber

Sie zwingen mich, es zu vergessen. Außerdem zwingen Sie mich zu hungern. Das ist noch schlimmer. Wenn Sie nicht sofort Ihr schönstes Kleid anziehen, kriegen wir nicht einmal mehr was zum Nachtisch. Muß ich vor Ihnen knien?«

»Der Fußboden ist geölt«, sagte Dora. »Verschwinden Sie und warten Sie draußen, Sie lästiger Kriminalist.«

Er strahlte. »Ich spare das Geld für die Eier.« Durch den Türspalt warf er ihr eine Kußhand zu. Dora schloß mit energischer Bewegung ab. Unverschämter Bursche, dachte sie und lächelte.

Steinmann lief vor zur Pförtnerloge, eine halbe Stunde konnte er getrost wegbleiben, das war klar. Hoffentlich traf er nicht gerade auf Fehling, das wäre peinlich.

Der Pförtner – es war derselbe wie beim letztenmal, am Abend seines Theaterbesuches – erwies sich als zugänglich, nachdem Steinmann sich als Bekannter von Dora Welleins vorgestellt und ihm sein Zigarettenetui durch das Schiebefenster gereicht hatte.

Er erfuhr, daß man am achten Mai ein modernes Stück gespielt hatte; Beginn acht Uhr dreißig, und daß Herr Fehling sofort am Anfang habe auftreten müssen. Nein, zu spät gekommen sei er bestimmt nicht, das passiere ihm niemals. Bestimmt wäre er schon eine Viertelstunde vor dem ersten Klingelzeichen im Theater gewesen, ganz genau könne er, der Pförtner, sich aber nicht mehr besinnen, Fräulein Wellein habe auch mitgespielt.

Steinmann wechselte noch einige belanglose Worte mit dem Mann, opferte abschließend eine weitere Zigarette und empfahl sich.

Dora erschien wider Erwarten schon nach zwanzig Minuten, und bei ihrem Anblick schwor sich der Assistent, jeden Nebenbuhler in alle vier Winde zu zerstäuben. Sie nahm seine Bewunderung mit Wohlgefallen wahr.

Steinmann beschloß, das Dienstliche schnell zu erledigen.

»Fräulein Dora«, fragte er, als sie das Theater verlassen hatten, »an dem Tag, als Sie zum letzten Mal bei Dr. Randolph waren – erinnern Sie sich – was für ein Stück wurde da gespielt?«

»Tote ohne Begräbnis«, erwiderte sie unbefangen. »Von Sartre.«

»Paßt ja großartig«, sagte er sarkastisch.

»Ja. Ich erinnere mich auch nur so deutlich daran, weil ich später von der Geschichte erfuhr, die sich an diesem Abend abgespielt hat. Warum fragen Sie?«

»Ach – mit Ihnen hat es nichts zu tun. Es interessiert uns nur, wann Herr Fehling an diesem Abend im Theater war.«

»Fehling«, wiederholte sie, »hat mitgespielt – von Anfang an. Warten Sie – halb neun ging es los – ich war schon eine Stunde früher im Theater, das habe ich ihnen ja schon erzählt. Fehling muß spätestens eine Viertelstunde vorher gekommen sein. Viel Maske hatte er ja nicht – aber immerhin – doch, jetzt fällt es mir ein», rief sie lebhaft, »ungefähr zehn Minuten vor Beginn kam er zu mir herein und fragte, wie es mir ginge, und ob ich fertig sei – ja, bestimmt, so war es.«

»Hm. Also Sie meinen, er muß schon kurz nach acht im Theater gewesen sein?«

Sie hob die Schultern. »Beschwören kann ich es nicht. Aber als er zu mir kam, war er fix und fertig zum Auftritt.«

Steinmann schwieg.

Sie sah ihn von der Seite an.

»Haben Sie ihn denn in Verdacht? Hat er mit Dr. Randolph etwas zu tun?«

»So viel wie Sie. Es war auch Patient bei ihm. Es

scheint, als ob Randolph eine besondere Anziehungskraft auf Ihr Gewerbe ausgeübt hätte.«

»Auch Patient bei ihm? Ich habe ihn aber nie dort gesehen. Und er hat mir auch nichts gesagt.«

»Das glaube ich gern. Er hätte es uns auch nicht gesagt, wenn wir nicht durch Zufall darauf gestoßen wären.«

»Er läßt nie jemanden an seine Angelegenheiten heran«, sagte das Mädchen nachdenklich. Wir wissen alle nicht sehr viel von ihm. Aber daß er Dr. Randolph . . . das kann ich mir eigentlich nicht vorstellen.«

Er wollte das Thema wechseln. »So? Können Sie sich überhaupt irgend etwas vorstellen?«

»Was möchten Sie denn, das ich mir vorstelle?«

»Ich sag's Ihnen nachher. Nach der zweiten Flasche.«

»Wenn ich es aber gleich wissen will?«

Sie waren angelangt, und das enthob ihn einer Antwort.

»Leider sind wir da, Gnädigste. Sonst hätte ich es Ihnen bestimmt noch gesagt. Erinnern Sie mich bitte nach der zweiten Flasche daran!«

Als Kriminalassistent Hans Steinmann gegen Morgen in seliger und leicht umnebelter Stimmung sein Zimmer betrat, war er der glücklichste Mensch unter der eben aufgehenden Sonne. Aber im Falle Randolph war er nicht weitergekommen, gegen Fehling hatte sich kein Beweis gefunden, und das Ende der Spur lag im dunkel wie bisher.

Peter trat ein, und Nogees schüttelte ihm die Hand.

»Setzen Sie sich, Doktor.«

Peter lächelte, aber er war blaß und sah niedergeschlagen aus.

»Sie bringen wenigstens immer mal Abwechslung in mein Dasein, Herr Kommissar.«

»Ich wünschte, ich könnte mehr für Sie tun. Aber um die Wahrheit zu sagen – gut sieht es nicht aus. Ich habe Sie kommen lassen, um Ihnen den Stand unserer Ermittlungen kurz mitzuteilen. Wir haben einen Zeugen, daß Dr. Randolph um dreiviertel acht noch lebte und mit Ihnen sprach. Es ist ein Patient, der für diese Zeit bestellt war. Da er es eilig hatte und nicht drangenommen wurde, verließ er nach fünf Minuten die Praxis wieder, ohne den Arzt gesprochen zu haben. Sein Alibi ist einwandfrei, ein Motiv hat er nicht.

Das Ganze wäre kein richtiger Kriminalfall, wenn nicht auch ein großer Unbekannter darin aufgetaucht wäre. Das war der Mann, dessen Schuhe und Hosenbein Fräulein von Herlyn im Paternoster sah, als sie nach oben fahren wollte – eigenartige, hellgelbe Sandalen, an die sie sich später wieder erinnerte. Nun, ich muß gestehen, daß ich schon aus überlieferter Skepsis an diesen Mann nicht glaubte. Aber das Mädchen erkannte die Schuhe wieder, sie blieb dem Mann auf der Spur, und nach einem Fehlschlag konnten wir ihn festnehmen. Es ist ein alter Bekannter von uns. Am fraglichen Abend hatte er mit einer anderen Sache zu tun. Die Anzeige über seinen Diebstahl paßt haargenau, das Diebesgut fand sich, wir haben sein Geständnis und das seines Komplizen. Die Schuhe will er am Tage nach dem Mord in einem Papierkorb gefunden haben – rund eine viertel Stunde von der Praxis entfernt und in braunes Packpapier eingeschlagen.

Nun wäre ja möglich, daß er trotzdem der Täter ist. Die Schuhe kann er schon länger besessen haben, und das Alibi kam eben mit Hilfe des anderen und mit seinem Einvernehmen zustande. Aber das ist nicht sehr wahrscheinlich. Wie gesagt, wir kennen die beiden Burschen.

Mord gehört nicht zu ihrem Repertoire. Ein anderes Motiv als Raub kommt für sie nicht in Frage – ein Raubmord liegt aber nicht vor. Und es ist schwer vorstellbar, daß die beiden in den zeitlich so komplizierten Ablauf der Geschehnisse am Mordabend so haargenau eingegriffen haben sollen.

Wenn wir also den Unbekannten mit den gelben Sandalen nicht vollständig außer acht lassen wollen – sei es, weil wir an Fräulein von Herlyns Aussage zweifeln oder, weil tatsächlich irgend jemand die Schuhe rein zufällig weggeworfen hat – dann hätten wir nun die ehrenvolle Aufgabe, nach diesem Mann zu suchen.«

Er hob die Stimme etwas. »Nach einem Mann also, der kurz nach acht nach oben gefahren ist, Dr. Randolph mit dem von Ihnen zurückgelassenen Revolver erschossen hat und dann von Fräulein von Herlyn im Paternoster gesehen wurde, als sie auf dem Weg zur Praxis war. Ob er nun merkte, daß er gesehen worden war oder nicht – er wollte die verräterischen Schuhe loswerden und warf sie in den Papierkorb, in dem sie unser Einbrecher später fand.

Das ist alles, was wir über den Unbekannten vermuten können. Ich brauche Ihnen wohl nicht erst zu erklären, daß es nahezu ausgeschlossen ist, ihn jetzt noch wiederzufinden. Sie können mir auch glauben, daß wir nichts unversucht gelassen haben, sämtliche Verbindungen Dr. Randolphs mit seinen Patienten und sonstigen Bekannten nachzuprüfen. Es fand sich kein Anhaltspunkt.«

Er schwieg. Auch Peter sagte nichts, und so fuhr Nogees nach einer Weile fort.

»Unsere Hoffnung waren der späte Patient und der Mann mit den gelben Schuhen – und die Tatsache, daß beide existierten, ließen mich an Ihrer Schuld und der Fräulein von Herlyns noch mehr zweifeln als vorher.

Aber die beiden sind entlastet, wir haben uns im Kreis gedreht.«

Er hielt ein, öffnete die rechte Tür seines Schreibtisches und stellte behutsam ein Paar sandfarbene, ausgetretene Sandalen auf die Platte. »Das ist alles, was von der Geschichte übrigbleibt.«

Peter beugte sich vor. In der Tiefe seines Bewußtseins suchte er nach einer Erinnerungsspur. Hellgelbe Sandalen, wie gebleichter Wüstensand, von einer eigenartig exotischem Form. Hatte er nicht doch schon irgendwo einmal, vor langer Zeit . . .? Aber das bildete er sich wohl nur ein, jetzt, da er wünschte, etwas darüber sagen zu können. Er schüttelte den Kopf.

»Komische Dinger. Ich würde sie nicht anziehen, wenn ich einen Mord vorhätte.«

»Das ist es ja eben. Aber Ihre Freundin – ich darf doch wohl so sagen – behauptet steif und fest, diese Schuhe im Paternoster gesehen zu haben.«

Er beugte sich vor und sprach leise weiter. »Wir sind nun soweit, Dr. Marohn, daß wir Ihren Fall dem Staatsanwalt übergeben müssen. Neue Ermittlungsergebnisse sind nicht zu erwarten. Der Staatsanwalt ist kein Kriminalist, Marohn. Für ihn hatten Sie nach Lage der Dinge das größte Interesse, Dr. Randolph zu beseitigen. Sie waren kurz vor seinem Tod bei ihm. Sie brachten die tödliche Waffe mit. Daß Fräulein von Herlyn Interesse hat, Sie zu entlasten, ist verständlich. Sie hätte sonst sofort die Wahrheit sagen können. Außerdem ist sie nächst Ihnen die Hauptbelastete. Verstehen Sie? Das Gericht hat gar nicht nötig, auf irgendeinen Unbekannten zurückzugreifen, der diese mohammedanischen Latschen getragen hat.«

Peter nickte. »Ich verstehe, Herr Kommissar. Ich danke Ihnen. Sie haben mehr getan als irgendein anderer an Ihrer Stelle.«

»Marohn«, sagte der Kommissar eindringlich. »Ich glaube nicht an Ihre Schuld – auch nicht an die Ihrer Freundin. Ich weiß nicht, ob Sie das tröstet, aber es ist so. Nur – dem Gericht denselben Glauben beizubringen, ist Sache Ihres Verteidigers – nicht meine. Gebe Gott, daß er Erfolg hat.« Im Zimmer blieb es still, aber die Welle der Sympathie zwischen den beiden Männern strömte spürbar durch den Raum, verband sie wie eine Brücke.

»Morgen gehen die Akten weg«, begann Nogees wieder. »Sie können sich dann mit Ihrem Anwalt in Verbindung setzen. Wir suchen weiter, und sobald etwas Neues anfällt, erfahren Sie es.«

Er stand auf, reichte Peter die Hand. »Wiedersehen, Doktor. Vielleicht fällt uns doch noch etwas ein. Nur nicht weich werden.«

»Sie meinen, Kopf hoch, wer noch einen hat«, sagte Peter ruhig. »Ich merke es mir. Wiedersehen.«

Als er fort war, setzte sich Nogees und starrte auf die Sandalen, die noch auf seinem Schreibtisch standen. Dann fegte er sie mit einer wütenden Bewegung vom Tisch.

In seiner Zelle warf Peter sich auf das Feldbett und verschränkte die Arme hinter dem Kopf. Ja, nun war es soweit. Als Mörder angeklagt und wahrscheinlich verurteilt. Selbst wenn er einigermaßen glimpflich davonkam, was nützte ihm das noch. Wie eine Ratte in der Falle saß er da. Er lachte lautlos auf. Der Staatsanwalt würde ihm etwas husten von wegen großem Unbekannten und Opfer unglückseliger Zusammentreffen und so weiter. Kaltblütiger, vorsätzlicher Mord!

Manchmal kam ihm der unsinnige Gedanke, er könne es vielleicht doch gewesen sein, doch diese Tat begangen haben, er wollte sie nur nicht wahrhaben, hätte sie vergessen, verdrängt. Das kam doch vor. Wahrscheinlich würde er noch ganz verrückt werden.

Ein schöner Start war das! Wäre er doch bloß drüben geblieben! Viel mehr hätte schließlich nicht passieren können. Warum mußte er dem Randolph wieder über den Weg laufen! Und Julia! Jetzt würde sie durch den ganzen Kram mitgeschleift werden, würde seine Verurteilung miterleben und am Ende vielleicht selbst noch als Mitwisserin angeklagt werden. Bei den Juristen war alles möglich.

Noch nie, solange er in dieser Zelle saß, war ihm seine fürchterliche Lage so drohend zu Bewußtsein gekommen. Die konnten ihn glatt zum Tode verurteilen! Gab es überhaupt noch die Todesstrafe? Er wußte es nicht genau. Mußte ja ein großartiges Gefühl sein, morgens im Frühnebel in einen modrigen Hof geführt zu werden und die Silhouette des Gerüstes mit dem Fallbeil vor sich zu sehen.

Unwillkürlich schüttelte er sich. So weit war er schon, daß er die Tatsache seiner Unschuld gering einschätzte gegenüber der Gewalt, der er ausgeliefert war. Er wollte sich zu ruhigem Nachdenken zwingen, aber es gelang nicht. Randolph, Julia, Paternoster, Sandalen, um acht, zehn nach acht, alles ging durcheinander und war nicht in die richtige Reihenfolge zu bringen.

Zum Teufel, es mußte doch irgendeinen Ausweg geben! Aber wenn der Kommissar keinen fand, wie sollte er ihn finden?

Wieder und wieder durchdachte er die Ereignisse des verhängnisvollen Abends, fand neue Umstände und erkannte sie als alte, ahnte neue Lösungen und verwarf sie wieder. Die Gedanken verschwammen und schweiften ab, es war nichts zu machen.

So lag er geraume Zeit. Draußen dämmerte es, im Gebäude wurde es stiller und stiller. Die Beamten verließen das Gebäude, einer nach dem anderen. Die haben es gut, dachte er, die sind frei und leichten Herzens, die können gehen, wohin sie wollen, und niemand erhebt einen Vorwurf gegen sie. Was mußte das für ein Gefühl sein, frei und unbehelligt tun zu können, was man will!

Er wurde schläfrig, er dachte in unzusammenhängenden Bruchstücken, über die er keine Gewalt mehr hatte, aber er kämpfte gegen den Schlaf, er mußte doch weiterdenken, mußte zu einem Ergebnis kommen; morgen war es zu spät!

Allmählich wurden seine Atemzüge tiefer, dann sank sein Kopf zur Seite. Er hörte nicht die Schläge der großen Turmuhr und nicht die Schritte des Postens auf dem Flur, bis er nach Mitternacht plötzlich erwachte. Ja, er war noch in der Zelle, kein Zweifel. Doch eingeschlafen! Wo war er denn stehengeblieben? Bei den gelben Sandalen. Na wenn schon.

Aber es war, als hätte sich dieser letzte Gedanke vor dem Versinken besonders fest in seinen Kopf genistet, hartnäckig kam er wieder und wieder und war nicht zu vertreiben. Wieso kam er ausgerechnet immer auf diese blöden Dinger zurück? Wo trug man die überhaupt? Indien, Afrika, überall, wo es heiß und trocken ist, vielleicht auch in Italien oder Griechenland. Da konnte der Kommissar lange suchen, bis er alle Ausländer durch hatte, in deren Heimatländer man solche Schuhe trug oder anfertigte! Er wollte weiter, wollte sich der nächsten Vorstellung zuwenden, da kehrten seine Gedanken noch einmal zurück. Griechenland? Was war mit Griechenland?

Er richtete die Augen zur Decke, die undeutlich über ihm hing, und lag ganz still. Griechenland? Kannte man jemanden aus Griechenland? Mit ungeheurer Anstrengung versuchte er die Wand, die sein Gedächtnis teilte, zu durchbrechen, warum wollte bloß die verfluchte

Erinnerung nicht wiederkommen, was lag da im dunkeln?

Dann begann er plötzlich sich aufzurichten, er merkte es kaum, es war, als wollte sein Kopf der Erinnerung entgegengehen.

Jetzt war er hellwach, der letzte Rest von Müdigkeit verflog, und er saß auf der Bettkante. Griechenland! Jetzt wußte er, wer in Griechenland gewesen war. Und die Schuhe! Wenn er sie im Leben schon einmal gesehen hatte, dann dort, nur dort! Es konnte nicht anders sein.

Ja aber . . .

Er preßte die Hände an den Kopf. War das möglich? Weiter und weiter krochen seine Gedanken, an einem dünnen Faden ließ er sich in den Abgrund hinab, der sich vor ihm auftat. Und dann kam eines zum anderen, mit rasender Schnelligkeit fügte sich das Bild zusammen, so daß er mit seinem eigenen Denken kaum zu folgen vermochte. Er sprang auf, ging in der Zelle auf und ab. Keine Lücke, kein Fehler. Es stimmte, es mußte stimmen!

In dieser Nacht schlief er nicht mehr. Durch den Mann, der ihm das Frühstück brachte, ließ er sich bei Nogees melden, und der Kommissar blickte erstaunt auf, als er Marohns entschlossenes Gesicht sah.

Julia von Herlyn kam als erste. Ihr schwarzer Wagen rollte langsam am Hause vorbei und hielt unter der Laterne an der gegenüberliegenden Straßenseite. Ja, hier hatte sie vor einem Monat auch gestanden, damals, als das Verhängnis begann. So viel lag dazwischen. Und warum war sie heute wieder hier? Was bezweckte der Kommissar mit dieser Zusammenkunft? Sie stieg aus und ließ den Hund noch eine kurze Zeit herumlaufen, ehe sie ihn zurückrief und in den Wagen einschloß. Mit traurigen Augen sah er ihr nach. Sie hatte ihn liebgewonnen, er war ein Ersatz für Peter und erinnerte sie an ihn, und manches zärtliche Streicheln ging auf Peters Rechnung.

Sie trat durch die schwere Tür, die mit saugendem Geräusch hinter ihr ins Schloß fiel, roch wieder die kühle, schwere Luft und hörte das leise, immerwährende Summen des Aufzuges. Eine Kabine nach der anderen stieg aus dem schwarzen Schacht, und während Julia unentschlossen wartete, betrachtete sie den grellrot umrandeten Knopf neben dem Eingang, mit dem man durch einen Druck den Paternoster zum Stehen bringen konnte. Dann stieg sie ein und fuhr nach oben.

Ilse Randolph öffnete, und Julia erkannte sie sofort wieder, obwohl sie in dem weißen hochgeschlossenen Mantel einen fremden, unpersönlichen Eindruck machte. Sie lächelte nicht, als sie Julia bat, einzutreten.

»Guten Abend. Bitte legen Sie ab und kommen Sie herein.« Sie haßt mich, dachte Julia, sie haßt mich wegen Peter – oder wegen ihres Mannes.

»Es ist nicht meinetwegen, daß ich hier bin, gnädige Frau«, sagte sie, »Herr Kommissar Nogees . . .«

»Er hat mich benachrichtigt«, unterbrach die andere. »Er wird auch noch kommen. Entschuldigen Sie mich, ich habe noch etwas im Labor zu tun. Machen Sie sich's bequem.«

Sie verschwand, und das Mädchen blieb allein zurück. Sie setzte sich an den Rauchtisch in der Ecke des Sprechzimmers und sah sich um. Ja, es war alles wie damals. Dort hatte er gelegen, mit dem Oberkörper auf der Schreibtischplatte. Die schweren Vorhänge waren zugezogen, obwohl es draußen noch hell war, und kaum ein Laut drang ins Zimmer. Vom Nebenraum hörte sie leises Klirren. Nervös zog sie an ihrer Zigarette.

Wenn nur der Kommissar bald käme! Was bezweckte

er mit dieser Zusammenkunft? Wer würde noch alles erscheinen?

Sie fuhr unwillkürlich zusammen, als es klingelte. Vielleicht war er's schon! Dann vernahm sie, wie Ilse Randolph im Vorraum jemanden begrüßte, und hörte eine fremde, männliche Stimme.

Gleich darauf trat ein Mann ein, den sie noch nie gesehen hatte.

»Ich darf bekanntmachen«, sagte Frau Randolph kühl, Herr Fehling – Fräulein von Herlyn.«

Der Fremde verbeugte sich tief. »Ich habe die Ehre«, sagte er mit tiefer, angenehmer Stimme und musterte Julia freimütig. »Ich gestehe, daß ich Herrn Nogees für die Einladung dankbar sein muß – ich bedaure nicht, daß ich doch gekommen bin.«

»Wollten Sie nicht kommen?« fragte Julia.

»Eigentlich nicht. Aber der Kommissar bat mich so eindringlich – da konnte ich es ihm nicht abschlagen.«

Er ließ seinen Blick wieder durch das Zimmer schweifen, dann wandte er sich ihr wieder zu.

»Sie sind auch wegen –«, er wies auf die Tür, hinter der Frau Randolph verschwunden war, »wegen dieser Geschichte . . .?«

Julia nickte.

»Hm, ich dachte es mir. Möchte wissen, was der gute Nogees mit uns vorhat. Haben Sie ihn ermordet?« fragte er dann unvermittelt.

Julia suchte nach einer Antwort, als er schon weitersprach. »Wahrscheinlich nicht. Sie haben auch zu klare Augen. Sehen Sie, ich war es auch nicht. Wie schnell man doch Gemeinsamkeit findet. Oder glauben Sie, daß ich es getan habe?«

Sie mußte lächeln. »Warum soll ich das glauben?«

»Sie halten mich für frivol, nicht wahr? Aber es tröstet mich sehr, wenn wenigstens einer in der Nähe ist, der nicht an meine Schuld glaubt. Der Kommissar ist nämlich von meiner Reinheit nicht so sehr überzeugt.«

Er wollte fortfahren, schwieg aber und stand auf, als Ilse Randolph das Zimmer betrat. Sie hatte den Kittel abgelegt und trug ein schwarzes, mattseidenes Kleid, dessen Schnitt Julia im stillen bewunderte. Auch Herr Fehling schien stark beeindruckt, aber das war wohl nichts Besonderes bei ihm.

»Meine Herrschaften«, sagte sie mit der gleichen Kühle wie vorher, »wie wäre es mit einem Kognak oder Likör?«

»Sagen wir kurz, mit etwas Geistigem«, meinte Herr Fehling und rieb sich die Hände, »halten Sie mich bitte nicht für einen Trunkenbold, gnädige Frau – aber in dieser Welt des Materiellen muß man sich verstärkt den rein geistigen Gehalten zuwenden – für mich Kognak, wenn ich bitten darf.«

»Süß, bitte«, sagte Julia.

Frau Randolph stellte wortlos die Gläser auf den Tisch und schenkte ein. Herr Fehling ergriff sein Glas und das Wort.

»Gnädige Frau – so sehr ich den Anlaß und die Ursache dieser Zusammenkunft bedaure – ich freue mich, daß ich auch Sie einmal kennenlernen durfte.«

Er trank sein Glas aus, Julia nahm einen kleinen Schluck. Der Apricot duftete aus dem Glaskelch und zerrann wärmend auf der Zunge.

»Sie kannten meinen Mann?« fragte Ilse.

»Ja, ich kannte ihn. Und ich bedaure seinen Tod aufrichtig. Hoffen wir, daß er aufgeklärt wird.«

In die Stille, die seinen Worten folgte, schlug die schwarzeichene Standuhr, und zwischen ihre Schläge schrillte die Flurglocke.

Nogees! Das mußte Nogees sein.

Frau Randolph entschuldigte sich kurz und ging hinaus. Julia glaubte ihren Augen nicht zu trauen, als

Peter hinter dem Kommissar das Zimmer betrat – ihr Peter.

Nogees trat auf den Tisch zu, begrüßte sie und Fehling kurz und machte die Herren miteinander bekannt.

Dann sahen sie sich in die Augen, und Peter nickte ihr aufmunternd zu. Wie blaß er war! Vier Wochen saß er nun in diesem Gefängnis.

Nogees trat zum Schreibtisch und wandte sich um.

»Meine Damen und Herren, darf ich Sie bitten, Platz zu nehmen! Sie nehmen mir nicht übel, gnädige Frau, wenn ich mir die Rechte des Hausherrn ausnahmsweise anmaße?«

»Aber nein, Herr Kommissar«, sagte Ilse lächelnd.

»Ich danke Ihnen. Ich nehme dafür auch den Platz des Hausherrn ein.«

Er setzte sich auf den Stuhl, auf dem Randolph die tödliche Kugel getroffen hatte.

»Dr. Marohn – bitte hier an die rechte Schmalseite. Fräulein von Herlyn – bitte gegenüber an die linke. Gnädige Frau – Herr Fehling – Sie bitte mir gegenüber.«

Fehling und Peter holten ein paar Stühle heran. Kurz darauf saß die eigenartige Gesellschaft im Kreis um den Schreibtisch herum. Nogees musterte einen nach dem anderen.

»Meine Herrschaften – Sie werden über diese Zusammenkunft, die ich mir zu arrangieren erlaubt habe, einigermaßen erstaunt sein. Sie alle wissen, daß heute vor vier Wochen Dr. Randolph ermordet wurde – in dieser Wohnung, in diesem Zimmer und« – er strich behutsam über die Armlehne – »in diesem Stuhl.«

Niemand sagte ein Wort. Wieder sah Nogees im Kreis umher.

»Mit der Aufklärung des Falles sind wir bedauerlicherweise noch nicht viel weiter gekommen, trotz mancher Anhaltspunkte. Was aber die hier Anwesenden gewissermaßen als einendes Band umschließt, ist die Tatsache, daß sie alle in Dr. Randolphs Todesstunde in dieser Wohnung gewesen sind – am achten Mai, zwischen 19.30 Uhr und 20.30 Uhr.«

Julia und Peter sahen sich über den Schreibtisch hinweg stumm ins Gesicht. Ilse Randolph warf einen erstaunten und mißtrauischen Blick auf Fehling, der neben ihr saß und unmerklich lächelte.

X

Nogees wartete einige Sekunden, dann fuhr er fort.

»Mir liegt nun daran, die zeitliche Reihenfolge noch einmal zu rekonstruieren, in der sich die Ereignisse abgespielt haben.« Er wandte sich im Stuhl etwas nach rechts. »Sie waren der erste, Dr. Marohn. Sie erschienen um sieben Uhr mit einer Pistole in der Tasche und dem Vorsatz, sich Dr. Randolph zu einem Duell zur Verfügung zu stellen – vielleicht auch, um ihn zu ermorden.«

Peter verzog keine Miene.

»Sie blieben eine Stunde bei ihm und verließen ihn dann – lebend, wie Sie sagen.« Mit schneller Bewegung wandte er sich an Fehling.

»Sie Herr Fehling, kamen eine viertel Stunde vor acht. Sie hörten Dr. Randolph mit einem Unbekannten sprechen – sind Sie imstande, Dr. Marohns Stimme wiederzuerkennen?«

»Er hat noch nicht viel gesagt, Herr Kommissar«, erwiderte der Schauspieler mit leichtem Hohn. »Aber auch der Fremde damals sagte nicht viel. Wenn Sie daraus auf eine Identität schließen möchten . . .«

Nogees blieb ganz ruhig. »Nach Ihrer Aussage verließen Sie die Praxis nach fünf Minuten wieder. Um acht traf ich Sie vor Ihrem Hause. Sie haben also nur zehn Minuten bis dorthin gebraucht.«

»So ist es in der Tat, Herr Kommissar. Mit einer Taxe schafft man es in fünf Minuten – es dauerte allerdings einige Minuten, bis ich eine fand.«

»So. Demnach konnten Sie auch in fünf Minuten wieder bei Dr. Randolph sein – zu der Zeit, als er ermordet wurde. Und mit Hilfe der Taxe konnten Sie auch das Theater noch rechtzeitig erreichen – rechtzeitig genug für Ihr Alibi.«

Fehling lehnte sich behaglich zurück. »Natürlich konnte ich, Herr Kommissar. Aber ebensogut konnten Sie mit einer Taxe diesen romantischen Ort von unserem Haus aus in fünf Minuten erreichen – zu der Zeit also, in der Dr. Randolph nach Ihren Worten ermordet wurde.«

Nogees sah ihm gerade in die Augen, aber Fehling wich ihm nicht aus.

»Was dem einen recht ist, muß dem anderen billig sein, Nogees. Wer sagt denn, daß Sie nicht mehr Grund hatten, Randolph zu ermorden, als ich? Und wer weiß, ob Sie nicht schon fünf Minuten nach acht hier gewesen sind? Wenn Sie schon für gut befanden, uns hier zu versammeln, dann muß auch für alle die gleiche Chance bestehen.«

Er sah lächelnd im Kreise umher. Zu Julias Erstaunen erregte sich Nogees nicht.

»Ich wollte mich durchaus nicht ausnehmen, Herr Fehling. Ich war nur noch nicht an der Reihe.«

Er wandte sich an Julia. »Als nächste kamen Sie, Fräulein von Herlyn. Sie betraten dieses Zimmer um zehn Minuten nach acht Uhr und fanden Dr. Randolph erschossen auf. Auch sie hatten die Möglichkeit, den Mord zu begehen. Niemand weiß, ob Sie nicht einige Minuten früher gekommen sind. Auf der Mordwaffe sind Ihre Fingerabdrücke – als einzige neben denen Dr. Marohns. Ein Motiv findet sich mühelos: Sicherheit für Marohn – Verhinderung des Duells um jeden Preis. Hinzu kommt die Möglichkeit, daß Sie den Mord mit Marohn gemeinsam begangen haben oder von seiner Täterschaft wissen und ihn decken wollen.«

Er hatte seinen Ton nicht verändert, und obwohl Julia ihn so gut kannte, konnte sie nicht verhindern, daß sie bleich wurde. Aber nicht wegen seiner Anschuldigung, die er hier vor allen anderen, vorbrachte. Ein anderer Gedanke war ihr gekommen. Wenn Fehling recht hatte?

Sie hatte ihn nicht kommen hören, lautlos war er im Türrahmen aufgetaucht, hatte sie den Revolver berühren lassen . . .

Nogees wandte sich mit leichter Verbeugung zu Fehling.

»Als nächster der illustren Gesellschaft erschien ich selbst auf der Bildfläche. Ich fand den Toten und Fräulein von Herlyn. Es war acht Uhr fünfzehn oder siebzehn – nicht später. Acht Uhr zwanzig rief Frau Dr. Randolph an.«

Er blickte kurz zu Ilse, die unbeweglich dasaß.

»Waren Sie eigentlich an diesem Abend zu Randolph bestellt?« fragte Fehling gemütlich.

»Nein«, sagte Nogees, und Julia wurde von wachsender Unruhe erfüllt, »nein, ich war nicht bestellt. Ich kam ganz zufällig.«

»Interessant.« Fehling betrachtete seine Fußspitzen. »Ich war aber bestellt, Herr Kommissar.«

»Ich weiß.« Jetzt bedeckte eine leichte Röte das Gesicht des Kommissars. »Aber als Warrender. Nicht als Fehling.«

Das Lächeln verschwand von Fehlings Gesicht, seine Kaumuskeln spannten sich. Gleichzeitig bemerkte Julia, wie Ilse Randolphs Gesicht sich verfärbte. Mit aufgerissenen Augen sah sie zu dem Mann an ihrer Seite. Verstört wandte sie sich dem Kommissar zu, als er sie ansprach.

»Wir wollen zu Ende kommen. Als letzte trafen Sie ein, gnädige Frau. Halb neun, zehn Minuten nach Ihrem Anruf. Sie haben ausgesagt, die Wohnung gegen halb sechs verlassen zu haben und im Kino gewesen zu sein. Da für uns alle, auch nach Herrn Fehlings Ansicht, das gleiche Recht gelten soll, müssen wir den Verdacht auch auf Sie ausdehnen. Motive lassen sich in einer Ehe finden. Auch in Ihrem Fall könnte man bezweifeln, ob

Sie überhaupt im Kino gewesen sind. Auch Sie hatten die Möglichkeit, kurz nach acht Uhr die Praxis zu betreten und Ihren Mann zu erschießen. Sie kannten seine Gewohnheiten am besten. Was hindert uns, Sie für die Täterin zu halten!«

»Sie dürfen es ihm nicht übelnehmen, gnädige Frau«, Fehlings Stimme vibrierte voll unterdrückter Wut, »es liegt an seinem Beruf. Sonst ist er nicht so.«

Julia empfand Mitleid mit Ilse Randolph, sie fand Nogees' Methode brutal und herzlos. Sie sah zu Peter hinüber. Er rauchte mit hastigen Bewegungen und sah sie nicht an.

»Sind Sie bald fertig, Herr Kommissar?« fragte die Ärztin ruhig.

»Noch nicht ganz, gnädige Frau. Es ergibt sich also die interessante Tatsache, daß jeder der hier Anwesenden der Täter gewesen sein kann. Keiner hat einen wirklich stichhaltigen Beweis, daß er kurz nach acht nicht in dieser Wohnung gewesen ist. – Sie sehen, ich nehme mich nicht aus, Herr Fehling.«

Wieder sah er zu Marohn. »Nun die Motive. Das von Dr. Marohn liegt klar auf der Hand. In Verbindung damit steht das von Fräulein Herlyn. Herr Fehling und ich sind Patienten von Dr. Randolph gewesen – wobei ich noch den Vorteil habe, unter meinem richtigen Namen aufgetreten zu sein. Immerhin haben wir mit ihm in Verbindung gestanden und können Gründe gehabt haben, ihn aus dem Weg zu räumen.

Frau Randolph endlich kann die Tat aus Eifersucht, Haß oder einem verwandten Motiv begangen haben.«

Fehling brach das Schweigen. »Da sind wir ja in ausgezeichneter Gesellschaft. Darf ich nun die unverfrorene Frage stellen, weswegen vier Wochen für die Polizei nicht genug waren, den Täter unter uns herauszufinden? Denn einer von uns muß es doch wohl sein. Haben Sie uns hier versammelt, um abzuzählen wie vor dem Blindekuhspiel? Oder was sollen wir sonst hier?«

Nogees betrachtete ihn nachdenklich. »Nehmen Sie an, ich wollte uns einmal miteinander bekannt machen«, sagte er langsam. »Ist das nicht ein guter Gedanke?«

»Ein großartiger«, versetzte Fehling in höhnischer Anerkennung, »und er ist sogar gelungen. Und weiter?«

Nogees strich sich über die Stirn. Er sah jetzt abgespannt und mutlos aus.

»Bei dieser Gelegenheit möchte ich an Sie alle die Frage richten, ob jemand von Ihnen noch etwas zur Aufklärung beitragen kann – einen Einfall oder eine Beobachtung. Zuvor bitte ich Sie, zu bedenken, daß Dr. Marohn den Indizien nach der Hauptverdächtige ist. Das Ermittlungsergebnis ist heute an die Staatsanwaltschaft abgegangen – in wenigen Tagen kann der Prozeß beginnen.«

Es erklang ein kurzer, schnaufender Laut – wie wenn jemand die Luft durch die Nase zöge, aber als Julia aufsah, begegnete sie nur undurchdringlichen Blicken und gespannter Aufmerksamkeit.

Nogees blickte langsam von einem zum anderen.

»Dr. Marohn?« Peter richtete sich auf. »Nichts, Herr Kommissar.«

»Frau Dr. Randolph?«

»Ich bedaure. Ich kann Ihnen nicht mehr sagen, als Sie bereits wissen.«

Fehling wartete die Frage gar nicht ab. »Von mir gilt dasgleiche«, sagte er mit behaglichem Grinsen. »Aber ich bin gern bereit, Ihnen das meinige noch mal zu erzählen.«

Nogees beachtete ihn gar nicht, sah flüchtig zu Julia hinüber. »Ihre Aussage kenne ich auch. Etwas dazugekommen?«

Der Mann im Fahrstuhl, fuhr es Julia durch den Kopf, aber das wußte Nogees ja schon, er tat so zerstreut und uninteressiert, als wären seine Gedanken weit weg. Nein etwas Neues wußte sie auch nicht. Sie schüttelte stumm den Kopf, als Nogees' Blick ihr Gesicht streifte.

Fehling stützte die Ellenbogen auf die Tischplatte und lehnte sich gegen den Kommissar vor.

»Und Sie, Herr Kommissar – haben Sie noch irgend etwas beobachtet? Oder haben Sie wenigstens noch einen netten Einfall?«

Unverschämter Kerl, dachte Julia wütend. Fühlt sich sehr sicher. Wer weiß, ob er nicht . . .

Nogees trommelte leise mit den Fingern auf die Schreibunterlage. Wieder lag der müde Zug über seinem Gesicht.

»Tja – viel ist es nicht gerade. Wir haben aber die Möglichkeit noch nicht erörtert, daß keiner aus unserer kleinen Gesellschaft der Täter ist.«

Fehling sank verblüfft in seinen Stuhl zurück.

»Ach nee. Haben Sie jemanden bei Ihrer Einladung vergessen?«

»Ich konnte ihn leider nicht einladen. Aber stellen wir uns doch einmal vor, es hätte in diesen fraglichen zehn Minuten ein völlig Fremder die Wohnung betreten und Dr. Randolph erschossen. Wer sollte ihn sehen? Dr. Marohn war fort. Fräulein Herlyn noch nicht da. Der Mörder fuhr im Paternoster nach unten und verschwand.«

»Und ließ die Verdächtigen in hellen Haufen zurück«, sagte der Schauspieler sarkastisch. »Sehr wahrscheinlich klingt ihre Hypothese nicht, Nogees. Woher wußte er, daß Randolph in diesem Augenblick allein in der Wohnung war? Selbst wenn er sah, wie Herr – äh Marohn«, er verbeugte sich ironisch gegen den Genannten, »das Haus verließ, mußte er damit rechnen, auf andere Besucher zu stoßen oder jemandem im Treppenhaus zu begegnen.«

»Das muß ich auch sagen.« Ilse Randolph sprach ruhig und beherrscht. »Und warum sollte ein völlig Fremder meinen Mann erschießen?«

Sie belastet Peter, dachte Julia. Sie will es vielleicht nicht, aber sie tut es. Oder mich – weil sie mich haßt. Marohn spürte Julias Blick, seine Augen trafen die ihren, und ein warmer Strom flutete zwischen beiden. Wie wird das bloß ausgehen, dachte sie mutlos.

»Wir haben uns das auch gesagt, gnädige Frau«, fuhr Nogees fort. »Ich wäre auch auf diese Idee nicht gekommen – wenn nicht Fräulein von Herlyn einen Mann im Paternoster gesehen hätte, als sie nach oben fuhr.«

Jetzt war es heraus. Julia fühlte alle Augen auf sich gerichtet.

Fehling starrte ihr herausfordernd ins Gesicht.

»Ach. Und wer beweist uns, daß sie die Wahrheit sagt?«

Peter sprang mit wutverzerrtem Gesicht auf. »Und wer beweist uns, daß Sie die Wahrheit sagen, Herr?«

»Ich habe keinen Grund zu lügen«, gab der Schauspieler giftig zurück. »Aber sie hat einen – sogar mehrere. Das müßten Sie doch wissen!«

Nogees drückte Peter in seinen Sessel zurück. »Ruhig, meine Herren, ruhig. Mit Streit kommen wir nicht weiter. Bis jetzt haben wir niemandes Aussagen bezweifelt – hier, unter uns. Dabei wollen wir auch bleiben. Fräulein von Herlyn hat nur die Beine des Mannes gesehen – erkennen konnte sie ihn nicht. Immerhin – er kann der Täter gewesen sein.«

Er räusperte sich.

»Sie können mir glauben, daß wir nichts unterlassen haben, eine Spur dieses Mannes wiederzufinden. Ohne Erfolg. Auch mir waren an der Wahrheit von Fräulein

Herlyns Aussage und an der Existenz dieses Unbekannten erhebliche Zweifel aufgestiegen.

Im Laufe unserer Untersuchungen haben sich jedoch gewisse Anhaltspunkte dafür ergeben, daß es diesen Mann gibt. Und mehr noch: Daß er heute abend wieder hier erscheint.«

Nichts als die Atemzüge der fünf Menschen erfüllte die Stille, die diesen Worten folgte. Peter zerdrückte hastig seine Zigarette. Fehling starrte den Kommissar an wie vorher Julia. Ilse Randolph schloß für einen Moment die Augen, und Julia sah, daß ihre Lider zitterten.

»Sie wollen sagen«, begann Fehling heiser, »er kommt hierher? Hier in diese Wohnung?«

»Sie haben recht verstanden.« Diesmal schwang in der Stimme des Kommissars ein leiser Spott.

»Na, das ist ja doch – und warum, zum Teufel, haben Sie uns dann hierhergeholt? Sollen wir Spalier bilden?«

»Nein«, sagte Nogees leise, »nein, das nicht. Aber ich glaube, daß gerade unsere Gesellschaft heute abend einen Anreiz für den Mörder darstellt. Und deswegen rechne ich auf sein Erscheinen.«

Julia wußte nicht, worauf der Kommissar hinauswollte, er drückte sich sonst nicht so unbestimmt aus, aber sie fühlte, es mußte etwas Besonderes sein; auch Peter schien dasselbe zu denken, er blieb unbeweglich und sah nicht überrascht aus.

Fehling stieß ein ärgerliches Gelächter hervor.

»Sie sind wirklich rührend um unsere Unterhaltung besorgt. Und wenn der Kerl wirklich hierherkommt, was dann? Wollen Sie warten, bis er den nächsten von uns abknallt?«

»Wir haben alle Vorsichtsmaßregeln getroffen. Es wird nichts passieren, und er kann nicht entkommen. Ich weiß auch nicht, warum Sie sich aufregen, Fehling. Sie glauben doch am allerwenigsten an den Unbekannten – wenn ich Sie vorhin recht verstanden habe.«

Er genoß die Unruhe des Schauspielers mit leisem Triumph. Fehling fuhr mit dem Zeigefinger hinter seinen Kragen.

»Wen von uns kann er meinen?«

»Das läßt sich leider nicht vermuten. Jeden von uns. Vielleicht mich – vielleicht Sie.«

»Vielleicht mich«, sagte Ilse Randolph ruhig. Nogees sah sie aufmerksam an.

»Ich fürchte, das ist das wahrscheinlichste, gnädige Frau. Aber Sie können versichert sein . . .«

»Ich habe keine Angst.« Keine Spur von Furcht lag auf ihrem Gesicht und in ihrer Stimme. Julia mußte sie insgeheim bewundern. Auch Peter war von ihrer Haltung offenbar beeindruckt, jedenfalls sah er sie groß an.

Nogees nahm seine Aktentasche vom Boden hoch und auf die Knie und griff hinein. Der brünierte Lauf des schweren Dienstrevolvers funkelte matt. Vorsichtig legte er die Waffe auf den Schreibtisch.

»Für alle Fälle«, sagte er lächelnd.

Fehling blickte mit größtem Unbehagen auf den Revolver.

»Sie haben wirklich Humor, Kommissar. Abendliche Party mit Preisschießen. Ich für meinen Teil . . .«

»Was wollen Sie, Herr«, fragte Peter kühl, »auf der Bühne wird so oft auf Sie geschossen oder gestochen – Sie müßten doch für ein bißchen Training dankbar sein.«

»Ich brauche Ihre Ratschläge nicht, Doktor. Wenn Sie in Schießereien mehr Übung haben, ist das Ihre Sache.«

Ilse Randolph lächelte. »Am besten, ich hole uns allen einen Kognak. Einverstanden?«

Mit schnellen, sicheren Bewegungen schenkte sie die Gläser voll und servierte. Der intensive, füllige Duft verbreitete sich im Raum.

Peter setzte sein Glas hart auf den Untersatz. »Wann ist mit dem Eintreffen des Herrn zu rechnen?«

Nogees beleckte genießerisch seine Lippen. »Unbestimmt, wie alles andere. Aber ich nehme an, daß er um die gleiche Zeit kommt wie damals – zwischen acht und acht Uhr zehn.«

Alle Köpfe wandten sich der schwarzen Standuhr zu. Fünf Minuten fehlten bis acht.

Julia stellte, ohne zu wissen warum, ihre Armbanduhr mit der Standuhr gleich. Jetzt endlich kam die Entscheidung, auf die sie vier endlose Wochen gewartet hatte. Sie fühlte, irgend etwas würde sich ereignen, etwas Unerwartetes, Unvorhergesehenes, Schreckliches.

Fehling leerte sein Glas und sank resigniert in seinen Sessel zurück. »Na schön«, sagte er. »Lassen wir uns überraschen. Bereit sein ist alles. Trifft es mich, so sind Sie am vorzeitigen Ende eines der größten Mimen dieses Jahrhunderts schuld, Nogees.«

Es war erstaunlich, wie schnell sich sein Benehmen und seine Stimmung änderten.

»Vielleicht setzen Sie sich mehr auf diese Seite des Tisches«, sagte Nogees, an Fehling und Frau Randolph gewandt. »Drehen Sie sich so, daß Sie die Tür nicht im Rücken haben – ja, so ist es besser.«

Die fünf Menschen saßen jetzt im Halbkreis. Über die Vorderseite des Schreibtisches, die der Tür zugewendet war, konnten sie den ganzen Raum übersehen.

»Könnten Sie die Tür zum Labor abschließen, Frau Doktor?«

Sie stand wortlos auf, drehte den Schlüssel zweimal um und zog ihn ab. Nogees verfolgte ihre Bewegungen mit einem unbestimmten, nachdenklichen Blick. Sie legte den Schlüssel vor ihn auf den Schreibtisch. Als sie sich setzte, erklang ein leiser, metallisch summender Ton.

Julia atmete tief ein und schloß ihre Hand fest um die Armstützen ihres Sessels. Die Uhr begann zu schlagen.

Die Augen des Kommissars gingen von einem zum anderen. Peter sah mit ruhigem Blick zur Uhr hinüber. Frau Randolph hielt die Hände über die Armlehne gefaltet, die tief gesenkten Lider verbargen ihre Augen. Fehling zählte mit lautloser Lippenbewegung die Schläge. Er war blaß, seine Stirn feucht. Julia fühlte das dumpfe Pochen ihres Herzens und verglich es mit dem Rhythmus der Glocke. Mit Unmut stellte sie fest, daß ihr Herz bedeutend schneller ging.

Der letzte Ton verhallte, aber das zitternde Vibrieren blieb endlos lang in der Stille zurück. Niemand rührte sich mehr. Wie ein unsichtbares, aber körperliches Gebilde wuchs die Spannung im Raum. Die Wände strahlten sie aus, von der Decke senkte sie sich auf die schweigende Versammlung nieder, die schweren Fenstervorhänge, deren Falten unbeweglich wie aus Eisen gegossen hingen, warfen sie zurück.

Gott sei Dank, daß die anderen dabei sind, dachte Julia. Allein würde ich es nicht aushalten. Jetzt, da es soweit war, wünschte sie, daß es schnell vorbeigehen sollte, sie fürchtete die Gewißheit und sehnte sie doch mit schmerzlicher Neugier herbei. Sie hatte die Empfindung, als würde die Luft schwer und bleiern und als stiege die Temperatur im Zimmer von Sekunde zu Sekunde.

Sie sah neben sich Fehlings Hand, weiß, weich, mit feinen schwarzen Haaren bedeckt, die stellenweise schweißverklebt waren. Das Glitzern der geleerten Gläser, der Revolver, der kunstvoll geschmiedete Briefbeschwerer, alles prägte sich ihr mit greller Deutlichkeit ein, und doch verschwammen die Gegenstände, wenn sie sie längere Zeit fixierte.

Unsäglich langsam krochen die Sekunden dahin. Peter sah vor sich auf den Tisch, über seiner Nasenwurzel stand eine steile Falte, die Julia nie vorher bemerkt hatte. Ilse Randolph saß wie eine Statue, nur vereinzelt verriet ein Zucken der Wimpern, daß Leben in ihr war. Fehlings Augen flackerten unstet, an seiner Schläfe lief in einem dünnen Rinnsal der Schweiß herunter. Nogees hatte den Kopf leicht gedreht, als lausche er den Schritten des Unbekannten, auf den er wartete. Nach einer halben Ewigkeit sah Julia mit einem schnellen Blick zur Uhr – es waren erst zwei Minuten vergangen, seitdem sie geschlagen hatte.

Wenn Nogees sich geirrt hatte und der Mörder nicht kam? Was war aus dem Mann geworden, der die gelben Schuhe getragen hatte? Sie verstand so vieles nicht, und je mehr sie nach einer Lösung suchte, desto verworrener erschien ihr das Ganze und um so unwirklicher kam ihr diese gespenstische Versammlung vor. Seit dem Tage, an dem sie wieder nach Hause und an ihre Arbeit zurückgekehrt war, hatte sie mit verzehrender Sorge auf eine Nachricht von Nogees gewartet. Wenn diese kurze Frist jetzt verstrich und nichts geschah – was sollte aus Peter werden, was aus ihr?

Die tödliche Stille dauerte an, und die Spannung wuchs und wuchs. Julia beobachtete die anderen nicht mehr, das weiße, stumme Viereck der Tür zog ihren Blick an. Würde sie sich öffnen? Je länger sie auf die Klinke starrte, um so häufiger narrte sie der Eindruck, daß sie sich bewege, unmerklich, aber stetig. Dann tauchte eine Vorstellung auf, ein Bild, das sie direkt körperlich wahrnahm und das sich nicht verscheuchen ließ, so sehr sie sich auch bemühte – sie sah im Türrahmen, durchsichtig und schattenhaft, aber dennoch von der weißen Fläche scharf abgehoben die Gestalt des toten Randolph, mit einem schmutzigen Fleck über der linken

Brust, hoch aufgerichtet, und sie mußte ihre ganze Kraft zusammennehmen, um ruhig zu bleiben.

Jetzt vernahm sie pfeifende Atemzüge. Es war Fehling. Er saß mit verkrampften Händen und aufgerissenen Augen. In seinem Gesicht zuckte es unheildrohend. Noch kurze Zeit, und er würde die Beherrschung verlieren.

Herrgott, wenn es doch nur vorüber wäre! Sechs Minuten nach acht! Jetzt, heute vor vier Wochen, in einer dieser Minuten mußte der tödliche Schuß gefallen sein. Es war, als nähme der Tote jetzt noch Rache an den Überlebenden, indem er sie an seiner Todesfurcht teilhaben ließ, aber länger, unendlich viel länger.

Noch drei Minuten, dachte Julia, nur noch drei Minuten!

Da erlosch das Licht. Im Zimmer herrschte tiefe, feindliche Dunkelheit.

Unwillkürlich krümmte sich Julia tiefer in ihren Sessel. Neben ihr erklang ein ersticktes Keuchen.

»Was ist – Licht – Nogees – Licht!«

»Ruhe.« Die Stimme des Kommissars kam leise und scharf aus der Dunkelheit. »Nehmen Sie sich zusammen, Fehling. Keiner bewegt sich! Jeder bleibt auf seinem Platz!«

Julia war hellwach, ihre Sinne tasteten in die Dunkelheit, sie lauschte mit angehaltenem Atem. Im Vorraum blieb alles ruhig. Von wo war das Licht ausgeschaltet worden? War der Unbekannte schon im Zimmer? Ihr Herz krampfte sich zusammen, als sie ganz in der Nähe ein Geräusch vernahm – ein leises Scharren auf der Schreibtischplatte. Wer konnte das sein?

Jetzt setzte das laute Atmen Fehlings wieder ein, gepreßt und stöhnend. Das Dunkel war so dicht, daß Julia jede Orientierung im Raum verlor, sie glaubte sich in einer ungeheuren Weite, umgeben von Bedrohung und Tod.

Geblendet schloß sie die Augen, als der Kronleuchter lautlos wieder aufflammte. Der ziehende Schmerz im Augeninnern ließ nach. Sie sah als erstes das geisterbleiche, schweißüberströmte Gesicht Fehlings neben sich. Alle saßen auf ihren Plätzen, alle lebten. Julia nahm die Veränderung zuerst nicht wahr, sie suchte nach einem Fremden im Raume. Aber erst als sie sah, daß ihre Befürchtung grundlos war, und als ihr Blick zum Schreibtisch zurückkehrte, schnellte ihr ein eiskalter, lähmender Schreck durch die Glieder.

Die Schuhe! Die Schuhe des Mörders! Mitten auf dem Schreibtisch standen sie, hellgelb, brüchig, ausgetreten. Ja, so hatte sie sie an den Füßen des Mannes im Paternoster gesehen, so auf der Straße, vor dem Bierlokal, an der Straßenbahn und im dunklen Torbogen! Wie kamen sie hierher? War es ein Spuk, ein Trugbild, das ihr die überreizten Nerven vorgaukelten?

Fehling richtete sich auf. Seine Augen wanderten in maßloser Verblüffung über die Platte, zu Nogees und wieder zu den Schuhen zurück. Aber Peter und Nogees ließen keinen Blick von Ilse Randolphs Gesicht, die mit schreckgeweiteten Augen auf die hellen Schuhe starrte. Ihre blutleeren Lippen bebten, und ihr schönes Gesicht glich einer haßerfüllten Maske. Dann stöhnte sie tief auf.

XI

Nogees' Gesicht glühte.

»Was haben Sie, gnädige Frau?« Sanft und gefährlich klangen seine Worte. »Kennen Sie diese Schuhe wieder? Diese Schuhe, die Ihr Mann 1942 aus Griechenland mitbrachte und die sie heute vor vier Wochen zum letzten Male getragen haben, als Sie ihn ermordeten?«

Im Gesicht der Frau rührte sich nichts.

»Soll ich unseren Gästen die Geschichte erzählen, Frau Randolph? Sie werden sich freuen, endlich auf ihre Kosten zu kommen. Sie standen mit Dr. Marohn in Verbindung, obwohl Sie es zuerst abgestritten haben. Vom Nebenanschluß in Ihrer Wohnung hörten Sie durch dieses Telefon die Verabredung zwischen ihm und Ihrem Mann. Ihr Plan stand fest.

Und er war nicht schlecht, wirklich nicht. Sie gaben vor, ins Kino gehen zu wollen, aber Sie kehrten nach oben in die Wohnung zurück und sahen Dr. Marohn kommen und gehen. Vorher hatten Sie sich umgezogen – ich weiß nicht, ob Sie es geplant haben. Aber wenn es nur ein Einfall war, dann war es Ihr bester – er brachte uns meilenweit von der wirklichen Spur ab.

Sie fanden den Revolver auf dem Schreibtisch und erschossen Ihren Mann – ich bin überzeugt, daß Sie eine zweite Waffe bei sich führten. Und Handschuhe trugen Sie selbstverständlich auch – so was kann man ja nicht vergessen!

Unprogrammäßig war, daß Fräulein von Herlyn das Haus betrat, als Sie die Wohnung verließen. Sie müssen den Schlag der Haustür hier oben gehört haben – ich habe mich überzeugt, daß man ihn hört. Sie hätten sofort wieder nach oben fahren können. Aber nun wußten Sie nicht, ob der Besucher nicht gerade mit der Kabine nach oben kommen würde, die Sie zur Auffahrt benutzen wollten. Die Treppen wollten Sie unter allen Umständen vermeiden – also taten Sie das Klügste, was Sie tun konnten: Sie fuhren nach unten.

Fräulein Herlyn hatte schwerwiegendes Interesse, nicht gesehen zu werden. Deswegen trat sie schleunigst in den Aufzug und sah nichts als eine Herrenhose und die Schuhe – vermutlich war das Ihr üblicher Hausanzug. An einem halben Meter hing damals die Lösung – oder das Leben dieses Mädchens.

So aber ging die Gefahr an Ihnen vorüber, und der Hausanzug rettete Sie vor der bloßen Verdächtigung. Sie fuhren durch den Keller und wieder nach oben. Sie zogen sich nochmals um und verließen das Haus auf dem gleichen Wege. Sie gingen ein Stück in die Stadt und erledigten sich der Schuhe, denn sie wußten oder fürchteten zumindest, daß die Fremde – Fräulein von Herlyn – sie gesehen hatte. Dann riefen sie programmäßig von einer Zelle aus an. Es war ja ziemlich sicher, daß irgend jemand den Mord schon entdeckt hatte – noch wahrscheinlicher ist, daß Sie auch mich von oben gesehen haben, als ich das Haus betrat.

Alles Weitere lief von selbst folgerichtig ab. Zwei Verdächtige sprangen für Sie in die Bresche – später kam noch der geheimnisvolle Warrender dazu, den Sie vorhin in Herrn Fehling staunend erkannten. Und wenn nicht irgendein armer Teufel die Schuhe aus dem Papierkorb gefischt und angezogen hätte, dann wäre Dr. Marohn verurteilt worden – an Ihrer Stelle verurteilt worden, Frau Randolph. Und das paßte doch eigentlich auch zu Ihrem Plan – nachdem Sie erkannt hatten, daß er dieses Mädchen liebt und für Sie verloren war. Oder nicht, Frau Doktor? Sie haben nicht mehr viel Zeit! Antworten Sie!«

Seine Augen hielten die Frau wie in einer stählernen Klammer. Ihre Hände mit den tiefrot gefärbten Nägeln lagen ausgestreckt auf den Lehnen. Ihre Brust hob und senkte sich. Julia spürte, wie sich ihre Gestalt straffte, sie wollte dem Kommissar eine Warnung zurufen, aber es war schon zu spät. Wie ein Blitz schnellte ihre rechte Hand vor, dann flog der Sessel weit ins Zimmer hinein, und Ilse Randolph stand zwei Meter vom Schreibtisch entfernt. Ihre Augen sprühten, aber ihre Hand mit der Dienstpistole des Kommissars zitterte nicht.

»Ja, ich habe ihn getötet«, rief sie mit schriller, fast schluchzender Stimme, »und ich würde es jeden Tag wieder tun. Er hat mich gequält und erniedrigt – aber das werden Sie niemals verstehen – niemals.«

»Ich danke Ihnen, Frau Randolph«, sagte Nogees leise und mit hellem Hohn. »Ich danke Ihnen. Die ganze böse Geschichte ist nämlich äußerst schwierig zu beweisen – aber Sie haben uns der Mühe enthoben. Ich bin Ihnen wirklich zu Dank verpflichtet.«

»Das wird Ihnen nichts mehr helfen«, stieß sie in lodernder Wut hervor. Der Lauf der Waffe wies in gerader Richtung auf des Kommissars altmodische Weste.

»Schießen Sie nur«, sagte Nogees im gleichen Ton wie vorhin, aber er lächelte, »schießen Sie nur. Ihr Mann saß an dieser Stelle – es ist dieselbe Richtung.«

Er ist wahnsinnig, dachte Julia. Ilse Randolph drückte ab, jetzt mußte der Feuerstrahl aus dem Lauf hervorbrechen. Aber nur ein metallisches Knacken ertönte, einmal, noch einmal. Im Anbruch der nächsten Sekunde erfaßte die Frau die Falle, in die sie gegangen war – mit aller Gewalt schleuderte sie die schwere Waffe gegen den Kommissar. Nogees duckte sich – aber nicht früh genug. Der Revolver streifte seine rechte Stirn, und er sank aufstöhnend über den Schreibtisch.

Jetzt war Ilse Randolph schon an der Tür. Mit einem gewaltigen Satz sprang Peter hinter ihr her, aber er verfing sich im Teppich, stolperte und schlug schwer auf den Boden.

Julia hörte die flüchtigen Schritte im Vorraum, sah das entgeisterte Gesicht des vor Schreck völlig gelähmten Fehling – ohne Überlegung stürmte sie quer durch das Zimmer, als müßte sie die aufgespeicherte Spannung in einer wilden Handlung entladen – jetzt, am Ende der langen Spur.

Sie riß die Korridortür auf und sah die blonde Haarkrone der Feindin unter dem Dach der Kabine des summenden Paternosters versinken. Ein paar Sätze, und ihre Hand erreichte den roten Knopf. Der Aufzug stand!

Dann lehnte sie sich atemlos und erschöpft an die Mauer. Aus der Tür kam Peter auf sie zu. Die Angst wich aus seinen Augen, er nahm sie in die Arme. »Julia!«

Auf der Treppe erklangen stürmische Schritte. Steinmann sauste um die Ecke, die Pistole im Anschlag. Er kam nicht dazu, eine Frage zu stellen.

Aus der Wohnungstür taumelte Nogees. Mit beiden Händen hielt er seine Stirn. Das Gesicht war blutüberströmt. »Wo ist sie?« fragte er mühsam.

Julia deutete stumm auf den Paternoster.

Nogees begriff und lächelte unter Schmerzen.

»Großartig, Mädchen«, sagte er. »Großartig.«

Dann brach er am Fuße der Treppe zusammen.

Sie saßen zu viert am Bett des Kommissars. Der dicke Kopfverband ließ nur ein Auge frei, aber Nogees rauchte und war in guter Stimmung. Rechts von ihm saßen Julia und Peter, links thronte Steinmann und hielt Dora Welleins Hand.

»Man sollte leichtere Dienstrevolver einführen«, sagte Steinmann. »Vor allem für die höhere Laufbahn. Wie geht es Ihrer Gedächtnishalle, Chef?«

»Dank der freundlichen Nachfrage«, antwortete der Verbundene. »Es geht wieder. Diesmal kriegen Sie meinen Posten noch nicht, Steinmann.«

»Erstaunlich, was die Hohlorgane aushalten«, sagte der Assistent ungerührt. »Aber daß sie mit dem Ding werfen würde, hätte ich nicht geglaubt, im großen und ganzen hat sie ganz gut mitgespielt, was?«

»Besser, als ich befürchtete. Wir hätten ihr den Mord nicht beweisen können – so mußten wir dieses Drama inszenieren. Ich war schwer im Zweifel, ob sie darauf hereinfallen würde. Sie fühlte sich vollständig sicher – sie zeigte nicht die mindeste Erregung, als ich den Unbekannten ankündigte. Sie wußte ja, daß er nicht existierte. Und ihr erleichtertes Aufatmen, bei der Bemerkung, daß die Akten schon beim Staatsanwalt seien, ist mir nicht entgangen.«

»Mir auch nicht«, sagte Peter grimmig. »Dabei hat sie damals bei Ihnen im Büro so innig an meine Unschuld geglaubt – es wäre wohl auch aufgefallen, wenn sie mich sofort belastet hätte. Sie mußte immer so tun, als wäre ihr alles völlig unverständlich. Aber mit den Schuhen hatte sie nicht mehr gerechnet. Ich muß dem Himmel wirklich für die Erleuchtung dankbar sein. Ich erinnerte mich, daß ich sie früher einmal in ihrer Garderobe stehen sah. Randolph hatte sie im Kriege in Griechenland erkämpft – sie erzählte es mir. Und mir fiel auch ein, daß sie gesagt hatte, sie trüge sie manchmal als Hausschuhe.«

»Sie muß auf großem Fuß gelebt haben«, bemerkte Steinmann. »Und doppeltes Wunder, daß auch Freund Horvath sich nicht erst die Ferse absäbeln mußte wie Aschenputtels Schwestern, um hereinzukommen. Sonst hätte er wohl doch auf die Reklame verzichtet. Und dreifaches Wunder, daß Sie im Keller den Hauptschalter gefunden haben. Ich hatte schon Angst, Sie stellen das Wasser ab oder das Gas.«

»Wir werden ihn als Theaterinspizienten einstellen«, sagte Dora lächelnd.

Nogees nickte. »Es wird wohl auch bald nötig sein. Ohne die pünktliche Verdunkelung wäre die schöne Premiere ins Wasser gefallen – erst danach verlor sie die Nerven. Und ohne Sie, Fräulein Julia, wäre sie vielleicht noch entflohen – wenn auch nicht weit.«

»Ich verstand erst ganz zuletzt, was los war«, sagte Julia. »Ich weiß selbst nicht, wie ich so schnell . . .«

»Auf jeden Fall taten Sie das einzig Richtige.« Noogees sah sinnend vor sich hin.

»Eigenartig. Im Paternoster begann ihr Weg als Mörderin, auf dem sie uns so oft zum Narren gehalten hat – und im Paternoster endete er.«

Sie schwiegen nachdenklich.

Steinmann nahm das Gespräch wieder auf. »Herr Fehling, der Welt zweitgrößter Mime, wollte wohl keine Aufwartung machen?«

»Wahrscheinlich schämt er sich ein bißchen. Erst war er die Frechheit in Person – dann brach er bald zusammen, als der Mörder nahte. Übrigens hat er eine Flasche Kognak geschickt.«

»Er wird es auf der Bühne ausgleichen«, sagte Peter trocken. »Künstler sind sensibel.«

»Kognak«, rief Steinmann. »Kognak? Und das sagen Sie erst jetzt? Meine hängende Zunge rührt Ihr Beamtenherz nicht?«

Nogees deutete ergeben auf seinen Schrank. Mit Windeseile war die Flasche geöffnet. Steinmann füllte die Gläser, die Julia aus der Küche geholt hatte.

»Prost, Herr Kommissar. Auf Ihren Kopf.«

Sie stießen an.

Nogees wandte sich an Dora. »Was ich fragen wollte – Sie werden doch nicht den Fehler begehen und die

Verbindung mit diesem Herrn aufrechterhalten? Sich vorsätzlich ruinieren?«

»Laß ihn«, sagte Steinmann zu ihr, »laß ihn. Nimm es ihm nicht übel – er ist hirnverletzt.«

Sie lachten alle.

»Na, und was werden Sie tun, Doktor?«

Peter streichelte Julias Hand. »Ich habe mit dieser Dame noch ein Hühnchen zu rupfen, weil sie ihre neugierige Nase in meine Angelegenheiten gesteckt hat.«

Nogees drohte mit dem Finger. »Seien Sie froh, Herr. Ohne diese Dame säßen Sie heute noch in voller Pension – und wahrscheinlich für sehr lange Zeit!«

Peter drückte sie an sich. »Ich weiß es ja. Aber vor allem haben wir Ihnen zu danken, Kommissar. Sie haben alles für uns getan. Und nun haben Sie auch noch den Schaden davon.«

Nogees winkte ab. »Ich werde auch dafür bezahlt . . .«

»Nein, nein«, sagte Julia lebhaft, »es stimmt. Und was das Schönste war – mit Ihnen konnte man reden wie mit einem Menschen.«

Sie hatte das schnell hervorgesprudelt und errötete nun.

»Richtig«, sagte Steinmann und hob sein Glas. »Mit ihm kann man reden. Trinken wir einen Schluck auf den fehlenden Ernst!«

Nogees drohte ihm mit der Faust.

Auf der Straße schüttelten sie Dora und Steinmann die Hände. Dann blickten sie am Hause empor. Der weiße Verband des Kommissars leuchtete hinter dem Fenster. Sie winkten, und Nogees winkte zurück.

Arm in Arm gingen sie auf den Wagen zu. Sein Verdeck war aufgeklappt. Mit schiefgeneigtem Kopf stand Herr Mink auf dem Führersitz, die Vorderpfoten auf der Türkante, und erwartete sie.

4 Meister-Psychos

Tödlicher Cocktail

Nichts sprach für Mord

Die lange Spur

Mit Mördern spielt man nicht

I

»Also schön«, sagte ich ergeben. »Schere oder Papier.« Tessa hob die rechte Hand von der Bettdecke. »Eigentlich«, fuhr ich fort, »sollte ich dich ohne jegliche Diskussion aufs Postamt scheuchen und dich dein Paket allein abholen lassen, du Erzschlampe. Statt dessen räume ich dir in kindlicher Einfalt die Chance ein, mich selbst an diesen Schalter zu stellen, nur weil du gestern abend wieder in dieses Bett und nicht nach Hause . . .«

Ihre Brust berührte mich unverfroren und straff. »Quatsch nicht! Fang an!«

Wir spielten das mit allerhand Routine. Strittige Fragen wurden auf diese Art erledigt. Der ganze Tag war voll von strittigen Fragen, wir blickten gelangweilt und unbeteiligt irgendwohin und streckten die Unterarme gegeneinander.

Eins, zwei, drei.

Tessa hatte ihre hübsche, kräftige Hand zur Faust geballt. Ich hielt zwei gespreizte, zitternde Finger dagegen. Zitternd, weil ich noch etwas Whisky im Blut hatte.

»Ha!« kreischte sie. Ich war ohnehin im Nachteil. Daran war ihr erfreulich geformter Schenkel schuld.

»Mir fehlt die Konzentration«, sagte ich murrend, »diese unsittliche Berührung . . .«

»Weiter!«

Das war ein Befehl. Keinen Satz brachte man zu Ende. Ich fuchtelte in der Luft herum, wollte gewissermaßen fintieren, fühlte die Niederlage kommen, und Tessas Schenkel fühlte ich auch. Zwischendurch überlegte ich, was sie tun würde. Nach der Faust nahm sie im allgemeinen die flache Hand. Also wäre meinerseits die Schere das Richtige. Heute war Tessa fröhlich und durcheinander. Sie würde Blödsinn machen, wieder die Faust. Da mußte das Papier her. Andererseits . . .

»Schlaf nicht ein!«

Andererseits konnte man bei Mädchen auch mit der Unberechenbarkeit nicht rechnen. Ich nahm die flache Hand. Tessa sah es. Ihr Mund zuckte, als wollte sie gleich in Tränen ausbrechen. Sie hatte wieder die Hand geballt.

»Du bist unfair!«

»Man soll nicht zuviel mit den Fäusten drohen. Jetzt geht's um die Wurst, Schwester!«

Sie nahm die Faust zum drittenmal, und ich gewann mühelos mit meiner Papierhand.

»Fort mit dir, Postbotin«, sagte ich und wollte mich lässig zur Seite drehen, um weiterzuschlafen. Nichts zu machen. Sie wickelte ihre Arme um mich.

»Revanche.«

»Nicht in diesem Falle. Du wolltest auf den Paketmenschen warten. Verschlampt. Das war das zweite Mal, daß das Paket angeliefert wurde. Heute holst du es, so wahr ich Paul . . .«

»Revanche.«

»Nimmermehr.«

Sie kannte meine empfindlichen Stellen. Ich gab Revanche. Diesmal verlor ich mühelos. Sie nahm die Schere dreimal hintereinander. Ich fiel herein mit dem Papier, gewann per Stein und richtete mich dann mit nochmaligem Papier endgültig zugrunde. Tessa trommelte mit den Fäusten auf meiner Brust herum. »Verloren! Verloren! Dummer! Paketabholer! Postbote!«

»Das Brustbein ist sechsunddreißig Jahre alt«, sagte ich japsend. »Die anderen Teile sind es auch. Schließlich habe ich noch vor, mit einer herzlieben Frau ein herzliebes Kind . . .«

Sie drehte sich von mir weg und steckte den Daumen

in den Mund. Sie war elend hübsch. Ihre Augen sahen aus, als hätte sie eben verloren. »Du könntest mich ruhig endlich heiraten, du Ferkel!«

»Wir waren doch neulich bei deiner vortrefflichen Lieblingsschwester eingeladen, Herzele. Mut hat sie mir nicht gerade gemacht. Sie hat die Ansicht der ganzen Familie präzise wiedergegeben, in der verbindlichen Art, die sie so an sich hat. So schonend. Mädchen zwanzig. Mann fast doppelt so alt. ›So einem Mann gönne ich ein junges Mädchen einfach nicht. Und meiner Schwester schon gar nicht. Sie haben doch Ihre Zukunft beinahe hinter sich, Paul. Wir haben Geld. Sie haben nichts oder wenig. Sie tun auch wenig. Papa würde nie gestatten . . .‹«

»Mara ist dumm!«

»Mara sagt die Wahrheit. Was soll ich in eurem Haufen?«

»Sag du lieber die Wahrheit. Du willst nicht. Mich willst du nicht!« Sie schleuderte ihren schönen Körper im Bett herum, daß es zitterte. Ich sah ihren Rücken, küßte ihn, drehte sie sachte wieder zu mir.

»Dich schon, Daumensäugling. Ich hab's bloß nicht ausgesprochen eilig. Möchte noch etwas mehr Kapital sammeln – nicht Maras wegen, versteht sich – und etwas näher an den Nobelpreis für Literatur gelangen . . .«

»Hihi! Du und Nobelpreis!«

»Ich sag' ja auch nur, etwas näher. Ich habe mir dieses komische Dasein aufgebaut im Schweiße meiner Füße. Manchmal steht es mir recht weit oben, dann gefällt es mir wieder. Und so habe ich Mara in dieser Hinsicht beruhigen können, die Gute.«

»Aber jetzt bist du noch einigermaßen erhalten. Mit vierzig bist du ein vollkommener Schlappsack.«

Ich faßte Tessas Haar und hob ihren Kopf hoch.

»Benimm dich, Wanze. Die Hölle hat keine Klimaanlage!«

»Woher weißt du das?«

Sie blinzelte, küßte mich anschließend. Ich drückte sie an mich, spürte wieder ihre Schenkel. Fein war das schon. »Ja, das liebe Maralein. ›Gedenken Sie eigentlich wieder mal in Ihrem Beruf zu arbeiten, Paul? Sie waren doch Arzt?‹ Es kamen keine Patienten, habe ich gesagt. Sie: ›Kann ich mir denken!‹ Nee, Kind, ich fühle mich in deinem Clan nicht so richtig willkommen. Da bleibe ich lieber draußen. Wir haben ein prima Verhältnis – das sollte man nicht kaputtmachen auf dem Standesamt.«

»Alles Ausreden.«

Ich vergaß die Ausreden für eine Viertelstunde. Mein Herz hämmerte noch für die nächste an die Rippen. Dann warf Tessa mich endgültig aus dem Bett. »Steh auf! Sonst ist das Postamt wieder zu!«

Wir badeten zusammen. Dann rasierte ich mich und dachte an diese verteufelte Familie.

Tessa hieß eigentlich Teresa und war eine ganz Süße. Mara hieß Tamara und war eine Ziege. Neunundzwanzig. Nicht mehr weit vor der Schwelle zur alten Jungfer, zumindest mit der Seele. Wenig schön. Hatte selber keinen Mann und warnte Tessa ununterbrochen vor mir.

Ronald war der Bruder, hieß Ron. Die hatten sich alle aufwendige Vornamen gegeben und sie dann abgekürzt. Ron war ein arroganter Bursche von achtundzwanzig, der noch weniger von mir hielt als Mara und mehrfach geschworen hatte, keinen Pence des Familienvermögens in meine Hände fallen zu lassen. Er arbeitete in London an der Universität, irgend etwas in der Chemie, wie sein Vater auch. Keine Familie für mich, außer Tessa. Wollten zusammenhalten und zu noch mehr kommen. Sammelten Aktien und lasen immer die Börsenkurse.

Ich schnitt mich in die Kinnspitze beim Gedanken daran. Vielleicht waren es auch die Whiskyfinger.

Tessa quäkte von draußen. »Geliebter! Du mußt aufs Postamt.«

»Hol dich der Teufel«, schnaubte ich in den Waschlappen.

Wir fuhren zu Tessas Bude. Das Millionärstöchterlein hatte ein Appartement für nur vierhundertachtzig Mark im Monat. Man mußte schließlich studieren, man mußte ungestört sein bei der vielen Nachtarbeit. Wohnraum und Schlafraum getrennt, damit das Kind nicht im eigenen oder fremden Zigarettenqualm zu schlafen brauchte. Eine niedliche Küche mit Kühlschrank und anderen Kleinigkeiten. Ein Balkon zum Sonnenbaden. Ausblick auf einen heiteren Park mit Lindenduft und Langhaardackel. Ein Bad wie Biarritz, nur gekachelt. Bei mir war es weniger komfortabel, und Mara hatte nicht vergessen, darauf hinzuweisen.

Ich zog die Magnetschlösser des Kühlschrankes auseinander. Die Flaschen schimmerten kühl und blank. Ei, da waren sogar noch zwei Büchsen Bier. Ich erkannte, daß Bier, zusammen mit einem großen Gordon, meinem Leiden Linderung bringen würde.

Tessa hörte das Glucksen und protestierte. »Mußt du schon wieder saufen?«

»Den ganzen Tag noch keinen Tropfen über die Lippen gebracht«, klagte ich und ging mit meinen Gläsern ins Wohnzimmer. »Das mußt du schon gestatten, wenn du mich in diesen Schwitzkasten hetzt. Dir fehlt die Nächstenliebe.«

»Du hast ehrlich verloren.«

»Leider. Wollen wir noch mal spielen?«

Sie lachte nur voller Hohn.

Wir setzten uns auf den Balkon. Ich trank das Bier zur Hälfte, anschließend den Gin. Es war die reine Freude.

»So. Die Lebensgeister kommen im Laufschritt zurück. Jetzt bin ich fähig, am Ende der endlosesten Schlange auszuharren, bis das Paket in meinen kraftvollen Armen ruht. Dann eile ich retour. Wir packen aus und freuen uns, und wenn du artig bist, lade ich dich hinterher in den Grillschuppen zu einem Steak ein, groß wie das Saargebiet . . .«

Sie schrie vor Begeisterung. »Pilsner Bier!«

»Pilsner Bier.«

»Ich bin ganz, ganz artig.«

Ich wußte schon, wie man sie locken konnte. Es hielt nur nie lange vor, das Artigsein.

Das Bier schwand dahin. Ich gab Tessa einen feuchten Kuß und ging durch die Garderobe und hinaus. Der Fahrstuhl sank hinab, sanft wie eine Flaumfeder. Es war ein sympathisches Haus, wo keiner sich um den anderen kümmerte und wo die Isolierung ausreichte, daß die Nachbarn bei einer kleinen Feier nicht pünktlich um zehn anfingen, gleichzeitig gegen Wände, Decke und Fußboden zu klopfen. Gemächlich stieg ich in Tessas niedlichen Sportwagen und dachte an das, was mich erwarten würde. Ich war schon oft an dem vermaledeiten Paketschalter gewesen. Tessa bekam viele Pakete, von Mara, von ihrem Vater aus England, sonstwoher. Fast immer landeten sie wieder auf dem Postamt, weil niemand öffnete, und dann spielten wir Schere und Papier. So wie heute.

Ich trödelte langsam durch den Verkehr und bedauerte die Leute, die es fürchterlich eilig hatten. Vermutlich wollten sie zum Fernsehen. Einen Parkplatz fand ich nicht, auch daran war ich gewöhnt. Ich fuhr in den Hinterhof des Postamtes, verbotenerweise, aber der Pförtner kannte mich und nahm die Zigaretten gern.

»Wieder mal ein Paket«, sagte ich.

»Aha. Fürs Fräulein?«

»Fürs Fräulein. Ich bin nur der Briefträger. Wenn ich ganz pleite bin, laß ich mich bei euch anstellen.« Ich klemmte den Wagen neben einen gelben Postkombi und ging durch den Torweg hinaus und vorn herum herein. Die Schlange mißmutiger Leute lauerte vor dem Schalter fünf, wie vor einem Obstladen im Krieg. Es war heiß wie in einer Lokomotive.

Der Mann hinter der Barriere bewegte sich, als wäre ihm das Gelenkrheuma angeboren und als ginge er außerdem durch Kunsthonig. Dafür fand der davor seinen Personalausweis nicht und flehte, ihm zu glauben, daß er der Windelbacher Alois aus der Kanalstraße sei. Es half nichts, er mußte weitersuchen und fand dann den Ausweis endlich in seiner Zigarettenschachtel. Die Dame hinter mir ächzte und roch dabei intensiv nach Anchovispaste. Alle anderthalb Minuten rückten wir vor, aber ich vertrieb mir die Zeit damit, an Tessa zu denken, an Schere, Papier und Figur. Bei nur noch vier Vorderleuten erschien ein Schwerbeschädigter und wurde vorgelassen. Hoffentlich kam nicht noch die ganze Veteranenkameradschaft.

Nach rund zehn Minuten war ich dran. Der Rheumamensch nahm meinen Zettel und schlich davon. Er kam nicht wieder. Möglicherweise hatte er das Amt unauffällig verlassen und war ins Wirtshaus gegangen.

Als er doch wiederkam, hielt er meinen Zettel mit Widerwillen wie einen Einberufungsbefehl. »Das Paket ist nicht da. Das ist noch beim Zusteller.«

Auch hier wußte ich schon bestens Bescheid. »Wir haben die Benachrichtigung seit vorgestern. Aber die Dame hat einen Doppelnamen. Teresa Strong-Waldau. Kann also unter S stehen oder unter W. Daran wird's liegen.«

Er sah mich an mit dem Blick eines sterbenden Hundes, verschwand abermals zwischen den Regalen wie das Kasperle in den Kulissen. Ich wartete auf den Plumps, mit dem er tot niederfallen würde. Auch die Anchovisdame hinter mir schien der Auflösung nahe zu sein.

Dann bekam ich mein Paket.

Es war ein Würfel, Kantenlänge etwa vierzig Zentimeter. Gar nicht so klein. Gelbes Packpapier. Verschnürung etwas unordentlich. Viele Knoten. Eine säuberlich getippte Aufkleberadresse auf jeder Seite.

Fräulein Tessa Strong-Waldau.

Absender: Tamara Strong-Waldau.

Ich bedankte mich höflich, trotz meines Zorns im Herzen. Alles klebte am Körper ringsherum. Ich trottete über den Hof. Die rechte Überraschung fand ich erst im Wagen. Dort herrschte eine Temperatur, wie sie wohl nur durch die auf der Sonnenoberfläche mäßig zu übertreffen war. Hoffentlich war der Inhalt des Pappwürfels schön zerlaufen.

Ich bedankte mich bei dem Pförtner, fuhr los und steuerte trotzerfüllt eine Bierhalle an. So viel Zeit mußte eigentlich sein. Hier war ein größerer Parkplatz. Das Paket nahm ich aber doch mit und ließ es nicht in der Hitze. Man sollte nichts übertreiben.

Ein paar arme Irre saßen im Garten herum und sahen zu, wie ihnen Blätter samt Blattläusen ins warme Bier fielen. Ich zog mich ins Innere des Gebäudes zurück. Es war leidlich kühl hier, die Kellnerin hatte wenig zu tun und kam alsbald. Ich erhielt einen Liter kalten Bieres und trank ihn zu drei Vierteln aus auf den ersten Ansatz. Durch den Qualm einer Zigarette starrte ich das Paket an, das neben mir auf dem Stuhl lag.

Mara. Hm. Schickte immer mal Pakete von einem Stadtteil zum anderen.

Also war auch diese Sendung nicht verwunderlich, wenn auch größer als gewöhnlich. Meistens kamen nur

Schokolade und Nylons und schwärzliche Bananen. Ich rauchte und dachte weiter an Mara und ihr impertinentes Mundwerk. Warum, zum Teufel, mußten die Leute auch Geschwister haben. Ich trank aus, zahlte und verließ die Bierhalle.

Die Hitze sprang mich an, aber mir war besser als vorher. Ebenso gemütlich, wie ich gekommen war, fuhr ich zurück.

Tessa hatte sich vom Balkon zurückgezogen und lag auf ihrem Bett. Sie hatte eine Art Bikini an, topless allerdings, und las in einem Kriminalroman. ›Der Rächer‹ vom alten Edgar Wallace. Eine Pralinenschachtel lag auf dem Nachttisch, halb leergefressen. Marke Bordighera, mit Rosen auf dem Deckel. Ich setzte mich auf den Schemel vor das Bett.

»Wie du so die englische Literatur studierst«, sagte ich. »Unglaublich. Weißt du überhaupt noch, wo sich der Eingang zur Universität befindet?«

»Wo ist das Paket?«

Ich hatte es in der Küche auf den Tisch gestellt und mir die letzte Bierbüchse aus dem Kühlschrank geliehen.

»Noch beim Zusteller«, sagte ich genüßlich. »Der fährt ein bißchen damit in der Sonne herum, damit die Schokolade zwischen die Nylons sickert und die Äpfel explodieren.«

»Du lügst, Paul Holland!«

»Ich bin wieder mal umsonst in dem Schwitzkasten gewesen, du fleischgewordener Sündenfall. Und ich schwöre dir bei dieser Bierbüchse, es war das letzte Mal. Und wenn sämtliche Scheren und Papierblätter der Welt sich gegen mich erheben. Wahrscheinlich ist es schon zurückgegangen.«

Tessa schloß den Mund schmollend und weinerlich um eine Praline.

»Aber du warst doch in der Küche . . .«, knautschte sie heraus.

»Nur wegen des Bieres.« Ich grinste diabolisch. »Na, nun mach es schon auf, bevor es stinkt und die Fenster beschlagen.«

»Ha! Scheusal! Warte nur!« Sie schoß aus dem Bett wie ein Fußball aus elf Metern aufs Tor. Der ›Rächer‹ segelte hinaus ins Wohnzimmer. Ein Pantoffel wurde gefunden, einer blieb zurück. Auch die Pralinenschachtel Marke Bordighera fiel herab, und Krokant und Krem verteilten sich auf dem Bettvorleger.

Ich ließ den Verschluß schnalzen und trank in kleinen Schlucken aus der Büchse. Kühl, würzig. Kohlensäure auf der Schleimhaut.

»Aus der Küche ertönte Seufzen und ungeduldiges Geschimpfe. »Verflixt . . . Ach – geh schon auf, dämliches Ding . . .«

Ich rief: »Take it easy, Postkundin! Einen Knoten nach dem anderen! Aufheben den Bindfaden und das Papier! Kostet alles Geld!«

»Halt die Klappe!«

Ich öffnete den Mund wieder, aber nur zum Trinken. So ein bißchen Bier war fast nichts.

Draußen ging das Ringen weiter. Man konnte hören, wie sie das Küchenmesser ansetzte und am Bindfaden sägte. Die Schublade wurde zugeknallt, mit dem Knie wahrscheinlich.

Schnapp! Jetzt war er durch. Schnapp! Noch mal.

Triumphierendes Gestammel. »Na also! Blöde Strippe! Oh . . .«

Es klirrte hell auf den Fußbodenplatten. Das Messer war heruntergefallen. »Scheißding, elendes!«

»Soll ich das Hansaplast klarmachen?« rief ich hinaus.

Keine Antwort. Nur unregelmäßiges Keuchen. Dann Papierreißen und Knistern. Die äußere Hülle offenbar.

»O Gott, ich werd' wahnsinnig!«

»Was heißt werden? Was ist?«

»Noch 'ne Strippe!«

Ich legte die Beine auf den Tisch und liebäugelte mit dem Etikett der Brauerei. »Was für ordentliche Absender. Frisch wieder zum Messer gegriffen, Mädchen. Bück dich. Das stärkt die Lenden.«

»Warte nur, wenn ich dir deine Lenden . . .«

Sie führte nicht weiter aus, was sie damit sagen wollte. Möglicherweise herausschneiden und gut abhängen lassen. Wieder wurde der Bindfaden zerstückelt. Ich sah vor mir, wie mit jedem Schnitt das Messer abrutschte und hochsauste, haarscharf an ihrer Nase vorbei, selbstverständlich mit der Schneide nach oben, weil es auf diese Weise viel schneller ging, als von oben nach unten zu sägen.

Das Messer klirrte auf den Tisch. Aha. Jetzt schien Pappe zu kommen. Das Keuchen und Ächzen verstärkte sich. Verwünschungen wurden gemurmelt.

Ratsch. Ratsch. Ratsch.

»Holzwolle!« stöhnte Tessa.

Ich hob die Büchse zum Mund und trank sie aus. Es war mein letztes ruhiges Bier für längere Zeit.

Tessa schrie in der Küche.

So gräßlich und laut und fremd, daß ich niemals geglaubt hätte, es sei ihre Stimme. Es war Todesangst und alle Verzweiflung der Welt und noch mehr. Kein Mensch, kein Tier konnte furchtbarer schreien.

Ihre Stimme brach schnell ab. Es schlürfte draußen, polterte. Einer der Schemel war umgefallen. Ich hörte hinterher einen weichen, dumpfen Fall. Ein Körper fiel hin: Tessas Körper.

Alles war ganz still. Nur der Schrei hallte in meinen Ohren weiter. Ich hielt immer noch die Büchse, sah die

Gänsehaut auf meinem Unterarm. Sie kroch weiter, überallhin. Auch die Achselhöhlen wurden langsam naß. Zuerst kam ein flüchtiger Gedanke, wer außer mir den Schrei noch gehört haben könnte. Die Balkontür war zu, wegen der Hitze draußen. Massives Haus, keine Pappschachtel von neureichen Kapitalanlegern. Außerdem war es völlig gleichgültig.

»Tessa!« rief ich. Nichts.

Ob sie in das Messer gefallen ist?

Ich stand mit einem Ruck auf, ging vor zur Küche, drei Meter oder vier.

In dem Gang zwischen Herd, Kühlschrank und dem Küchentisch auf der anderen Seite lag Tessa auf dem Gesicht.

Sie hatte die Knie seitlich angezogen, als wäre sie tatsächlich langsam umgesunken und abgerollt, als wäre sie im Fallen noch bei Bewußtsein gewesen und hätte sich gewehrt gegen die Finsternis. Der linke Arm lag vorn neben dem Kopf, der rechte war seitlich weggestreckt.

Ich ging auf die Knie, hielt meinen Kopf neben ihren. Ihr Haar war weich und frisch wie immer.

»Tessa?«

Sie blieb still. Ich faßte ans linke Handgelenk. Der Puls klopfte sanft und langsam gegen meine Fingerspitzen. Tessas Herz schlug. Ihr Atem wehte sanft gegen meine Haut. Sie würde zu sich kommen, bestimmt. Das Wichtigste zuerst. Ich faßte sie unter den Achselhöhlen. Es dauerte geraume Zeit, bis ich sie auf den Armen hatte. Ihr Kopf hing hintenüber, ich konnte ihn schlecht stützen. Als ich sie auf ihr Bett legte, war ich überall naß vom Schweiß. Sie atmete, ihr Puls ging, aber sie war immer noch weg. Blaß und schön. Ich deckte sie zu. Zu lockern war nicht viel.

Dann war ich wieder in der Küche. Der Pappwürfel stand da, aufgerissen mit Tessas fröhlicher Ungeduld.

Ich sah in das Paket.

Meine Augen nahmen einen Plastikbeutel wahr. Dann trafen sie auf die Augen eines Menschen. Aufgerissen, starr. Weiße Haut, langes, dunkles Haar. Ein blutiger Halsstumpf.

Der Kopf eines Mädchens.

Kein Wachs, kein Witz. Abgetrennt und tot.

Der Kopf ihrer Schwester Mara.

Ich fand mich auf dem Küchenschemel, den ich wieder aufgehoben hatte, dort, wo Tessa gelegen hatte. Neben dem toten Kopf. Ein paar Augenblicke hatte ich gespürt, wie das Blut im Gehirn weniger geworden war. Leichte Schwäche. Ich hatte gedacht, mir könnte das nicht passieren. Irrtum.

Im Tiefkühlfach stand die Ginflasche. Ich stellte sie oben auf den Kühlschrank. Sie beschlug eisig, während ich ein Glas aus dem Wandschrank nahm. Der Gin war reiner Frost. Ich trank langsam. Man konnte dabei nachdenken. Nach dem dritten Gin stellte ich mich vor das Paket und sah Mara an.

Postpaket. Frischhaltebeutel.

Sie hatte sich ewig geärgert über irgend etwas. Konnte nicht leben, ohne zu klatschen oder jemanden schlechtzumachen. Genau das Gegenteil von Tessa, die sich um nichts und niemanden scherte. Jetzt konnte Mara nicht mehr klatschen und sich nicht mehr ärgern. Sie hatte deswegen verkniffene Züge gehabt, kein Lachen brachte das mehr weg, auch jetzt sah man es noch. Aber das tote Gesicht war etwas entspannter, und da glich sie ihrer Schwester mehr.

Ihr Kopf war säuberlich abgetrennt und mit der Post an Tessa geschickt worden. Soweit der Tatbestand. Ich trank den vierten Gin und überlegte, was das für Ärger nach sich ziehen würde. Langsam kam mir die Küche vor wie ein Leichenschauhaus. Hier war nichts mehr zu tun. Ich stand auf. Einen Blick warf ich noch auf Maras Kopf, sah ihre Augen und bekam Furcht, aber nur für einen kurzen Moment.

II

Ich nahm die Flasche und zwei Gläser und verließ die Küche, setzte mich auf den Hocker neben Tessas Bett und wartete. So munter, wie sie sonst war, so fertig war sie jetzt. Man hätte versuchen können, sie wach zu kriegen, schütteln, Eau de Cologne, irgendwas. Mir war lieber, wenn sie schlief. Ob man diesen Herrn Scharfrichter finden würde? Eine Angelegenheit für Schere oder Papier. Die Minuten wanderten langsam wie der Strich auf der Sonnenuhr. Tessa atmete tiefer und seufzte. Vielleicht träumte sie was Nettes. Und mit dem Erwachen würde der Schreck wiederkommen und das Entsetzen. Ich ging rasch und leise hinaus, an Küche und Kopf vorbei zum Bad und holte die Flasche mit den Herztropfen, die zwischen vielen Puderdosen herumstand. Als ich zurückkam, tastete Tessas Hand auf der Bettdecke herum, schien Blumen zu suchen, wo keine waren. Ich goß das Glas voll Gin und zählte fünfzehn Tropfen hinterher. Das war die eine Möglichkeit. Wenn sie sich zu sehr aufregte, blieben nur zwei massive Schlaftabletten. Gewonnen war nichts mit der zweiten Methode. Ihre Lider bewegten sich. Sie flatterten ein paarmal. Dann öffneten sie sich. Tessa sah mich an. Sah zur Wand und wieder zurück. Begriff noch nichts. »Was ist? Hab' ich geschlafen?«

»Du warst ein bißchen weg.«

»Weg?«

Jetzt war es soweit. Aufschub half nichts. Wie ich sie kannte, würde sie es ohne neuen Zusammenbruch durchstehen. Ich beugte mich vor, schob den Arm unter die Decke und um ihre Schultern. »Du bist umgekippt, Tessa«, sagte ich sanft. »Passed out. Ohnmacht. Du hast in der Küche das Paket aufgemacht.« Ich hielt sie ganz fest. »Da war Maras Kopf drin. Maras Kopf.«

Ich spürte, wie sie sich zitternd spannte. Aber sie stieß mich nicht weg. Tränen fielen herunter auf meinen Hemdsärmel. Ich ließ sie weinen und wartete.

Das Schluchzen ließ etwas nach. Ich hob ihren Kopf an. »Tu mir den Gefallen und trink das, Liebling. Auch wenn es brennt.«

»Was ist das?«

»Gin mit Cardiazol.«

Sie hustete, aber sie trank aus. Ich stellte das Glas auf den Nachttisch. Ich hatte sie losgelassen. Sie setzte sich aufrecht und sah starr an die Wand und auf die Picasso-Zeichnung. Ich sagte behutsam: »Das war so: Ich habe das Paket abgeholt. Schere oder Papier, du weißt. Absender Mara. Du hast es aufgerissen, in der Küche. Unter der Holzwolle war Maras Kopf.«

Ich wartete. Sie rührte sich nicht. Sah nur den Picasso. »Jemand hat Mara umgebracht und ihren Kopf hierhergeschickt.«

»Gib mir noch einen«, sagte sie.

Ich war erleichtert.

Sie trank aus. »Weiter.«

»Gibt nicht viel weiter. Mara ist tot. Das da draußen ist keine Attrappe.«

Jetzt sah sie mich an. »Warum?«

Ich hob die Schultern etwas.

»Warum? Hat man das Motiv, hat man den Täter, sagt die Polizei in solchen Fällen. Manche Leute konnten Mara nicht richtig leiden. Ist dir bekannt. Bei irgend jemandem muß die Abneigung etwas zu weit gegangen sein. So weit, daß er sich diesen Gag ausgedacht hat. Das kann nur ein Bekannter von ihr gewesen sein. Ein Einbrecher, der sie über den Haufen schießt, gibt nicht auch noch Geld für ein Paket aus. Von der Arbeit abgesehen.« Ich faßte schnell nach ihrer Hand. »Entschuldige, Tessa. Du weißt, ich quatsche immer so.«

»Macht nichts.«

»Ich glaube, ich brauch' auch noch einen.«

Als ich getrunken hatte, sagte Tessa: »Ganz bestimmt. Jemand, der sie gekannt hat.«

Sie nagte an ihrer Unterlippe. Ein Zeichen, daß sie hellwach war.

»Im Augenblick halte ich das allerdings für sekundäre Erwägungen, Kindchen. Wichtig ist, was wir jetzt machen. Und da gibt es nur eine Methode. Alles lassen, wie es ist. Polizei holen.«

Sie hörte mir nicht zu.

»Ist was?« fragte ich. »Wird dir wieder flau?« Sie murmelte. Ich beugte mich vor, um zu hören.

»Der Kopf . . .«

»Der ist draußen«, sagte ich. Mir wurde etwas angst. »Was ist denn, Tessa? Willst du noch ein paar Tropfen . . .«

Sie stieß mich so heftig zur Seite, daß ich fast von dem Hocker rutschte. Sie war aus dem Bett, bevor ich begriff, was sie tat. Sie lief ins Wohnzimmer, ich sah, wie sie sich bückte. Dann kam sie zurück mit dem schmalen Buch in der Hand. »Der Kopf! Hier! Hier!«

»Hier was?«

»Hier drin steht es! ›Der Rächer‹! Vorhin hab' ich es gelesen, vorhin, als du weg warst! Da finden sie immer Köpfe in Paketen! Kennst du es nicht?«

Ich nahm langsam das Buch aus ihrer Hand. Viele Gedanken kamen und gingen zugleich. ›Der Rächer‹. Ich kannte es schon. Lange her, daß ich es gelesen hatte, aber ich wußte, worum es darin ging. Ein alter Verrückter, der sich für einen Nachkommen vom Revolutionshenker Sanson hielt, bewahrte in seinem Keller eine Guillotine auf. Spielte auf seine Art Gerechtigkeit und verteilte Pakete mit den abgenommenen Köpfen in der Gegend.

Ich bog die Seiten mit dem Daumen und ließ sie wegschnippen. »Doch«, sagte ich langsam, »ich kenne es. Das stimmt. Also – schließlich hättest du genausogut was anderes lesen können. Werther Leiden zum Beispiel – nicht böse sein, bitte! Ich rede wieder so dumm. Bloß – das scheint mir der reine Zufall zu sein.«

»Und wenn es keiner ist?« Sie stand vor mir. Ich sah an ihr hoch.

»Wenn es keiner ist – tja – ich weiß auch dann nichts. Ist das dein Buch? Von wem hast du das?«

»Von Mara.«

»Ach, von ihr?«

»Ja. Vorige Woche geliehen.«

»Gehört ihr das?«

»Nein. Sie hat es selbst geliehen. Von irgend jemandem.«

»Von irgend jemandem.« Ich klappte den Einbanddeckel um. Blätterte vorn und hinten. »Kein Name drin.«

Tessa nahm das Buch, blätterte hastig. »Das ist nicht aus der Leihbibliothek. Das muß sie von einem Bekannten haben!«

»Ach so. Und du meinst . . .«

Es klingelte laut und drohend an der Tür, und wir fuhren zusammen und rührten uns nicht.

Was war zu machen? Nichts. Gar nichts. Wir schliefen. Alles schlief. Wir hatten einfach keine Lust. Oder waren nicht da.

Nicht da?

Man hatte uns kommen sehen, möglicherweise, man hatte mich gehen sehen, gekommen war ich vorhin mit dem Paket. Vielleicht hatten sie die andere Hälfte von Mara schon gefunden und waren hinter dem Rest her.

Lieber aufmachen. Sie würden doch wiederkommen.

»Kann ein Vertreter sein«, sagte ich leise zu Tessa, »kann auch schon die Polizei sein. Alles erzählen, wie es gewesen ist.«

Sie zog die Decke höher. Die Glocke ging noch mal.

»Ich seh' nach. Zieh dir ein bißchen was an.« Ich ging zur Wohnzimmertür hinaus, schlenderte den Gang entlang, ohne Eile. Ein Mann, der nichts zu fürchten hat.

Vor der Schwelle stand ein kurzsichtiger Mann mit Brille. Er trug einen Einreiher aus grauem Stoff mit Nadelstreifen. Baujahr neunzehnhundertzweiunddreißig mit rockweiten Hosen. Dadzu ein blaßgrünliches Hemd und einen weißen Umlegekragen. Ein gelb-rotgestreifter Schlips hing über seine magere Brust. Größe etwa einsachtundsechzig. Seine Schuhe waren solide, rissig, blank geputzt. Die konnte er seinen Kindern vererben. In der rechten Hand hielt er einen Filzhut von ungenauer Farbe. Gesamtdiagnose: Engländer.

»'ss Gott«, sagte ich.

»Pard'n me . . .«

Der konnte kein Deutsch.

»Can I help you?« fragte ich und lächelte gemessen. Mit Maras Kopf hinter mir.

Er entschuldigte sich noch mal und fragte nach einer Familie von Revern oder Roven. Ich antwortete, sorry, ich wäre nur zu Besuch und nicht oft im Haus, aber soviel ich wüßte, gäbe es diese Leute hier nicht. Vielleicht nebenan, rechts oder links. »Sind Sie sicher, daß die Nummer stimmt?«

Er fand heraus, daß die Nummer in seinem Notizbuch recht unleserlich notiert war. Konnte siebzehn oder elf heißen.

»Tut mir leid. Hätte Ihnen gern geholfen.«

Er bedankte sich äußerst höflich.

Ich ging zurück. Tessa lag unverändert.

»Harmloser Idiot. Nix Polizei. Aber wir müssen jetzt hin. Sei lieb und zieh dich an.«

Tessa richtete sich auf, hielt die Decke vor die Brust. »Paul!«

Ich sah sie an und streichelte sie.

»Ich will zu Mara!«

»Was willst du?«

»Zu Mara.«

Behutsam holte ich Luft. »Tessa, wir müssen damit rechnen . . .«

»Ich weiß, ich weiß, ich weiß!« schrie Tessa. »Ich weiß, daß sie nicht mehr in einem Stück ist! Sie muß tot sein, wenn ihr Kopf da draußen liegt. Aber ich will sie sehen, verstehst du, noch mal sehen! Deine verfluchte Polizei kann immer noch kommen.«

Sie weinte wieder wie vorhin.

»Schön«, sagte ich. »Wenn du sie noch mal sehen willst, schön. Sie wird im Leichenschauhaus oder in der Pathologie zwar auch nicht viel anders aussehen . . .«

Tessa schlug mir ins Gesicht.

»Zieh dich an«, sagte ich, »machen wir es. Klingt ja auch ganz plausibel, wenn wir als erstes in ihre Wohnung gerannt sind. Und wenn du noch mal umfällst, wirst du auch noch mal wieder wach werden.«

»Verzeih mir, bitte.«

»Kann mich an gar nichts erinnern.«

Tessa zog sich schnell an. Make-up war nötig.

Das Haus lag friedlich wie ehedem, als ich zur Post gefahren war. Tessa trug ein Sommerkleidchen aus Leinen und flache Sandalen. Jeder auf der Straße mußte uns für ein zufriedenes, einiges Liebespaar halten. Die hatten eine Ahnung.

»Fahr du«, sagte Tessa.

Ich fuhr ohne Hast. Manchmal sah ich verstohlen nach

rechts zu Tessa. Ihre Augen hielt sie geradeaus und sprach nicht.

Mara wohnte in einer besseren Gegend, noch etwas aufwendiger. Parkplätze fand man hier immer. »Hast du den Schlüssel?«

Sie fand ihn in ihrer Handtasche. Die Tür ging lautlos, die Hausbriefkästen glänzten poliert. Im fünften Stock verließen wir den Lift und seine Holztäfelung. Vor Maras Tür nahm ich Tessa um die Schultern. »Meinst du, es wird gehen?«

»Paul . . .«

»Was?«

»Wenn sie gar nicht hier ist?«

Ich dachte nach und nickte. »Das könnte sein. Natürlich. Es kann auch woanders passiert sein. Für uns wär's fast besser.«

Sie war aber da. Sie war aber da. Sie lag im Bad, ohne Kopf, wie erwartet. Allerhand Blut war herumgeflossen, wie erwartet. Sie trug einen Morgenmantel, Chiffon oder so was, halsferner Kragen, und ihr Hals hörte plötzlich auf darin.

Ich stand still. Tessa schluckte.

Neben Mara lag ein blutiges Küchenmesser mit einer schön geschwungenen Klinge auf den Kacheln. Solingen vermutlich. Der Morgenrock war über der Brust durchstoßen. Das Blut hatte sich in die Seide gesaugt. Ein Orden des Todes.

»Stich ins Herz«, sagte ich leise. Meine Stimme klang hohl zwischen den Kachelwänden. »Hinterher der Kopf.«

»Warum? Warum der Kopf? Sie war doch schon tot!«

»Ich weiß nicht, Tessa.«

Tessa war in Ordnung. Sie faßte nichts an. Sie nahm sich zusammen.

In der Küche war nichts Besonderes. Eine Kaffeetasse

stand im Spülbecken, ein Teller und ein Eierbecher mit Löffel. Zum Abwaschen war sie nicht mehr gekommen, ganz gegen ihre Gewohnheit.

Im Wohnzimmer war Ordnung. Die Schreibmaschine stand auf dem zierlichen Schreibtisch in der Nähe des linken Fensters. Sie war zugedeckt. Sonst schien alles an seinem Platz.

Mara hatte neben ihrem Wohnzimmer eine Art Bar mit Sesseln, Fernsehtruhe mit allem Inventar. Sie hatte immer gern Besuch gehabt, viele Leute eingeladen und niemanden zum Heiraten gefunden. Na, damit war es sowieso aus.

Alles war aufgeräumt. Keine Gläser standen herum, die Aschenbecher waren leer. Nichts von Party.

»Der scheint abends gekommen zu sein.«

»Ja.«

Die Tür zum Schlafzimmer war geschlossen.«

»Moment. Nicht anfassen. Taschentuch.« Ich wickelte es um meine Finger und drückte die Klinke herunter. »Das hätten wir schon an der Korridortür machen müssen.«

Maras Bett war aufgeschlagen. Ein Fenster stand auf. Es war schon so. Mara war aufgestanden, hatte den Morgenrock angezogen und denjenigen hereingelassen, dem sie ihren Tod verdankte. Heiterer Abend.

»Genug gesehen?«

»Ja.«

»Willst du dich setzen?«

»Ja.«

Wir gingen zurück ins Wohnzimmer. Ich schloß die Tür hinter mir mit meiner Taschentuchhand. Wir setzten uns einander gegenüber auf die Stuhlkanten. Tessa deutete auf das Bücherregal. Schleiflack. Allerhand Anspruchsvolles stand herum, aber eine Reihe Krimis dazwischen mit grimmigen Rückentiteln. »Da stand er. ›Der Rächer‹. Da hat sie ihn rausgeholt.«

»Ich weiß nicht, ob das viel weiterhilft.«

Eigensinniges Kopfschütteln. »Das Buch hat jemand auf die Idee gebracht. Nur das Buch!«

»Also dich, was?«

»Quatsch«, sagte sie leise. Sie schien sich an meine Rederei gewöhnt zu haben. »Wer weiß, wo es schon überall rumgekommen ist.«

»Natürlich. Außerdem ist es ziemlich bekannt. Den Gag kennt ein Haufen Leute. Gut. Stoßen wir die Polizei darauf.« Ich sah mich nochmals um. »Nach Raubmord sieht das jedenfalls nicht aus. Raubmörder haben's eilig. Zeit ist Geld. Die erledigen dich geschwind und nehmen Geld und Schmuck und so was mit. Keine Köpfe. Schwer verkäuflich. Hat sie etwas Wertvolles hier gehabt?«

»Ja. Sie hat eine Schatulle – eine Art tragbaren Tresor.«

»Wo steht die?«

»Schlafzimmer. Kleiderschrank.«

»So. Gültige Zahlungsmittel?«

»Auch. Oft allerhand. Sie zahlte viel mit Scheck, aber sie hatte immer was da.«

»Ich finde, wir lassen lieber die Mordkommission danach wühlen. Wollen wir noch was besprechen, Tessa, oder soll ich jetzt anrufen?«

»Warum hast du es bloß so eilig damit?«

»Weil die Polizei uns einen Höllenspuk macht, wenn wir nicht bald was veranlassen«, sagte ich ungeduldig und laut. »Was glaubst du denn, was wir machen sollen? Annoncieren? ›Mörder gesucht? Erbitten Meldung gegen Belohnung? Nadel und Faden zum Wiederannähen des Kopfes vorhanden‹?«

»Ich bemerke viel Herz an dir«, antwortete sie kalt.

»Und ich wenig Verstand an dir! Sieht fast so aus, als wolltest du dem Herrn oder der Dame Vorsprung lassen, damit er kräftigen Abstand gewinnt. Mit dem Paket hast du auch getrödelt wie ein Schulkind auf dem Heimweg.«

Ihre Augen waren sehr groß. »So drehst du das?«

Ich beugte mich vor sie hin. »So dreht es die Polizei! Was glaubst du, was die noch für Löcher . . .« Ich sah, daß sie weinte, hörte auf und nahm ihren Kopf in meine Ellenbeuge. Sie blieb dort, streichelte meinen Unterarm. »Wir wollen uns nicht verrückt machen, Mädchen. Sei nicht böse. Ich bin auch durchgedreht.«

Sie nickte. Sie streichelte weiter, sah mich dann an. »Es ist nur – wir haben sie noch. Verstehst du mich? Nachher kommen sie und nehmen sie weg, sie ist nur noch auf dem Friedhof . . .«

Jetzt streichelte ich sie und nickte auch. »Sicher. Ich weiß.«

Sie schluchzte. »Stell dir vor, dein Bruder läge da draußen.«

Ich dachte an Walter. Guter Kerl.

»Hm. Ginge mir genauso.«

Sie wischte die Tränen aus den Augen. Es war noch was darin, was Seltsames.

»Ist noch etwas, Tessa? Auf zehn Minuten kommt es nicht an.«

Sie sprach erst nach einiger Zeit. »Ich dachte an Alfred.«

Alfred.

Das war der Unglücksvogel, der Mara umworben hatte. Bei ihm war es umgekehrt wie bei mir. Er wollte gern heiraten und durfte nicht. Er war über einsneunzig hoch und lausig breit, aber fürchterlich häßlich. Gutmütig und ein bißchen dämlich für meine Begriffe. Er liebte Mara und hätte sie auf seinen Fingerspitzen bis nach Kalkutta und zurück getragen. Aber sie wollte nicht, sie war hinter einem anderen her, einem mit schwarzen Locken und Schleieraugen, für sie der liebe Gott und

George Hamilton zugleich. Der wiederum war mehr für hübschere Mädchen und viele. Wie das so geht. Und wenn sie Alfred gewollt hätte, wäre der Alte nicht eingestiegen, denn Alfred hatte nichts, und Papa hielt nichts von Leuten, die sich nicht mathematisch ausdrükken ließen. Insofern lagen wir gleich, aber ich war wohl noch besser dran.

»Alfred? Warum? Weil er sie nicht kriegen konnte? Spielzeug kaputtmachen?«

»So habe ich gedacht.«

»Nee. Glaube ich niemals. Alfred hätte sich eher selbst die Birne abgeschnitten. Und selbst wenn er nur hinter dem Geld hergewesen sein sollte – was nützt ihm eine tote Mara? Er war aber hinter ihr her. Und Alfred nimmt kein Küchenmesser und . . .«

»Woher weißt du das?«

Woher wußte ich das?

»Nicht genau, klar. Ich meine nur, der kann das nicht. meinst du?«

»Ich weiß nicht.«

»Soll ich anrufen?«

»Ruf an.«

Ich nahm nicht die Funkstreife, sondern das Präsidium. Das war kein Notfall mehr.

Die Verbindung dauerte. »Ein Mord«, sagte ich, »doch, doch. Nein. Klingsorallee acht. Strong-Waldau. Fünfter Stock. Selbstverständlich. Ich heiße Holland. Wie die Niederlande. Paul Holland.« Ich legte auf und merkte, daß ich vergessen hatte, das Taschentuch um meine Finger zu wickeln. Wenn schon. Man konnte nicht an alles denken.

Es ging recht schnell für die Hitze. Sie klingelten und kamen herein, fünf Mann. Sie sahen aus, als wären sie an alles gewöhnt und noch mehr. Der kleinste hatte am meisten zu sagen.

»Kommissar Sandmann. Herr Holland?«

»Ja.«

»Wo ist der Tote?«

Ich zeigte auf die geschlossene Badezimmertür. »Eine Frau.«

»Gehen Sie bitte ins Wohnzimmer zurück.«

Ich tat es. Tessa saß mit trockenen, aber furchtsamen Augen da. Drei von den Leuten verteilten sich in der Wohnung. Einer bat um unsere Ausweise. Tessa fand ihren, ich hielt alle beide hin. Der Kleine kam zurück. Er sah die Ausweise an und uns. »Erzählen Sie bitte.«

Ich erzählte eine kurze Vorgeschichte. Wer wir waren und wer Mara und so. Die Sache mit dem Paket. Die Sache mit der Küche.

»Der Kopf ist in Ihrer Wohnung?«

Tessa nickte.

»Sie werden noch wissen wollen, Herr Kommissar, warum wir nicht sofort von dort aus angerufen haben. Wir wollten herausfinden, ob die Schwester von Fräulein Strong hier war.«

»Warum?«

»Wir wollten wissen, was mit ihr passiert ist – ob hier, oder woanders . . .«

»Fräulein Strong?«

»Ich konnte es nicht glauben«, sagte Tessa. »Ich wollte nicht – wollte es nicht glauben – ich mußte es genau wissen. Ich habe Herrn Holland darum gebeten.«

Er ging wieder. Wir blieben sitzen. Sie liefen hinaus, kamen zurück. Flüsterten zwischendurch auf dem Flur. Eigentlich war es nicht angenehm.

Jetzt hatten sie die Arbeit und die Verantwortung. Wir waren aus dem Schneider.

Ein paar Lichtblitze flammten vom Bad her. Maras erste Aufnahmen ohne Kopf. Der würde einen Extrafilm bekommen.

Dann kam der Kommissar zurück. »Als Absender stand der Name der Ermordeten auf dem Paket?«

»Ja.«

Er nickte vor sich hin. »Daß der Mörder als Absender firmiert, kann man wohl auch kaum erwarten. Aber jemand hat die Wohnung mit dem Paket verlassen und es aufgegeben. Ich glaube, hier müssen wir beginnen. Ist der Stempel des Postamts unbeschädigt?«

Ich sah Tessa an.

»Ich weiß nicht genau – ich war ungeduldig und habe es aufgerissen . . .«

»Na, wir werden sehen. Wollen wir . . .«

»Ach, bitte« – sie sprach hastiger –, »mir fällt was ein. Ich weiß von Mara, daß der Hausmeister oft die Pakete für sie aufgegeben hat. Er bekam immer was dafür und tat es gern. Sie hat viele Pakete geschickt – das Postamt ist nicht sehr weit.«

Der Sandmann nickte ihr anerkennend zu. »Vielen Dank, Fräulein Strong. Das wäre schon etwas.« Er wandte sich zu einem seiner schweigsamen Trabanten. »Sehen Sie mal zu, ob Sie ihn finden, Kurt. Wahrscheinlich hat er uns sowieso kommen sehen und rät verzweifelt herum, weswegen wir hier sind. Nichts vom Mord erzählen.«

Kurt verschwand wortlos. Eingefahrener Betrieb.

Tessa und ich rauchten. Der Kommissar fragte nichts. Er sah sich weiter in der Wohnung um. Auch ins Bad ging er noch einmal. Die Tür blieb offen. Plötzlich witterte ich den schwachen Geruch fauligen Fleisches, den ich vorhin nicht wahrgenommen hatte. Totenhaus.

Ganz deutlich. Pathologisches Institut. Der tote Körper verdrängte langsam den Geruch des Lebenden.

Es läutete. Kurt kam mit dem Hausmeister.

Ich kannte den Hausmeister Sänger geraume Zeit. Vertriebener, trug aber jetzt Bundlederhosen. Sehr beflissen. Sah immer alles, was er nicht sehen sollte, und war sauer, wenn ihm was entging. Er blickte mit angespanntem Gesicht im Kreis herum.

»Ah, guten Tag, Fräulein Tessa. Guten Tag, Herr Holland.«

»Tag«, sagte ich. »Herr Sänger, das ist Kommissar Sandmann. Der Herr wollte Sie etwas fragen wegen eines Paketes.«

»Das Paket? Etwas nicht in Ordnung damit?«

»Nehmen Sie Platz, Herr Sänger«, sagte der Kommissar in nettem Tom. Er log schlicht und aufrichtig. »Das Paket ist nicht angekommen, Fräulein Tessa hat es erwartet.«

Kaum, dachte ich, und Tessa schien es auch zu denken. Sie sah herunter auf ihre Knie. Hübsche Knie.

»Sie hat hier mehrfach angerufen und konnte ihre Schwester nicht erreichen. Wußte nicht, wo sie ist. Da geriet sie in Sorge und kam zu uns. Das ist alles.«

Fabelhaft. Die simpelste Erklärung der Welt. Sein Gesicht überzog sich mit Verblüffung. Er legte die Hand aufs Herz. »Aber sie ist doch verreist! Wissen Sie das nicht?«

»Nein«, sagte Tessa mit trockenem Hals.

»Woher wissen Sie es, Herr Sänger?«

»Na, von dem Zettel! Sie hat einen Zettel zu dem Paket geschrieben.«

»Erzählen Sie mal alles von Anfang an, Herr Sänger.«

»Sie wissen, Fräulein Tessa, ich bringe doch immer die Pakete für Ihr Fräulein Schwester zur Post. Es ist noch nie eines weggekommen. Noch nie.«

Tessa nickte und lächelte sogar. »Ich weiß. Deswegen wundert es mich diesmal.«

»Sie sind da bestimmt völlig unschuldig, Herr Sänger. Wann haben Sie das Paket gefunden?«

»Vor drei Tagen. Dienstag.«

Drei Tage. Der Leichenhausgeruch war zu verstehen.

»Um welche Zeit?«

»Vormittags. Muß schon gegen zehn gewesen sein. Ich gehe immer schon früh durchs Haus, damit solche Sachen nicht zu lange vor den Türen herumstehen . . .«

Ja. Und damit du siehst, wer alles aus den Wohnungen kommt, in die er nicht hineingehört.

»Ah, Sie machen das auch für andere Leute?«

»Ja. Nebenverdienst, wissen Sie. Soviel kriegt man nicht in meiner Stellung . . .«

»Verstehe. In meiner auch nicht. Haben Sie Fräulein Strong gesprochen?«

»Nein. Sie hat die Pakete meistens vor die Tür hingestellt, bevor sie fortging. Manchmal habe ich auch eins in der Wohnung angenommen, hier, aber das war seltener.«

»Haben Sie einen Schlüssel zu dieser Wohnung?«

»Ja, Herr Kommissar. Zu allen Wohnungen im Haus. Es kann brennen, es kann ein Wasserschaden . . . Manchmal muß man hinein, wenn niemand da ist. Bei den Garagen ist es genauso.«

»Ganz klar. Und weiter?«

»Es stand vor der Tür. In der Nische auf dem Abtreter. Wie immer.«

Herr Sänger zeigte mit den Händen. »So etwa. Würfelförmig.«

»Waren die Pakete immer so groß?«

»Nein. Meistens kleiner. Das hier war größer und schwerer.«

Tessa schluckte, aber der Hausmeister merkte es nicht.

»Hat sie immer Zettel dazugeschrieben?«

»Nicht immer. Nur, wenn sie etwas Besonderes wollte. Eilsendung oder so. Und diesmal hat sie mir wohl mitteilen wollen, daß sie verreist. Sicher, damit ich mir keine Sorgen mache.«

»Sicher«, sagte Sandmann. »Und Sie sind gleich zur Post gegangen?«

»Kurz hinterher. Habe rumgesehen, ob noch andere Pakete mitzunehmen waren – unten, der Herr Randolph, der hat einen Versand, da ist auch oft was da. Und dann bin ich zur Post. Noch vor dem Essen. Es muß etwa elf gewesen sein – ja, etwa elf Uhr.«

Die Sache sah ziemlich klar aus.

»Haben Sie denn schon bei der Post reklamiert, Fräulein Tessa? Die müssen das doch rausfinden. Noch nie ist eines von den Paketen weggekommen. Noch nie!«

Er würde sich noch das Herz aus der Brust reißen.

»Herr Sänger«, fragte der Kommissar, als glaubte er selbst nicht daran, »den Zettel – haben Sie den vielleicht noch?«

Sänger ließ das Herz los und faßte an seine Stirn. »Ich hab' ihn weggeworfen, Herr Kommissar. Und den Papierkorb habe ich ausgeleert. Aber« – jetzt legte er den Finger an die Nase – »die Müllräumer waren noch nicht da. Und ich weiß die Tonne. Ja. Der müßte noch drin sein.«

Er sah so glücklich aus, als wäre ein goldener Kaiser Wilhelm in der Tonne.

Sandmann machte spitze Lippen. »Ach, dann sehen Sie doch bitte gleich mal nach. Der Herr hilft ihnen.«

»Gern, Herr Kommissar.«

Sänger lief weg, Kurt hinterher.

Sandmann fragte: »Sie wissen nichts von verreisen, Fräulein Strong?«

»Nichts.«

Tessa würde es nicht mehr lang schaffen. Der Kommissar fragte nicht weiter. Wir saßen schweigend da. Nette Gesellschaft. Eine frostige Hölle. Ich streichelte Tessa übers Haar, aber sie starrte auf ihre Knie und atmete flach. Wir fuhren zusammen, als es schrill klingelte.

Sie hatten den Zettel. Er war zerknittert, schmierig und roch leicht nach Ölsardinen und Kaffeesatz.

»Er ist da, Herr Kommissar! Ich hab' doch die Tonne noch gewußt, weil ich meistens die gleiche nehme. Und was denken Sie – gerade sind die Müllräumer auf den Hof gefahren.«

»Enorm«, sagte Sandmann trocken, »wirklich unglaublich. Man sieht, Sie haben sogar den Müll im Auge.« Er nahm den Zettel vorsichtig. Glattstreichen war schwierig, wegen des Sardinenöls.

Er las halblaut, Tessa atmete mit geöffnetem Mund. Ihre Hand umklammerte meine. Ihre Augen waren dunkel vor Angst und Erwartung.

»Lieber Herr Sänger, Sie Guter, wieder mal so ein schreckliches Paket. Bringen Sie es schnell weg? Bitte! Inhalt wird sonst schlecht. Danke schön. Abrechnung folgt, wie immer. Übrigens fahre ich für ein paar Tage weg, sagen Sie es, wenn jemand nach mir fragt. Vielen Dank und herzliche Grüße. Ihre Mara S.-W.« Er sprach nur die Buchstaben aus, Es und We. Dann hob er den Kopf vom Papier zu Sänger. »Hat sie ihren Namen immer mit der Maschine geschrieben?«

Der Hausmeister zögerte nicht. »Nein. Soviel ich mich erinnere, noch nie. Sie hat ihn immer so druntergekritzelt – aber vielleicht war sie sehr in Eile . . .«

»Vielleicht. Und – äh – hat jemand nach ihr gefragt?«

War schon sehr interessant, das alles. Ich merkte, wie ich mich vorbeugte.

»Ja. Der junge Herr, Fräulein Tessa, Sie wissen doch – der große, der immer kommt . . .«

Aha. Alfred der Große.

»Hat er bei Ihnen nachgefragt?«

»Ja. Ob ich wüßte, wo Fräulein Mara ist.«

»Wann war das?«

»Gestern. Gestern nachmittag. Ich hab' gesagt, nein, sie wäre verreist, weiter wüßte ich nichts.«

»Haben Sie was von dem Paket erzählt und von dem Zettel?«

»Nein. Er hat nichts weiter gefragt. Ist gleich wieder gegangen.«

»Gut, Herr Sänger.« Der Kommissar stand auf und schüttelte ihm die Hand. »Ich danke Ihnen. Sie haben schon allerhand für uns getan. Wenn ich Sie brauche, melde ich mich. Und bitte schweigen Sie zunächst über das, was Sie hier erfahren haben.«

»Jawohl, Herr Kommissar. Natürlich. Wie Sie wünschen.«

Er nickte etwas ratlos, machte eine Verbeugung zu Tessa und mir hin und ging weg auf ledernen Bundhosenbeinen.

Sandmann ging langsam zu Maras Schreibsekretär. Er nahm den Deckel von der Schreibmaschine und suchte sich ein Blatt Papier. Die Walze drehte sich schnappend. Sandmann begann zu tippen, nicht sehr schnell, aber immerhin mit drei Fingern. Wir sahen zu. War ganz klar, was er probierte. Er war fertig und drehte die Walze langsam, bis der Zettel herauskam. Eine Weile sah er ihn schweigend an. Unvermittelt sagte er: »Ja. Dann wollen wir mal zu Ihnen fahren, Fräulein Strong. Karl?«

Karl kam heran.

»Mach den Rest hier in Ordnung. Alles wie besprochen. Ich nehme die anderen mit.«

»Okay, Herr Kommissar.«

Karl schien wirklich brauchbar zu sein. Würde es weit bringen. Wir gingen hinaus. Die Badezimmertür war immer noch geschlossen. Tessa sah nicht hin. Wir fuhren den Weg zurück, den wir gekommen waren. Genauso ruhig, genauso heiß. Der Polizeiwagen folgte uns. Der Kommissar war bei den anderen mit drin. Entweder aus Rücksicht, oder es war ihm bei uns zu eng.

III

In zwei Raten fuhren wir mit dem Fahrstuhl nach oben. Im Flur warf Sandmann schnelle Blicke um sich. Ich tat es auch. Nichts hatte sich verändert.

»Hier«, sagte ich. Durch den Türspalt sah ich das Paket.

»Gehen Sie bitte nach hinten, meine Herrschaften. Ich komme dann.«

Die Zeit wollte nicht vergehen. Der Rauch unserer Zigaretten schlich sich durch das Sonnenlicht. Tessa sprach nicht. Ich hatte auch keine Lust dazu. Es war nichts zu sagen jetzt. Ich stellte mir vor, wie sie den Kopf knipsten. Bitte recht freundlich.

Dann kamen Schritte auf uns zu. Sandmann trat durch die Tür. Es war ihm nichts anzusehen, er benahm sich wie vorher. Ich sah, daß er einen Zettel in der Hand hielt. Das gleiche Format wie der vom Hausmeister Sänger. Die Schreibmaschinenbuchstaben schimmerten durch.

»Haben Sie das vorhin gesehen im Paket?« Er schwenkte das Blatt leicht. Tessa verfolgte die Bewegung mit den Augen. Sie schüttelte nur den Kopf.

»Ich auch nicht«, sagte ich.

»Glaube ich. Lag an der Seite etwas unter – ja. Erschrecken Sie nicht, Fräulein Strong, aber ich glaube, Sie sollten es wissen.« Er las mit gleichmäßiger Stimme, fast uninteressiert.

»Tessa, süßes Kind. Die nächste in so einer Sendung bist du. Schminke dich schön, damit du nicht so blaß aussiehst in der Holzwolle.«

Mein erster Blick galt Tessa. Sie wurde nicht bleicher, als sie schon war. Im allgemeinen fürchtete sie sich wenig. Jetzt allerdings war ein bißchen viel zusammengekommen. Ich sah, daß Sandmann sie beobachtete.

Langsam ließ er das Blatt sinken. Ein Gedanke kam mir, aber ich behielt ihn für mich.

Der Kommissar setzte sich vor uns hin. Tessa fingerte hastig nach einer Zigarette. Ich gab ihr Feuer. Sandmann rauchte auch. Fast eine gemütliche Runde.

»Ich sehe, Sie tragen es tapfer«, sagte er lächelnd.

Tessa warf einen funkelnden Blick in sein Gesicht. »Ja. Kopf hoch, wer noch einen hat.«

Sandmann schwenkte den Zettel. »Hören Sie, Fräulein Strong. Das kann was bedeuten, oder auch nicht. Ich hielt es für besser, daß Sie es wissen. Und Sie auch, Herr Holland. Soweit ich die Sache bis jetzt kenne, ist es ein Bluff. Sagen wir, eine Art Ablenkungsversuch. Aber Ihre Schwester ist tot, ermordet worden, und es ist möglich, daß ein geisteskranker Narr sich einbildet, er müsse Ihre Familie kopflos unter die Erde bringen. Vielleicht kommt auch noch eine niedliche Erpressung hinterher. Es hilft uns allen nicht weiter, wenn Sie ahnungslos sind.«

»Ich wäre es lieber geblieben.« Tessa war wütend. Das war mir sympathischer, als wenn sie vor Angst zerflossen wäre.

Der Sandmann blieb ungerührt. Wahrscheinlich würde ihn ein faules Ei zum Frühstück mehr mitnehmen als der Tod seiner Großmutter. »Wir werden auf Sie aufpassen, Fräulein Strong.«

»Sehr nett von Ihnen. Soraya mit Geheimagenten.«

»Na, immerhin lebt sie noch. Äh, Herr Holland – wie würden Sie Ihr Verhältnis zu Fräulein Strong bezeichnen?«

Vergnügte Frage. Ja, wie? Was war ich eigentlich? Tessa schielte zu mir. Ein bißchen Zärtlichkeit kam zwischen dem Zorn durch.

»Ich begleite sie – ziemlich ständig.«

»Sehr schön. Begleiten Sie sie noch ständiger. Sie wird sicher nichts dagegen haben.«

»So 'ne Art Hilfssheriff, was? Die Bezahlung soll nicht gewaltig sein.«

»Ist sie nie bei der Polizei.«

»Ich mache es umsonst. Aber was anderes, Kommissar. Vielleicht gibt es doch mal mehr Ärger, als wir verdauen können. Wie wäre es mit einem Waffenschein? Wenn ich schon keinen Stern an die Weste kriege.«

Er war amüsiert, ohne Zweifel. »Können Sie schießen?«

»Früher mal gekonnt. Wenn ich ein bißchen übe, wird es wieder.«

»Sind Sie vorbestraft?«

»Noch nicht.«

»Das läßt sich machen. Ich schicke Ihnen das Antragsformular.«

Immerhin etwas bei der traurigen Affäre. Der Revolver lag schon vier Jahre bei mir zu Hause. Walther PP, Kaliber siebenfünfundsechzig. Tessas Grübchen neben den Mundwinkeln vertieften sich für eine Sekunde. Wir hatten beide schon mit dem Ding geschossen auf dem Grundstück eines Bekannten.

Draußen ging die Flurtür und fiel klirrend ins Schloß.

»Die Küche ist wieder in Ordnung«, sagte der Kommissar.

Jetzt war es wohl doch zuviel. Tessa faßte sich an den Hals. Sie sprang auf und lief hinüber zu ihrem Schlafzimmer. Wir hörten, wie sie sich auf das Bett warf und schluchzte.

»Lassen Sie sie.«

»Kann ich raus, was zu trinken holen?«

»Können Sie.«

Die Küchentür stand offen und das Fenster in der Küche auch. Keine Spur mehr von dem Paket, keine Holzwolle, nichts. Alles sauber aufgeräumt, der Stolz der Hausfrau.

Ich ging mit der Flasche zurück und holte Gläser aus dem Schrank. Sandmann saß bewegungslos und starrte auf den Begleitbrief aus dem Paket.

Ich goß ein. Im Schlafzimmer war es still, wir hörten kein Schluchzen mehr. Ich deutete mit dem Daumen hinüber. Sandmann nickte.

Tessa lag auf dem Bett, mit dem Gesicht zur Wand. Ich faßte sie an der Schulter. »Bleib ruhig liegen. Wollte dir nur etwas zum Schlucken bringen.«

Wider Erwarten drehte sie sich sofort herum. Die Augen waren trocken, und die Nase glänzte in dem durcheinandergeratenen Make-up. »Ich bin eine blöde Gans.«

»Nichts weniger als das. Du bist ein Goldstück. Jede andere hätte uns hier eine Verzweiflung hingelegt wie das Gretchen des Herrn Faust. Trink den Gin. Und komm wieder, wenn es geht.«

»Gleich. Ich mach' mich wieder in Ordnung.«

»Laß dir Zeit.« Das leere Glas nahm ich mit und sagte draußen ›Prost‹ zum Kommissar. »Sie können sich vorstellen, wie das ist. Ewig haben sie sich gestritten, wie früher um die Puppe und den Ball. Aber jetzt geht es ihr scheußlich an den Nerv.«

»Sie hält sich ausgezeichnet«, sagte Sandmann. »Streiterei unter Schwestern sagt gar nichts. Wenn es nötig ist, bricht der Familiensinn durch, und alles zerschellt daran.«

»Hab' auch das Gefühl«, murmelte ich.

Er murmelte genauso. »Wollen Sie sie heiraten?«

Ich merkte, daß ich mein verlegenes Grinsen nicht verhindern konnte. »Ach, wissen Sie, das wird Ihnen komisch vorkommen – mit dem Heiraten habe ich es noch nie gehabt. Bin nicht der Mann dafür. Sie mögen mir es abnehmen oder nicht, aber in diesem Fall wird mehr um meine Hand angehalten. Fabelhaftes Kind, lupenreine Partie, aber Freiheit zum Teufel, wenn Sie mich verstehen . . .«

Er nickte ganz ergeben. »Und wie. Ich bin auch nicht verheiratet. Vermutlich aus den gleichen Gründen.«

»So?« Ich kicherte etwas dumm. »Na, dann werden Sie es wissen. Hat alles seine zwei Seiten. Natürlich lungert man oft verlassen in den Kneipen herum. Aber bisher habe ich mich leidlich wohl gefühlt dabei. Wenn mich einer fragt, Mensch, warum heiratest du nicht, dann sage ich im allgemeinen, weil es nicht nötig ist.«

Er deutete mit dem Kopf zur Tür hin. »Hier würde sich eine Ausnahme doch lohnen, was?«

»O je. Lohnen reicht nicht ganz. Den Hintern kriegte man vergoldet. Das heißt – mit ›man‹ meine ich nicht mich. Und das ist der zweite Punkt. Ich bin nicht der Eidam, nach dem die Familie sich sehnt. Keine solide Existenz. Der Lebensabend ungesichert, Fremdkörper. Vermutlich kennen Sie das.«

»Vermutlich.«

Mit ihm konnte man reden, das Gefühl hatte ich. »Und das kommt meinen Bestrebungen nicht ungelegen. Man hat eine Art Alibi.«

»Und sie?«

»Sie möchte schon. Sie vertrödelt ihre Zeit mit mir. Andererseits – hätte sie nicht mich, hätte sie einen anderen Idioten. Irgendeinen muß sie ja haben.«

»Sie meinen, die Quersumme des Ärgers ist mit jedem auf die Dauer gleich.«

»Genau. Wie mit jeder Frau auch. Kommt noch dazu, daß jüngere Herren mit ihr wenig Freude haben. Mit denen spielt sie Billard. Sie Queue, er Kugel.«

»Verstehe. Seit wann . . .«

Tessa kam herein. Sie setzte sich wieder zu uns in ihrem Kleidchen und mit den Sandalen, ein Waisenkind, das nirgendwo hingehörte. Sandmann sagte nichts und fragte kein dummes Zeug, ob es wieder ginge und so. Er konnte mitleidig aussehen.

»Ich glaube, ich träume in drei Jahren noch davon.«

»Ich wahrscheinlich auch«, sagte ich.

»Ich auch.«

»Sie? Ist bei Ihnen so was noch nie . . .«

»Nein. Noch nie.«

»Paul!«

»Ja?«

»Wir wollten doch etwas fragen – das Buch . . .«

»Was – ach so. Hm. Ja. Das ist so, Herr Kommissar. Heute mittag, als ich von der Post zurückkam, las Tessa in einem Kriminalroman. ›Der Rächer‹ von Wallace. Kennen Sie es?«

Er kannte.

»Als wir gesehen hatten, was los war, kam ihr der Gedanke, der Täter hätte vielleicht die Anregung aus dem Buch bekommen. Mir kam das spleenig vor, aber möglich wäre es. Sie hat das Buch von ihrer Schwester, und die soll es von einem Bekannten geliehen haben, aber wir wissen nicht, von wem. Und nun . . .«

»Es ist bestimmt dumm«, sagte Tessa. »Ich hatte noch die Geschichte im Kopf, gerade war wieder so ein Paket gefunden worden. Ich mußte es einfach denken.«

»Ich hätte es auch gedacht. Vollkommen normal. Naheliegend.«

Vollkommend normal. Naheliegend. Tessa sparte es sich, Triumph spüren zu lassen.

»Hatte Ihre Schwester viele Bekannte?«

Wir sahen uns an und nickten synchron.

»Ja. Sie hatte gern Leute um sich. Oft Partys und so weiter. Wurde auch viel eingeladen . . .«

Brutal fragte Sandmann, ganz ohne Mitleid auf einmal: »Zur Dekoration?«

Tessa schloß kurz die Augen. »Ja. Hauptsächlich.«

Eine Nase wie ein Dachshund hatte der Mann. Schlug auf den Busch und traf.

»Richtige Freunde hatte sie nicht viele«, fuhr Tessa fort, »zum Teil war es ihre Schuld. Ich sollte das nicht sagen. Aber es war so.«

»›Der Rächer‹«, murmelte Sandmann. »Muß nicht derjenige sein, dem das Buch gehört. Kann sonst jemand von ihm geliehen haben. Man müßte herausfinden, wem es gehört und wer alles sich dafür interessiert hat. Es ist ein Strohhalm, weiter nichts. Wir werden noch viele brauchen.« Mit einem Griff hielt er sein Notizbuch in der Hand, blätterte. »Ich glaube, ich kann Sie nun langsam erlösen. Für heute . . .«

Es war nichts mit Erlösung. Diesmal fuhr ich zusammen wie Tessa, als die verdammte Türglocke ihren Lärm begann.

Der Kommissar fragte, ohne den Blick vom Notizbuch zu nehmen. »Erwarten Sie Besuch?«

»Nein«, antwortete Tessa sofort.

»Erlauben Sie, daß ich nachsehe?«

Tessa nickte, und dabei klingelte es zum zweitenmal. Sehr lange.

»Dringender Fall«, sagte Sandmann. Er steckte das Buch weg und stand auf. Viel Höhenunterschied überwand er nicht, aber es war nichts Lächerliches an seiner kleinen Gestalt. Er schloß die Tür hinter sich. Tessa warf ihren Kopf mit einer plötzlichen hilflosen Bewegung gegen meine Schulter. Ich nahm sie fest zwischen meine Hände und rieb sie und küßte sie. Draußen waren Stimmen, die näher kamen. Tessa saß aufrecht, als die Tür sich öffnete.

Der Kommissar lächelte uns an. Hinter ihm, wie Goliath hinter David, kam ein riesiger Mann.

Alfred Noralsky. Maras hoffnungsloser Anbeter.

»Der Herr möchte zu Ihnen«, sagte Sandmann.

Alfred verbrachte den größten Teil seiner Zeit in der Basketballmannschaft des Sportklubs der Universität. Er brauchte den Ball nicht zu werfen. Nur hochzuhalten und in den Korb zu legen.

Alfred hatte ein rundes, ungeheuer gutmütiges Gesicht. Die Brille war hinderlich beim Sport, das verdroß ihn nicht. Pickel blühten auf der Stirn und am Kinn. Nachwehen der Pubertät.

Er blieb an der Tür stehen. »Tessa! Du bist wenigstens da. Grüß' dich. Hallo, Paul.«

»Hallo.«

»Ihr habt Besuch – tut mir leid . . .«

»Setz dich, Alfred«, sagte Tessa ruhig. Sie war wieder ganz da. Sandmann sah interessiert zu, wie Alfred sich einen Stuhl nahm und sich behutsam niederließ.

»Bestimmt störe ich«, sagte Alfred. Er fuhr durch sein Borstenhaar. Gelblichblasse Borsten. »Ich wollte nur fragen, ob du weißt, wo Mara hingefahren ist. Verreist, sagt der Hausmeister. Das hätte sie mir doch sagen können. Hat sie sonst immer gemacht. Ist doch nichts dabei.«

»Ich weiß nicht, wo sie ist, Alfred.« Tessa log, aber im Grunde hatte sie recht. Kein Mensch konnte sagen, wo Mara jetzt war.

»Sie hat dir auch nichts gesagt?«

Langsam drehte sie den Kopf hin und her.

Alfred sah recht ratlos aus. Er heftete seine Blinzelaugen auf mich. »Dir auch nicht, Paul?«

Eigentlich hätte er sich denken können, daß ich nichts wissen konnte, wenn Tessa nicht wußte. Mara hatte es nie für nötig gehalten, mich über das geringste zu informieren, was sie vorhatte.

Sandmanns Stimme kam, bevor ich antworten konnte. »Sagen Sie Herrn Noralsky, was mit ihr ist.«

Ach. Ich. Fabelhaft. Er hatte die Regie hier in dieser Szene. Er konnte einen Grund haben.

»Mara ist tot, Alfred«, sagte ich. Meine Stimme lag ein paar Töne höher als sonst.

Alfreds Blinzeln verschwand. Seine Augen wurden weiter, ich hatte sie noch nie so weit gesehen. Ich sah auch seine Faust nicht, die blitzschnell vorschoß. Seine Finger schlossen sich um meine Revers, mein Hemd, meinen Schlips. Er zog mich vor auf die Kante meines Stuhls. Es wurde eng am Hals. Ich atmete durch den Mund und blieb ganz still. Völlig sinnlos, nicht stillzubleiben.

Alfred schüttelte mich. Er schien nicht mehr Herr seiner Sinne zu sein. »Was sagst du? Noch mal!«

Eine winzige Hand legte sich auf die Keule von Alfreds Unterarm.

»Mhm – er sagt die Wahrheit, Herr Noralsky.« Sandmanns Blick glitt durch Pauls Brillengläser. »Ich habe mich an der Tür nicht vorgestellt. War unhöflicher als Sie. Ich bin Hauptkommissar Sandmann von der Kriminalpolizei. Mordkommission, um genau zu sein. Aber lassen Sie erst Herrn Holland los.«

Alfred ließ mich los. Er verstand nichts. Sandmanns Silben fielen gleichmäßig wie die Schläge eines Metronoms.

»Fräulein Mara ist tot. Ermordet. Sie wurde höchstwahrscheinlich vor drei Tagen im Bad ihrer Wohnung erstochen. Dann hat man ihr den Kopf abgetrennt und in einem Paket an ihre Schwester geschickt. Hierher.«

Alfreds Gesichtshaut bekam die Farbe von nassem Kalk. Seine riesigen Fäuste wurden knochig und weiß. Seine dicken Brillengläser beschlugen feucht von innen, die Unschärfe machte ihn blind. Alfred weinte. Wenn er bluffte, mußte er ein guter Schauspieler sein. Ich glaubte nicht, daß er je einer gewesen war und daß er Theater spielte. »Das . . . das ist . . . ist das wahr, Tessa?«

»Ja.«

Alfreds Finger lösten sich aus den Handflächen. Ich sah rote Kerben darin. Er zog sein Taschentuch heraus und nahm die Brille ab. Niemand sprach, bis er sie wieder aufhatte. Dann tappte er nach Tessas Hand und murmelte etwas von Beileid. Er hätte es selbst wahrscheinlich nötiger gehabt in diesem Augenblick.

»Sie haben gestern beim Hausmeister Sänger nach Fräulein Mara gefragt?«

Alfred war noch nicht ganz bei sich. Der Kommissar wartete geduldig.

»Wie – ja. Ich wollte wissen, wo sie ist.«

»Waren Sie verabredet?«

»Nein – das nicht . . .«

Hatte ich mir gedacht.

»Wann haben Sie sie zuletzt gesehen?«

»Heute vor vierzehn Tagen«, sagte Alfred. Er sah noch elender aus bei diesem Satz. Mara hatte ihn nur herbeigepfiffen, wenn sie ihn brauchte. Das hatte er hinter sich.

Sandmanns Blick fing Tessa ein.

»Fräulein Strong – könnten Sie das Buch einmal holen?«

»Ich mache es«, sagte ich.

Das rote Buch lag wieder auf dem Nachttisch neben dem Bett, wo wir zuletzt darin geblättert hatten. Ich ging zurück, gab es dem Kommissar.

Er drehte den Titel hin zu Alfred. Die Augen hinter den Gläsern spielten unruhig. »Ist das meins?«

»Wir dachten, es könnte Ihres sein. Fräulein Tessa hat es von ihrer Schwester. Schon gelesen?«

Alfred nickte mit steifem Hals.

»Natürlich. Paarmal.« Wieder schien er nichts zu verstehen.

Tessa sagte bösartig: »Es werden Köpfe abgeschnitten und in Pakete gesteckt.«

Alfred sah sie mit hilflosem Blick an.

»Ich weiß.«

Er war wirklich einfältig. Ich sah, daß Tessa ihre Worte schon leid taten.

»Haben Sie das Buch schon öfter verliehen?«

»Öfter – sehr oft nicht. Hin und wieder mal . . .« Alfred verstand plötzlich. Er wurde kleiner, und die Haut zwischen den Pickeln rötete sich. Seine Fäuste wurden wieder rund und kantig. Ein Boxer vor dem Angriff. »Glauben Sie, daß ich das gewesen bin, Sie? Ich? Ich wollte Mara heiraten! Heiraten!« Er verschluckte seine Stimme.

Sandmann sah hart und kalt durch Alfreds Brillengläser. »Ach! Sie wollte wohl nicht, wie? Außerdem gibt es eine Menge Leute, die ihre Frauen sogar nach der Hochzeit umgebracht haben.«

»Das ist was anderes«, sagte ich, aber niemand lachte.

Sandmanns Hand tastete über Alfreds Arm wie vorhin. »Sie haben genug Kraft, um jemandem den Kopf abzuschneiden.«

Alfred rührte sich nicht. Sein Mund öffnete sich etwas. In meinem Gehirn entstand ein Bild. Alfred auf der Falltür des Galgens. Welcher Strick sollte das aushalten.

Der Kommissar nahm seine Hand zurück. Tessas Körper war gespannt wie eine stählerne Feder.

»Aber etwas anderes stört mich. Können Sie die Finger ausstrecken?«

Alfreds Fäuste zitterten. Ein anderer hätte nicht so reden können mit ihm. Ein paar kleine Schweißtropfen waren an seinem Haaransatz erschienen.

»Na los«, sagte Sandmann.

Alfreds Pranken öffneten sich. Seine Finger waren flach und breit und lang. Lebende Schraubstöcke.

»Hm«, machte Sandmann. Er hob mit seinem Mittelfinger einen von Alfreds Fingern an. »Fräulein Tessa – haben Sie eine Schreibmaschine?«

»Ja«, antwortete Tessa. »Da steht sie. Reiseschreibmaschine.« Sie machte mit. Der Mann tat was für ihre Schwester.

»Leihen Sie sie uns einen Moment? Und ein Blatt Papier.«

Tessa hob das zierliche Ding auf den Tisch. Sie spannte das Blatt ein. So war es bei Mara gewesen vor anderthalb Stunden. Diesmal war Alfred dran.

»Würden Sie mir was schreiben, Herr Noralsky? Nur ein paar Zeilen.«

»Maschine? Das kann ich gar nicht.«

Sicher. Zu allem waren seine Hände nicht zu gebrauchen.

»Nicht mal mit einem Finger? Nur ein bißchen tippen. Geht bestimmt.«

Alfred sah zu mir. Ich zuckte die Schultern und nickte. Er setzte sich vor die Maschine. Der Stuhl knarrte.

»Schreiben Sie bitte: Tessa, süßes Kind. Die nächste . . .«

Es war der Text aus dem Paket.

Alfred schrieb. Er war beklagenswert anzusehen. Die Tastatur klirrte, und die Typenhebel bogen sich. Er schlug mit dem rechten Zeigefinger an. Ab und zu mit dem linken. Er erwischte andauernd zwei Tasten zugleich, wenn nicht drei. Sandmann stand neben ihm Er diktierte langsam. Seine Augen waren überall an Alfred Noralsky. Ich konnte die Schrift auf dem Blatt erkennen. Schauerlich.

». . . in der Holzwolle.« Sandmann verstummte. Alfred schlug die letzten Buchstaben an und hörte auf. Er drehte den Kopf zu Sandmann hin. Die Schweißperlen waren wieder da. »Fertig? Was war das?«

»Das Anschreiben zur Sendung.« Der Kommissar spulte das Blatt heraus. Er betrachtete es stumm, ohne Reaktion. Alle sahen wir ihm zu.

Schließlich sagte er: »Dafür haben Sie nun wieder zuviel Kraft, Herr Noralsky. Das war es, was mich störte. Es sei denn« – er wartete –, »es sei denn, jemand anders hat für Sie geschrieben.«

»Jemand anders?« fragte ich schnell.

»Hm. Zum Beispiel die Ermordete selber. Gibt nicht viel Sinn. Aber bis jetzt gibt nichts viel Sinn.«

»Sollen wir auch?« Tessas helle Stimme tat wohl nach dem Geklapper von Alfred. »Ich habe noch mehr Papier.«

Sandmann lächelte. »Hat keinen Zweck. Das ist nicht die richtige Maschine.«

»Ach! Warum mußte er dann schreiben?«

»Offenbar, weil der Herr Kommissar wissen wollte, wie gut er kann«, sagte ich so trocken wie möglich. Jetzt war ich es, den der Kleine anlächelte.

»Nicht nur das, Herr Holland. Er ist der einzige von uns vieren, der unter Umständen den Inhalt dieses Briefes nicht gekannt hat.«

Ich nickte langsam. Lauter Teufeleien hatte der Kerl im Kopf.

»Danke, Herr Noralsky. Nehmen Sie mir nicht übel, was ich vorhin gesagt habe. Ein Polizist muß manchmal spinnen. Lauter Gedanken. Früher hieß es immer: ›Herr, ich verdächtige niemanden! Ich sammle Tatsachen, verstehen Sie? Tatsachen.‹ Ich für mein Teil spinne lieber. Die Tatsachen kommen dann schon. Aber eins können Sie noch für mich tun. Denken Sie nach, wer von Ihren Freunden oder Freundinnen das Buch vom ›Rächer‹ von Ihnen geliehen hat. Schreiben Sie mir die

Adressen auf einen Zettel. Wenn es geht, auch die Berufe.«

»Die Berufe«, sagte Alfred. Er sah nicht mehr gefährlich aus. »Das will ich gern machen. Wenn ich's zusammenkriege.«

»Gut.« Sandmann faltete Alfreds Zettel zusammen und steckte ihn ein. »Dann wäre das wohl alles für heute. Für Sie wenigstens. Für uns noch nicht.«

Ich stellte eine Frage an Tessa. »Was machen wir mit Großbritannien?«

»Sag's ihm.«

»Wahrscheinlich müssen wir uns recht eng zur Verfügung halten, Herr Sandmann. Tessa und ich wollten heute in einer Woche nach England fahren, ihren Bruder besuchen. Können wir das?«

Der Kommissar fuhr sich über den Schädel. »Nächste Woche, hm. Reicht es, wenn ich Ihnen das kurz vorher sage?«

»Bestimmt. Gebucht haben wir.«

»So.«

»Ja.«

Alfred nahm wieder seine Brille ab und putzte sie. »Zum Begräbnis müßt ihr wohl auch noch.«

»Natürlich, Alfred«, sagten Tessa und ich gleichzeitig.

Sandmann gab Tessa die Hand. Sie hielt sie fest. »Wissen Sie schon etwas, Herr Sandmann? Irgend etwas? Warum ist das passiert mit Mara? Warum?«

»Warum?« sagte Sandmann nachdenklich, »da gibt es manche Möglichkeiten. Manche. Wenn wir stur nach den Motiven fragen – soll man immer tun in unserer Branche –, dann sind Sie drei sehr dicht vor dem Staatsanwalt – aber verzeihen Sie, ich spinne schon wieder.« – »Weiter!«

»Tja. Ich habe vermutet, daß Herr Noralsky hinter Mara her war und wenig Chancen hatte. Ist das so?«

»Das ist so«, sagte Alfred.

»Also könnte er sie umgebracht haben. Eifersucht macht stark. Gebrauchsanweisung im ›Rächer‹. Gedeckt hat er sich mit der Frage beim Hausmeister. Und hier hat er den Verlassenen markiert.«

Alfreds Hände krümmten sich erneut, aber sie wurden wieder lang. Sandmann schien es nicht zu sehen, oder aber er tat nur so.

»Und dann kommen schon Sie, Fräulein Strong. Schlichte Geldgier. Fällt einer aus, erbt man eben mehr, nicht wahr?«

Meine Stimme war rauh, als ich fragte: »Woher wissen Sie, daß hier was zu erben ist?«

Sandmann fragte freundlich dagegen: »Ist nichts zu erben?«

»Doch.«

»Hab's vermutet. Man sieht viel im Laufe der Zeit. Sie haben Ihre Schwester umgebracht und den Kopf mit einer neuen Morddrohung an sich selbst geschickt. Ablenkung. Wie die von Freund Alfred.«

Ja. Das hatte ich mir gedacht, vorhin, als er aus der Küche gekommen war und brutal den Zettel vorgelesen hatte. Man mußte es vermuten. Ich war zufrieden mit meiner Idee.

»Aber seien Sie um Gottes willen nicht böse. Wir haben immer noch Herrn Holland. Er sagte vorhin zwar, er wollte Sie nicht heiraten – schön. Wer weiß das so genau?«

»Ich weiß es.« Tessa warf ihren hübschen Kopf unwillkürlich zurück.

»Wirklich?«

»Eigentlich weiß ich es auch«, sagte ich. »Wenn Sie schon so genau darin herumstochern.«

Er klopfte auf meine Schulter. »Nicht übelnehmen. Fräulein Strong wollte ja nur wissen, warum das passiert ist. Nehmen wir also an, Sie seien der einzige, der kein Motiv hat. Ist das nicht auch verdächtig?«

»Ungeheuer.«

»Machen Sie sich nichts daraus. Ist schließlich der erste Tag des Falles.« Er ging zur Tür. »Kann ich Sie immer hier erreichen, Fräulein Strong?«

»Fast immer.«

»Fein. Ich rufe an, wenn ich einen von Ihnen brauche. Bleiben Sie bitte in der Stadt. Ausreißen hat wenig Nutzeffekt. Wenn die Herren mir noch ihre Nummern geben wollen?«

Alfred und ich sagten sie ihm.

»Danke. An Ihren Waffenschein denke ich, Herr Holland. Ja – das ist es dann. Auf Wiedersehen.«

Seine Schritte verklangen im Flur. Die Tür klappte. Wir waren so still, daß ich das Summen des Aufzuges hören konnte.

»Teure Mörderkollegen«, sagte ich fast fröhlich, »so ist das. Am besten, wir trinken was.«

Jetzt bekam Tessa den Anfall, auf den ich lange gewartet hatte. Hysterische Reaktion. Sie weinte und hämmerte auf den Tisch. Zwischendurch schrie sie wie ein Kind. Alfred ging zu ihr und streichelte ihr das Haar.

»Laß mich! Geh weg! Weiß ich, ob du es warst? Oder du oder ich? Ich kann es nicht mehr aushalten! Kann nicht mehr!«

Sandmann hätte uns sehen müssen.

»Sei friedlich, Tessa! Das gehört zu seinem Gewerbe. Keiner von uns war es. Er weiß es genau.«

»So?« Jetzt schrie sie mir ins Gesicht. »Genau? Vielleicht hat er recht! Einer von uns!« Viele Tränen liefen ihr über die Lippen. »Wollen wir spielen? Schere oder Papier! Wer verliert, ist es gewesen! Habt ihr Angst? Na los, Alfred, starker Mann! Fang an! Fang doch an. Der

Verlierer spielt gegen Paul. Wer dann verliert, hat – der hat ihr . . .«

»Spiel, Afred«, sagte ich. »Mach. Sie meint es nicht so. Kennst sie ja.«

Tessa gewann gegen Alfred. Ich mußte gegen ihn spielen und verlor.

IV

Alfred ragte als schwarzes Monument in die Sommerluft. Wir standen vor dem ausgehobenen Grab, fünf Tage später. Mara war aus dem Gerichtsmedizinischen Institut zurückgekehrt. Sie hatte nun ihren Kopf wieder bei sich, wenn auch nicht sehr fest.

Alfred putzte oft an seiner Brille herum. Tessa und ich waren da und mein Bruder Walter. Etliche Bekannte waren noch gekommen, auch der Hausmeister Sänger stand da, diesmal ohne Bundlederhosen. Eine Mutter hatten die Strongs nicht mehr. Der Vater war geschäftlich in Amerika, um noch mehr Geld zu verdienen. Bruder Ronald aus London hatte nicht kommen können. Oder nicht wollen. Ich glaubte mehr an die zweite Möglichkeit.

Alles verlief wie immer. Der Pfarrer tat redlich seine Arbeit.

Wir murmelten unser Beileid und verabschiedeten uns voneinander. Tessa war bildschön in Schwarz. Hätte häufiger in Trauer sein können.

Vielleicht würde es noch kommen.

Wir sammelten uns zu einer stillen Besinnung mit Alfred und Walter in Tessas Wohnung. Auf der von Mara hatte die Polizei noch die Daumen drauf. Fingerabdrücke suchen und Spuren.

Walter hatte traurige Falten in seinem Sommersprossengesicht. Er war acht Jahre jünger als ich. So viel Zeit hatten sich die Eltern gelassen. Meistens trieb er Unsinn, und nebenbei tat er irgendwas. Innenarchitekt. Ich wußte nicht genau, was.

Oft hatte ich seine Freundinnen trösten müssen. Von der Ehe hielten wir gleich wenig. Er zog sich nur besser an als ich, sonst waren wir uns recht ähnlich. Auch heute trug er den lächerlichen großen Siegelring, den mein

Vater mir einmal vermacht hatte. Tessa wollte das Ding an mir nicht sehen. So war es bei Walter gelandet.

»Ich denke, wir trinken den ersten auf Mara«, sagte ich.

Wir taten es. Alfred setzte sein Glas hart auf den Tisch. Seine Hände standen ausgestreckt und senkrecht auf der Platte, wie bei einem Karateschlag. Seine Stimme quetschte sich. »Ich möchte den Kerl zwischen meine Finger bekommen.«

»Laß das, Alfred«, sagte Tessa scharf. »Das macht die Polizei.«

»Hoffentlich tut sie's auch.«

»Ach, die tut schon was«, sagte Walter. »Bei mir war sie recht geschwind. Du hast sie ja geschickt. Kaum hatte euer Sandmännchen deine Liste, trat er auch schon auf meiner Schwelle in Erscheinung. Ich nehm's dir nicht übel, Alfred. Einer muß der erste sein.«

»Was hat er gefragt?«

»Oh, er war sehr zartfühlend, Tessalein. Ad eins: Kennen Sie das Buch ›Der Rächer‹ von Wallace? Zuerst dachte ich, er wollte es mir verkaufen. Wußte ja nicht, was los war. Kenn' ich, sag' ich. Sagt er: Seit wann? Schon einige Zeit her. Ob ich es geliehen hätte? Von wem? So nach und nach kam dann die Story raus. Ad zwei: Was ich getan hätte am Montag vor acht Tagen. Die ganzen vierundzwanzig Stunden. Bring das mal wieder zusammen als vielbeschäftigter Mensch. Gar nicht einfach.«

»Wollte er was wissen über Mara?«

»Ja, Herr Bruder. Wann ich sie zuletzt gesehen hätte. Ob ich wüßte, wo sie ist und was sie macht. Keine Ahnung von nichts. Dann kam er raus mit der Geschichte. Da wurden mir die Knie etwas weicher. Armes Mädchen.« Walter schüttelte den Kopf und trank.

»Ich hab' gedacht, ich bin im Mittelalter. Wer macht so was? Blanker Wahnsinn. Kopf hauptpostlagernd.«

Alfred sagte gefährlich sanft: »Vielleicht machst du heute lieber keine Witze.

»Verzeihung, Verzeihung.« Walter stotterte hastig. »Sollte kein Witz sein. Ich wollte damit nur sagen ... Wahnsinn. Was soll das? Kann doch nur ein Verrückter machen.«

»Der alte Shakespeare könnte sagen, ist es gleich Wahnsinn, hat es doch Methode«, meinte ich. »Man hat angekündigt, Tessa in gleicher Weise zu behandeln. Unser Sandmännchen hielt das für Bluff. Hoffentlich hat er recht.«

»Du mußt immer bei mir bleiben.«

Ich legte meinen Arm um sie. Ihre Lippen berührten mein Gesicht sanft und süß, und ich roch ihr Parfüm.

Je reviens.

»Das mache ich. Und wenn einer auftritt, kann ich ihm jetzt mit dem frischen Waffenschein legal ein paar Löcher in die Silhouette ballern.«

»Bloß nicht in den falschen.«

»Das wäre fatal. Am besten, wir machen uns bald auf nach merry old England, und wenn wir wiederkommen, hat der Sandmann vielleicht den Herrn schon ergriffen ...«

»Bist du sicher, daß es ein Herr war?«

»Nein, aber – sieht doch eigentlich mehr nach Manneskraft aus ...«

»Weiß nicht. Ich hab' mal in irgend so 'ner Sammlung von Mordfällen gelesen, Frauen zerstückeln gern. Auseinandernehmen und Gift, das sind ihre Spezialitäten.«

Alfred sagte halblaut: »Wenn man nun herausfinden könnte, wer bei ihr gewesen ist.«

»Eindeutiges Versagen des Hausmeisters. Sonst sieht er immer alles.«

Alfred zog die Luft durch die Nase. »Wie ist es, wenn er gar nichts sehen wollte?«

»Der Hausmeister?« fragte Tessa.

Alfred sagte nichts.

»Was sollte der gegen Mara gehabt haben?«

»Wer hat etwas gegen Mara gehabt?« schrie Alfred. Walter zuckte zusammen, und seine Zigarette fiel auf den Teppich.

»Ich zum Beispiel«, erwiderte Tessa ruhig. »Ich war nicht die fleischgewordene schwesterliche Liebe. Aber sie erst recht nicht. Sie hat jeden schikaniert, wo sie konnte . . .«

»De mortuis nil nisi . . .«, begann ich.

»Hör auf, Paul! Du müßtest es besser wissen. Sie hat niemanden geliebt. Sich selber.«

»Macht jeder«, knurrte Alfred. »Kein Grund, sie umzubringen.«

»Also, was ist mit dem Hausmeister?« fragte Walter.

»Nichts«, sagte ich. »Blödsinn. Bißchen nervös sind wir, das ist alles. Ich finde, wir sollten Schluß machen für heute.«

»Die Sitzung ist geschlossen«, sagte Walter gähnend. »Beschlossen wurde nichts.«

V

Im Wagen war Tessa wieder traurig. Sie legte den Kopf weit herüber zu mir. Ich hielt das Steuerrad links und streichelte sie mit der rechten Hand. »Bist meine Beste.«

»Fahren wir nach London? Bald?«

»Wir fahren. Sandmann macht das schon.«

Sandmann machte das auch. Er klingelte, als wir gerade nicht Schere oder Papier spielen wollten. Er war immer noch klein und sah ungefährlich aus. Wie ein lieber Besuch.

»Bin allerhand herumgelaufen«, sagte er aus seinem Sessel. »Lauter Routine. Alibis suchen. Sie beide fehlen mir noch.«

Tessa zog die Füße hoch.

»Wo sind Sie vergangenen Montag gewesen, Herr Holland?«

Ich grinste. »Meistens bin ich hier. Tessa wird schwören. Ich wäre auch am Montag hiergeblieben. Nicht nur wegen des Alibis. Aber ich war nicht da.«

»Warum nicht?«

»Wir haben uns gestritten«, sagte Tessa an meiner Statt.

Wir hatten uns nicht gestritten. Ich hatte einen Kater gehabt und außerdem irgendwas zu tun – wichtige Briefe oder so was.

Nett von ihr, mir Deckung zu geben.

»Wir haben wieder mal vom Heiraten geredet«, sagte Tessa mit normaler Stimmlage. »Paul drückt sich seit drei Jahren. Er ist ein Feigling. Ich wurde sauer und warf ihn raus.«

»Sie hat mich bisher stets wieder angefordert«, sagte ich.

Sandmann lachte. »Ehrliches Mädchen.«

Er irrte sich sehr.

»Sie schafft es bestimmt noch. Sie gingen nach Hause?«

»Erst in eine Kneipe. Wollt' mich nicht durstig in den Schlaf weinen. Dann nach Hause. Habe gelesen und dann gepennt.«

»Was haben Sie gelesen?«

»Schopenhauer. Über die Weiber.« Ich machte eine weitausholende, geniale Handbewegung. »Schon der Anblick der weiblichen Gestalt lehrt, daß das Weib weder zu großen geistigen noch körperlichen Arbeiten bestimmt ist . . .«

»Ich werde dir gleich Anblick geben!« empörte sich Tessa.

»Sie sind auch zu Hause geblieben, Fräulein Tessa?«

»Ja. Ich war mit mir selbst zerstritten. Dienstag vormittag habe ich noch gemault und gemuffelt. Am Nachmittag sind wir ins Kino gegangen.«

Das stimmte.

»Mittwoch früh sind wir weggefahren in die Landschaft.«

»Nach Salmstein«, erklärte ich, bevor er fragte. »Forellen essen. Da muß das Paket gekommen sein, und keiner war da.«

»Am Nachmittag war ich zu faul, es abzuholen.«

»Ich auch«, bekannte ich.

Sandmann nickte bekümmert. »Es sieht also aus, als ob Sie beide kein Alibi für Montag hätten.«

»Sind wir die einzigen?«

»Nein. Keiner hat eins. Jeder hat sich herumgetrieben, allein, oder er war zu Hause, auch allein.«

»Na ja«, murmelte ich, »das wird am Montag liegen. Jeder ist schwach und ausgelaugt vom Wochenende und faßt den Vorsatz, endlich mal alles aufzuarbeiten.

Studentenrhythmus. Sehr viele mit geregelter Tätigkeit gibt es nicht in dem Haufen, den Mara gekannt hat.«

»Wehe dir, wenn du bei einem anderen Mädchen warst!«

»War ich nicht. Habe im Bett gelegen mit Herrn Schopenhauer.«

Sandmann kritzelte in seinem Buch herum. Er wunderte sich über nichts, soweit ich sehen konnte.

»Am Donnerstag wollten wir nach London fliegen, Herr Sandmann. Mein Bruder hat Geburtstag. Geht das ohne Alibi?« fragte Tessa.

»Wie lange wollen Sie bleiben?«

Ich antwortete ihm. Vierzehn Tage hatten wir bleiben wollen.

Er klopfte mit dem Bleistift auf das Buch. »Na, ich denke, das geht. Wo werden Sie wohnen?«

»In South Kensington. Südwest drei. Chelsea House. Das ist so 'ne Appartementbude für düstere Existenzen.«

Er schrieb es auf. »Ich gebe es an Scotland Yard. Die kümmern sich auch um Ihren Bruder. Ich habe da einen Kollegen. Alter Feind von Dünkirchen. Offenbar war ich nicht auf der richtigen Seite, wie sich gezeigt hat. Ein netter Mann.«

»Sehr günstig«, sagte ich. »Vielleicht können Sie ihn bitten, seine Fittiche über uns zu halten. Ich bleibe immer auf Tuchfühlung mit Tessa, aber nach England dürfte ich sowieso keine Knarre mitnehmen, auch nicht mit Waffenschein.«

Sandmann stand auf. »Ich gebe morgen Bescheid per Telefon.«

»Prima von Ihnen.« Tessa spendierte ihr süßestes Lächeln.

»Elend prima«, wiederholte ich. »Wir erwecken Vertrauen. Wir melden uns auch sofort zurück, wenn wir wieder da sind.«

»Hoffentlich vollzählig«, sagte Sandmann und ließ uns allein.

Am nächsten Tag gab Kommissar Sandmann sein Okay für London, und wieder einen Tag später bezahlte ich am Schalter der Lufthansa das Übergewicht unserer Koffer. Ich war schon sehr englisch mit kaum gebügelten Hosen und feinen Fransen an den Ärmeln meines Trenchcoats, aber Tessa sah aus wie eine junge Herzogin und riß alles wieder raus. Wir setzten uns in ein Restaurant mit Blick auf die sonneglitzernden Silbervögel und tranken fürchterlich teuren Whisky.

Eine Woche war vergangen, seitdem ich auf dem Postamt das Paket abgeholt hatte. Ich sagte es Tessa.

»Und heute ist der vierzehnte Juli«, fügte ich hinzu. »Großes Fest in Frankreich. Die Bastille wird wieder mal gestürmt. Das war der Auftakt zur großen Halsabschneiderei.«

Sie betrachtete mich kopfschüttelnd. »Hast du mal vor irgendwas Ehrfurcht?«

»Möchtest du?«

»Bleib nur so. Ist doch nichts mehr zu ändern.«

Unser Flug wurde aufgerufen. Wir traten hinaus auf den heißen Zement. Die Boeing hielt ihre vier Triebwerke unter den Flügeln fest, als wären sie zu schwer für sie. Die Stewardessen lächelten schmelzend.

Wir fanden einen Platz im Schwanz, sogar an einem Fenster mit Notausgang, sicher und sinnlos.

Wir zogen die Gurte um die Hüften. Die Düsen begannen zu wispern und zu fauchen. Der Riesenvogel rollte an, drehte sich graziös auf der Stelle. Er verhielt, als holte er Luft für den großen Satz, und dann schoß er los.

Tessa hatte den Kopf zurückgelehnt und die Augen geschlossen.

»Ich liebe dich sehr«, sagte ich ihr ins Ohr.

Der Whisky war oben gottlob billiger als unten. Wir tranken reichlich davon, um uns Appetit zu machen. Es gab ein saftiges Schinkensteak mit Eieromelett und Stachelbeerkuchen und Schlagsahne und allerhand Zutaten.

Als wir fertig waren, kippte sie ihre Lehne zurück und schlief ein. Ich kramte mein Notizbuch heraus. Die vergangenen sieben Tage flossen durch mein Gehirn. Der Anfang eines neuen Kriminalromans mit vielen Unbekannten. Ich schrieb mir ein paar Stichworte auf. Vielleicht würde man alles gebrauchen können.

Die Klippen von Dover schienen frisch poliert. Nicht lange, und unsere Boeing senkte sich tiefer. Ihr Schatten huschte unter uns her wie der Vogel Rock persönlich.

Die Leuchtschrift am Durchgang nach vorn leuchtete wieder. Ich legte Tessas Sicherheitsgurt um ihre Taille und zog sanft zu. Dabei wachte sie auf.

Der Pilot setzte die fünfzig Tonnen sanft hin wie auf Schlagsahne. Die Triebwerke pfiffen wieder. London Airport mit der gleichen Hitze wie bei uns.

Links und bequem fuhren wir per Taxi in den Westen zur Kings Road. Der Portier im Chelsea House gab mir die Schlüssel. Unser Appartement lag im vierten Stock. Es hatte ein Bad mit einer Wanne, in die zwei zusammen nicht hineinpaßten. Mit der Küche war es genauso. Aber man konnte tun und lassen, was man wollte, und das jederzeit. Kein Mensch kümmerte sich um den anderen.

Im Kühlschrank waren dänisches Bier und Gin. Tessa stillte nach dem Auspacken gründlich ihren Durst. Dann fiel es ihr ein, zum Friseur zu gehen.

»Ist ja auch schwer auszuhalten, daß die Londoner Mädchen ihre Fransen anders tragen«, sagte ich. »Geh getrost, Liebling. Ich werde meinen Leichnam auf dieses weiße Linnen betten und dem Wellenschlag des Gins lauschen.«

Ich zog die Schuhe aus und legte mich aufs Bett. Tessa küßte mich. Ich streichelte ihre Kniekehlen. Dann ging sie fort. In der *Times* las ich weiter und hörte gefälliges Jazzgedudel aus dem eingebauten Lautsprecher. Leider nicht lange.

Es klopfte kurz und fordernd. Ich blieb liegen und rief: »Come in.«

Ronald Strong-Waldau kam herein. Nach kurzer Zeit schon hatte ich Krach mit ihm.

»Tag. Wo ist Tessa?«

Ich wälzte mich auf den linken Ellenbogen, trank gemütlich einen Schluck und lächelte Ronald an wie einen lieben Freund.

»Wenn du am Flughafen gewesen wärst, hättest du sie gesehen.«

»Vielleicht erinnerst du dich, daß ich andere Sachen zu tun habe.«

»Ich weiß. Tennis. Spielst du mit in Wimbledon?«

Ron spielte Tennis und Kricket und noch ein paar Sachen in jeder Minute, die er dafür finden konnte. Er bezeichnete sich ewig als topfit. Viel sollte ihm das nicht helfen auf die Dauer. Er sprach fast astreines Englisch. Der Akzent war nur am Telefon zu hören. Ron war achtundzwanzig Jahre alt, sah jünger aus. Keins seiner Kleidungsstücke paßte zum anderen, sehr britisch. Das war es nicht, was ich ihm übelnahm, ich sah selbst so aus.

»Des Haares und der Liebe Wellen«, sagte ich, weil er nicht geantwortet hatte. »Tessa ist unter der Haube des Friseurs. Nicht unter meiner, wenn dich das beruhigt.«

Er kräuselte die Lippen mit Verachtung. »Da wird sie auch nicht hineingeraten.«

»Bist du sicher?«

»Ganz. Du kennst meine Ansicht und die meines Vaters. Ein Mann soll eine klare Zukunft haben. Eine Frau eine klare Vergangenheit.«

»Bei uns ist es umgekehrt, was?«

»Bei dir«, sagte Ron scharf, »nicht bei Tessa.«

»Ich weiß«, seufzte ich. »Nimm dir Gin und ein Bier. Nicht jeder kann so sicher in eine geklärte Zukunft blicken wie du.«

»Hinter sich ist gut. Nie eine gehabt.« Ich wußte, wie man ihn ärgern konnte. »Aber wie ist das mit Tessa? Ist ihre Vergangenheit nicht leicht getrübt, weil sie mich gekannt hat? Stell dir vor, ein hochmögender Freier erfährt davon! Das Entsetzen! Aber gräme dich nicht. Mancher will gar kein unschuldiges Kind. Sagt sich, ist sie mir vorher nicht weggerannt, tut sie's hinterher.«

»Solche Leute wie du sagen sich das.«

»Ja, ja«, murmelte ich in die Bierflasche, »nicht jeder läßt die Finger von Mädchen, bis daß er vor den Altar tritt. Was bist du doch für ein Vorbild. Verwendest durchschnittlich drei Mädchen in der Woche. Beneidenswert. Kümmerst dich einen Dreck um ihre klare Vergangenheit.«

»Sie sind nicht Tessa.«

»Hast du die Güte und sagst mir den Unterschied?«

»Sie ist meine Schwester.«

»Leider«, sagte ich. »Deine Gespielinnen – die haben doch zum Teil auch Brüder. Halten die dir Vorträge?«

»Ich suche nichts in ihren Familien.«

»Glaub' ich. Sind wohl im allgemeinen auch zu arm.«

Ronald lachte charmant. »Ganz recht. Man kommt nie in Verdacht, hinter der Mitgift her zu sein wie Herr Holland.«

»Du lieber Gott«, sagte ich schwach, »die Mitgift. Ich bin fast vierzig Jahre ohne sie ausgekommen. Da werde ich es wohl die letzten zwanzig auch noch schaffen. Das habe ich dir schon hundertmal gesagt, Tessa zweihundertmal, deiner – pardon – seligen Schwester Mara dreihundertmal. Die konnte es nicht oft genug hören. Umsonst.«

»Du lebst ganz gut dabei.«

»Tessa findet mich schöner als andere. Kann nichts dafür. Ich habe oft genug versucht, es ihr auszureden.«

Rons ganzer Grimm schoß in sein Gesicht und zerriß den Charme. »Du kannst sicher sein, daß ich dieser Geschichte ein Ende mache!«

»Mach es, Ron, mach es. Tessa wird dich warm unterstützen. Mara hat es auch getan.« Ich setzte mich auf den Bettrand, nahm mir neue Flüssigkeit und köpfte eine Bierflasche. »Eigentlich habe ich gedacht, du würdest was über ihr plötzliches Ende wissen wollen.«

Er wischte das mit einer leichten Handbewegung von sich weg. Wie ein Rückhandschlag beim Tischtennis.

»Was interessiert mich Mara?«

Ich trank mit Konzentration und Frohsinn. »So was von brüderlicher Liebe. Warum dann Tessa?«

»Tessa interessiert mich nicht viel mehr. Ich will eine Figur wie dich nicht in der Familie haben. Das ist alles.«

»Manchen Familien tut Auffrischung gut.«

»Oh! Meinst du, du seiest imstande, irgendeine Familie aufzufrischen?«

»Nein, keine Sorge. Ich hab' mich gar nicht gemeint. Eines Tages trete ich diskret ab. Wie ich gekommen bin. Ich warte nur noch auf Tessas Erlaubnis.«

»Warum so lange?«

»Du kennst doch ihren Dickkopf. Außerdem bin ich im Augenblick gewissermaßen dienstlich um sie herum.«

»Was soll das heißen?«

»In dem Liebesgabenpaket war ein Zettel. Man teilte

mit, Tessa wäre die nächste in der Reihe. Denk mal an. Dann erbst nur noch du.«

»Du hoffentlich nicht.«

Ich betrachtete ihn teilnahmsvoll. »Muß dir das Sorgen machen. Ganz verhärmt sind deine Züge. Sag mal – kennst du ein Buch von Wallace? ›Der Rächer‹?«

»Kaum. Für diese Art von Literatur bist du zuständig.«

»Na ja. Dumme Frage. Die Sportberichte lassen dir natürlich keine Zeit, was anderes zu lesen. Es war nur, weil . . .«

Mit einem Ruck riß Tessa die Tür auf. Der dunkle Helm ihres Haares war weg. Zotteln hingen über die Ohren und kitzelten auf beiden Seiten die Wangen.

»Good, good«, sagte ich. »Sie haben sich geirrt, Miß. Das hier ist Zimmer viereinundachtzig.«

Sie hörte nicht auf mich, sondern betrachtete ihr Brüderchen wie einen toten, stinkenden Fisch. »Vielen Dank, daß du uns abgeholt hast.«

»Gern geschehen«, antwortete er im gleichen Ton. Die Verwandtschaft war unverkennbar. »Ihr seid ja auch so ganz gut hergekommen, wie ich sehe.«

»Dein Wagen wäre billiger gewesen als das Taxi. Ich hasse unnötige Geldausgaben.«

»Seit wann? Wenn ich nicht irre, fährt auch ein Bus.«

»Für Leute wie du.«

»Streitet euch nicht.« Ich holte ein Glas für Tessa. »Ron und ich haben das schon erledigt.«

»Was habt ihr gehabt?«

»Das Übliche, jetzt waren wir gerade beim ›Rächer‹. Ron ist so begierig, alles genau zu erfahren.«

»Erfahren will ich, wie lange du dem Herrn noch gestatten willst, dein Geld zu verbrauchen.«

Ich wußte das nicht und schwieg.

»Erfahren möchte ich«, sagte Tessa mit der Stimme aus

Samt und Stahl, die nur sie beherrschte, »ob Maras Tod dich betrübt oder ob er dir gelegen gekommen ist.«

Ron räkelte die Glieder. »Wie ist es bei dir, Schwester?«

»Könnte ich es vielleicht erst von dir hören?«

»Oh – ich kann nicht behaupten, daß ich ohne sie nicht weiterleben könnte. Umgekehrt wäre es wohl genauso. Sie ist ermordet worden, auf eine häßliche Weise, das ist wohl das einzige, was nicht nötig gewesen wäre. Aber ich weiß, daß sie mich mehr als einmal zur Hölle gewünscht hat. Sie ist eher angekommen – macht das einen Unterschied?«

»Prinzipiell nicht«, sagte ich, »weil wir ja wohl alle dort landen. Höchstens für den, der zuerst runter mußte.«

»Einer mußte der erste sein. Die liebe Mara wird viel Gift verspritzt haben. War ihre Lieblingsbeschäftigung. Irgend jemandem ist es zuviel geworden.«

»Wie lange wird es bei dir noch dauern?« fragte Tessa mit Anteilnahme.

Ich blickte von einem zum anderen. »Gar nicht so abwegig, Ron. Es gibt natürlich auch die Möglichkeit, daß sich ein Menschenfreund in den Kopf gesetzt hat, eure wertvolle Familie geschlossen dort unten anzusiedeln. Familienzusammenführung nennt man das wohl. Wir haben diese Möglichkeit bereits erörtert. Dann bleibt nur die nebensächliche Frage, wer Nummer zwei abgeben wird.«

Tessa fuhr lächelnd fort: »Er hat nicht unrecht, Ron. Wir spielen in solchen Fällen immer Schere oder Papier. Machst du mit?«

Ronald stand auf. Sein Gesicht war kalt, aber etwas bleicher. Nicht mehr topfit.

»Es war wohl ein Fehler, euch zum Samstag einzuladen. Es ist einmal geschehen. Aber anschließend möchte ich euch nicht wiedersehen.«

»Was mich betrifft, so bleibe ich gern weg, teurer Ron. Erhabene Gefühle erweckt dein Anblick in mir nicht. Wir sind hergekommen Londons wegen. Nicht deinetwegen. Die Stadt ist amüsant. Deine Partys sind es nicht. Aber wir nehmen es auf uns. Also bis Samstag. So long.«

»Gehab dich wohl«, sagte seine Schwester.

Er ging zwischen uns durch. Der Briefkastendeckel klapperte hinter ihm her.

»Ich könnte ihn umbringen«, fauchte Tessa.

»Da findet sich schon eines Tages jemand. Laß du das sein. Ich weiß nicht, ob ich dich nach fünfzehn oder zwanzig Jahren Zuchthaus noch mag.«

»Jack Radfielt soll am Samstag auch kommen.«

»Jack? Woher weißt du das?«

»Mara hat es mir erzählt. Sie wollte hauptsächlich seinetwegen hierherkommen. Nicht wegen ihres Brüderchens.«

Jack war der Boyfriend von Mara gewesen, als sie in London gelebt hatte. War jetzt Pilot bei einer langen Linie. Nach Ronalds Ansicht war er nicht gut genug gewesen für Mara, und Ron hatte die Geschichte in seiner bewährten Manier vermasselt. Mit Hilfe seines Vaters. Der kannte den Chef der langen Linie, und es hätte Schwierigkeiten geben können für Jack.

»Nach alledem wird uns wohl ein heiterer Abend bevorstehen. Paar Besoffene und etliche ordinäre Flittchen aus Soho, weil sie da preiswerter sind. Qualm, volle Aschenbecher und über allem Ronalds Heiligenschein. Und er wird bestimmt nicht vergessen, jedem eine Gemeinheit zu sagen.«

»Vor Jack muß er sich in acht nehmen.«

»Vor anderen Leuten auch«, sagte ich.

VI

Wir kletterten die Stufen zum Souterrain hinunter. Ron wohnte gewissermaßen unter einem Haus. Mülltonnen standen in dem queren Gang vor der Tür. Ich stieß an leere Milchflaschen. Tessa drückte zweimal auf den Klingelknopf. An Stelle von Ronald erschien ein rotblondes Haargewirr hinter der Tür. Ein mageres Mädchen mit Kulleraugen und Minirock.

»Hallo.«

»Hallo.«

Ronalds Derzeitige. Machte die Honneurs. Sie fand es wundervoll, daß wir da waren, und das mit der armen, armen Mara fand sie gräßlich.

Das vordere Zimmer war fast ausgeräumt, damit möglichst viele Leute herumstehen konnten. Schüsselchen mit Salzmandeln, Nüssen und Rosinen, Käsestangen und Ananasecken. Ich musterte die Flaschen. Viel Wein, wenig Gin, kaum Whisky. Einen Kredit von der Bank von England hatte er für die Party nicht gebraucht.

Tessa unterhielt sich mit Mabel, der Roten. Ich ging nach hinten, um mir die Hände zu waschen. Ein schmaler Gang führte ins hintere Zimmer. Er diente gleichzeitig als Küche. Das Hinterzimmer lag zum Hof hinaus und war Rons Studierstube, in der er auf den Nobelpreis für Chemie hinarbeitete. Eine breite Schlafcouch stand darin für die Stunden, wo er nicht arbeiten konnte, weil Besuch ihn abhielt. Rechts ging das Bad ab, und dahinter war eine kleine Kammer, in der er wirklich schlief.

Als ich zurückging, klingelte es, und ich öffnete die Tür an Mabels Statt.

Jack, der Flieger.

Jack Radfielt war klein, nicht das, was man sich auf

dem Kontinent unter einem Engländer vorstellt. Jagdfliegertyp, der in das Cockpit eines Düsenjägers paßte, ohne die Knie unter dem Kinn zu haben. Jetzt flog er einen Riesenvogel als Copilot. War dauernd woanders, und heute bei Mr. Ronald Strong-Waldau.

Wir gingen zusammen hinein. Er war nett zu Tessa. Wir erzählten ihm schnell, was mit Mara passiert war, bevor der Laden überlief. Mabel schüttelte sich noch mal vor Entsetzen. Jack war fast so traurig, wie Alfred, der Riese, es gewesen war.

»Sie hätte hierbleiben sollen«, sagte er. »Vielleicht wäre es nicht passiert. Ron hat sie fortgeschickt. Ron und ihr Vater. Meinetwegen.«

»Wenn du meine Gesellschaft für eine gute hältst, dann bist du in guter. Ich stehe kurz vor dem gleichen Schicksal.«

Tessa warnte mich, solchen Quatsch zu reden.

Jetzt klingelte es häufiger, bis nur noch Stehplätze zu kriegen waren.

Der Herr Gastgeber kam als drittletzter. Hatte wieder so schwer gearbeitet, der Arme. Kein Wunder, daß er auf Leute wie seine Schwester und mich herabblickte wie eine Nonne auf eine uneheliche Mutter.

Alles verlief ganz normal und ganz langweilig bis etwa um halb elf. Ich hatte einen leeren Sessel erwischt, den mir keiner neidete. Die Flasche war nicht weit. Tessa kam immer mal zu mir. Wenn sie mich küßte, arrangierte sie es so, daß Ron es sehen konnte.

Ron trank nie sehr viel. An diesem Abend wich er von diesem Prinzip ab. Er schien vorher schon getrunken zu haben, außerdem vertrug er wenig. Topfit bezog sich nur auf Tennis. Ich hatte ihm eine Flasche Drambuie Whisky-Liqueur mitgebracht, ein Teufelszeug, wenn man zu schnell zuviel davon trank. Merkwürdig. Es sah aus, als wollte er sich Mut machen für irgendwas.

Das Theater fing an, als der Captain außer Dienst auf die Idee kam, Tessa sein Beileid auszusprechen. Bei Gott, das hätte er ganz vergessen. Unverzeihlich. Seine Stimme übertönte alle Geräusche, auch die des Plattenspielers.

Ron wandte sich um. »Maras zweites Wort, Captain, war immer ›Ich weiß nicht, wo mir der Kopf steht!‹ Nun ist der Zustand tatsächlich eingetreten.«

Die Reaktion auf diesen sinnigen Spruch war nicht ganz so, wie Ron es wohl erwartet hatte. In England haben die Leute allerhand Sinn für schwarzen Humor, aber Ron war es mit deutscher Instinktlosigkeit gelungen, ihn zu überschätzen. Der Captain verstummte. Alles verstummte. Tessas Gesicht wurde schön weiß wie ein frisches Bettuch. Hinter meinem Stuhl murmelte jemand: »Damned Kraut!«

Es war nicht Jack gewesen. Jack kam aus einer anderen Ecke. Eine Menge Alkohol kreiste schon in ihm. Aber er stand fest, und seine Schritte, mit denen er sich vor Ron hinschob, waren sicher. »Du bist ein verdammtes Schwein«, sagte er leise und scharf. Jeder bekam es mit.

Ronald lächelte gewinnend. »Meinst du? Oder bist du nur betrübt, daß du endgültig nicht mehr um ihre Hand anhalten kannst?«

Die Faust von Jack kam so schnell, daß Ronald sie auch ohne Drambuie nicht gesehen hätte. Der Aufwärtshaken hob ihn in die Luft, bevor er zu Boden krachte. Er schlug mit dem Hinterkopf auf und lag still.

»Sorry«, sagte Jack.

Mabel begann kreischend zu schimpfen, aber Tessa schrie sie an, daß ihr Mund zuklappte. Sie verbarg sich heulend in einem Sessel. Eine Weile redeten wir durcheinander. Ich kniete mich neben Ron. Sein Kopf war äußerlich heil, und der Puls ging gut. Nur das Kinn wirkte markanter unter der blutigen Lippe. »Machen wir kein Drama aus der Geschichte«, sagte ich, »schleppen wir ihn nach hinten.«

Zwei andere halfen mir. Wir trugen das Geburtstagskind in sein Kämmerlein. Gemeinsam zogen wir ihm Schuhe und Jacke aus. Ich band ihm den Schlips ab und öffnete den Kragen und Gürtel. Als ich fertig war, übergab sich Ron.

»Auch das noch«, sagte ich. »Bedeckt mit allen Orden und Ehrenzeichen. Das soll die Geliebte machen. Sie hat so oft geschworen, alles für ihn zu tun.«

Wir gingen fort und schickten Mabel nach hinten.

»Wie ist es?« fragte Jack.

»Mach dir keine Sorgen. Klassischer Knockout in Verbindung mit mittelschwerer Trunkenheit. Der wacht wieder auf.«

»Tut mir leid, die Geschichte. Warum muß er so was sagen?«

»Er macht das gern. Den Ärger anderer Leute braucht er wie wir den Sauerstoff. Ist so geboren.«

Jack kaute an seiner Lippen. »Hm. Wenn ich mich erinnere – Mara konnte auch so sein. Manche Familien haben den Teufel zum Großvater.«

Ich widersprach nicht, sondern holte mir neuen Gin. Mabel kam wieder mit verheulten Augen. Ein paar verdrückten sich. Die Robusteren blieben da, nachdem Tessa ihnen zugeredet hatte, auch Jack Radfielt. Jetzt war genügend Platz, und der Alkohol würde reichen für neun Leute.

»Phantastisches Rezept, eine Party gemütlich zu machen«, krähte David, dessen Namen ich mir nur wegen seiner Sommersprossen gemerkt hatte. »Knall dem Gastgeber eine, leg ihn schlafen, und die Sache ist okay.«

Wir redeten nicht mehr darüber. Die Musik lärmte. In der Küche machte Tessa zusammen mit einem anderen

Mädchen Sandwiches und Fleischbrühe. Es wurde getanzt und hin und her gerannt. Mabel lief alle fünf Minuten hinunter zu Rons Schmerzenslager, um sich sein Schnarchen anzuhören.

Wir aßen und tranken aus, was auszutrinken war. David und seinem Mädchen wurde zu gleicher Zeit schlecht. Sie blockierten die Toilette abwechselnd. Anschließend fiel Mabel auf den Teppich, wie vorher der Mann ihres Herzens. Ihr rotes Haar warf einen Heiligenschein um ihr mattes Haupt. Tessa und ich schleppten sie auf die Couch.

»Wenn sie aufwacht, kann sie saubermachen und Rons schlechte Laune ertragen«, sagte Tessa.

»Ja. Und er hat gleich was da für den Sonntag.«

Am Schluß waren wir in allen Ecken der Wohnung verteilt, wenn auch nicht für längere Zeit. Plötzlich verschwand alles in einem großen Schub. Für ein paar Minuten blieben Tessa und ich allein zurück. Ich trank den letzten Gin. Tessa breitete eine Decke über Mabel und schrieb einen Zettel, sie wünschte viel Vergnügen beim Saubermachen. Dann donnerte sie noch einmal laut und fröhlich an Ronalds Kammertür.

»Bye, bye, brother! Wir kommen entweder verheiratet wieder oder gar nicht!«

Es blieb ruhig hinter dem Holz.

»Das hätte ihn eigentlich hochreißen müssen«, bemerkte ich. »Spricht für Jacks Rechte.«

Wir löschten das Licht. Das Türschloß machte Lärm beim Zuschlagen. Die Nachtluft war gesünder als der träge Brodem aus Rauch, Alkohol und anderem, der hinter uns zurückblieb.

Die Pubs waren seit zwei Stunden geschlossen. Unser Kühlschrank bot Ersatz. Ich marschierte vorwärts und spürte Tessas warmen Arm in meiner Ellenbeuge. »Findest du nicht, daß wir ein kaltschnäuziger Verein sind? Mara ist tot, wir feiern. Ron ist uns gleichgültig – interessiert uns überhaupt irgendwas, außer uns selber?«

»Andere machen es genauso«, antwortete sie. »Ronald, mein Vater, jeder. Ich habe es nie anders gelernt. Du interessiert mich, weiter nichts.«

»Und wenn das eines Tages auseinanderplatzt?«

»Von mir aus nicht.«

»Von mir aus auch nicht.«

Sie blieb plötzlich stehen, wie sie das oft tat, gleichgültig, ob andere Leute über sie stolperten. Ihre Nase berührte mein Kinn. »Schwör's!«

»Ich schwör's!«

»Richtig! Mit Hand!«

Ich hob die Schwurfinger zum Londoner Abendhimmel. Alles mögliche hatte ich schon beschwören müssen.

»Nichts gekreuzt?«

»Nichts.«

Sie prüfte die anderen Finger und die Beinstellung. Dann küßte sie mich, zum Zeichen, daß die Zeremonie beendet war. Ich hatte geschworen, und ich wollte bei ihr bleiben. Viel helfen sollte mir das nicht auf die Dauer.

VII

Unsere Wohnkaserne lag stumm wie der Tower. Die Halle mit dem blutroten Teppich war leer. Kein Portier, kein Mensch. Das Gitter am Lift klirrte. So ähnlich mußte die Tür einer Gefängniszelle klingen. Tessa küßte mich. Das tat sie in jedem Fahrstuhl, wenn wir allein waren, und in jedem Stockwerk sahen es die Leute und staunten.

»Viel gemütlicher hier«, sagte ich. Wir betraten unsere Bude. Es war sogar warm. Tessa drehte am Radio, da kam nichts mehr heraus. Zu spät. Sie warf die Schuhe unter den Tisch und knallte sich aufs Bett. »Erzähl mir was!«

»Erzählen? Bin ich die Brüder Grimm? Außerdem muß erst was zu trinken her. Das war die größte Frechheit von Ron – zuwenig zu trinken.« Ich verspürte Drang nach einem Daiquiri. Bacardirum mit Zitronen und eiskalt und genügend davon. Als ich die Küche verließ, lag Tessa ausgezogen im Bett. Ich gab ihr einen Daiquiri, blieb vor dem Bett hocken.

»So könnte es ewig bleiben von mir aus«, sagte ich. Meine Zunge war nicht mehr die hurtigste. Die Zitrone tat gut in dem Zeug.

»So kann es ewig bleiben. Du bist ein Idiot.«

»Weiß, weiß. Hand anhalten.«

»Mach's doch endlich«, rief sie. »Jammerlappen!«

»Das muß man sich sagen lassen, in meinem Alter. Keine Achtung mehr. Keine. Gegen eine Phalanx soll ich anrennen. Phalanx. Dein Vater und Ron. Schaffe ich nie.«

»Ron hat gar nichts zu sagen. Mara ist tot, die war gefährlicher. Meinen Vater übernehme ich. Der macht, was ich will.«

»Der wird sieben Teufel tun«, murmelte ich und trank.

Tessa kam hoch. Sie nahm mir das Glas weg. Ihre Hände hielten meinen Hals wie eine Galgenschlinge. »Hör mir zu! Du brauchst nur zu meinem Vater zu gehen. Alles andere mache ich. Nur hingehen mußt du.«

»Der schmeißt mich schneller raus als einen Hausierer.« Ich streichelte sie überall, wo ich konnte. »Und dich mit. Ohne Geld. Ist rührend von dir, mich mit Gewalt zum Herrn Strong-Waldau machen zu wollen. Aber wenn ich er wäre – ich würde uns beide rausfeuern, mein Geld behalten und auf meine Jüngstgeborene verzichten. Ich hab' eure werte Familie kennengelernt. Der Vater kann nicht wesentlich anders sein als die Kinder. Der lacht sich tot, wenn endlich ein anderer für dich bezahlen muß.«

Sie warf sich wieder hin. Das Bett krachte. »Mit Geld nimmst du mich. Ohne nicht.«

»Paß auf, Gute. Es ist besser so. Mir geht es gut. Dir auch. Wozu in aller Welt soll ich mich jetzt noch mit deinem Vater anlegen? Irgendwann stirbt er, Gott sei davor, aber er wird nicht anders können. Dann ist immer noch Zeit . . .«

»Für mich nicht«, schrie Tessa. »Ich will jetzt verheiratet sein und nicht in zwanzig Jahren! Wann kapierst du das endlich?«

Ihre Tränen kamen schnell wie ein Springbrunnen. Ich nahm ihr Gesicht an mein Hemd. Es war alles egal, es war nur schön, so was zu haben.

»Paul«, sagte sie »laß uns spielen.«

»Spielen?«

»Scissors cut paper. Schere oder Papier. Wenn ich gewinne, gehst du zu Vater und fragst. Nur fragen. Wenn du gewinnst, brauchst du nicht zu gehen.«

»Bis zum nächsten Spiel, was?«

»Mach mit. Bitte.«

Ich verlor, weil ich verlieren wollte. Meine zwei Finger schnitten in ihre Hand. Eins für mich. Ich wußte, daß sie beim zweitenmal meine Hand beibehielt. Tessa sah mir ins Gesicht, mit beiden Augen in mein rechtes. Eine geheime Verschwörung nahm von uns Besitz. Es war einfach meine Pflicht, den Stein zu nehmen und meine Hand einwickeln zu lassen. Gleichstand.

Eins, zwei, drei. Ich schnipste die zwei Finger heraus, und Tessas Faust schlug sie herunter.

»Da haben wir's«, sagte ich. »Paul Holland auf Freiersfüßen. Was zieht man denn da an?«

»Dunkel genügt in diesem Fall.«

»Paar Beruhigungspillen werde ich auch brauchen. Es ist mein erster Gang in diese Richtung.«

Sie begann zu lachen. »Ach, wird das komisch werden!«

»Für dich. Wartest du draußen?«

»Natürlich. Ich muß doch sehen, wie du herausgeflogen kommst.«

»So. Ich glaube, nur deswegen schickst du mich hinein. Roll wenigstens draußen einen Teppich auseinander.«

»Komm, hole noch was. Wir können Verlobung feiern.«

»Bist du praktisch veranlagt.«

»Etwa nicht? Wenn man sich entschließt, um ein Mädchen zu bitten, muß man doch verlobt sein.«

Sie hängte sich an meinen Hals. Ich goß noch eine Ladung Daiquiri zusammen. Die zweite Hälfte davon tranken wir im Liegen. Es wurde schnell warm unter der Decke. Ich fand, daß ich gar nicht so müde war. Die Zitronen wirkten segensreich in meinem Kopf. Der Nachtwind spielte mit den Gardinen, er war frisch. Kein Geräusch kam aus der Stadt, und auch das Haus war still wie eine Totenkammer, zu still fast für unsere Atemzüge und zärtlichen Worte.

»Hörst du was?« fragte Tessa.

Sie hatte den Kopf etwas hochgehoben. Ich tat das gleiche. »Ja. Da kommt einer im Laufschritt. Wird minderjährig sein.«

Die Schritte waren hastig, aber ungleichmäßig, als stolperte der Laufende mit weichen Knien. Besoffen.

Etwas fiel dumpf gegen unsere Tür. Ausgerechnet gegen unsere. Der Atem hechelte am Holz. Ein paar Hände trommelten, aber sie waren schlaff und weich. Der Körper schien tiefer zu rutschen.

»Was, in aller Welt . . .«, begann ich.

Das Wesen draußen hatte auch eine Stimme. Halberstickter Gestammel hallte im Gang wie eine Predigt durch ein Kirchenschiff.

»Macht – macht auf! Aufmachen! Reinlassen!«

»Mabel, was?«

»Ja«, flüsterte Tessa. »Das klingt fast, als wäre jemand hinter ihr her.«

Draußen wimmerte es und schluchzte. Das Holz dröhnte. Ausgerechnet an unserer Tür. Man kann eine Weile Lärm machen in einem Londoner Appartementhaus. Die Grenze bis zum Ärger liegt hoch. »Hol sie, bevor sie den Flur vollkotzt!«

Ich drehte den Schalter und zog meine Schlafanzughosen an. Das Gewicht von Mabels Körper drückte die Tür nach innen. Mabel sackte über die Schwelle. Ich griff unter die Achselhöhlen; sie waren schweißnaß. Mit einem Ruck zerrte ich das Mädchen herein. Sie hob den Kopf und öffnete den Mund zu neuem Geschrei. Tessa unterband das schnell.

»Shut up! Weck nicht ganz London auf!«

Ich steckte die Nase auf den Flur hinaus. Kein Mensch war zu sehen, weder rechts noch links. Hinter der

Schwingtür am linken Ende war hinter den Scherengittern zum Schacht die matterleuchtete Kabine des Fahrstuhls zu erkennen. So viel Verstand hatte Mabel noch besessen, nicht alle vier Treppen hochzustolpern. Ich wartete. Kein Verfolger wurde sichtbar, aber daran hatte ich auch nicht geglaubt. Ich klinkte die Tür zu und schob den kleinen Sperriegel an seinen Platz. Unser Heim war wie unser Schloß.

Tessa hatte Mabel auf das Bett gehievt. Sie wimmerte weiter und zuckte dabei wie ein Epileptiker.

Dann fiel Mabel zurück. Sie schluckte und öffnete die Augen. Ihr Blick machte uns betroffen. So konnte ein Zeuge aussehen, der zu einer Hinrichtung befohlen worden war. »Ron.«

Tessa bekam eine Falte über der Nasenwurzel. »Ron?«

»Er, ja. Muß tot sein. Er muß tot sein. »Jetzt hatte sie den Satz beieinander.

Meine und Tessas Augen kreuzten sich. Ich sah, daß sie wieder böse werden wollte. »Hör mir zu, Mabel! Wenn du schon besoffen bist . . .«

»Warte mal, Tessa. So wird das nichts. Sie ist eine hysterische Ziege. Pardon, Persönlichkeit, nein, stimmt wissenschaftlich auch nicht, sie hat hysterische Reaktionen, aber wir sollten . . .«

»Sie soll sich zusammennehmen und uns sagen, warum sie hier Lady Macbeth vorspielt, oder . . .«

»Sei lieb. Gib ihr eine Chance.«

»Also mach schon.«

»Mabel«, sagte ich, »wieso muß Ron tot sein?«

Mabel krampfte die Hände in die Kissen. Sie kam mit dem Oberkörper hoch. Ihr Schlüsselbein trat im Fleisch hervor.

»Er ist kalt«, sagte sie sehr leise und sehr bestimmt. »Ganz kalt. Er wurde immer kälter. Ich wollte ihn wärmen. Ich war betrunken. Er rührte sich nicht und sagte nichts, das ist mir nicht aufgefallen. Das tat er oft, wenn er schlechte Laune hatte.«

»Fang am Anfang an«, sagte ich zu Mabel.

»Ich bin aufgewacht. Alles dunkel, und die Luft miserabel. Ich hab' mich ausgezogen, das ging schnell. Vorher habe ich mir in der Küche Zitronenwasser gemacht . . . guter Gott«, sie kicherte »hab' wohl eine Tasse runtergeschmissen oder so was Ähnliches.«

Tessa sah mich an. Wir schüttelten gleichzeitig die Köpfe.

»Weiter, Mabel.«

Ihr Kichern verflog mit der Erinnerung. »Ich nahm den Krug und ging nach hinten. Licht war schon aus. Ich finde ja alles im Dunkeln. Hab' nur mal mit dem Krug geschwappt, hab' gedacht, wenn schon, muß sowieso alles saubermachen morgen. Ganz leise rein. Ich wollte ihn nicht wecken. Krug hingestellt und hin zu Ron.«

Sie fing an zu weinen, und Tessa hatte Mitleid mit ihr. Ron würde erst an zweiter Stelle kommen.

»Er lag auf der Seite. Meistens liegt er so. Bin an ihn ran. Seine . . . seine Arme waren weich, keine Kraft drin, schön, hab' ich gedacht, besoffen und dann der Schlag von – von . . . Wer war's gleich?«

»Jack.«

»Ja, Jack.« Ihre Augen flatterten, die Heultour stand bevor. Sie packte uns, jeden mit einer Hand. »Jack war es! Jack war es!«

»Schon gut«, sagte ich, »weiter.«

Sie ließ uns los, fiel nach hinten und stierte an die Decke. »Ich hab' ihn an mich gezogen – an die Brust, versteht ihr –, geküßt auch. Dann muß ich eingeschlafen sein – fest, nichts geträumt. Bin aufgewacht wegen Durst. Hab' getrunken. Furchtbar viel. Dann – dann hab' ich gemerkt, daß ich friere. So kalt. So kalt war's. Hab' ihn wieder umarmt und geküßt und . . . Es war nicht die

Decke, die war ja da, er war es, Ron war so kalt, der hätte doch warm sein müssen, längst hätte er das, war aber nicht.«

Sie zitterte wie im Schüttelfrost. Das war kein Theater. »Ich hab' ihn geschüttelt, dann hab' ich Licht gemacht . . . Ron lag da, aber er war es nicht mehr, er war ganz fremd, er hatte noch nie so ausgesehen – und dann hab' ich gemerkt, daß er nicht atmete, kein Hauch, nichts, und seine Augen sahen nichts mehr an, sie waren offen, wie blind sahen sie aus. Ich hab' gerufen und geschrien, auf einmal wußte ich es. Er ist tot.«

Ich sah Tessa an. Das Blut wich ganz langsam aus ihren Wangen und von der Haut ihrer Stirn.

»Hast du seinen Puls gefühlt oder nach dem Herzschlag gehört?« fragte ich Mabel.

»Puls? Herz? Ich hab' nur noch geschrien und bin weggelaufen. Ich weiß nicht, wie ich rausgekommen bin . . . Ich wollte nur weg – zu euch – zu jemandem, der lebt und sich bewegt . . .«

Wir ließen sie weinen. Wahrscheinlich hatte sie Grund. Kein Vergnügen, einen Toten lieben zu wollen.

»Wir werden nachsehen müssen, Tessa.«

»Meinst du . . . Aber das kann nicht wahr sein. Ron hat gelebt, ich habe ihn gesehen, ich habe mich geärgert über ihn . . .«

»Du meinst, da muß er auf jeden Fall gelebt haben. Nun erst mal ruhig, Mädchen. Vielleicht ist er bewußtlos. Mabel hat da nicht den Blick, und heute schon gar nicht . . .«

Mabel wischte mit dem Kissen über ihr Gesicht. »Aber kalt! So kalt! Wie kann er so kalt sein?«

Ich stand auf und griff nach meinem Hemd.

»Ich komme mit«, sagte Tessa. »Mabel, du bleibst hier, bis wir zurück sind. Zieh dich aus und schlaf.«

Mabel weinte weiter. Ich zog mich hinter der geöffneten Schranktür an. Tessa verschwand im Bad. Die Nacht war zum Teufel, ganz sicher. Fünfzehn Minuten später gingen wir den Weg zurück, den wir gekommen waren.

»Paul – was glaubst du, was er ist?«

»Entweder spinnt sie. Oder er hat sich noch mal übergeben, und die Lebensmittel sind ihm im Hals steckengeblieben. Alles schon vorgekommen.«

Tessa schwieg. Ich sah sie von der Seite an und bemerkte den verkniffenen Trotz in ihrem Gesicht, den ich kannte. »Denkst du was anderes?«

»Ja.«

»Was?«

»Mara. Wenn er tot ist, ist jemand hinter uns her.«

Ich schwieg. Wir waren vor Ronalds Haus. Wir hatten Mabels Schlüssel mit, Ron pflegte der jeweiligen Leibfrau einen Schlüssel zu überlassen, damit sie pünktlich zum Saubermachen erscheinen konnte.

Der Tabakrauch war jetzt so kalt wie aus einer Wasserpfeife. Das Wohnzimmer klebte von Weinresten – Tisch, Fußboden, Stühle, alles pappte. Tessa öffnete das Fenster. Dann war sie bei mir und umklammerte mich. Ich faßte ihr Haar neben ihren Ohren und drehte zwei kleine Zöpfe daraus.

»Bitte, sieh nach.«

»Ja.«

Ich ging durch den Küchenflur, durch das hintere Zimmer. Die Tür zur Kammer stand halb geöffnet. Mabel hatte keine Zeit oder keine Lust mehr gehabt, sie zu schließen. Ronald war auf die linke Seite gedreht, Mabels Werk. Der rechte Arm war hinten geblieben, er hing über den Bettrand herunter. Ron war vollständig nackt. Die emsige Mabel hatte ihn ausgezogen, da war ihr nichts zuviel. Ein lebendiger Schläfer würde es nicht lange in dieser Stellung aushalten. Rons hellbraune Augen, mit denen er immer die Fehler anderer Leute gesehen hatte, waren teilnahmslos.

Ich kniete mich neben das Bett und schirmte die Pupillen mit der Hand gegen das Licht ab. Sie wurden nicht enger, als ich die Hand wegnahm. Ich ging auf die andere Seite und faßte an das Handgelenk des hängenden Armes. Der Puls bewegte sich so wenig wie die Pupillen. Fingerabdrücke sollte man in so einem Fall möglichst nicht hinterlassen, um der Polizei dumme Gedanken zu ersparen. Ich tat noch das letzte und hielt mein Ohr an den Brustkorb. Die Haut war von dieser frostigen, unwiderruflichen Kühle.

Mabel hatte richtig gefühlt.

Ich kam hoch, es knackte dabei etwas in meinem linken Knie. Hm. Ein aufstrebender Chemiker weniger auf der Welt. Und das an seinem Geburtstag.

Ich ließ das Licht brennen und ging steifbeinig durch den Küchenflur zurück. Tessa saß neben der Kaminattrappe. Die beiden Spulen begannen matt zu glühen. Ein lässiger schwarzer Engel mit der Hölle im Hintergrund.

Ich lehnte mich an den Türrahmen und nickte.

»Mabel hat nicht gesponnen?«

»Mabel hat nicht gesponnen.«

Tessa starrte auf die Spulen, die jetzt grellrot strahlten. Sie wischte sich über die Augen. »Warte noch etwas. Dann kann ich mitkommen.«

Ich ging zu ihr und küßte sie auf die Stirn. Sie streichelte meinen Arm. Ich zündete eine Zigarette an und gab sie ihr. Ein Rest Wein war in einer Flasche. Ich trank ihn aus. »Wären wir lieber zu Hause geblieben«, sagte ich, »da hatten wir nur Ärger mit der deutschen Polizei, und jetzt kriegen wir noch welchen mit der englischen.«

»Sieht man was – an ihm?«

»Nichts. Mara sah schlimmer aus.«

Sie zerquetschte die Zigarette. »Komm!«

»Geht es?«

»Ja.«

Sie ging aufrecht vor mir her auf ihren schönen Beinen, als wäre sie schon hinter Rons Sarg. Ich drückte die Kammertür mit dem Ellenbogen ganz an die Wand heran. Tessa sah alles.

»Was meinst du, wie es passiert ist?«

»Er ist erstickt, das scheint sicher. Entweder von selber, weil er besoffen war. Oder es hat jemand etwas nachgeholfen.«

»Wie?«

Ich deutete auf das große Kopfkissen. Ronalds Kopf lag auf der rechten Hälfte und beulte sie ein. »Man brauchte das Ding nur umzuklappen und auf sein Gesicht zu pressen, genügend lange. Es muß aber nicht das Kissen gewesen sein, jeder andere Stoff tut es auch.«

Tessa warf ihren Kopf herum. »Er ist nicht von selbst erstickt. Genausoweinig, wie Mara sich selbst umgebracht hat.«

»Bei Mara ist allerdings kein Zweifel. Die Gerichtsdoktoren werden es rausknobeln. Bei Toten sind die enorm gut. Lebende zu behandeln liegt ihnen weniger.«

Tessa fing an zu weinen. Sie schluchzte nicht und zuckte nur. Nur Tränen liefen in gleichmäßigem Abstand über ihre Wangen. »An seinem Geburtstag. Ich hab' ihn nicht leiden können, nie. An seinem Geburtstag – das war nicht nötig.«

»Es wäre an jedem anderen Tag gleich unangenehm gewesen.«

Tessa ging drei Schritte auf das Bett zu. Einen Augenblick blieb sie aufgerichtet stehen. Dann bückte sie sich schnell. Ihre Lippen berührten die Wange des toten Ronald sanft wie eine schwebende Feder. Sie kam hoch, bevor Tränen auf sein Gesicht fallen konnten. »Lippenabdrücke machen doch nichts, oder?«

»Ich glaube nicht.«

Sie ging an mir vorbei. Für ein paar Sekunden blieb ich noch und betrachtete Ronald und das Bett und das Kissen. Als ich nach vorn ins Wohnzimmer kam, saß Tessa auf ihrem Platz. Der Kamin warf glimmende Hitze, aber trotzdem blieb es kalt um uns.

»Paul!«

»Ja?«

»Wer kann das gewesen sein?«

»Wenn es Mord war . . .«

»Es war Mord.«

»Hm. Also wenn es Mord war, jeder. Jeder, der noch hier war, nachdem wir Ronald in sein Zimmer geschleppt hatten. Sie sind kreuz und quer gelaufen wie eine Schulklasse in der großen Pause. Jack, David, Mabel, du, ich – jeder hatte Gelegenheit. Aber wir wissen nicht, ob es Mord ist. Es kann genausogut . . .«

»Quatsch. Es ist jemand hinter uns her. Ich bin die nächste.«

Ich hob den Kopf hoch. »Das ist bestimmt Quatsch. So leicht ist es nicht, einen Krimi zu konstruieren.«

»Ich weiß auch, wer«, sagte Tessa. Kalt, eigensinnig und mit Haß.

»Wer?«

»Vater.«

»Dein Vater?«

»Ja. Oder die Frau, die ihn heiraten will.«

»Guter Gott. Also auf die Idee wäre ich in hundert Jahren nicht gekommen. Er setzt euch in die Welt unter einigen Anstrengungen, päppelt euch groß, steckt euch Geld hinten und vor hinein, und auf einmal sagt er, pardon, Irrtum gewesen, die müssen wieder weg, was wollte ich eigentlich damit . . .«

»Du bist dumm! Phantasielos und dumm wie deine Geschichten! Es ist sonnenklar! Schon bei Mara hätte ich darauf kommen müssen. Er will wieder heiraten und uns loswerden.«

»Kennst du die Frau?«

»Ich hab' sie gesehen. Eine geldgierige Hure mit geliftеter Fassade. Sie macht mit ihm, was sie will.«

»Schön, schön«, sagte ich begütigend. »Aber deswegen muß er euch nicht ermorden. Sie kriegt so und so eine Menge, wenn er das Zeitliche segnet, und wegen eures Pflichtteils sich auf so was einzulassen . . . Nee, das klingt zu sehr nach Brüder Grimm. Die teuflische Stiefmutter, die unschuldigen Kindlein und der entmenschte Vater. Und wenn sie nicht gestorben sind . . .«

»Sie sind aber gestorben«, sagte Tessa. Der rote Schein der Spiralen lag auf ihrem Gesicht. »Er hat sich nie um uns gekümmert. Nur an sich gedacht. Ich weiß, ich bin genauso. Mara und Ron waren es auch. Das bißchen Geld hat ihm nicht weh getan. Aber jetzt hat er diese Frau, die verzichtet auf nichts. Auf nichts.«

»Hat sie Kinder?«

»Ich weiß nicht. Kann sein. Wahrscheinlich.«

Ich drehte meine Oberlippe zwischen den Fingern. »Na ja. Ich will nicht dagegen sein, nur weil es mein Einfall nicht wahr. Er kann zwar nichts mitnehmen, aber die Liebe zum Besitz wächst im Alter. Ein Weib kann einen alten Witwer ganz schön auf Touren bringen. Noch dazu, wenn sie ein Profi gewesen sein sollte. Alte Narren sind die schlimmsten. Andererseits war er nicht in der Nähe. Weder in München noch hier. Von einer Frau mit Lift im Gesicht habe ich auch nichts wahrgenommen . . .«

»Stell dich nicht so schwerfällig! Sie haben jemand angestiftet. Mit Geld ist alles zu machen. Entweder sie beide zusammen, oder sie macht es allein, während er in

Amerika ist. Siehst du das nicht?« Tessa packte und schüttelte mich. »Das kann man doch mit den Händen greifen!«

»Zunächst mal hast du mich ergriffen. Immerhin, immerhin. Es wäre ein Weg aus der Finsternis. Sie macht die Dreckarbeit für deinen alten Herrn. Wer weiß, was sie für Leute gekannt hat. Aus der Branche, von früher her.« Der Gedanke begann mir zu gefallen. Ich sagte Tessa nicht, warum. »Hm.« Langsam sprach ich weiter. »Mir fällt was ein. Da war zum Beispiel der Knilch an der Tür, der komische. Der Engländer, der nach irgendeiner Familie fragte, als wir gerade die Freude mit Maras Paket erlebt hatten. Warum treibt sich ein Engländer da rum?«

Tessa schwieg.

»Kann schon stimmen, deine Idee. Auf jeden Fall müssen wir die Gentlemen von der Polizei draufstoßen. Und bei dem Wort Polizei fällt mir ein, daß wir sie langsam herbitten müssen.«

»Mach es.«

Ich ging zum Telefon im Küchenflur. ›Did you pay for your call?‹ stand auf einem Papierschild an der Wand. ›Haben Sie für Ihren Anruf bezahlt?‹ Ich war fest entschlossen, nichts zu bezahlen. Ron war alle Geldsorgen los.

Der Inspektor sah nicht aus wie Maigret und schon gar nicht wie Sherlock Holmes. Eher wie ein leicht heruntergekommener Kunde eines Wettbüros am Bahnhof South Kensington. Er war genauso zerknittert wie ich. Er war gefolgt von zwei anderen mit harzigen Gesichtern und Anzügen aus der Zeit der Luftschlacht um England.

Der Inspektor hing phlegmatisch in einem Stuhl, rauchte honigduftenden Tabak und hörte sich unsere

Story an. Sie gefiel ihm offenbar sehr. Und das um diese Tageszeit.

»Es kann ein Unglücksfall sein, dachte ich, Inspektor. Aber Miß Strongs Schwester ist vor kurzem ermordet worden. Allerdings auf andere Art. Der Kommissar, der uns in München betreut hat, sagte, hier hätte er einen Kollegen, der . . .«

»Ich weiß.«

»Ach, dann sind Sie . . .«

»Dann bin ich. Als der Name genannt wurde, hat man mich geholt. Verteufelt früh am Morgen.«

Dann war nichts mehr zu sagen. Die drei gingen nach hinten und besichtigten Ronald. Sie schnüffelten in der Wohnung herum und unterhielten sich in Chiffreausdrücken. Die Müdigkeit preßte meinen Schädel zusammen. Schließlich kam der Inspektor wieder – Ritchie hieß er – und fragte uns nach den Teilnehmern. Wir brachten nicht alle zusammen. Tessa erinnerte sich an Mabel, die in unseren Betten lag und wahrscheinlich schon ganz zerflossen war.

»Und er hatte Streit?«

»Ein bißchen. Nicht mehr, als es auf solchen Festen immer mal passiert.«

»Worum ging es?«

Tessa servierte ihm die Geschichte kurz und klar. »Mein Bruder machte sich lustig über den Tod meiner Schwester. Das war Mister Radfielt zuviel. Er hätte sie gern gehabt.«

»Wo hat er sie kennengelernt?«

»In Deutschland. Er ist Pilot.«

»Pilot«, wiederholte Ritchie. »Da kommt er wohl oft nach Deutschland. Wissen Sie, ob er dort war, als Ihre Schwester ermordet wurde?«

So ein praktischer Mensch. Machte gleich einen

Massenmörder aus Jack. Aber sicher irrte er sich in diesem Fall.

»Nein, das weiß ich nicht«, antwortete Tessa mit gelinder Verblüffung. »Am besten, Sie fragen ihn selbst.«

Ritchie fragte nicht mehr viel. Er ließ eins seiner Harzgesichter in Rons Wohnung mit der Weisung zurück, den Polizeiarzt abzuwarten. Dann nahm der Inspektor uns mit in den glimmenden Londoner Morgen, und wir gingen unseren Rückweg zum zweitenmal und sahen die ersten Milchmänner an den Stufen der träumenden Häuser.

Mabel schlief fest. Sie hatte sich ausgezogen, nur ihre Schuhe lagen vor dem Bett und das Knäuel ihres Taschentuches. Sie blickte mit irren Augen zu uns hoch, als ich ihre Schulter geschüttelt hatte. »Das ist Inspektor Ritchie vom Yard, Mabel. Er muß dich auch noch was fragen.«

Sie warf sich wieder hin und weinte. Der Inspektor nahm Rücksicht. Ich gab ihm einen Stuhl. Er setzte sich und wartete, Tessa kochte Tee in der Küche. Ich guckte aus dem Fenster. Mabel war nach einer Weile soweit und erzählte stockend was sie wußte. Ihre Geschichte von der Nacht. Woher sie Ron gekannt hatte und wie lange. Tennisklub. Vier Monate. Sie wäre ohnehin nicht mehr lange aktuell gewesen.

Dann kam er auf die Partygäste. Sie brachte alle zusammen bis auf ein Mädchen, aber das hatte jemand mitgebracht, den sie kannte. Der Inspektor nickte und schrieb. Tessa brachte eine Tasse Tee für ihn und für Mabel. Ich wollte keinen trinken. Ich wollte schlafen, wenn es vorbei war.

»Danke, Miß Strong. Die erste Tasse heute. Wollen Sie bald nach Deutschland zurück?«

»Wir hatten es nicht eilig. Jetzt schon gar nicht. Ich muß auf meinen Vater warten.«

»Bleiben Sie hier wohnen?«

Tessa sah zu mir. Ich nickte.

»Erst mal ja.«

»Well. Sehr schön. Ich muß wissen, wo ich Sie erreichen kann. Wollen Sie die Stadt verlassen, aufs Land oder so?«

»Nein.«

»Das ist nett. Ist nur für die erste Zeit. Später wird's dann gehen. Ich sage Ihnen Bescheid.«

»In München war's genauso«, sagte ich vom Fenster her.

»Ich war mal auf dem Oktoberfest«, antwortete Ritchie. Das war alles. Er trank eine zweite Tasse, während Mabel sich im Bad auffrischte. Er ging und nahm sie mit. Wir blieben zurück mit allen Problemen und aller Ungewißheit.

Ich fühlte mich wie ein frisch Operierter. Tessa war schneller im Bett als ich. Ich rollte mich neben sie. Sie blieb auf dem Rücken liegen und starrte an die Decke, ohne zu sprechen. Bis ich einschlief, sah ich ihre unbeweglichen Augen.

VIII

Wir hatten nicht sehr weit zum Brompton-Friedhof, auf dem Ronald in Englands ruhmreiche Erde gesenkt wurde. Der alte Herr war wohl nicht für unnötige Überführungsgebühren. Ein Familiengrab gab es nicht. Mara lag in München. Die wollten auch nach ihrem Tod überflüssige Kontakte vermeiden.

Tod durch Ersticken, verursacht durch eine oder mehrere unbekannte Personen. So hatte der Coroner nach dem Sektionsbefund entschieden. Jack Radfielt war erheblich in Druck geraten. Er war am dritten Juli für etliche Stunden in München gewesen, Copilot, Aushilfe, genau zu der Zeit, in der Mara ermordet worden sein mußte. Er hatte Stein und Bein geschworen, sie überhaupt nicht gesehen zu haben, und bisher hatten sie ihm das Gegenteil nicht beweisen können. Er lief frei herum, nur mit Wegfliegen war nichts im Augenblick. Er stand mit in der Trauerschar, trotzig und finster.

Zum erstenmal sah ich die Neue vom alten Strong. Die geldgierige Hure mit gelifteter Fassade, wie Tessa es so zartfühlend formuliert hatte. Während der Trauerrede des Reverend kam ich nicht dahinter, weshalb der alte Strong-Waldau so scharf auf die Dame sein sollte, obwohl die Rede lang war wie die Zeit nach dem Tod. Tessas Blicke warfen die Lady fast mit in die Grube zu Ron hinunter. Ich dachte an unser letztes Spiel mit Schere oder Papier, das ich verloren hatte, und malte mir aus, was mich erwarten würde, wenn ich die Halle des väterlichen Hauses beträte.

Es war nicht unamüsant, aber ich in meinem Matrosenanzug war der Dumme dabei und verfluchte Tessa und ihr Standvermögen.

Väterchen wollte zum Golf und war schon im Dreß,

Madame entsprechend. Sie trug eine Kette längsgeschnittener Diamanten zur Wildlederweste und bot mir eine Tasse Tee an. Zu drei Tassen kam es nicht. Sie machten es kurz.

»In gewisser Weise bereiten Sie mir Vergnügen«, sagte der alte Herr. »Mehr noch – Freude. Wenn Sie auf Ihrem Vorsatz bestehen, habe ich einen stichfesten Grund, Tessas Erbteil so weit wie möglich zu beschneiden. Die juristischen Möglichkeiten sind mir bekannt, ich will sie hier nicht erläutern. Sie wird eine Kleinigkeit bekommen, das fällt nicht ins Gewicht. Sie wissen, wie Tessa zu leben gewohnt ist. Es würden Ihnen allerhand Unkosten entstehen. Meinen Sie nicht, daß dieser Zustand auf die Dauer dem Rahmen Ihres Arbeitswillens und Ihres Könnens nicht mehr gemäß sein wird?«

Wirklich elegant ausgedrückt.

»Ich bin überzeugt davon. Ich habe Tessa verschiedentlich darauf hingewiesen. Es ist ihre Idee, mich zu heiraten, nicht unbedingt meine. Aber wir kommen gut miteinander aus. Und ich verstehe nicht recht, warum Sie so erpicht darauf sind, Tessa zu enterben. Es müßte doch eigentlich für alle reichen.«

Madame lächelte, soweit es das Lifting zuließ. »Vielleicht hat Mr. Strong etwas gegen Erbschleicher, Mister Holland.«

»Oh«, sagte ich, »das leuchtet ein. Da hat er allerdings bisher mit Tessas Verehrern nicht viel Glück gehabt. Ich habe sie zum größten Teil miterlebt, kein Wunder, wenn man sich lange kennt. Ich möchte mich da noch als Waisenknaben bezeichnen, Mrs. Calhoun. Ich bin billig im Betrieb. Die hätten bedeutend mehr gekostet. Und vom Arbeiten hielten sie, soweit ich sehen konnte, nichts. Um nicht zu sagen, gar nichts.«

»Das wundert mich nicht, Mister Holland«, sagte Strong. »Tessa hat ausgesprochenes Talent, an Minderwertige zu geraten.« Ich sah auf den Teppich hinunter, als wäre ich zutiefst getroffen.

»Das mag sein«, murmelte ich, »ein Jammer in der Familie. Bei Mara war es ähnlich. Sie kam und kam nicht zum Zuge. Und genauso bei Ihrem verstorbenen Herrn Sohn. Auch er geriet immer nur an Minderwertige.«

»Ich weiß«, erwiderte er fröhlich, »daher kam es auch zu keiner Heirat, wenn ich mich recht erinnere. Und Tessa ist noch jung, sie wird vernünftig werden. Es wird Ihnen unglaubwürdig vorkommen, Mister Holland, aber es soll Leute geben, die mit Kapital etwas aufbauen, anstatt es zu vertrinken. Ich bedaure Ihre Situation tief. Aber ich hasse es nun einmal, Geld zu verschwenden.«

Ich hob meine Augen vom Teppich und blickte mit leichtem Hohn zu ihm, zu Mrs. Calhoun und wieder zu ihm. »Tatsächlich?«

Mr. Strong-Waldau lächelte und trank seinen Tee in bester Manier. Er nahm ihn sozusagen. Er war topfit, wie sein verblichener Sohn es gewesen war. »Äh, eine Frage, Mister Holland, bevor Sie uns verlassen – haben Sie meine Tochter und meinen Sohn umgebracht?«

Ich setzte meine Tasse behutsam auf den Tisch, obwohl sie leer war.

»Würde ich da mehr geerbt haben?«

»Keineswegs.«

»Also?«

»Eine Frage, weiter nichts.«

»Natürlich. Mich hat auch immer interessiert, ob Sie Ihre Kinder umgebracht haben – pardon – umbringen lassen. Konzentration nennt man das wohl in der Wirtschaft.«

Er sah auf seine Uhr. »Oh, ich glaube, wir sollten schon fort sein, Darling. Darf Richardson Sie hinausbringen, Mister Holland?«

»Das wäre lieb von Richardson«, antwortete ich.

»Tessa wird schon ungeduldig sein.« Ich stand auf. Der Hosenbund spannte. Elend alt war der Anzug schon. Vater Strong lächelte immer noch, nur seine Augen waren Stahlsplitter.

Madames Lift hatte gegen die frohe Miene die Oberhand gewonnen.

»Kommen Sie nicht mehr wieder«, sagte Strong.

»Nein«, antwortete ich.

Dafür kam Richardson. Er sah mich von der Seite an wie die Breitseite eines Schlachtschiffes.

»Guten Tag, Mrs. Calhoun. Der Tee war ausgezeichnet. Guten Tag, Mr. Strong. Ich wünsche Ihnen einen sicheren Schlag auf dem Platz.«

Sie antworteten nicht, und ich ging vor Richardson hinaus. Die Sache war nicht gutgegangen. Tessa wartete bei Angus in der Pulham Road. Ich bestellte Pilsner Bier und Gin von Booth. Später zwei Filetsteaks, größte Ausführung, mittel durchgebraten. Dann erzählte ich mit einigem Behagen. »Manchmal fing der Dialog an, bühnenreif zu werden. Oscar Wilde hätte was daraus gemacht. Du hättest deine helle Freude daran gehabt.«

Sie sah aber gar nicht so aus. Sie hatte die Unterlippe vorgeschoben und spielte mit ihrer Perlenkette. Ihr Gesicht war starr, als wäre eine dünne Teigschicht darübergeschmiert. Kein gutes Zeichen.

»Nicht sauer sein«, sagte er.

Tessa antwortete nicht. Wir tranken das zweite Gedeck. Plötzlich sagte sie: »Er hat gefragt, ob du die beiden umgebracht hast?«

»Hat er. Ganz beiläufig. Als wollte er wissen, wann ich Geburtstag feiere. Ich hab' höflich darauf hingewiesen, daß auch er in Frage komme. Da mußten sie dann geschwind zur Golfwiese.«

»Er war es«, sagte Tessa. »Er und sie. Sag nichts, du

bringst mich nicht davon ab. Es ist ganz sicher und ganz logisch.«

Ich konnte nichts mehr sagen, denn die Steaks kamen.

»Wir müssen ihm zuvorkommen.« Tessa sprach ruhig und ohne Erregung.

»Wir müssen was?«

»Ihm zuvorkommen, bevor er mich umbringt. Ich will nicht die nächste sein.«

Ich fragte ganz leise und bewegte kaum die Lippen: »Was verstehst du unter zuvorkommen?«

»Er muß weg«, flüsterte Tessa lächelnd. Es sah aus, als hätte sie mir was Zärtliches gesagt.

Ich schluckte. Ich sah mich um. Niemand beachtete uns. Niemand starrte her. Gepriesenes England.

»Ich glaube, jetzt zahlen wir aber«, sagte ich. Mir war der Appetit vergangen. Ihr wohl auch.

Der Ober kam. Ich ließ zehn Prozent auf dem Teller liegen. Wir nickten freundlich und gingen hinaus.

Eine fröhliche Sonne lang über der Straße. Wir gingen langsam und hielten die Gesichter ins Licht. Fast wie damals, als wir so gemütlich zu Maras Wohnung gefahren waren, um den Körper ohne Kopf zu finden.

»Wie denn weg?« fragte ich.

»So wie Mara und Ron«, antwortete Tessa. Sie blieb vor einem Schuhgeschäft stehen, sah sich ein paar goldgeflochtene Sandalen an. Eingehängt gingen wir weiter. Ein zufriedenes Paar auf einem Bummel. Nur die Mordgedanken im Herzen paßten nicht richtig dazu.

»Weißt du, was du da vorschlägst?« – »Genau.«

»Und du meinst das im Ernst?«

»Ja. Ich meine das im Ernst.« Sie sah mich von der Seite an. »Paul, ich hab' darüber nachgedacht, während du bei ihnen gewesen bist. Es kann nur so sein und nicht anders. Niemand hat ein Motiv außer ihm. Und ich will nicht daliegen wie Mara oder wie Ron. Er hat sie umgebracht. Ihm geschieht recht, wenn ihm das gleiche passiert.«

Ich drehte meinen Kopf zu ihr hin. »Man ahnt nicht, was man an seiner Seite mit sich führt. Du hattest schon allerhand Einfälle, wirklich. Ich hab' immer gestaunt. Aber der, deinen Vater umzubringen, ist bis jetzt der lustigste. Du hast einen schlichten Mord vor, ist dir das klar?«

»Ja. Er hat zwei schlichte Morde vorgehabt und ausgeführt.«

Bänke kamen in Sicht an einem Parkrondell.

»Ich muß mich wieder ein bißchen setzen«, sagte ich.

Die Sonne war glühheiß. Der Rasen leuchtete wie ein Smaragd. Klar. Gießen und mähen, und das fünfhundert Jahre lang.

»Tessa!«

»Liebling?«

»Wenn er Mara hat umbringen lassen – was sollte der Quatsch mit dem Paket? Die Herzpunktion hätte doch genügt für seine Zwecke.«

»Ich weiß nicht. Es hat einen Grund. Es muß einen haben. Verschleierung, Ablenkung, Verwirrung. Vielleicht hat er gedacht, ich kriege einen Herzschlag, wenn ich das Paket aufmache. Wäre doch möglich gewesen.«

»Allerdings.«

»Siehst du. Dann hätte er uns beide auf einmal vom Hals gehabt. Und nur noch Ron war da. Jetzt hat es nicht geklappt. Jetzt muß er sich um mich extra kümmern.«

Ich blieb zwei Minuten still und dachte nach. Dann fragte ich: »Angenommen, ich wäre deiner Ansicht. Wie denkst du dir das Unternehmen?«

Sie starrte ins Gras auf die leise schwankenden Halme. »Keine Ahnung.«

»Das habe ich mir gedacht. Willst du ihm auflauern mit einem Zielfernrohr wie Oswald dem Kennedy? Oder auf dem Golfplatz vergiften, frei nach Rex Stout? Nur zu! Ich höre deine Vorschläge.«

Sie streichelte meine Knie. Ein Häufchen Hilflosigkeit saß da neben mir. »Ich weiß nicht, Paul. Ich dachte . . .«

»Was dachtest du?«

»Ich dachte, du weißt da was. Du schreibst doch Kriminalromane.«

»Ja, ich schreibe. Aber ich übe es nicht praktisch aus. Ist nur ein geringer Unterschied, aber vielleicht bemerkst du ihn trotzdem.«

Plötzlich weinte Tessa. Die Tränen zogen eine nasse Bahn, trafen sich am Kinn und fielen herunter. Ganz gleichmäßig, eine nach der anderen. Ich nahm mein Taschentuch und tupfte.

»Man heult nicht in der Öffentlichkeit, Mylady.«

»Ich habe solche Angst, Paul.«

»Ich bin da. Ganz London ist da.

»Das hilft nichts. Ron hat es auch nichts geholfen.«

»Wir reisen ab, sobald wir dürfen. Zurück.«

»Zurück. Dorthin, wo Mara war.«

»Er kann jetzt nichts riskieren bei dem Wirbel mit Ron.«

»Er muß. Und er wird nicht lange warten.«

Ich nagte an meinen Lippen herum, wie ich es immer tat, wenn ein Problem auf mich zukam. Nach einiger Zeit griff ich nach Tessas Hand und drückte das Taschentuch hinein. Sie hielt meine Finger fest.

»Weine nicht mehr«, sagte ich, »vielleicht fällt mir etwas ein.«

IX

Niemand schlief in dieser Nacht. Tessa nicht und ich nicht, und wenn ich wegdämmerte, war es weniger als ein Halbschlaf, der die Gedanken nicht auslöschte. Tessa atmete neben mir im Dunkeln, sie konnte wenigstens still auf dem Rücken liegen, aber ich wälzte mich hin und her und fand die richtige Lage nicht. Tessa kam zu mir und hielt mich fest. Ihre Haut war warm und kühlte trotzdem.

»Wunderlich«, sagte ich.

»Was?«

»Ich halte eine Mörderin im Arm und liebe sie. Anstiftung zum Mord ist gleich Mord.«

»Liebst du sie wirklich?«

»Ich fürchte.«

»Es ist nicht Mord, Paul. Es ist Notwehr.«

»Ich weiß nicht, ob wir einen Richter finden, der uns das abnimmt. In England schon gar nicht.

»Wenn er tot ist, können wir heiraten, Paul.«

»Bist du sicher? Wer weiß, was für ein Testament er ausgeknobelt hat. Heiraten könnten wir auch so.«

»Wenn ich tot bin, nicht mehr.«

»Wäre mal was anderes, mit einer Leiche verheiratet zu sein.«

»Laß die blöden Witze. Laß dir lieber was einfallen.«

»Mir ist durchaus nicht witzig. Und was in aller Welt soll mir einfallen? Auf dem Papier geht das alles wunderbar, und die Leser staunen, auf was für Ideen man kommt. Aber hier in London, Liebling, mit Asphalt und Scotland Yard und ohne Räuberromantik.«

»Scotland Yard hat auch nicht alles herausgefunden. Jack the Ripper haben sie nicht erwischt. Für den Christie haben sie erst den Falschen aufgehängt. Und falls Ron umgebracht worden ist – bis jetzt haben sie niemanden.«

»Kann noch kommen.«

Tessa war trotzig. Das würde lange anhalten. »Ich hab' mal gelesen, wenn man irgendwo hingeht und erschießt irgend jemanden – einen Wildfremden, ohne Motiv, man geht weg und vergißt es –, dann finden sie es nie heraus. Niemals.«

»Möglich. Kann gutgehen oder auch nicht. Ich habe aber ein Motiv, du Unglücksvogel. Gerade hat er mich hinausgeworfen. Hinauswerfen lassen vielmehr durch Richardson. Ich schleiche erb. Ich will dich und das Geld. Als ersten werden sie mich am Wickel haben. Und bei dir ist es nicht viel anders.«

Sie schabte auf meiner Brust herum. »Ich dachte nur – wenn man jemanden findet, der es tun würde . . .«

»Jemanden finden? Guter Gott! Ein Inserat, was? ›Mörder gesucht. Angenehmes Betriebsklima, hohe Sozialleistungen, Altersversorgung gesichert. Die Dotierung entspricht der Bedeutung der Position. Es wollen sich nur Spitzenkräfte mit längjährigen Erfahrungen bewerben. Lichtbild und Vorstrafenregister erbeten.‹ Oder wie denkst du dir das?«

»Aber er muß doch auch jemanden gefunden haben.«

Ich zählte Tessas Rückenwirbel mit den Fingern. »Wir drehen uns im Kreis herum, mein Kind. Wir müssen etwas anderes ausknobeln oder die Sache sein lassen.«

»Selbstmord?«

»Selbstmord? Vorgetäuscht meinst du? Möglichst noch mit fingiertem Abschiedsbrief, wie? ›Ich mache Schluß. Ich bin am Ende.‹ Dein Vater und Schluß machen! Eher siehst du die Themse rückwärts fließen!«

Ich fand heraus, daß Tessa den Daumen in den Mund geschoben hatte. Ein Zeichen von Nachdenken.

»Ja, mach nur einen Plan«, sagte ich, »und sei ein

großes Licht. Wenn du fertig bist, mach noch einen Plan . . .

Der Daumen kam heraus. »Er hat aber mal von Selbstmord geredet.«

»Was?«

»Ja. Mara hat so was erzählt. Ich war noch klein damals. Als Mutti gestorben war, da wollte er auch nicht mehr und hat sich erschießen wollen.«

»Wenn ich nicht irre, hat er es nicht getan. Kann sich nur um heftige Phrasen gehandelt haben.«

»Die Großmutter hat Selbstmord gemacht, das weiß ich.«

»Wirklich?«

»Ja. Veronal.«

»Warum?«

»Weiß ich nicht genau. Sie soll Depressionen gehabt haben, Angstzustände – so 'ne Art Verfolgungswahn.«

Ich legte mich wieder flach auf den Rücken und ließ meine Hand unter Tessas Schulterblatt.

Ferne Geräusche waren draußen, wie sie nie ganz verstummen in einer Stadt.

»Depressionen«, murmelte ich, »eine gewisse Veranlagung könnte da sein. Vererbung. Man müßte sich überlegen . . .«

»Was? Red schon!«

»Ach es ist nichts. Hirngespinste. Reicht allenfalls für einen drittklassigen Krimi in der Provinzpresse. Man müßte sich überlegen, ob man diese Neigung fördern kann, wenn sie in ihm stecken sollte. Den Vorsatz realisieren, indem man die Hemmungen wegnimmt.«

»Und wie?«

»Es wäre nur ein Versuch. Eins gegen neunundneunzig, daß es nicht funktioniert. Aber versuchen ließe es sich, und vor allem ist kein Risiko dabei, wenn es nicht klappt. Völlig unverbindlich sozusagen.«

»Was ist es? Sag mir's!«

»Hast du mal was gehört von LSD?«

»LSD?«

»Ja. L wie London, S wie Selbstmord, D wie Doppelmord.«

»Nein.«

»Das ist aber äußerst rückständig von dir. Moderne Menschen, modernes Leben. Man raucht nikotinarm und nimmt LSD. Es ist das derzeit gefragteste Rauschgift. Ganze Stadtteile leben vom Vertrieb. Marihuana und Mescalin machen Pleite.«

»Weiter!«

»Erst einen Whisky, Madame. Ohne Whisky kann ich keine wissenschaftlichen Vorträge halten.«

Tessa lief in die Küche. Sie mixte sehr schnell. Ich trank im Liegen und fand immer mehr Gefallen an meiner Idee, je wohliger meine Magenwände brannten.

»LSD«, sagte ich, »ist die Abkürzung für Lysergsäure-Diäthylamid. Die Chemie ist nicht weiter wichtig. Ron hat bestimmt mehr davon gewußt als ich. Das Zeug ist ein sogenanntes Psychodelicum, ein Bewußtseinserweiterer. Richtet an den Schaltstellen im Gehirn etwa den Schaden an wie eine Atombombe in einem Elektrizitätswerk. Allerdings im Gegensatz dazu nur vorübergehend. Macht Illusionen und Halluzinationen zugleich, wenn dir der Unterschied bekannt ist.«

»Ist er nicht.«

»Tief bedauerlich. Die Illusionen orientieren sich am vorhandenen Gegenstand. Sie brauchen etwas Gegebenes. Du siehst eine Hütte und machst ein Schloß daraus. Die Halluzination braucht keinen Gegenstand. Du erfindest Trugbilder aus dem Nichts. Weiße Mäuse und Spinnen im Delirium, das sind Halluzinationen. So ungefähr. Und dieses Nahrungsmittel zaubert eine abendfüllende Mischung von beidem in dein Bewußtsein zum Gotterbarmen. Du glaubst zu fliegen und bist gleichzeitig die Erdkugel, über die du hinflatterst. Du gehst unten auf der Straße und siehst dich oben aus dem Fenster gucken. Und umgekehrt. Und so weiter.«

»Und was hilft uns das?«

»Es ist auch vorgekommen, daß die Leute gedacht haben, sie könnten fliegen. Haben den Dachfirst bestiegen und sind gestartet. Die Angehörigen mußten sie dann identifizieren. War teilweise schwierig, weil sie ausgesehen haben wie die Flundern. Man mußte sie statt im Sarg zwischen zwei alten Stalltüren begraben.«

»Wie sinnig.«

»Noch was. Neigungen zum Selbstmord können gefördert werden. Wer jemals die geringste Idee hatte, sich selbst aus dem Weg zu räumen und es nicht getan hat aus Angst vor dem Schmerz oder vor der Hölle, dem fehlt die Angst auf einmal. Er meint, so schlimm könnte es doch gar nicht sein. Frohgemut greift er zur Waffe. Es soll sogar passiert sein, daß Todessehnsucht und Flugbedürfnis zusammengekommen sind. Ausgangsstellung Fensterbrett. Die Arme sind Flügel, werden ausgebreitet. Ein Blick zum Himmel, letztes Lächeln des Mondes, kann auch die Sonne sein, je nach Tageszeit. Dann startet man und fliegt. Volare, hoho, cantare, hohohoho.«

Tessa fragte über ihr Glas hinweg: »Hast du dieses Zeug eigentlich schon mal probiert, dieses LSD?«

»Ja. Hier in London, an der Quelle des Bezugs. Allerdings mit Minimaldosis.«

Tessa schwieg.

»Es ist ein Versuch, der nichts kostet, mein Liebling. Abgesehen von den paar Pfund für das Zeug. So viel müßte dir die Erbschaft eigentlich wert sein. Wenn er nur ein paar süße Wachträume hat – okay, dann war es einer von den neunundneunzig Fehlschlägen, und wir haben Pech gehabt. Nachzuweisen ist nichts, der Kram verschwindet spurlos aus dem Organismus. Auch in den Überresten findet ihn kein Gerichtsmediziner der Welt. Denn schon zweihundertfünfzig Mikrogramm genügen für einen Bombenwahnsinn auf Zeit. Ich hab' damals hundert genommen, das war genug, um mich wie der heilige Johannes nach der Enthauptung zu fühlen. Und wenn es gelingt, Daddylein fünfhundert Mikro einzuverleiben, dann wäre es möglich, daß er zum Astronauten wird. Glenn und Gagarin in einer Person.«

Tessa holte neuen Whisky, ein Zeichen, daß meine Erläuteringen sie interessierten. Ich fuhr fort damit: »Die Aussicht auf Erfolg ist klein. Aber unser Risiko auch. Kein Schwein kommt dahinter, was los war, wenn er sich ein bißchen eigenartig benommen hat.«

»Wie denkst du dir es praktisch?«

»Teamwork. Ich besorge das Heilmittel. Du gehst zu Papa zum Tee. Mich würde Richardson schon an der Gartenpforte mit der neunschwänzigen Katze bekämpfen. Gehst du hin und wieder zum Tee zu ihm?«

»Manchmal. Selten.«

»Die Seltenheit mußt du arrangieren. Am besten eine Aussprache meinetwegen. Leiste Abbitte. Rauf dir reumütig das Haar. Und dann mußt du es auf irgendeine Weise schaffen, den Tee zu bereiten. Ist das schon vorgekommen?«

»Auch selten.«

»Es ist die Hauptsache. Das LSD kommt auf Löschpapier in den Schwarzhandel. Eingesogen. Ein paar Blättchen gibst du mit in die Kanne beim Aufguß. Müssen auch ein bißchen ziehen. Hinterher pickst du sie fein säuberlich wieder heraus. Das ist alles.«

»Nicht gerade einfach.«

»Erschießen wäre schwerer und lauter.«

»Aber ich trinke aus derselben Kanne!«

»Ja. Da haben wir mehrere Möglichkeiten. Entweder es gelingt dir, zwei Kannen zu machen. Eine mit und eine ohne.«

»Ist nie passiert.«

»Well. Oder du hast keinen Appetit auf Tee und trinkst Whisky.«

»Zur Teezeit hat man Appetit auf Tee und nicht auf Whisky. Außerdem wäre es sofort verdächtig.«

»Richtig. Es ist viel besser, wenn du auch die arme Vergiftete mimst. Bleibt nur eins. Nimmst du Zucker?«

»Ja.«

»Papa?«

»Der nicht. Das deutsche Erbteil.«

»Ungeheuer günstig. Die Calhoun?«

»Weiß ich nicht. Die wird britisch trinken. Weiß und süß.«

»Das läßt sich nicht ändern. Zucker hemmt komischerweise die Wirkung von LSD. Nicht ganz, aber die Intensität wird herabgesetzt. Du trinkst nur eine Tasse und schaufelst dir unauffällig ein Viertelpfund Zucker hinein. Wird schmecken wie Kunsthonig. Läßt die anderen ihre drei Tassen trinken, hast dann plötzlich noch was zu erledigen und entschwindest unter Segenswünschen.«

Sehr begeistert sah Tessa nicht aus. »Ach. Und wenn ich auch anfange zu fliegen?«

»Das wäre natürlich fatal. Niemand mehr da, den ich heiraten könnte. Aber ich werde dir deine Flügel zusammenbinden. Du gehst eine Stunde vor der Teezeit hin, redest mit Papa, dann machst du den Tee. Wenn sie dich nicht lassen, sind wir die Dummen.«

»Und wenn ich süchtig werde?«

»Das muß nicht passieren. Es gibt Leute, die probieren es einmal und nicht wieder. Ich hatte auch kein

Verlangen. Na ja – und – ganz normal sind wir sowieso nicht.«

»Nein«, sagte Tessa langsam, »es sieht nicht so aus.«

Ich zog sie an ihrer Schulter vom Hocker, und sie rollte neben mich. »Sieh mal, Tessa – du glaubst doch, er hat Mara und Ron umbringen lassen. Mord. Was wir machen, kann man nicht als Mord bezeichnen. Wir pfeifen nur das Spiel an und überlassen den Rest dem lieben Gott. Wenn der nicht mitspielt, können wir uns immer noch überlegen, ob wir weitermachen oder Gewissensbisse kriegen sollen. Und schließlich ist es eine Art von Vergeltung. Wenn sie ihn schnappen wegen Mara und Ron, muß er ja auch in irgendeiner Zelle verfaulen. Da ist unsere Methode viel humaner.«

Tessa küßte mich. »Okay, Mister LSD. Hol das Zeug morgen. Ich mache den Tee, oder ich schmiere es ihnen auf den Toast. Und jetzt schlafen wir.«

»Muß es sofort sein?« fragte ich sie.

»Sofort nicht.«

X

Der nächste Tag war Samstag, der vierundzwanzigste Juli. Wir hatten zu tun. Ich hörte Tessa telefonieren und amüsierte mich. Sie lud sich ein für Sonntag nachmittag. Sie bat um eine Aussprache, wegen Ron, wegen der Polizei, wegen mir und überhaupt. Sie war willkommen. Ich grinste, ging zum Fahrstuhl und fuhr hinunter.

Der Lieferant hieß Lesley Thorndyke und wohnte in der Tryon Street. Ein Grafiker ohne viele Aufträge. Er veranstaltete recht regelmäßige Sitzungen mit LSD. Ich fragte nichts und er mich auch nicht. Ich nahm acht Blättchen mit je zweihundertfünfzig Mikrogramm, zahlte mit Tessas Geld und trank einen Gin mit Lesley. Dann ging ich, und er malte weiter an seinen Werken.

Am Sonntag war Tessa hart und kalt wie ein treibender Eisberg. Sie zog sich an und nahm sich viel Zeit für das Make-up.

»Hast du schon eine Idee, wie du an die Zubereitung des Tees gelangst?« fragte ich ins Bad hinein.

»Ich gelange.«

»Gott segne deinen Optimismus. Wenn es tatsächlich Whisky geben sollte, versuch es damit. Möglicherweise lassen sie dich eher mixen als Tee kochen. In jedes Glas vier Blättchen, außer in deins. Das sind tausend Mikro, und wenn nicht alles in den Sprit übergeht, reicht es immer noch dick. Außerdem fördert der Alkohol die Resorption und Bekömmlichkeit. Die Blättchen müssen nur genügend lange im Whisky schwimmen, bevor Wasser oder Sada dazukommt. Und du mußt dich geschwind aus dem Staub machen, wenn sie ihr Glas zu sich genommen haben.«

»Tee oder Whisky – das ist hier die Frage.«

»Ja. Aber Alkohol wäre besser. Größere Konzentration. Und ich habe hier kein Theater mit dir und brauche dich nicht voll Zucker zu füllen. Es sei denn, du erwischst das falsche Glas.«

»Unke mir nicht die Ohren voll.«

Um halb vier Uhr ging sie.

»Good luck«, sagte ich an der Tür.

»Paul!«

»Ja?«

»Wenn es nicht gutgeht? Wenn sie mich erwischen?«

»Es geht gut. Paß auf, wir spielen. Wenn ich gewinne, geht es gut.«

Wir spielten Schere oder Papier. Ich gewann.

»Noch etwas, Paul. Wenn die Whiskytour funktioniert – soll ich der Calhoun dann auch was geben? Genügt nicht er allein?«

»Tja«, antwortete ich langsam, »das wäre zu überlegen. Einerseits ist die Vorstellung vom gemeinsamen Tod des Liebespaares ganz reizvoll. Wir sind die Dame los, und sie kann nichts mehr erben. Aber er kann ihr auch schon was vermacht haben, ohne daß sie seine Frau ist. Und wenn er sich, so Gott will, etwas antun sollte und sie nicht, dann könnte sie eher in Verdacht kommen, bei dem Selbstmord mitgewirkt zu haben, falls er nicht ganz einwandfrei aussieht. Wenn aber beide überleben und hinterher schildern, wie ihnen zumute war, fällt der Verdacht mühelos auf dich. Ebenso wenn nur sie oder er überlebt. Nach allem halte ich für besser, du behandelst nur den alten Herrn. Es sei denn, es gibt Tee.«

»Ich glaube es auch«, sagte Tessa. »Wenn sie bei Ron und Mara mitgeholfen hat, würde ich ihr allerdings gönnen, aus dem vierten Stock zu fallen. Besser noch aus dem zwölften.«

»Papa ist wichtiger für uns. Konzentriere dich auf den,

da hast du genug zu tun. Ich warte hier. Ruf sofort an, wenn du raus bist.«

Ich sah ihr nach, wie sie den Gang hinunterging, auf die Schwingtür zu. Ihre Beine waren allein den Einsatz wert.

Ich schloß die Tür. Im Augenblick blieb nur Warten. Tessa würde tun, was sie konnte, ohne zu zittern. Kalt wie die Brust eines Toten. Trotzdem konnte es schwer ins Auge gehen.

Ich mixte mir einen Gin mit viel Zitrone. Am Fenster saß ich und trank in kleinen Schlucken. Die Straße war kaum belebt, aber ich brauchte nicht viel Gesellschaft. Ich schmeckte den Gin und dachte nach. Risiko. Nichts auf der Welt ging ohne Risiko.

Als ich den letzten Schluck hinunterkippte, packte mich das Entsetzen so jäh und unbarmherzig, daß ich schlaff wurde.

Tee.

Heißer Tee.

War das Zeug hitzebeständig oder war es das nicht? Man sollte die Blättchen herunterschlucken, das Löschpapier mitsam dem LSD. Etwas Alkohol hinterher. Rotwein oder Schnaps. Man konnte es bestimmt in Alkohol auflösen, im Magen kam es ja auch damit zusammen, und es wurde erwärmt auf siebenunddreißig Grad. Aber kochendes Wasser?

Und noch was. Wenn der Stoff in der Kanne zum Teufel ging, schön, Versager, nichts zu ändern. Der gute Wille war dagewesen. Wenn nicht, dann trank Tessa mit. Die Dosis war lausig hoch. Allerhand Anlage zum Verrücktspielen steckte in Tessa. Wie würde sie reagieren? Was konnte der Zucker bremsen und was nicht?

Mein Darm machte ein paar Krampfbewegungen, als ich aufstand und mir das nächste Glas holte.

Nicht durchdrehen. Eins nach dem anderen. Ich rief Thorndyke, den Verteiler, an.

»Paul Holland«, sagte ich. »Ich bin es wirklich.«

»Glaub' ich«, antwortete er. »Am Telefon hört man deinen verdammten deutschen Akzent noch mehr heraus.«

»Wunderbar. Lesley – ich weiß mit euren komischen Inselmedikamenten nicht so genau Bescheid. Die Schlafpillen, die du mir vorhin mitgegeben hast für Tessa – wirken die auch, wenn man sie in heißem Tee auflöst? Oder sind sie dann zum Teufel?«

Ich hörte, wie Lesley ausatmete und den Hörer in die andere Hand nahm. »Heißer Tee? Hm. Noch nie probiert. Mit Alkohol geht's, jede Menge.«

»Weiß ich.«

»Könnte mir aber vorstellen, daß Schwitzen nicht gut ist für die Pillen.«

»Genau weißt du's nicht?«

»Nein. Warum sollte ich es probiert haben? Wer schlafen will, trinkt vorher keinen Tee.«

»Du hast vollständig recht. Blödsinniger Einfall. Wir bleiben beim Whisky. Danke. So long.«

Ich hänge auf. Whisky. Wahrscheinlich zog Tessas Tee schon fröhlich in der Wedgewood-Kanne.

Ich hob noch mal ab und wählte. Richardson meldete sich. Verstellen hatte keinen Sinn. Hatte Lesley meine teutonische Aussprache erkannt, würde Richardson sie auch erkennen, ich hatte oft genug mit ihm telefoniert.

»Tag, Mister Richardson«, sagte ich nachlässig, »Holland hier. Paul Holland. Ich wollte fragen, ob ich Miß Tessa kurz sprechen kann. Ist eine Nachricht für sie gekommen. Weiß nicht, ob es wichtig ist.«

Richardson räusperte sich, bevor er ansetzte. »Ich bin beauftragt, Mister Holland, Ihnen mitzuteilen, daß Miß Tessa in diesem Hause für Sie nicht zu sprechen ist.

Mister Strong verbittet sich jede Belästigung. Ich habe die Ehre, Ihnen einen guten Tag zu wünschen.«

»Guten Tag«, antwortete ich wie ein Tonband von der Post. Richardson hatte schon eingehängt.

Ja. Was hatte ich erwartet? Es blieb nur mehr Gin und heiteres Gottvertrauen. Und das auf Tessas Intelligenz. Das wichtigste war schließlich, daß sie nicht erwischt wurde mit ihrem Spezialwhisky. Wenn es klappte und der alte Strong tat uns nicht den Gefallen, von hinnen zu scheiden, und lebte weiter wie bisher, dann war das gleiche Ergebnis erreicht, als hätte sie keine Gelegenheit gehabt, ihm die Blättchen zu servieren.

Vieles ging mir durch den Kopf, während ich saß und wartete, nicht nur der Gin.

Tessa liebte mich. Tat sie das wirklich? Sie war meine Partnerin. War sie es? Wenn sie umfiel und mich verriet? Ich schloß die Augen und sah den Teetisch vor mir. Tessa saß da, rührte lässig in der Tasse. Sie sah ihren Vater, sah das mühelose Leben, das vor ihr lag, wenn sie mich aufgab und verließ. Sie würde nachdenken, abwägen, die Blättchen weder in den Tee noch in den Whisky tun. Sie könnte sie aufheben für mich und sie mir beibringen, wann immer sie wollte. Vielleicht würde ich es sein, der eines Tages aus dem Fenster sprang.

Aber wozu? Gar nicht nötig. Sie konnte es einfacher haben. Mich fallenlassen von einer Minute zur anderen. Was sprach dagegen?

Sie wollte mich heiraten. Sagte sie. Sie haßte die Calhoun, wie nur eine Frau die andere hassen kann, noch dazu, wenn es um viel Geld geht. Und sie hatte Furcht, nach Mara und Ronald die nächste zu sein.

Alles gut und schön. Woher wußte ich eigentlich, ob sie genauso ein Schurke sein konnte wie ich?

Die Glocke des Telefons war wie eine Begnadigung vor dem Galgen.

Viertel vor sechs. Ich zwang mich, den Hörer bedächtig hochzunehmen.

»Knightsbridge 8804.«

»Paul?«

»Paul.«

»Ich bin raus. Telefonzelle.«

»Ja.«

»Geh in den Pub. Besser, wir sind nicht zu Hause.«

»Aha. Darjeeling oder Haig?«

»Haig«, sagte Tessa.

Sachte legte ich auf.

Ich warf die leere Flasche in den Mülleimer. Das Glas wusch ich aus. Alles mußte in Ordnung sein. Das Fenster ließ ich einen Spalt breit offen.

Unten ging ich langsam vorwärts, umgeben vom Berufsverkehr. Unsere Stammkneipe war alt und hübsch.

Tessa kam zwei Minuten nach sechs. Das Cocktailkleid hatte ein paar Knitterfalten. Das Make-up hatte nicht gelitten. Entweder aufgefrischt oder sie hatte sich nicht im mindesten erregt bei der Arbeit.

Ich gab ihr einen Kuß auf die Schläfe. Sie trank den Gin in einem Zug. Dann rauchte sie und schwieg. Ich fing behutsam an, ihr meine Erlebnisse zu schildern. Die Furcht wegen des Tees. Der Anruf bei Lesley. Der Anruf bei Richardson, der die Ehre hatte, mir einen guten Tag zu wünschen.

»Der Tee war schon fertig, als ich kam«, sagte Tessa. »Ich trank ihn und sprach mit meinem Vater. Ich pflichtete ihm bei, daß es so nicht weiterginge. Ich sah ein, daß du nichts taugst. Zwischendurch fand ich heraus, daß mir nur noch der Whisky blieb.«

»Lobet den Herrn«, sagte ich.

»Wenn ich vernünftig werden würde, meinte Papa, wäre alles in Ordnung. Ron wäre im Suff erstickt, seine eigene Schuld. Den, der Mara umgebracht hat, würde man finden. ›Ich glaube, du hast recht, Pa‹, sagte ich. Die Calhoun hat das Maul nicht aufgemacht, war auch gut so, sonst hätte ich mich vielleicht nicht beherrschen können. Hat immer nur dämlich gelächelt. ›Jetzt brauche ich aber einen Drink‹, sagte ich. ›Mach uns einen‹, sagte er. Ich hatte Zeit im Nebenzimmer an der Bar. Keiner kümmerte sich um mich.«

»Wieviel hast du genommen?«

»Vier Blättchen für ihn. Ich hatte Angst, es wirkt sonst zu schnell.«

»Nichts für sie?«

»Nein. Wie wir's besprochen haben. Ich hab' die Blättchen gleich reingeworfen und erst mal einen Schuß Haig daraufgegossen. Umgerührt. Umständlich Eis auseinandergebrockt und mit der Wasserkanne und dem Löffel geklappert. Sie unterhielten sich und merkten nichts.«

»Wie lange waren die Blättchen darin?«

»Neun Minuten. Ich hab' auf die Uhr gesehen. Als es nicht mehr in die Länge zu ziehen war, habe ich die Dinger noch mit einem Grogstäbchen gequetscht und umgerührt. Dann rausgefischt und ausgewrungen wie Babywindeln?«

»Wie kommst du gerade auf Babywindeln?«

»Nur so. Papas Glas war nur Whisky und Eis und das Zeug. Liebevoll vor ihn hingestellt. Und dann tranken wir. Ich trank aus.«

»Er?«

»In drei Portionen. Sie in zweien. Und dann war es Zeit zu gehen.«

»Das war es wohl.«

Ich holte eine neue Runde für uns beide. Tessa rauchte, als ich mit den Gläsern wieder herauskam. Wir blickten in den Abendhimmel. Halb sieben.

»Man kann nicht sagen, was passieren wird, Tessa. Aber lange wird es nicht mehr dauern, und er kommt sich saukomisch vor. Du warst prima.«

Sie gab mir einen gezielten und lang dauernden Kuß. Es fiel nicht weiter auf. Ein paar andere Leute küßten sich auch. Die Männer waren nur jünger als ich. »Ich möchte mich besaufen, Paul.«

»Kannst du haben. So viel Geld habe ich mit. Du hast einen Rausch verdient. Der mit Alkohol ist mir sympathischer als der mit LSD.«

Die Straße lag da wie eine der verdämmernden Gassen auf einem Utrillo-Bild. Es wurde kühl. Wir wanderten ab in die Bar.

Als die Glocke losgellte wie in einem Schiffsrumpf, waren Tessa und ich so stockbetrunken wie der Milchmann.

»Last orders, please«, riefen heisere Stimmen hinter der Theke. Ich schnappte noch eine Runde für uns. Wir tranken aus und schlingerten heimwärts. Ich preßte viele Zitronen aus, denn der Brand würde kommen in der Nacht und böse Träume hervorrufen. Im Bett wärmten wir uns aneinander.

Ich muß schnell weggewesen sein. Ich träumte von der Schule.

Die Glocke nach der großen Pause ließ das Gebäude erzittern und nahm kein Ende. Ich wachte auf. Die Schule war weg, aber die Glocke blieb.

Telefon.

Mein Mund klebte. Ich tastete nach dem Krug und trank endlos.

»Ich auch«, sagte Tessa.

Der Zitronensaft gluckerte. Immer weiter störte der Apparat.

Dann hob ich ab.

»Holland.«

»Miß Strong, bitte«, sagte Richardson.

»Mister Richardson«, erwiderte ich voll Würde, Alkohol und Rachsucht, »Miß Strong ist in diesem Hause nicht für Sie zu sprechen. Noch dazu um diese Zeit. Ich habe die Ehre, Ihnen eine gute Nacht zu wünschen.«

Am anderen Ende schluckte Richardson. »Mister Holland – seien Sie versichert, daß ich nicht anrufe, um Ihre Stimme zu hören. Ich habe die Pflicht, Miß Strong zu sprechen. Mister Strong ist verunglückt.«

»Was?« rief ich. »Wie entsetzlich! Einen Augenblick. Ich werde Miß Strong wecken.«

Tessa stand schon neben mir. Ich hielt den Hörer zu und nickte.

»Moment noch«, flüsterte ich, »sieht nach Erfolg aus. Sei verschlafen und zeig dann Erschütterung.«

Tessa machte das ausgezeichnet. Sie meldete sich gähnend und lauschte. Dann ging es los. »Was – was ist? Reden Sie schon, Mann . . . Was? Sind Sie verrückt, Richardson? Machen Sie dämliche Witze mit mir . . .« Übergang von Geschrei zu Stöhnen. »Nein – nein, das ist nicht wahr . . . Nein!«

Ihr Gesicht geriet in Verzweiflung. Das hätte sie sich sparen können. Ich schob ihr einen Stuhl hin, rang etwas die Hände. Tessa sank auf den Sitz und grinste.

»Ist er – er ist . . .« Stimme tonlos.

Jesus. Der bunte Roman für die Hausfrau.

»Und – wann – wann ist das passiert?« Sie hörte zu. »Vor einer Stunde – ja.«

Richardson erzählte noch etwas weiter. Tessa deutete auf die Zigarettenschachtel. Ich kramte eine Zigarette heraus und zündete sie an.

»Gut, Richardson.« Tessas Stimme drohte zu ersterben. »Ich komme. Danke, Richardson.«

Ich gab ihr die Zigarette. »Ein Wunder, daß du den Hörer noch auf die Gabel gebracht hast.«

»Wie war ich?«

»Für eine Wanderbühne in Liverpool hätte es gerade gereicht.«

»Du bist frech und ungerecht, Paul Holland!«

»Für Richardson hat es gereicht. Nun?«

Tessa zog und stieß den Rauch aus. »Tot«, sagte sie sachlich. »Mausetot. Zur Dinnerzeit fing er an, sich merkwürdig zu benehmen. Lief im Hause herum. Trank literweise Whisky. Nahm eine Flasche mit und schloß sich in seinem Zimmer ein. Sie hörten ihn lachen und sprechen. Es soll geklungen haben, als wären zwei Personen im Zimmer gewesen.«

»Das soll es geben. Doppelbewußtsein. Du bist gleichzeitig normal und verrückt. Der Normale sieht den Verrückten und spricht mit ihm. Und?«

»Der läßt niemanden mehr umbringen«, sagte Tessa. Alle Eiseskälte, die in ihr war, lag in der Stimme. »Geflogen ist er zwar nicht. Vor einer Stunde hat er sich erschossen.«

»Eins zu neunundneunzig«, murmelte ich nach einer Weile. »Neunundneunzig zu eins. Armes Waisenkind.«

»Es hat geklappt, Paul.«

»Es hat geklappt. Und kein Mensch war bei ihm und hat ihm die Büchse gespannt. Ein Selbstmord, wie er seit Hitler nicht da war. Kein Schatten von Verdacht fällt auf dich. Im Gegenteil. Man wird glauben, er hätte es getan aus Furcht davor, daß sie ihm wegen Mara und Ron auf der Spur sind.«

»Vielleicht ist es so.«

»Ich glaube es beinahe auch schon«, sagte ich.

Tessa kam zu mir, umklammerte meine Knie und schielte von unten herauf. »Bäh, Paul Holland – jetzt mußt du mich heiraten.«

»Ich sehe das Verhängnis auf mich zukommen. Aber scher dich erst mal an die Bahre und weine bitterlich. Es wird eine Menge zu tun geben in den nächsten Tagen. Viele Wege. Viele Sitzungen beim Rechtsanwalt. Und die Beerdigung auch noch. Mein schwarzer Anzug fängt schon an zu glänzen.«

»Fürs Standesamt geht er noch.«

Tessa stand auf und reckte gähnend die Arme. Ich wechselte vom Stuhl hinüber aufs Bett. »Was soll denn das?«

»Was das soll? Ich bette mich zurück zur Ruhe. Bedarf ihrer dringend. Diese Aufregung kann in meinem Alter verheerende Folgen haben.«

»Du willst mich allein hingehen lassen?«

»Warum nicht? Ich bin ein Outsider, hab' nichts zu tun mit der Sache. Und Richardson wird . . .«

»Mit mir hast du zu tun. Und Richardson wird gar nichts. Sonst ist er vor dem Ersten schon draußen.«

Seufzend erhob ich mich wieder.

Wir fanden ein Taxi. Es hatte sachte zu regnen begonnen, und das Pflaster glitzerte trüb in den leeren Straßen. Ich wies hinaus. »Typisches Selbstmordwetter. Kein Wunder. Man wird ganz depressiv.«

Die Trennscheibe war oben, der Chauffeur konnte nichts hören und wollte bestimmt nicht, auch wenn er gekonnt hätte. Wir rollten durch Mayfair. Die meisten Fenster des Hauses am Berkeley Square waren erleuchtet. Auch die Halle war hell. Ich zahlte. Tessa läutete, und dann erschien Richardson schwarz und ernst wie ein Rabe im Tower.

Er brachte gemessen sein Beileid an. Tessa dankte mit trauriger Grazie. Ich faßte alle Kümmernis in meiner Miene zusammen, als ich Richardson zunickte. Er machte keine Anstalten, mich hinauszuwerfen. Vermutlich dachte er über seine nächste Stellung nach.

Polizei war da, ein Arzt, ein Geistlicher. Mr. Strong-Waldau hatte sich in seinem Arbeitszimmer erschossen, und dort hatten sie ihn auf die Couch gelegt. Der Pfarrer sprach mit Tessa. Ich stellte mich dem Doktor vor. Strong hatte eine Sportpistole benutzt, Kaliber zweiundzwanzig kurz, eine lächerliche Erbse von Geschoß, aber es hatte ausgereicht. Herz. Einschuß genau über dem Brustbein. Nicht zu weit links, wie es die meisten Dilettanten machen, die immer noch meinen, das Herz liege links außen. Mußte sofort tot gewesen sein.

Tessa ging hinein an der Seite des Pfarrers. Sie blieb einige Minuten. Dann kam sie zurück, gesenkten Hauptes, zog mich an der Hand mit. Ich stand zwei Meter vor der ledernen Couch. Der alte Strong sah ganz zufrieden aus, fast fröhlich. Das LSD mußte ihm große Freude bereitet haben, bevor er sich die Knallröhre an die Brust gesetzt hatte.

Wir gingen hinaus. An der Tür bemerkte ich das aufgebrochene Schloß. Richardson hatte Überstunden machen müssen. Wir gingen vor zum Salon. Dort nahm der Polizeiinspektor Tessa behutsam und zartfühlend in die Mache. Der Pfarrer und der Doktor blieben dabei. Ich hörte zu und brauchte nichts zu sagen.

Tessa hatte ihre Geschichte schnell erzählt. Sie konnte sich nichts erklären. Sie hatte Tee getrunken am Nachmittag, danach einen Whisky. Vater war aufgeräumt und nett gewesen, als sie ihn verlassen hatte. Und nun das.

»Sie können sich keinerlei Motiv vorstellen, Miß Strong?«

»Nein. Nein. Überhaupt keins. Vater war in Ordnung. Er wollte wieder heiraten . . . Ich weiß nicht, ob Sie schon mit Mrs. Calhoun . . .«

»Ja, ich habe.«

Aha. Dann mußte er auch wissen, worüber am Nachmittag geredet worden war.

»Nun, dann werden Sie es ja wissen.« Tessa mimte die Nachdenkliche. »Allenfalls . . .« Sie zögerte.

»Was allenfalls, Miß Strong?«

»Meine Geschwister sind vor kurzer Zeit gestorben. Meine Schwester ist umgebracht worden in München – und mein Bruder – da ist es nicht sicher . . . Aber Scotland Yard weiß darüber Bescheid. Sie können es dort erfahren. Es sah so aus, als wäre mein Vater darüber hinweg, aber vielleicht war er es nicht – und hat sich deswegen . . .«

Sie stockte. Genau an der richtigen Stelle. Der Inspektor kritzelte etwas in ein Heft mit billigem Plastikeinband. Er sah nicht gerade aus wie Philip Marlowe, aber für diesen klassischen Selbstmord brauchte man auch keinen.

»Ich will Sie nicht lange belästigen, Miß Strong. Wenn Sie mir nur noch sagen können – worüber sprachen Sie heute nachmittag mit Ihrem Vater?«

Ich sah Tessa an und senkte mein Kinn zweimal um eine Kleinigkeit.

»Wir – wir sprachen über Mister Holland. Über unsere Heirat. Mein Vater war dagegen. Er machte mir seinen Standpunkt noch einmal klar.«

»Was sagten Sie darauf?«

»Ich wollte ihn nicht reizen. Ich sagte, er hätte sicher recht.«

»Sie waren nicht dieser Überzeugung?«

»Nein. Wir hätten auch ohne seine Einwilligung geheiratet – Mister Holland und ich.«

»So? Wäre es denkbar, daß Ihr Vater diese Absicht durchschaut und deswegen den unseligen Schritt getan hat?«

Das war nicht auf seinem Mist gewachsen. Das war unsere liebe Freundin Calhoun. Tessa hatte es genausoschnell kapiert wie ich. Sie sprach mit runden, verblüfften Augen.

»Das glaube ich nicht. Ausgeschlossen. Er hat gedroht,

mich zu enterben und sich von mir loszusagen, wenn ich Paul – wenn ich Mister Holland heiraten würde. Aber daß er deswegen . . . Nein, dazu war er viel zu – viel zu vital und zu stark. Es muß etwas anderes gewesen sein.«

Klar, dachte ich. Es war was anderes. Nie kommen sie dahinter. Niemals. Dieser Selbstmord ist die Krone der Geschichte.

»Sie meinen«, sagte der Inspektor behutsam, »der Tod Ihres Herrn Vaters spricht eher dafür, daß er Sie nicht enterbt hat?«

Tessa hatte eine Sternstunde. Sie schaltete wie ein Relais. »Ich weiß es nicht, Inspektor. Keine Ahnung. Er kann es trotzdem getan haben, es wird sich bald herausstellen. Ich hoffe nur, daß er die arme Mrs. Calhoun ausreichend versorgt hat.«

Der Inspektor schwieg. Es war ihm nicht anzusehen, ob er die gigantische Frechheit erkannt hatte, aber ich glaubte es nicht. Wie zur Strafe für meine Gedanken drehte er sich zu mir. »Sie wissen nichts, was uns weiterhelfen könnte?«

»Ich fürchte, nein, Inspektor. Ich muß alles bestätigen, was Miß Strong gesagt hat. Ich war vorgestern hier und bat Mister Strong um Miß Tessas Hand. Er hat mich hinausgeworfen – pardon –, hinauswerfen lassen.«

Der Inspektor fixierte mich ein paar Sekunden. Möglicherweise dachte er darüber nach, was er mit mir tun würde, wenn ich um die Hand seiner Tochter anhielte. Dann erhob er sich zu amtlicher Größe. »Ich danke Ihnen sehr für Ihre Unterstützung, Miß Strong. Ich glaube, daß, was uns betrifft, keine Unklarheiten über dieses tragische Ereignis bestehen. Ich darf Ihnen mein Mitgefühl ausdrücken. Gute Nacht, Miß Strong. Gute Nacht, meine Herren.«

Tessa rief mit heller Stimme: »Richardson! Bringen Sie den Inspektor hinaus!«

Richardson erschien an der Tür. Nichts von Auflehnung war in seinem Gesicht. »Jawohl, Miß Tessa.«

Jawohl, Miß Tessa. Zum Totlachen.

»Sie sind sehr tapfer, mein Kind«, sagte der Reverend, »sehr tapfer, wie ich mich freue, sagen zu können.«

Die nächste halbe Stunde besprachen wir mit ihm und dem Doktor Formalitäten der Leichenschau und des Begräbnisses. Sie versicherten, der armen Tessa in jeder Weise behilflich zu sein. Dann verließen sie uns. Tessa rief Richardson.

»Wo ist Mrs. Calhoun?«

»Auf ihrem Zimmer, Miß Tessa. Sie ist völlig zusammengebrochen, wenn ich das bemerken darf.«

»Kann ich mir denken«, sagte Tessa trocken. »Die Ärmste. Wir wollen sie nicht stören. Hoffentlich nimmt sie es nicht zu sehr mit, die Nacht unter einem Dach mit einem Toten verbringen zu müssen. Kümmern Sie sich um sie, Mister Richardson. Ich komme morgen wieder.«

Richardson brachte uns mäuschenstill zur Tür und schloß sie hinter uns. Wir gingen langsam die Berkeley Street hinunter in Richtung auf Piccadilly. Spärliche Regentropfen fielen noch, wie Weihwasser aus einem Wedel. Tessa hängte sich ein und preßte meinen Arm.

»Bist du traurig?« fragte ich.

»Nein.«

»Reue?«

»Auch nicht.«

»Wir sind immerhin schuld an seinem Tod.«

»Das ertrage ich.«

»Gut. Schließlich sind wir es nur indirekt. London ist voll von Leuten, die das Zeug schlucken und nicht anschließend vor Gottes Thron marschieren. Ein reiner Zufall, daß seine Absichten gerade in die Richtung gingen. Er hätte ebensogut am Leben bleiben können. Warum hat er auch so viele Schießeisen im Haus?«

»Paul?«

»Ja.«

»Bleibst du immer bei mir?«

»Ich bleibe immer bei dir. Bis du mich feuerst. Wie Richardson.«

»Nicht mal den feuere ich, wenn er nicht selbst kündigt.«

»Das ist vernünftig. Ich trage ihm nichts nach. Er hat mich sehr rücksichtsvoll rausgeworfen.«

»Paul?«

»Ja. Ich höre immer noch.«

»Wenn er mich schon enterbt hat? Bleibst du dann auch bei mir?«

»Jawohl, Miß Kirchenmaus. Es ist das Dümmste von der Welt, bei einem armen Mädchen zu bleiben, aber . . .«

»Aber was?«

»Aber es kommt fatalerweise hinzu, daß ich dich etwas liebe. Etwas sehr. Ich hab' immer gedacht, ich bin frei von derartigen sentimentalen Residuen. Weit gefehlt.«

»Schlimm?«

»Füchterlich.«

Ich blieb stehen und küßte Tessa. Unsere Gesichter waren feucht, wie von Tau überzogen. In Piccadilly fanden wir ein Taxi.

Ich verbrachte die nächsten Tage vorwiegend in Taxis. Tessa mußte hierhin und dorthin und überallhin. Sie sah mehr Behörden von innen als jemals vorher. Die amtliche Leichenschau verlief komplikationslos.

Tod von eigener Hand.

Niemand erzählte was von LSD.

Zum Begräbnis kamen die Leute in Regimentsstärke. Es war eine einzige Strapaze, aber Tessa hielt wacker durch. Sie wurde mit Anteilnahme überschüttet wie das arme Mädchen mit den Sterntalern. Ich erntete viele Blicke, meistens mißbilligende. Ich nahm es mir sehr zu Herzen. Mrs. Calhoun war tief verschleiert. Sie wurde gestützt von Richardson. Vielleicht würde ihr nichts anderes übrigbleiben, als um dessen Hand anzuhalten. Was für ein Abstieg. Es war recht spannend zu überlegen, wer wen aus dem Haus am Berkeley Square hinauswerfen würde. Noch war alles offen. Vielleicht kam es so, daß Tessa und ich von Richardson zur Tür geleitet wurden. »Ich habe die Ehre, Ihnen alles Gute zu wünschen.« Oder er tat das mit der Calhoun, und wir winkten oben aus dem Fenster.

Am Tag der Testamentseröffnung war Tessa leicht nervös. Ich tat so, als wäre ich es nicht.

»Paul – wenn er mich wirklich enterbt hat?«

»Gutes Kind. Ganz kann er gar nicht. Ich weiß nicht, wie das mit dem englischen Erbrecht ist und ob es in diesem Fall überhaupt gilt. Ich bin recht sicher, daß er noch kein neues Testament gemacht hat. Hat er eins, ist es alt. Hat er gar keins, ist sowieso alles okay. Er wollte Mrs. Calhoun heiraten, damit wäre der Fall weitgehend geklärt gewesen. Er konnte nicht wissen, daß er so schnell unter die Marmorplatte geraten würde.«

»Am liebsten ginge ich gar nicht hin.«

Als Tessa fort war, machte ich mich über den Whisky her.

XI

Viele Küsse auf mein Gesicht machten mich wach.

Meine Lippen klebten an den Zähnen, und der Kopf tat weh. Tessa strahlte wie ein Christbaum. Und neuen Whisky hatte sie auch mit. Ich stützte mich auf die Ellenbogen und blinzelte. »Meine Tochter, was bist du so gerötigt? Hat man dich etwa zuchtgenötigt? Du siehst fast aus, als wärst du eine gute Partie geworden. Wo bleibt der Schmerz um den Verblichenen?«

Tessa kam mit vollen Gläsern aus der Küche zurück. »Du bist noch ganz betrunken. Cheers, Herr Millionär.«

»Ist das das richtige Gegengift? Was würde ein Mann von der Courths-Mahler an meiner Stelle sagen? ›Nicht einen Penny rühre ich an von deinem schnöden Gelde, Elende! Käuflich ist ein von Trottenholm nicht!‹ Wie war es denn?«

»Auch wie im Roman. Zwei Anwälte. Schwarz wie die Todesvögel. Ganz ernst.«

»Sehr verständlich. So viel Geld verteilen die nicht jeden Tag.«

»Ein Schreiber mit den Bewegungen eines Ritters vom Hosenbandorden. Tante Betty war gekommen aus Mannheim. Der ist sonst alles zuviel. Ihre Brillanten hatte sie nicht angesteckt, um etwas arm auszusehen. Und die verhinderte Mrs. Strong-Waldau, geschiedene Calhoun. Mein Alptraum im Velvetkostüm. Der Schleier war noch derselbe. Richardson mußte draußen warten. Und dann ging's los. Sie stellten feierlich fest, wer wir sind. Ich mach's kurz, wenn du gestattest. Das Testament war zwölf Jahre alt. Hat er nach Muttis Tod gemacht. Alles zu gleichen Teilen an die Kinder. An das Kind nunmehr. Tante Betty kriegt was von Muttis Schmuck, weil sie doch so gar keinen hat. Ist mir egal.

Soll sie. Und im Falle, daß Papa was zustoßen sollte, hat er vor zwei Jahren einen Zusatz gemacht. Das war, als er die Calhoun kennenlernte, da war die Liebe wohl noch nicht so groß. Sie darf im Haus wohnen, bis sie eine andere Wohnung hat. Und hundert Pfund im Monat. Höchstfrist zwei Jahre. Richardson darf bleiben, wenn er will. Auch zwei Jahre. Dann ist das Versorgungsamt geschlossen.«

»Tief bedauerlich. Richardson würde ich gern behalten. Nie im Leben einen Butler gehabt. Und sonst?«

»Und kein Sonst weiter. Der schäbige Rest gehört mir. Und dir.«

»Das kann ich doch gar nicht annehmen.« Ich kam auf die Füße und erhob das Glas. »Ich habe das Gefühl, daß wir verpflichtet sind, auf deinen alten, toten Herrn einen Achtungsschluck zu nehmen. Sehr zum Segen!«

Tessa trank auf einen Zug aus. Sie umarmte mich und ich hielt sie fest. »Paul«, flüsterte sie an meiner Schulter, »es ist alles in Ordnung. Wir sind allein und niemand steht uns im Weg.«

»Es ist alles in Ordnung«, sagte ich.

»Wir haben es geschafft.«

»Es sieht so aus.«

»Und die Calhoun sah aus! Nachbarin, euer Fläschchen! Ich hab' geredet mit ihr hinterher. Ganz katzenfreundlich. Selbstverständlich könnte sie wohnen bleiben. Ich brauchte das Haus nicht. Und Richardson habe ich gesagt, er müßte unbedingt aushalten, solange Mrs. Calhoun da sei. Könnte sie doch nicht allein lassen. Und was sollte aus dem Haus werden? Niemand könnte es so wie er. Dann gingen sie fort wie ein geschlagenes Heer. Ich mußte einen Haufen Zeug unterschreiben bei den Anwälten. Die Konten werden auf mich übertragen. Sagenhaft, wo Papa überall Konten hat. Das Haus gehört mir und das Landhaus bei Henely. Und der Bentley und der Aston. Und dieser Aktienkram. Mir wurde schwindlig. Habe keine Ahnung von so was. Die Anwälte machen alles. Die sind nett.«

»Ensprechend fällt die Rechnung aus.«

»Wenn schon.« Tessa klatschte die Hände zusammen. »Was Mara und Ron gehabt haben, kriege ich auch noch! Stell dir das vor!«

»Wird lange dauern, bis wir alles versoffen haben. Wir müssen die mittlere Trinkgeschwindigkeit erhöhen. Ach, da fällt mir ein, was ich fast vergessen hätte.«

»Was?«

»Um deine Hand anzuhalten. Deinen Vater brauche ich ja jetzt nicht mehr zu fragen.«

Wir heirateten am vierzehnten August. Ein Sonntag. Ich sagte ›ja‹ auf englisch, und Tessa auch. Wir aßen im Dachgeschoß vom Hilton, und hinterher fuhren wir gemütlich an der Themse hoch in Richtung Maidenhead.

»Vor genau einem Monat sind wir angekommen«, sagte ich.

»Allerhand passiert inzwischen, was?«

»Allerhand.«

»Das Landleben wird uns guttun.«

Der Aston lief lautlos wie an einer unsichtbaren Schnur. Ich ließ ihn sachte vor das geschmiedete Tor rollen. Ivy Cottage lag dicht an der Straße. Bis zur Themse hinunter waren nur fünfzig Meter Abhang. Laubwald und feuchtwarmes Gebüsch mit Geschwadern von Mücken. Das Haus hatte ein Obergeschoß und einen einstückigen Seitenflügel mit einer Steinterrasse davor. Ein Serpentinenweg führte zum Bootsschuppen hinunter. Viel Efeu klebte an den Hausmauern mit dicken Spinnen darin. Innen war tiefe Stille und leicht muffige Luft. Tessa riß alle Fenster auf. Ich ließ den Kühlschrank anspringen und deponierte unsere Flaschen und das Fleisch. Tessa überzog die Betten und briet Steaks. Wir aßen jeder zwei. Dann gingen wir langsam zum Fluß hinunter durch Mücken und Laub. Das alte Gewässer rollte geruhsam an uns vorbei.

Oben tranken wir noch eine Flasche Pommery und gingen ins Bett. Die Spinnen knisterten im Efeu.

»Das wäre also unsere Hochzeitsnacht«, sagte ich und streckte mich zu zufriedener Länge. »Nachzuholen haben wir eigentlich nichts. Man sollte einmal den seltenen Gag probieren, sich in der Hochzeitsnacht nichts zu tun.«

Tessa gab keine Antwort.

»Denkst du an was?«

»Ja.«

»Und?«

»Wenn nun nicht alles in Ordnung ist, Paul?«

»Wieso?«

»Die Calhoun. Sie war Vaters Komplicin. Sie lebt und sitzt in London. Vielleicht macht sie fertig, was sie angefangen haben.«

»Wie kommst du darauf? Und gerade heute?«

Sie klammerte sich an mich. »Ich will keine Angst haben! Ich will leben! Mit dir!«

»Sicher. Ich auch.«

»Vielleicht war es Richardson. Sie haben ihn losgeschickt, um Mara umzubringen. Ich wäre die nächste gewesen, wenn wir nicht nach London gefahren wären. So war es Ron. Papa konnte nicht mehr und hat sich erschossen. Aber sie wird Richardson wieder losschikken. Für mich.«

»Hätte gar keinen Sinn mehr, kleiner Vogel. Sie kriegt nichts, wenn du tot bist.«

»Egal. Sie will sich rächen.«

»Ach was. Ihr Zukünftiger hat sich selber erschossen. Was kannst du dafür?«

»Wir müssen was tun, Paul«, flüsterte Tessa, als wäre noch jemand im Zimmer außer uns, der nichts hören durfte. »Ich habe Angst. Ich denke an Maras Kopf. »Sie schluchzte kläglich wie ein Kind. »Ich sehe ihn vor mir. Das Paket. Das schreckliche Paket.«

Ihre Tränen tropften auf meine heiße Haut. Sie sagte nichts mehr, und ich konnte nachdenken. Ich drehte sie auf den Rücken und hielt mein Gesicht über ihres.

»Hör zu, Tessa. Wir können nicht sie und Richardson umbringen wegen deiner Angst. Wir dürfen von Glück sagen, daß es bei deinem Vater geklappt hat.« Ich atmete tief. »Außerdem ist es auch nicht nötig.«

Ich wußte nicht, wie oft ich diesen Moment noch verfluchen würde, aber ich wollte die Furcht von Tessa nehmen, die sie verfolgte.

»Der Mann, der Mara und Ron umgebracht hat«, sagte ich langsam, »von dem hast du nichts zu befürchten. Du niemals. Der tut dir nichts. Der liebt dich. Den hast du heute geheiratet.«

XII

Ich ließ mich zurückfallen. Tessa Atem war nicht zu hören. Eine lange, häßliche Pause entstand. Ich mußte ganz plötzlich an Goethe denken. ›Drei Dinge kommen nicht zurück. Das gesprochene Wort. Der abgeschossene Pfeil. Die versäumte Gelegenheit.‹

Tessa blieb unter mir liegen, ganz hautnah. Ich konnte nicht spüren, ob sie im Innern wegging von mir in diesem Augenblick.

»Du warst es?«

»Ja.«

»Warum sagst du es mir?«

»Damit du keine Angst mehr hast.«

»Warum hast du es nicht früher gesagt?«

»Es mußte erst alles erledigt sein. Alles. Jetzt ist es erledigt.«

»Hast du das Paket geschickt?«

»Ja.«

Wieder blieb sie still.

»Das war ein langer Plan, Tessa«, sagte ich. »Und das hatte alles seinen Sinn und Verstand. Weißt du noch, wie der kleine Sandmann uns verhört hat in deiner Wohnung? Er stocherte in unseren mutmaßlichen Motiven herum. Bei Alfred die Eifersucht. Bei dir die Geldgier. Du schickst den Kopf mit der Morddrohung an dich selbst, hat er gesagt. Ablenkung. Genauso hatte ich spekuliert. Du solltest freikommen von jedem Verdacht. Es sollte aussehen, als wolle man dich erschrecken und bedrohen zugleich. Sandmann hat erwogen, daß es dein eigenes Ablenkungsmanöver sein könnte, aber er ist wohl doch ziemlich überzeugt, daß du nicht Mara umgebracht hast, denn die Geschichte scheint zu sehr an den Haaren herbeigezogen. Eher käme Alfred in Betracht mit seiner

Eifersucht. Und ich hatte kein Motiv, heiraten wollte ich dich nicht, und was ging Mara mich an. Sagte ich. In Wahrheit war es umgekehrt.«

Tessa schwieg.

»Ich wollte dich immer, Tessa. Immer. Mara war die einzige, die es durchschaut hatte. Sie glaubte mir nicht und traute mir nicht. Ich haßte sie wie die Pest. Außerdem war sie als Miterbe im Weg. Und eines Tages hatte sie das Pech, daß ich den ›Rächer‹ von Wallace in ihrem Bücherregal sah. Da war sie so gut wie tot.«

»Wie hast du es gemacht?« fragte Tessa.

»Ich lieh mir ein Buch von ihr und brachte es zurück. Am vierten Juli, spät am Abend. Es war niemand bei ihr, sonst wäre ich wieder gegangen. Sie fing wieder an, mich deinetwegen fertigzumachen auf ihre kalte Manier, die sie so schön beherrschte. Ich lachte und fragte sie, ob nicht sie mich heiraten wollte. Wir waren fast ein lustiges Pärchen. Ich bat um einen Drink. Sie ging in die Küche, um einen zu machen. Sie trug ihren Morgenrock. Ich wußte, daß in ihrer Abstellkammer einen Haufen von Kartons herumstand, genau wie bei dir, und ich wußte, in welchem Schubfach die Küchenmesser lagen. Meine Handschuhe lagen auf der Garderobe. Ich zog sie an und ging in die Küche, als Mara den Whisky zusammengoß. Ich schloß die Tür. Mara wandte mir den Rücken zu. Ich erzählte ihr einen Witz, während ich das Messer herausnahm. Sie merkte nichts. Als sie sich umdrehte mit den Gläsern in der Hand, war sie eine Minute später tot.«

Tessas Haut unter mir schien kühler zu werden und rauh.

»Ich konnte sogar eins der Gläser noch auffangen«, sagte ich in die Dunkelheit hinein. »Das andere fiel runter und war zum Teufel. Ich trug Mara ins Bad und ließ sie auf den Boden rutschen. Sie blutete wenig, als ich das Messer herauszog. Immer blutarm gewesen. Dann trank ich den Whisky aus und machte mich an den Kopf. Es ging leicht und schnell. Gewußt wo. Wozu hat man studiert. Ich mußte jetzt auf das Blut aufpassen, aber ihr Hals war dünn. Viel Arbeit machte die Sache nicht. Fabelhaftes Messer außerdem.«

Tessa atmete schwer. Ich konnte mir nicht mehr vorstellen, was sie dachte.

Es war nun angefangen, und es mußte durchgestanden werden, so oder so, ganz egal wie.

»Es hat mir nichts ausgemacht, Tessa. Es war die Quittung für drei Jahre Haß. Mein eigener hielt vor, bis der Kopf herunter war. Du bist niemals mehr falsch, dachte ich. Du stichelst nicht mehr. Du intrigierst nicht mehr. Diesmal hast du dich geirrt, Maralein.«

Mein Ohr kam dicht an Tessas Brust. Ihr Herz schlug schnell.

»Du kannst mich anzeigen, wenn du willst«, flüsterte ich an ihrer Haut. Unverhofft tröstete mich ihr Streicheln.

»Danke«, sagte ich. »Du mußt es von meinem Vorsatz aus sehen. Ich wollte sie weghaben, allesamt. Mara als erste.«

»Erzähl weiter.«

»Gern. Das Widerlichste war, das Paket zu packen. Habe es immer gehaßt, Pakete oder Päckchen fertigzumachen, und mich gedrückt, wo ich konnte. Jetzt blieb nichts anderes übrig. Ich packte. Zuerst Maras Kopf in einen Plastikbeutel. Frischhaltebeutel sozusagen. Dann wusch ich meine Handschuhe über dem Becken aus, die mußten wieder mit. Ich hatte noch zwei Paar mit, weiße Zwirndinger, die wir früher in der Chirurgie über die Gummihandschuhe gezogen haben, damit uns die Eingeweide nicht durch die Finger glitschten. Mit denen machte ich weiter. Eine Lage Papier unten, dann

Holzwolle. Dann der Beutel. Wieder Holzwolle und noch mal Papier. Wie in einem Versandgeschäft. Säuberlich verschnüren. Deswegen hattest du die viele Arbeit damit.«

»Hol mir eine Zigarette.«

Ich machte Licht und holte die Schachtel. Tessa sah meine Hände an, als ich ihr das Streichholz hinhielt, und meine Finger zitterten.

»Mach wieder aus, bitte.«

Der Schein der Glut erhellte Tessas Gesicht, und der Rauch strich um uns.

»Ich ließ den Körper, wie er war. Das Messer auch. Die Glasscherben in der Küche kehrte ich zusammen, und mein Glas wusch ich aus und trocknete es ab und stellte es mit dem Geschirrtur in den Schrank zurück. Ich wischte überall herum, wo Fingerabdrücke von mir hätten sein können. Mit dem dritten Satz Handschuhe tippte ich die Adresse für das Paket und die Anweisung für den Hausmeister. Ich stellte alles wieder an seinen Platz zurück und dachte scharf nach, ob ich etwas übersehen hätte. Und dann kamen noch fünf Minuten Angst, als ich das Paket vor der Tür hinstellte. Ich ließ den Schlüssel innen liegen, ließ nur einschnappen und fuhr im Fahrstuhl hinunter.«

»Hat dich niemand gesehen?«

»Bisher habe ich nicht den Eindruck. Es war dunkel und spät, und ich hab' keine Spur von einem Menschen gesehen. Es war mein Risiko, aber es hat sich offenbar rentiert. Sonst hätte das Sandmännchen mich längst beim Wickel. Die Handschuhe waren das einzige, was ich noch bei mir hatte, eingewickelt in Papier, die schmiß ich in eine unserer Mülltonnen. Am nächsten Morgen kam die Müllabfuhr, weg waren sie. Der Rest ist dir ziemlich bekannt.«

»Das ist er.«

»Das Paket kam an. Ich holte es ab. Ich machte noch eine Pause unterwegs und dachte darüber nach, ob ich es zu dir bringen sollte. Aber ich hatte es einmal abgeholt, du wußtest, daß es bereit lag, es war kein Grund, aufzuhören mittendrin. Aber es war grausam.«

»Ich bin noch nie ohnmächtig geworden«, sagte Tessa. »War das erste Mal.«

»Ich weiß, Tessa. Ich habe dich getragen wie ein Kind. Das Paket hat mich nicht interessiert, ich wußte, was darin war. Aber es war richtig so, es hat geklappt. Der Sandmann schwimmt, der kommt nicht dahinter. Sonst hätte er uns nicht nach London fahren lassen. Und einen Waffenschein will er mir geben, auch noch. Ich hatte die Walther mit bei Mara, und wenn mich einer erwischt hätte, hätte ich ihn durchlöchert und dann mich selber. Weißt du noch, wie wir gespielt haben, als Sandmann weg war?«

»Ja.«

»Ich verlor. Alles ganz in Ordnung. Der Mörder verlor.«

Ich küßte Tessas Hand und roch Seife und Tabak und ihre Haut.

»Verzeih mir, Tessa. Bitte! Ich wollte, daß wir glücklich werden. Wir allein, ohne die anderen. Du hast mir hundertmal erzählt, wie sehr du Mara zur Hölle wünschtest und die anderen mit.«

Tessa drückte die Zigarette aus. Sie verschränkte die Arme hinter dem Kopf. »Ronald?«

»Ronald? Ganz einfach. Er sagte mir Freundlichkeiten. Wenn mein Vorsatz noch gewackelt hätte, jetzt wackelte er nicht mehr. Der Gute machte den Fehler, über Maras Tod seine Witze zu versprühen. Jack knallte ihm eine, und das war mitsamt dem Spritgehalt eine Art Basisnarkose. Er lag hinten unter seinem Mageninhalt. Alles rannte dauernd zur Toilette und hin und her wie auf der

Völkerwanderung. Ich wanderte mit und wartete, bis mal Ruhe war im Hinterzimmer. Dann sah ich nach ihm, ganz besorgt, und drückte ihm das Kopfkissen liebevoll aufs Gesicht.«

»Doppelmord«, sagte Tessa.

»Doppelmord«, antwortete ich. »Alles auf meine Rechnung. Aber dann kam deine grandiose Idee, deinen Vater für den Anstifter zu halten. Du hast mich angestiftet, ihn umzubringen. Ausgeführt hast du es selbst. Beziehungsweise den Anstoß gegeben. Das ist kein Vorwurf, Tessa. Ich sitze viel tiefer drin. Aber es war für mich die Bestätigung, daß du auf der gleichen Linie mit mir bist und ich in deinem Sinn gehandelt habe. Du hast es getan, als du noch gar nicht gewußt hast, daß ich Mara und Ronald erledigt habe.«

Tessa nickte ganz langsam.

»Der Unterschied zwischen uns ist nicht groß«, sagte sie.

»Man kann fast keinen entdecken. Ich habe nur etwas direkter gearbeitet. Wir sind ein Team geworden, Schatz. Ein niedliches Mörderpärchen, ganz erfolgreich für die kurze Laufbahn. Ein bißchen Glück kam natürlich auch dazu. Mich hat niemand erwischt bei Mara. Bei Ron war ein Haufen anderer Leute dabei. Der arme Jack kommt vielleicht noch hinter solide britische Fenstergitter. Und Mabel, die Hure vom Dienst, kann auch in bösen Verdacht geraten, obwohl sie bestimmt ganz was anderes mit Ronaldchen vorhatte, als ihn umzubringen. Und nun ist zu allem Überfluß der segensreiche Umstand eingetreten, daß man glauben könnte, dein Vater hätte das ganze Drama mit Shakespearescher Könnerschaft inszeniert und sich nun selbst aus dem Weg geräumt, zerknickt von der Last seiner Schuld. Fabelhafte Idee. Nichts hatte er mit dem ganzen Ulk zu tun. Weniger als nichts. Er nicht, die Calhoun nicht, Richardson nicht.«

Tessa stand auf. Ich ließ sie an mir vorbei, ohne sie anzufassen.

Das Licht der Deckenlampe blendete mich plötzlich. Ich hörte ihre Schritte in der Küche, und der Gedanke blitzte durch mein Gehirn, ob sie mit einem Messer zurückkommen würde. Aber es klirrte kein Metall. Es waren Gläser, sie kam zurück mit Gin und Soda.

»Was ist das?« fragte ich.

»Etwas gegen Gefühle.«

»Gegen welche?«

»Gegen die, mit einem Mörder verheiratet zu sein.«

Ich hielt das Glas ins Licht. Die Eiswürfel schaukelten glitzernd und kalt.

»Richtige Idee«, sagte ich. »So ohne weiteres wäre ich auch nicht darauf gekommen, ein Mädchen zu heiraten, das mich anfleht, ihren Erzeuger umzubringen. Wo findet man so was heute noch?«

Tessa stieß plötzlich mit mir an, und wir tranken aus. Das Eis schlug hart gegen meine Zähne. »Danke schön, Tessa«, sagte ich. »Danke dir. Ich hatte niemals Furcht vor irgendwas bei der ganzen Geschichte, nur kurz, als ich bei Mara hinausging. Aber heute, eben, jetzt während der letzten halben Stunde. Ich hätte dir ja nichts zu erzählen brauchen. Als du vorhin Angst hattest vor Richardson und der Calhoun, da merkte ich, wie schön alles eingefädelt war. Du warst ein Testfall für den Gedankengang der Polizei. Aber ich wollte nicht, daß du Angst hast. Ich liebe dich. Immer.«

»Ich dich auch.«

»Hol die Toten der Teufel. Ich würde dir gern eine Hochzeitsreise schenken, aber ich habe das Geld nicht. Wir brauchen nicht deins zu nehmen. Uns geht es hier gut genug.«

»Hochzeitsreise«, wiederholte Tessa nachdenklich.

»Ja. Wolltest du irgendwohin?«

Tessa steckte den Daumen in den Mund. Zeichen für etwas Neues.

»Wie ist das mit dem LSD?«

»Mit was?«

»Mit dem LSD. Hast du noch was? Es muß doch was übrig sein!«

»Es ist was übrig.«

»Es wäre eine richtige Reise. Mal eine ganz andere. Man kommt doch überallhin. Man sieht alles und ist gar nicht da. So hast du erzählt.«

»So habe ich erzählt.«

»Wollen wir nicht zusammen was nehmen? Wir sparen das Geld für eine Reise und geben es für was anderes aus. Ich mag nicht verreisen. Ich will hierbleiben mit dir.«

Ich sagte nichts. Ich holte uns zwei neue Gins, und während ich es tat, dachte ich wieder an die Einbahnstraße, in die ich geraten war, und keine Möglichkeit zu wenden war mehr da. »Warum willst du das Zeug probieren?«

Sie schluckte an ihrem Glas herum. »Ich möchte wissen, wie Vater zumute war.«

»Warum? Willst du auch fliegen oder die Waffe an deine zarte Schläfe halten?«

»Ich will es wissen.«

»Was soll der Quatsch, Tessa?«

»Red nicht von Quatsch. Du hast es auch genommen. Aus Neugier. Ich bin auch neugierig, mehr als du.«

»Aber es ist vollkommener – es ist gefährlich, Tessa. Jeder reagiert anders.«

»Ich wünsche es mir zur Hochzeit. Weiter hast du ja doch nichts.«

Ich sah zum Boden hinunter.

»Nein«, sagte ich, »weiter habe ich nichts.«

Tessa sprang auf und umarmte mich plötzlich und

heftig. »Sei nicht böse, Paul. Ich habe es nicht so gemeint, das weißt du. Ich hab' nie danach gefragt, was du hast und was ist. Sehr selten, daß ich mal was von dir wollte. Und nun wünsche ich mir was zur Hochzeit, und du gibst es mir nicht.«

Ich gab Tessa einen Kuß und schob sie etwas fort von mir. »Was ist, wenn du süchtig wirst?«

»Ach was. Ich und süchtig! Wenn ich will, kann ich mit allem aufhören! Du weißt es.«

»Wirklich mit allem?«

Sie blinzelte. »Na ja – damit natürlich nicht –, aber Schnaps und Zigaretten, das brauche ich nicht. Damit könnte ich jeden Tag Schluß machen. Muß man denn süchtig werden?«

»Man muß nicht«, sagte ich, »ich bin es auch nicht geworden. Hatte vom erstenmal genug.«

»Also! Außerdem, wenn ich damals mit Tee hätte trinken müssen, dann wüßte ich schon, wie das Zeug bei mir wirkt. Du wolltest mir Zucker geben und mir die Flügel zusammenbinden. Und du hast damals schon gesagt, man müsse nicht süchtig werden.«

Sie hatte recht. Stimmte alles.

»Komm, wir fangen an! Heute kann ich sowieso nicht mehr schlafen. Wir nehmen ein bißchen und besaufen uns, und dann haben wir unsere Hochzeitsreise hinter uns. So billig! Wenn das keine Idee ist!«

»Muß das gerade heute sein, Tessa? Ich habe dir vorhin erzählt, was mit mir los ist und was ich hinter mir habe. Meine Stimmung ist nicht nach LSD. Wenn schon, dann soll man es schlucken, wenn einem heiter zumute ist.«

»Warum denn? Unsinn! Versuch's andersherum. Gerade jetzt. Die miese Stimmung geht weg, und alles ist okay. Wenn es vorbei ist, haben wir den ganzen Quatsch vergessen. Und ich bleibe immer auf deiner Seite.«

Gott geb's, dachte ich.

»Na, los, mach schon!« Ihre Augen glänzten, als hätte sie Fieber. Sie schien es tatsächlich nicht erwarten zu können. »Wo hast du die Blättchen? Ich hab' sie dir wiedergegeben, vier Stück!«

»Ich hole sie«, sagte ich. Ich war matt und traurig. »Mach du zwei Whisky.«

Tessa lief vor mir hinaus. Mein Entschluß stand fest, bevor ich das Schlafzimmer verlassen hatte. Ich ging hinüber ins Wohnzimmer. Ein paar Bücher lagen herum und meine Schreibmappe. Die Blättchen lagen lose zwischen den Seiten, man hätte sie für einen abgerissenen Fetzen Löschpapier halten können. Das war auch der Sinn der Sache. In der Brieftasche wollte ich sie nicht herumschleppen.

Ich riß eins der Blättchen ab. Ich mußte mich beeilen. Tessa tat es bestimmt, sie konnte hereinkommen, bevor der Betrug fertig war. Zweihundertfünfzig Mikro. Ich schnitt die Blättchen mit der Schere mittendurch. Eine Hälfte zerrieb ich zwischen den Fingern und warf den Rest in den Papierkorb. Dann schnitt ich ein gleich großes Stück aus dem Löschpapier der Briefmappe. Es war etwas dunkler als das präparierte, aber Tessa würde es kaum bemerken. Heute kaum.

Sie kam ins Zimmer, atemlos. Ihr Babydoll-Schlafanzug flatterte fröhlich. Die Whiskygläser waren randvoll und dunkel.

»Ich glaube, es ist besser, wir ziehen erst ein bißchen was an«, sagte ich.

»Warum?«

»Man neigt zum Wandern mit dem Zeug im Dünndarm. Wie dein verblichener Vater. Vielleicht gehen wir an die Themse hinunter und halten sie für den See Genezareth. Morgen haben wir dann Keuchhusten.«

Es dauerte bei ihr nicht zwei Minuten, bis sie Hosen und Pullover anhatte. Ich brauchte länger.

Ich gab ihr das halbe Blatt.

»Geteiltes Bett ist Doppelbett«, sagte ich. »Ein Blättchen hat zweihundertfünfzig, wie du dich erinnerst. Hundert genügen völlig für einen Anfänger. Jetzt haben wir beide etwa hundertfünfundzwanzig. Das ist statt einer Vierwochenreise eine von sechs.«

»Wenn schon, dann länger. Mit Vier Wochen beginnt erst die Erholung.«

»Paß auf.« Ich legte mein Blättchen auf die Zunge. Ich lutschte und kaute daran herum. Geschmack nach altem Filz. Tessa tat es mir nach. In meinem Mund lief der Speichel zusammen. Ich schluckte das feuchte Knäuel hinunter und trank Whisky. »Das wäre schon beinahe alles«, sagte ich. »Nun rauch eine und trink gemütlich aus. Fortsetzung folgt.«

»Nur das eine Glas?«

»Reicht vollkommen. Soll ja nur die Resorption fördern. Du sollst vom LSD besoffen werden, nicht vom Schnaps. Außerdem besteht diese Füllung fast nur aus Whisky.«

Tessa begann zu rauchen. Ich trank ziemlich schnell. Ich brauchte den Alkohol, sonst würde sich bei mir überhaupt nichts ereignen. Tessa protestierte laut, als ich mir den zweiten einschenkte. »Das ist unfair! Du trinkst mehr!«

»Sei friedlich. Ich vertrage auch mehr. Und meine Verdauung funktioniert aus Altersgründen nicht mehr so wie deine.«

Ich trank wieder fast pur. Mit zwei Gläsern im Blut würde ich aufgedreht genug sein, um mit ihr mitspinnen zu können, und trotzdem genügend wach, um auf sie aufzupassen.

Ich bemerkte, daß Tessa mich anstarrte. Ihr Blick wich

nicht von mir, was ich auch tat. Sie saß ganz still. Alles, was an Leben in ihr war, drängte sich in ihre Augen. Große, runde, glimmende Augen.

Es ging los.

Ich konnte mir vorstellen, wie sie mich jetzt sah. Ein Ungeheuer mit einem blutigen Messer, dunkelrot und groß wie ein Zweihandschwert. Vielleicht sah sie auch einen Raben mit glänzendem Gefieder und meinem Gesicht.

Die Zärtlichkeit verschwand aus ihrem Gesicht. Sie sah älter aus und böser. Maras Anteil kam heraus. Sie sah mich unverwandt an, blanke Augen mit blankem Haß. Nie hätte ich das gesehen, wenn ich auch was geschluckt hätte. Heiter konnte das werden.

Am Ende meines Gedankens schoß sie auf mich los wie eine geborstene Stahlfeder.

Ihre Hände waren so schnell an meinem Hals, daß ich sie nicht mehr festhalten konnte.

»Mörder«, schrie Tessa. »Elender, gemeiner Mörder! Du Metzger, du Fleischermeister! Blutiges Schwein!«

Na ja, Tessas Hände waren nicht groß, aber dafür das Verhältnis der Muskulatur zum Körperbau. Wir hatten oft miteinander gerungen, und ich war außer Atem gekommen. Ihre Daumen drückten meinen Kehlkopf zusammen.

Ich faßte ihre Handgelenke und drehte und riß gleichzeitig. Sie mußte loslassen, und ihre Fingernägel zogen seitengleiche Striemen um meinen Hals. Sie war dicht vor mir, als ich sie weiter festhielt, und sie stieß mit ihrem Knie nach meinem Bauch.

Nur zweimal. Dann erschlaffte die Abwehr in ihren Armen. Der ganze Körper erschlaffte. Ihre Augen veränderten sich. Sie sahen mich zum erstenmal im Leben. Ein paar Tränen kamen heraus. Sie lächelte. Dann warf sie sich gegen mich, und ich wurde naß von ihren Küssen.

Sie wich so plötzlich zurück, wie sie gekommen war. Ihr Finger kam hoch und zeigte auf mich. »Du bist grün. Ganz grün bist du!«

»Ganz grün bin ich«, sagte ich. »Und du bist lila und gelb. Das schönste Lila und Gelb, das ich je gesehen habe.«

Sie klatschte in die Hände und freute sich unbändig. »Grün! Wie ein großer Walfisch, blubb, blubb, blubb. Ach, mein süßer grüner Lump!«

Sie umarmte mich noch einmal. Dann begann sie im Zimmer herumzugehen, dicht an der Wand. Sie betrachtete die Tapete, ihre Hände tasteten darauf herum. Sie sprach nichts dabei. Vermutlich sah sie jetzt Marmor und Smaragde. Ich benutzte die Chance, das Glas aufzuheben und neuen Whisky nachzufüllen. Danach merkte ich, daß es langsam Zeit für mich wurde, auch eine Kleinigkeit auf LSD-Rausch zu machen. Ich wartete noch, denn ich war zu faul. Solange Tessa nichts merkte und mit ihrem eigenen Kontakt mit dem Irrsinn beschäftigt war, konnte ich sitzen bleiben und saufen. Um wenigstens etwas zu tun, sank ich zusammen und machte auf dumpfes Brüten. Ich zog ein Gesicht, als sähe ich die Hinrichtung von Marie Antoinette und das Hochhalten ihres Kopfes.

Inzwischen war Tessa fertig mit den Wänden. Sie breitete die Arme aus und tanzte einen lautlosen Tanz. Sie griff nach unsichtbaren Schleiern. Nichts dagegen zu sagen. Alles in Ordnung. Alles besser, als meinen Kehlkopf zu quetschen. Plötzlich war sie aus dem Zimmer heraus. Ich hörte ihren leichten Schritt auf der Treppe. Es würde nicht verkehrt sein, aufzupassen.

Ich ging zur Tür und hinaus. Oben waren Fremdenzimmer und ein Bad. Das Wasser begann zu rauschen.

Die Tür zum Badezimmer war nicht abgeriegelt. Als ich öffnete, sah ich Tessa unter der Brause. Der Wasserstrahl lief über Hose, Pullover, Figur. »Karpfen«, sagte sie, »Karpfen bin ich.«

»Du hast die schönsten Schuppen der Welt.«

»Willst du mich essen?«

»Sofort. Frisch aus der Wanne.«

Urplötzlich sprang sie auf. Ein Schwall von Spritzern träufelte über mich. »Ich will in die Themse.«

»Was ein richtiger Karpfen ist, der gehört in die Themse. Und du kannst direkt in die Nordsee schwimmen.«

Tessa lief hinunter. Ich drehte den Wasserhahn ab und lief hinterher. Alle Lichter brannten. Das Haus blieb hinter uns zurück wie ein verwunschenes Schloß mit glimmenden Fenstern und in bizarrer Einsamkeit. Ich holte Tessa ein. Wir gingen den Pfad hinab, ohne zu schlingern. Ich hatte noch nicht genug Whisky in mir, und beim LSD schlingert man nicht. Man ist besoffen, aber keiner sieht es. Nur die Welt scheint besoffen zu sein.

Ich achtete auf den Weg. Er war voll von Wurzeln und Bodenwellen wie ein zerschossener Acker. Ich sah die schweigenden Stämme rings um uns. Vielleicht war es ein Fehler, zu scharf hinzusehen. Ich witterte einen Schatten, von dem ich das Gefühl hatte, daß er nicht dorthin gehörte, wo ich ihn wahrnahm. Zu klein für einen Baum und zu schmal für einen Busch.

»Moment«, sagte ich und blieb stehen.

»Was ist?« fragte Tessa.

»Dort steht ein großer Tintenfisch. Aufrecht auf acht Saugarmen. Den fang' ich.«

Ich lief schnell. Ich hatte genügend Mut in mir, jedem den Hals umzudrehen. Ich fand keinen Schatten mehr.

Whiskyspinnerei.

Die Themse gurgelte matt. Wir hockten uns dicht vor das Wasser. Um uns herum war ein unsichtbares Nadelkonzert von Mücken. Der Mond zauberte schmutzigen Silberglanz aus dem Fluß.

»Sing was«, sagte Tessa.

Ich sang. Ein Lied vom Mississippi. »Wenn der alte Fluß fließt zum Meer – red nicht schlecht – von dem schmutziggrauen Ufer – denn sein Anblick rührt mich so sehr – wenn der Mond ihn glänzend macht – dann verträum mit mir die Nacht – wenn der alte Fluß fließt zum Meer. When the lazy river goes by.«

»Schön. Schön war das.« Tessa lehnte ihre nasse Gestalt gegen mich. »Sing noch mal.«

Ich sang noch mal. Danach wollte Tessa zur Nordsee fahren.

Jesus, dachte ich. Wird sie nicht bald müde?

Ich zog den Kahn aus dem Bootsschuppen. Wir drehten Kreise zum anderen Ufer hinüber.

»Die Sonne scheint!« rief Tessa. »Alles ganz hell!«

»Ich sehe es auch«, sagte ich. Ich sah etwas anderes. Wieder den verdammten Schatten auf der anderen Seite am Ufer. Reglos und finster.

Ich konnte mich nicht weiter darum kümmern. Tessa sprang über Bord. Sie schwamm eine Strecke lang unter Wasser. Ich zog an den Riemen, um sie einzuholen. Sie war eher am Ufer als ich, und ich sah den Schatten nicht mehr.

»Das war schön«, sagte Tessa atemlos. »Ich war bei Poe. Im Strudel des Malstroms.«

»Manche fliegen, manche schwimmen«, sagte ich.

Ich verstaute das Boot. Wir stolperten den Weg zurück. Ich begann müde zu werden. Das konnte noch stundenlang dauern mit Tessa. Zum Kotzen.

XIII

Das Haus stand mit geöffneter Tür und hellen Fenstern. Im Schlafzimmer zog ich Tessa aus und rieb sie trocken. Sie fiel in den Sessel, in dem ich vorher gesessen hatte. Ich nahm noch einen Whisky und legte mich dann lang auf die Couch. Ich döste. Durch den Spalt meiner Lider beobachtete ich Tessa. Sie saß wieder ganz still. Kein gutes Zeichen. Ich konnte ihr Gesicht nicht mehr genau erkennen und wußte nicht, ob der grausame Ausdruck zurückgekehrt war.

Plötzlich stand sie auf. Sie ging hinaus, kerzengerade, schimmernd in ihrer Nacktheit. Ich wartete mit geschlossenen Augen und hörte ein entferntes Klirren wie von Metall. Dann kamen verstohlene Schritte zurück, nicht leise genug, als daß ich sie nicht hätte hören können.

Ich riß die Augen auf.

Tessa kam auf mich zu. Sie hielt rechts ein Messer, größer als das, mit dem ich Mara umgebracht hatte.

Auch damit war zu rechnen gewesen.

Ich faßte zum zweitenmal in dieser Nacht nach Tessas Handgelenk. Sie hatte einen Zug von wilder Wut in ihrem Gesicht. Das Messer ritzte mich in der Ellenbeuge, dicht neben der Vene. Ich hatte keine Lust, mich lange mit dem Unsinn aufzuhalten. Es wurde Zeit, daß sie schlief. Ich riß Tessas rechte Hand mit dem Messer nach unten und schlug kurz und hart unter ihr Kinn. Dann hob ich sie hoch, wie ich das in der Küche schon getan hatte, als das Paket gekommen war. Ich legte sie aufs Bett und küßte sie auf die Stelle am Kinn, wo morgen der blaue Fleck sein würde. Die Bettdecke zog ich über sie, holte mir einen Whisky und dachte nach. Es war nicht alles so, wie es sein sollte. Ihr Doppelbewußtsein war zutage getreten. Sie liebte mich und haßte mich gleichzeitig. Das LSD hatte den Familiensinn ans Licht gehoben, mitten in der Nacht. Ich hatte mich an ihren Leuten vergriffen. Ungeheuer fraglich, ob sie es mir verzeihen würde.

Ich trank weiter. Tessa schlief mit nassen Augen. Als ich den letzten Schluck nahm, hatte ich wieder das verdammte Gefühl, zu dritt auf diesem Grundstück zu sein.

Es war jemand in der Nähe.

Nicht viel zu machen. Es war stockdunkel, und ich kannte die Gegend nicht genau. Meine Pistole hatte ich nicht dabei. Es empfiehlt sich nicht, nach England eine Schußwaffe mitzunehmen. Blieb Tessas Messer. Ich hob es auf und ging durchs Haus. Ivy Cottage ist ein netter Platz bei Tag. Nachts kann er unheimlich werden, und mich überfiel die Furcht plötzlich, trotz des Whiskys, den ich in mir hatte. Es war nicht das stille Haus und Tessa, die mich hatte umbringen wollen. Auch nicht unbedingt der Eindruck, daß jemand herumschlich. Aber an Hand dieses Eindrucks kam das Gefühl, irgend etwas wäre vielleicht faul an meinem ganzen Plan und hätte nicht geklappt.

Ich ging ins untere Stockwerk, öffnete alle Türen und machte Licht überall. Was hatte ich vorgehabt? Tessa zu heiraten und an ihr Geld zu kommen ohne lästige Teilhaber. Alles gut bisher. Tessas Reaktion unter LSD, gut, konnte passieren, auch ohne Rauschgift würde sie noch manchen Unsinn inszenieren. Aber sie liebte mich, das machte mich sicher.

Weiter. Aller Verdacht auf den Alten. In Ordnung. Als Polizist würde ich ihn verhaften, wenn er nicht tot wäre. Die richtige Lösung, hundertmal hatte ich es in meinem Schädel hin und her gewälzt. Wo war der verdammte Fehler? Warum war jemand hier?

Vielleicht war gar niemand hier.

Nur mein überhitztes Gehirn hatte Schatten gesehen, die nicht da waren. Ich hatte zuviel nachgedacht, und jetzt gingen die Gedanken mit mir durch.

Alles war still und leer. Ich ging in den Keller und hielt das Messer vor mich hin wie ein Amateurattentäter. Nichts da, außer Gläsern mit eingeweckten Gurken und Regalen mit allerhand Weinflaschen. Der Alte und die Calhoun schienen von Gurken und Wein gelebt zu haben.

Mein Mut langte noch, um das Haus herum und zum Fluß hinunterzugehen. Die hellen Fenster blieben zurück. Ich kreuzte die Schatten der Bäume, solange das Licht sie über den Weg warf. Es wurde dunkler zum Fluß hin. Wenn ein Mann von Ritchie zu unserem Schutz hier war, konnte er sich melden.

Ich blieb stehen und rief. »Kommen Sie her, Sergeant! Wir nehmen einen Drink. Habe Sie gesehen. Das Messer habe ich nur aus Angst dabei.«

Das Wasser murmelte, und sonst antwortete niemand. Ich hatte mich geirrt. Bestimmt. Es war kein Mensch da.

Ich ging zurück. Das Messer hing in meiner rechten Hand nach unten. Was wäre passiert, wenn ich schon geschlafen hätte? Die Kehle durch und Tessa damit beschäftigt, meinen Kopf abzutrennen?

Sie schlief fest, als ich kam. Sie hatte den Daumen im Mund, und ihre rechte Hand war erstarrt beim Federnsuchen auf dem Kopfkissen. Ihr Gesicht war kindlich und lieb. Alles in Ordnung. War nur das LSD gewesen. Nur ein Alptraum.

Ich wurde ruhig, als ich die Türen schloß und mich auszog. Kein Schatten mehr. Kein Fremder bei uns. Kein Haß von Tessa.

Ich schlief schnell ein und fuhr hoch aus einem blödsinnigen Traum. Es krabbelte an meinem Hals.

Es war Tessas Hand. Ohne Messer. »Was hast du denn?«

»Dicken Kopf«, sagte ich. »Der Whisky.«

»Soll ich dir Saft holen?«

»Das wäre ganz artig von dir.«

Es war freundlich und hell im Zimmer. Tessa kam zurück mit dem Krug. Sie hatte mir oft Zitronensaft ans Bett gebracht. Sie sah aus wie an dem Tag, als sie zum erstenmal bei mir in der Wohnung gewesen war. »Warum liegt das Messer auf dem Küchentisch?«

»Messer? Keine Ahnung. Vielleicht wollte ich mir noch eine Stulle schmieren. Ach, nein, jetzt fällt mir's ein. Ich wollte deinen Kopf abschneiden. Mara die zweite.«

»Du Trottel, du lieber.«

Ich trank den Krug mit dem Zitronensaft zur Hälfte aus. »Wie war die Hochzeitsreise, gnä' Frau?«

Tessa strich ihr Haar nach hinten. »Oh. Versprichst du mir was?«

»Alles.«

»Nimm das Zeug nie wieder. Ich nehme es auch nie mehr.«

»Das freut mich zu hören«, sagte ich. »Du wolltest es ja wissen. Ganz genau. Jetzt weißt du's. Hast du große goldene Spinnen gesehen, die Krakowiak getanzt haben?«

»So ähnlich. Ich hatte auf einmal das Gefühl, es bliebe so in meinem Kopf und ich würde irrsinnig bleiben für immer.«

»Du bist immer schon irrsinnig gewesen. Ganz besonders, als du mich geheiratet hast.«

Tessa warf sich über mich. Wir balgten uns wie in alten Zeiten. Ich verlor mühelos. »Wirst du mich loslassen, du Bestie?«

»Nur, wenn du noch was versprichst!«

»Immer noch alles.«

»Gehen wir schön essen?«

»Ich möchte fast sagen im Laufschritt.«

Im Bad fragte sie: »Wie bin ich ins Bett gekommen?«

»Oh«, sagte ich, »etwas umständlich, aber sonst gut. Du hast plötzlich auf dem Boden gelegen und warst in Gott entschlafen. Ich war auch noch mäßig im Tran, aber ich habe dich verfrachtet.«

»Das Kinn tut mir weh.«

»Wahrscheinlich wolltest du den Fußboden damit k. o. schlagen.«

Sie schüttelte sich. »Scheußlich.«

»Ich hab' mich dann hingelegt und noch eine Weile gesponnen und mit dem Wahnsinn Zwiesprache gehalten. Dann war ich auch weg. Gott sei Dank.«

»Meine Klamotten sind ganz naß!«

»Du hast Karpfen gespielt in der Wanne. Und dann wolltest du in die Themse und durchschwimmen bis Tower Bridge.«

»Es ist furchtbar. Bist du mir böse, daß ich so neugierig war auf das Zeug?«

»Der Mensch hat das Recht, seine Fehler und Erfahrungen zu machen. Die Neugierde ist weg, und du hast deine Ruhe jetzt wieder. Jetzt kannst du dir vorstellen, wie es Väterlein gegangen ist mit seiner gigantischen Dosis.«

»Ja das kann ich.«

Wir fuhren los mit dem Aston und aßen vortrefflich in einem Landgasthaus. Krebse in Dillsoße, geräucherte Forelle, Unmengen von Roastbeef. Der Wirt beglückwünschte uns zum Ehestand. Was waren wir aber auch für ein nettes Paar. Das schöne, junge Mädchen und der reifere Mann mit dem Kinderherzen. Flitterwochen im Paradies, und drei Tote hatten dafür bezahlt.

Wir machten uns noch ein paar friedliche Tage in Ivy Cottage. Tessa pflegte mich wie ihr erstes Kind. Einige

Leute aus der Nachbarschaft kamen zu Besuch, gratulierten und bedauerten die schrecklichen Todesfälle. Dann blickte ich ernst zu Boden, und Tessa wischte sich ungeweinte Tränen aus den Unschuldsaugen.

Weiter geschah nichts. Keine Schatten waren mehr im Park. Die Polizei rührte sich nicht. Der Anwalt schrieb ein paarmal günstige Nachrichten. Alles nach Wunsch. Ich faulenzte den ganzen Tag und erholte mich ausgezeichnet nach allen Anstrengungen.

»Die haben uns vollkommen vergessen«, sagte ich zu Tessa.

»Ich weiß nicht – manchmal kommt mir das vor wie eine Stille vor dem Sturm. Und ewig möchte ich auch nicht hier herumsitzen. Können wir nicht irgendwas tun?«

»Du hast recht. Wir tun was. Wir fahren zum Yard und packen Ritchie bei den Hörnern.«

XIV

Wir fuhren am nächsten Tag. Ich war noch nie in Scotland Yard gewesen, aber es sah aus, wie ich es mir vorgestellt hatte. Ernste Constabler in abgewetzten Zimmern, und auf den Fluren rollten Teewagen herum.

Das Büro war wie Ritchie selber. Beide nicht renoviert seit neunzehnhundertdreißig. Er hing in seinem Bürostuhl wie damals in Ronalds Wohnung und rauchte die gleiche Tabkamarke. Honig nd Weihrauch.

»Das ist so, Inspektor«, sagte ich, »wir wollen Sie nicht drängen. Aber gelegentlich müssen wir mal nach Deutschland zurück. Miß Str . . . äh, meine Frau hat einiges zu erledigen dort, und ich muß mich auch mal um mein unbedeutendes Geschäft kümmern. Deswegen wollten wir uns kurz erkundigen, ob schon irgend etwas herausgekommen ist und ob Sie uns erlauben können, das Land zu verlassen. Keine Frage, daß wir sowieso eines Tages wiederkommen.«

Ritchie fingerte nach einer Akte in einem Holzkasten. »Herausgekommen? Hm. Viel nicht. Ihr Vater, Mrs. Holland, hat Selbstmord begangen. Einwandfrei. Gegen Mrs. Calhoun und Mr. Richardson besteht kein Verdacht. Bei Ihrem Bruder ist es nicht viel anders. Ich bin nicht sicher, daß er ermordet worden ist, trotz dem Spruch des Coroners. Die Verdachtsgründe gegen Miß Hastings und Mister Radfielt reichen nicht aus zur Anklageerhebung. Vermutlich werden sie auch niemals ausreichen.

Ich räusperte mich. »Inspektor – meine Frau hat eine bestimmte Theorie – vielleicht ist sie richtig, vielleicht nicht, aber ich kann sie Ihnen kurz erzählen, wenn Sie erlauben. Sie meint, Mister Strong-Waldau, möglicherweise von dritter Seite angestiftet, sei auf die Idee gekommen, sich seiner Nachkommenschaft – äh – zu entledigen, um nicht zuviel an Erbteilen wegzahlen zu müssen. Und er hat jemanden gefunden, der gegen angemessenes Honorar den Auftrag übernommen hat. Der hat in München Miß Mara umgebracht und die Paketsendung gestartet.«

»Wozu das?«

»Zweierlei. Es hätte passieren können, daß meine Frau beim Anblick des Kopfes ebenfalls tot umgekippt wäre. Und der Zettel mit der Morddrohung sollte wohl den Verdacht vom eigenen Vater ablenken, denn der hätte schwerlich seine zweite Tochter gewarnt, wenn er ihren Tod beschlossen hatte.«

»Hm«, machte Ritchie und paffte.

»In diesem Zusammenhang ist vielleicht interessant, daß ich am Tage, als wir das Paket erhielten, einen Engländer in unserem Hause gesehen habe. Er läutete bei uns und fragte nach Leuten, die es im Hause nicht gab.«

»Haben Sie das Kommissar Sandmann erzählt?«

»Nein. Das ist mir erst hinterher wieder eingefallen, als ich über die ganze Geschichte nachgedacht habe. Ja – und nun starb Mister Ronald. Nicht ausgeschlossen, daß doch jemand auf der Party war, der da nachgeholfen hat. Das muß nicht Jack Radfielt oder Mabel Hastings gewesen sein.«

Waren sie auch nicht, dachte ich. Wunderbar glatt ging mir die Story von den Lippen. Ich hatte auch oft genug geübt. Ritchie schwieg.

»Als es nun soweit gekommen war«, fuhr ich fort, »bekam Mister Strong-Waldau Angst vor der Courage. Vielleicht hat er dem Erfolg seines Planes nicht mehr getraut und fürchtete die Aufklärung. Deswegen hat er sich erschossen.«

Ritchie schaute auf, als Tessa plötzlich sprach: »Richtig

von mir, das zu sagen, Inspektor, aber die Wahrheit ist, daß mein Vater für uns alle nicht viel übrig hatte. Es kann so gewesen sein, wie mein Mann sagte.«

»Natürlich kann es.«

»Für uns ist noch folgendes von Bedeutung, Mister Ritchie. Wenn es sich so verhält, wie ich eben erzählt habe, dann könnte passieren, daß der engagierte Profi uns bedroht und erpreßt. Oder sogar nach dem Leben trachtet, wenn Mrs. Calhoun hinter dem Ganzen stecken sollte. Ich will sie um Himmels willen nicht verdächtigen. Ich wollte nur Ihre Aufmerksamkeit in diese Richtung lenken, da wir einmal hier sind. Schließlich hatten wir in Ivy Cottage allerhand Zeit, darüber nachzudenken.«

Ritchie nickte bedächtig.

»Sowie wir in München sind, informiere ich auch Kommissar Sandmann in diesem Sinn. Aber uns wäre lieb, wenn wir jetzt erst mal wieder rüber könnten.«

»Nun«, sagte Ritchie und betrachtete Tessa mit Wohlgefallen, »ich glaube nicht, daß ich da Bedenken haben muß. Wir können Sie überall erreichen, wenn wir wollen. Mit Kommissar Sandmann bleibe ich in Verbindung. Fliegen Sie, und grüßen Sie das Oktoberfest von mir.«

»Gern«, antwortete ich, »ist ja bald soweit. Ist ja eigentlich ein Septemberfest.«

Am Montag darauf fuhren wir. Ivy Cottage blieb leer und zu. Von der Calhoun hatten wir nichts gehört. Ronalds Bude hatte Tessa ausgeräumt und weitervermietet. Wir nahmen den Aston mit und fuhren nach Dover und mit der Fähre nach Ostende. Der Kanal war ruhig in diesen Tagen, sonst hätte Tessa ihre Mahlzeit gleich über Bord werfen können. Ich trank Grog, um mir wie ein Seemann vorzukommen.

Am Abend badeten wir in Ostende und übernachteten in einem netten Gasthof in Mariakerke.

Am nächsten Tag fuhren wir früh ab und in einem Strich nach München. Der Aston konnte laufen wie selten in England. Wir tranken das erste Bier in einer der Stammkneipen und schließlich in meiner Wohnung wie in den alten Zeiten, als ich Tessa kennengelernt und sie langsam an dieses Bett gewöhnt hatte. Jetzt waren wir legalisiert.

Morgens nach dem Frühstück rief ich Sandmann an. Er war schnell zu erreichen. »Ich wollte mich gehorsamst zurückmelden, Herr Kommissar.« Ich füllte meine Stimme mit verhaltenem Ernst. »Sie wissen, was alles passiert ist?«

»Ja.«

»Sie können sich denken, daß das unsere Freude ziemlich getrübt hat. Wäre es Ihnen möglich, hier vorbeizukommen? Es erzählt sich vielleicht besser.«

»Ja, das geht. Muß Ihnen ja gratulieren. Wann?«

»Um sechs nach Dienstschluß?«

»In Ordnung.«

Ich legte auf. Tessa nickte mir zu. »Was du für ein trauriges Gesicht machen kannst. Wie ein Dackel.«

»Ich habe schließlich allerhand Verwandtschaft zu beklagen. Liebe Menschen, deren Verlust mich herb getroffen hat.«

Sandmann kam pünktlich. Er hatte drei Nelken dabei, und Tessa nahm sie und knickste.

»Für Sie habe ich auch etwas«, sagte er zu mir. »Kleine Reverenz zur Hochzeit.« Er gab mir einen zusammengefalteten Bogen. Ich sah das Siegel und eine wuchtige Unterschrift. »Ihr Waffenschein.«

Ich blickte gerührt. »Na, so was! An den habe ich gar nicht mehr gedacht. Das ist aber nett von Ihnen. Tessa – besorgst du uns was zu trinken?«

Sie nahm eine Vase mit und ging hinaus. Ich las das Papier durch. Der Erwerb einer Waffe wurde mir erlaubt. »Nochmals vielen Dank, Herr Sandmann. Sehr interessant. Besitz ist erlaubt, soweit ich das Gesetz kenne. Erwerb verboten.«

»Ungefähr so.«

Tessa kam mit großen Gläsern voll Martini dry zurück. Wir setzten uns hin. Ich erzählte lang und ausführlich von unseren Erlebnissen in London. Die traurigen Ereignisse. Der einzige Lichtblick die Heirat. Ich gab die gleiche Vermutung zum besten wie bei Ritchie, nur auf deutsch. Sandmann trank und hörte zu.

»Der Selbstmord des Vaters hat uns erst darauf gebracht, daß er hinter allem gesteckt haben könnte. Ist ja sonst völlig unmotiviert. Der Mann war äußerst munter, als er mich hinauswarf. Ich hatte auch noch etwas anderes vergessen, Herr Kommissar. Als wir das Paket geöffnet und uns einigermaßen erholt hatten, klingelte es bei uns. Ein Engländer, der nicht Deutsch sprach. Fragte dummes Zeug. Nach Leuten, die es im Haus nicht gibt. Und noch etwas: In der ersten Nacht in Ivy Cottage muß jemand am Haus und im Park herumgeschlichen sein.«

Tessa sah mich unter halb hängenden Augenlidern an. Spinn nicht, schien sie zu denken.

Das war das LSD. »Daher habe ich gedacht, daß man immer noch hinter uns her ist.«

Sandmann nickte in seiner langsamen Art.

»Hat sich denn hier was Neues ereignet?« fragte ich. »Bei Inspektor Ritchie war's mager. Nicht sicher, ob Ronald wirklich erwordet worden ist.«

»Bei Mara ist er schon sicher«, antwortete er lächelnd. »Aber noch hat sich nichts Positives ergeben, um jemand festzusetzen. Wir haben alle Bekannten überprüft. Teilweise haben sie Alibis, teilweise kein Motiv.«

»Das alte Leiden«, murmelte ich. Unangenehm. Kein Ersatzmann hatte sich für mich gefunden. Mir wäre lieber gewesen, einer hätte schon unter Anklage gestanden. So war noch alles offen. Schere oder Papier.

»Es ist auch niemand von hier«, sagte Tessa mit Bestimmtheit. »Sonst hätte Sie ihn bestimmt längst geschnappt. Es muß jemand aus England sein.«

Sandmann sah sie träumerisch an und spitzte die Lippen. »Vielen Dank für Ihre Wertschätzung«, sagte er. »Vielleicht fliege ich mal hin zu Ritchie. Glaube aber nicht, daß es nötig sein wird. Die sind verläßlich. Wenn die eine Spur finden, bleiben sie dran wie die Bluthunde. Und wenn es hundert Jahre dauert.«

»Na, in hundert Jahren wird uns das nicht mehr sehr interessieren«, sagte ich, »aber es ist tröstlich zu wissen.«

»Bleiben Sie jetzt hier?«

»Doch, ich denke. Wir waren ja erst unterwegs.«

Tessa stimmte zu. »Wir kümmern uns erst mal um eine Wohnung oder um ein Haus, je nachdem. Diese kleinen Buden lösen wir auf. Da haben wir uns lange genug herumgetrieben.«

»Das leuchtet mir ein«, sagte Sandmann.

»Dann werde ich Sie jetzt verlassen. Sie hören von mir, wenn neue Gesichtspunkte auftauchen. Und Sie melden sich bitte, wenn Ihnen etwas unangenehm auffällt.«

»Sofort.«

Wir tranken den letzten. Ich brachte Sandmann zur Tür. Tessa wartete eine Weile, bevor sie fragte. »Was meinst du?«

»Dasselbe wie in London. Alles okay. Die kommen nicht dahinter. Wenn sie's bis jetzt nicht haben, kriegen sie's auch nicht.«

»Schön wär's, sagte sie.

Draußen schlich die Dämmerung vor die Fenster. Es war Mittwoch, der vierundzwanzigste August.

XV

Zu meiner Erleichterung wollte Tessa den Wohnungskram allein in Angriff nehmen. Sie war viel unterwegs in den nächsten Tagen. Ich saß vorwiegend in meiner Bude, ordnete meine Papiere und erledigte die anlaufende Post.

Der 1. September war ein Donnerstag. Wir wachten bei Tessa auf.

»Bemerkenswerter Tag«, sagte ich gähnend. »Bist du dir dessen bewußt?«

»Wieso?«

»Heute vor siebenundzwanzig Jahren fing der Krieg an. Und morgen ist Sedantag. Der ganze Kalender voller Kriege. Was tust du heute?«

»Ich muß vormittags zum Anwalt. Wieder irgendeinen Quatsch unterschreiben.«

»Also wenigstens Papierkrieg.«

»Ja. Am Nachmittag will ich das Grundstück ansehen, das der Walldorfer angeboten hat. Da könntest du eigentlich mitkommen.«

»Ich verstehe nichts davon, aber ich komme gern mit. Hol mich ab in meiner stillen Klause.«

»Aye, aye, Sir.«

Um halb zehn war ich in meiner Wohnung. Ich schloß den Briefkasten auf und nahm die Post mit nach oben. Unter dem Abtreter lag ein flaches Päckchen.

Ich hob es hoch.

Dr. Paul Holland. Kein Absender. Nichts von pharmazeutischer Industrie. Immerhin, einen Kopf konnte es nicht enthalten.

Mir fiel ein, daß manchmal Plastikbomben auf solche Liebesgabenart verschickt wurden. Das wäre eine Möglichkeit, Bindfaden, ab, Päckchen abgerissen. Schon krachte es nicht unerheblich, und man flog mitsamt seinem Büro der Sonne zu. OAS-Methoden. Auf die Art konnte man mich loswerden.

Aufgegeben in München. Gestern. Klar. Eins aus London hätte ich bestimmt ungeöffnet in der Isar versenkt.

Blödsinn, verfluchter. Nervös war ich, nichts anderes. Sollte ich mein Leben lang kein Päckchen mehr aufmachen wollen? Ich nahm die Schere aus der Mittelschublade. Der Bindfaden schnipste weg. Das Pappkästchen ließ sich aufklappen. Ich schlug den Deckel zurück.

Holzwolle.

Ein Rieseln ging über meine Haut. Ich holte Luft, faßte mit den Fingerspitzen in die rauhe Schicht und zog sie weg.

Das Rieseln wurde zum Eisschauer. Ich tauchte in ein mattes Dunkel.

Traum, dachte ich. Angsttraum. Ich bin noch bei Tessa. Aufwachen. Aber ich schlief nicht und wachte nicht auf. Meine Augen öffneten sich.

Eine große gelbe, langgliedrige Spinne, die Beine leicht gekrümmt und der Leib starr.

Nur fünf Beine.

Die Hand eines Menschen.

Ein Siegelring steckte auf dem vierten Finger, und die durchschlagenen Handwurzelknochen schimmerten bläulich in dem blutigen Stumpf des Handgelenks.

Das einzig Lebendige an dieser Hand war der matte Goldschimmer des Siegelrings.

W. H. – Walter Holland.

Mein Bruder Walter.

Mir wurde schlecht. Ich lief zum Bad. Als ich zurückkam, war ich ruhiger. Es war alles ganz klar. Der Plan war gescheitert. Ich war gescheitert.

Ich setzte mich wieder. Ich war auf alles gefaßt

gewesen, vom Stoffesel bis zur Sprengladung. Auf das nicht. Wenn die Hand hier war, dann war Walter tot. Wie bei Mara. Aber jetzt spielte jemand mit, den ich nicht kannte und mit dem ich nicht gerechnet hatte.

Meine Finger berührten Walters Hand. Die Haut war kälter als das Metall des Ringes.

So. Es ging los. Schere oder Papier.

Ich deckte die Holzwolle vorsichtig über die gelbe Haut. Dann schlug ich den Deckel wieder zu. Ein harmloses, kleines Päckchen, ganz uninteressant.

Unten im Bücherschrank war der Pappkarton. Die Walther lag darin in Zellstoff eingepackt. Sie hat einen Spannabzug. Man kann sie gefahrlos in der Tasche tragen, ohne sich selbst in die Füße zu schießen, und trotzdem ist sie sofort feuerbereit. Von jetzt ab mußte sie es sein.

Ich schloß die Fenster und sah mich um. Alles erledigt. Post säuberlich eingeordnet. Nur das Päckchen stand noch herum. Ich nahm es in die linke Hand und verließ meine Wohnung. Mein Wagen stand still in der Sonne.

Ich stieg ein. Jetzt ging es los, vorletzte Runde wahrscheinlich.

Schere oder Papier.

XVI

Mein Bruder wohnte – hatte gewohnt – in einer netten, kleinen Zweizimmer-Klause im Keller eines Hauses mit Eigentumswohnungen. Er hätte längst umziehen können, aber er wollte nicht. Er wohnte schallsicher. Die größten Feste konnten gefeiert werden. Niemand im Haus hörte etwas. Das war wohl auch Walters Verhängnis gewesen.

Ich parkte auf der gegenüberliegenden Straßenseite, ließ einige Autos vorbei und ging hinüber. Ich mußte durch die Toreinfahrt. Dahinter der Weg führte schräg abwärts zu den Garagen. Links war der Kellereingang. Autos waschen verboten, stand neben der Tür.

Im Kellergang ging die erste Tür zur Heizung. Es war still dahinter, die Anlage lief nicht. Die zweite Tür führte in den Werkstattraum für den Hausmeister. Hinter der dritten war Walters Wohnung. Mit dem ersten Blick sah ich, daß der Schlüssel von außen steckte. Es war ein Türknopf mit einem Schnappschloß, keine Klinke daran. Ohne Schlüssel war es nicht zu öffnen. Man hatte an alles gedacht. Ich sollte genießen, still für mich allein.

Ich faßte nach der Walther und fühlte nach, ob sie nicht im Taschenfutter festhing. Absichtlich trug ich sie links. Die Leute achten gewöhnlich auf die rechte Seite, wenn sie irgendwo eine Waffe vermuten. Der Schlüssel drehte sich lautlos. Die Tür machte auch kein Geräusch. Ich trat ein mit der Hand in der Tasche.

Der Gang machte eine leichte Biegung nach rechts. Am Ende lagen Bad und Toilette. Rechts in der Mitte führte eine Tür zum Wohnzimmer. Man mußte durch, um ins Schlafzimmer zu kommen. Vom Wohnzimmer aus ging es zur Küche. Sehr übersichtlich alles.

Im Wohnzimmer war er nicht. Ich holte Luft wie

vorhin, als ich die Holzwolle wegnehmen mußte, und stieß die Tür zum Schlafzimmer auf.

Auch hier war Walter nicht.

Das Bett war aufgeschlagen und zerwühlt, als hätte er es gerade gähnend verlassen. Keinesfalls ungewöhnlich. Es war oft zerwühlt gewesen, Walter hatte genausoviel für Mädchen übriggehabt – wie ich. Seine Unterwäsche lag auf dem Schemel neben dem Bett. Die Schranktüren klafften. Alle Anzüge hingen sauber aufgereiht. Es sah nicht so aus, als ob er betrunken heimgekommen wäre.

Küche als nächstes. Ich merkte, daß ich in der rechten Hand immer noch das Päckchen trug. Das Päckchen mit einem Stück von Walter. Ich legte es auf seinen Schreibtisch im Wohnzimmer. Die Tür zur Küche war geschlossen. Ich stieß sie auf und dachte an Tessas Küche und das Paket. Das sollte ich wohl auch denken.

Der kleine quadratische Raum war weiß, ruhig und leer. Wenn sie Walter nicht anderswo erledigt hatten, konnte er nur im Bad sein.

Das war er auch.

Die Wanne war zu drei Viertel gefüllt. Der Schaum hatte sich aufgelöst. Das Smaragdgrün des Fichtennadelwassers war mit Schlieren von Rot untermischt. Das Blut kam aus einer schmalen, waagrechten Wunde etwas links vom Brustbein. Walters rechtes Ohr tauchte ins Wasser, als wollte er hören, was unter ihm vorging. Sein linker Arm hing über den Wannenrand. Der Stumpf des Handgelenks reichte über die emaillierte Wölbung hinaus. Das Blut war heruntergetropft auf die blaue Gummiunterlage. Auch ein hübscher Farbkontrast.

Sonst war alles in Ordnung im Bad. Die Handtücher hingen über den Schwenkständern. Walters Hausschuhe standen in der Ecke neben der Tür, so weit wie möglich von der Wanne entfernt, damit sie nicht naß werden sollten beim Duschen. Der blaue Bademantel hing innen an der Tür am Haken.

Ich sah hinunter in Walters totes Gesicht. Er war glatt rasiert. Also ein ganz normaler Verlauf an einem ganz normalen Tag.

Walter war aufgestanden und hatte sich einen Kaffee gemacht. Ein Brot dazu vielleicht. Zeitung gelesen. War ins Bad gegangen, hatte sich am Waschbecken rasiert und das Wasser eingelassen. Mit Fichtennadelschaum. Als er in der Wanne war, hatte es geklingelt. Er war aufgestanden, hatte den Bademantel angezogen, es konnte die Post sein, was Wichtiges, ein Mädchen. Sie waren gekommen, und Walter hatte sie begrüßt und war zurückgegangen ins Bad und in seine Wanne. Bekannte.

»Setzt euch. Schnappt euch was zu trinken. Bin sofort fertig. Kann sich nur um Stunden handeln.«

Er lag in seinen Fichtennadeln. Sie hatten sich ein Messer geholt aus der Küche oder eins mitgebracht. Waren hineingegangen zu ihm. Walter lag, er konnte sich nicht wehren. Seine Brust war frei für die Klinge, kein Stoff dazwischen, kein Hindernis. Walter war gestorben, ohne zu verstehen. Aber ich begann zu verstehen.

Bekannte.

»Wiedersehen, Walter«, sagte ich von der Tür her. »Ich glaube, ich komme dahinter. Die werden auch keine Freude haben, denke ich.«

Ich schloß die Tür hinter mir.

XVII

Das Telefon war im Wohnzimmer.

»Morgen, Herr Kommissar«, sagte ich, als die Verbindung durch war, »ich habe ein Päckchen bekommen.«

»Päckchen?« sagte Sandmann.

Ich erzählte. »Kommen Sie her?«

»Wird nicht lange dauern«, antwortete er.

Es dauerte auch nicht lange.

Sandmann ging stumm durch die Wohnung. Ich saß da und rührte mich nicht. Die Walther lag schwer in meiner Tasche.

Sandmann kam zurück. Am Schreibtisch klappte er das Päckchen auf und nahm die Holzwolle weg.

»Merkwürdig«, sagte er.

»Was?«

»Daß Ihr Bruder umgebracht worden ist.«

»Finde ich eigentlich nicht. Es kommt meiner Theorie entgegen. Jemand arbeitet weiter.«

»Warum er? Warum nicht Sie oder Ihre Frau?«

Ich hatte eine Erklärung, aber ich behielt sie für mich. »Wir kommen schon noch dran. Er mußte weg, denn er erbt, wenn Tessa und ich erledigt sind. Einer nach dem anderen. Die Reihenfolge ist gleichgültig. Richtet sich nach der Laune und dem Wetter.«

Es war Sandmann nicht anzusehen, ob er diese Ansicht teilte.

»Haben Sie etwas dagegen, wenn ich nach Hause fahre, Herr Kommissar? Ich war lange genug hier drin. Tessa holt mich zum Essen ab. Bei der Gelegenheit erzähle ich ihr die Geschichte.«

Sandmann nickte noch langsamer als sonst. »Wo sind Sie heute abend?«

»Bei mir.«

»Sehr gut.«

»Außerdem finden Sie mich sowieso überall. Ich laufe nicht mehr weg.«

»Haben Sie Ihre Waffe schon gekauft?«

»Noch nicht dazu gekommen.«

»Passen Sie auf.«

»Bestimmt.«

Ich ging und ließ ihn zurück mit Walter und Walters Hand. Ich wollte ihn noch darauf aufmerksam machen, daß meine Fingerabdrücke auf dem Päckchen wären, aber ich unterließ es. Es würde sich alles folgerichtig entwickeln. Alles.

In meiner Wohnung zog ich die Jacke aus. Ich nahm die Pistole heraus und steckte sie in die linke hintere Hosentasche. Sie trug kaum auf, die Tasche war groß genug. Im Zimmer setzte ich mich hin, machte ein paar Notizen in meinem Tagebuch und trank noch einen Gin. Konnte sein, daß ich lange keinen mehr bekam.

Tessa rannte herein um Viertel nach eins. Sie war fröhlich und erhitzt, und ihre Worte sprudelten. »Beim Anwalt ging's ganz schnell. Börsenvollmacht zum Aktienumtausch. Mir gehören ein paar von Royal Dutch Oil. Ich hab' gleich gefragt, ob wir jetzt umsonst tanken könnten. Wer gut schmiert, der gut fährt. Pack die Aktie in den Tank. Und dann hatte ich noch Zeit, ein Haus anzusehen. Der Anwalt hat's empfohlen, ein Mandant will verkaufen. Du, zauberhaft. Ein Bungalow allerdings, ach, aber groß wie eine Markthalle. Vorn ist . . . Hast du was?«

Ich sah sie an.

»Ist was passiert? Nun red schon! Sitz nicht da wie'n toter Fisch!«

»Schlechte Nachrichten mit der Post«, sagte ich.

»Was denn? Finanzamt? Oder« – ein Schatten ging über ihr Gesicht – »oder irgendeine Drohung?«

»Keins von beiden. Ein Päckchen ist gekommen. Klein und flach. Walters linke Hand war darin. Walter liegt tot in seiner Badewanne. Sandmann ist schon dort.« Ich ließ die Augen nicht von Tessa, als sollte mein Blick unter ihre Haut gehen. Ihre Haut bekam einen Elfenbeinton. Die Pulswelle ihrer Halsschlagader wurde schneller, aber ihre Pupillen blieben eng im Tageslicht.

Plötzlich preßte sie die Hand vor die Zähne. »Paul! Nein . . .«

»Doch. Erstochen. Wie Mara.«

Die Hand fiel herunter. Tessas Schultern sackten nach vorn, ihr Kopf fiel herunter, daß ich ihren Scheitel sehen konnte.

»Paul.«

»Ja.«

»Du hast mich belogen.«

»Mir wären bessere Lügen eingefallen. Walter ist tot.«

»Das meine ich nicht.«

»Was meinst du?«

Ihr Blick schob sich in meinen. »Du hast Mara und Ronald nicht umgebracht. Du wolltest mich nur beruhigen und mir die Angst nehmen. Deswegen hast du die Geschichte erfunden. Aber jetzt ist die Angst wieder da. Es ist doch jemand anders hinter uns her. Er hat Walter umgebracht, und er wird uns umbringen.«

Es war ganz plausibel. Es war, um an sich selbst irre zu werden. Das konnte ich nicht gebrauchen.

»Du lieber Kerl«, sagte Tessa, »du hast dich als Mörder hingestellt für mich. Du hast riskiert, daß ich davonlaufe oder die Polizei hole. Das soll erst mal einer machen.«

Ich faßte ihre Handgelenke. »Hör zu.« Ich sprach kalt und mit ruhiger Deutlichkeit. »Es ist nett von dir, das zu denken. Es ist besser, als wenn du glaubtest, ich hätte nun auch noch Walter auf dem Gewissen. Aber es stimmt nicht. Leider nicht. Mara und Ronald waren meine Leute. Dein Vater war dein Mann. Und jetzt ist jemand aufgetaucht, der uns einen Strich durch die Rechnung machen will. Jemand, der dahintergekommen ist. Einer, mit dem wir nicht gerechnet haben.«

Tessa schwieg. Ich ließ sie los und ging zum Fenster und sah hinaus.

»Warum Walter?« fragte sie von hinten.

»Vermutlich soll ich erst mal ein bißchen mit den Knien schlottern. Außerdem gehörte er zur Familie. Unerwünschter Miterbe.«

»Wer kann es sein?«

Ich zog meine Schultern hoch und ließ sie fallen. »Wahrscheinlich das englische Lager. Wüßte nicht, wer sonst.«

Tessa kam zu mir ans Fenster. Ihr warmer Arm preßte meine Schultern. »Paul!«

»Hm.«

»Gib jetzt nicht auf, Paul. Wir halten durch. Bestimmt halten wir durch.«

»Es wird uns nicht viel anderes übrigbleiben.«

Tessa ging zur Küche und kam mit zwei Gläsern Whisky zurück.

»Du bist fabelhaft ruhig«, sagte sie.

»Diesmal muß ich dich trösten. Du hast es bei mir auch getan.«

»Kann mich nicht erinnern.«

»Doch. Schon allein, daß du da warst. Bei mir.«

Ich trank den Whisky.

»Sandmann ist auch noch da, Paul. Er findet das raus.«

Ich lachte kurz auf. »Sandmann. Bis jetzt hat er nicht viel gefunden. Zum Glück. Wenn er so weitermacht, findet er nichts. Und wenn er dahinterkommt, findet er uns auch.«

Es klingelte kurz an meiner Tür. Wir erschraken nicht.

»Da hätten wir ihn schon«, sagte ich.

Tessa ging mit ruhigen Schritten zur Tür. Sandmann kam hinterher und setzte sich zwischen uns. »Der Form halber muß ich nach Ihren Alibis fragen. Für gestern.«

Wir hatten keine Schwierigkeiten. Tessa war beim Makler gewesen, anschließend mit mir bei einer Freundin. Vorher saß ich beim Zahnarzt. Abends Kino. Für die Nacht hatten wir keine Zeugen.

»Ist er gestern erstochen worden?« fragte ich.

»Der Doktor war dieser Ansicht. Frühestens vorgestern. Das Päckchen wurde gestern aufgegeben. Ihre Fingerabdrücke sind dran und ein Haufen andere. Wahrscheinlich alle von der Post.«

Wir brachten auch mühelos zusammen, wo wir vorgestern gewesen waren. »Was ist mit dem Messer?« fragte ich.

»Muß ein ziemlich großes Ding gewesen sein«, erwiderte Sandmann. »Ihr Bruder hat kein solches unter seinen Bestecken. Der Besucher hat es mitgebracht, anscheinend hinterher im Badewasser abgewaschen und wieder mitgenommen.«

»Besucher«, murmelte ich. »Es kann nur jemand gewesen sein, den Walter gut gekannt hat.«

»Vollkommen klar. Es kommt etwa der gleiche Kreis in Betracht, der auch bei Mara in Frage kam. Den muß ich mir nun noch mal vornehmen.«

»Meinen Sie, es führt ein Weg hinein?« fragte Tessa.

Sandmann stand auf. »Irgendeinen Zusammenhang gibt es bestimmt«, sagte er, »wenn wir den Mörder Walter Hollands finden, haben wir auch den Ihrer Schwester.«

»Und wie lange kann das dauern?«

»Das kann unter Umständen schnell gehen«, antwortete Sandmann, und dann brachte ich ihn zur Tür.

Langsam ging ich zum Wohnzimmer zurück. Vom Fenster aus sah ich Sandmann auf der Straße.

XVIII

»Tröstlich«, sagte ich und drehte mich vom Fenster weg, »da wäre fast zu hoffen, daß Sandmann Walters Mörder nicht schnappt.«

»Ich habe Hunger«, sagte Tessa.

Ich nickte. »Gut. Essen wir noch mal, bevor wir besucht werden.«

»Du meinst . . .«

»Aber sicher meine ich. Warum sollte er mittendrin aufhören?«

Wir aßen in einem kaukasischen Restaurant Steakspieß und tranken Pilsener Bier. Ich dachte an Walter, mit dem ich oft hier gesessen hatte. Nun lag er schon in der Gerichtsmedizin auf einem steinernen Tisch.

»Woran denkst du?« fragte Tessa.

»An Walter.«

»Das habe ich gewußt.«

»Komisch«, sagte ich. »Deine Verwandtschaft habe ich mühelos über die Klinge springen lassen. Bei der eigenen geht es einem doch ein bißchen an die Nieren. Eigentlich ungerecht von mir.«

Tessa blickte auf ihren Teller. Ich wußte, daß sie mich in diesem Augenblick nicht ansehen wollte.

»Irgendwas stimmt wohl doch mit dem Fluch der bösen Tat«, fuhr ich fort, »sie gebiert Böses. Der Kreis ist noch nicht geschlossen, aber wir sind drin.«

»Kannst du jetzt nicht von etwas anderem reden?«

»Entschuldige, wenn ich hin und wieder daran denke. Wo es schon so lange her ist.«

Tessa legte ihr Messer hin und streichelte meine Hand.

»Sei nicht böse.«

»Ich bin auch nicht böse.«

Als ich bezahlt hatte, fragte sie: »Gehen wir zu mir?«

»Wenn Frau Holland mich mitnimmt, gehen wir zu dir. Die Wohnung kenne ich viel besser als meine.«

Wir waren bei ihr, und ich sah mich um. »Wenn ich hier bin, fühle ich mich absolut nicht verheiratet. Es ist wie früher. Mann besucht seine Freundin auf ihrer Bude.«

»Wir können ja so tun«, sagte Tessa.

»Können wir. Hoffentlich . . .«

»Was?«

»Hoffentlich kommt kein Paket, wollte ich sagen.«

»Nachmittags kommen keine Pakete.«

»Vielleicht kommt was anderes.«

Sie sah mich mit ängstlichem Gesicht an. »Meinst du?«

»Wir müssen auf alles gefaßt sein.«

»Paul – hast du deine Pistole dabei?«

»Keine Spur. Liegt in meinem Keller im Pappkarton. Ich wollte die neue kaufen mit der amtlichen Erlaubnis. Bin noch nicht dazu gekommen.«

»Kannst du sie nicht holen?«

»Was soll ich die jetzt noch holen. Zu faul. Hab' auch keine neue gekauft. Heute wollte ich es machen, aber es kam was dazwischen.«

Tessa fragte nicht weiter. Ich legte mich auf die Couch und spürte das Eisen der Walther durch das Taschenfutter an meiner Haut. Tessa rückte ihren Stuhl neben mich. Ich sah sie an, und eine plötzliche Traurigkeit überfiel mich.

»Hast du gar keine Angst?« fragte ich.

»Nein. Nicht, wenn du bei mir bist.«

»Vielleicht bin ich nicht mehr lange bei dir.«

»Sag nicht so was, Paul.«

»Wir müssen damit rechnen.«

»Ich will nicht.«

Tessa stand auf und holte ihr Nähzeug. Von einer Bluse trennte sie den Kragen ab, und dann verkürzte sie einen Rocksaum. Ich blieb liegen, schloß die Augen und sagte nichts. Ich döste, aber ich blieb ganz wach. Einschlafen war gefährlich.

Ich wäre auch nicht eingeschlafen. Mein Gehirn war voll von Gedanken und Möglichkeiten und Lösungen. Noch bestand eine Chance, daß es gutging, aber sie war klein wie die einer Geburt von Vierlingen.

Ich war nicht überrascht, als es klingelte. Zweimal lang. Ein Bekannter. Tessa hatte schon Licht gemacht. Ich schlug die Augen auf. »Willst du hingehen?«

»Warum nicht?«

»Und wenn das Walters Besucher ist?«

»Dann mußt du dich seiner annehmen«, sagte Tessa.

Ich stemmte mich hoch und stellte die Füße auf den Boden. Die Korridortür klappte zu. Ein langer, schwerer Schritt kam den Gang hinunter auf mich zu. Tessas leichter Fuß ging unter in dem Geräusch.

Dann stand er in der Tür. Die gelben Borsten seines Haares berührten den oberen Querbalken. Der Blick, den er auf mich warf, kam aus dem engen Lidspalt hinter seiner Brille, und die Pickel im Gesicht hatten sich nicht gebessert. Seine Hände hingen an den Oberschenkeln herab. Gewaltige, rötliche Hände mit haarigen Handrücken.

Alfred Noralsky.

»Sieh mal, wer da kommt«, sagte ich, »so eine Überraschung. Tag, Alfred. Setz dich nieder.«

Alfred blieb noch einige Sekunden stehen. Ich lächelte ihn freundlich an. Dann kam er mit unbeholfenen Schritten auf mich zu. Es war nicht einfach, ruhig sitzen zu bleiben.

Er gab mir die Hand. Sie war kalt und etwas feucht. Dann setzte er sich. Tessa kam herein und schloß die Tür.

»Da wären wir mal wieder«, sagte ich. »Allerdings um

ein paar weniger geworden. Die Stimmung ist nicht die beste, Alfred. Man hat gestern das gleiche mit meinem Bruder getan wie mit Mara. Nur hat man sich damit begnügt, mir eine Hand zuzuschicken statt des Kopfes. Vermutlich wegen der Portokosten.«

Alfred sah mich an. Ein riesiger, finsterer, schweigsamer Mann. Sein Gesicht war weiß.

»Vielen Dank für dein Beileid, Alfred. Ich sehe, daß dich die Sache mitnimmt. Vielleicht nicht so, wie es bei Mara war, aber sie geht dir zu Herzen. Danke dir.«

Tessa sagte scharf und mit fremder Stimme: »Red nicht solchen geschwollenen Unsinn! Geh raus und mach was zu trinken!«

»Das ist eine herrliche Idee, Liebling. Was soll es denn sein? Mir ist wie Gin Fizz. Müßt nur einen Augenblick warten, bis ich die Zitronen gepreßt habe.« Ich stand auf und lächelte ihnen zu. Dann ging ich zur Küche und schloß die Tür hinter mir.

Es mußte jetzt schnell gehen. Mir war noch eine Idee gekommen, als ich hinausgegangen war. Kein Risiko.

Der Mülleimer stand links neben dem Kühlschrank. Ich rückte ihn nach hinten neben den Küchentisch. Im Schrank war eine Rolle von breitem Leukoplast. Ich riß ein Stück herunter, etwa fünfzehn Zentimeter lang. Im nächsten Moment hatte ich die Walther aus der Tasche. Ich trat auf das Pedal des Mülleimers. Der Deckel klappte hoch. Ich klebte den Streifen schräg über den Griff und Lauf der Pistole und pappte sie dann mit den überstehenden Enden in die Wölbung des Deckels. Der Streifen klebte fest. Sie hielt. Hoffentlich lange genug. Ich legte die Rolle zurück und schloß den Schrank. Das Wichtigste war getan.

Die Fruchtpresse stand auf dem Tisch. Ich holte die Ginflasche aus dem Kühlschrank und sechs Zitronen und begann fröhlich zu pfeifen dabei. Der Saft der ersten beiden Früchte lief in den Becher. Ich trat vorsichtig auf das Fußpedal des Eimers. Der Deckel hob sich. Mein Klebestreifen hielt. Jetzt hatte ich Zeit. Je länger ich trödelte, um so besser. Das warme Wasser lief über die Behälter mit den Eiswürfeln. Zwischendurch trank ich zwei pure Gin aus dem vertrauten Eisbecher und pfiff weiter. Mit Gin würde das alles viel besser gehen. Die Eiswürfel lösten sich leicht aus den Kammern, als ich das Wasser abgestellt hatte. Ich schüttelte sie in den Behälter und gab kaltes Wasser dazu. Plötzlich merkte ich, wie ich ganz still stand. Wenn doch alles ein Irrtum war? Es wäre mir um so vieles lieber gewesen.

Es war keiner.

Als ich die nächsten zwei Zitronen auspreßte, ging hinten die Tür zum Wohnzimmer. Alfreds Schritte dröhnten. Die Küchentür flog auf. Alfred füllte den Rahmen aus wie ein Fels. Hinter ihm konnte ich unten Tessas Beine erkennen.

Mit ungeheurer Klarheit sah ich die nächste Viertelstunde voraus. »Na, ihr durstiges Volk«, sagte ich, »haltet ihr es nicht mehr aus?«

Alfred sprang auf mich zu mit einer Behendigkeit, die ich seiner Figur nicht zugetraut hätte. Seine Arme umklammerten mich wie zwei Ankerketten. Ich konnte mich nicht rühren und bekam wenig Luft. Ja, ja, Basketballspieler. Ein unangenehmer Anfang war das. »Möchtest du deine Kraft nicht lieber an den Zitronen auslassen?«

»Halt's Maul! Tessa, sieh in seine Taschen!«

Meine liebe Frau zog die Küchentür ins Schloß. Sie ging um uns herum und faßte nacheinander in die vier Taschen meiner Hose.

»In seiner Jacke habe ich nachgesehen«, sagte sie. Sie war etwas heiser, wie nach einem überstandenen Katarrh. »Da war nichts. Hier hat er sie auch nicht.«

»So was von Mißtrauen«, sagte ich bekümmert, »ich hab' dir doch gesagt . . .«

»Sieh dich hier um«, befahl Alfred. »Alle Schubfächer.«

Tessa wußte Bescheid in ihrer Küche. Ihre Hände waren flink. Schrankfächer, Bratröhre, Schubladen. Sie kletterte auf einen Schemel und sah oben auf den Wandschrank. Dann wühlte sie im Besenschrank herum, sehr systematisch und genau. Der Mülleimer stand neben ihr, weiß und unschuldig.

Tessa fand nichts.

»Er hat sie nicht, Alfred. Vorn habe ich schon überall nachgesehen. In seiner Jacke auch.«

Ich lächelte etwas mühsam in Alfreds Gesicht. »So macht man sich unnötige Arbeit. Ich hätte es euch gleich sagen können. Und vielleicht hast du nun die Güte und entläßt mich aus deiner liebkosenden Umarmung und erzählst mir, was das alles zu bedeuten hat. Übt ihr ein Theaterstück?«

Alfred grinste. Bei ihm sah das aus, als hätte er den Wundstarrkrampf.

»Ja, wir werden es dir erzählen«, sagte er. Er ließ mich los.

Ich rieb meine schmerzenden Arme. Alfred ging vor zu Tür.

Niemals würde dort jemand vorbeikommen. Cassius Clay nur schwer und ich schon gar nicht. Tessa zog den Schemel heran, auf dem sie gestanden hatte. Sie setzte sich neben Alfred und schlug die Beine übereinander. Sündhaft schön. Es war ein Jammer.

»Du hast Mara umgebracht«, sagte Alfred mit langsamer Zunge. »Du hast Ronald umgebracht in London. Und Maras Vater.«

»Jetzt muß ich mich aber auch setzen«, sagte ich. Ich

zog einen anderen Schemel heran. »Wie kommst du denn darauf?«

»Ich habe es ihm erzählt.« Tessa sprach kühl und gleichgültig. Von ihr war keine Unterstützung mehr zu erwarten.

»Ach. Und warum?«

»Nenne es Familiensinn, wenn du weißt, was das ist. Ich mag nicht, wenn sich Leute an meiner Familie vergreifen.«

»Seit wann?« fragte ich. »Seit wann spürst du diese Blutschande in dir wallen? Ich kann mich nicht erinnern, jemals ein freundliches Wort über deine Sippe aus deinem Mund gehört zu haben. Und jetzt auf einmal machst du in Geschwisterliebe. Da soll einer durchfinden.«

»Ich gebe zu, es ist merkwürdig, es ist ein ähnlicher Fall wie bei dir und Walter. Ihr wart euch so gleichgültig wie ein Kopftuch dem anderen. Nun fehlt er dir offenbar.«

Ich nickte. »Da ist was Wahres dran. Der alte Sandmann hatte offenbar recht. Man streitet sich um die Puppen und den Ball. Aber auf einmal bricht die Geschwisterliebe durch.«

»In Ivy Cottage mit dem LSD«, sagte Tessa, »da habe ich dich gesehen. Da habe ich gesehen, was du bist. Ein schmieriger, feiger, geldgieriger Mörder.«

»Ich weiß. Du bist ja auch mit einem Messer auf mich losgegangen und wolltest ein bißchen Schlachtfest spielen. Du warst wirklich echt. Ich habe es auch gesehen, Tessa. Ich hatte nämlich kein LSD genommen. Nur Whisky mit Eis. Und da habe ich erkennen können, daß auf die Dauer kein Verlaß auf dich sein würde. Am Morgen warst du die Hingabe selbst, aber der Wurm war drin und blieb drin. Und als ich Walter heute früh in seinem frischen Fichtennadelbad fand, da wußte ich, daß du wohl doch nicht die richtige Partnerin in unserem Team gewesen warst. In den letzten Tagen bist du so geschäftig gewesen. Makler und Anwalt und so. Aber die meiste Zeit hast du doch wohl verwendet, den wackeren Alfred auf meine bösen Taten hinzuweisen. Ach – gestattet ihr, daß ich einen Gin Fizz trinke? Das Eis zerläuft schon.«

»Trink ruhig noch einen«, sagte Alfred mit rauher Stimme. Die konnten beide heute nicht flüssig sprechen. Ich goß Zitronensaft über die Eiswürfel und füllte Gin nach, schlürfte gemächlich. Ich hatte keine Furcht. Mein Fuß war neben dem Pedal des Mülleimers. Eine wahnwitzige Neugier saß in mir und wartete auf den Schluß des letzten Aktes. Tennessee Williams im Zimmertheater.

»Willst du Alfred heiraten, wenn ich tot bin, Tessa?«

»Und wenn ich wollte?«

»Nichts einzuwenden. Ich sehe nur den Unterschied zwischen uns beiden so schwer. Er hat das getan, was ich auch getan habe, soweit du es ihm erklärt hast. War Tessa eigentlich dabei, als du Walter umgebracht hast, Alfred?«

Alfred schwieg. Ein böses Schweigen, hinter dem der eiserne Entschluß saß. »Ich glaub' nicht, daß sie dabeigewesen ist. Sie muß ja nun die Taktik wieder ändern und alles auf dich schieben, wenn du mich erledigt hast.«

»Du Narr«, sagte Tessa mit Verachtung, »du dummer, überheblicher Narr, der du immer gewesen bist. Es ist alles bestens überlegt. Besser, als du es jemals gekonnt hast. Du hast mich erstechen wollen. Alfred hat mir geholfen. Notwehr.«

Ich lachte glucksend.

»Oh, Tessachen«, sagte ich, »bei dem intelligenten Partner, den du dir jetzt ausgesucht hast, bestimmt.«

Auf Alfreds Gesicht wuchsen rote Flecken.

»Machen wir Schluß«, sagte er. Er griff unter seine Weste. Ich kannte das Messer, das er herauszog. Eines aus Tessas Beständen.

»Sieh an. Sie an.« Ich trank noch einen Schluck. »Das Universalmesser. Unentbehrlich für den Haushalt. Wirst du hinterher wieder Brot damit schneiden, mein gutes Kind?«

Alfreds Gesicht war eine Fläche von Eis. Ganz sicher, daß er mich umbringen wollte.

»Ich würde lieber das nehmen, mit dem du Mara den Hals abgeschnitten hast, Paul. Leider hat es die Polizei beschlagnahmt.«

»Sicher, sicher«, erwiderte ich, »das muß ja auf den Richtertisch, wenn die Hauptverhandlung kommt. Ach, übrigens, Tessa – das war lieb von dir, mir einreden zu wollen, ich wäre der Täter nicht gewesen. Hatte dich nur beruhigen wollen, damit keine Angstträume dein weiches Gemüt überfallen. Ich bin nicht darauf eingestiegen, denn du wolltest nur testen, ob ich dich in Verdacht habe. Ich hätte es ja sagen können, jawohl, Herzblatt, ich war es nicht. Und heute nachmittag warst du noch so lieb. Als du genäht hast, da schienst du etwas unruhig zu sein. Große Ereignisse machen nervös.«

Alfreds Hand umklammerte den Griff. Die Klinge stand nach oben. Ganz nach den Regeln der Kunst. Er trat einen Schritt auf mich zu. Tessa sah interessiert aus. Sie wippte mit dem übergeschlagenen Bein.

Ich schob meinen Fuß noch näher an das Pedal. Alfred war etwa vier Meter weg. Zeit genug. Ich konnte sie beide abknallen. Bedrohung, Panik, Notwehr, Alfred der Mörder von allen, alles okay. Aber ich hatte Lust, noch ein Spielchen mit ihnen zu versuchen, ein kleines, höllisches Spielchen.

XIX

»Nun laß mich wenigstens mein Glas noch austrinken, Freund«, bat ich. »So viel Zeit müßte eigentlich sein. Und eine Chance könntest du mir auch noch geben.«

»Welche brauchst du noch?« fragte Alfred. »Glaubst du, du kommst raus? Glaubst du, es interessiert mich, wenn ich sitzen muß? Du hast Mara ermordet. Du hast hintertrieben, daß sie mich heiratet. Du hast mich nie gekannt. Nie für voll genommen. Gleich wirst du es tun.«

»Ich tue es jetzt schon, Alfred. Und deswegen hör mir noch fünf Minuten zu. Tessa hat mir erzählt, sie glaube nicht, daß ich der Mörder bin. Jemand anders. Sie hat völlig recht gehabt.«

Alfred blieb, wo er war. Das Messer funkelte.

»Hör dir seinen Quatsch an, und glaub ihm nicht«, sagte Tessa.

»Ich höre«, sagte Alfred.

»Ich war nicht der Mörder, Onkel Noralsky. Tessa hat ihr Schwesterchen umgebracht. Tessa hat ihr Brüderchen umgebracht auf unserer munteren Party in London. Tessa hat mich angestiftet, das LSD für ihren Vater zu besorgen und hat es in seinen Whisky gelegt. Jetzt brauchte sie einen, der Walter umbrachte, denn von mir konnte sie es schwer verlangen. Und nun erledigst du mich, und sie ist allein. Mit allem Geld und ohne Verwandtschaft. Die schöne Alleinerbin. Reich und unabhängig. Die Welt steht ihr offen. Niemand kann ihr mehr in den Arm fallen. Und dich verrät sie ganz schnell. Wie uns alle. Du machst hier nur den Schlächtergesellen.«

»Spinnt er nicht schön, Alfred?«

Alfred nickte mit höhnischem Sarkasmus in den Augen. Noch war er nicht umgedreht.

Ich log kräftig weiter. »Ich war oft dabei, Alfred. Als sie Mara sagte, sie würde sie auf der Hochzeit ohrfeigen, wenn sie dich heiratete. Einen hirnlosen Bullen, der Mühe hätte, seine Muskeln zu tragen. Mit dem Schädelinhalt wär's leichter.«

Alfred strich mit der linken Hand über die Klinge. »Wenn das so gewesen wäre – warum hat sie dich geheiratet? Wäre doch gar nicht mehr nötig gewesen.«

»Aber Alfred«, sagte ich tadelnd und trank meinen letzten Schluck Gin, »das wäre doch aufgefallen. Hat sie mir nicht ewig in den Ohren gelegen, sie an den Altar zu führen? Hat sie es nicht immer so hingestellt, als sei ihre böse Familie das einzige Hindernis? Die Familie, die ich nun umgebracht haben soll? Hast du jemals von mir gehört, daß ich sie wollte? Niemals hast du das gehört! Immer nur von ihr. Warst du es nicht, der mir in den Ohren gelegen hat, ich sollte endlich Farbe bekennen und dieses Mädchen nehmen? Wir würden uns als Schwager doch so nett ausnehmen?«

Ich wartete. Alfred ließ seine Hand von der Klinge. Tessas Augen waren anders als vorher. Nicht mehr so sicher.

»Ein Mann voller Angst«, sagte sie mit grausamem Lächeln. »Ein Mann mit Angst will sich rausreden. Lauter Unsinn. Er kann nicht mehr weg. Er greift nach Strohhalmen.«

»Wenn ich dazu etwas sagen darf, lieber Alfred – lieber Herr Mörder –, hysterisch war sie immer schon. Ich kenne sie lange Zeit. Sie hat mich sicher eine Weile geliebt, bestimmt. Das war auch schön. Aber jetzt hat sie es sich anders überlegt. Und genauso wird es dir passieren. Kann sein, schon morgen. Sie schneidet dir in der Nacht den Hals durch und behauptet, du hättest sie umbringen wollen, wie du es bei mir getan hast. Und bei Mara. Und bei Walter. Sie ist süchtig geworden nach dem LSD. Das geht niemals mehr weg.«

Alfreds Kopf drehte sich ganz langsam zu Tessa hin.

»Alfred«, sagte ich sanft, »denk doch nach. Wie sie Trauer markiert hat, als wir nach Sandmanns Verhör beisammensaßen. Als du nach der Beerdigung gesagt hast, du würdest den Kerl gern zwischen deine Finger bekommen, und sie meinte, du solltest das lieber der Polizei überlassen. Weißt du noch, wie wir uns darüber unterhalten haben, daß Zerstückelungen mehr Frauensache sind? Wie sie nach Maras Tod über sie geredet hat? ›Ich war nicht die fleischgewordene schwesterliche Liebe. Mara hat jeden schikaniert, wo sie konnte.‹ Hörst du das noch in deinen Ohren? Ich höre auch was. ›Ich könnte Ronald umbringen‹, hat sie vor der Party in Chelsea gesagt. Hinterher war er tot. Was hat sie denn vor ein paar Tagen zu dir gesagt, Alfred? Auch: ›Ich könnte Paul umbringen‹? Und wann sagt sie zum nächsten, Alfred muß umgebracht werden? Herzlichen Glückwunsch. Ich gönne sie dir. Wenn ich nicht gleich tot wäre, würde ich gern euren Trauzeugen abgeben.«

Alfred kippte um. Nicht für möglich zu halten! Er kippte um. So, wie sie ihn herumgekriegt hatte, so hatte ich ihn.

»Ich fange an«, sagte Alfred – er stotterte –, »ich fange an zu glauben, daß Paul recht hat.«

Tessa schrie laut. »Nein, Alfred! Nein! Glaub ihm nicht! Er will sich rausreißen! Er hat doch keine Chance mehr!«

»Geh nach Haus, Alfred«, sagte ich. »Laß sie hier bei mir. Sie hat uns beide verraten. Geh weg. Ich übernehme den Rest.«

»Welchen Rest?« Tessas Stimme glich erschreckend der von Mara, als sie noch gelebt hatte. »Er kann doch nichts mehr machen, Alfred! Er ist fertig! Halt zu mir, Alfred! Lieber! Halt zu mir!«

Sie machte etwas sehr Gescheites. Sie umarmte Alfred und küßte ihn. Alfred kam wieder ins Wackeln. Seine Knöchel wurden so weiß wie damals, als er von Maras Tod vernommen hatte. Das Messer zielte neben mein Brustbein.

»Halt zu ihr, Alfred!« Ich schrie jetzt auch. Nicht aus Überzeugung. Nur wegen des dramatischen Effekts. »Halt schön zu ihr. Die Pistole, die ihr vorhin gesucht habt – weißt du, wo sie ist? Tessa sichert sich gegen alle Eventualitäten. Immer hat sie das gemacht. Könnte ja sein, daß sie urplötzlich wieder zu mir umschwenkt. Deine Pickel stören sie schlagartig und deine Borstenhaare. Es ist schon soweit.«

»Was?« fragte Alfred. Er sprach jetzt wie ein müder Conférencier.

Ich trat auf das Pedal. Der Deckel des Mülleimers hob sich. »Guck rein!«

Alfreds Augen nahmen die Walther wahr in der Wölbung.

»Dieses Ding, mein Herzensalfred, hat sie mir vorhin gegeben, um es hier anzubringen. Deswegen hast du es vergeblich gesucht in der Wohnung und in meinen Hosen.«

Tessa wollte zur Tür hinaus. Alfreds riesige Hand drehte den Schlüssel.

»Sie wollte, daß du aus mir Aufschnitt machst. Und dann hätte sie ängstlich geschrien und dich erschossen. So eine feine Lösung. Schön um ihre Hand anhalten. Alfred!«

Es war geschafft. Tessa wollte zum Mülleimer hin, aber Alfred hielt sie fest.

»Siehst du, Alfred. Jetzt muß sie uns fertigmachen. Mehr bleibt ihr nicht übrig.«

Alfred sah ganz ruhig aus. Wie nach einem Treffer beim Basketball. »Sie macht uns nicht fertig.«

Jetzt verzerrte sich sein Gesicht. Aller Haß trat an die Oberfläche. Er war wie ein Gorilla, ein primitives Gebilde aus Knochen und Fleisch. Er konnte nur ja, ja und nein, nein denken. »Du hast mich hintergangen, Tessa. Du hast Mara umgebracht.«

Er bewegte sich so schnell wie vorhin, als er mich festgehalten hatte. Ich hatte Tessa geliebt, aber ich konnte nichts mehr aufhalten. Ich wollte auch nicht. Sie hatte mich verraten. Sie würde mich immer verraten.

Das Messer war wie ein Spielzeug in Alfreds Hand. Der Stoß warf Tessa gegen die Mauer. Ihr Todesschrei hallte zwischen den Kacheln und in meinen Ohren. Im nächsten Augenblick war die Klinge wieder sichtbar. Kaum Blut daran.

Tessa rutschte langsam an der Wand herunter. Sie streckte sich aus, blieb liegen in dem Winkel zwischen Wand und Boden. Das Blut saugte sich in ihr Kleid wie in Löschpapier. Die Hände, die ich so oft gestreichelt hatte, hielt sie über die Wunde gepreßt.

Alfred stand still. Er mußte erst überlegen, was geschehen war. Ein paar Sekunden hatte ich Zeit. Eine Spanne zum Nachdenken.

Man konnte alles so lassen. Alfred als Täter, ich als Zeuge. Tessa die Mörderin der anderen. Ganz einwandfrei und klar. Alle Ermittlungen eingestellt, alle Kreise geschlossen. Aber ich sah Alfred an und sah Walters Blut im Fichtennadelbad vor mir. War es nötig, daß dieser hirnlose Bulle am Leben blieb? Es war nicht nötig. Er würde nur überflüssiges, dummes Zeug erzählen. Er wurde nicht mehr gebraucht.

Ich faßte in den Deckel des Mülleimers. »Ach, dieses Leukoplast hält gar nicht mehr. Gleich fällt das Ding zwischen die Eierschalen.«

Die Pistole löste sich leicht aus dem Deckel. Alfred sah mir zu. Er hatte wohl noch nicht begriffen, wo die Schwierigkeiten lagen. Ich hatte Zeit, sie zu entsichern.

»Alfred, Alfred«, sagte ich mit Tadel im Ton, »wie kann man einer Dame ein Messer in die Brust stoßen? In eine so hübsche noch dazu. Ach ja – ehe ich es vergesse –, ein paar Grüße von Walter soll ich dir noch bestellen.«

Ich schoß ihm dreimal in den Bauch. »Sag ihm, daß ich es ausgerichtet hätte.«

Das Messer klirrte zu Boden. Alfred preßte die Hände gegen seinen Leib.

Er krümmte sich nach vorn und kniete sich langsam nieder, als wollte er beten. Er starb auf den Knien wie ein Samurai nach dem Harakiri.

Ich legte die Pistole auf den Tisch. Tessa atmete noch ganz flach. Ihre Augen waren geschlossen, und das Blut auf den Lippen leuchtete wie ein feuchter Lippenstift. Ich kniete und schob vorsichtig meine Hand unter ihren Kopf. »Tessa«, sagte ich, »war das alles nötig?«

Fast unmerklich bewegte sie den Kopf hin und her.

»Wir hätten so glücklich sein können, Tessa.«

Ich spürte, wie sie nickte, mit dem letzten bißchen Kraft, das in ihr war. Dann starb sie.

Ich streichelte ihre Stirn und stand auf. Ich hätte ihr helfen sollen gegen Alfred. Alles verfahren und verloren. Jetzt hatte ich das Geld, dem ich nachgejagt war, aber es war nichts gegen Tessas Leben.

»Verfluchtes, verdammtes Elend«, sagte ich vor mich hin.

Ich trank einen Gin. Die Walther auf dem Tisch zeigte mit dem Lauf auf mich. Man könnte was tun. LSD nehmen und Gin trinken und Schluß.

Ich schob die Unterlippe vor und schüttelte den Kopf. Blödsinn. Warum? Niemandem war damit gedient. Nur noch ein bißchen nachdenken und alles richtig zurechtlegen, und ich war draußen. Sandmann bekam seine Täter. Anrufen und ihn herholen, das war der richtige Weg.

Ich schloß die Küchentür auf und öffnete sie.

Ich brauchte Sandmann nicht mehr herzuholen. Er stand vor der Tür und mit ihm ein anderer Mann.

Ein kurzsichtiger Mann mit Brille. Grauer Anzug mit Nadelstreifen. Ein weißer Umlegekragen und rissige, blanke Schuhe.

Er hatte sich kaum verändert seit dem Tag, an dem er mich nach einer Familie im Haus gefragt hatte, die nicht darin wohnte. Der Tag, an dem Maras Kopf in dieser Küche gelegen hatte.

»Wir stehen hier schon einige Zeit, Doktor Holland«, sagte Sandmann. »Leider wurde abgeschlossen, als wir hinein wollten. Und dann ging alles sehr schnell, wie Sie wissen. Ihre Frau war bei mir und hat mir einen zweiten Schlüssel gegeben. Ich sollte heute um sieben hierherkommen. Vermutlich sollte ich Ihre Leiche besichtigen und Herrn Noralsky mitnehmen. Sie sagte, sie fürchtete, es würde etwas Schlimmes passieren. Kein schlechter Plan von ihr.«

»Kein schlechter«, sagte ich.

»Sie war wohl nicht sicher, ob Noralsky durchdrehen und auch sie angreifen würde. Sie wollte ihn so schnell wie möglich loswerden – nach getaner Arbeit.«

»Verstehe alles«, sagte ich.

»Es ist ja nun etwas anders gekommen. Ich muß sagen, das Umkrempeln von Alfred war Ihre Meisterleistung bei der ganzen Geschichte. Alle Achtung. Es ist bedauerlich, daß wir diese beiden Morde nicht verhindern konnten, aber ich kann Ihnen vertraulich sagen – es spart uns viel Mühe.«

Sandmann strich über sein Kinn.

»Ach, übrigens – das hier ist Mister McSlocum. Harold McSlocum. Privatdetektiv aus London.«

»Hallo«, sagte Mr. McSlocum. »Wie geht es Ihnen?« Er sprach deutsch. Er hatte sich damals dumm gestellt.

»Mara Strong hatte ihn engagiert«, fuhr Sandmann fort, »aus Mißtrauen gegen Tessa und Sie. War wohl auch berechtigt. Er hat Sie leider nicht gesehen, als Sie Maras Haus nach dem Mord verlassen haben. Er war gerade erst angekommen und hatte Sie überhaupt noch nie gesehen. Er wußte nur durch Mara von dieser Adresse. Und als er vor der Tür stand, hörte er Tessas Schrei. Er hat eine Weile gewartet und dann geklingelt. Jetzt kannte er Ihr Gesicht. Aber er hatte keine Beweise, genau wie wir. Er ist in London gewesen und während Ihrer Hochzeitsnacht in Ivy Cottage. Da war er im Haus, mit einem Schlüssel, den ihm Mrs. Calhoun gegeben hatte. Und er hörte die Geschichte, die Sie Ihrer Frau erzählten.«

Ich nickte. »Hab' ich doch richtig gesehen. Der Tintenfisch im Park.«

»Wie?«

»Ich erkläre Ihnen das später.«

»Nun – Ihre Geschichte konnte erlogen sein, aus irgendeinem Grund. McSlocum sprach mit Inspektor Ritchie. Keine Beweise, nichts zu machen. Sie einigten sich, Sie nach Deutschland zurückfliegen zu lassen. McSlocum flog mit der nächsten Maschine hinterher. Er kam zu mir und erzählte mir alles. Trotzdem kamen wir nicht weiter. Bis Ihre Frau anfing, Schicksal zu spielen. Der Mord an Ihrem Bruder paßte nicht ins Bild. Aber seit einer Viertelstunde paßt alles zusammen. Gewonnen haben wir noch nicht. Sie können allerhand machen, Holland. Besonders mit einem guten Verteidiger.«

»Bestimmt könnte ich«, antwortete ich, und meine Stimme klang hohl. »Aber da liegt Tessa. Ich habe keinen

Grund mehr zu kämpfen. Auch keine Lust. Mir ist alles egal, Kommissar. Alles ganz scheißegal.«

»Kann ich mir denken«, sagte Sandmann.

»Vielleicht können Sie dafür sorgen, daß sie ein anständiges Begräbnis bekommt. Am besten neben Mara. Und diesen Idioten hier werfen Sie auf den Misthaufen.«

»Man sollte keinen Toten hassen«, sagte der Kommissar.

»Ich bin wie tot«, antwortete ich. »Und ich hasse mich auch.«

Wir gingen.

In der Untersuchungshaft ließen sie mich die Geschichte aufschreiben. Ich hatte meine Notizen. Sandmann war dankbar für die genaue Buchführung. Das ersparte ihm Arbeit.

Ich bin nun schon geraume Zeit in meiner Zelle. Die Verhandlung ist noch nicht angesetzt. Außerdem ist nicht entschieden, ob ich hierbleibe oder nach England gebracht werde wegen Ronald und Tessas Vater. Gehängt werde ich nicht mehr, und im Prinzip ist es wohl ziemlich gleichgültig, ob man in einem deutschen Zuchthaus verfault oder in einem englischen. Allenfalls geht es drüben noch schneller. Trotzdem war es interessant. Ich hätte wetten oder spielen können. Aber ich hatte keinen Partner mehr, ich war ganz allein mit mir und sechs toten Seelen.

Dennoch denke ich oft an unser Spiel, und aus alter Gewohnheit macht meine Hand dann den Stein und mit zwei Fingern die Schere und flach das Papier.

ENDE